Schlaues Schwindeln beim Schach

David Smerdon

Schlaues Schwindeln beim Schach

Wie man in verlorenen Stellungen Punkte rettet

New In Chess 2020

Für Leo,
der mich beständig daran erinnert, dass es immer etwas Neues zu entdecken und neue Abenteuer zu erleben gibt.

Veröffentlicht von New In Chess, Alkmaar, Niederlande
www.newinchess.com

Übersetzt aus der englischen Ausgabe *The Complete Chess Swindler, How to Save Points from Lost Positions* (New In Chess, 2020) von Harald Keilhack.

Umschlaggestaltung: Buro Blikgoed
Koordination: Peter Boel
Redaktion: René Olthof
Aufmachung: Sandra Keetman
Lektorat: Mariska de Mie
Produktion: Anton Schermer

Haben Sie Fehler in diesem Buch gefunden? Bitte senden Sie Ihre Hinweise an editors@newinchess.com. Wir werden alle relevanten Korrekturen auf der „Errata“-Seite auf unser Webpräsenz www.newinchess.com sammeln und sie in einer möglichen Neuauflage berücksichtigen.

ISBN: 978-90-5691-946-7

Inhalt

Danksagungen

Ich möchte den Mitgliedern meines alten Clubs, Club Bullwinkle, danken, die das Schach rundherum lieben und mich von Beginn an ermutigt haben, dieses Projekt zu verfolgen. Besonderer Dank gilt dem Clubpräsident Jacob Edwards, der zahlreiche Vorschläge und Verbesserungen beim Manuskript einbrachte, sowie Sabina Albrecht, die es akzeptierte, dass ich just dann, als ich eigentlich gar keine Zeit für ein weiteres Projekt hatte, ein solches anging. Diesbezüglich danke ich auch den Herausgebern von New In Chess dafür, dass sie mir gnädig und ohne zu klagen mehrfach eine Fristverlängerung gewährten.

Ein großes Dankeschön an alle, die auf meine Aufforderung zur Einsendung von Schwindeleien und Anekdoten geantwortet haben, darunter Ian Rogers, Gerard Welling, Edward Winter sowie zahlreiche Großmeister, die mich auf fabelhafte Schwindeleien hingewiesen haben, und zwar sogar dann, wenn sie selbst die Leidtragenden waren. Ein ganz spezieller Dank geht an all die mir nicht persönlich bekannten Schachspieler, die ihre Schwindeleien in Reaktion auf meine breitgestreuten Aufrufe in sozialen Medien geschickt haben. Die Schachfamilie ist wirklich ein ganz besonderer Ort.

Einführung

Schach ist in letztlich eine Schlacht des Verstandes und keine mathematische Aufgabe. Die Theorie hilft Ihnen, aber Sie müssen kämpfen. Daher rührt unsere Verachtung für das dumme Wort „Schwindel“ im Schach – C. J. S. Purdy

Bei dem starken Turnier von Tallinn 1971 ging die Partie zwischen den Großmeistern Furman und Smejkal auf ihr Ende zu. Weiß hat innerlich bereits aufgegeben und zog nur noch mechanisch, um die Sache zu Ende zu bringen:

Semjon Furman
Jan Smejkal
Tallinn 1971 (5)

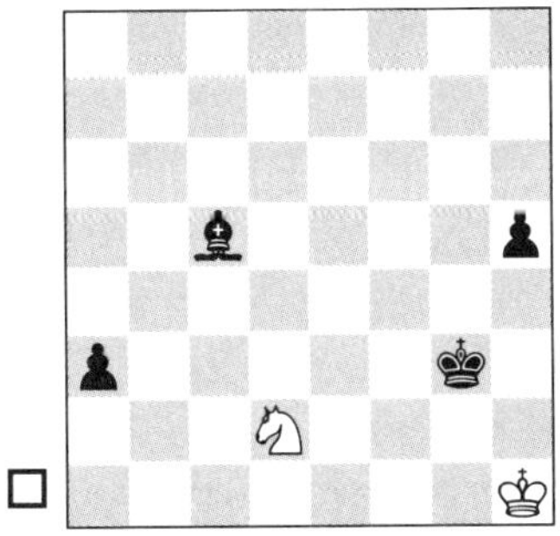

Stellung nach 90...a3

91.♘e4+ ♚f3 92.♘xc5 a2, und Furman gab bald auf. Aus Sicht der meisten Zuschauer ein wenig spannendes Finale.
Für die meisten Zuschauer, das heißt, für alle bis auf einen: Michail Tal. Der vormalige Weltmeister schaute zu. Wie der britische Autor Leonard Barden erzählt, begab sich Tal nach Partieende auf das Brett zu und fragte Smejkal: „Was hättest Du nach 91.♘b3 gemacht?“ „Was soll die Frage, Bauer nach a2 natürlich!“, lautete dessen Antwort. „Au“, sagte der Magier aus Riga mit einem Zwinkern in den Augen, „dann hättest Du nur remis gemacht.“ Und mit seiner ihm eigenen Nonchalance schob er einige Figuren auf dem Brett herum:
91.♘b3 a2?? 92.♘c1!!

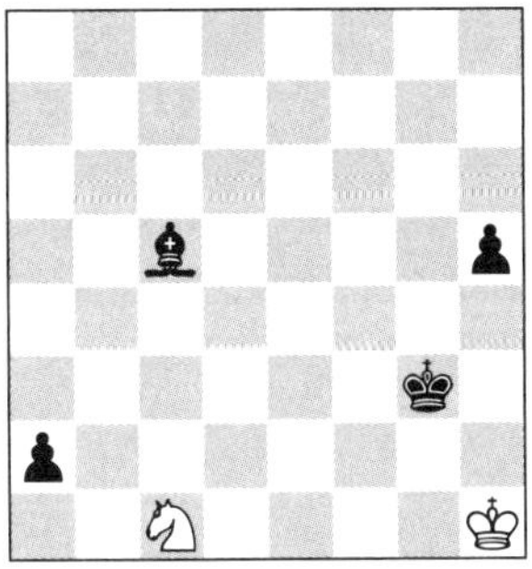

Eine fantastische Remisidee offenbart sich, sicherlich zum Schrecken beider Spieler. Die Umwandlung in eine Dame oder einen Turm ergibt ein Patt, während ein neuer Läufer mit dem Randbauern auch nicht hilft, selbst ohne den weißen Springer. Als Tal sich abzuwenden begann, winkte Smejkal ihn zurück und verkündete: „Aha! Ich kann immer noch gewinnen! Bauer nach a1 wird Springer!“ Tal holte unbeeindruckt aus, spielte
92...a1♘ 93.♘b3!!

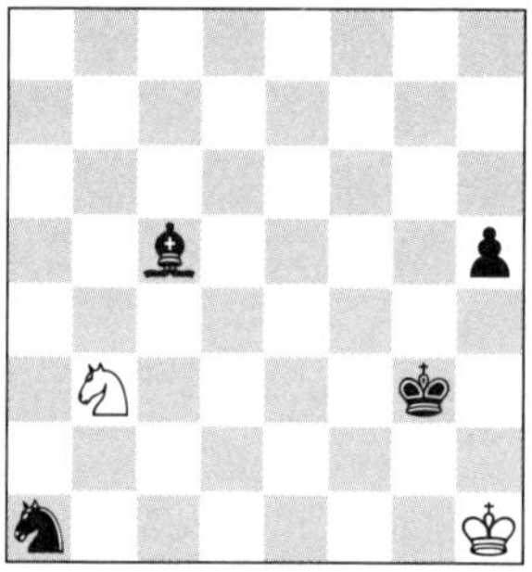

und ließ die Großmeister fassungslos zurück. Ein malerischer Schwindel, der sich freilich nicht auf der Partienotation materialisierte.

Ich werde niemals so spielen können wie Tal. Am nähesten bin ich ihm, wie ich Ihnen gern mitteilen möchte, einmal als Kiebitz gekommen. Spulen wir fast fünfzig Jahre vor zum Jahr 2017 und zu jener Partie, die die Inspiration für dieses Buch geliefert hat – bei einem weniger bedeutenden Turnier mit niedriger bewerteten Spielern und einem sicherlich weniger berühmten Kiebitz:

Yi Liu
Aleksandar Wohl
Gold Coast 2017

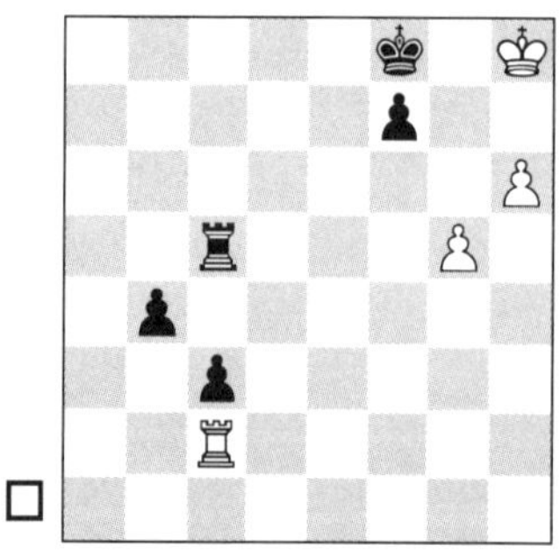

Wohl, ein legendärer australischer IM, hatte seinen jungen Gegner in diesem Endspiel kontinuierlich überspielt und beherrscht das Geschehen jetzt vollkommen. Für die Schar von Zuschauern, unter ihnen auch Ihr Autor, schien sich das Ergebnis klar auf den Gesichtern der Spieler abzuzeichnen. Der Weiße hielt seinen Kopf in den Händen und wirkte völlig niedergeschlagen, als seine letzten Sekunden auf der Uhr heruntertickten. Von der Seitenlinie aus erspähte ich ein nettes Schwindelmotiv. Yi ist ein ziemlich guter Taktiker, und ich dachte für kurze Zeit, dass seine Mimik Teil eines theatralischen Bluffs sei, mit dem er seinen älteren Gegner ködern wollte. Doch leider zeigten seine Gesten echte Ängste. Als ich gerade dabei war, ein kompliziertes Damenendspiel einzuschätzen, ließ Yi Liu seine Zeit ablaufen und gab im selben Moment auf. Die Zuschauer begannen sich zu zerstreuen.
Nach einer respektvollen Pause – wie es sicherlich auch Tal getan hat – ging ich auf Aleks zu und fragte, was er gespielt hätte, wenn Yi mit

38.h7!!

fortgesetzt hätte. Aleks schaute mich an, wie wenn ich meinen würde, der Mond sei aus Käse, und holte mit seiner Hand in Richtung b-Bauer aus. Doch der australische Veteran kannte mich lange genug, um meine Schwindelfertigkeiten zu schätzen, und er hielt inne, um die Stellung eines zweiten Blickes zu würdigen.

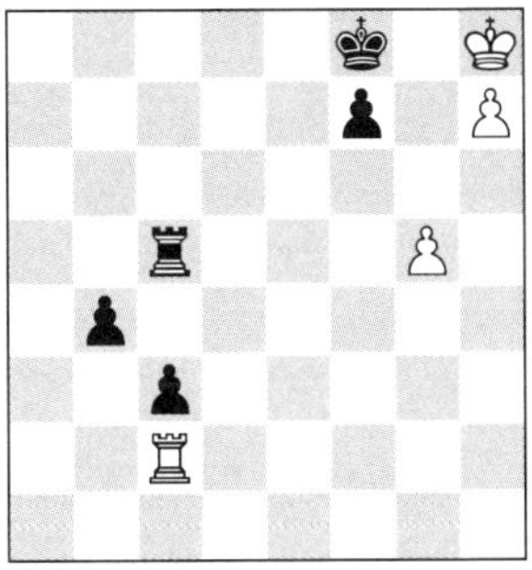

„Ahh“, rief er aus. In diesem Moment dämmerte beiden Spielern, dass die Partie noch längst nicht vorbei war und dass Weiß ein paar echte Chancen hat, sich zu halten: 38...b3?? 39.♖xc3! ♖xc3 40.g6! ist beispielsweise ein sofortiges Remis. Eine weitere hübsche Variante ist 38...♖b5? 39.♖xc3 (trotzdem!) 39...bxc3 40.g6! c2 41.gxf7, und das Remis ist immer noch nicht zu vermeiden. Nach ein paar Minuten schlug Wohl das clevere

38...♖c8!

vor, was den einzigen Versuch darstellt, um mit Schwarz Gewinnchancen zu behaupten. Dem Weißen sind damit aber die Tricks noch längst nicht ausgegangen:

39.♖f2![1]

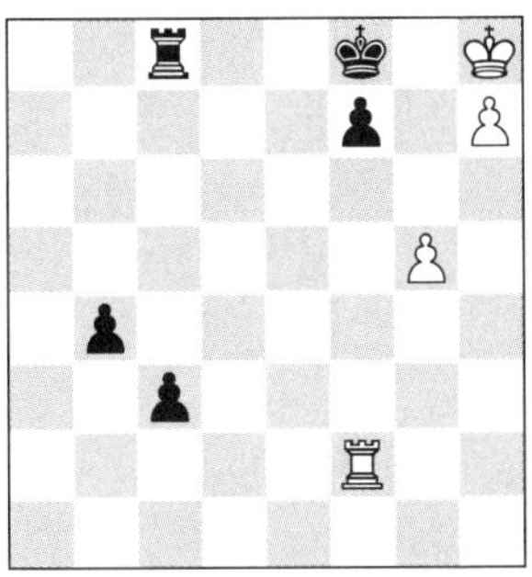

Jetzt ist die Drohung g5-g6 nicht mehr zu verhindern.

39...b3

39...c2 40.♖xc2 ♖xc2 41.g6! führt zum Remis, während 39...♔e7+ 40.♔g7 b3 41.♖xf7+ ♔e6 42.♖f6+! ♔d5 43.♖f8 ♖c7+ 44.♖f7 ♖xf7+ 45.♔xf7 c2 46.h8♕ c1♕ gleichfalls den Punkt teilt.

40.g6 ♔e7+ 41.♔g7 fxg6 42.♖f7+! ♔e6 43.♖f6+! ♔d5 44.♖f8

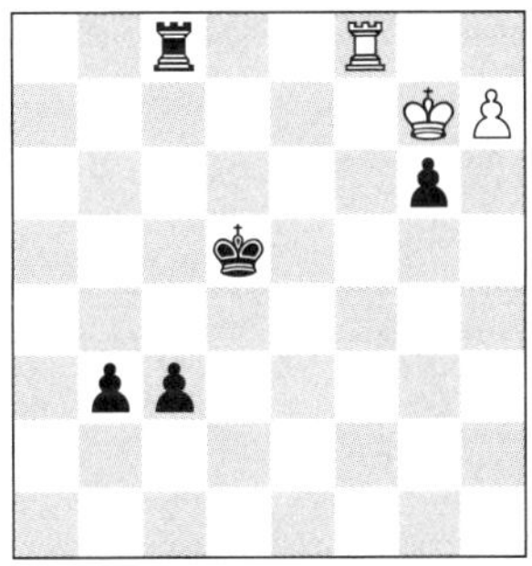

Mit einem Endspiel, das, wie wir uns einig waren, dem Weißen hervorragende praktische Chancen gibt. In solchen Damenendspielen ist es stets schwieriger, zu berechnen, wie man den Schachgeboten entkommt, als selbst Schach zu bieten; insbesondere in Zeitnot: Tatsächlich zeigt sich mit Hilfe der Tablebases sogar, dass Weiß auch gegen das beste Spiel remis halten kann:

44...♖c7+ 45.♖f7 ♖xf7+ 46.♔xf7 c2 47.h8♕ c1♕ 48.♕d8+!

mit einem theoretischen Unentschieden, wie es aussieht.

Vielleicht hätte Yi diese Stellung remis gehalten, vielleicht auch nicht

1 Damals schlug ich die umgekehrte Zugreihenfolge 39.g6 ♔e7+ 40.♔g7 fxg6 41.♖e2+ ♔d6 42.♖f2 vor, aber der belgische FM Helmut Froeyman, der häufig auf meinem Blog kommentiert und unablässig allen Dingen auf den Grund geht, wies später darauf hin, dass das Endspiel nach 42...g5!! 43.♖f8 ♖xf8 44.♔xf8 c2 45.h8♕ c1♕ zu einem Matt in 57 Zügen führt!

– vielleicht würde sie in neunzig Prozent der Fälle verloren gehen. Aber das ist nicht der Punkt. Die Lektion hier ist, dass Weiß mit ein bisschen mehr Mumm und einer Prise Optimismus eine erstaunlich teuflische Verteidigungsressource hätte anbringen können, die im ungünstigsten Fall den Schwarzen für seinen vollen Punkt hätte schwitzen lassen und im besten Fall ein sofortiges Remis gesichert hätte. Zehn Prozent sind besser als das Nichts, was man durch eine sofortige Aufgabe erreicht.

***

An diesem Abend hatte ich mich gefragt, ob die energiegeladenen jungen Talente von heute, selbst mit – oder vielleicht gerade wegen – der Nutzung von Computer-Engines und riesiger Online-Materialien irgendwie weniger motiviert sind, nach Schwindeleien Ausschau zu halten, als Spieler früherer Generationen. Nach den umfangreichen Recherchen, die ich für dieses Buch angestellt habe, bin ich überrascht, wie wenig Aufmerksamkeit dem Schwindeln in der modernen Schachausbildung geschenkt wird. Dies ist insbesondere merkwürdig, wenn man bedenkt, dass dies ein Aspekt unseres Spiels ist, in dem sich Verbesserungen sofort auszahlen. Womöglich haben Sie nie etwas davon, wenn Sie beispielsweise 20 Züge einer obskuren Eröffnungsnebenvariante lernen oder sich das Philidor-Manöver im berüchtigten Endspiel Turm und Läufer gegen Turm einprägen.[2] Hingegen geraten wir alle oft genug in verlorene Stellungen, so dass es einen bedeutenden Unterschied sowohl im Hinblick auf Ihre Wertungszahl wie auch im Hinblick auf Ihre Turnierergebnisse macht, wenn Sie ab und an einen zusätzlichen halben oder gar ganzen Punkt stehlen können.

Es gibt zwei Gründe, warum die Mehrheit der Spieler das Erlernen des Schwindelns ignoriert. Der erste ist, überraschenderweise, der Aufstieg des Computerschachs. Lassen Sie sich nicht täuschen: Computer haben das Schachtraining drastisch verbessert, und die heutigen Spieler kommen schneller voran und entfalten dank der technologischen Hilfsmittel viel eher ihr volles Potenzial. Aber ein unerwarteter Nebeneffekt dieser Fortschritte ist, dass wir die praktische Natur des Kampfes vergessen haben. Wir sind besessen von der Bewertung der Engines und behandeln sie als Heiligtum (was nebenbei auch zum Aufstieg der Lehnstuhl-Kritiker geführt hat – aber das ist eine andere Geschichte). Und dies wiederum beeinflusst unsere eigenen Partien, in denen wir bestrebt sind, stets den „besten“ Zug gemäß der Bewertungen auf dem Bildschirm zu spielen, unter Ausschluss fast aller anderen Faktoren.

Ich stimme voll und ganz zu, dass ein Spieler versuchen sollte, stets die besten Züge zu spielen – aber ich denke nicht, dass stets die erste

2 Man sehe freilich das Kapitel zu den Endspielen.

Wahl der Engine „am besten“ ist. Der Computer bewertet die Stellung unter der Annahme, dass Ihr Gegner bei jedem Zug perfekt spielt;[3] er zieht aber nicht (und kann es auch gar nicht) die Vielzahl wichtiger menschlicher Faktoren in einer Wettbewerbssituation in Betracht, als da wären Müdigkeit, Zeitdruck, Risikoaversion, Selbstgefälligkeit, Frustration, Impulsivität ... die Liste ließe sich fortsetzen.

Der zweite Grund für die Vernachlässigung des Schwindeltrainings ist einfacher: es ist schwierig! Einem Trainer oder einem autodidaktischen Spieler steht eine überwältigende Menge an Material zu anderen Aspekten des Spiels zur Verfügung, seien es Eröffnungen, Endspiele oder Taktik.

Aber wie fängt man an, Schwindeln zu trainieren? Man kann nicht einfach in einer Datenbank nach Partien mit Schwindeleien suchen, und selbst wenn – was würde man daraus lernen?

Ich kann es nachvollziehen, wenn Trainer, die ihren Schülern mit Blick auf Schwindeln und Schachpsychologie gerne weiterhelfen wollen, hierzu einfach kein passendes Material finden können. Die meisten Ratschläge, die ich gehört oder gelesen habe, waren vage, von der optimistischen Einstellung wie „halten Sie durch, denn Fehler kommen vor“ bis zu dem etwas nützlicheren „trainieren Sie Taktik, damit Sie bereit sind, wenn sich Gelegenheiten ergeben.“ Es ist jedoch ein großer Unterschied, ob man ein Spiel gewinnt, weil der Gegner von sich aus einen Fehler gemacht hat, oder ob man einen Schwindel inszeniert, der aktiv zu einem entscheidenden Fehler animiert. Aber ein Student, der die kostbare Kunst des Schwindelns erlernen will, wird womöglich enttäuscht – die Engines sind ahnungslos, die Datenbanken nutzlos, und seit den 1950er Jahren gab es praktisch keine guten Bücher zu diesem Thema.

Dieses Buch ist von seinem ursprünglichen Konzept als einer Anthologie der schönsten Schwindeleien beträchtlich angewachsen. Als ich mich auf die Suche nach Beispielen machte, wurde mir klar, warum bisherige Autoren einen Bogen um dieses Thema machten. Es gibt ein paar Sammlungen mit Schachkuriositäten, die akribisch von angesehenen Liebhabern wie Israel Horowitz, Tim Krabbé, Ger van Perlo, Yochanan Afek und Amatzia Avni zusammengetragen wurden. Ich weiß jetzt zu schätzen, was diese Autoren bei ihren Recher-

3 Dies trifft für Engines zu, die den Alpha-Beta-Suchalgotithmus verwenden, wozu die meisten Engines wie Stockfish, Fritz usw. gehören. Nicht ganz exakt so gilt das für die neue Engine-Generation wie z.B. AlphaZero, Leela Chess und ihren kommerziellen Klon Fat Fritz, die die Monte-Carlo-Baumsuche anwenden. Tatsächlich spucken diese Engines Bewertungen in Form von Prozentsätzen aus, die viel ähnlicher dem sind, wie Menschen bei der Stellungsbewertung denken – also nicht dem kalten „0,00“, das wir so oft zu sehen bekommen.

chen durchgemacht haben müssen, und Details zu diesen überaus unterhaltsamen Werken finden sich in der Bibliographie.
Zum Glück, weil ich süchtig danach bin, Schachturniere im Internet zu verfolgen[4] und weil ich interessante Beispiele sorgfältig auf meinem Computer verwalte,[5] war meine Datenbank mit modernen Schwindeleien schon recht groß. Aber für dieses Buch wollte ich noch mehr, und so habe ich mich für eine zeitgemäße Herangehensweise entschieden: Crowdsourcing. In sozialen Medien, Blogs und dergleichen rief ich die Schachgemeinde auf, mir ihre besten Schwindeleien zu schicken. Die Resonanz war überwältigend. Bald wurde mein elektronischer Briefkasten mit Geschichten von Partien überflutet, in denen es von schrecklichen Fehlern, unverschämter Schlitzohrigkeit und sogar krassem Mogeln nur so wimmelte. Die Auswahl zu treffen war dann weitaus aufwendiger, als ich erwartet hatte. Wobei, wie Afek mir gegenüber bemerkte, das Problem zum Teil darin besteht, dass es in der Schachterminologie keine durchgängige Definition des Begriffs „Schwindel" gibt.[6] Ich habe die Partien akribisch durchforstet, bis ich über 800 reinrassige Diamanten fand. Im Ergebnis ist so, da bin ich mir sicher, die weltweit größte Sammlung von Schwindeleien am Schachbrett entstanden. Im Laufe dieses Prozesses entdeckte ich einige wundersame Rettungen und köstliche Tricks. Noch wichtiger ist jedoch, dass mir durch die Partien hinweg immer wieder dieselben Muster auffielen. Mir wurde bewusst, dass dieses Buch nicht nur den eklatanten Mangel an Material in der Schachliteratur über reinrassige Schwindeleien beheben, sondern auch ein nützliches Lehrmittel für angehende Schwindler werden würde.
Ich will dieses Buch nicht als göttliches Geschenk zur Füllung dieses Vakuums herausposaunen. Ich würde mich sehr freuen, wenn in Zukunft mehr (und bessere!) Bücher über Schwindeleien geschrieben werden, denn dieses Thema fasziniert mich. Aber bis dahin habe ich mein Bestes getan, um einen möglichst informativen wie unterhaltsamen Leitfaden durch diese wundersame Welt zusammenzustellen.

Der grundlegende Ablauf des Buches ist wie folgt. Zunächst betrachten wir die häufigsten psychologischen Urteilstrübungen, die einen Schachspieler am Brett beeinflussen. Als nächstes erörtern wir die wichtigsten Eigenschaften und Fähigkeiten, die ein Schwindler benötigt, um diese Urteilstrübungen auszunutzen. Schließlich

4 Keine gute Angewohnheit für einen Forscher.
5 Diese ist hingegen schon wesentlich nützlicher.
6 Jonathan Rogers, der für das Magazin *Kingpin* schreibt, bezeichnet es als das „vielleicht beste Beispiel für einen häufig missbrauchten Schachbegriff".

fügen wir die Puzzleteile zusammen, um zu sehen, wie man ein besserer Schwindler werden kann. Zu diesem Zweck habe ich am Ende des Buches einige schwindelspezifische Aufgaben hinzugefügt, die Ihnen dabei helfen sollen, Ihre Schwindelfertigkeiten zu trainieren. Sie unterscheiden sich von den meisten Schachaufgaben in dem Sinne, dass Computer Ihnen keine Hilfe sein werden. Tatsächlich wird der gemäß Engine beste Zug oft nicht die richtige Antwort sein, da er häufig nicht die beste Chance für einen Spieler verkörpert, einen Schwindel einzufädeln (andererseits gibt es auch einige Aufgaben, bei denen Sie versuchen sollen, einem Schwindel auszuweichen und eine Gewinnstellung zu gewinnen, und wo der Computer gewöhnlich mit der Lösung übereinstimmt).

Vor diesem Hintergrund werden Sie bemerken, dass meine Anmerkungen bei den Hauptpartien oft nicht mit den Bewertungen des Computers übereinstimmen. Ich mag einen Zug als brillant („!!“) bewerten, der es nicht einmal in die Topliste der Enginezüge schafft, dafür aber einen hinterhältigen Schwindel inszeniert, oder einen Zug als Schnitzer („??“) bezeichnen, der technisch gesehen ein Matt erzwingt, aber die Toleranz für nachfolgende Fehler spürbar einschränkt. Vertreter des Fernschachs mag es vor solch einer Blasphemie in einem Schachbuch schaudern – aber auch diesbezüglich werde ich die Vorteile des Schwindeln-Lernens demonstrieren, indem ich einige bemerkenswerte Wiederauferstehungen in ihrer geheiligten Welt zeige.

Eine kurze Anmerkung zur Struktur. Ich habe versucht, den natürlichen Fluss der Dinge zu folgen und Kongruenz zwischen den einzelnen Abschnitten zu bewahren – zum Beispiel lässt sich jede psychologische Urteilstrübung direkt mit einer bestimmten Art von Falle assoziieren, mit der der Schwindler diese ausnutzen kann. Das Buch besteht aus mehreren Teilen, wobei jeder Teil mehrere „Mini-Kapitel“ enthält. Einige der Kapitel sind recht kurz und enthalten nur ein paar oder sogar nur ein einziges Beispiel. Dies spiegelt meine eigene Vorliebe wider, wenn ich selbst irgendetwas Instruktives lese. Auf den nachfolgenden Seiten werden viele neue und ungewöhnliche Themen besprochen, und ich denke, dass es viel leichter ist, eine Schlüsselidee aufzusaugen, wenn sie sich in einem abgeschlossenen Kapitel präsentiert.

Vor allem aber habe ich versucht, niemals zu vergessen, warum mich dieses Projekt überhaupt erst interessiert hat: Schwindeln macht Spaß! Ich hoffe, dass die Beispiele in diesem Buch Sie ebenso inspirieren und unterhalten werden, wie sie mich erfreut haben. Mögen Sie Ihre Gewinnstellungen stets gewinnen, und möge Ihnen Caissa beim Rest zulächeln.

GM David Smerdon, Brisbane, Januar 2020

TEIL I

Was ist ein Schwindel?

Die Fehler sind alle da, sie müssen nur gemacht werden – Savielly Tartakower

Meine Erfahrung mit Schwindeleien begann in sehr jungen Jahren – ebenso wird es wohl den meisten Spielern gehen. Das früheste Beispiel, an das ich mich entsinnen kann, ist eine sehr lebhafte Erinnerung an die vorletzte Runde der Australischen U12-Meisterschaften.

David Smerdon
Justin Tan
Canberra Australische Jugendmeisterschaft 1995

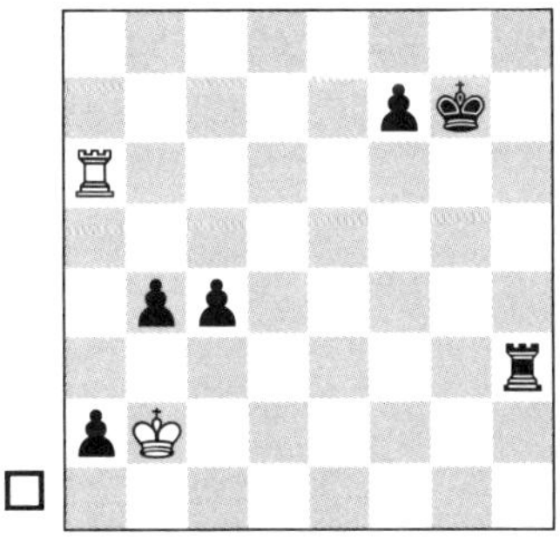

Wenn sich Skala von „schlecht“ über „verlustträchtig“ bis zu „aussichtslos“ verschiebt, kommen wir irgendwann in die Gegend von „Warum spielst Du überhaupt noch weiter?“. Jedes Schlagen des a-Bauern erlaubt Schwarz den Turmtausch (66.♔xa2? ♖a3+!). Trotz des Defizits von vier Bauern konnte ich einen schwachen Hoffnungsschimmer ausmachen:
66.♖d6!? ♖d3 67.♖c6! ♖a3 68.♔a1 b3 69.♖b6!

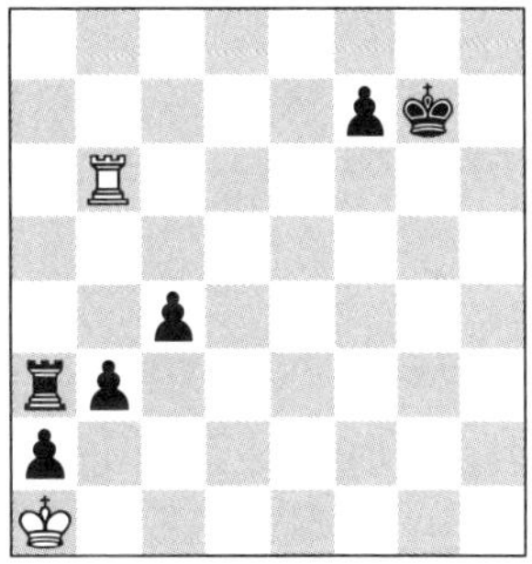

Ich entsinne mich, wie ich verzweifelt versuchte, meine Emotionen im Zaum zu halten. Ich fühlte mich, als würde ich explodieren, derweil die Hand meines Gegners über dem c-Bauern schwebte, und ich glaubte einfach nicht, dass es möglich wäre. Tatsächlich endete die Partie mit ...
69...c3?? 70.♖g6+!
Und das berühmte Thema des „wildgewordenen Turms“ bescherte mir ein unverdientes Remis.
70...♔f8 71.♖g8+ ♔e7 72.♖e8+ ♔d7 73.♖e7+ ½:½

Eine U-12-Partie mag ein seltsamer Auftakt für ein Buch sein, aber das Vorkommnis erwies sich als überraschend bedeutsam für mich. Es ist vorstellbar, dass ich, wenn ich diese Partie verloren hätte, niemals Großmeister geworden wäre. Der halbe Punkt erwies sich als äußerst wertvoll, denn ich schaffte es bis in den Blitz-Stichkampf, wo ich mir die Meisterschale erschwindelte,[7] als mein Gegner in Gewinnstellung einen illegalen Zug machte. Damals durfte nur der Sieger jeder Altersklasse in Australien an der Jugendweltmeisterschaft teilnehmen, und so wurde ich ausgewählt, in Europa zu spielen – in den Neunziger Jahren eine riesige Gelegenheit für einen Schachspieler aus unserer abgelegenen Nation –, während meine Altersgenossen in den schachlichen Nebengleisen der australischen Wochenendturniere dahinvegetieren mussten. Dieser Startvorteil führte dazu, dass ich Australien in allen nachfolgenden Altersgruppen und schließlich in der Olympiamannschaft vertrat, bevor ich schließlich Großmeister wurde.

Weit hergeholt? Möglicherweise – obgleich Sie vielleicht schon die berühmte Geschichte über den Schmetterling und den Orkan gehört haben. Andererseits war der Gewinn dieser Meisterschaft für einen beeinflussbaren 10-Jährigen ein gewaltiger Motivationsschub und half mir, meine Energien auf das Schachspiel zu konzentrieren, anstatt auf andere Hobbys. Noch wichtiger ist, dass ich aus meinem ersten Schwindel eine wertvolle Lektion gelernt hatte: dass es im Schach möglich ist, aus verlorenen Stellungen Punkte zu sammeln.

Im Schach, im Unterschied zum Laufen, Schwimmen oder sogar zum Tennis, ist der Sieger nicht unbedingt der stärkere Athlet, sondern häufig einfach der listigere.[8]

Abgesehen von seiner persönlichen Bedeutung für mich ist es jedoch kein toller Schwindel. Den Schwarzen mit 66.♖d6 und 67.♖c6 zu ...♖a3 zu verführen, ist zwar ganz clever, aber die Falle ist nur schwach getarnt und das Pattmotiv ist den meisten Spielern bekannt; ehrlich gesagt glaube ich, dass das gegen kaum einen Spieler über zehn Jahren Erfolg haben könnte.

Der „wildgewordene Turm" ist jedoch ein auch in vielen hochkarätigen Schwindeleien vorkommendes Thema. Ein viel raffinierteres Beispiel ist der folgende bekannte Schwindel, der den vielleicht berühmtesten Schwindler der

7 Es war ein Schwindel, obgleich mein aktiver Beitrag hierzu noch primitiver und beschämender war als im soeben gesehenen Beispiel. Mit einem unabwendbaren Matt auf h7 konfrontiert, zog ich mit Schwarz meine Dame von d8 auf a8. Mein Gegner spielte ♕xh7 und verkündete Schachmatt ... woraufhin ich seinen König auf h1 mit meiner Dame schlug.

8 Übrigens, wo wir gerade von Schmetterlingen und Orkanen sprechen, Sie fragen sich vielleicht, was aus meinem jungen Gegner geworden ist. Vielleicht hat ihn der Schwindel dazu bewogen, das Schach aufzugeben und mit Boxen anzufangen. Oder vielleicht führte das Trauma zu einem Leben voller Drogen, Kriminalität und schließlich zu einem schmutzigen Ende als Politiker. Doch wie es der Zufall so will, ist Justin Tan jetzt besser bekannt als „JannLee", so sein Online-Alias, und er ist der Weltmeister im Crazyhouse (Einsetzschach, eine Art Solo-Tandem; der Übers.) – ironischerweise eine Schachvariante voller Fallen, Tricks und Schwindeleien.

Schachgeschichte zeigt: den großen US-Meisterspieler Frank James Marshall.

Frank Marshall
AJ McClure
USA 1923

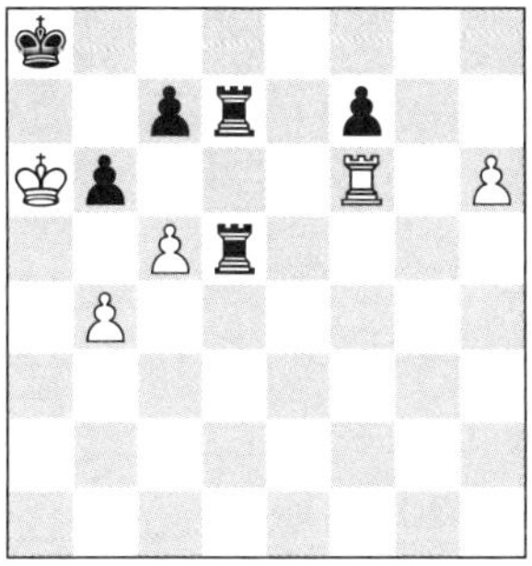

Mit einem Turm weniger holt Marshall zu einem seiner berühmten Zauberkunststückchen aus.

1.c6!!

Ein entzückender Einleitungszug. Scheinbar bringt Marshall seinen König in Gefahr, tatsächlich aber macht er einen weiteren seiner Steine bewegungsunfähig.

1...♖e7

Ein natürlicher Zug, einfacher war aber 1...♖d8 2.♖xf7 ♔b8!, um als nächstes ...♔c8 zu spielen. Alles offenbart sich nach ...

2.h7!

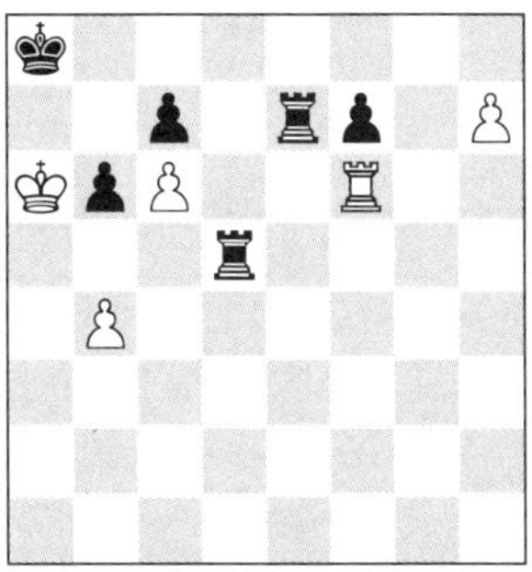

Die eigentliche Inszenierung des Schwindels. Marshall stellt seinem Gegner drei Züge zur Auswahl, um den Bauern zu stoppen. Nur einer – der am wenigsten natürliche – bewahrt die Gewinnstellung.

2...♖h5??

2...♖d8?? 3.♖g6!! macht gleichfalls remis, doch 2...♖e8! 3.♖xf7 ♔b8 hätte den vollen Punkt eingesammelt. Man beachte, dass dies die Schlüsselressource ...♔c8 möglich macht, womit die Pattstellung aufgehoben wird, indem ♔a7 ermöglicht wird – eine Feinheit, die aus der Ferne schwer zu erkennen ist!

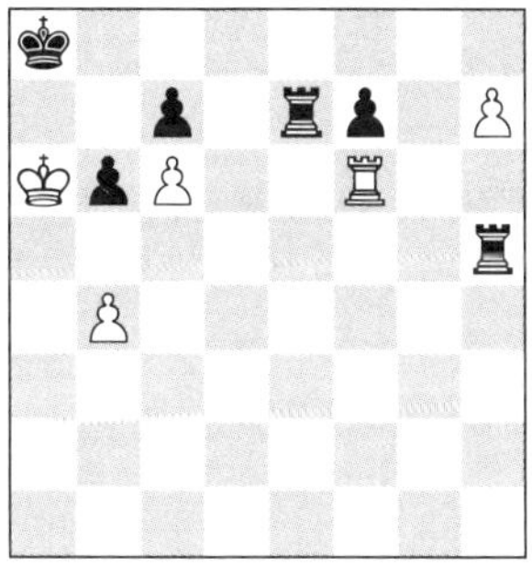

3.♖h6!

Genau wie der Pate Don Vito Corleone macht Marshall seinem Gegenüber ein Angebot, das dieser nicht ablehnen kann.

3...♖xh6 4.h8♕+ ♖xh8 5.b5!

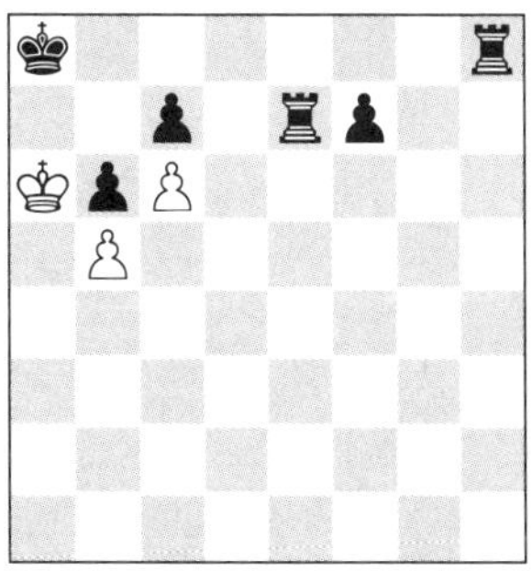

Versiegelt das Grab. Obwohl er zwei Türme weniger hat, ist das Patt unvermeidlich – es sei denn, Schwarz versucht 5...♖d7?! 6.cxd7 c6?? 7.bxc6 und verliert damit sogar. McClure nahm das Remis.

Marshall schrieb eines der ersten und bekanntesten Bücher über Schwindeleien, das er ganz bescheiden[9] *Marshall's Chess Swindles* (1914) nannte. Er war für seine Wiederauferstehungen dermaßen bekannt, dass der Begriff „Marshall-Schwindel" nach ihm benannt wurde, worauf, soweit man es sagen kann, auch der heutige Sprachgebrauch zurückgeht. In seiner Marshall-Biographie zitiert Soltis den klassischen Meisterspieler Michail Tschigorin, der anlässlich des Wiener Turniers von 1903 folgendes schrieb:

„Einer der Turnierteilnehmer bezeichnete Marshall als Schwindler, als Scharlatan. Aber seine ‚Scharlatanerie', sozusagen sein riskantes Spiel, gefällt mir besser als jedwedes ‚korrekte' Spiel vieler erstklassiger Spieler."

Viel später, in einem Artikel der *New York Times* von 1987, bot der US-Großmeister Robert Byrne folgende Definition an:

„Ein ‚Marshall-Schwindel', oder einfach nur ein ‚Schwindel', ist keine Art von Betrug oder Verstoß gegen die Schachregeln. Das Wort impliziert einen Zug oder eine Kombination von teuflischer Cleverness, mit der der Spieß umgedreht wird."

Eine hübsche Beschreibung, aber für unsere Zwecke zu vage. Schwindeln ist eine weitaus höhere Fertigkeit, als einfach bloß Fehler des Gegners auszunutzen; ganz gleich, wie clever die Kombination auch sein mag. Dass lässt sich am besten anhand des Beispiels einer Rettung erklären, die kein Schwindel ist.

Gulnar Mammadowa 2355
Linda Krumina 2081
Batumi Frauenolympiade 2018 (6)

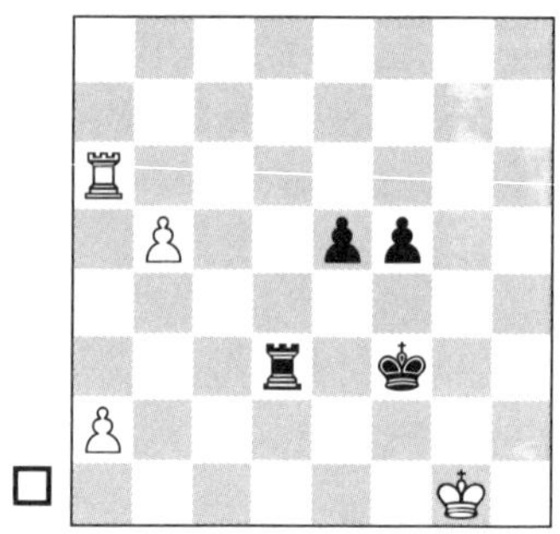

Bei der Schacholympiade gewann die aserbaidschanische Frauenmannschaft ihre Begegnung mit dem knappstmöglichen Ergebnis, als ihr drittes Brett mit Weiß spielend aus einem hoffnungslos verlorenen Turmendspiel auf bemerkenswerte Weise ein Remis rettete. In der Partie geschah
47.b6,
und statt des vernichtenden 47...♖d1+ erlaubte

9 Beißende Worte von einem Typ, der gleichfalls sein erstes Buch nach sich selbst benannte.

47...e4??
die spektakuläre Rettung mit
48.♖a3!!

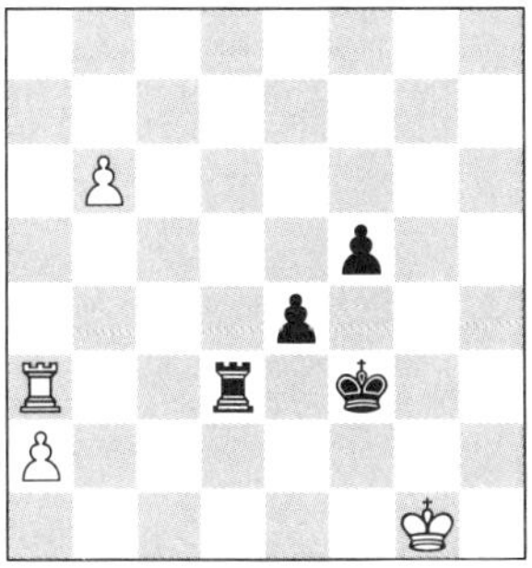

Der schwarze Plan wurde durch diese Kamikaze-Fesselung verhindert. Nach dem erzwungenen
48...♖xa3 49.b7!
kann der weiße Bauer nicht mehr aufgehalten werden. Schwarz hat keine andere Wahl, als auf a2 zu schlagen und um das Remis zu betteln, mit welchem Ergebnis die Partie auch schließlich endete.

Ein ungewöhnliches und hübsches Motiv, doch nicht gerade ein Schwindel. Weiß reagierte einfach auf den schwarzen Schnitzer, zu dem er selbst nicht aktiv beigetragen hatte. Bitte halten Sie mich jetzt nicht für pedantisch. Es ist weniger eine Sache starrer Definitionen und es geht mehr darum, was wir aus den Beispielen lernen können.
Aus dieser Partie können wir nicht viel mitnehmen, abgesehen von den bereits erwähnten vagen Gefühlen eines Trainers, und vielleicht können wir auch noch ein Muster in unserem Gedächtnis abspeichern. Es gibt keine Provokation, keine Psychologie. Es wäre wie bei einem Langläufer, der darauf hofft, dass sein Hauptrivale umfällt – schön, wenn man ihn dazu kriegen kann, aber nichts, worauf man trainieren könnte (hoffe ich zumindest!).
Der wahre Schwindler muss hingegen das Opfer aktiv dazu verleiten, einen entscheidenden Fehler zu begehen.[10] Konkret muss ein Schwindel die folgenden Elemente enthalten:

1) Der Schwindler startet aus einer objektiv verlorenen Stellung;
2) Der Schwindler provoziert das Opfer bewusst zu einem Fehler, in der Regel unter Ausnutzung eines psychologischen Charakterzuges;
3) Das Opfer verspielt seinen Vorteil und lässt den Schwindler mit einem halben oder gar ganzen Punkt entkommen.

Um das zweite dieser Elemente, die Inszenierung des Schwindels, geht es in diesem Buch. Derweil der Computer uns weiterhin erklären will, dass wir verloren sind, ist es unser Ziel, die Aussichten dafür zu erhöhen, dass unser Gegner aus Fleisch und Blut das dritte Element zulassen wird. Der Schwindel ist vollzogen, wenn die Stellung nicht mehr objektiv verloren ist. In

10 In Kingpin gibt Jonathan Rogers die vielleicht beste Definition, die ich je gelesen habe: „Wenn ein Spieler einen Zug macht, der (mit Erfolg) darauf abzielt, einen gegnerischen Fehler zu provozieren, und dieser Fehler eine einträgliche Kombination erlaubt, dann hat dieser Spieler seinen Gegner beschwindelt.“

seltenen Fällen kann sogar ein Sieg herausspringen!
Sehen wir uns eine andere Partie aus jüngster Vergangenheit an. Diesmal ist ein echter Schwindel in Aktion zu bewundern.

Samuel Sevian 2642
Timur Gareyev 2557
St. Louis US-Meisterschaft 2019 (4)

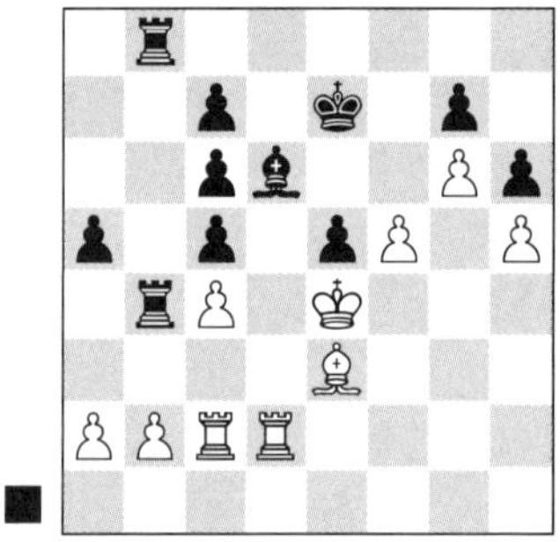

Auf den ersten Blick mag die Stellung von Schwarz, der ja immerhin einen Bauern mehr hat, nicht so schlecht aussehen. Doch bei genauerem Hinsehen offenbart sich, wie furchtbar hoffnungslos seine Position wirklich ist. Er hat die Karikatur eines Läufers, genaugenommen ein Großbauer, der an die Verteidigung von c5 und e5 gebunden ist. Noch wichtiger ist, dass er überhaupt keinen Hebel hat – das Vorschieben des Bauern nach a3 wird mit b2-b3 beantwortet, wodurch der Damenflügel auf ewig blockiert ist –, während der weiße Durchbruch f5-f6 nicht verhindert werden kann. Weiß hat alle Zeit der Welt, um diesen Durchbruch zu orchestrieren. Danach wird h6 fallen, und die verbundenen g- und h-Bauern von Weiß werden den Sieg davontragen.
Schwarz ist hoffnungslos in Nöten. 30...♔f6? 31.♗f2!, was ein Matt auf h4 droht, zwingt den König zur Rückkehr, da 31...♔g5?? 32.♗e1! zu einem raschen Matt führt. Besser ist 30...a4, was zu einigen faszinierenden Varianten führt, die einen kurzen Exkurs wert sind. Es folgt 31.♖f2 ♖f8 32.♖f3 ♖b6 (bzw. 32...♖fb8 33.f6+! gxf6 34.♗xh6 ♖xb2 35.♖xb2 ♖xb2 36.♗g7,

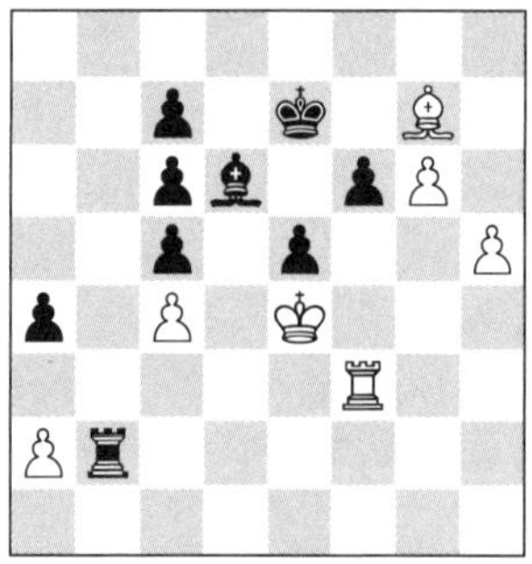

Analysediagramm

und der Weg des h-Bauer zum Touchdown ist vorgezeichnet) 33.♗f2 ♖fb8 34.♗h4+ ♔f8 35.f6! (35.♖ff2 gewinnt gleichfalls problemlos, doch der Textzug gewinnt schöner und schneller) 35...♖xb2 36.fxg7+ ♔g8 (36...♔xg7 37.♖f7+ ♔g8

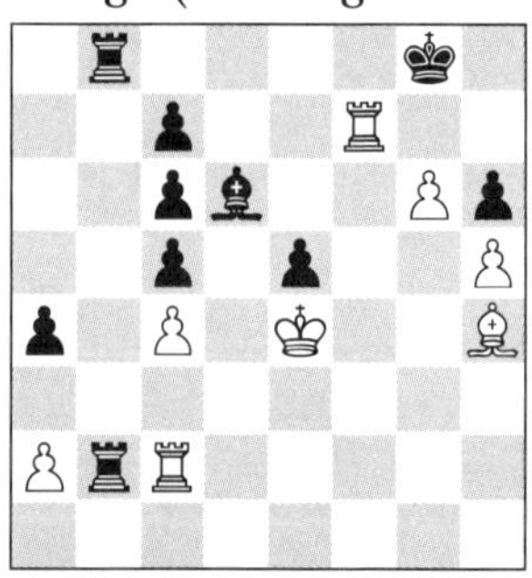

Analysediagramm

38.♗f6! ♖xc2 39.♖h7 samt Matt) 37.♖xb2 ♖xb2 38.♖f7!.

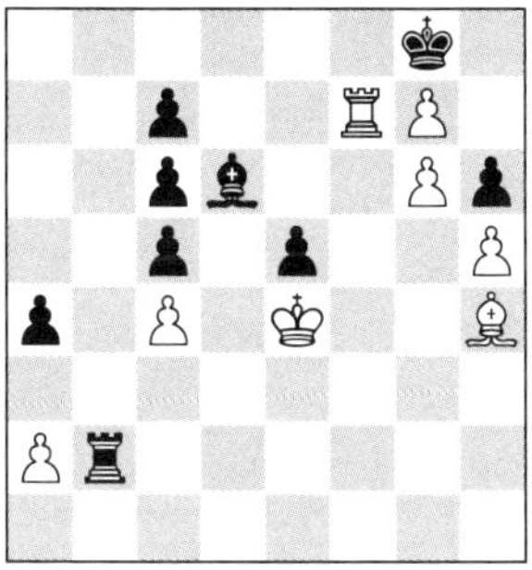

Analysediagramm

Droht ♗g5 nebst ♗xh6 und ♖f8+, und zugleich das langsamere ♔e4-f5-e6 samt ♗f6, gefolgt von ♖d7 und ♖d8#. Schwarz ist völlig hilflos: 38...♖h2 (38...♖b8 39.♗g5!) 39.♗d8 ♖e2+ 40.♔f5 e4 (40...♖f2+ 41.♔e6 ♖xf7 42.gxf7+ ♔xg7 43.♗e7, und Weiß wandelt um) 41.♗f6 ♖f2+ 42.♔e6 e3 43.♖d7 ♖xf6+ 44.♔xf6 ♗e5+ 45.♔xe5 e2

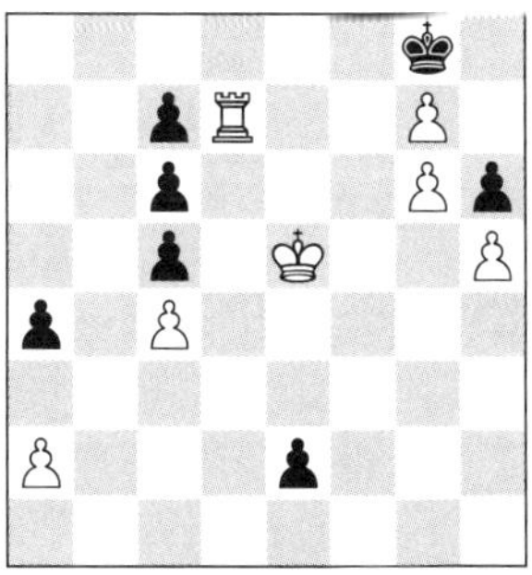

Analysediagramm

46.♔f6 e1♕ 47.♖d8+ samt Matt im nächsten Zug.
Diese Variationen sind nur zur Show; Weiß hat entlang dieser Varianten viele langsamere und einfachere Möglichkeiten der Vorteilsverwertung. Der weiße Plan scheint unaufhaltsam – und ist es in der Tat auch. Es gibt keine Möglichkeiten, Komplikationen zu schaffen, keine Kamikaze-Angriffsmöglichkeiten und keine plausiblen Verteidigungen. In solchen Situationen extremer Hoffnungslosigkeit werden wir sehen, dass die Idee des „Danaergeschenks" oft die beste Chance für den Möchtegern-Schwindler darstellt. Der einzige Punkt, der für Schwarz spricht, ist, dass der unausweichliche Sieg von Weiß noch in weiter Ferne liegt, sowohl was die Zeit als auch was die Zahl der Züge angeht. Gareyev spielt mit der Ungeduld seines Gegners und bietet ihm eine verlockende Möglichkeit, die Partie sofort unter Dach und Fach zu bringen. Sein Konzept ist erstaunlich genial.

30...♖a4!!

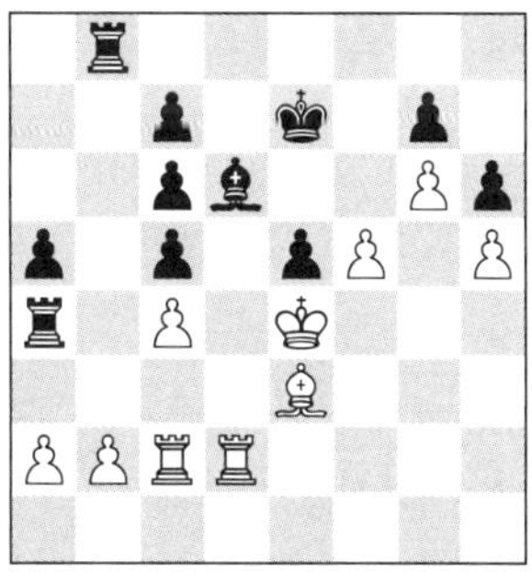

In der Live-Übertragung hätten die Kommentatoren WGM Jen Shahade und GM Yasser Seirawan nicht fassungsloser ausschauen können, wenn sich Gareyevs Turm auf magische Weise in eine Maus verwandelt hätte. Der normalerweise unerschütterliche Seirawan konnte sich nicht zurückhalten und rief aus: „Nie im Leben! Der Turm ist tot, tot, tot!", bevor er unglück-

seligerweise kundtat: „Hier gibt es keinen Trick ...", just als Gareyev den Trick spielte. Auch wenn der Zug auf gewisse Weise zurecht verspottet wurde, denn er ist tatsächlich schlecht.
Aber diese Reaktionen – und die von vielen weiteren Zuschauern, mich selbst eingeschlossen – spiegeln die psychologische Meisterschaft bei Gareyevs Strategie wider. Wie der Kommentatorenkollege GM Maurice Ashley später bemerkte: „Der Schwindel funktioniert, ganz einfach weil ...♖a4 dumm ist, einfach so dumm!"
Formal droht Schwarz, einen Bauern zu gewinnen. Aber das Gegenmittel scheint so verblüffend einfach zu sein, und Schwarz muss offenbar mit der dauerhaften Einsperrung seines Turms zahlen. So einfach ist es – für einen gerissenen Spieler vielleicht sogar etwas zu einfach. Nach dem offensichtlichen

31.a3

setzte Schwarz mit

31...♖b3!!,

fort, womit der Schwindel inszeniert war.

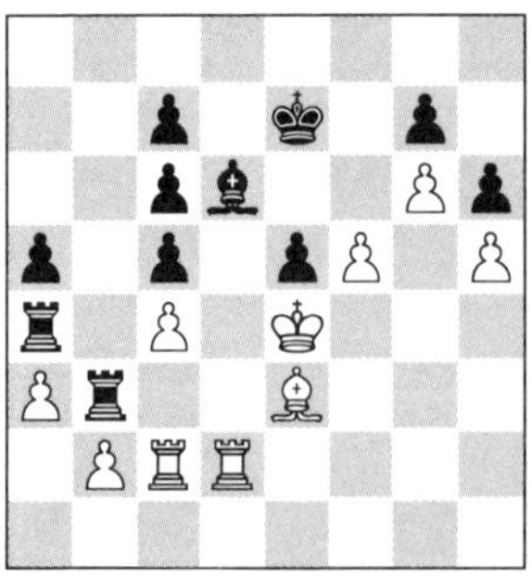

Die weiße Aufmerksamkeit wurde durch Gareyevs Schall und Rauch am Damenflügel gänzlich umgelenkt. Anstatt ruhig mit ♖f2 oder ♖g2 auf seinen Durchbruch am Königsflügel hinzuarbeiten, ist Sevian zu sehr durch den hilflosen Turm auf a4 und die Aussicht, die Partie schneller als erwartet zu gewinnen, abgelenkt. Ohne nachzudenken bietet er den Abtausch der einzigen aktiven Figur von Schwarz mit

32.♖d3??,

an, mit der Absicht ♗c1 und b2-b3, um sich den Turm zu schnappen. Einzig schon um den plötzlichen Wechsel des Gesichts von Gareyev von einem verzweifelten zu einem freudestrahlenden Ausdruck wie am Unabhängigkeitstag zu sehen, lohnt es sich, den Clip auf Youtube anzusehen.[11]

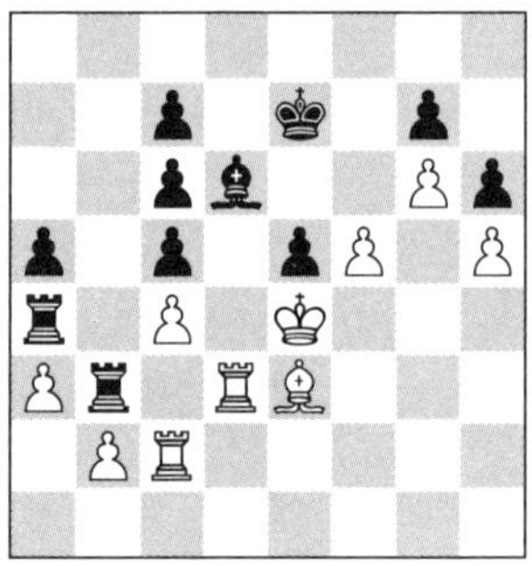

32...♖xb2!!

Hexerei! Urplötzlich erwachen die nutzlosen Türme von Schwarz zum Leben. Auf 33.♖xb2? folgt 33...♖xc4+ 34.♔f3 e4+!, was den Turm zurückgewinnt und Schwarz

11 Abrufbar auf youtu.be/MVYJWTmTm8s?t=12494

mit zwei Mehr- sowie vier Freibauern (drei davon auf der c-Linie!) verbleiben lässt. Es ist ein schmaler Grat zwischen Wahnsinn und Genie, wie man sagt, und hier kann ein einziger Zug unsere Wahrnehmung von ersterem zu letzterem wandeln. Die Kommentatoren gaben die Gedanken von vielen von uns wieder (Shahade: „Ich habe buchstäblich keinen einzigen Trick in der Stellung gesehen", Seirawan: „Ich hatte mich im Schlaf gewogen", Ashley: „Hochklassige Trickserei!") Auch Sevian musste das erst einmal verdauen und erholte sich nach einigen Minuten des Schocks auf bewundernswerte Weise mit **33.f6+[12] ♔xf6 34.♖xd6+! cxd6 35.♖xb2 d5+ 36.♔f3 ♖xa3**, was zu einem Endspiel führte, in dem Schwarz vier Bauern für den Läufer hat. Anschließend gab es noch etliche weitere Wendungen, einschließlich dessen, dass Weiß alle sieben(!) Bauern von Schwarz gewann, aber letztlich wurde die Partie remis, nachdem Gareyev das gefürchtete Endspiel Turm und Läufer gegen Turm erfolgreich verteidigt hatte (siehe das Kapitel „Endspiele").

Der Unterschied zum vorigen Beispiel ist klar: Gareyev hat aktiv seinen Gegner dazu verleitet, den Sieg zu verpatzen, und mithin können wir aus diesem Schwindel tatsächlich etwas lernen und versuchen, so etwas in unseren eigenen Partien nachzuahmen. Natürlich können wir nicht alle solch kreativen Genies wie der König des Blindschachs sein,[13] aber wir können Techniken anwenden, die uns dabei helfen, auf logische Weise zu ähnlichen Ideen zu kommen.
Im letzten Beispiel fand Schwarz einen Weg, um Weiß von seinem klaren Gewinnplan abzulenken, indem ihm scheinbar eine Abkürzung des Gewinnweges offeriert wurde. Diese Techniken – letztere ist die Idee des „Danaergeschenks" – sind zwei der besten Tricks, um die Grundlagen für einen erfolgrei-

12 An einem weniger traumatischen Tag hätte Sevian vielleicht ein unglaubliches Gegenopfer eines Turms gefunden, das auf höchst ungewöhnliche Weise remisiert: 33.♗g5+! hxg5 34.♖xb2 ♖xc4+ 35.♔e3 ♖h4 36.♖xd6!!. Ein Qualitätsopfer, das Weiß drei Bauern im Rückstand lässt, aber mit einem gigantischen Umwandlungspotential am Königsflügel: 36...cxd6 37.♖b7+ ♔f8 38.♖f7+ ♔g8 39.♖d7 ♔f8 40.♖d8+!! ♔e7 41.♖xd6!! (ein liebenswürdiges Echo zu fünf Zügen zuvor. Weiß nutzt den Umstand aus, dass der schwarze Bauer auf g5 die g-Linie für seinen eigenen Turm verstellt) 41...♖xh5! 42.f6+! gxf6 43.♖d8!!. Weiß führt beharrlich seinen Bauern zur Umwandlung. Zum Glück für Schwarz ist der Preis gerade hoch genug: 43...♔xd8 44.g7 ♖h3+ 45.♔e2 ♖xa3 46.g8♕+ ♔e7!, wonach ein ungewöhnliches Endspiel mit Dame gegen Turm und sechs(!) Bauern entstanden ist. Wichtig ist, dass Schwarz seinen Königsflügel behaupten kann, was bedeutet, dass Weiß keine echten Gewinnchancen hat. Welch ein Reichtum in dieser Partie!

13 Zum Zeitpunkt, da dies geschrieben wird, ist Gareyev der Weltrekordhalter im Blindsimultanspiel. Im Jahr 2016 spielte er 48 Partien auf einmal, mit einer Gewinnquote von über 80%.

chen Schwindel zu legen, wenn der Trend so eindeutig gegen uns läuft. Aber es gibt noch viele mehr. Die Drei-Fragen-Technik wende ich häufig an, wenn meine Position schlecht aussieht.

Anna Musitschuk 2561
Jewgenia Owod 2375
Novi Sad Mannschaftsturnier Frauen 2016 (6)

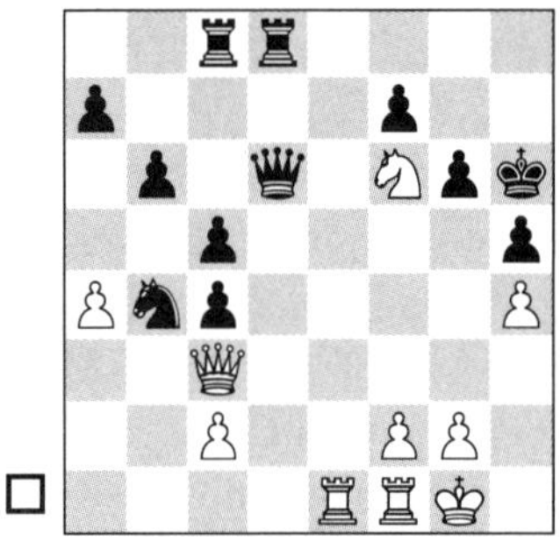

Weiß hat zwei Bauern weniger und ist objektiv verloren. Anhand von Techniken, die wir in diesem Buch noch diskutieren werden, stellt sie sich drei Fragen:

1) „Was will meine Gegnerin?" Die Stellung vereinfachen;

2) „Wie will sie das erreichen?" Indem sie die Damen tauscht. Und tatsächlich ist ...♕d4 bereits eine fette Drohung;

3) „Was ist gut an meiner Stellung?" Der schwarze König steht exponiert, und die weißen Streitkräfte befinden sich in dessen Nachbarschaft.

Mit diesen Antworten bewaffnet, lässt sich Musitschuk auf ein riskantes Unterfangen ein, bei dem ein dritter Bauer geopfert wird; welches ihrer Gegnerin aber vor allem eine attraktive taktische Folge zum Damentausch auf dem Silbertablett präsentiert.

27.♖e5!!

Nicht einmal in den Top Vier der Engine, aber doch einer der wenigen Züge, der den unmittelbaren Damentausch per 27...♕d4 (was nun mit 28.♕g3! beantwortet werden würde, wonach der Springer auf f6 nicht mehr hängt) verhindert. Der Nachteil ist natürlich, dass c2 jetzt hängt:

27...♘xc2 28.♖g5!!

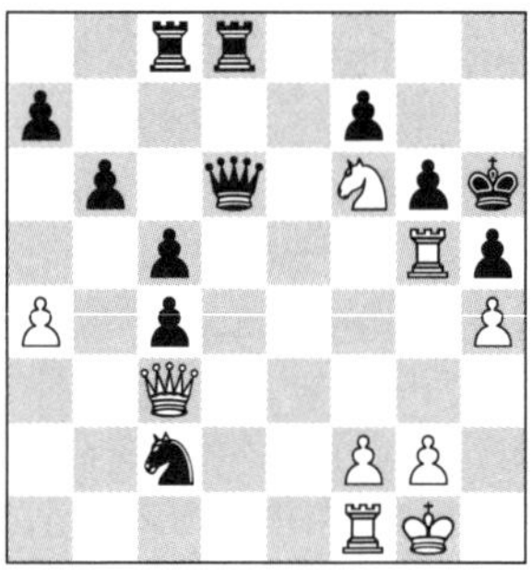

Selbst wenn die Maschine auch hier ihre Stirn runzelt, ist dieser Zug schlichtweg erstaunlich. Der Schwindel besteht darin, dass Schwarz stark genug ist, die verlockende Vereinfachungssequenz zu sehen, aber zu schwach, um den verborgenen Fehler bei dieser Konzeption zu erkennen. Ich könnte mir vorstellen, dass die meisten Spieler im Bereich von Elo 2200 bis 2600 Gefahr laufen würden, hierunter zu fallen, und Musitschuks Gegnerin passt perfekt in dieses Schema.

28...♕d3??

Scheinbar vernichtend. Schwarz zwingt die Damen vom Brett, da 29.♕b2 ♘d4 hoffnungslos ist und 29.♕e5 ♕xf1+ 30.♔xf1 ♖d1+ 31.♔e2 ♖e1+ die Dame mit Zinsen zurückgewinnt. Der Punkt ist, dass Weiß zum Funktionieren dieses Schwindels darauf angewiesen war, dass Schwarz in der Lage ist, diese Zugfolge zu sehen. Sonst wäre unausweichlich ein natürlicherer Zug wie 28...♘d4, was die Gewinnstellung bewahrt, gefolgt.

29.♕e5!!

Droht natürlich 30.♖xh5+ gxh5 31.♕g5#. Doch hatten wir das nicht bereits widerlegt?

29...♕xf1+

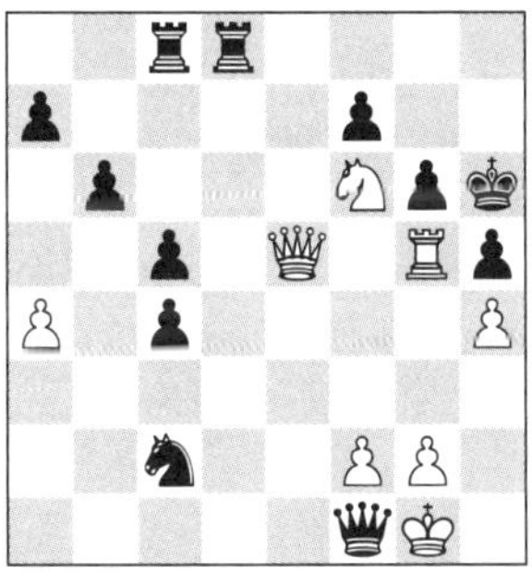

30.♔h2!!

Ein unerwarteter Schritt zur Seite. Das Zurücknehmen auf f1 erschien so selbstverständlich, dass viele Spieler gar nicht gemerkt hätten, dass es auch eine Alternative gibt. Doch es gibt sie, und sie ist ein Killer. Plötzlich ist der weiße König sicher, die schwarze Königin ist außer Spiel, und ihr Gemahl zittert.

30...♕d1

30...♕c1 erlaubt gleichfalls ein Dauerschach, z.B. nach 31.♖xh5+ gxh5 32.♘g4+. Alle anderen Züge für Schwarz verlieren!

31.♖xh5+

Mit Blick auf das Dauerschach nach 31...♕xh5 32.♘xh5 gxh5 33.♕f6+ vereinbarten die Spieler remis.

Ich weiß nicht, ob Musitschuk sich vor ihrem 27. Zug die obigen Fragen gestellt hat, aber sie sagte mir, dass sie 30.♔h2 vorausgesehen habe, als sie 27.♖e5 spielte. Wir können nicht alle solch brillante Champions sein, denen diese Art von rettenden Ideen in den Schoß fällt; für uns Sterbliche ist der Ansatz mit den drei Fragen eine der besten Techniken für einen erfolgreichen Schwindel. Doch es ist nicht die einzige Technik. Zum Beispiel versucht der Schwindler oft, dem Gegner eine schwierige oder unklare Wahl an Alternativen zu präsentieren, von denen mindestens eine in einen Schwindel läuft.

Frank Marshall
Georg Marco

Monaco 1904 (4)

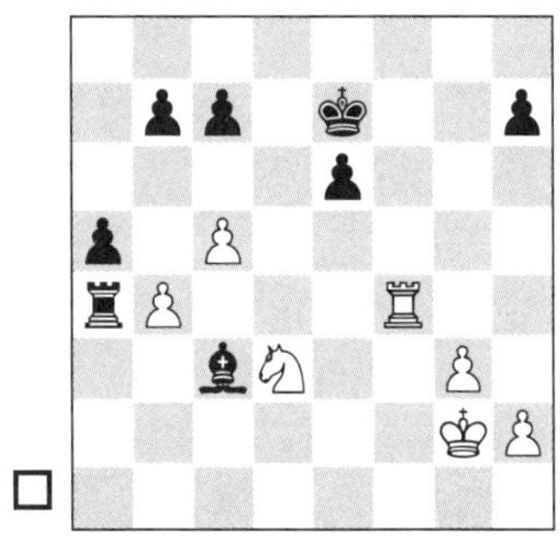

Marshalls Partie gegen Georg Marco im Turnier von Monte Carlo 1904 ist vielleicht der am häufigsten wiederveröffentlichte Schwindel aller Zeiten. Mit einem Bauern im Rückstand sowie einem zerfallenden Damenflügel steht Weiß vor einem Scherbenhaufen. Die Engine behauptet, dass die Vereinfachungen nach 41.bxa5 ♖xf4 42.♘xf4 ♗xa5 erzwungen seien, aber mit einem entstehenden b-Freibauern sowie einem weißen Springer, der vom schwarzen Läufer dominiert wird, gibt es wenig Hoffnung. Stattdessen behält Marshall seine Figuren und legt die Saat für einen hinterhältigen Schwindel.

41.♖h4! axb4 42.♖xh7+ ♔d8

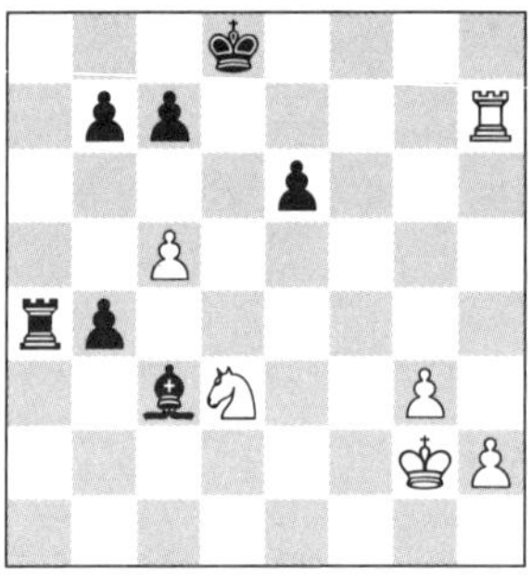

Auch hier sind die Verteidigungsvorschläge des Computers in der Praxis aussichtslos: 43.♘c1? ♖a3 oder 43.c6 bxc6 44.♘c5 ♖a2+ gewinnt leicht für Schwarz (45.♔f3? b3!). Um echte Chancen am Brett zu schaffen, versucht Marshall, eine Lage auszuhecken, in der sein Gegner eine schwierige Entscheidung treffen muss zwischen einer Fortsetzung, die den Sieg sichert, und einer, die zwar so aussieht, als würde sie gewinnen, den Sieg aber tatsächlich wegwirft.

43.♘f4! b3 44.♘xe6+ ♔c8

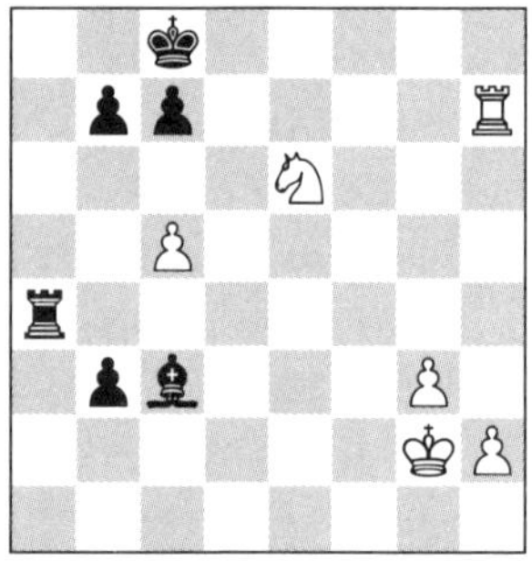

Fast alle Kommentatoren dieser Partie beginnen ihre Analysen nach dem nächsten Zug von Weiß. Tatsächlich zeigt bereits die Diagrammstellung einen lehrreichen Moment. Marshall ist objektiv verloren, hat aber die Wahl zwischen zwei Zügen, die beide mögliche Schwindeloptionen beinhalten. 45.♖xc7+ ♔b8 46.♖d7! stellt eine listige Falle auf: 46...b2?? 47.♖d8+ ♔a7 48.♘c7!!.

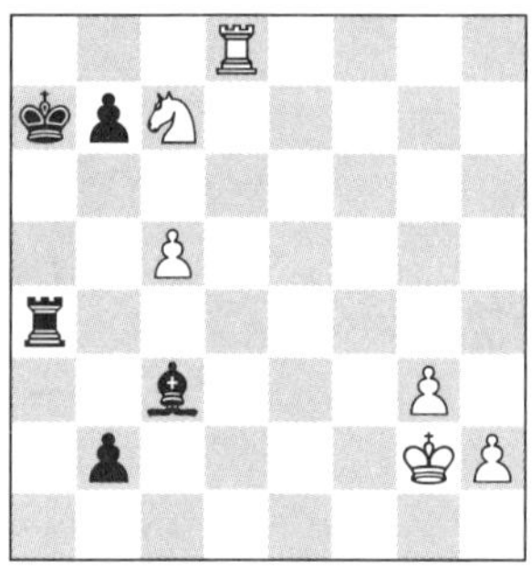

Analysediagramm

Es droht sowohl Matt auf a8 wie auch ♘b5+ gefolgt von ♘xc3. Eine nette Taktik.
Also warum hat sich Marshall gegen 45.♖xc7+ entschieden? Ver-

mutlich, weil diese Falle etwas zu durchsichtig ist. Nach 46.♖d7 wäre sicherlich Marcos Verdacht geweckt, und es hätte nicht lange gedauert, bis er die Giftigkeit des naheliegenden Schachgebotes auf d8 erkannt hätte. Und sobald der Sinn für Gefahren alarmiert ist, ist es auch nicht schwer, das Gegenmittel zu finden, z.B. 46...♗e5 oder 46...♗f6. Nicht zufrieden mit den Erfolgsaussichten bei dieser Variante wählt Marshall etwas Subtileres.

45.c6!!

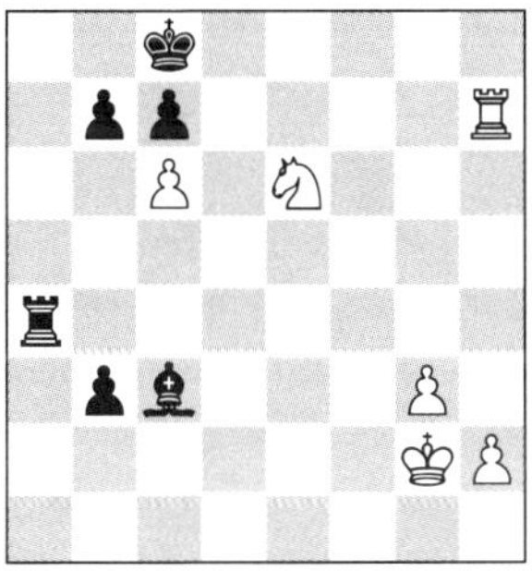

Der Schlüsselzug bei der Errichtung des Schwindels: es wird eine Weggabelung geschaffen, bei der die jeweiligen Ausgänge keineswegs offensichtlich sind: Marco muss sich nun entscheiden, ob er den Bauern c6 eliminieren oder seinen eigenen auf c7 decken will. Eine der Optionen, nämlich 45...bxc6!, gewinnt die Partie, wenngleich es einige Züge braucht, bis dies offensichtlich wird: 46.♖xc7+ ♔b8 47.♖xc6 b2 48.♖b6+ ♔c8 49.♖b3 ♖b4! 50. ♖xc3+ ♔b8!, und die taktischen Umstände arbeiten für Schwarz.

Wenn die Partie auf diese Weise geendet hätte, dann sollte es so sein. Marshall hätte das Beste aus seinen Chancen gemacht, und Marco hätte sich seinen Punkt verdient – ein fairer Ausgang. Doch anstatt auf diese langwierigen Berechnungen zu vertrauen, sucht Schwarz nach einer einfacheren Lösung. Eine, die im Einklang mit dem allgemeinen Ratschlag für die materiell überlegene Seite steht, nämlich „so viele Bauern wie möglich zu behalten“. Zu seinem Unglück erweist sich diese Furcht vor Komplikationen in Verbindung mit seinem Festhalten an der gewohnten Herangehensweise als verhängnisvoll.

45...♗e5??

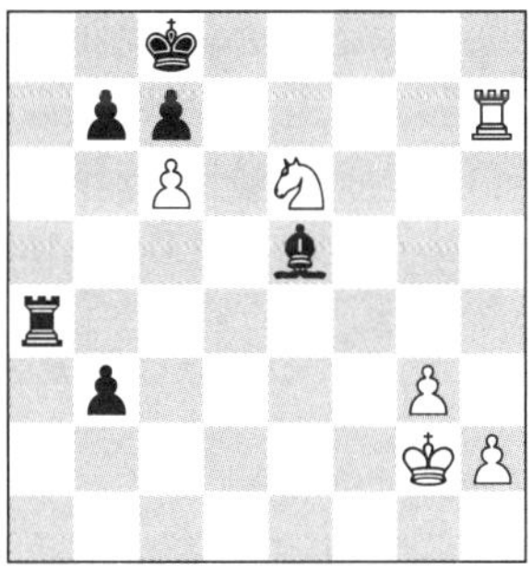

Ein sehr menschlicher Zug, aber danach ist der Sieg dahin, und Schwarz ist offiziell beschwindelt worden.

Unglaublich, dass er jetzt hart kämpfen muss, um wenigstens das Remis zu halten!

46.cxb7+ ♔b8

Natürlich erzwungen, da 46...♔xb7 47.♘c5+ vorne und hinten nicht reicht. Doch wie soll Weiß nun den b-Bauern aufhalten?

47.♘c5! ♖a2+ 48.♔h3 b2

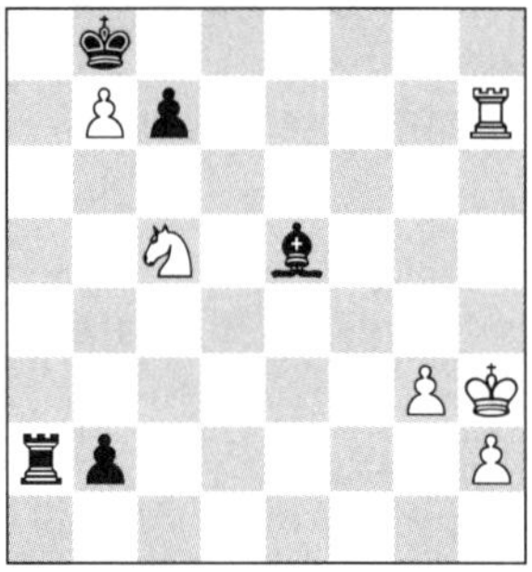

49.♖e7!!

Ein brillanter Zug, der weit im Voraus gesehen werden musste.

49...♔a7

Dieser Zug ist erzwungen, da Schwarz nach 49...b1♕ 50.♖e8+ ♔a7 51.♖a8+ ♔b6 52.b8♕+ statt einer Dame mehr nun eine Dame weniger hat.

50.♖e8 c6

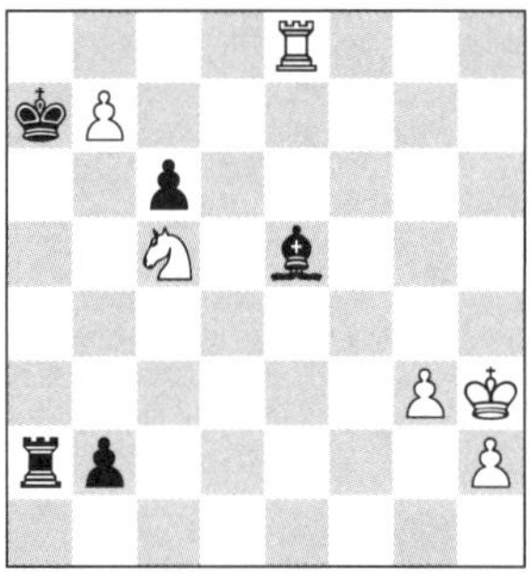

Die Ressource, auf die Marco gezählt hatte. 51.♖a8+ ♔b6 52.b8♕+ ♗xb8 53.♖xb8+ ♔xc5 führt zu einem trivial gewonnenen Turmendspiel. Erneut scheint es, als ob das Feuerwerk von Marshall erloschen sei. Doch in seiner Trickkiste findet sich noch ein letzter Knaller.

51.♖a8+ ♔b6 52.♖xa2! b1♕

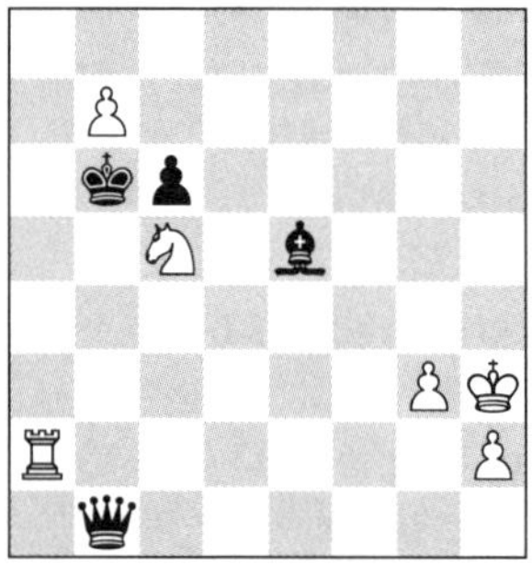

53.b8♕+!! ♗xb8 54.♖b2+ ♕xb2 55.♘a4+ ♔b5 56.♘xb2

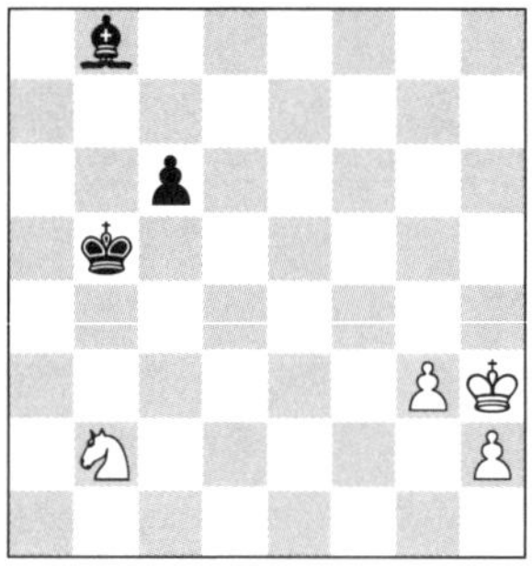

Der Schwindel ist abgeschlossen. Weiß hat seine hoffnungslos verlorene Stellung in ein Endspiel verwandelt, in dem nur er Gewinnchancen hat. Nach einer solchen Wende kommt es nicht selten vor, dass sich der beschwindelte Spieler nicht recht auf die neue Situation einstellt, und so auch hier. Innerlich gebrochen behandelte Marco das Endspiel falsch und musste kurze Zeit später aufgeben.[14]

14 Die Partie endete wie folgt: 56...c5 57.♔g2 c4 58.♔f3 c3 59.♘d3 ♔c4 60.♘e1 ♔d4 61.h4 ♗d6 62.g4 ♗e7? (62...♔e5=) 63.g5 ♔e5 64.♔g4 ♗f8 65.♘c2 ♔e4? (65...♔e6=) 66.h5 ♔d3 67.♘a1 ♔e4 68.h6 ♔e5 69.♔h5 ♔f5 70.♘c2 ♗d6 71.♘d4+ ♔e4 72.♘e2 c2 73.g6 ♗a3 74.g7 ♔d3 75.g8♕ ♔xe2 76.♕a2 1:0.

KAPITEL 1

Wann man in den „Schwindelmodus" übergehen sollte

Eine Frage, die mir oft gestellt wird, lautet: „Wann sollte ich damit anfangen, einen Schwindel zu versuchen?" Mit anderen Worten, wann sollte ein Spieler aufhören zu versuchen, wie ein Computer zu spielen und anfangen, wie Marshall zu spielen? Da man als Spieler jahrelang darauf gedrillt wurde, nach dem „besten" Zug zu suchen, kann es sich psychologisch schwierig gestalten, einen Zug zu spielen, von dem man weiß, dass er objektiv schlecht ist – selbst wenn er in praktischer Hinsicht stark ist!

Es gibt darauf keine einfache Antwort, und die, die ich für gewöhnlich gebe, lautet: Wenn Sie glauben, dass Sie höchstwahrscheinlich verlieren werden, wenn die Partie so weiterläuft wie bisher, dann ist es an der Zeit, Ihre Einstellung zu ändern und in den „Schwindelmodus" zu schalten. Das Inszenieren eines Schwindels ist oft genug eine Spekulation, bei der der wahrscheinlichste Ausgang eine sichere Niederlage ist, doch mit einer gewissen Wahrscheinlichkeit könnte der Gegner es Ihnen ermöglichen, die Partie zu retten. Die Aufgabe des Schwindlers ist es, diese Wahrscheinlichkeit zu maximieren. Die sich anschließende Frage lautet natürlich: „Was bedeutet ‚höchstwahrscheinlich'?„ Das hängt sowohl vom Niveau der beiden Spieler wie auch von der Wertungsdifferenz zwischen ihnen ab, aber als generelle Faustregel gilt, dass ein glatter Minusbauer ohne greifbare Kompensation unter gleichwertigen Meistern bereits ausreicht. Diese Spanne vergrößert sich bei niedrigeren Niveaus, wobei auch die Wertungsdifferenz eine Rolle spielt. Wenn Sie zwar materiell im Rückstand, aber einige hundert Punkte stärker sind als Ihr Gegner, spielen Sie vielleicht lieber weiterhin die besten Züge und schauen, ob Ihr Gegner Sie vielleicht ganz von alleine wieder ins Spiel kommen lässt. Andererseits hatte ich gegen meinen ersten Super-GM das Gefühl, dass es am besten wäre, in den „Schwindelmodus" zu wechseln, sobald meine Stellung leicht nachteilhaft wurde.

David Smerdon 2472
Wassili Iwantschuk 2734
Niederlande Mannschaftskampf 2006/07 (1)

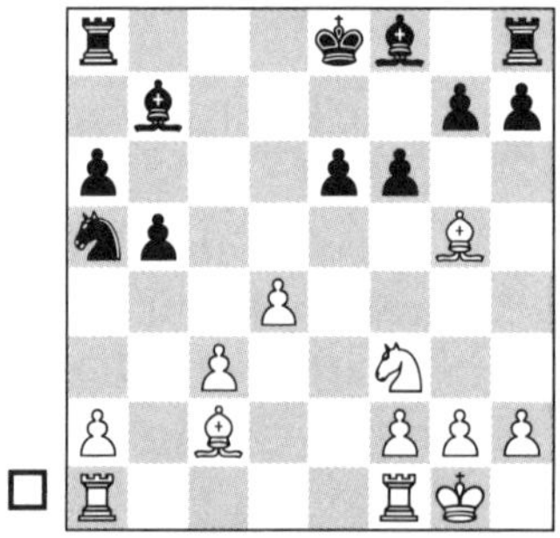

Trotz materiellen Gleichstandes ist der Vorteil von Schwarz dank seiner positionellen Trümpfe, die nach 16.♗e3 ♗a3! deutlich werden, fast einen Bauern wert. Man stelle den schwarzen Springer nach c4 und den anderen Läufer nach d5 und es wird deutlich, dass Weiß praktisch gelähmt ist.
Das ist keinesfalls die Art von Stellungen, auf die ich gegen einen Super-GM erpicht war, und so beschloss ich, umgehend zu versuchen, den Status quo zu ändern.

16.♗f4!?

Eine provokante Wahl, mit der Schwarz die Chance geboten wird, mit Tempo Raum zu gewinnen. Vielleicht wäre Iwantschuk bei einem stärkeren Gegner misstrauischer gewesen, aber als junger, australischer IM hatte ich den Vorteil der Anonymität auf meiner Seite.

16...g5??

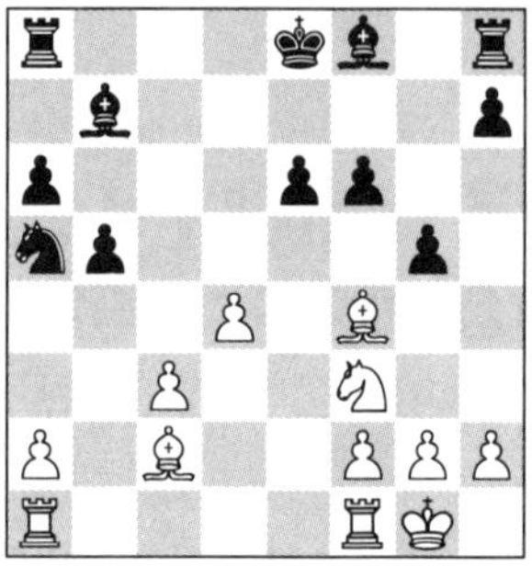

17.♘xg5!

Ein untypischer taktischer Streich. Der schwarze Turm kann den Strahlen des weißen Läuferpaares nicht entkommen.

17...fxg5 18.♗e5! ♖g8 19.♗xh7 ♖g7 20.♗xg7 ♗xg7 21.♖ae1

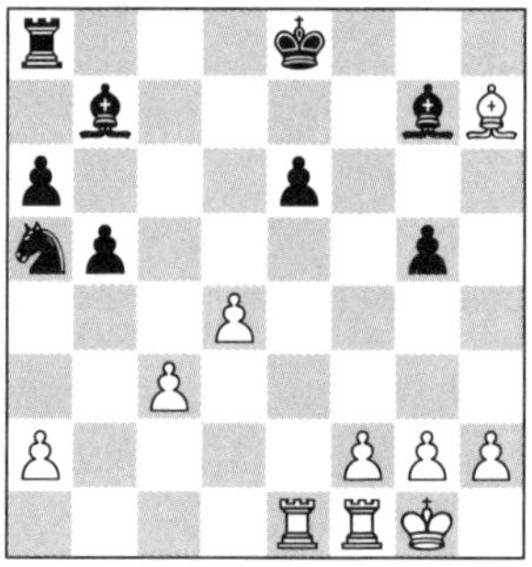

Die kleine Kombination hat die Stellung zu einem Endspiel vereinfacht, in dem Weiß nicht schlechter steht und vielleicht sogar Druck ausüben kann. Gleichwohl konnte Iwantschuk die Partie ziemlich leicht remis halten.
Es ist nicht zu unterschätzen, wie wichtig es ist, die eigenen Chancen im Laufe der Partie realistisch zu beurteilen, um nicht zu spät in den „Schwindelmodus" zu wechseln.
Eine Situation, in der Sie definitiv über Schwindeleien nachdenken sollten, ist, wenn Sie angefangen

haben, darüber nachzudenken, ob Sie aufgeben sollen! Es gibt eine berüchtigte Liste von Spielern, die in Remis- oder gar Gewinnstellung aufgegeben haben (einige Beispiele werden wir im Buch noch sehen), doch viel länger ist die Liste derer, die in bestens für einen Schwindel geeigneten Situationen aufgegeben haben. Von dieser verbreiteten Krankheit sind freilich Spieler aller Kategorien betroffen.

Alexei Schirow 2664
Fabiano Caruana 2812
Douglas 2019 (3)

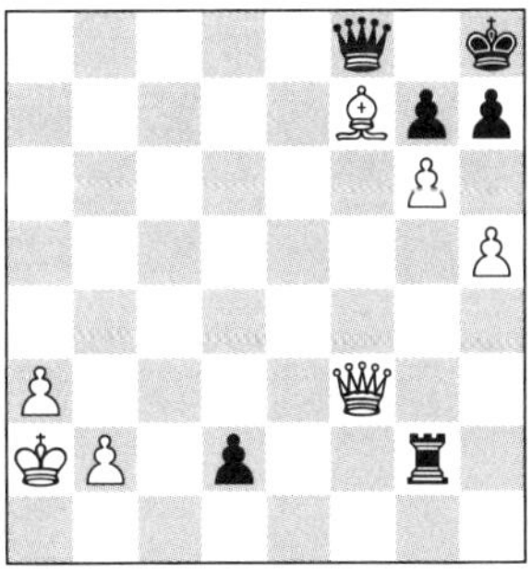

Gegen einer 2800er Spieler anzutreten, ist für jeden ein furchteinflößendes Ereignis; sogar für jemanden, der so an das Rampenlicht gewöhnt ist wie Alexei Schirow. Die Stellung ist verloren, und das war Alexei bewusst – doch mental scheint er sich ein wenig zu früh in sein Schicksal ergeben zu haben. Er spielte 52.♕d3? und gab nach 52...♕b8! auf, was 53...d1♕ nebst 54...♕xb2# droht. Und 53.♗b3 ♖g3! hilft auch nicht, weil Schwarz einfach alles auf b3 abtauscht und sich dann eine neue Dame holt. Also ließ es Schirow genug sein.

Was aber ist mit

52.♕d5 ?

Die Idee ist ähnlich: ♕d7 gefolgt von ♗b3 zu spielen, damit den d-Bauern aufzuhalten und den eigenen König abzuschirmen. Es sieht so aus, als könne das durch denselben Zug widerlegt werden:

52...♕b8 53.♕xg2!!

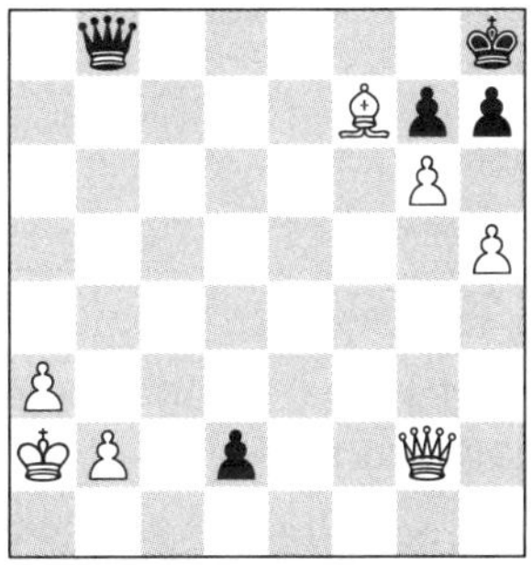

Doch diese Antwort ändert die Rechnung erheblich. Schwarz kann sich eine zweite Dame machen, doch dank seiner Vorherrschaft auf den hellen Feldern hat Weiß seine eigenen Pläne. Nach

53...d1♕ 54.gxh7!!

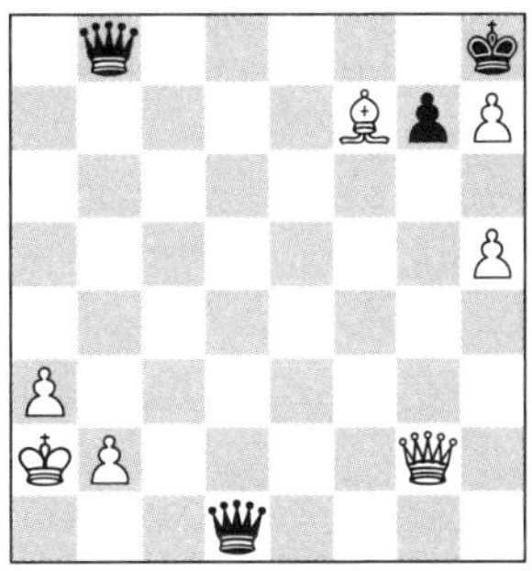

hat Weiß die hinterhältige Drohung 55.♗g6(!!), was den schwarzen Königsflügel auf ewig abriegelt.

In diesem Fall hätte Weiß nicht einmal etwas gegen einen Damentausch einzuwenden – zum Beispiel: 54...♕bd8 55.♗g6 ♕8d5+ 56.♕xd5 ♕xd5+ 57.♔b1 ♕h1+ 58.♔a2 ♕d1 59.a4! ♕xa4+ 60.♔b1.

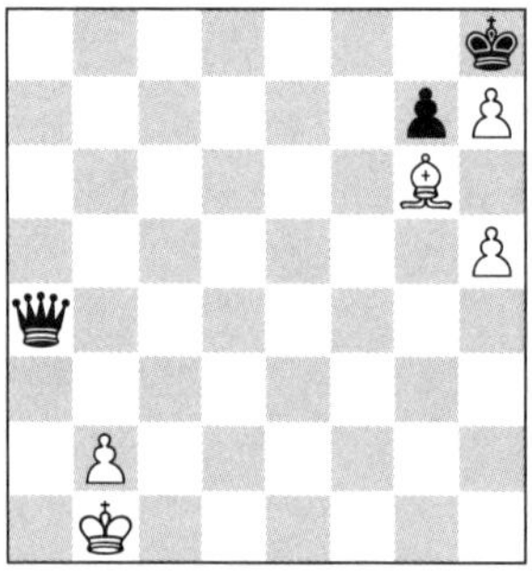

Analysediagramm

Und es gibt keine Möglichkeit für Schwarz, seinen König zu befreien, während die Dame auf sich allein gestellt nicht genug Schaden anrichten kann.
Darum könnte Schwarz
54...♔xh7
versuchen, um diese Möglichkeit einer Festung zu verhindern. Doch nun wird der Sinn von 52.♕d5 (anstelle des unmittelbaren 52.♕xg2) deutlich: die zeitweilige Abwesenheit von Verteidigungsfiguren um den schwarzen König ermöglicht
55.h6!!

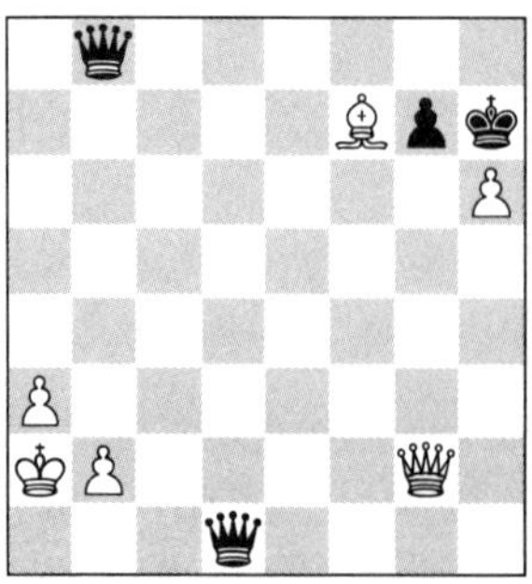

Jede Art, den Bauern zu schlagen, führt zum Matt, also muss Schwarz den g-Bauern hergeben, was nach
55...g5 56.♕xg5 ♕d4
zu einem sehr seltsamen Endspiel führt. Weiß wird wahrscheinlich seinen h-Bauern verlieren, doch nachdem er den letzten Bauern von Schwarz beseitigt hat, kann er eine zähe Verteidigungsstellung errichten, indem er seine Dame auf der g-Linie und seinen Läufer auf b3 hält und Schwarz dann höhnisch fragt, wie er denn Fortschritte zu erzielen gedenkt:
57.♕g2 ♕f6 58.♗b3 ♔xh6

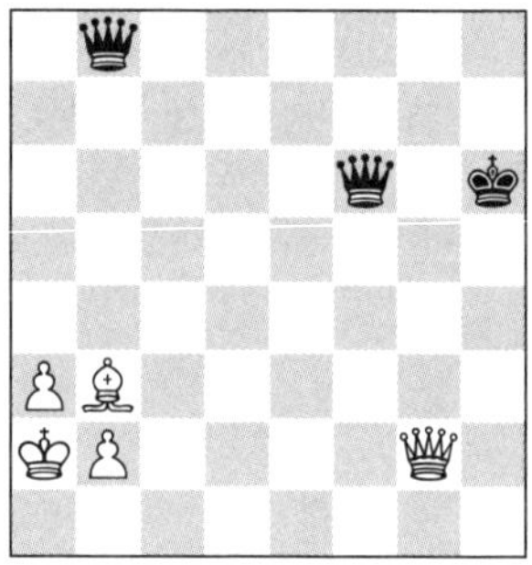

Wenn Schwarz die Damen tauschen könnte, würde er leicht gewinnen, indem er seinen König nach c1 bringt und den Bauern b2 ins Visier nimmt. Aber der Damentausch ist nicht so leicht zu bewerkstelligen, und derweil können die weißen Nachstellungen nach dem schwarzen König sehr lästig sein. Theoretisch ist Weiß immer noch verloren, aber in praktischer Hinsicht ist das im Vergleich zum Aufgeben schon ein riesiger Fortschritt!

Dies veranschaulicht einen zentralen Punkt, auf den ich in diesem Buch wiederholt hinweisen werde: Wenn es zum Schwindeln kommt, muss man seinen Kopf nach Möglichkeit von Computerbewertungen freibekommen. Der Umstand, dass im obigen Diagramm eine Gewinnstellung für Schwarz zu sehen ist, ändert nichts daran, dass dies die weitaus beste praktische Chance für Weiß darstellt, mit sehr guten Aussichten, einen halben Punkt zu stehlen– selbst gegen einen 2800er Spieler.[15]

***

Schwindeln kann, wie alle Facetten unseres Spiels, trainiert werden. Aber um zu lernen, wie man schwindelt, müssen wir zunächst verstehen, warum Schwindeleien funktionieren. Dazu müssen wir uns in ein komplexes und oft missverstandenes Thema einarbeiten: die Schachpsychologie. Wir werden in die Denkweise des Schachspielers eindringen und die vier Schwachstellen in der Psyche unserer Opfer aufdecken: Ungeduld, Hybris, Angst und Kontrollzwang. Danach werden wir uns mit der Denkweise des Schwindlers vertraut machen und darüber nachdenken, wie wir unsere eigene Einstellung verbessern können, um unsere Schwindelchancen zu erhöhen. Wir werden über Mumm, Optimismus und die oben erörterte Technik der Drei Fragen sprechen.

Teil III befasst sich dann ganz praxisbezogen damit, wie ein Schwindel inszeniert wird. Wir werden die spezifischen Werkzeuge erläutern, die uns zur Verfügung stehen, um die Schwächen unserer Gegner auszunutzen:

- Danaergeschenke für ihre Ungeduld;
- Lockvogel-Fallen für ihre Hybris;
- Berserkerangriffe für ihre Angst;
- Drahtseilakte für ihren Kontrollzwang;

... und andere Beispiele, wie man sich das „Wissen" über seinen Gegner zunutze machen kann.

Verwirrt? Machen Sie sich keine Sorgen; es wird sich alles in Teil IV aufklären, wo wir zu den Kernkompetenzen übergehen, die man benötigt, um einen Schwindel erfolgreich durchzuziehen. Mit den meisten davon sollten Sie bereits vertraut sein, wie etwa:

- Schlüsselendspiele,
- Festungen,
- Patts,
- Dauerschach, und
- Kreativität.

---

15 Ist damit 52.♕d5 wirklich nur ein Schwindelversuch, oder ist es einfach der beste Zug? Wie sich zeigt, gibt es einen schnelleren, studienartigen Gewinnweg für Schwarz: 54.gxh7 ♕a7!! 55.♗g6 ♕aa4!!, und wegen der diversen Mattdrohungen muss Weiß seine Festung mit 56.♗f7 aufbrechen. Danach erlaubt 56...♕dd7! 57.♕f3 ♔xh7 dem Schwarzen, seinen g-Bauern zu behalten, mit einem leichteren Gewinn. Der Punkt bei diesem Beispiel ist somit, dass 52.♕d5 zwar objektiv nicht besser als andere Züge sein mag, es aber sicherlich die beste praktische Chance darstellt.

Etwas widerstrebend werden wir auch das Thema der Schlitzohrigkeit ansprechen (Nutzbarmachung auf eigene Gefahr!).
Teil V führt dann all die vorangegangenen Abschnitte zusammen – anhand illustrativer Partien mit großartigen Schwindeleien aus der Meister- wie der Amateurpraxis. In diesen Partien, die gleichermaßen lehrreich wie unterhaltsam sind, werden Sie Dieses und Jenes aus all den vorangegangenen Abschnitten wiedererkennen.

Schließlich gibt es in Teil VI (ja, sechs Teile!) Übungen zum Selbststudium. Soweit mir bekannt ist, ist dies die einzige veröffentliche Sammlung zum Schwindeltraining, und es hat viel Zeit in Anspruch genommen, diese Übungen zusammenzustellen. Also überspringen Sie sie nicht. Sie würden mir das Herz brechen.

Sind Sie bereit? Lasst uns schwindeln!

TEIL II

Die Psychologie des Schwindels

Für den heutigen Kampf am Schachbrett benötigt man eine subtile Kenntnis der menschlichen Natur, ein Verständnis für die Psychologie des Gegners – Alexander Aljechin

Die Psychologie ist einer der am meisten diskutierten, aber am wenigsten verstandenen Aspekte unseres Spiels. Bobby Fischer spottete bekanntlich: „Ich glaube nicht an Psychologie. Ich glaube an starke Züge." Doch obgleich dies einer seiner meistzitierten Aussprüche ist, sprach Fischer häufig über die Psychologie im Schach und sagte, dass sein Ziel darin bestünde, die Psyche des Gegners zu vernichten. Judit Polgar hat behauptet, dass Schach zu 30 bis 40 Prozent Psychologie sei; aber Richard Teichmann hat auch gesagt, dass Schach zu 99 Prozent Taktik ist – einer von beiden liegt also falsch.

In ihren Interviews und Werken reden Spitzenspieler häufig über psychologische Faktoren, Magnus Carlsen und Anish Giri sind hierfür zwei prominente Beispiele. Noch bereitwilliger, ihre Gedanken zu diesem Thema mitzuteilen waren, die klassischen Meister. Anhand der folgenden Partie zwischen zwei ganz Großen des Spiels können wir faszinierende Einblicke darüber gewinnen, wie selbst ein Weltmeister beschwindelt werden kann.

Tigran Wartanowitsch Petrosjan
Viktor Kortschnoj
Sowjetunion Mannschaftsturnier 1963 (2)

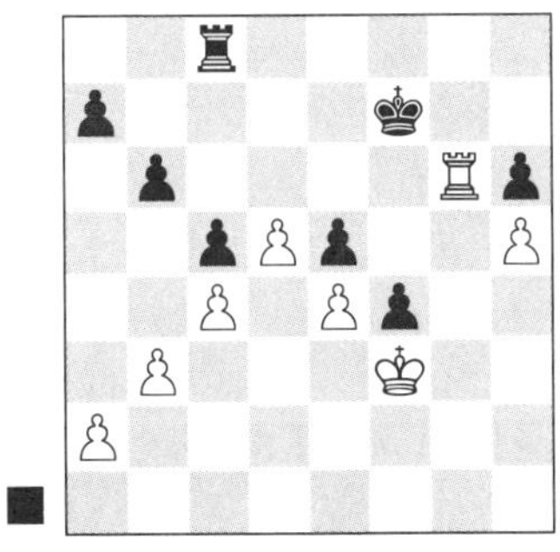

Diese Partie wurde gespielt, kurz nachdem Petrosjan Weltmeister geworden war. Weiß dominiert in diesem Endspiel. Sein Turm kontrolliert von seinem mächtigen Vorposten aus die einzige offene Linie und droht, die schwachen Bauern von Schwarz auf h6 und e5 einzusammeln, während er selbst einen Monsterfreibauern auf d5 hat. Schwarz scheint keinerlei Gegenspiel zu haben.
In Petrosjans eigenen Worten: „Ich hatte meine Stellung schon lange als gewonnen betrachtet. Schon aus

der Eröffnung heraus war es Kortschnoj nicht gelungen, die Probleme zu bewältigen, und somit war ich psychologisch auf einen günstigen Ausgang des Kampfes eingestimmt." Und das Endspiel ist tatsächlich günstig – vielleicht sogar zu vorteilhaft, so dass der weltbeste Spieler von seinem Gegner zweifellos die baldige Aufgabe erwartete. Man beachte (in Petrosjans eigener Einschätzung) die Wahrnehmung psychologischer Einflüsse auf das Spiel.

32...♖f8!

Statt mit 32...♖h8 passiv seinen h-Bauern zu verteidigen, „droht" Kortschnoj, nach 33.♖xh6 ♖g8 etwas Gegenspiel zu erlangen, wenngleich bei dieser Aktivität nichts herauskäme. Doch anstatt zu rechnen, geht Petrosjan lieber den bequemen Weg und behält die Kontrolle über die g-Linie.

33.d6

Jetzt droht 34.♖xh6 ganz gewiss, da 34...♖g8 mit 35.♖g6! beantwortet werden würde.

33...♖h8 34.♔g4 ♖f8!

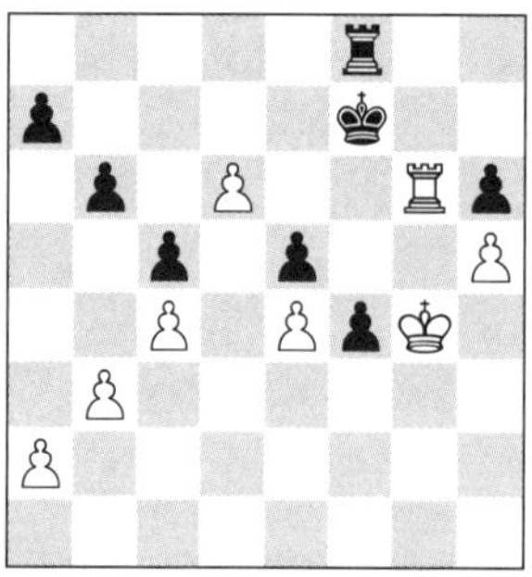

Eine raffinierte Kehrtwendung und zugleich die eigentliche Inszenierung des Schwindels. Kortschnoj scheint jede Hoffnung aufgegeben zu haben. Vielleicht ist das aber ein verzweifelter Versuch, 35.♔f5 zu verhindern – dank des hinterlistigen 35...f3! 36.♖f6+ ♔g7! –, wenngleich notwendigerweise freilich auf Kosten des h-Bauern, da, wie erwähnt, 35.♖xh6 ♖g8+ 36.♖g6! für Weiß gewinnt.

„Das muss es sein", denkt sich Petrosjan. Wie wir gleich sehen, ist dies ein schönes Beispiel für eine *Lockvogelfalle*, bei der ein ahnungsloses Opfer dazu gebracht wird, sein Misstrauen bezüglich des eigentlichen Schwindels zu ignorieren, nachdem es die dünne Oberfläche eines alternativen Tricks entschleiert hat. In der Annahme, diese Falle vermieden zu haben, beschließt Petrosjan, die Sache zum Schluss zu bringen:

35.♖xh6?? f3!!

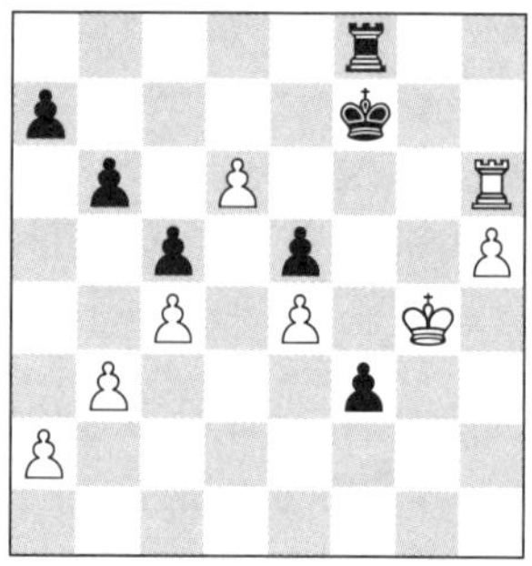

Die echte Falle wird aufgedeckt und der Schwindel damit stilvoll vollendet. Petrosjans Kommentare sind entlarvend: „Ich habe die Drohung ...f4-f3 nicht einmal gesehen, vielleicht weil dies zu sehr im Kontrast zur hoffnungslosen Stellung von Schwarz stand. Meiner

Einschätzung nach sieht ein starker Meister eine solche Drohung, wenn er sie nicht sofort erkennt, auch nach zwanzig oder dreißig Minuten Nachdenkens über die Stellung nicht."

36.♔g5 ♔e8

Weiß gab auf.

Psychologen haben buchstäblich Hunderte von Voreingenommenheiten ausgemacht, die die meisten von uns haben. Sie sind ein Teil dessen, was uns menschlich macht, und es ist wichtig, sich ins Gedächtnis zu rufen, dass sie nicht immer schlecht sind – tatsächlich sind einige von ihnen nützliche Faustregeln, die uns dabei helfen, rasch Entscheidungen zu treffen, und die meistens auch funktionieren. Doch Voreingenommenheiten können auch ausgenutzt werden, wie jeder aus dem Marketing, aus der Politik oder aus dem Immobilienhandel bestätigen wird.

Für unsere Belange gibt es vier hauptsächliche Wahrnehmungsverzerrungen, auf die der Möchtegern-Schwindler abzielen kann. Ich habe sie als die „Vier Schwachstellen der Schachpsyche" bezeichnet, aber nur, weil mir kein eingängigerer Name eingefallen war. Jeder Spieler ist für eine oder mehrere empfänglich, je nach Persönlichkeit, den Umständen der Partie, der Stellung oder auch nur der täglichen Laune. Ihre Aufgabe ist es, sich auf die psychologischen Schwachstellen Ihres Gegners einzustellen und sich der Möglichkeiten bewusst zu werden, diese auszunutzen. Aber zunächst werden wir uns mit den vier Schwachstellen befassen: Ungeduld, Hybris, Angst und *Kontrollzwang*. Sie werden bald Ihre neuen besten Freunde werden.

KAPITEL 2

Ungeduld

Ich machte also das, was manche als meinen größten Fehler des Turniers bezeichneten. Ich weckte Fischer auf – Arthur Bisguier, als er bemerkte, dass Bobby Fischer während ihrer Partie bei den US-Meisterschaften 1963 eingeschlafen war. Fischer gewann daraufhin sowohl die Partie wie auch das Turnier.

Ein verspäteter Flug, ein trödeliger Kellner, Schlangen vor den Toiletten – solche Dinge können ausreichen, um einen Menschen zum Wahnsinn zu treiben. Ungeduld ist eine der verbreitetsten menschlichen Schwächen, und Schach ist da keine Ausnahme.

Wie oft haben Sie schon vor Ihrer Gewinnstellung gesessen, während Ihr ahnungsloser, einschläfernder Gegner einfach nur dahockt, anstatt aufzugeben? „Mein Gott", denken Sie sich, „er verschwendet nicht nur meine Zeit, sondern auch seine eigene. Was für ein Idiot!" Sie starren ihn an, bis er schließlich, mühsam und bedächtig, die Hand bewegt und einen Zug macht. Umgehend hauen Sie Ihren Antwortzug heraus, blicken zurück in sein Gesicht und fordern stillschweigend seine Aufgabe. Leider findet er stattdessen zu seiner bevorzugten Denkerpose zurück, und der Tanz geht weiter ...

Solche Situationen mögen ärgerlich erscheinen, doch sollten in Ihrem Kopf die Warnleuchten angehen. Dies sind nämlich erstklassige Bedingungen für einen Schwindel. Die Begierde, eine Partie so schnell wie möglich zu beenden, ist vielleicht der häufigste Grund für das Scheitern beim Verwerten einer Gewinnstellung. Eines der berühmtesten Beispiele sieht den großen Samuel Reshevsky bei den US-Meisterschaften 1942. Es ist so bekannt, dass Sie es wahrscheinlich schon einmal in einem Taktikbuch gesehen haben werden:

Carl Pilnick
Samuel Reshevsky
New York US-Meisterschaft 1942 (12)

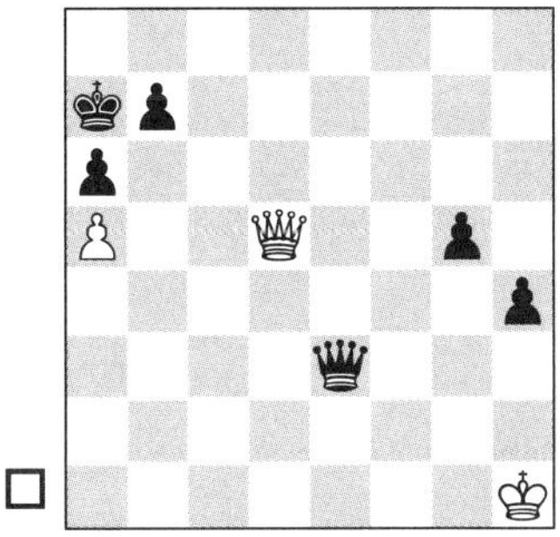

Unter allen Endspielen sind Damenendspiele wohl die langwierigsten, und damit häufig auch ein Katalysator für Ungeduld (und Schwindeleien!). Es mag so aussehen, als verspräche diese Stellung keinerlei Ressourcen, aber Weiß findet einen Weg, eine letzte Falle zu stellen. Der Schlüssel zum Erfolg ist, dass Damenendspiele mühsam, Bauernendspiele aber natürlich ungleich einfacher sind. Pilnicks Zug offeriert eine Chance, clever zu sein und die Partie auf der Stelle zu beenden.

92.♕f5!! g4??

Und er fällt auf den Schwindel herein! Er beabsichtigt, 93.♕xg4 mit 93...♕e1+ 94.♔g2 ♕g3+ zu beantworten, wonach der König ein wenig herumstolziert, um den Bauern a5 einzusammeln. Bei dieser Abkürzung des Gewinnwegs gibt es jedoch eine große, klaffende Lücke:

93.♕f2!! ½:½

Nach 93...♕xf2 ist es patt.

Im weiteren Verlauf des Buches werden uns noch viele weitere Pattsituationen begegnen. Aber es ist das Vorspiel – der *Aufbau des Schwindels* –, was uns an diesem Beispiel wirklich interessieren sollte. Legen Sie Ihrem Gegner eine trügerische Abkürzung auf dem Weg zum Gewinn nahe, und Sie werden erstaunt sein, wie oft er dann vom Gewinnweg abkommt.

Reshevskys Ungeduld veranlasste ihn, nach einer einfachen Lösung zu suchen. Ironischerweise kann Ungeduld aber auch dazu führen, dass ein Spieler nach Komplikationen sucht, anstatt einfaches Schach zu spielen, solange dies das Ende zu beschleunigen scheint. Hierzu ein aktuelles Beispiel.

Vlastimil Jansa 2451
Eduardo Iturrizaga Bonelli 2652
Benasque 2018 (4)

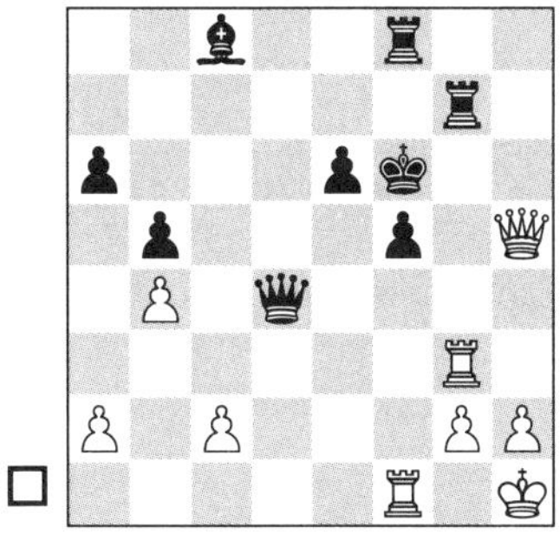

Hoffnungslos verloren, gibt Weiß seinem höher bewerteten Gegner die Möglichkeit, clever anstatt geduldig zu sein:

33.♖d1!

Jetzt gewinnt fast jeder vernünftige Zug, aber der starke Großmeister meint, er sehe eine nette Zeitersparnis.

33...♖h8??

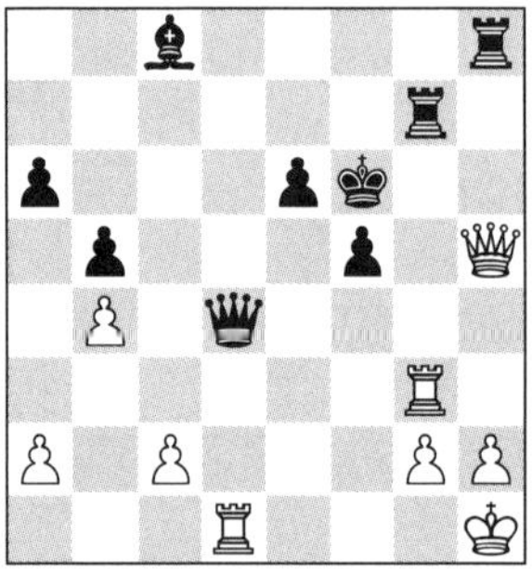

Der Turm kann wegen des Grundlinienmatts nicht geschlagen werden, während die Rückzüge 34.♕f3? ♖xg3! und 34.♕e2? ♕h4! auf der Stelle verlieren. Nach allen anderen Zügen vereinfacht sich die Stellung zu einem trivialen Gewinn. Nach allen anderen Zügen, d.h., bis auf einen.

34.♖g6+!!

Anstelle eines überlegenen Sieges findet sich Schwarz nach 34...♔e7 35.♖xd4 ♖xh5 36.♖xg7+ ♔f6 37.♖c7 mit einem ganzen Turm weniger wieder. Und noch mehr geradeheraus ist 34...♖xg6?? 35.♕xh8 mit SCHACH. Der Stoff für Alpträume.

1:0

In diesem Beispiel zeigte der starke, mit Schwarz spielende GM Zeichen der Ungeduld wie auch der Hybris, und in der Tat findet man beides oft zusammen, wenn ein Spieler gegen einen schwächeren Gegner auf Gewinn steht, wie wir im nächsten Kapitel sehen werden. Ungeduld tritt aber auch auf, wenn man gegen einen stärkeren Gegner spielt. Die Möglichkeit eines denkwürdigen Sieges kann einen Spieler dazu verführen, die Angelegenheit zu forcieren, vielleicht unter der Annahme, „je länger das Spiel andauert, desto mehr Chancen habe ich, etwas falsch zu machen.“ Das mag manchmal sogar zutreffen, aber Ihr gerissener Gegner könnte Ihrer Denkweise erraten und Ihre Erregung ausnutzen.

Levon Aronjan 2772
Magnus Carlsen 2870
London 2019 (2.2)

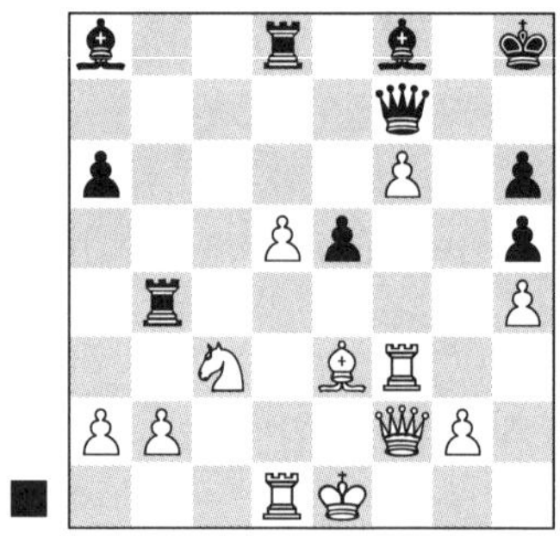

Der Weltmeister hat zwei Bauern weniger und dazu eine schreckliche Stellung. Seine Läufer werden von den beherrschenden Bauern auf d5 und f6 hoffnungslos eingeengt, und sein Königsflügel liegt in Trümmern. Da Carlsen weiß, dass er bei einem normalen Gang der Dinge nur minimale Überlebenschancen hat, geht er ein kalkuliertes Risiko ein:

34...♗xd5!!

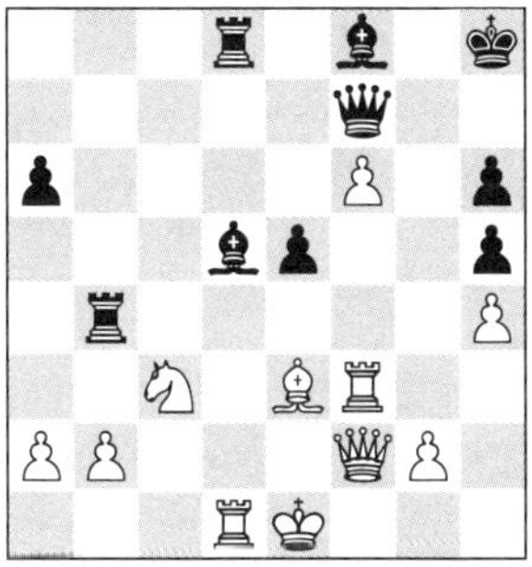

Indem er sich die weiße Trumpfkarte schnappt, stellt sich Schwarz zugleich in eine scheinbar lähmende Fesselung auf der d-Linie. Die Fesselung ist derart lähmend, dass Weiß mit jedem „normalen" Zug, wie etwa 35.♖f5! (was die Bauern auf e5 und h5 anvisiert) oder 35.a3!, was die aktivste Figur von Schwarz herausschmeißt, allmählich gewinnt. Doch Aronjan glaubt, sofort vollstrecken zu können, und stürzt sich nach nur 90 Sekunden Nachdenken kopfüber in die Falle:

35.♗c5??

Scheinbar vernichtend. Bei 35...♗xc5 36. ♕xc5 verliert Schwarz seinen Läufer auf d5. Aber den Turm irgendwohin wegzuziehen erlaubt 36.♗xf8, was bei jedem Wiederschlagen einen Schlüsselverteidiger des Läufer d5 ablenkt, mit Materialverlust. Sagte ich „irgendwohin"?

35...♖d4!!

Die brutale Pointe des schwarzen Spiels. Mit einem schönen Hieb schneidet Carlsen gleichzeitig die Verbindungslinien auf der d-Linie und der Diagonalen g1-a7 ab.

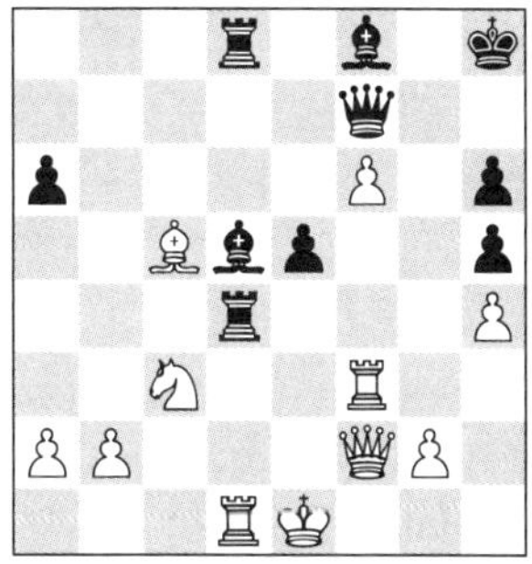

Ganz gleich, was Weiß als nächstes schlägt, ihn erwartet stets ein grausamer Zwischenzug. Bei 36.♗xf8 ♖xd1+! rettet Schwarz die Figur, während 36.♖xd4 ♗xc5! den Fessler in einen Gefesselten verwandelt. Auch auf Aronjans Wahl folgt ein *Zwischenzug*:

36.♗xd4 ♗xf3! 37.gxf3 exd4

Und obgleich Weiß einen Vorteil behauptet hat, hat sich das Blatt unzweifelhaft gewendet. Die Partie endete schließlich remis. Seine Ungeduld hat Aronjan einen glorreichen Sieg gekostet.

***

Ungeduld am Brett kann viele Gründe haben: der Versuch, eine Gewinnstellung zu gewinnen, den letzten Zug nach Hause zu erwischen, eine heiße Verabredung ...,[16] doch bei manchen Menschen ist Ungeduld ein fester Bestandteil der Persönlichkeit. Wie wir oben gesehen haben, tritt sie oft gemeinsam mit Hybris auf, was für den fleißigen Betrüger nichts anderes als eine Schwäche ist, die er auszunutzen gedenkt. Blättern Sie bitte um!

16 Siehe das Kapitel zur Schlitzohrigkeit.

KAPITEL 3

Hybris

Ich verstehe nicht, warum Arroganz überhaupt als etwas Schlechtes betrachtet wird. Vielleicht ist das ein Anzeichen für einen Narzissten oder eine arrogante Person, aber ok, wen juckt das? – Magnus Carlsen

Ich denke, ich hätte dieses Manko als „Selbstüberschätzung" (oder Überheblichkeit) bezeichnen sollen, aber ehrlich gesagt gefällt mir das Wort Hybris. Extremes, mitunter beinahe hochmütiges Selbstvertrauen ist ein verbreitetes Persönlichkeitsmerkmal unter den heutigen Spitzenspieler (mit Fabiano Caruana als bemerkenswerter Ausnahme).

Dies ist kein Zufall. Mit Blick auf Schach bietet Hybris viele Vorteile. Gesundes Selbstvertrauen erlaubt Ihnen, die natürliche Risikoaversion der menschlichen Seele zu überwinden, hilft Ihnen, Ihrer Intuition zu vertrauen, motiviert Sie, weiter zu kämpfen, und spornt Sie an, härter zu trainieren, weil Sie ernsthaft daran glauben, dass auf Sie der Ruhm wartet. Eine gängige Theorie zur unglaublichen Langlebigkeit von Kortschnojs Karriere lautet, dass er bis zum Ende noch immer nach dem trughaften Ziel des Gewinns der Weltmeisterschaft strebte. Kommentatoren haben Topalows unerschütterliches Selbstvertrauen als ein Schlüsselelement auf seinem Weg zur Krone bezeichnet. Kasparow hat den Ruf, arrogant zu sein, Carlsen scheint in seiner Arroganz zu schwelgen, und Fischers Einbildung war legendär – das Zitat „Ich mag den Moment, wenn ich das Ego eines Mannes breche" ist von ihm. Feine Gesellschaft, könnte man sagen.

Trotz alledem kann übermäßiges Selbstvertrauen mitunter auch eine Schwäche darstellen, die ausgenutzt werden kann. Wenn das Ergebnis der Partie festzustehen scheint, kann Hybris zur Selbstgefälligkeit führen, das wiederum zur Nachlässigkeit – und das wiederum dazu, dass die Partie anders ausgeht als geplant!

Ich fühle mich ein wenig schuldig, wenn ich das folgende Beispiel anführe; nicht nur, weil es eine Blitzpartie ist, sondern auch, weil Nakamura persönlich ziemlich bodenständig ist, ungeachtet dessen, was man in Internetforen so lesen mag. Tatsächlich ist es zum Teil auch der Zügelung seines in der Bullet-Arena, wo sich Schrotteröffnungen perverserweise auszahlen, gewonnenen Selbstvertrauens zu verdanken, dass Nakamura schließlich in die Weltelite vordringen konnte. So ein Pech freilich, dass die folgende Partie – wenngleich seine Arroganz hier überzogen wirkt – unser Thema perfekt illustriert.

Schachrijar Mamedscharow 2800
Hikaru Nakamura 2785
Paris Blitz 2017 (16)

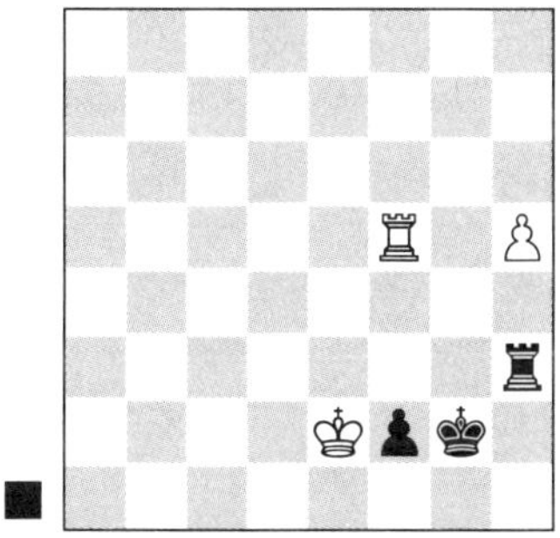

Wir steigen in der Schlussphase eines Duells zwischen zwei der weltbesten Blitz-Titanen ein. Weiß biss sich schon längere Zeit in einem hoffnungslosen Endspiel fest, und sein Stehvermögen hatte sich ausbezahlt: zwei Züge zuvor hatte Nakamura den Gewinn verpatzt, und die Stellung hat sich nun zu einem trivialen Remis vereinfacht. Mit einem Hauch von Verärgerung und einer „Ist-doch-egal"-Einstellung spielt er nun einen kleinen Scherz:

77...f1♘??

Sorglosigkeit! Jede andere Umwandlung hätte remis gemacht. Mamedscharow ist zu stark, um sich eine solche Chance entgehen zu lassen:

78.♖f2+!!

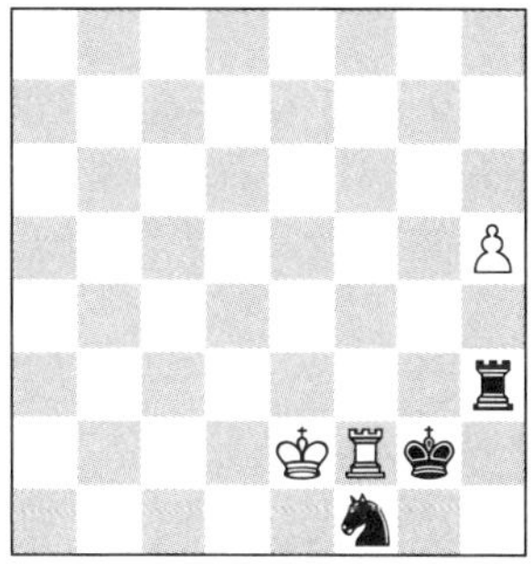

Ein schrilles Schachgebot, zugleich eine unerwartete Feinheit.

78...♔g1

Zu seinem Schrecken realisiert Nakamura, dass 78...♔g3 79.♖f3+! ♔g4 80.♖xh3 ♔xh3 81.♔xf1 für Weiß gewinnt. Mithin:

79.♖xf1+ ♔g2 80.♖f2+! ♔g1 81.♖f5

Mit der richtigen Verteidigungstechnik ist das Endspiel nach wie vor remis, doch der Schock erweist sich in Verbindung mit der Uhr als zu viel:

81...♖a3 82.h6 ♖h3 83.♖f6 ♔h2 84.♔f2 ♖h4 85.♔f3 ♔h3 86.♖g6 ♖a4 87.h7 ♖h4 88.♖g7 ♖h6??

88...♔h2! war der einzige Remiszug. Nun darf Mamedscharow zuletzt lachen.

89.♔f4 ♔h4 90.♔f5 ♖h5+ 91.♔g6 ♔g4 92.♔f7+ 1:0

Sie fragen sich bestimmt, wie Schwarz nach dieser Partie reagiert hat. Hat er einen Stuhl zerbrochen, hat er den Handschlag verweigert oder hat er beim Interview Maurice Ashley eingeseift? Tatsächlich hat Nakamura nur gelächelt. Mitunter ist das, im Schach wie im Leben, das einzige, was man tun kann. In einer Gewinnstellung kann Hybris ein Gefühl der Unverwundbarkeit hervorrufen. Ein Spieler vergisst, seine Berechnungen nachzuprüfen, und „glaubt“ stattdessen einfach, dass eine hübsche Idee oder Variante gewinnt. Die Unachtsamkeit gegenüber kleinen, in der Stellung verbliebenen Chancen ist die Spielwiese des Schwindlers, und wie wir später sehen werden, kann dies am besten mit einer Lockvogelfalle ausgenutzt werden. Hier ein kurzer Aufmacher:

Murray Chandler 2575
Zsuzsa Polgar 2485
Biel 1987 (6)

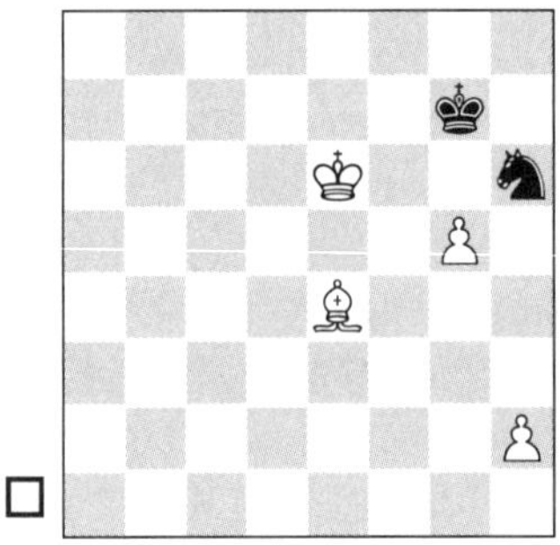

„Frauen können keine Endspiele spielen“, sagte einst ein prominenter Kommentator. Hierauf braucht man nicht zu antworten, aber ein Unterschied zwischen den Geschlechtern, für den es starke wissenschaftliche Belege gibt, ist, dass Männer im Durchschnitt anfälliger für Selbstüberschätzung sind als Frauen; insbesondere wenn eine Situation mit Risiken verbunden ist.[17]

Hier hat Schwarz soeben 53...♘h6! gezogen und spielt dabei mit der Hybris ihres Gegners: sie verlockt ihn zu einer „cleveren“ Gewinnvariante, die freilich ein faustdickes Loch hat. Chandler erkennt rasch die Idee, und denkt – sollen wir es als Ungeduld, als Hybris oder als ein wenig von beidem bezeichnen? –, dass er weiter gesehen habe. Mit einem Gefühl der Endgültigkeit tappt er vor Selbstsicherheit kopfüber in die Falle:

54.gxh6+??

In Erwartung von 54...♔xh6 55.♔f6! ♔h5 56.♗f5!, wonach ein folgendes ♔g7 den Bauern schließlich heimschiffen wird – Schwarz könnte aufgeben.

54...♔h8!!

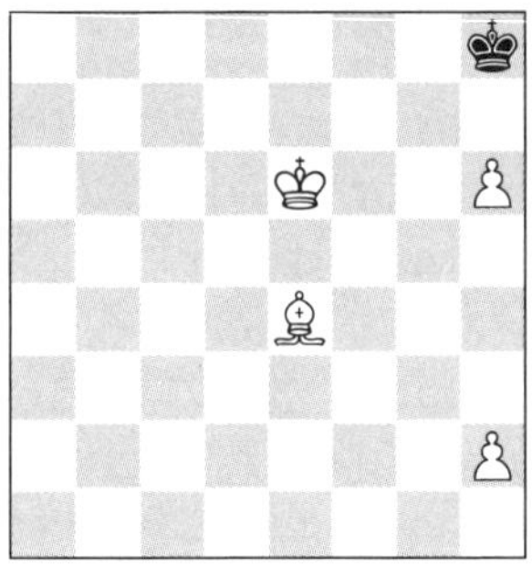

Es ist so einfach, wenn man es einmal gesehen hat. Natürlich spielt es keine Rolle, wie viele h-Bauern Weiß hat, denn wie in jedem Endspiel-Lehrbuch nachzulesen ist, ist das Ergebnis stets dasselbe: Remis.

17 Es gibt eine umfangreiche wirtschaftswissenschaftliche Literatur über geschlechtsspezifische Unterschiede in Bezug auf Vertrauen, Risiko und Wettbewerbsdenken. Siehe z.B. Barber and Odean, „*Boys Will be Boys: Gender, Overconfidence, and Common Stock Investment*“ (The Quarterly Journal of Economics 2001).

KAPITEL 4

Angst

Später begann ich dann, in entscheidenden Partien Erfolg zu haben. Vielleicht, weil mir eine ganz banale Wahrheit dämmerte: Nicht nur ich war geängstigt, sondern auch mein Gegner – Michail Tal

Während Nakamura in die Weltelite vorstieß, indem er sein Selbstbewusstsein zügelte, half es Fabiano Caruanas Aufstieg, dass er seine Schüchternheit überwinden konnte. Hybris und Angst sind die zwei entgegengesetzten Seiten derselben Medaille, und wir alle neigen, wenngleich in unterschiedlichem Maße, zur einen oder anderen Seite. Und dies ist ein weiterer Grund, warum wir den Engines nicht gewachsen sind: Ein Computer ist nie sicherheitsorientiert oder risikofreudig, sondern spielt einfach den besten Zug. Oder, wie Fischer es ausdrückte: „Man muss Vertrauen in sich selbst haben, und dieses Vertrauen sollte auf Fakten beruhen."

Angst verursacht eine natürliche Wahrnehmungsverzerrung. Der Mensch ist biologisch so programmiert, dass er Risiken und Unsicherheiten abgeneigt ist, und im Allgemeinen hat uns das gut getan. Es hat uns in der Savanne am Leben gehalten, als wir bestimmten Tierarten zum ersten Mal begegnet sind. Sie schärft unser Bewusstsein und unsere Konzentration. Sie hilft uns, uns vor unerwarteten Katastrophen wie etwa Finanzkrisen zu schützen. Und wir hassen das Verlieren noch mehr, als Sie vielleicht denken. Psychologen und Ökonomen bezeichnen dies als „Verlustaversion"; ein Begriff, der von Amos Tversky und dem Nobelpreisträger Daniel Kahneman geprägt wurde, der kürzlich den Bestseller Schnelles Denken, langsames Denken herausbrachte. Viele Schachspieler leiden in ganz bestimmter Form unter dieser Wahrnehmungsverzerrung: Vielleicht durch irgendeine evolutionäre Kraft oder durch eine unterbewusst falsche Logik sind die Emotionen beim Verlieren anstatt Remis zu spielen schmerzhafter als die Enttäuschung darüber, eine Gewinnstellung nur remisiert zu haben.

Doch Schach ist ein Nullsummenspiel: wo ein Gewinner ist, ist auch ein Verlierer. Ein Spieler muss seine Voreingenommenheiten im Griff haben, um seine Punkteerwartung zu maximieren. Und so wie übergroßes Selbstvertrauen ausgenutzt werden kann, so genauso auch Angst.

Lawrence Trent 2470
Twan Burg 2350
Benasque 2008 (6)

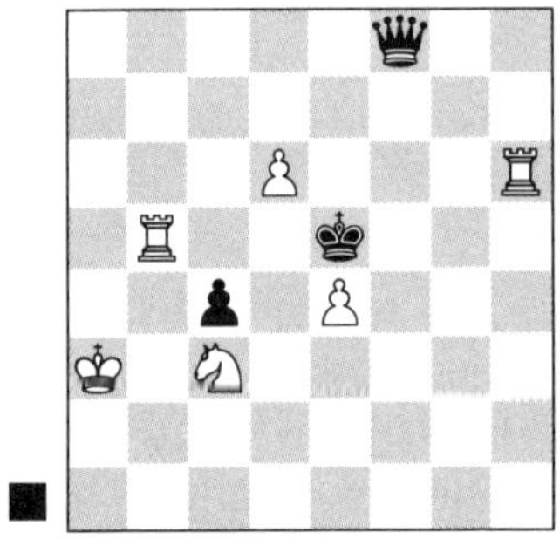

49...♔d4!
Ein reizender Zug in Verluststellung (nur ein echter Schwindler könnte eine solche Phrase gebrauchen). Weiß hat verzweifelt versucht, sowohl seinen materiellen wie auch seinen positionellen Vorteil zu kontrollieren, um den Sieg ohne Risiko heimzuschaukeln. Doch Schwarz hat ihm stets kleine Hindernisse in den Weg gelegt.
Nach dem unverschämten Königszug muss Weiß, um seinen Sieg sicherzustellen, zu entschiedenen Maßnahmen greifen, z.B. den schwarzen König mit 50.♘e2+ weiter eindringen lassen oder mit 50.♔b4 einen Turm opfern. Aber er schafft es nicht, den Sprung zu wagen. Ironischerweise lässt gerade die Angst davor, den Sieg entgleiten zu lassen ... Weiß den Sieg entgleiten.
50.♖h3?? ♕xd6+ 51.♔b2?
51.♖b4! hält die Gewinnchancen am Leben, obgleich Schwarz wieder voll im Spiel ist.

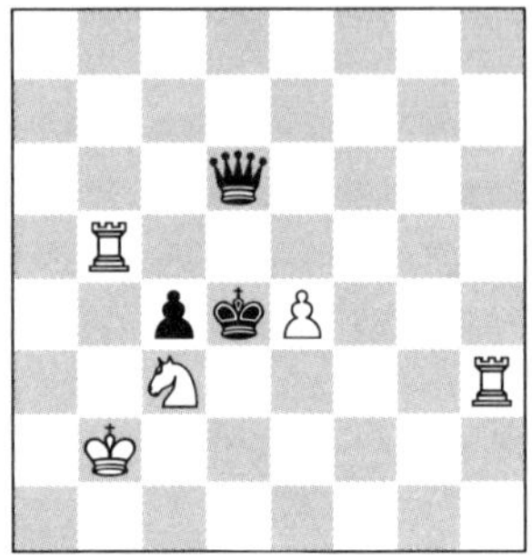

51...♕a3+!!
Führt ein prächtiges Patt mitten auf dem Brett herbei.
52.♔c2 ♕c1+ ½:½

Ein schönes Beispiel dafür, wie Angst ein gewonnenes Spiel ruinieren kann, aber kein gutes Beispiel für die Inszenierung eines Schwindels. Schwarz machte einfach die offensichtlichen Züge und sah dabei zu, wie sich sein Gegner selbst zerstörte. In der nächsten Partie sehen wir, wie einer der größten Spieler aller Zeiten absichtsvoll das Unbehagen seines Gegners verstärkt.

Anatoli Karpow
Istvan Csom
Bad Lauterberg 1977 (12)

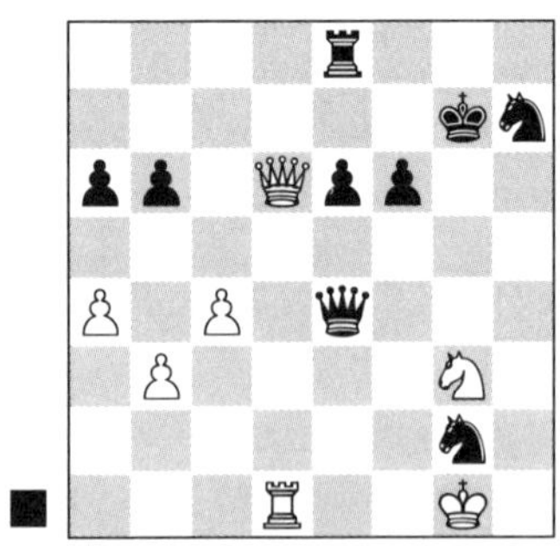

Man hat nicht jeden Tag gegen den Weltmeister eine Figur mehr. Vielleicht war es der Druck der Gelegenheit, oder vielleicht die Uhr; jedenfalls beginnt der Schwarzspieler, der bis zu diesem Punkt aggressiv und brillant gespielt hatte, deutliche Anzeichen von Angst zu zeigen.

47...♛a8

Objektiv kein schlechter Zug, aber doch das erste Anzeichen einer ängstlichen Einstellung. Züge wie 47...♛f3 oder sogar 47...♛g4 hätten die Initiative in Händen von Schwarz gehalten.

48.♛c7+ ♚h8?

Und wieder. 48...♚g6! hätte klar gewonnen, weil es nach 49.♖d7 ♘g5 50.♖g7+ ♚h6

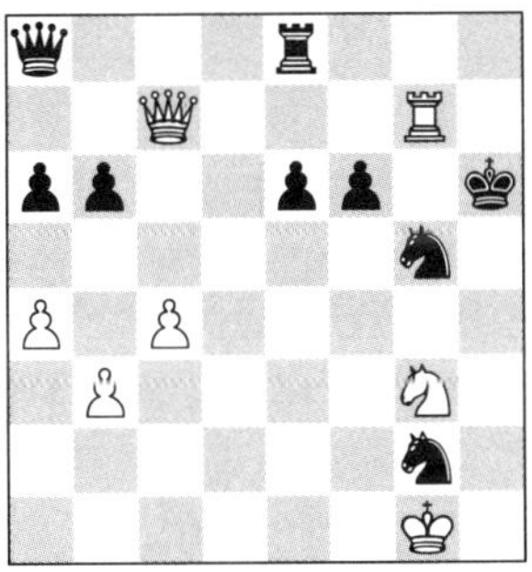

Analysediagramm

der weiße König ist, der sich in Gefahr befindet.

49.♖d7!

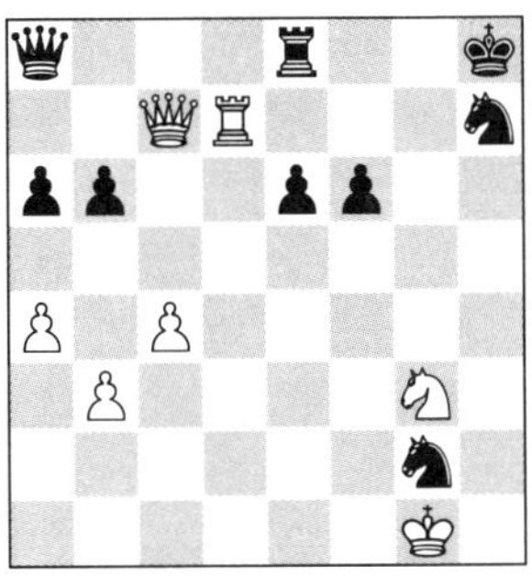

Karpow spürt die Beklommenheit seines Gegners, schleudert seine Figuren in Richtung schwarzer König und schafft damit das Szenenbild für einen berühmt gewordenen Schwindel. Mit 49...♘g5! hätte Csom einen Sieg für die Geschichtsbücher erringen können, dank des überwältigenden Materialvorteils. Stattdessen überkam ihn die Angst, und er entschied sich, „auf Nummer sicher“ zu gehen mit

49...♘f8??

Der Weltmeister schlug zu mit dem spektakulären

50.♘f5!!,

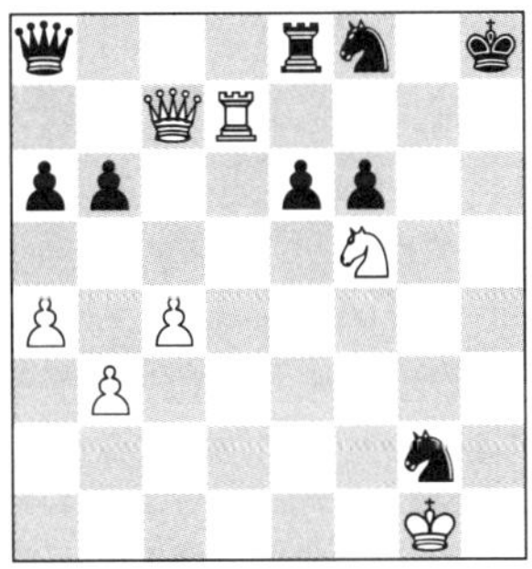

was sowohl 51.♖h7+ wie auch 51.♛h2+ droht; plötzlich ist es ein Matt in fünf Zügen. Schwarz gab auf.

Die Angst am Schachbrett kann vielfältige Formen annehmen. Wir haben bereits von Verlustaversion gesprochen, wobei ein Spieler zugunsten des Sicherheitsnetzes eines Remis auf den Kampf um Vorteil verzichtet. Aber ein weiteres verbreitetes Gefühl ist die Angst, die Kontrolle zu verlieren, worüber wir im nächsten Kapitel ausführlicher sprechen werden. Gewonnene Partien gewinnen sich nicht von selbst, obwohl so mancher Spieler nach dem Erreichen eines entscheidenden Vorteils selig den „Geschwindigkeitsregler“ anschaltet. Paradoxerweise ist der Zeitpunkt, an dem unser Gegner selbstgefällig und gelangweilt aussieht, oft genau der Moment, an dem er am anfälligsten für Angst ist und folglich der Überraschungseffekt am größten ist.

Elena-Luminita Cosma 2313
Ana Matnadse 2383
Batumi Mannschafts-EM Frauen 2019 (6)

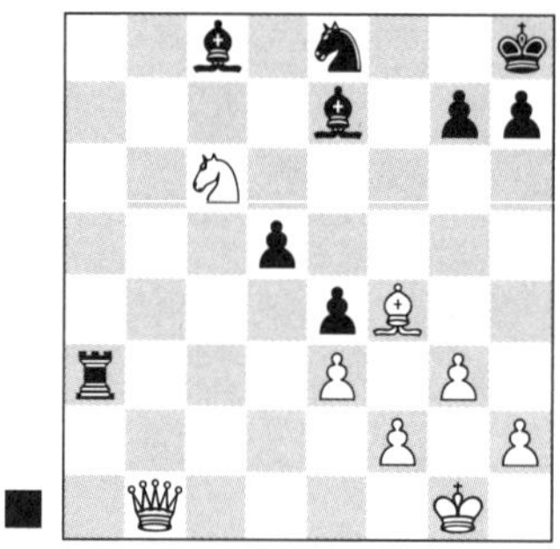

Turm und Läufer gegen Dame wäre jetzt nicht so schlecht, aber das wichtigere Merkmal ist, dass die schwarzen Kräfte in Unordnung sind, z.B. 34...♗f6 35.♕b4!, und die Schwäche der schwarzen Grundreihe wird aufgedeckt. Objektiv am besten ist 34...♗f8, doch die schwarzen Koordinationsschwierigkeiten halten danach an, z.B. 35.♔g2 (droht ♕b6 oder ♕b8) 35...♖a8 36.♗e5 ♗d7 37.♕b7 ♗xc6 38.♕xc6 ♖d8 39.h4,

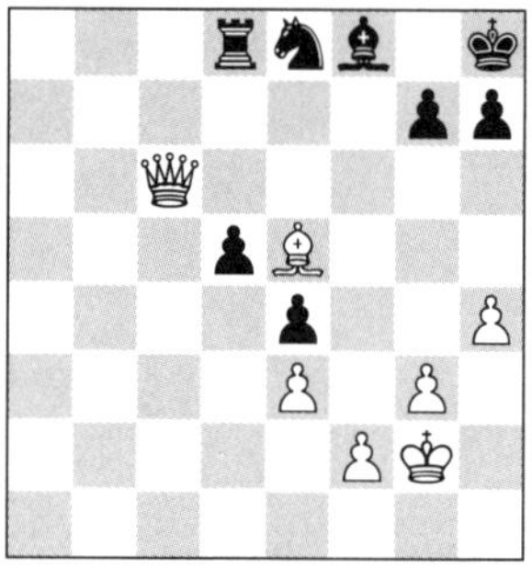

Analysediagramm

und Schwarz ist völlig gelähmt (+9 gemäß meiner Engine).
Es ist für Schwarz jetzt definitiv angesagt, in den „Schwindelmodus“ überzugehen, und der schwächste Punkt im weißen Lager sind eindeutig die hellen Felder.

34...♗g4!!

Anstatt sich mit Passivität auf ihrer eigenen Grundreihe zu begnügen, inszeniert Schwarz einen dreisten *Blitzkrieg*. Es ist eher ein Bellen als ein Beißen, wie Ihnen jede Engine erzählen wird, und 35.♕b8! würde das schwarze Getöse als das entlarven, was es wirklich ist. Aber der Szenenwechsel von der Verteidigung der Grundreihe zu einem Sturmlauf erwischt Weiß unvorbereitet. Mit Näherrücken der Zeitkontrolle rückt die Angst in den Vordergrund, und sie langt nach dem Läufer.

35.♘xe7?

In Erwartung von 35...♖d3, wonach (unter anderem) 36.♕b8 gewinnt. Doch Schwarz hat andere Vorstellungen.

35...♗f3!!

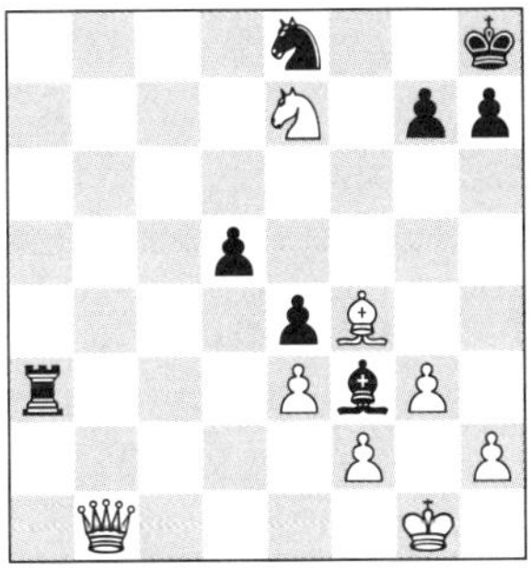

Ein Schock! Die weiße Dame ist nun zur Verteidigung der Grundreihe verurteilt, und die „langsame“ Drohung ...♖a3-d3-d1 wäre damit erneuert. Plötzlich, und außerstande, eine Verteidigung gegen diesen plumpen Plan zu finden, überkommt Weiß das Gefühl, ausgetrickst worden zu sein, und Panik macht sich breit. Das ist exakt der emotionale Zustand, den der Schwindler herbeiführen möchte. Anstatt gelassen nach einer Lösung zu suchen (die tatsächlich existiert), fängt Weiß an, darüber nachzudenken, wie er sich überhaupt noch herauswinden kann. Derweil die Zeitkontrolle noch ein paar Züge entfernt ist, gibt sie der Angst nach.

36.♘xd5??

Noch ein nervöses Schlagen. Am einfachsten gewann das überraschend effektive 36.♔f1! ♖d3 37.♔e1!, und Weiß wird sich allmählich befreien.

36...♖d3 37.♘b4?

Verpasst die letzte Chance: 37.♘c7! ♘f6 38.♗e5! ♖d1+ 39.♕xd1 ♗xd1 40.♗xf6 gxf6 41.♔f1 mit einem immer noch relativ leicht zu gewinnenden Endspiel.

37...♖d1+ 38.♕xd1 ♗xd1

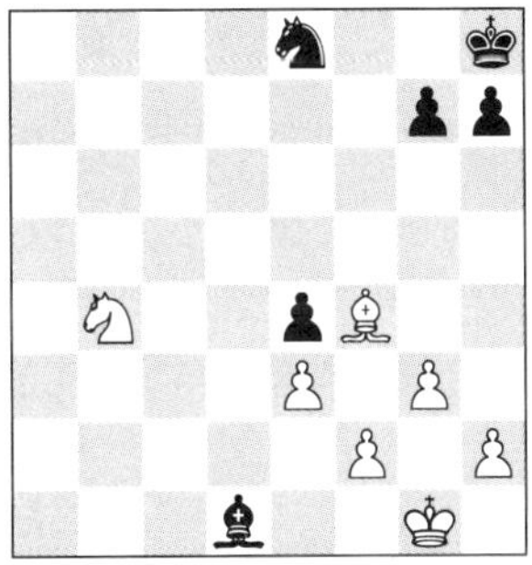

Schwarz hat den Spielverlauf völlig auf den Kopf gestellt, mit ausgezeichneten Remischancen. Es zeugt von der Macht der Angst, dass Weiß später noch patzte und die Schwarzspielerin sogar den vollen Punkt einheimsen konnte.[18]

Wie der Philosoph Aristoteles sagte: „Wer seine Ängste überwunden hat, wird wirklich frei sein.“ Für mich hört sich das ein wenig altertümlich an, aber wir als Schachspieler könnten so zumindest ein paar zusätzliche Elo- oder DWZ-Punkte gewinnen. Und ist es nicht das, worum es im Leben geht?

---

18 Die Partie endete wie folgt: 39.♔f1 ♔g8 40.♔e1 ♗f3 41.♘c6 ♘f6 42.♗e5 ♘d5 43.♗d4 ♗g2 44.h4 g6 45.♘e5 ♘b4 46.♔d2 ♘d5 47.♔e2 ♘f6 48.♔e1 ♘d5 49.♔d2 ♔f8 50.♔c2 ♔e7 51.♔b3 ♔e6 52.♔c4 ♘f6 53.♗c3 ♘e8 54.♘c6 ♘d6+ 55.♔c5 ♘f5 56.♘b4 ♘h6 57.♘d5 ♗h1 58.♘f6 ♔f5 59.♘xh7 ♘g4 60.♗e1 ♘e5 61.♘g5 ♘d3+ 62.♔d4 ♘xe1 63.g4+ ♔xg4 64.♘xe4 ♘f3+ 65.♔d3 ♘e5+ 66.♔d4 ♘c6+ 67.♔d3 ♘e5+ 68.♔d4 ♘f3+ 69.♔d3 ♘e1+ 70.♔d4 ♗xe4 71.♔xe4 ♘f3 72.♔d3 ♔f5 73.♔e2 ♔e4 74.♔f1 ♘xh4 75.♔e2 g5 76.♔f1 ♔f3 77.♔g1 ♘f5 0.1.

KAPITEL 5

Kontrollzwang

Es ist mein Stil, meinen Gegner und mich selbst auf unbekanntes Terrain zu führen. Eine Schachpartie ist keine Wissensprüfung, sondern eine Schlacht der Nerven – David Bronstein

So wie Ungeduld oft mit Hybris einhergeht, so geht die Angst auch häufig die Verbindung mit unserer letzten Schwachstelle ein: dem Kontrollzwang.[19] Was ist das, höre ich Sie sagen? Sie hatten nicht erwartet, in diesem Buch Deutsch zu lernen? Ich bitte um Entschuldigung. Aber wie so oft, wenn für ein häufiges Phänomen ein englisches Wort fehlt, haben die Deutschen eine Antwort. Und betrachten Sie es einfach so: Für Ihr nächstes Schachgedicht haben Sie jetzt den passenden Reim für Zugzwang.

Doch während Zugzwang den Zwang zu einem Zug beschreibt, beschreibt Kontrollzwang den Zwang, die Kontrolle zu bewahren. Die Bedeutung dieses Begriffs liegt irgendwo zwischen dem, was wir zur Beschreibung eines Kontrollfreaks verwenden würden, und jemandem mit einer Zwangsstörung. Ich verwende ihn beim Schach, um das Bedürfnis zu bezeichnen, die Kontrolle über eine Stellung zu behalten und die Dinge nicht aus dem Ruder laufen zu lassen. Die Furcht vor Komplikationen, die Abneigung gegen Komplexität – wie immer Sie es nennen wollen – ist die letzte entscheidende Schwäche in der Psyche des Schachspielers, die ein Schwindler ausnutzen kann. Ich bin mir sicher, Sie können auch schon erraten, wie. Wenn unser Gegner Angst vor Chaos hat, dann ist Chaos genau das, was wir ihm geben.

Kontrollzwang ist ein unter Schachspielern sehr verbreiteter Wesenszug. Selbst Weltmeister sind hiergegen nicht immun, so wurde über den siebten Weltmeister Wassili Smyslow folgendes geschrieben: „Wenn Smyslow bei diesem Turnier[20] ... den Punkt erreichte, wo er den von ihm aufgebauten Vorteil verwerten musste, kam er nicht um taktische Fortsetzungen herum. Smyslow ist seit langem einer jener Spieler, die sich nicht gerne auf die Berechnung exakter Varianten einlassen."

Diese beißenden Worte verfasste Michail Tal, der achte Schachweltmeister und einer der besten *Drahtseilakrobaten* der Schachgeschichte (keine Sorge, dazu kommen wir später). Er hatte ein Talent dafür, aus Ord-

19 So heißt es auch im englischen Original (ebenso wie Zugzwang), der Übers.
20 Bei der UdSSR-Meisterschaft 1966/67 belegte Smyslow den geteilten zehnten Platz.

nung Chaos zu schaffen und Komplexität als tödliche Waffe einzusetzen. Tals Weg zur Weltmeisterschaft wurde durch seinen Sieg bei dem extrem starken Kandidatenturnier von 1959 geebnet, wo er vor Keres, Petrosjan, Fischer und, ja, Smyslow gewann.

Wassili Smyslow
Michail Tal
Bled/Zagreb/Belgrad Kandidatenturnier 1959 (15)

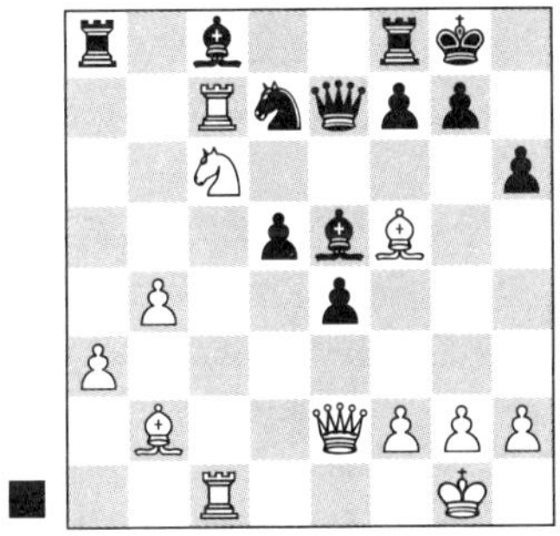

Anscheinend hatte Smyslow einige Tage vor dieser Partie ein Interview gegeben, bei dem er dem Reporter erzählt hatte, dass Tals Partien von Glücksfällen übersät seien und er es als seine großmeisterliche Pflicht betrachte, Tal bei ihrer anstehenden Begegnung ganz sauber zu schlagen. Wir schalten uns nun in jene Partie ein und sehen Smyslow auf dem besten Wege, genau dies zu tun. Smyslow dominiert das ganze Brett in einer für seinen Stil der „Spiralfeder" charakteristischen Weise. Nach dem Engine-Vorschlag 24...♕f6 25.♘xe5 ♕xf5 26.♘c6! ♕g5 27.♖c3! würde die Vorherrschaft noch deutlicher. Im Angesicht eines schmerzhaften Erstickens antwortet Tal auf die einzige Art, die er kannte. In seinen eigenen Worten: „Bis zu einem bestimmten Punkt spielte Smyslow die Partie brillant und hat mich völlig überspielt, während ich dazu nur noch zwei bis drei Minuten für etwa 15 Züge übrig hatte. Ich hatte nichts zu verlieren und durfte nicht zaudern, und ich versuchte lediglich, die Aufgabe meines Gegners auf jede erdenkliche Weise zu erschweren."

24...♕g5! 25.h4

Gewinnt eine Figur – der Läufer f5 ist wegen der Gabel auf e7 tabu –, doch die freiwillige Schwächung seines Königsflügels muss Smyslow tief in seinem Kontrollzwang-Inneren getroffen haben.

25...♕xh4 26.♘xe5 ♘xe5 27.♖xc8 ♘f3+!!

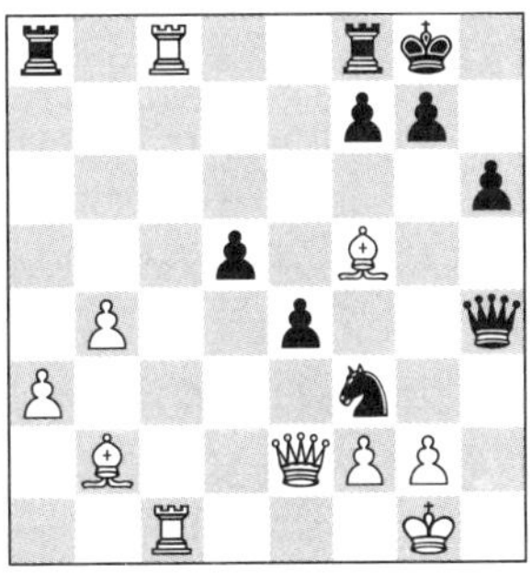

Die Pointe von Tals Spiel: der weiße König wird freigelegt. Weiß steht klar auf Gewinn, doch Smyslow hat nicht mehr die absolute Kontrolle, nach der er sich sehnt.

28.gxf3 ♕g5+ 29.♔f1

Nicht 29.♗g4?? ♖axc8!.

29...♕xf5 30.♖xf8+ ♖xf8 31.fxe4 dxe4

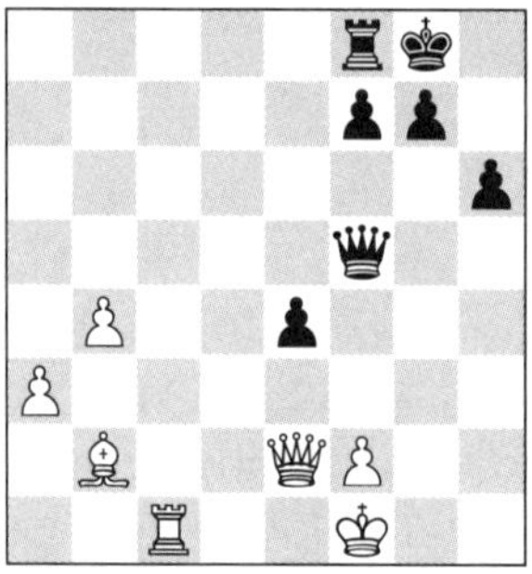

Der Rauch hat sich verzogen, und Weiß ist mit einer Mehrfigur verblieben. Aber sein König hat den größten Teil seines Bauernschutzes verloren, und die verbliebenen zwei Figuren von Schwarz haben etwas Aktivität gefunden.

32.♕e3 ♖d8 33.♕g3 g5!

Alle Truppen zum Angriff!

34.♖c5?

Smyslow fährt im Stil von vor zehn Zügen fort, als Weiß das Brett kontrollierte und die Initiative innehatte. Doch dieser Zug schwächt die Grundlinie und lädt zum Gegenspiel ein. In praktischer Hinsicht war es besser, auf Nummer sicher zu gehen und mit 34.♕c3 oder sogar 34.♔e1 den materiellen Vorteil zu hegen.

34...♖d1+ 35.♔g2 ♕e6 36.b5 ♔h7!

Weicht vorsorglich Schachgeboten auf der Grundreihe aus.

37.♖c6 ♕d5!

Ein ausgezeichneter Zug; nicht nur, weil damit ein Abzugsschach durch 38...e3+ droht, sondern auch, weil er zu einer offensichtlichen und scheinbar vernichtenden Widerlegung einlädt. Eine psychologische Kombination, der man in Zeitnot nur schwer widerstehen kann.

38.♕e5??

Droht Damentausch und zugleich ein doppeltes Matt. Mehr kann man von einem Zug tatsächlich kaum verlangen – und dennoch wirft genau dieser Zug den Gewinn weg. Tal: „Und dann fiel Smyslow, als meine Flagge schon hing und noch drei Züge zu machen waren, auf den einzigen Schwindel herein, den ich mir auszudenken vermochte."

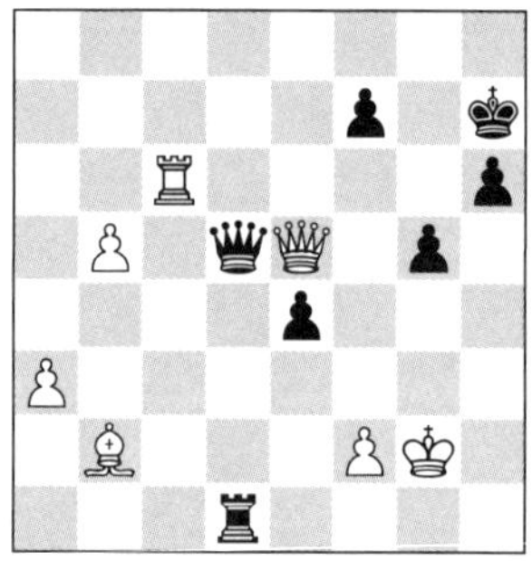

38...♖g1+!!

Ein phantastischer Trick, ermöglicht durch den Druck und das Chaos, das Tal mit seinem vorherigen Spiel heraufbeschworen hatte. Bei 39.♔xg1 ♕d1+ sichert sich Schwarz ein Dauerschach auf den Feldern d1, f3 und h5.

39.♔h2 ♖h1+!! 40.♔g2 ♖g1+ ½:½

Ich überlasse Tal das Schlusswort: „Normalerweise bewahrt Smyslow am Brett stets seine Fassung, doch hier änderte sich nach 39...♖h1+ seine Gesichtsfarbe, und nachdem er etwa drei Minuten lang nachgedacht hatte, machte er seinen Antwortzug und drosch fürchterlich auf die Uhr ein. Einige Figuren fielen um, doch entgegen meiner sonstigen Gewohnheit gab ich erst mit meinem Turm auf g1 Schach, drückte meine Uhr und begann erst dann, auf dem Brett die Ordnung wiederherzustellen. Weiß konnte dem ewigen Schach nicht mehr entrinnen."

***

Hier ist ein jüngeres Beispiel aus einer Amateurpartie.

Helen Milligan 2016
Junta Ikeda 2275
Canberra 2010 (2)

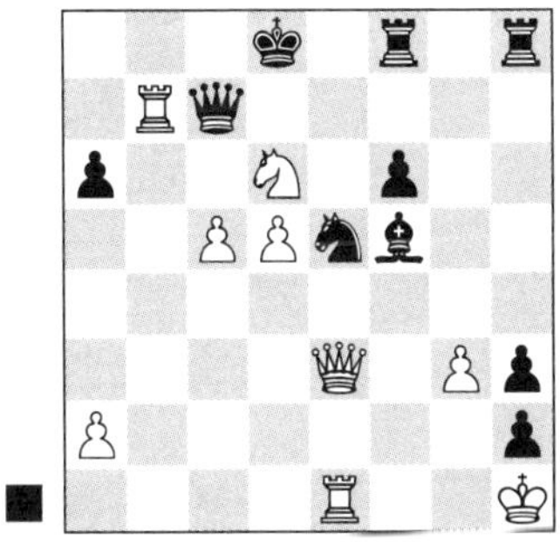

Es ist ein schreckliches Gefühl, in einer verlorenen Stellung einem euphorischen Gegner gegenüberzusitzen, der anscheinend schon alle Gewinnvarianten berechnet hat. In solchen Situationen ist es nützlich, sich daran zu erinnern, dass er mit ziemlicher Sicherheit nicht ALLE Siegvarianten berechnet hat, sondern nur die gegen Ihre natürlichen Züge.
Und das gibt uns einen Fingerzeig darauf, wie die Strategie des Schwindlers aussehen sollte: Halten Sie nach unnatürlichen Zügen Ausschau! In dieser Stellung sieht sich Schwarz einer Enginebewertung von +7 gegenüber und wird mit Sicherheit zumindest eine Figur verlieren, wenn nicht sogar mattgesetzt werden. Die Figuren der Weißspielerin dominieren das Brett, und ihr König scheint hinter dem Schutz der verdoppelten h-Bauern von Schwarz recht sicher und geborgen zu sein.
Kurzum, Weiß kontrolliert die Lage völlig. Ikeda findet einen Zug, den die meisten von uns nicht in Betracht ziehen würden:
32...♗g4!! 33.♖xc7 ♔xc7
Aber nicht 33...♗f3+?? 34.♕xf3 ♘xf3 35.♖ee7 und Matt im nächsten Zug.
34.♖f1 ♖b8!

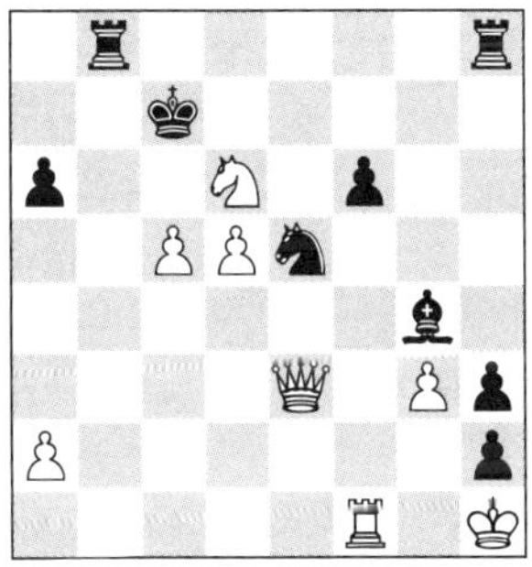

In materieller Hinsicht steht es um Schwarz gar nicht so schlecht, wenngleich der Computer die Stellung mit +16 bewertet! Das Wichtigste ist, dass Weiß jetzt ihren Fokus weg von einem automatischen Angriff und hin zu Obacht gegenüber taktischen Drohungen im eigenen Hinterhof richten muss. Das ist ein subtiler, aber wichtiger Richtungswechsel, den Weiß freilich nicht vollzieht. Jeder vernünftige Damenzug, der entweder b1 oder g4 deckt, gewinnt (Sie werden bald sehen, warum), aber Weiß erkennt die Drohung nicht und reagiert sehr natürlich auf das Gefühl, die Kontrolle zu verlieren: sie bringt ihren Springer in die Verteidigung zurück.

35.♘e4??

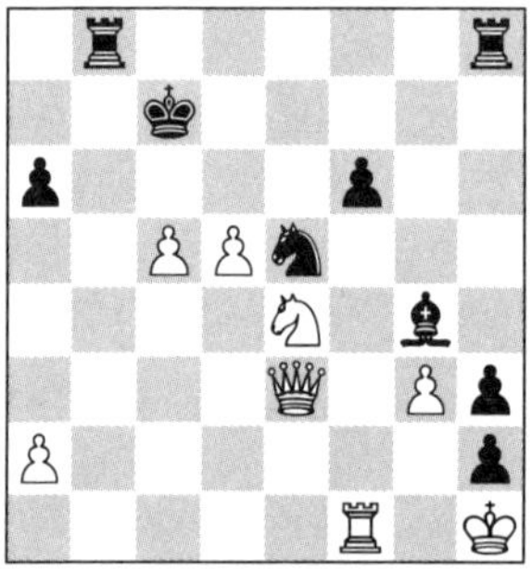

35...♗f3+!

Räumt das Feld g4 für den Springer. Die einzige Möglichkeit, das Matt zu verhindern, besteht in einem Übergang in ein verloren Endspiel mit 36.♕xf3. Stattdessen endete die Partie wie folgt:

36.♖xf3 ♖b1+!

Mit nachfolgendem Matt.
Merken Sie sich den Namen des Schwarzspielers, wir werden noch mehr von ihm sehen.

Eine übliche Methode, Kontrollzwang auszunutzen, besteht darin, den Gegner zu einer Planänderung zu zwingen. In einem Moment sitzt der Gegner bequem in seinem Stuhl, mit einem klaren Plan zur Vorteilsverwertung (wie z.B. einen Freibauern vorzuschieben oder seine Kräfte gegen eine Schwäche zu konzentrieren), und im nächsten Moment – BAM! – steht er vor einer Reihe ganz anderer Probleme. Manchmal erreicht man dies, indem man dem Gegner einen saftigen Bissen anbietet, dem er nachjagen kann – und welcher Bissen ist schon verlockender als ein exponierter König?

Damia Benet Morant 2082
Fedja Zulfic 2160
Gold Coast 2019 (9)

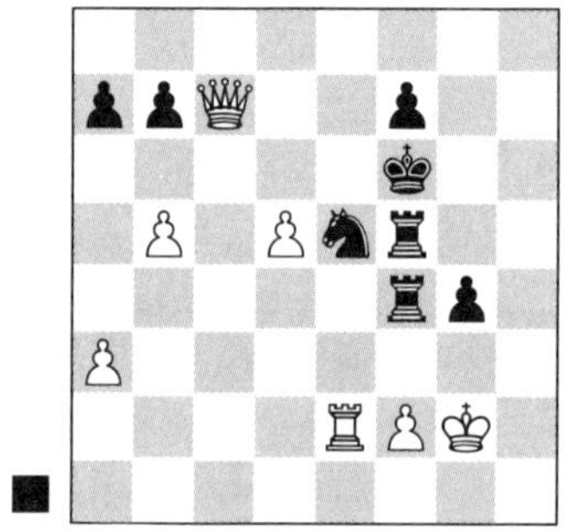

Weiß hat Materialvorteil und dazu den klaren Plan, seinen d-Bauern vorzustoßen. Business-as-usual wird für Schwarz nicht genug sein. Er versucht vielmehr, den Weißen abzulenken, indem er seinen König auf das offene Feld führt.

41...♔g5!!

Stellt eine kleine Falle auf: 42.♖xe5?? ♖xf2+! mit Dauerschach. Doch es gibt keinen Grund für Weiß, von seinem Plan abzurücken, und wenngleich es mehrere Gewinnzüge gibt, ist es vielleicht am einfachsten, mit 42.d6 weiterzumachen, mit der Absicht 42...♖d4 (erzwungen) 43.♕e7+! (aber nicht 43.♕xb7?? ♘f3!) 43...f6 44.♕xb7 ♖xd6 45.♕xa7, und der b-Bauer ist nicht aufzuhalten. Aber dem Weißen schwebt plötzlich Größeres vor Augen, und er verliert den Fokus.

42.♕c3? ♖f3! 43.♕d2+ ♔h4!

Ein psychologisch brillanter Zug.

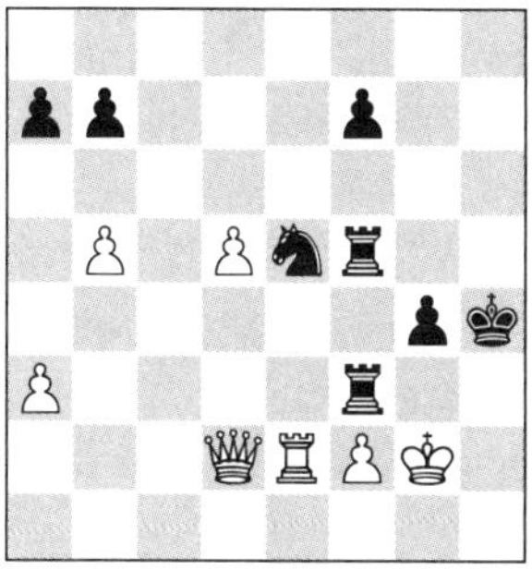

Natürlich ist es völlig verloren, so gibt es nach dem grobschlächtigen 44.♖xe5! ♖xe5 45.d6 keine Möglichkeit, den weißen Freibauern aufzuhalten. Andererseits lädt Schwarz, indem er seinen König in eine solch prekäre Lage bringt, den Weißen geradezu zu dem sich aufdrängenden Schachgebot ein.

44.♕h6+?

Dem war schwer zu widerstehen, doch das Schachgebot wirft möglicherweise bereits den Gewinn weg und macht dem Weißen das Leben mit Sicherheit viel schwerer.

44...♖h5 45.♕f8?!

45.♕g7! ist der forderndste Zug, nach welchem Schwarz freilich seine ganze breitgefächerte Trickkiste auffahren könnte: 45...♘g6! 46.d6 ♘f4+ 47.♔f1 g3!!.

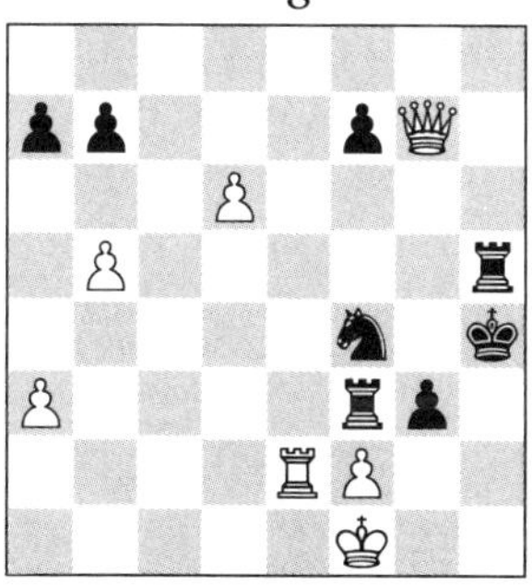

Analysediagramm

Ein erstaunlicher Gegenangriff der bereits aufgeriebenen schwarzen Kräfte. Nach 48.♕f6+?? ♔h3! 49.♖d2 ♔h2!! würde Weiß jetzt sogar verlieren. Was für ein Königsmarsch! Stärker ist 48.d7!, was mit Schach umzuwandeln droht (etwa nach 48...g2+? 49.♕xg2). Schwarz muss einen Turm hergeben, um den Bauern aufzuhalten, doch seine verbliebenen Figuren arbeiten, unterstützt vom König, hervorragend zusammen. Es könnte folgen: 48...♖d5! 49.♕h8+ ♔g4 50.d8♕ ♖xd8 51.♕xd8 ♘xe2!! (besser als 51...g2+; wie sich herausstellt, ist der vorgeschobene g-Bauer von Schwarz wertvoller als eine Figur) 52.♕d7+ f5 53.♔xe2 ♖xf2+ 54.♔e1 ♖f3!.

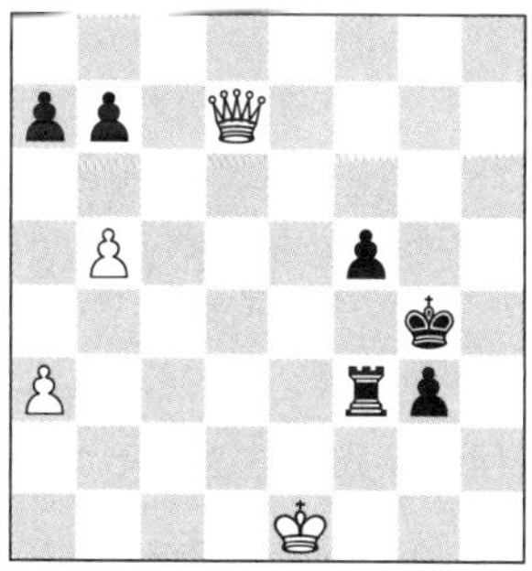

Analysediagramm

Meine Analyse legt nahe, dass das remis ist. Zum Beispiel 55.♕xb7 g2 56.♕g7+ ♔h3 57.♔e2 ♖g3, und Weiß muss ein Remis per Dauerschach erzwingen.

45...♘g6! 46.♕d8+ f6!

Plötzlich sind Weiß die Schachgebote ausgegangen, während Schwarz zum Gegenangriff bereitsteht.

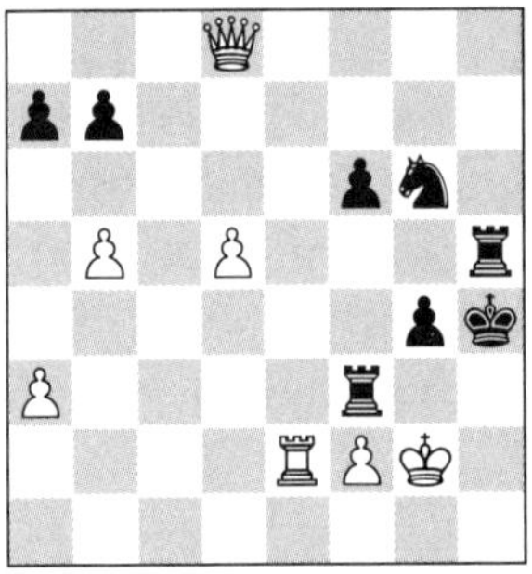

Die unmittelbare Drohung lautet 47...♘f4+ 48.♔f1 g3, mit ähnlichem Spielverlauf wie in der letzten Anmerkung. Man beachte, wie die weiße Dame vom Geschehen abgeschnitten ist, während der dreiste König von Schwarz tatsächlich ziemlich sicher steht und zudem selbst eine Rolle beim Angriff spielt. Sich unerwartet auf einem Drahtseil wiederfindend, erliegt Weiß der Angst.

47.♖e4??

Panik bei Weiß. Zwar verständlich in seiner Verzweiflung, einen auf f4 auftauchenden Springer umgehend zu eliminieren. Der Turm wurde aber zur Verteidigung von d2 gebraucht.

Der Sieg war zwar ohnedies dahin; der geradlinigste Weg, ein Unentschieden zu sichern, bestand in dem couragierten 47.d6! ♘f4+ 48.♔f1 g3 und erst jetzt 49.♖e4!, was den Springer fesselt und dessen Beseitigung im nächsten Zug sicherstellt. Die Türme und Bauern von Schwarz sind weiterhin bedrohlich postiert, aber das ist nur gut genug für ein Remis.

47...♖hf5!

Droht matt in drei.

48.♖e1? ♖xf2+ 49.♔g1 ♘e5

Genügt zwar zum Gewinn, es ist aber eine Schande, dass Schwarz nicht mit dem malerischen 49...♔h3!

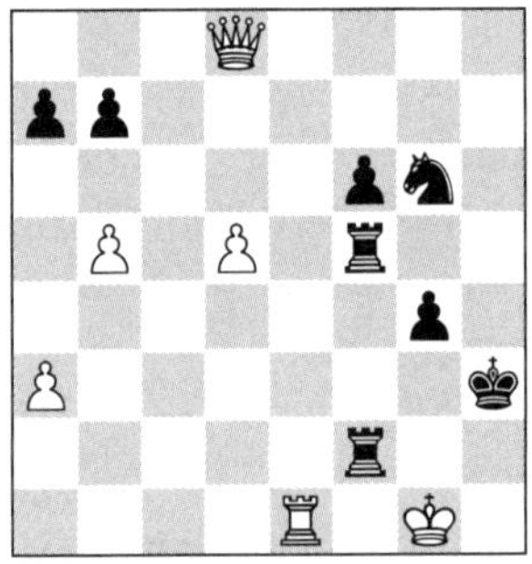

Analysediagramm

fortgesetzt hat, was ein Matt erzwungen hätte und die angemessene Belohnung für den Mut des Königs gewesen wäre, z.B. 50.d6 ♖g2+ 51.♔h1 ♖ff2 52.♖e3+ ♖g3 53.♖xg3+ ♔xg3 54.♔g1 ♘f4, und es folgt ein Matt.

50.♕h8+?

50.♕c7! hätte die Auseinandersetzung verlängert.

50...♔g3! 51.♕b8 ♖g2+ 0:1

Ein wohlverdienter Schwindel. Dem Schwarzen ist es geschickt gelungen, Weiß die Kontrolle über das Geschehen zu entziehen und ihn von seinen Plänen abzulenken. Der arme d-Bauer hat es niemals nach d6 geschafft.

KAPITEL 6

Die Denkweise des Schwindlers

Ein paar Tage gehen vorbei, und plötzlich spürt man unwillkürlich, dass ohne Schach etwas im Leben fehlt. Man darf sich dann freuen: Man gehört zu denjenigen Menschen, die gegen die Schachsucht nicht immun sind – Michail Tal

Wir haben all jene Persönlichkeitsmerkmale studiert, die wir bei einem Opfer von Schwindeleien vorfinden können. Doch was für Eigenschaften braucht man, um selbst ein Schwindler zu sein?

Fragen Sie jeden beliebigen großen Spieler (oder auch nur den Zockerkönig Ihres Vereins), wie sie auf ihre Schwindeleien verfallen, und vermutlich werden Sie enttäuscht sein. Sie werden Ihnen erzählen, dass sie gut darin sind, Dinge zu „sehen", dass sie ein „Gespür" für Tricks haben und dass sie anscheinend immer Glück haben. Wenn sie wirklich aufrichtig sind, werden sie einfach sagen: „Ich weiß es nicht" – denn die Wahrheit ist, dass die meisten Schwindler mit einer natürlichen Begabung für dieses Handwerk geboren wurden, was leider bedeutet, dass sie nicht gut darin sind, zu erklären, wie sie es machen.

Schwindler gibt es in verschiedenen Formen und Größen. Es gibt die arroganten Typen, zwar gesellig, aber mit leicht reizbarer Persönlichkeit und einem Hang zum Spieltrieb ... aber genauso häufig gibt es die ruhigen, sanften Schwindler, die introvertierten, die stillen Klötzchenschieber mit ihrem Pokerface und einer Sanftmut, die ihre Arglist überspielt.

Doch zum Glück für uns gibt es einige gemeinsame Muster. Was haben unsere Schwindler alle gemeinsam? Zum einen hassen sie es zu verlieren. Nun, wir wollen alle gewinnen, und wir alle würden lieber nicht verlieren, aber ich spreche von einer rohen, tief sitzenden Abscheu vor dem Verlieren. Haben Sie einmal ein Video gesehen, in dem Carlsen eine Blitzpartie verliert? Wurden Sie schon einmal Zeuge einer Niederlage von Nakamura bei einem Online-Stream? Oder kennen Sie Kasparows Grimassen nach einem Schnitzer?[21] Diese Jungs lassen ihren Gefühlen bei einer Niederlage freien Lauf. Doch nur weil einige andere Topspieler nicht so offen mit ihrer Mimik sind, heißt das nicht, dass sie ein Versagen auf dem Brett nicht ebenso verabscheuen. Zu ihrem Glück verlieren sie nicht sehr oft. Aber die Lehre für uns ist, dass solcherlei Emotionen unseren Ergebnissen

21 In Erinnerung an seine Niederlage gegen DeepBlue vor etwa zwei Jahrzehnten tat Kasparow kürzlich kund: „Ich bin ein schlechter Verlierer, und ich bin es immer noch."

am Schachbrett sehr gut bekommen: Sie treiben uns dazu an, uns mehr anzustrengen, härteren Widerstand zu leisten und stundenlang zu kämpfen, nur für die winzige Chance, dass wir eine große fette „Null" neben unserem Namen vermeiden können. Um genau zu sein, gibt es zwei Eigenschaften, die man in hochgradiger Dosierung benötigt, um ein großer Schwindler zu werden: Mumm und Optimismus.

KAPITEL 7

Mumm

Das ist nur ein Kratzer – Der schwarze Ritter in *Monty Python: Die Ritter der Kokosnuß.*

Was ist der Schlüssel zum Erfolg? In den letzten Jahren haben Forscher entdeckt, dass es mehr Ingredienzen braucht als nur einen hohen IQ oder urwüchsiges Talent. Einer der stärksten Indikatoren für den Erfolg ist Charakterstärke, insbesondere Entschlossenheit beim Umgang mit Schwierigkeiten. Neudeutsch ausgedrückt, man braucht einfach Mumm.

Die bekannteste Forscherin bezüglich des Einflusses von Mumm beim Erreichen von außergewöhnlichen Leistungen ist Angela Duckworth, Autorin von GRIT – *Die neue Formel zum Erfolg: Mit Begeisterung und Ausdauer ans Ziel*. Sie spricht über Mumm (englisch: grit) als Kombination aus Leidenschaft und Ausdauer. Es ist die Entschlossenheit, nicht aufzugeben, auch wenn der Weg frustrierend, langweilig oder schmerzvoll ist. Man muss ungeachtet strammer Hindernisse und scheinbar unvermeidlicher Misserfolge Widerstandskraft entwickeln; in Situationen, in denen die meisten von uns aus den Latschen kippen würden. Duckworth prägte den modernen Gebrauch des Begriffs „grit", aber das finnische Volk hat seit Jahr und Tag sein eigenes Wort: Sisu, was Mut, Willenskraft und Beharrlichkeit im Angesicht von Widrigkeiten und wiederholten Misserfolgen bedeutet. Sisu diente damit der Personifizierung des finnischen Nationalcharakters und wurde zugleich auch zum Lieblingswort der Finnen.[22]

Talent und Intelligenz sind natürlich wichtig. Aber wenn man über das hinausblickt, was man nicht ändern kann, sticht Mumm als dasjenige Persönlichkeitsmerkmal hervor, das in vielen Bereichen am meisten mit dem Erfolg einhergeht. Forscher haben gezeigt, dass der Mumm vorhersagt, welche Kadetten die Militärakademie bewältigen, welche Athleten es bis zu den Olympischen Spielen schaffen und welche Mitarbeiter in die Führungsebene und darüber hinaus vordringen werden. Beim Schach liegen die Dinge sogar noch einfacher: Mumm rettet Punkte.

In deprimierend schlechten Stellungen macht das den Unterschied. Vielleicht würden Sie lieber aufgeben und schnurstracks an die Bar

22 Eine Umfrage in Japan ergab, dass „Anstrengung" dort das Lieblingswort ist, während in England „Mutter" ganz oben auf der Liste steht. In den Vereinigten Staaten wurde „wie auch immer" (whatever) neun Jahre in Folge zum nervigsten Wort gewählt.

gehen, aber ein Spieler mit Mumm hängt sich weiter rein – und zwar nicht nur, indem er mechanisch weiterspielt, sondern aktiv und angestrengt versucht, die bestmöglichen Chancen aus dieser Stellung herauszuquetschen. Vielleicht verliert man am Ende auch so, und vielleicht verliert man beim nächsten Mal ebenfalls. Aber wenn man alle fünf Partien einen halben Punkt retten kann und dreißig Partien im Jahr spielt, ist das ein Gewinn von etwa 30 Elopunkten pro Jahr, nur weil man sich reinhängt.[23]

Wenn Mumm ein Indikator für den Erfolg beim Schach ist, dann ist die junge iranische Sensation Parham Maghsoodloo jemand, den man unbedingt im Auge behalten muss.

Pouria Darini 2518
Parham Maghsoodloo 2576
Teheran Iranische Meisterschaft 2017 (7)

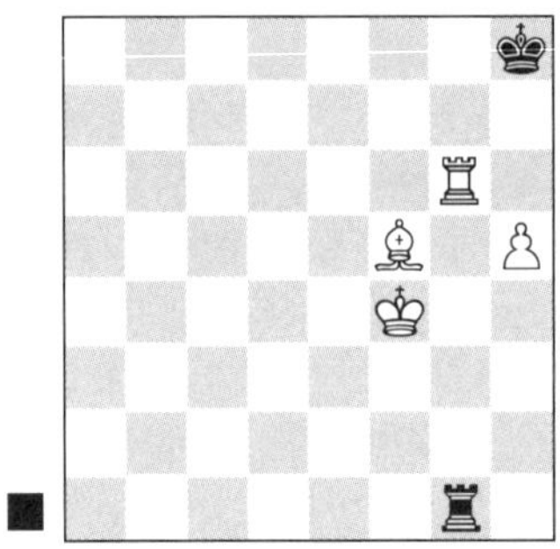

Nachdem er im Mittelspiel chancenlos ausgespielt wurde, hat Maghsoodloo bewusst dieses Endspiel angestrebt. Natürlich ist es verloren,[24] es stellt aber wegen des Läufers auf der falschen Feldfarbe des Randbauern einige praktische Herausforderungen. Seit dem letzten Schlagen oder Bauernzug sind bereits zehn Züge vergangen, und nun schraubt Schwarz den Lästigkeitsfaktor auf das Maximum.

77...♖g2!

Macht sich die Unbeweglichkeit des eigenen Königs zunutze, was genau genommen die wichtigste Schwindelwaffe von Schwarz ist. Natürlich nicht 77...♖xg6?? 78.hxg6!.

78.♔e5 ♖g5!

Frustrierend! Der Turm ist nach wie vor tabu.

79.♖b6

Der letzte Zug von Schwarz beinhaltete auch Elemente des Bluffs, da er darauf gesetzt hatte, dass Weiß das gefürchtete Endspiel ♖+♗ vs. ♖ prinzipiell vermeidet. Tatsächlich war die Aufgabe des Bauern der schnellste Weg zum Gewinn: 79.♔f6! ♖xh5 80.♖g1.

23 Die Frauengroßmeisterin Elisabeth Pähtz gab mir einen Rat weiter, den sie von ihrem Trainer erhalten hatte: „Bei jeder Partie geht es im Endeffekt um 5 Elo-Punkte". Im Grunde bedeutet dies, dass man, wenn man gegen einen gleichstarken Gegner gewinnt, dafür fünf Elopunkte gutgeschrieben bekommt (unter der Annahme eines K-Faktors von 10 – für Amateure unter Elo 2400 ist es sogar das Doppelte!).

24 In der Diagrammstellung kann Weiß tatsächlich ein Matt in 15 Zügen erzwingen, auch wenn solche rechnerischen Bewertungen selten praktisch nützlich sind.

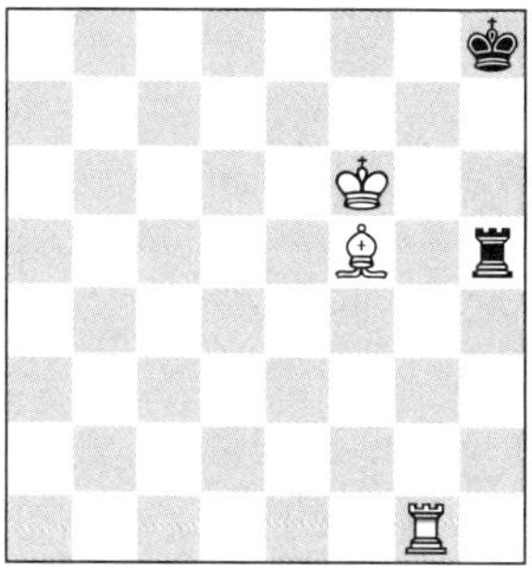

Analysediagramm

Bringt Schwarz in Zugzwang, da ein Turmzug nach h2 oder h4 81.♔f7 nebst 82.♖g8 matt erlauben würde. Schwarz kann 80...♖h6+ versuchen, um 81.♔f7?? mit 81...♖f6+! zu beantworten, doch dies kann Weiß vermeiden: 81.♗g6 ♖h2 82.♖e1! mit unabwendbarem Matt.

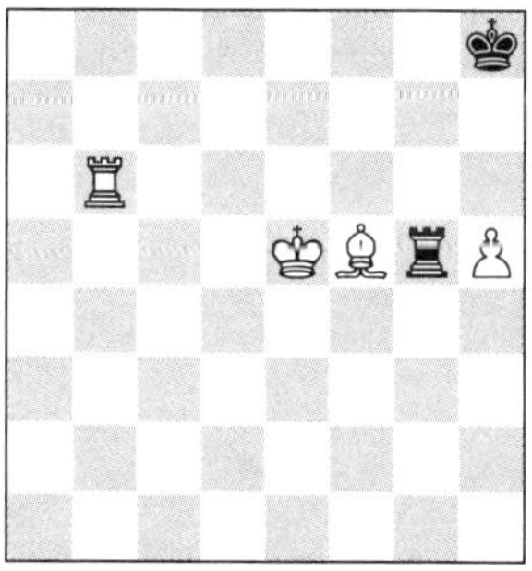

Darini ist aber auch kein Idiot und erkennt korrekt, dass der Bauer nach seinem Zug 79. ♖b6 gleichfalls tabu ist: 79...♖xh5??, und 80.♔f6 gewinnt auf der Stelle.

Doch wie wir sehen werden, ist Maghsoodloo mit seinen Neckereien noch längst nicht fertig.

79...♜g1 80.♖h6+ ♚g8 81.♔f6 ♜f1!

Verhindert 82.♗e6+.

82.♖g6+ ♚h8 83.♔g5 ♜g1+ 84.♔h6 ♜g4!!

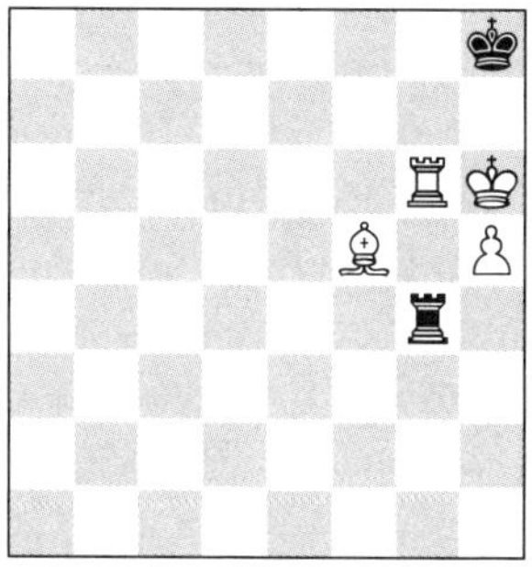

Maghsoodloo findet erneut den Weg des größten Widerstandes. Beide Großmeister waren sich völlig im Klaren, dass die die weiße Stellung gewonnen ist, aber Schwarz zwingt den Gegner, es zu „beweisen“.

85.♖c6 ♜g7 86.♗g6 ♜h7+!

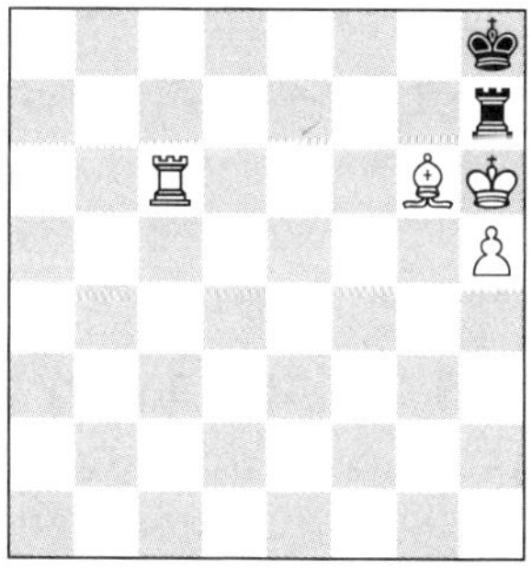

Eine weitere Variation des Patt-Themas. Der schwarze Kamikazeturm scheint seinem König immer genau zur rechten Zeit zu Hilfe zu kommen.

87.♔g5 ♜g7 88.♔f6?!

Signalisiert, dass Weiß den Gewinnplan noch nicht ausgearbeitet hat, was Maghsoodloo neue Hoffnung gegeben haben muss. Weiß bringt den König dorthin zurück, wo er ein paar Züge zuvor schon gestanden war, da er die richtige Zugfolge nicht erkannt hat. Tatsächlich hat er mit 88.h6!, gefolgt von der Überführung des Läufers nach e6, ein forciertes Matt in elf. Für einen Großmeister gibt es hier eigentlich nicht viel zu rechnen. Doch angesichts der Sticheleien verliert Weiß ein wenig die Konzentration und gerät auf den falschen Weg.

88.h6 ♖g8 89.♖c7 ♖f8 90.♖e7 ♖b8 91.♗f7 ♖b5+ (91...♔h7 92.♗e6+ ♔h8 93.♔g6) 92.♔f6 ♖b6+ 93.♗e6 ♖b5 94.♖e8+ ♔h7 95.♗f5+ mit Gewinn.

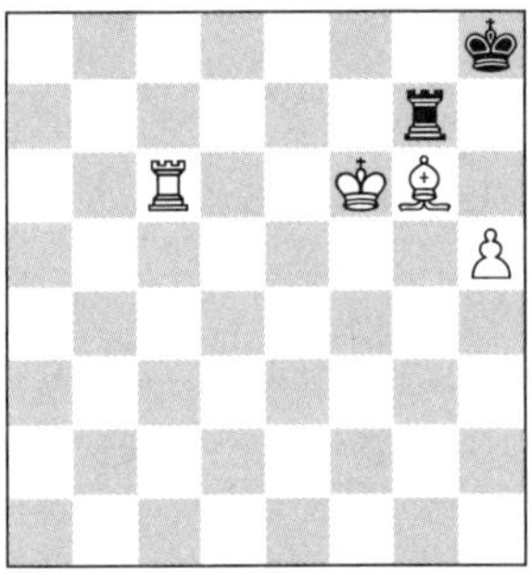

88...♖g8 89.♖b6 ♖f8+ 90.♗f7 ♔h7!

Im Gespür, dass Weiß kurz davor steht, das Gewinnmanöver auszuarbeiten, ergreift Schwarz seine Chance, mit dem König zu laufen, bevor Weiß auf die richtige Zugreihenfolge verfällt. Die weißen Kräfte haben im Moment etwas ihre Koordination verloren, was dem schwarzen König ein kleines Zeitfenster zur Flucht aus der Ecke gibt.

91.♖b7

Ungeachtet des letzten Zuges von Schwarz war 91.h6! nach wie vor der schnellste Weg zum Gewinn, da 91...♔xh6?? 92.♖b5 auf der Stelle verliert.

91...♔h6! 92.♖a7 ♖b8 93.♗g6?? ♖b7!

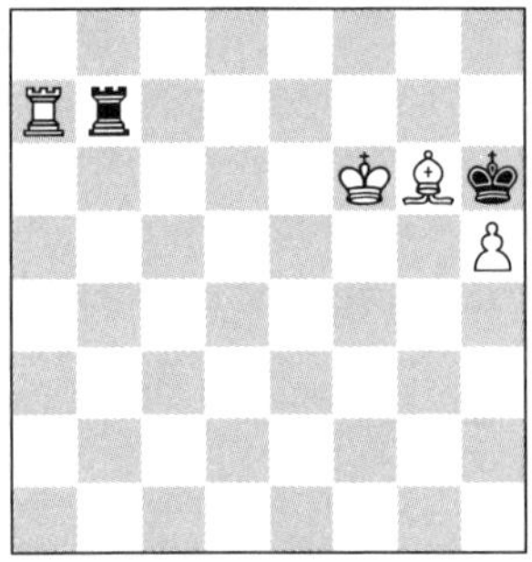

Eine weitere Pattwendung. Wie kann Weiß den wildgewordenen Turm nun abschütteln? Tatsächlich ist die Stellung immer noch gewonnen, doch wir können uns Darinis Verdruss zu diesem Zeitpunkt nur zu gut vorstellen.

94.♖a1 ♖a7! 95.♖h1 ♖a1! 96.♖h3 ♖a3 97.♖h4 ♖a4 98.♗e4 ♖a5!

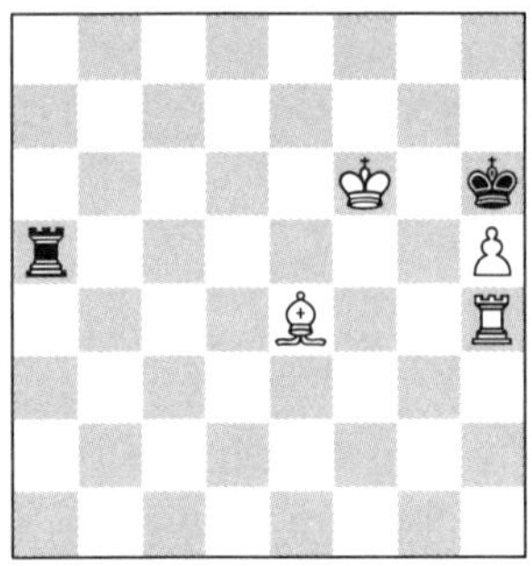

Der Siedepunkt der Frustrationen für den Weißen. Er wurde beständig bei seiner Aufgabe gestört, bis zu diesem Punkt, an dem er nun viel weiter von einem Schachmatt entfernt ist als noch vor einem Dutzend Züge zuvor. Erschöpft und irritiert ist Weiß nicht in der Lage, sich einzugestehen, dass er das Geschehene rückgängig machen und den schwarzen König wieder in die Ecke treiben muss.

99.♖f4?

99.♗f3! gewinnt immer noch, obwohl Weiß hierbei gefährlich nahe an die fünfzig Züge ohne Bauernzug und Schlagfall kommt. Stattdessen entscheidet sich Darini dafür, den Bauern über Bord zu werfen und seine Hoffnungen auf das bekanntermaßen schwer zu verteidigende Endspiel ♖+♗ vs. ♖ zu setzen. Aber sehen Sie, wie trefflich Maghsoodloo den Schwindel vollendet:

99...♖a6+ 100.♔e5 ♔xh5 101.♗f3+ ♔g6 102.♖g4+ ♔h6 103.♗e4 ♖a5+!!

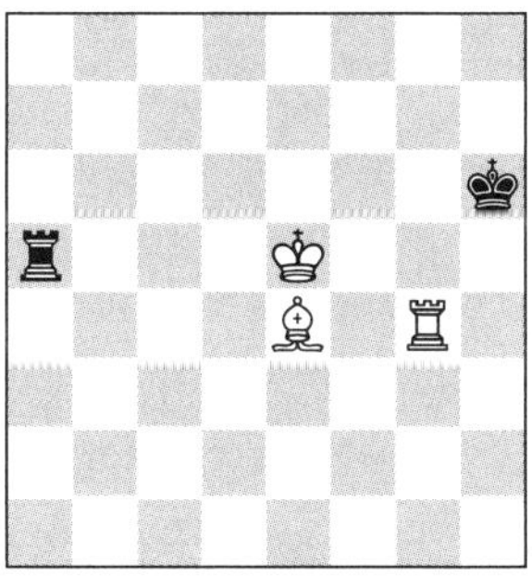

Eine phantastische Falle, denn

104.♔f4??,

was tatsächlich gespielt wurde, ist ein natürlicher und in diesem bekannten Endspiel oft gewinnbringender Zug. Diese Stellung ist freilich eine eigentümliche Ausnahme:

104...♖g5!!

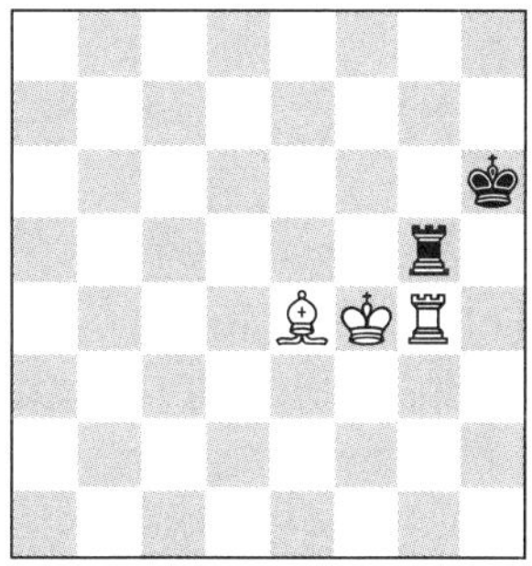

Das angemessene Finale einer tapferen Verteidigungsleistung. Der schwarze Turm schafft es am Ende doch, sich für die Sache aufzuopfern.

105.♖xg5 ½:½

KAPITEL 8

Optimismus

Der einzige, der mich schlagen kann, bin ich selbst – Michael Jordan

Das Finale von *Monty Pythons Das Leben des Brian* gilt als eine der größten Szenen der Filmkomödie. Während der glücklose Brian an seinem Kreuz hängt und auf seinen Tod wartet, versucht der Gekreuzigte neben ihm ihn davon zu überzeugen, dass alles halb so wild ist. Bald singen dreißig gekreuzigte Gefangene fröhlich im Chor „always look on the bright side of life" (sehe immer die schöne Seite des Lebens), in bittersüßer Ironie zu ihrer aktuellen Zwangslage.

Dies sollte auch Ihre Einstellung in einer verlorenen Stellung sein. Optimismus ist eine der Hauptwaffen im Arsenal des Schwindlers, die zwei wichtigen Zwecken dient. Erstens ist es viel einfacher, entschlossen und voller Mumm zu bleiben, wenn man daran glaubt, dass die Erfolgsaussichten gut sind. Und zweitens kann Ihr Optimismus für den Gegner, der mit Ihrer Aufgabe rechnet, ziemlich beunruhigend sein. Dieser mag damit anfangen, an sich selbst zu zweifeln und immer wieder nachrechnen, was er bei seinen Vorausberechnungen übersehen haben könnte. Selbst wenn er sich seiner objektiv überlegenen Stellung versichert hat, kann Ihr beschwingter Optimismus ihn irritieren und frustrieren, was zu einem Konzentrationsverlust und einer erhöhten Anfälligkeit für Ungeduld und Hybris führen kann. Wir wollen, dass sich unser Gegner auf seine Emotionen konzentriert, nicht auf seine Berechnungen. Optimismus ist daher häufig eine sich selbst erfüllende Prophezeiung: Wenn man sich selbst davon überzeugt, dass es noch Hoffnung gibt, schafft man es am Ende auch.

Es ist nicht schwer, unter den weltbesten Spielern notorische Optimisten auszumachen. Der Optimismus des WM-Herausforderers Efim Bogoljubow war legendär, ebenso wie sein unvergängliches Bonmot: „Wenn ich Weiß bin, gewinne ich, weil ich Weiß bin. Wenn ich Schwarz bin, gewinne ich, weil ich Bogoljubow bin."[25] Kramnik war berühmt für seinen Optimismus während der Partie, in den letzten Jahren seiner Karriere sogar in seinen Verluststellungen. Kasparow nannte sich kürzlich einen „von Natur aus ein unverbesserlichen Optimisten." Carlsen glaubt, dass man als Schachspieler „dieses Selbstvertrauen haben muss, man muss den absoluten Glauben haben, dass man der Beste ist und dass man jedes Mal gewinnen wird."

25 Während einer Partie mit Weltmeister Max Euwe bemerkte Bogoljubow zu einem Zuschauer: „Er steht etwas besser, aber ich denke, ich sollte gewinnen."

Unter den Großmeistern gibt es viele Optimisten, und jede Nation scheint zumindestens einen solchen bekannten Schachidealisten zu haben. In Indien gibt es Baskaran Adhiban; in Ungarn Richard Rapport. England hat Gawain Jones, Deutschland hat Arkadij Naiditsch (inzwischen für Aserbaidschan spielend), und Georgien hat Baadur Jobava. Aber jede Schach-Community auf allen Ebenen hat so ihre einschlägig bekannte Persönlichkeit – Vereinsspieler, die unerschütterlich und fest daran glauben, dass sie am gewinnen sind, egal wie die objektive Realität auf den 64 Feldern aussieht. Der holländische IM Manuel Bosboom ist berühmt dafür, bei jedem Zug seine Figur auf das Brett zu knallen, als ob jeder einzelne Zug die Sensation des Jahres wäre; ganz gleich, wie viele Damen er weniger hat. In Australien haben wir den internationalen Meister Stephen Solomon, dem man nachsagt, dass er jedes Endspiel mit bis zu vier Bauern weniger gewinnt.

Oft trifft Optimismus mit Angriffsfertigkeiten und Kreativität zusammen. Der Spieler mit den weißen Steinen in unserem ersten Beispiel ist ein einschlägig bekannter Fall.

Alexei Schirow 2685
Wladimir Kramnik 2710
Groningen 1993 (8)

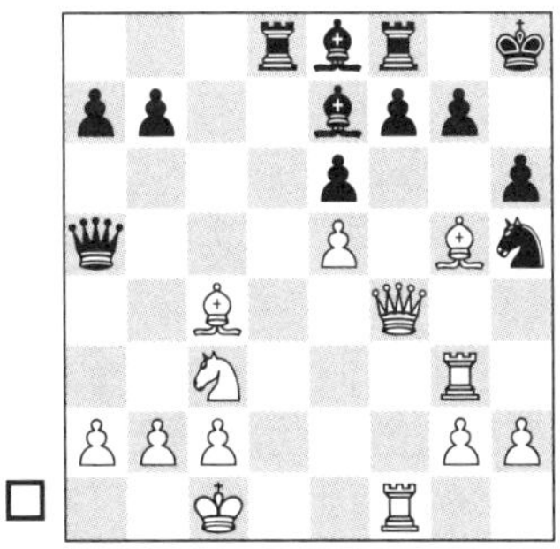

Eine typische Stellung für den Mann, den man wohl als Magier aus Riga bezeichnet hätte, wenn dieser Name nicht schon vergeben gewesen wäre. Schirow ist mit seinem Angriff am Königsflügel aufs Ganze gegangen, doch Kramnik war der Herausforderung gewachsen und hat gut gerechnet. Es scheint, als ob Weiß keine andere Wahl hätte, als sich auf die Vereinfachungen nach 18.♕h4 ♘xg3 19.♗xe7 ♘xf1 20.♗xd8 ♕xe5 21.♗xf1 ♕e3+ 22.♔b1 ♗c6

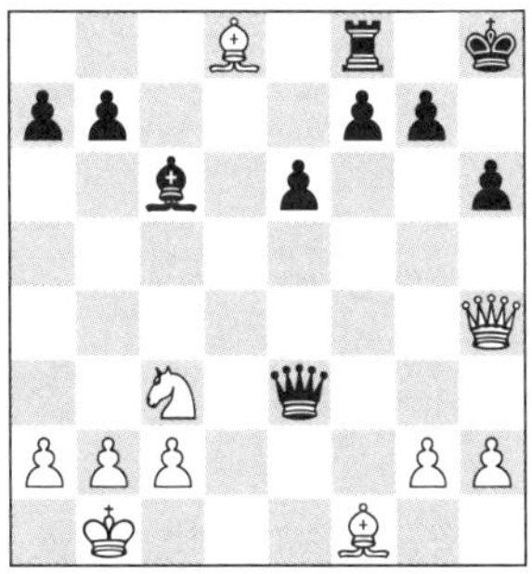

Analysediagramm

einzulassen. Die schlechte Koordination der weißen Figuren spricht hier für Schwarz. Keine schöne Aussicht, so etwas gegen einen Kramnik zu verteidigen. Mithin geht Schirow aufs Ganze.

18.♗xh6!?!

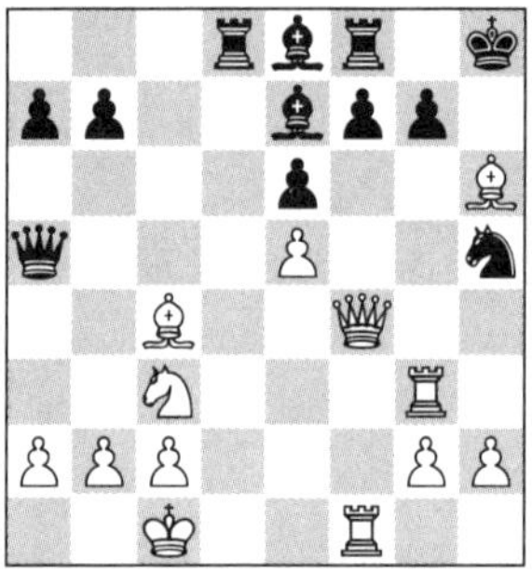

Der große Vorteil davon, ein Optimist zu sein, ist, dass der Gegner nie so genau weiß, ob Ihr Wagemut tatsächlich gewinnt oder nicht. Oft weiß es der Optimist selber nicht! **18...♘xf4 19.♗xg7+ ♔h7 20.♖xf4 ♖g8 21.♖fg4**

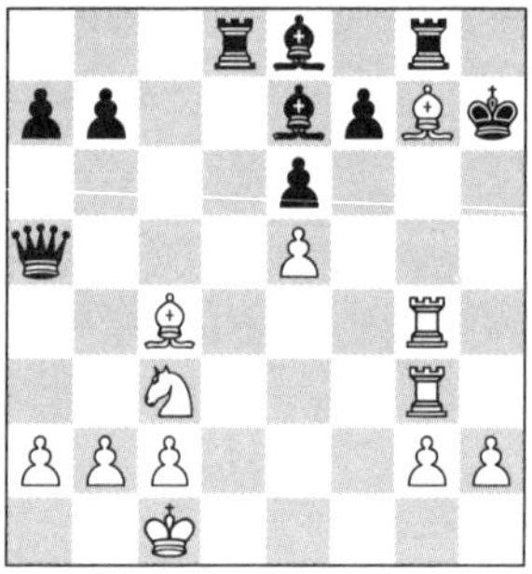

Schwarz hat die Dame für einen Springer, doch die tödliche Drohung eines einzügigen Matts ist nicht so einfach abzuwenden. Frustriert fügt sich Kramnik ins Dauerschach: **21...♖xg7 22.♖xg7+ ♔h6 23.♖g8 ♔h7 24.♖8g7+ ½:½**

Nun, war das jetzt ein Schwindel, oder war der Angriff letztlich korrekt? Werfen Sie nochmals einen Blick auf das obige Diagramm und schauen, ob Sie erkennen können, was Kramnik übersehen hatte.

Es zeigt sich, dass Schirows „Brett in Flammen" diesmal tatsächlich mehr Rauch war. Mit 21...♕xc3!! konnte Kramnik brillant gewinnen.

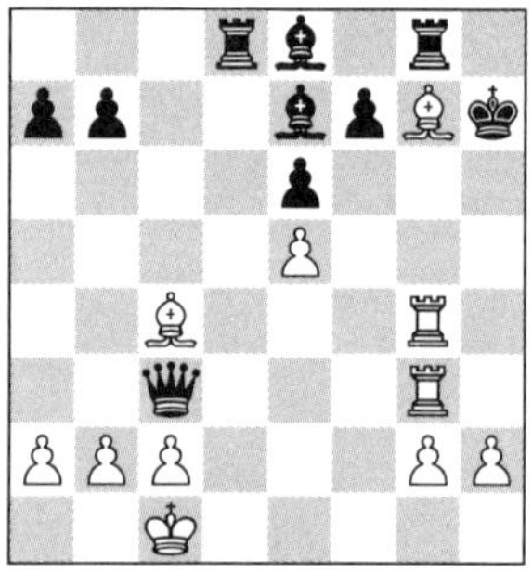

Analysediagramm

Nun lässt 22.♖xc3 ♖xg7 Schwarz eine Mehrfigur. Die exquisite Pointe ist freilich 22.bxc3 ♗a3+ 23.♔b1 ♖d1 matt!

Zur weiteren Veranschaulichung unseres Themas gehen wir nun weit weit zurück in jene Zeit, in der der Schwindel tatsächlich eine Kunstform war. Ich muss gestehen, dass ich den alten Meistern nie viel Aufmerksamkeit geschenkt habe, obwohl ich Trainer so oft sagen hörte: „Man muss die Klassiker kennen." Dies ist eine Voreingenommenheit, die ein großer Teil der jüngeren Generation teilt, obwohl ich mir ehrlich gesagt nicht sicher bin, wie schwer diese Unterlassung im Computerzeitalter wirklich wiegt. Aber eines ist sicher: Wenn es um Schwindeleien geht, so finden sich in den Annalen der Schachgeschichte einige Schätze. Hier ist ein absolutes Juwel von 1851. Carl Jänisch war zu dieser

Zeit einer der stärksten Spieler der Welt und ist vielleicht am besten bekannt für seinen eröffnungstheoretischen Beitrag zur Russischen Verteidigung und zum Schliemann-Gambit im Spanier (tatsächlich auch Jänisch-Gambit genannt). Schumow, ein russischer Marineoffizier, ist unser Schwindler.

Ilja Schumow
Carl Friedrich von Jänisch
St. Petersburg Match 1851

1.e4 c5 2.d4 cxd4 3.♘f3 e5 4.♘xe5?? ♕a5+

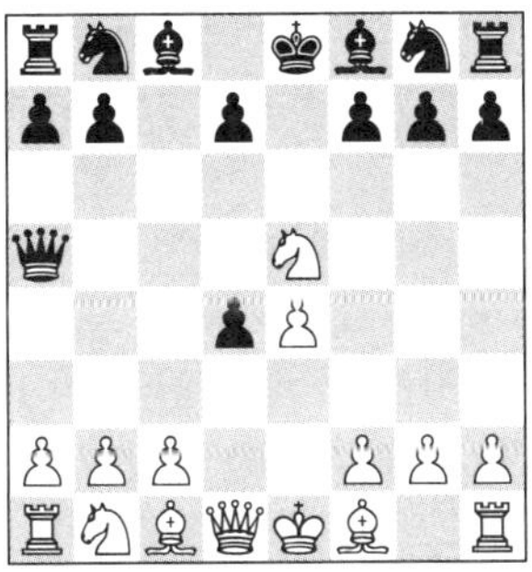

Hoppla! Auch wenn es in den 1850er Jahren kaum Eröffnungstheorie gab, gibt es keine Entschuldigung dafür, dies zu übersehen. Gegen einen heutigen Elitespieler würde so eine Stellung natürlich umgehend aufgegeben werden. Höchstwahrscheinlich würden auch Sie zur Aufgabe neigen – nur den größten Optimisten gelingt es nach solch einer Ungeheuerlichkeit, mit aufrechter Haltung weiterzumachen. Doch die Schachkultur war in jenem Jahrhundert eine andere, und ungeachtet unserer großen Fortschritte können wir vom Kampfgeist der klassischen Meister nach wie vor viel lernen.

5.b4!

Und warum nicht?

5...♗xb4+ 6.♗d2 ♗xd2+ 7.♘xd2 ♕xe5 8.♗d3 ♘f6

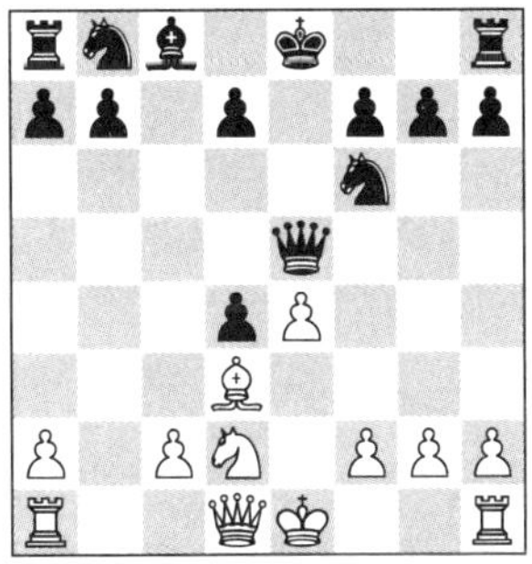

Was ist positiv an der weißen Stellung? Zugegebenermaßen nicht viel. Allerdings hat er einen leichten Entwicklungsvorsprung, der schwarze König ist noch nicht in Sicherheit, und die schwarze Dame steht ein wenig exponiert. Wenn Weiß eine Chance haben soll, muss es über einen blitzartigen Angriff laufen, bevor Schwarz seinen riesigen materiellen Vorteil zur Geltung bringt.

9.0-0 0-0 10.f4! ♕c5 11.e5! ♘d5

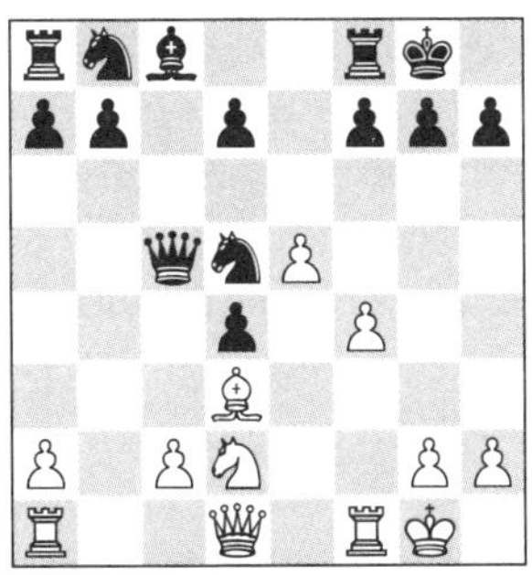

12.♗xh7+!?

Wie sich erweist, war 12.♕h5! tatsächlich sehr stark. Aber was

ich herausstellen möchte ist, dass Schumow bereit war, den Finger am Abzug zu ziehen, um so Druck auf seinen Gegner auszuüben. Er reißt den schwarzen Königsflügel in bekannter Manier auf, und zwar nicht als Teil der bekannten Mattkombination, sondern um die Stellung zu zerzausen.
Man beachte, dass der unentwickelte schwarze Damenflügel den Materialvorteil vergessen lässt, wenn es zu einem Scharmützel auf der anderen Seite des Brettes kommt.

12...♔xh7 13.♕h5+ ♔g8 14.♘e4 ♕xc2 15.♖ae1

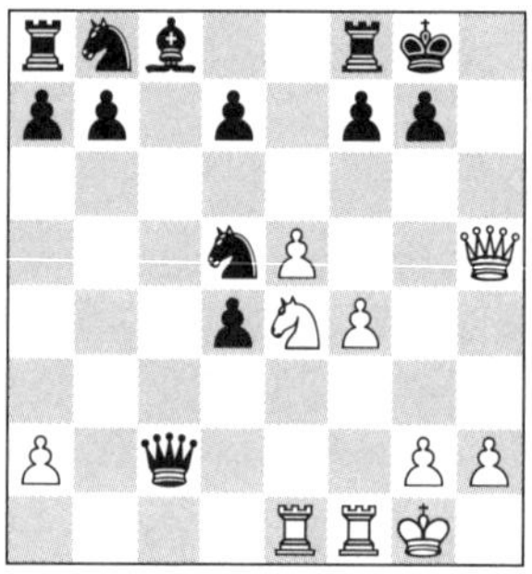

Weiß mag zwei Figuren weniger haben, und doch hat man irgendwie das Gefühl, dass die Kräfte von Weiß stärker sind – zumindest am Königsflügel, wo es darauf ankommt. Man vergesse nicht, dass Schwarz in dieser Partie der stärkere Spieler ist, und damals zudem einer der besten der Welt! Es ist sehr wahrscheinlich, dass Schumows Optimismus in Kombination mit seinem aggressiven, energischen Vorgehen das Spiel von Jänisch beeinflusst hat. 16.♖f3 ist jetzt eine ernsthafte Drohung, und so scheint der nächste Zug von Schwarz erzwungen.

15...♘e3?

Der Computer zeigt, dass 15...♕c6! gewinnt, mit der Idee 16.♘d6 d3! 17.♖f3 d2! 18.♖ef1 ♕c5+ 19.♔h1 ♕c1. Doch selbst in dieser Gewinnvariante ist ein hübscher Schwindel verborgen. Weiß kann 20.♕g5! versuchen, mit der Pointe, dass 20... d1♕??

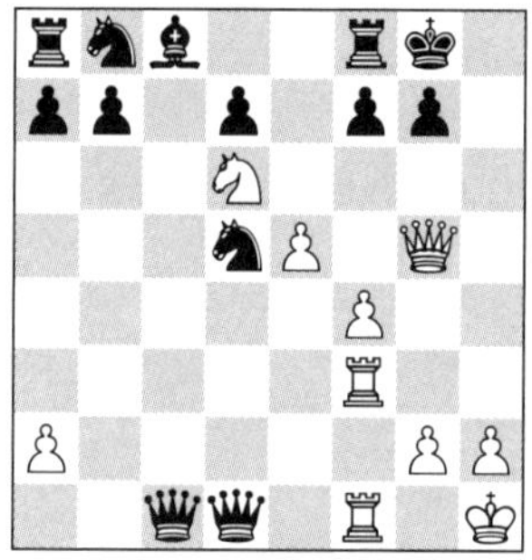

Analysediagramm

in die fabelhafte Folge 21.♕xg7+!! ♔xg7 22.♖g3+ ♔h6 23.♘f5+ ♔h7 24.♖h3+ ♔g6 25.♘h4+ ♔h5 26.♘f5+ läuft, wonach Weiß, obgleich er zwei Damen, einen Springer und einen Läufer im Rückstand liegt, ein unwahrscheinliches Remis durch Dauerschach stiebitzt.

16.♖xe3 dxe3 17.♕f5!!

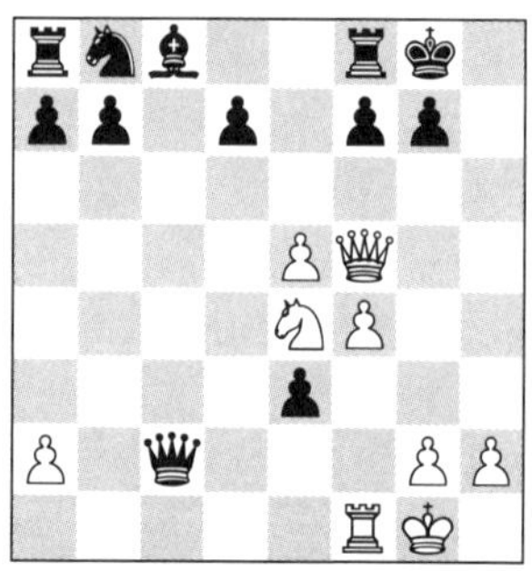

Unglaublich. Mit seinen kargen Kräften gelingt es Weiß, immer wieder neue Drohungen und Taktiken heraufzubeschwören.
Noch immer gibt es einen schmalen Weg zum Sieg für Schwarz, aber dieser ist mit einem großen Zugeständnis verbunden: Schwarz muss seine Dame für den Springer auf e4 hergeben. Von Jänisch kann sich indes nicht dazu durchringen, die Realität der veränderten Umstände zu akzeptieren. Dies ist ein weit verbreiteter psychologischer Schwachpunkt bei Schachspielern und für den Schwindler eine der am besten auszunützendsten Wahrnehmungsverzerrungen. Anstatt seinen Stolz herunterzuschlucken, überführt von Jänisch – nachvollziehbarerweise – seine Dame zur Verteidigung des Königsflügels.
Doch sein Damenflügel bleibt im Tiefschlaf ...

17...♕e2? 18.♘f6+!! gxf6 19.exf6

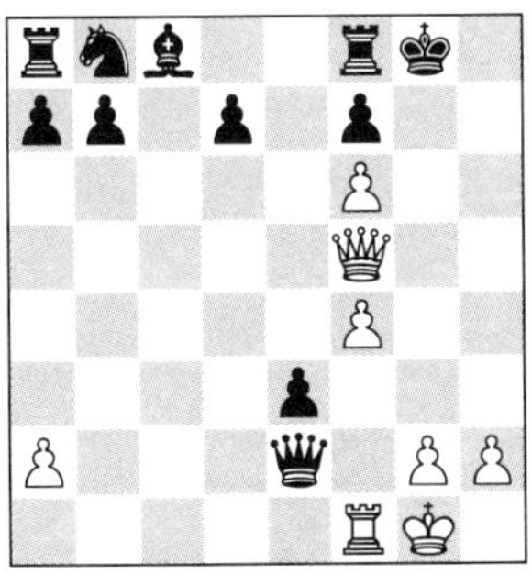

Brillant. Weiß hat nur die Dame und einen Bauern im Spiel, bringt damit aber seinen verwegenen Angriff zum Abschluss. Schwarz hat einen riesigen Materialvorteil, aber seine Kräfte bieten ein ziemlich trauriges Bild. Die letzten Züge führte er wohl eher aus Trägheit aus.

19...♕c2 20.♕xc2 d5 21.♕d3 d4 22.♕b5 ♖d8

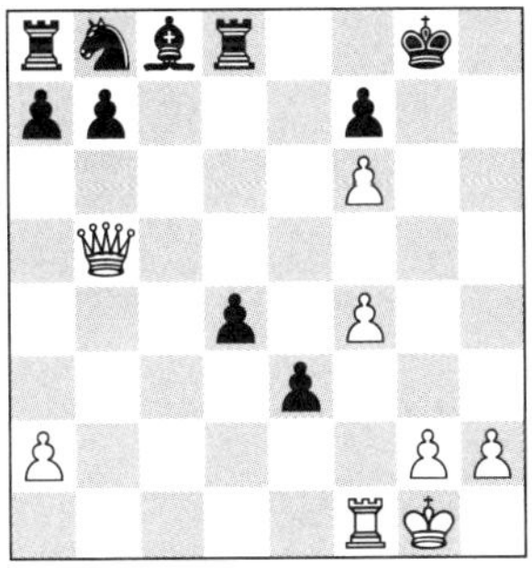

23.♖f3 ♗f5 24.♕xf5 ♘c6 25.♕c5
Und Schwarz gab auf.
Ein meisterhaftes Beispiel dafür, wie der Optimismus einen Schwindel nährt.
Wenn Sie oder ich uns nach vier Zügen in dieser Stellung wiederfinden würden, würden wir wohl am liebsten aufgeben. Aber wie die Partie gezeigt hat, kann Optimismus eine mächtige Waffe sein und in Verbindung mit weiteren Schwindelfertigkeiten auch da Hoffnung geben, wo es keine zu geben scheint.
Und außerdem, nur weil man selbst weiß, dass man auf verlorenem Posten steht, heißt das noch lange nicht, dass das dem Gegner auch bewusst ist.

Tatsächlich könnten mitunter beide Spieler einen gesunden Schuss Optimismus vertragen, wie in dem folgenden klassischen Schach-Märchen.

Edith Keller-Herrmann
Maja Schlemmer

Wien, Großdeutsche Frauenmeisterschaft 1943

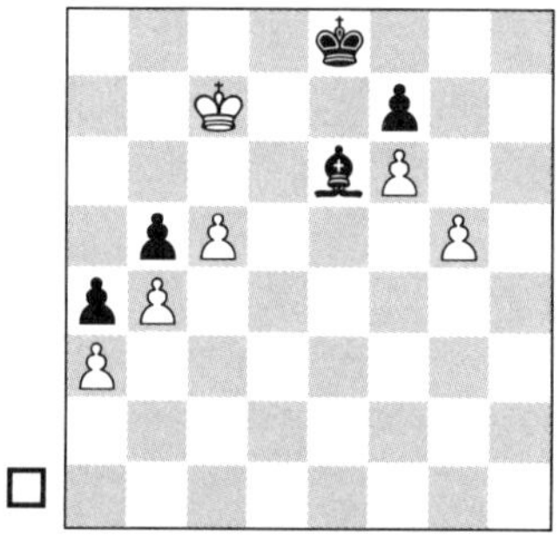

Weiß brauchte einen Sieg, um die Meisterschaft zu gewinnen. Die amüsante Geschichte, die Tim Krabbé erzählt, besagt, dass die Weißspielerin zu diesem Zeitpunkt zu ihrer Gegnerin aufschaute und erklärte: „Es ist vorbei."
„Ich will noch ein bisschen weiterspielen," antwortete Schlemmer.
„Nein", stellte Keller-Herrmann klar, „ich meinte, ich gebe auf."
Doch nach

1.c6 ♗d5 2.♔b6 ♔d8

Oder 2...♗c4 3.c7 ♔d7 4.♔b7.

3.♔xb5 ♔c7 4.♔c5 ♗xc6 5.g6, usw. ist die weiße Stellung klar gewonnen. Indes, die Aufgabe stand, und Keller-Herrmann musste sich mit dem dritten Platz begnügen. Schlemmer wurde Zweite.

Als die Kamera von den gekreuzigten Männern am Ende von Monty Pythons *Das Leben des Brian* wegzoomt, brüllt der optimistische Sänger einen letzten Refrain heraus: „Man, was hast Du noch zu verlieren? Nichts!" Wenn sich jemals die Schachschwindler aus aller Welt zusammensetzen und ein T-Shirt entwerfen, sollte dies unser Motto sein.

KAPITEL 9

Die eigene Psyche schulen

Nun, wenn Droiden denken könnten, wäre keiner von uns hier – Obi-Wan Kenobi

Ok, das haben wir gerafft – Mumm und Optimismus sind wichtig. Doch im Gegensatz zu Talent und IQ sind Eigenschaften wie Beharrlichkeit und eine positive Einstellung Dinge, an denen wir arbeiten können. Es gibt ein paar einfache Kunstgriffe, die wir während einer Partie anwenden können, um couragierter und optimistischer zu werden – oder zumindest, um unseren Gegnern diesen Anschein zu geben.

1. Bei Null anfangen

Der erste Trick/Kunstgriff ist das, was man in der Verhaltensökonomik als Neuausrichtung des Bezugspunktes bezeichnet, einfacher ausgedrückt als „bei Null anfangen". Wenn Ihre Stellung unzweifelhaft verloren ist, kann die Versuchung, einfach aufzugeben, überwältigend sein, und die Aufgabe mag die einzig verbliebene Option zu sein. Zu diesem Zeitpunkt sollten Sie sich eingestehen, dass Ihr Erwartungswert bei Null liegt. Es ist, als würden Sie eine neue Partie anfangen, bei der Ihnen gleich eine Verluststellung zugeteilt würde, und alles, was Sie dennoch erreichen können, ist ein Erfolg im Vergleich zum Erwartungswert. Finden Sie das Positive. Vielleicht reicht Ihnen die Genugtuung, den Gegner in einigen nervösen Momenten zum Schwitzen gebracht zu haben, oder vielleicht ist es die Freude, verrückte Züge spielen zu können, ohne etwas zu verlieren zu haben. Erfreuen Sie sich daran, dass Sie die Freiheit haben, in der Art zu spielen, die Ihnen das meiste Vergnügen bereitet, wobei Sie absolut nichts zu verlieren haben. In unserem vorigen Beispiel war Schumows 5.b4! mit Spiel über das ganze Brett solch ein packender Zug, ganz zu schweigen von 12.♗xh7+!.

Wir haben bereits bei Keller-Herrmann - Schlemmer einen Fall gesehen, in dem ein Spieler zu früh aufgab (tatsächlich wollten beide Spieler dies tun!). Es gibt viele berühmt-berüchtigte Fälle von Spielern, die in unentschiedenen oder sogar gewonnenen Stellungen aufgaben – Tim Krabbé präsentiert auf seiner Website eine ausgezeichnete Sammlung unter dem Titel *The Ultimate Blunder* (*Der letzte Fehler*[26], timkr.home.xs4all.nl/chess2/resigntxt.htm).

---

26 Genau unter diesem Titel gibt es auch ein deutschsprachiges Buch von Klaus Trautmann mit 128 irrtümlich aufgegebenen Schachpartien, der Ubers.

Und daneben viele weitere, bei denen der „Aufgeber“ eine giftige Schwindelchance übersehen hat. Gemein ist diesen Beispielen, dass der unglückselige Verlierer schon einige Zeit zuvor mental aufgegeben hatte und nur aus Trägheit noch Züge machte.

Obwohl diese Fehlaufgaben nicht das sind, was wir unter Schwindeleien subsumieren würden, gibt es dennoch eine wichtige Lektion für uns. Wenn man glaubt, bereits verloren zu haben, ist man nicht mehr dazu aufgelegt, nach Verteidigungsressourcen zu suchen, was bedeutet, dass man mögliche lohnenswerte Schwindelmöglichkeiten verpasst. Eine Möglichkeit, optimistisch zu bleiben, besteht darin, sich an diese berühmten Beispiele der Partieaufgabe zum falschen Zeitpunkt zu erinnern – geben Sie Obacht, dass Sie es nicht auch auf Krabbés Liste schaffen! Eine andere Idee ist, sich ins Gedächtnis zu rufen, dass es (fast) immer noch eine Schwindelchance gibt, so dass man die Stellung unbedingt noch eines zweiten Blickes würdigen sollte, bevor man – mental oder leibhaftig – aufgibt. Solche „unsichtbaren Schwindeleien“ betteln quasi darum, erhört zu werden.

Wenngleich es sich hier nur um eine Schnellpartie handelt, illustriert das folgende Beispiel, mit zwei der stärksten Spieler, schön eine verpasste Schwindelchance.

Magnus Carlsen 2851
Wesley So 2789
Leuven Schnellschach 2017 (3)

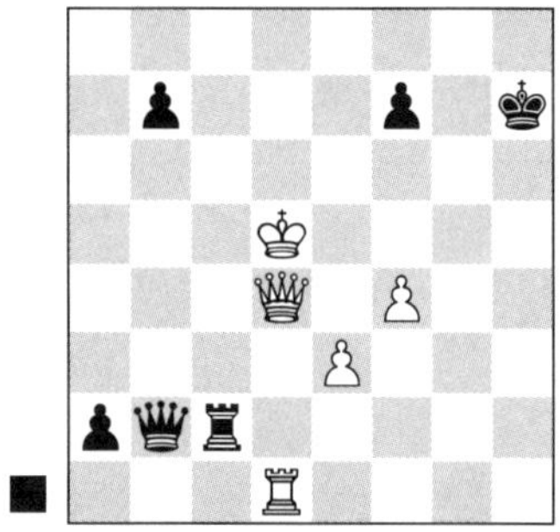

Seit 18 Zügen stand So klar auf Gewinn, und Carlsens Gesichtsausdruck zeigte den Zuschauern wie auch seinem Gegner überdeutlich, dass er innerlich bereits resigniert hat. Wesley konnte mit 51...♕b5+! Matt erzwingen. Nach 52.♔d6 ♕c6+ 53.♔e7 ♕e6+ beendet 54...♖c8+ die Angelegenheit, während 52.♔e4 f5+ 53.♔f3 ♕e2+ 54.♔g3 ♕g4# noch schneller geht. Stattdessen spielt er selbstsicher

51...♕b3+,

was beiden Spielern als ein noch einfacherer Gewinnweg erschien. Carlsen gab umgehend auf – schließlich läuft 52.♔e4 in 52...♖c4, während 52.♔e5/d6 ♕e6+ nun einzügig Matt ist. Die Enginebewertung lautet -47. Also schüttelten die Spieler die Hände, und die Karawane zog weiter. Aber während ich live zusah, fragte ich mich, ob der Weltmeister nicht zu früh die Flinte ins Korn geworfen hatte. Mit nur ein wenig seiner sonst üblichen Großtuerei hätte er zumindest noch einen Zug machen können:

52.♔e4!!
Wie die Engines anmerken, ist die Stellung noch immer klar gewonnen für Schwarz, beispielsweise nach 52...♕b1 oder 52...♖h2. Ich habe aber den starken Verdacht, dass Wesley
52...♖c4??
beabsichtigte, was, wie sich zeigt, keineswegs gewinnt!

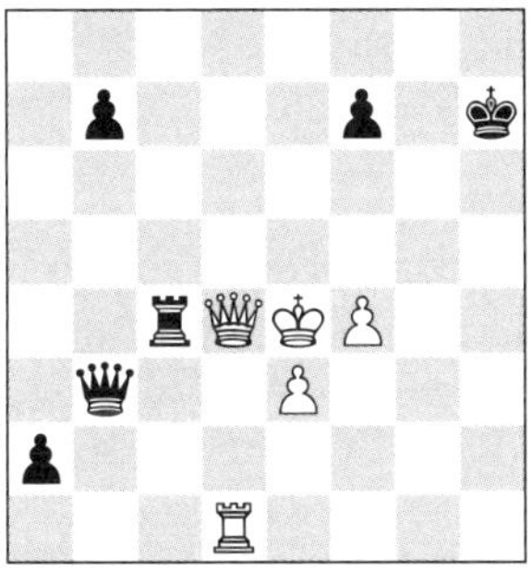

Beide Spieler mögen geglaubt haben, dass der schwarze König nach
53.♖h1+ ♔g6
frohgemut das Brett heruntersteigt, aber nicht alles ist so, wie es den Anschein hat:
54.♖g1+ ♔h5 55.♖h1+ ♔g4 56.♖g1+
Erzwungen ist nun 56...♔h5 mit Remis, während 56...♔h4?? dieselbe Behandlung erfährt wie
56...♔h3?? 57.♔f3!!

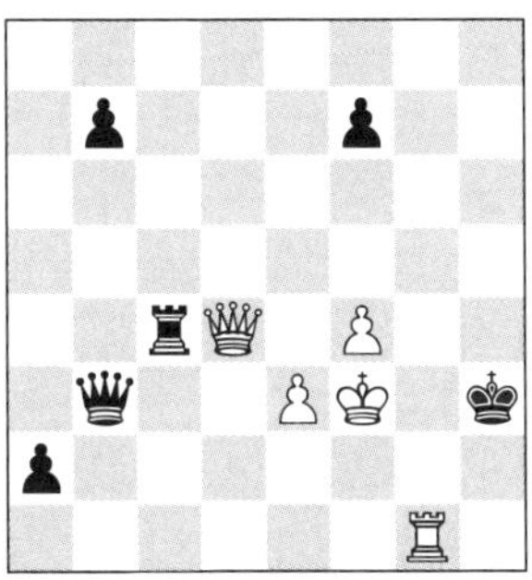

Plötzlich, unglaublich und grausamer-, aber nicht ungerechterweise, wird Schwarz mattgesetzt! Wäre es tatsächlich so gekommen? Ich kann hier nur spekulieren – meine Vermutung ist, dass Wesley womöglich auf 52...♖c4?? hereingefallen wäre, dann aber das Schlimmste vermieden und mit 56...♔h5 ins Remis eingewilligt hätte. Oder er hätte ungeachtet des Zeitnotchaos doch gewonnen.
So oder so, diese versteckte taktische Nuance lehrt uns, dass man stets nach „einem Zug mehr" Ausschau halten muss. Dies gilt sogar für den Weltmeister.

2. Wunder gibt es immer wieder

Im Achtelfinale der Champions League 2017 befand sich die Fussballmannschaft von Barcelona in der 88. Spielminute gegen Paris Saint-Germain in einer aussichtslosen Situation. Die Mannschaft brauchte drei Tore, um nicht aus dem Wettbewerb auszuscheiden, und meine Freundin und mein Mitbewohner wollten nicht mehr zuschauen.
Ich neige in solchen Situationen zum Widerspruch und dazu zu sagen, dass genau dies die Momente sein könnten, in denen wir etwas Unglaubliches sehen. „Aber die Chancen sind winzig", werden Sie sagen. Das stimmt, sage ich darauf. Die Chancen stehen vielleicht eins zu hundert. Aber wenn wir stets schon vor dem Ende aufgeben, werden wir diesen einen unglaub-

lichen Moment, dieses einmalige Comeback, niemals miterleben. Unter Freunden bin ich damit ein lästiger Mitzuseher, das gebe ich zu. Glücklicherweise muss ich nur einmal richtig liegen, um für immer ihr Vertrauen zu gewinnen. Neymar vollstreckte einen sensationellen Freistoß, Suarez holte einen Elfmeter heraus, und ein Ersatzspieler streckte in der fünften Minute der Nachspielzeit ein Bein aus und brachte damit eines der größten Comebacks der Fußballgeschichte unter Dach und Fach. Und wenn man bedenkt, dass wir beinahe den Fernseher ausgeschaltet hätten.

Meine Couch-Philosophie sollte Ihnen am Brett als zweiter Trick/Kunstgriff dienen. Denken Sie daran, wenn die Lage düster ist, dass sich die wundersamsten Schwindeleien ausschließlich hier und jetzt in ganz hoffnungslosen Fällen wie dem Ihrigen ergeben können, und zwar genau jetzt. Wie bei einem großen Magier gilt: Je verzweifelter die Situation aussieht, desto unglaublicher wird die Flucht daraus sein.

Vielleicht wird Ihnen diesmal der aufsehenerregende Schwindel nicht gelingen. Vielleicht auch nicht beim nächsten oder übernächsten Mal. Aber wenn Sie Ihre Verluststellungen stets aufgeben, werden Sie niemals mehr als null Punkte erzielen. Und im Schach geschehen, wie in jeder Sportart, Wunder ...

Yochanan Afek 2329
Harmen Jonkman 2497
Vlissingen 2002 (6)

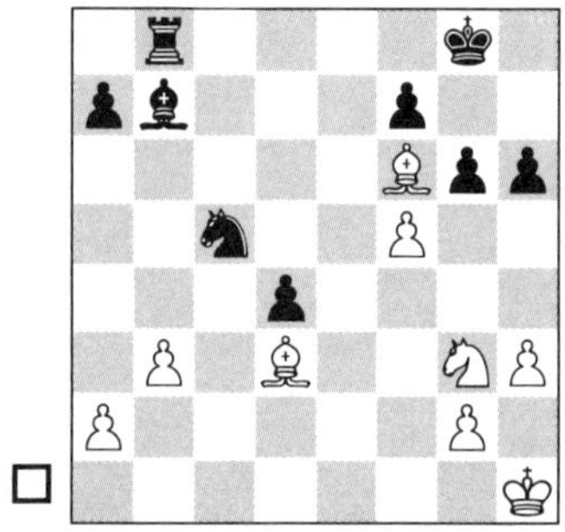

Die Aufnahme eines Schwindels durch den Autor von *Invisible Chess Moves* und *Practical Chess Beauty* war obligatorisch. Afek zeigt, dass auch mit reduziertem Material Wunder möglich sind. Lassen Sie nie die Hoffnung fahren!

29.♗c4! d3?!

Viel sicherer war 29...♗a6!, was die Fesselung aufhebt und den gefährlichen weißen Läufer abtauscht.

30.fxg6! d2??

30...♔f8! behauptet nach dem scharfen 31.g7+ ♔g8 32.♘f5 d2! Vorteil, wenngleich das Endspiel nach den weiteren forcierten Zügen 33.♗e2 ♔h7 34.♘e7 ♘e4 35.♗e5 ♖d8 36.g8♕+ ♖xg8 37.♘xg8 ♔xg8 38.♔g1 ♔h7 wahrscheinlich remis ist.

31.♗xf7+!

Vermutlich hat Schwarz nur mit 31.gxf7+ gerechnet.

31...♔f8 32.♘f5!!

Ein erstaunlicher Endspielangriff mit einer außergewöhnlichen Konstellation. Schwarz kann mit

Schach umwandeln, doch die weißen Leichtfiguren wirken überraschend gut zusammen.

32...d1♕+ 33.♔h2

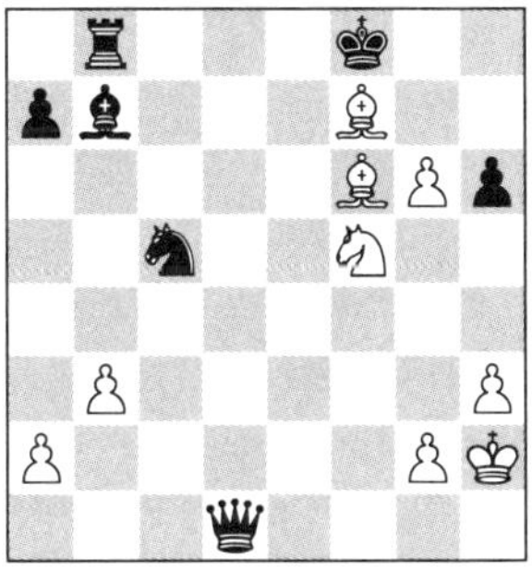

Eine pittoreske Schlussstellung. Normalerweise würde man mit so etwas eher bei Afeks Studien statt in einer normalen Partie rechnen. Das Matt ist unabwendbar, und so gab Schwarz auf.

3. Die Theorie des unbegrenzten Widerstandes

In den Siebziger Jahren entwickelte ein australischer Spieler und Trainer, FM Bill Jordan, eine Philosophie, die eng in Verbindung mit Mumm und Optimismus steht. Seine „Theorie des unbegrenzten Widerstandes" sollte Spieler dazu motivieren, stets positiv zu bleiben und in jeder Stellung nach allen möglichen Defensivressourcen Ausschau zu halten. Die Theorie besagt im Grunde genommen:

Die meisten Stellungen mit entscheidendem Nachteil werden Sie nicht verlieren, wenn Sie bis zum Ende jedesmal den forderndsten Zug finden.

Man beachte, dass es hier nicht speziell um Schwindeleien geht – obgleich, wie wir bei Darini - Maghsoodloo gesehen haben, erbitterter Widerstand förderlich für Schwindelchancen sein kann. Aber die Theorie des unendlichen Widerstands weist insbesondere darauf hin, dass die Verwertung auch eines entscheidenden Vorteils gegen beste Verteidigung äußerst schwierig ist; jeder, der versucht hat, mit Figurenvorgabe gegen eine Engine zu spielen, kann dies bestätigen. Dies gilt umso mehr auf Klub- und Amateurniveau, wo sich mit großer Wahrscheinlichkeit Gelegenheiten bieten werden. Sich dies während der Partie ins Gedächtnis zu rufen, ist eine gute Möglichkeit, motiviert zu bleiben und nach diesen Chancen Ausschau zu halten. Denn wie kann Ihre Position tatsächlich hoffnungslos sein, wenn AlphaZero sie an Ihrer Stelle gewinnen würde?

4. Die Drei Fragen

Es ist schön und gut, sich zu sagen, dass man entschlossen bleiben will, aber es ist etwas ganz anderes, dies auch in der Praxis umzusetzen. Wenn Sie entschlossen sind, das Beste aus Ihren Verteidigungsressourcen zu machen, aber nicht genau wissen, welche das sind, können Sie eine nützliche Technik anwenden, die wir schon zuvor betrachtet haben und die ich die Drei Fragen nenne.

Zwei der Fragen habe ich tatsächlich der Militärstrategie entlehnt, eine weitere GM Jonathan Rowsons hervorragendem Buch Die sieben

Todsünden des Schachspielers entnommen. Diese Fragen stelle ich mir immer dann, wenn ich auf Verlust stehe und herausfinden muss, wie ich den härtesten Widerstand leisten und zugleich die besten Schwindelchancen kreieren kann. Um die Fragen noch einmal zu wiederholen:

1) Was will mein Gegner?
2) Wie will er das erreichen?
3) Was ist gut an meiner Stellung?

Die erste Frage verschafft Ihnen einen allgemeinen Einblick in die Denkweise Ihres Gegners, einschließlich der Frage, welche Urteilstrübungen womöglich auftauchen können. Möchte er die Position vereinfachen, um sein Mehrmaterial zu konsolidieren? Dann will er sicherlich das Geschehen unter Kontrolle halten. Möchte er seinen Vorteil ohne jegliche taktische Mittel verwerten? Dann könnte er ängstlich sein, insbesondere bei einem Berserkerangriff (wir werden im nächsten Abschnitt darauf eingehen). Will er seine Initiative in einen entscheidenden Angriff wandeln oder vielleicht mit schillernder Brillanz gewinnen? Genießt er die Aufmerksamkeit der herumschwirrenden Kiebitze? Hybris ist angesagt. Oder will er schnell gewinnen? Wird das Hotelbuffet bald geschlossen? Die Ungeduld ist groß! Die zweite Frage betrifft Einzelheiten seiner Strategie und hilft uns, seinen Plänen zuvorzukommen und diese zu vereiteln. Vielleicht will er Figuren abtauschen – was natürlich sehr oft der Fall ist, wenn der Gegner materiell in Vorteil ist. Vielleicht besteht seine ganze Strategie darin, Ihren isolierten Bauern zu gewinnen. Oder vielleicht plant er einen unaufhaltsamen Angriff gegen Ihre ermatteten Streitkräfte. Die ersten beiden Fragen geben Ihnen eine gute Vorstellung davon, was im Kopf Ihres Gegners vorgeht und worauf er sich konzentriert. Aber ein Schwindler muss mehr als nur dessen Schwächen zu finden; wir müssen auch unsere eigenen Stärken kennen, um herauszufinden, wie wir unsere Chancen maximieren können, und hier kommt die dritte Frage ins Spiel. Zusammengefasst bietet die Technik der Drei Fragen einen logischen Zugang zu versteckten Chancen, die sonst nur schwer zu erkennen wären.

Anton Demtschenko 2678
Dommaraju Gukesh 2529
Ho-Chi-Minh-Stadt 2019 (8)

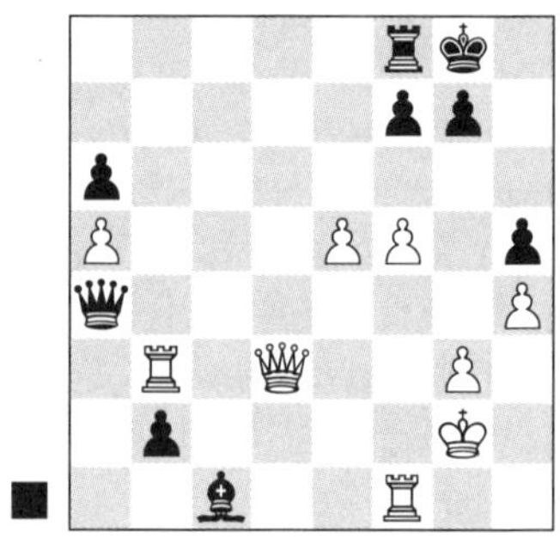

Schwarz hat eine Qualität weniger, aber die Lage ist noch viel schlimmer. Die Antwort auf die erste der drei Fragen lautet eindeutig: „Er will mich am Königsflügel zerquet-

schen," und ein Durchbruch liegt nur wenige Züge entfernt. Weiß will dies erreichen, indem er 42.e6 durchdrückt, was eine starke Drohung darstellt.
Gukesh hat nur einen denkbaren Trumpf: seinen b-Freibauern. Weiß scheint den Bauern jedoch zuverlässig unter Kontrolle zu haben, da seine Dame auf d3 und der Turm auf b3 das Umwandlungsfeld kontrollieren. Schwarz setzt den logischen Gedankengang aus den Drei Fragen fort und geht wie beim Lösen eines Problems vor:

1) Wie kann ich meinen Bauern verwerten? Indem ich den Turm auf b3 los werde;
2) Wie kann ich den Turm loswerden? Indem ich seinen Beschützer, die Dame, ablenke;
3) Wie kann ich die Dame ablenken? Indem ich sie mit meinem Turm weglocke;
4) Wie kann ich das anstellen? Indem ich diesen nach d8 stelle, nachdem ich zuvor meinen König von der Grundreihe entfernt habe.

Sich ins Gedächtnis rufend, dass Weiß seinen e-Bauern vorschieben will, denkt sich Gukesh einen Zug aus, der nicht nur seinen eigenen Plan in Gang setzt, sondern auch denjenigen des Gegners noch stärker erscheinen lässt!

41...♚h7!!

Scheinbar sinnfrei – doch wir wissen es besser. Mit 42.f6+ g6 erreicht man nun gar nichts (43. e6 ♕c6+!), doch der ursprüngliche Plan von Weiß scheint noch an Stärke gewonnen zu haben – was sogar die Engines bejahen!

42.e6 ♜d8!!

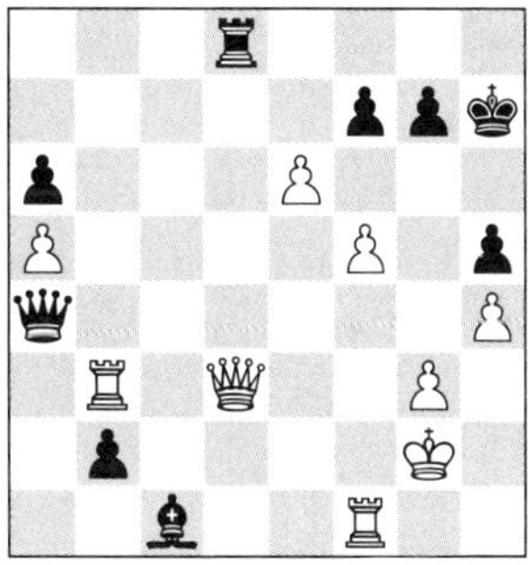

Die nächste Stufe des Plans. Es ist wert, darauf hinzuweisen, dass auch wenn Schwarz die entstehenden Varianten nicht vorhergesehen hätte, es trotzdem den Versuch wert war, so zu spielen. Schließlich ist der Versuch, den b-Bauern auszunutzen, die einzige praktische Chance von Schwarz.

43.♕xd8?

Gewinnt immer noch, am sichersten war aber 43.♕f3!. Stattdessen glaubt der starke russische Großmeister fest daran, dass sein Zug zu einem erzwungenen Matt mit vier Damen auf dem Brett führt. Und rein formal liegt er damit richtig ...

43...♛xb3 44.e7

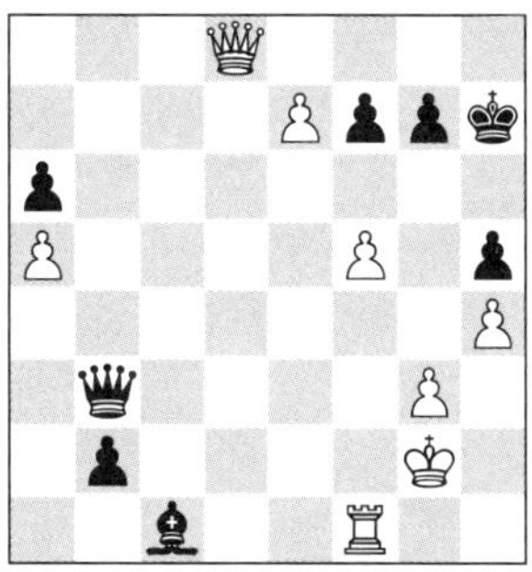

44...b1♕ 45.e8♕ ♕b7+ 46.♔g1! führt nun zu einer hübschen Stellung, in der Schwarz zwei Damen hat und am Zug ist, doch tatsächlich völlig hilflos ist.

44...♕b7+!!

Ein kraftvolles Zwischenschach, das zwei Zwecken dient. Erstens nimmt er dem weißen König das sichere Feld g1, da 45.♔g1? ♗e3+! die Partie auf den Kopf stellen würde (wie wir aber gesehen haben, ist, 44... b1♕ 45.e8♕ ♕b7+ 46.♔g1! ♗e3+? 47.♕xe3! eine ganz andere Sache). Zum Zweiten zwingt es Weiß dazu, die kritische Entscheidung einen Zug eher zu treffen, als er es sich gewünscht hatte. Er muss nun die Varianten mit den zwei Zusatzdamen zwei Züge im Voraus berechnen, nicht nur einen. Das mag für einen Großmeister keine große Sache sein, aber es erhöht die kognitive Last ein wenig. Psychologen haben gezeigt, dass sich diese kleinen Belastungen summieren können, was den Druck und Stress während einer Partie und damit die Wahrscheinlichkeit eines Fehlers erhöht. Vielleicht sind es nur ein paar Prozent, aber ab und an wird das den Unterschied machen.

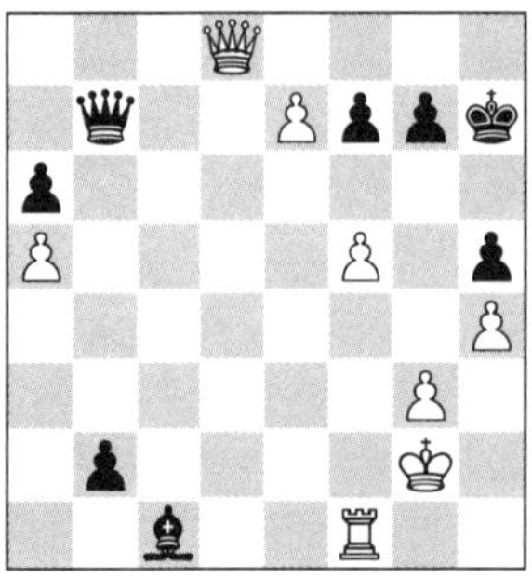

45.♔h3??

Und dies ist einer jener Fälle! Weiß zieht seinen König auf das Feld, auf dem er allen Schachs der beiden Damen ausweicht. Was scheinbar vernichtend ist, doch in Wirklichkeit ist Weiß jetzt verloren.
Wie wir gesehen haben, ist 45.♔g1? ♗e3+ nicht gut, und 45.♔h2?? b1♕ 46.e8♕ ♕c2+ ist sogar noch schlechter. Aber der Sieg war noch immer greifbar: 45.♖f3!! b1♕ 46.e8♕, auch wenn Schwarz das Mattnetz mit 46...♕xf5! zerreisen kann.

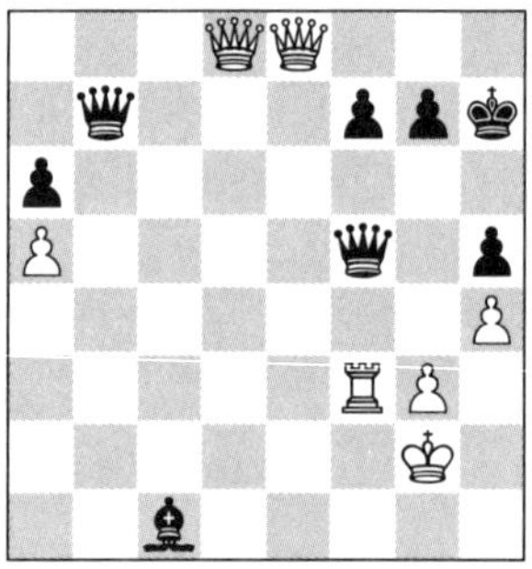

Analysediagramm

Die Stellung ist äußerst kompliziert, und Gukesh könnte sich zu Recht zufrieden schätzen, zumindest das Wasser getrübt zu haben, auch wenn Demtschenko es bis hier geschafft hätte. Dies ist die beste Art von Schwindelversuch: auf den Gegner wartet, wenn er der Falle ausweicht, eine schwierige praktische Aufgabe, und es gibt die kleine Chance auf eine sofortige Belohnung, wenn er auf sie hereinfällt. Zurück zur Partie, wo Demtschenko glaubt, er sei solcherlei Hindernissen ausgewichen, und das

Matt stünde kurz bevor. Ganz wörtlich genommen, hat er damit auch Recht.

45...b1♕ 46.e8♕

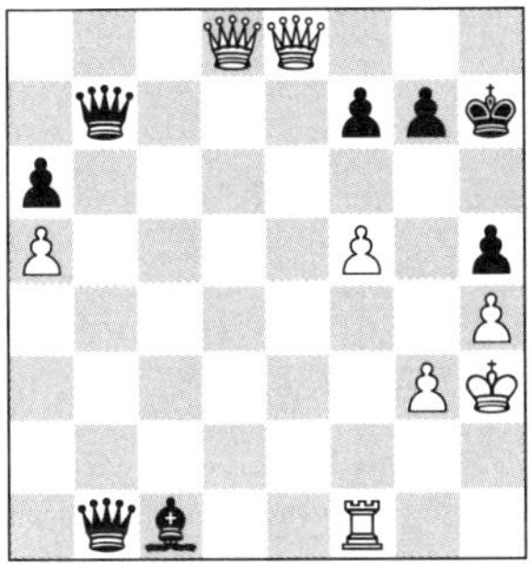

Droht ein tödliches Grundreihenschach, während der weiße König gegen alle Schachgebote immun zu sein scheint. Doch der Schein trügt. Erkennen Sie die hübsche Idee, auf die Gukesh aus war?

46...♕xf5+!!

Soeben erst entstanden, opfert sich die neue Dame prompt für die Sache. Doch wenn sie geschlagen wird, setzt ihr Zwilling auf h1 matt.

47.♔h2 ♕c2+

Und Weiß gab auf.

Der nächste Schwindel ist von weitaus niedrigerem Standard, aber er zeigt, wie die Drei-Fragen-Technik blitzschnell angewandt werden kann.

NN

David Smerdon

Internet Blitz 2018

Im Allgemeinen vermeide ich es in diesem Buch, Blitzpartien heranzuziehen, und zwar schon allein deswegen, weil es nicht an Beispielen aus Turnierpartien mangelt. Mit dem folgenden Ausschnitt habe ich eine Ausnahme gemacht, da es einfacher für mich ist, die Drei-Fragen-Technik anhand einer meiner eigenen Partien zu illustrieren. Nehmen Sie sich eine Minute oder so (mehr haben Sie nicht auf der Uhr!), um zu sehen, ob Sie meine Schwindelidee für Schwarz in der Diagrammstellung finden.

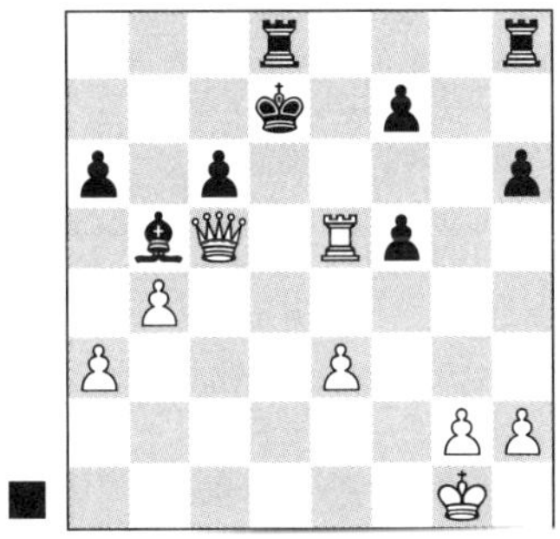

Schwierig, nicht wahr? Aber der Prozess des „Aufspürens“ der Idee wird wesentlich leichter, wenn man einer logischen Abfolge von Fragen und Antworten nachgeht. Mein Denkprozess während der nächsten etwa zwanzig Sekunden lief wie folgt ab:

Was will mein Gegner? Seinen materiellen Vorteil ausnutzen, um mich mattzusetzen. Wie wird er das tun? Er hat eindeutig die Absicht, ♖e7+ und ♕b6/a7 zu spielen. Es gibt nur einen Weg, dies zu verhindern: 1... ♖he8. Aber nach 2. ♖xf5 oder sogar einem „Aussetzen“ wie durch 2. ♔f2 werde ich letztendlich all meine Bauern am Königsflügel verlieren. Ich werde allerdings

nicht mattgesetzt, behalten wir also diese Option in Reserve.
Was ist an meiner Stellung positiv? Ich kontrolliere die hellen Felder, und seine Figuren stehen weit vom eigenen König entfernt. Insbesondere seine Grundreihe ist schwach, und ein Turm auf f1 würde mattsetzen. Und tatsächlich, wenn Weiß am Zug wäre, wäre er nach 1.♖e7+ ♔c8 2.♕a7 ♖d1+ 3.♔f2 ♖f1+ matt, wenn es denn nicht das Feld g3 für seinen König gäbe. Ich könnte zwar 4.♔g3 ♖g8+ spielen, doch nach 5.♔h4 ♖g4+ 6.♔h5 gehen mir die Schachgebote aus. Es sieht so aus, als habe ich nicht genügend Kontrolle über die dunklen Felder, so dass er schließlich entkommt.
Nun gut, an diesem Punkt haben die Drei Fragen das geleistet, was sie können, um uns in die richtige Richtung zu leiten. Jetzt liegt es an uns, eine Idee zu finden, sofern es überhaupt eine gibt. Nehmen Sie sich abermals eine Minute und schauen Sie, ob Sie eine Falle erspähen können.

1...h5!!

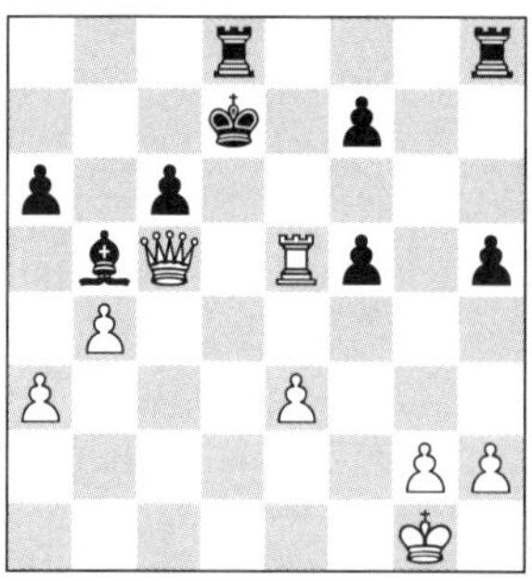

Wenn Sie stattdessen an 1...♖hg8! gedacht haben, gut gemacht. Dieser Zug, der g3 abschneidet, was bedeutet, dass 3...♖f1+ in der vorigen Variante Matt wäre, könnte gegen schwächere Gegnerschaft durchaus funktionieren. Der Zweck von 1...h5 ist ganz ähnlich, doch in meinem Fall suchte ich gegen einen Gegner von IM-Stärke nach etwas subtilerem. Es ist eine hinterhältige hübsche Idee, die man zu einem gewissen Grad entweder „sieht" oder nicht, doch mit der Drei-Fragen-Technik gibt man sich selbst hierfür die besten Chancen.

2.♖e7+

Mit mehr Zeit, oder vielleicht auch mit mehr Misstrauen, hätte Weiß vielleicht 2.♕a7+! ♔c8 (2...♔d6 3.♕e7#) 3.♕a8+ ♔c7 4.♖e7+ ♔d6 5.♕a7! mit Matt im nächsten Zug gespielt. Stattdessen hielt mein Gegner inne und berechnete vermutlich, dass sein König nach g3 und bei Bedarf dann sicher auf die h-Linie flüchten kann. Es folgte:

2...♔c8 3.♕a7?? ♖d1+ 4.♔f2 ♖f1+ 5.♔g3 h4+!

Die Pointe! Der weiße König wird auf ein helles Feld gezwungen, eine unserer „Stärken".

6.♔h3

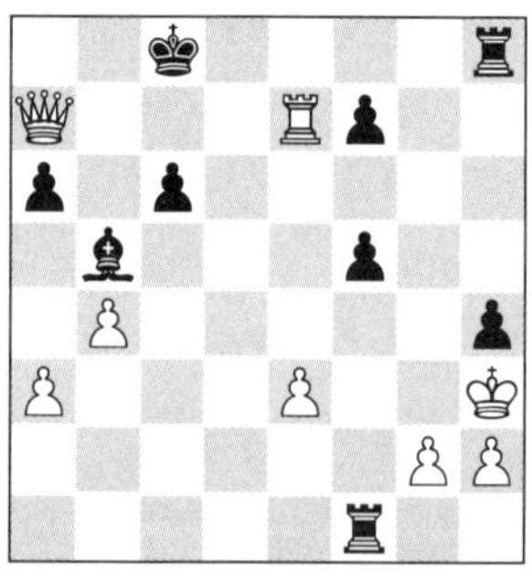

6...♖f3+!! 7.gxf3 ♗f1#

Ein hübsches Finale und ein äußerst glückliches Entkommen. Aber im Internet gibt es keine Scham.

***

Die dritte Frage hilft Ihnen dabei, genau auszumachen, was Sie sich zunutze machen können, ganz gleich wie hoffnungslos die Lage ist. Dies kann jedes der genannten Merkmale sein, mit denen wir jetzt schon vertraut sind. Vielleicht ist sein König leicht entblößt. Vielleicht haben Sie die aktiveren Figuren bzw. einen Entwicklungsvorsprung auf einem bestimmten Brettabschnitt. Vielleicht birgt die auf dem Brett verbliebene Figurenkonstellation das Potenzial für ein Lehrbuchremis, wie etwa Turm und Läufer gegen Turm oder Randbauer mit falschem Läufer. Sehen Sie Möglichkeiten für eine Endspielfestung? Oder gibt es vielleicht Pattchancen, wenn Sie nur noch wenige und/oder unbewegliche Steine haben?

Wenn es wirklich übel aussieht, dann scheren Sie sich besser nicht um all die forcierten Gewinnvarianten, die Sie für Ihren Gegner sehen. Konzentrieren Sie sich stattdessen darauf, was sein nächster Zug sein wird und wie Sie ihn entweder verhindern oder um ihn herum eine Falle basteln können. Fragen Sie sich: „Wenn ich an seiner Stelle wäre, welcher Zug würde mich am meisten ärgern?" Machen Sie die Stärken Ihrer Stellung aus und suchen Sie nach einem Weg, diese auszunutzen. Versuchen Sie vor allem, Züge zu finden, die nicht auf der Stelle verlieren.

Die Schachbuchautoren Horowitz und Reinfeld beschreiben das Maximal- und Minimalziel eines Schwindels wie folgt: „Das Maximalziel ist natürlich, einen Verlust in einen Gewinn umzuwandeln. Aber das Minimalziel besteht darin, die Aufgabe des Gegners mühsamer und komplizierter zu machen, ihn mit obskuren Alternativen zu verwirren, Zweifel an der Richtigkeit seines Urteils zu wecken."

Im Tennis reden die Trainer davon, den Gegner dazu zu zwingen, „noch einen Ball zu spielen." Selbst wenn man damit den Punkt nicht gewinnt, signalisiert es dem Gegner, dass man darauf eingestellt ist, um jeden Meter zu kämpfen, und dass er für den Sieg arbeiten muss. Beim Schach können Sie dasselbe Signal aussenden, indem Sie jedes Mal den unnachgiebigsten, frustrierendsten Zug finden. Die Erkenntnis, dass Sie nicht so ohne weiteres untergehen werden, kann seine Stimmung ruinieren und seine Nerven angreifen. Und beim Schach kann im Gegensatz zum Tennis (aber ähnlich wie beim Boxen) in einem einzigen Moment das Ergebnis komplett auf den Kopf gestellt werden – kurz gesagt, beim Schach gibt es Schwindeleien!

TEIL III

Der Werkzeugkasten des Schwindlers

Man gebe mir eine schwierige Positionspartie, ich werde sie spielen. Doch total gewonnenen Stellungen kann ich nicht standhalten – Hein Donner

Wir haben die verbreitetsten Urteilstrübungen in der Denkweise unseres Gegners betrachtet und auch einige Techniken gesehen, wie wir unsere eigene Psyche stabilisieren können. Dies sind ganz allgemein nützliche schachpsychologische Fertigkeiten; nicht nur, wenn wir uns in Verluststellungen befinden. Aber wenn es ums Anlegen von Schwindeleien geht, müssen wir konkreter werden. Es reicht nicht aus, zu sagen, „achten Sie auf Pattsituationen und Dauerschachs" – solche Ratschläge sind zu vage, um während einer Partie nützlich zu sein. In diesem Abschnitt werden wir auf vier der gebräuchlichsten und spezifischen Werkzeuge eingehen, mit denen ein Schwindel aufgesetzt werden kann. Jedes Werkzeug steht mit einer der vier Schwächen der gegnerischen Psyche in Verbindung:[27]

- Das Danaergeschenk, um Ungeduld auszunutzen
- Die Lockvogelfalle, um Hybris auszunutzen;
- Der Berserkerangriff, um Furcht auszunutzen;
- Drahtseilakrobatik, um Kontrollzwang auszunutzen.

Das sind beileibe nicht die einzigen Werkzeuge, doch diese sind die in der Praxis verbreitetsten und wirksamsten. Die Wahl des richtigen Werkzeugs hängt davon ab, wozu der Gegner am ehesten neigt, was voraussetzt, dass Sie Ihr Gegenüber bis zu einem gewissen Grad lesen können. Auch werden wir im letzten Kapitel dieses Abschnitts, Spiele den Gegner, sehen, dass es auch weitere Vorteile haben kann, Ihre Strategie der Denkweise des Gegners anzupassen.

27 Ja, ich mag kreative Namensgebungen, und ich entschuldige mich dafür nicht.

KAPITEL 10

Danaergeschenke

Traut nicht dem Pferde, Trojaner! Was immer es ist, ich fürchte die Danaer, auch wenn sie Geschenke tragen – Priester Laokoon in Vergils Epos *Aeneis*

Unser Ziel als Schwindler ist es stets, die Chancen zu maximieren, dass unser Gegner fehlgreift. Oft geschieht dies, indem wir ihn frustrieren, verärgern oder verunsichern, wie wir gesehen haben, aber nicht immer. Manchmal ist der beste Ansatz, ihm genau das zu geben, was er will. Wenn unser Gegner ungeduldig ist, sucht er nach dem schnellsten Weg, die Partie zu gewinnen, vielleicht um an die Bar zu gehen und seinen Freunden seinen tollen Sieg zu zeigen. Vielleicht meint er, wir hätten schon längst aufgeben sollen. Oder vielleicht ist er bequem und nicht begeistert von dem Gedanken, Zeit und Mühe aufzuwenden, um die Gewinnstellung zu verwerten, wenn er es auch einfacher haben könnte. Letzteres ist in der Praxis recht häufig der Fall.

Dies ist die perfekte Konstellation, um ein Danaergeschenk anzubieten. Während des Trojanischen Krieges baute die Armee der Griechen – von Homer als Danaer bezeichnet - ein großes hölzernes Pferd und ließ es außerhalb der undurchdringlichen Mauern Trojas als Geschenk für ihre Gegner zurück. Die Griechen taten dann so, als würden sie davonsegeln. Die Trojaner, übermütig und vielleicht ein wenig hochmütig nach ihrem vermeintlichen Sieg, schleppten das Pferd in die Stadt und feierten es als Trophäe des Triumphes. Sie ahnten nicht, dass das Geschenk ein giftiger Köder war: die ausgelesenen griechischen Soldaten, die sich in dem Pferd versteckten, schlichen sich in der Nacht hinaus und öffneten die Tore für die wartende griechische Armee, die daraufhin mit verheerender Wirkung die Stadt stürmte. Seitdem wird eine fragwürdige Gabe als Danaergeschenk bezeichnet.

Analog kann eine tödliche Falle, die als Angebot zur Abkürzung des Gewinnwegs daherkommt, eine große Versuchung für einen ungeduldigen Gegner darstellen. Oft greift das viel zu selbstsichere und ahnungslose Betrugsopfer willig nach einer Gelegenheit zu einem raschen Spielende – und hoffentlich, aus unserer Sicht, ist dies genau das, was unser Gegner bekommt.

Das nächste Beispiel ist eine eher simple Illustration unseres Themas.

Juri Boidman
Alexander Sinjawski
Sowjetunion 1979

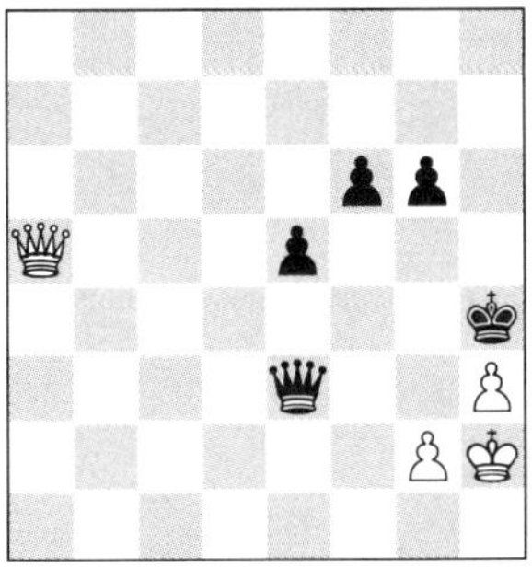

Damenendspiele sind ein fruchtbarer Boden für Schwindeleien jeder Art. Die verbliebenen Kräfte von Schwarz sind imposant postiert, und der Mehrbauer ist ein mächtiger Trumpf. Dennoch verursacht die Anwesenheit von Damen immer eine gewisse Beunruhigung bei der überlegenen Seite, die stets auf Dauerschachmöglichkeiten achten muss.
Natürlich würde Schwarz gern die Damen tauschen, um die Verwertung des Mehrbauern zu erleichtern. Odysseus auf den Weg lenkend, macht Weiß ein verlockendes Angebot:
1.♕b4+!
„Danke für den geschenkten Sieg", denkt sich Schwarz, der eifrig die Gelegenheit ergreift, die Dinge rasch zu Ende zu bringen.
1...♕f4+?? 2.g3+!
Das war in der Tat ein rasches Ende.

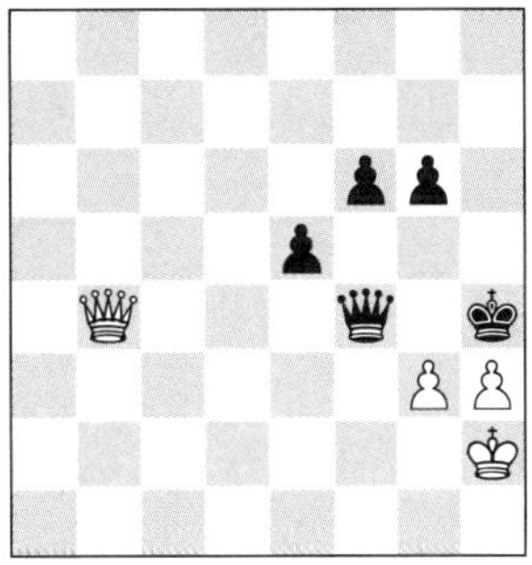

1:0

Das Danaergeschenk ist ein unglaublich effektives Werkzeug auf Vereins- und Amateurebene, insbesondere bei Turnieren mit mehreren Partien pro Tag, langen Heimfahrten und allgemein, wenn wir unter außerschachlichem Zeitdruck stehen. Aber Sie dürften überrascht sein, wie oft dieser Trick auch auf Eliteebene funktioniert.

Wladimir Kramnik 2791
Magnus Carlsen 2802
London 2010 (6)

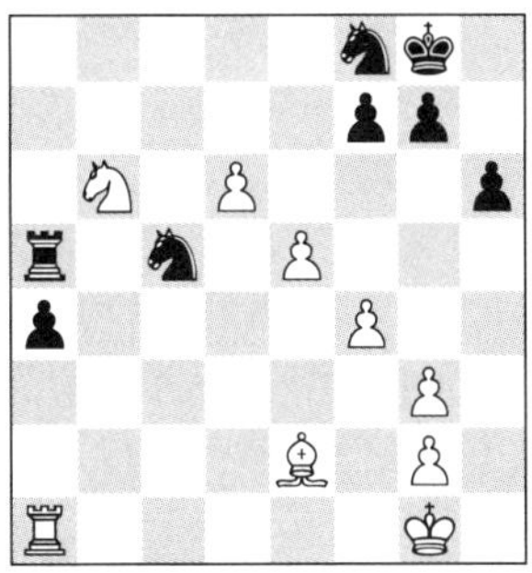

Carlsens Stellung ist einfach schrecklich. Der gedeckte Freibauer auf d6 ist ein Monster, und mit dem in der Luft liegendem f4-f5 wird es nicht lange dauern, bis Weiß dessen Umwandlung erzwingt. Man beachte, dass der schwarze Freibauer weit weniger gefährlich ist (49...a3?? 50.♘c4!). Die Engine empfiehlt 49...g6, um den weißen Ansturm zu verlangsamen, doch die Bewertung liegt noch immer über +2. Bei normalem Spielverlauf kann Weiß von einem leichten Sieg ausgehen. Carlsen entschließt sich, auf den Schwindelmodus umzuschalten. Er wählt einen Zug, der eine forcierte Zugfolge erlaubt, mit der Kramnik eine Figur gewinnen kann, der dafür aber seine wertvollen Zentrumsbauern hergeben muss. Damit ändert sich zumindest der Spielcharakter.

49...♘fe6! 50.♗c4 ♔f8 51.f5 ♘d8 52.♖f1!

Droht e5-e6.

52...♘cb7 53.♖e1! a3

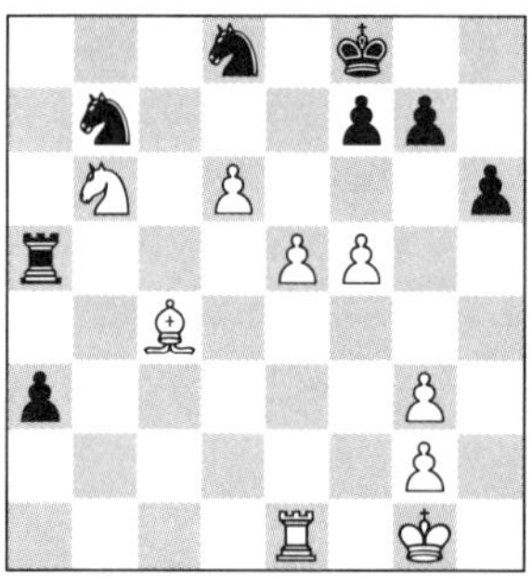

Eine Stellung, die man im Voraus gesehen haben musste. Hier könnte Weiß mit 54.♗a2! alle Trümpfe in der Hand behalten, ohne den Druck auf Schwarz zu vermindern. Doch die Versuchung, Kasse zu machen, erweist sich als zu groß, und Kramnik entscheidet sich für den Figurengewinn:

54.e6? fxe6 55.fxe6 ♘xd6 56.e7+ ♔e8 57.exd8♖+ ♔xd8

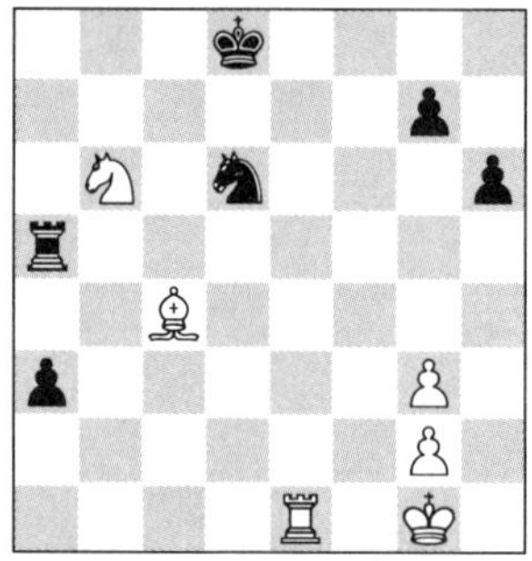

Mit einer Mehrfigur ist die weiße Stellung natürlich technisch gewonnen. Man beachte aber, wie sich der Spielcharakter gewandelt hat. Zuvor lag der ganze Druck auf Carlsen, der stets die richtigen Verteidigungszüge finden musste, um zu verhindern, dass die weißen Bauern die Partie auf der Stelle entscheiden, während Kramnik den Druck ganz nach Belieben erhöhen konnte. Jetzt liegt die Beweislast auf der anderen Seite: Es ist an Kramnik, präzise Technik zu zeigen, während Carlsens Züge einfach und natürlich sind.

58.♖d1 ♔c7 59.♗a2 ♖g5 60.♘d5+ ♔c6 61.♘c3

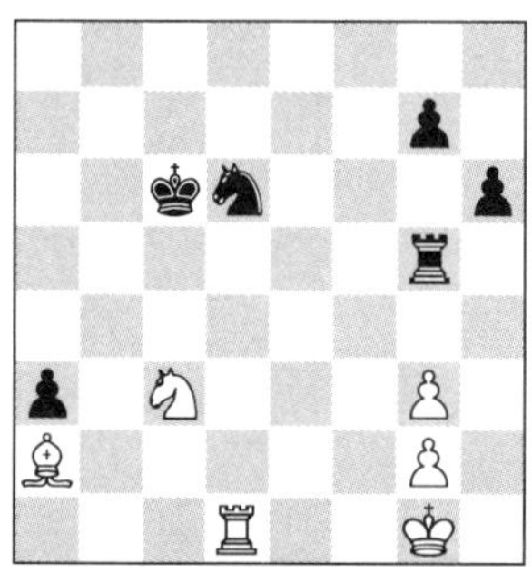

Schwarz ist in materieller Hinsicht nach wie vor verloren, auch wenn es nach einer langwierigen technischen Verwertung aussieht. Magnus, dessen psychologische Meisterschaft am Brett häufig unterschätzt wird, spürt, dass dies keine allzu attraktive Perspektive für seinen Gegner ist, und er bietet ihm eine verlockende Vereinfachung an.

61...♖c5!!

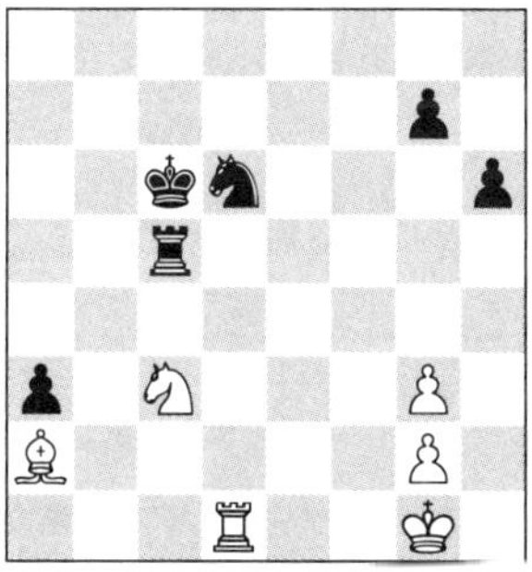

Ein erstaunlicher Zug. Gerade als Weiß sich auf eine lange Quälerei eingestellt hatte, rollt Schwarz den Roten Teppich für eine simple Abkürzung aus. Weiß sollte dies ignorieren und einfach mit 62.♖d3 weitermachen, doch natürlich eröffnet der letzte Zug von Schwarz eine neue Möglichkeit: 62.♖xd6+!; eine Kombination, die auch die meisten Amateure in Sekundenschnelle sehen würden. Für Kramnik ist das Angebot zu köstlich, um ihm widerstehen zu können.

Es wäre interessant, hier in Carlsens Kopf hereinzuschauen und seinen Gedankenprozess zu verstehen. Natürlich hatte er bemerkt, dass wahrscheinlich 62.♖xd6+ folgen würde, doch wie weit hat er dabei gesehen? Ich vermute, dass Carlsen zu diesem Zeitpunkt nicht alles berechnen konnte, ihm aber bewusst war, dass das Endspiel alles andere als trivial gewonnen war. Vielleicht sah er sogar, dass Weiß wahrscheinlich versuchen würde, mit einem späteren g4-g5 durchzubrechen, woraufhin Schwarz in der Lage sein könnte, seinen h-Bauern zu opfern, irgendwie g5-g6 zu erzwingen und dann eine etwas ungewöhnliche Festung zu errichten. Wir werden es wohl nie erfahren, aber eines ist klar: Der Gewinn wird jetzt für Kramnik weitaus problematischer als zuvor, wo er noch den Freibauern auf d6 besaß!

Eine solch weite Voraussicht mag wie schachliche Zauberkunst anmuten, aber wie wir in den Kapiteln über Endspiele und Festungen sehen werden, ist es für Spieler aller Klassen durchaus machbar, solche Ideen aus der Ferne zu erkennen, sobald wir ein paar grundlegende Endspielfertigkeiten erworben haben. Selbst unter den stärksten Spielern der Welt kann die Fähigkeit, solche Muster ein oder zwei Züge eher als der Gegner zu erspähen, den Unterschied zwischen einer jämmerlichen Niederlage und einer sagenhaften Rettung ausmachen.

62.♖xd6+?

Das gewinnt – und ist objektiv vielleicht sogar der beste Zug –, doch in praktischer Hinsicht macht es die Sache um vieles komplizierter. Statt vor einer langen, aber verhält nismäßig einfachen Aufgabe steht Weiß jetzt vor einer kurzen, die aber sehr viel Präzision erfordert.

62...♔xd6 63.♘e4+ ♔c6 64.♘xc5 ♔xc5 65.♔f2

Wenn Schwarz nun zum Damenflügel gehen würde, würde Weiß gerne seinen Läufer für den a-Bauern geben und mit dem eigenen König am Königsflügel aufräumen. Doch Carlsen hat ganz andere Absichten.

65...♔d4! 66.♔f3 ♔d3 67.g4 ♔d2! 68.♗e6 ♔d3

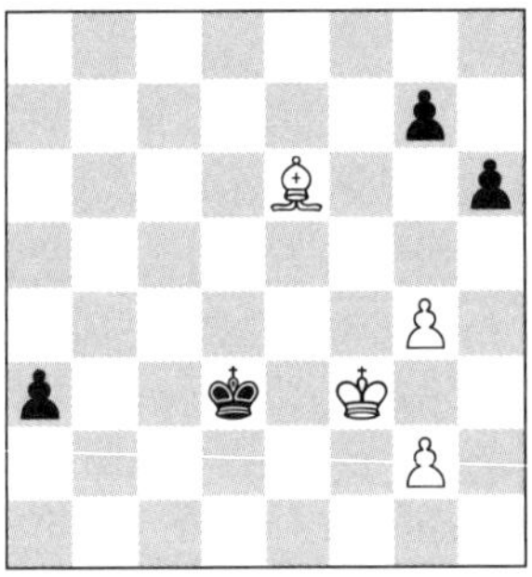

69.♔g3

Andernorts wurde ausgiebig 69.g5! analysiert, doch es liegt nicht in meiner Absicht, dieses Endspiel theoretisch zu ergründen, daher werde ich die meisten Varianten weglassen. Doch dieser Gewinnzug war gewiss nicht einfach zu berechnen, und es gibt in diesem Abspiel allerlei Remisgespenster, die Kramnik erschreckt haben mögen: 69...hxg5 70.♔g4 ♔e3, z.B. 71.♔xg5? (71.♗a2 führt zu einem komplizierten Gewinn: 71...♔f2 72.g3 ♔g2 73.♗b3 ♔f2 74.♗d5 ♔e3 75.♔xg5 ♔f2 76.♔f4 usw.) 71...♔f2 72.g4 ♔g3!,

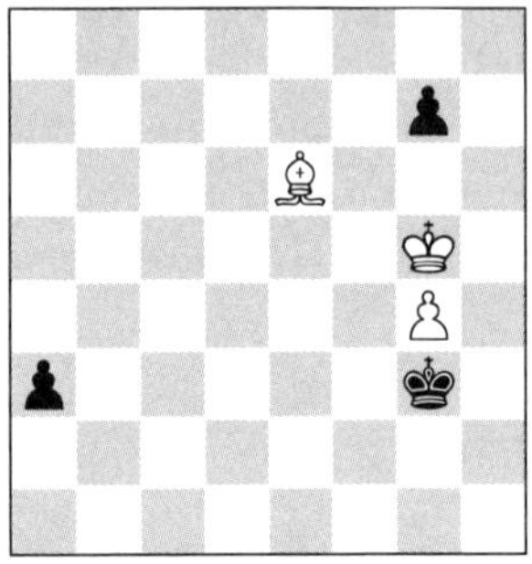

Analysediagramm

und indem er im nächsten Zug ...g7-g6 spielt, stellt Schwarz sicher, dass die g-Bauern nur gemeinsam eliminiert werden können, womit sich ein Remis ergibt.

69...♔e3

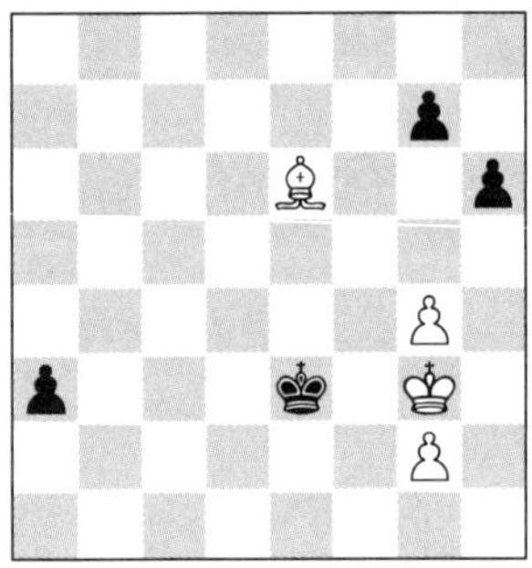

Der Schlüsselmoment des Schwindels.

70.♔h4?

70.g5!, der „natürliche" Gewinnversuch, wurde in verschiedenen Partiekommentaren zum Remis analysiert, und Kramnik selbst berechnete wahrscheinlich ähnliche Varianten. Tatsächlich zeigt eine tiefgehende Computeranalyse, dass es immer noch einen Gewinn gab. Ich zeige kurz die wichtigsten Varianten:

70...♔e4 71.♔g4 ♔e3! 72.♗a2 ♔e4 73.g3 ♔e3! (Weiß möchte den Schwarzen zwingen, g5-g6 zu spielen; während Weiß dies zu vermeiden versucht) 74.♗b1 ♔f2 75.g6. Anders lässt sich kein Fortschritt erzielen. Nun bietet Schwarz seinen h-Bauern an: 75...h5+!

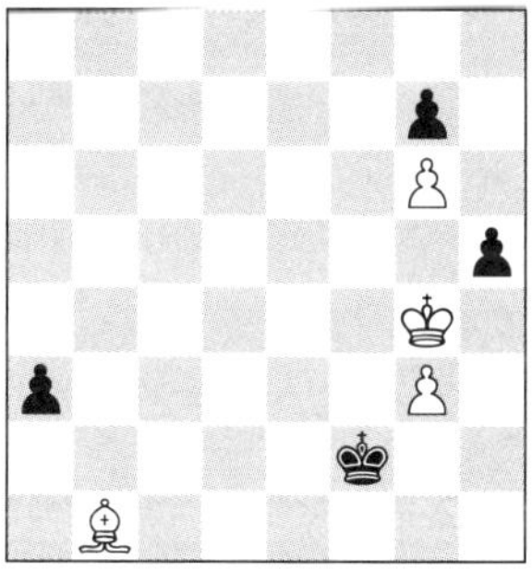

Analysediagramm

Hier haben die meisten Verfasser von Partiekommentaren mit 76.♔xh5? a2 77.♗xa2 ♔e3 78.♔g5 ♔e4! fortgesetzt, wonach Weiß den schwarzen König nicht daran hindern kann, nach f8 zu eilen – was tatsächlich eine Festung ist. Verblüffenderweise hat Weiß aber einen Gewinn mit 76.♔f4!! (Matt in 32!), obgleich die Varianten äußerst kompliziert sind und ich den Kommentatoren ihre Fehleinschätzung schwerlich verübeln kann. Die Hauptidee ist, dass Weiß nach 76...♔g2 77.♗a2 ♔f2 78.♗d5 ♔e2 79.♔e5! ♔f2 80.♔e6 ♔xg3 81.♔f7 genau rechtzeitig kommt, da er auf der g-Linie mit SCHACH umwandelt.

Zurück zur Partie:
70...♔f2!!

Unglaublicherweise gibt es nun keinen Gewinn mehr.
71.♗d5 g6! 72.♔h3 g5!
Es war immer noch nicht zu spät, mit 72...h5?? 73.gxh5 gxh5 74.g3! fehlzugreifen, wonach dem Schwarzen bald die Züge ausgehen. Jetzt hingegen hat Schwarz den weißen König eingeschlossen, der niemals entkommen kann, ohne seine Bauern aufzugeben.

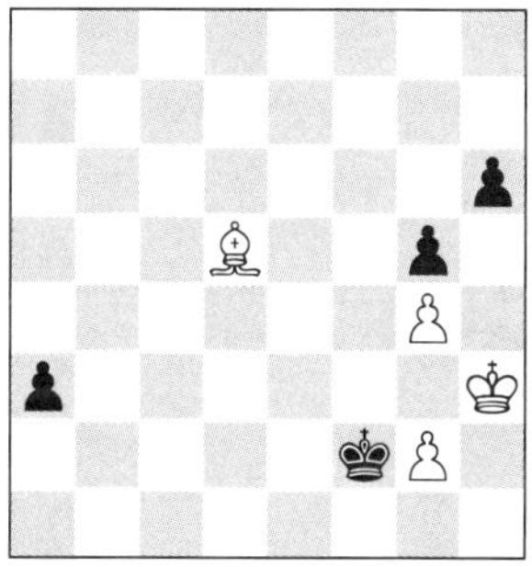

73.♔h2 ♔f1!
Kramnik kann keine Fortschritte mehr erzielen. Nach einigen fruchtlosen weiteren Versuchen wurde Remis vereinbart:
74.♗e6 ♔f2 75.♗c4 ♔e3 76.♔g3 ♔d4 77.♗e6 ♔e3 78.♔h2 ♔f2 79.♗c4 ♔e3 80.♔g1 ♔f4 81.♗e6 ♔e5 82.♗b3 ♔f4 83.♗e6 ♔e5 84.♗b3 ♔f4 85.♗e6 ♔e5 86.♗b3 ½:½

Wladimir Kramnik ist keineswegs der einzige Weltmeister, der sich von einem Danaergeschenk verführen ließ; so ist etwa Aljechin - Teichmann (1923) ein weiteres bekanntes Beispiel, das Sie gern selbst nachschlagen können. Aber um dieses Kapitel abzurunden, möchte ich Ihnen ein possierliches Beispiel dafür zeigen, dass das Anbieten des sprichwörtlichen Pferdes nicht nur in verlorenen Stellungen funktioniert.

Tavernier
Claude Grodner
Charleville 1952

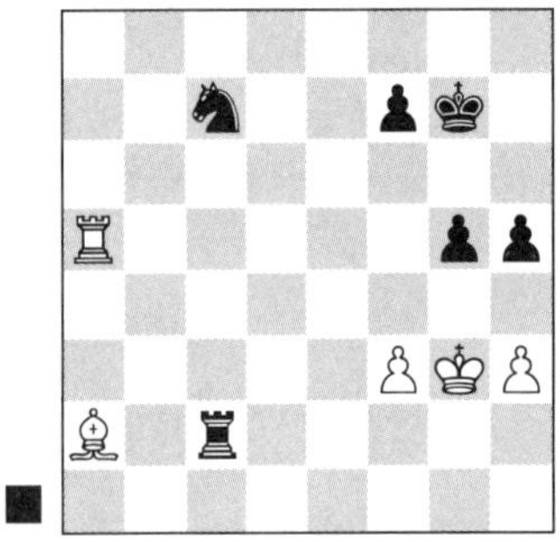

Die Menschen sind so anfällig für Versuchungen, dass ein Spieler mitunter sogar die Gier ausnutzen kann, um den vollen Punkt zu ergattern.

In dieser Stellung ist das Remis zum Greifen nahe. Schwarz versuchte das dick aufgetragene

1...♔g6!?,

worauf eigentlich jeder Schachspieler Verdacht schöpfen sollte. Doch hinterher ist man immer schlauer, wie es so schön heißt.
In der Partie konnte Weiß nicht widerstehen:

2.♗b1??

2.♗xf7+ ♔xf7 3.♖xg5 wäre ein einfaches Remis.

2...h4+ 3.♔g4 f5+!!

Eine gewaltsame Entfesselung.

4.♖xf5 ♖g2#

„Einem geschenkten Gaul schaut man nicht ins Maul“, lautet ein anderes bekanntes Sprichwort. Bei einem Danaergeschenk hätten viele Betrugsopfer ihre Augen freilich besser ganz abgewendet.

KAPITEL 11

Die Lockvogelfalle

Wenn Sie einen guten Zug sehen, suchen Sie nach einem Besseren – Emanuel Lasker

Den meisten von uns ist das schachliche Motiv der Ablenkung geläufig, und wir alle haben schon von Fallen gehört. Aber was ist eine „Lockvogelfalle"?

Während ich Hunderte von Schwindeleien, die ich für dieses Buch gesammelt hatte, analysierte und nach wiederkehrenden Mustern absuchte, bemerkte ich, dass immer wieder ein bestimmtes Thema auftauchte. Der Schwindler spielt dabei einen Zug, der aussieht, als würde er eine recht simple, durchsichtige Falle stellen. Diese „Lockvogel-Falle" dient dazu, die Absichten des Schwindlers zu bemänteln und beim Opfer Zufriedenheit zu wecken, wenn es den vermeintlichen Sinn des Zuges entdeckt hat. Der Gegner pariert die Drohung leicht, nur um zu entdecken, dass sich dahinter eine zweite, weitaus tödlichere Falle verbarg – die eigentliche Pointe.

Die Lockvogelfalle bietet gerade genug Ablenkung, um dem tieferen Schwindel eine Chance zum Erfolg zu geben. Sie ist am effektivsten, wenn der Gegner davon überzeugt ist, dass die Partie praktisch vorbei ist, so dass er eher glaubt, der Lockvogel sei alles, was hier noch geboten wird. Mit anderen Worten, die Lockvogelfalle funktioniert am besten gegen Hybris, gepaart mit einer guten Portion Unachtsamkeit. Lernen Sie sie gut, denn sie kommt häufig vor.

Romain Edouard 2653
Gergely Kantor 2541
Hastings 2019/20 (6)

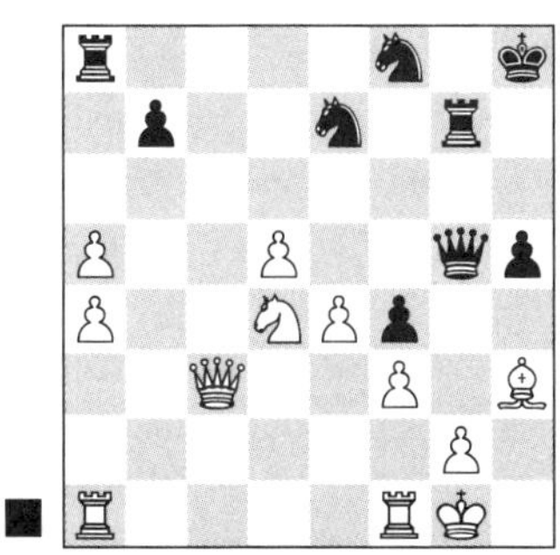

Als das Manuskript schon kurz vor der Veröffentlichung stand, stieß ich auf diese Partie zweier Spieler mit hohen Elozahlen.

Schwarz hat drei Bauern weniger und liegt gegen einen starken Großmeister mit vierzig Minuten auf der Uhr zurück. Seine eigene Zeitnot hilft ihm jedoch dabei, den Schwindel einzufädeln, da selbige dem Vorwand, die Lockvogelfalle sei alles, was es zu sehen gibt, Glaubwürdigkeit verschafft.

30...♕h4!
Dies droht 31...♕xh3. Dagegen kann sich Weiß auf verschiedene Weise verteidigen, doch am naheliegendsten ist es, den König von der g-Linie wegzuziehen. Weiß erkennt, dass 32.♔h1 nicht mit 32...♖g3?? beantwortet werden kann, wegen des brutalen Abzugsschachs 33.♘f5+. Doch vielleicht könnte Schwarz ja seinen König aus der Diagonalen entfernen und damit im nächsten Zug 33...♖g3 drohen. Weiß glaubt, dass er diese Möglichkeit geschickt durch 32.♔h2 ♕g3+ 33.♔h1 umgehen kann, und man braucht sich keine Gedanken mehr um ...♖g3 machen.
Also:
31.♔h2?? ♖xg2+!!

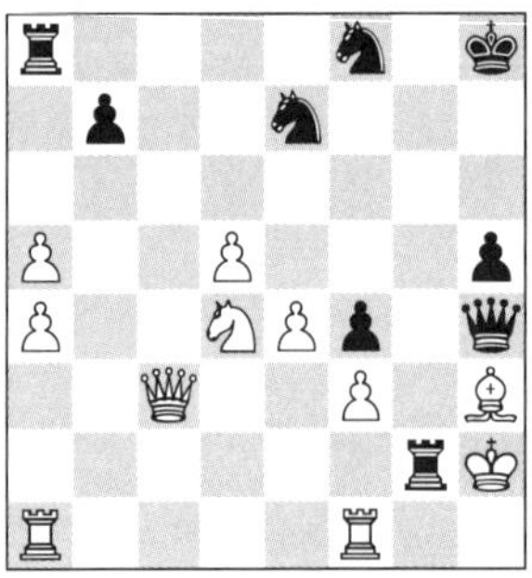

Schwarz kann sein Glück kaum fassen. Man prüfe stets alle Schachs und Schlagfälle, und besonders beides zusammen!
32.♔xg2 ♕g3+ 33.♔h1 ♕xh3+ 34.♔g1 ♕g3+
Mit Dauerschach: ½:½

Hier ist einer meiner Lieblingsschwindel.

Brian Gosling
Jack Rudd
Großbritannien 1996

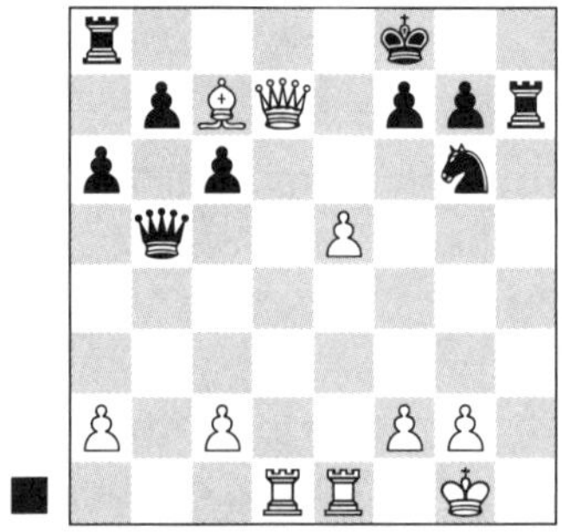

1...♘f4!!
Eine fiese Falle. Was ich an diesem Beispiel so beeindruckend finde, ist, dass der wahre Schwindel durch die scheinbar „offensichtliche" Drohung, die von diesem Zug ausgeht, geschickt verschleiert wird, nämlich 2...♘e2+. Als zusätzliche Schicht bei dieser Trickserei hebt Schwarz die Deckung von e7 auf.
2.♗d8??
Mit der Absicht 2...♘e2+ 3.♖xe2 ♕xe2 4.♕e7+ ♔g8 5.♕e8 matt. Stattdessen hätte 2.♕d6+ (aber nicht 2.♖e3? c5!) nach 2...♔e8 3.♖e3 ♘e2+ 4.♖xe2 ♕xe2 5.♕d7+ ♔f8

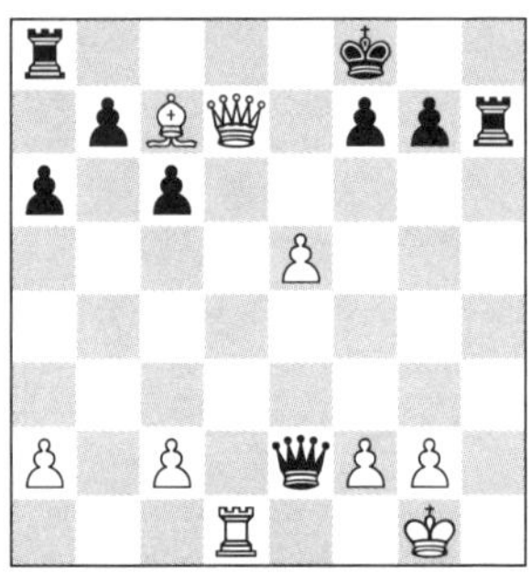

Analysediagramm

6.♗b8! gewonnen.
Doch nach 2.♗d8?? enthüllte Schwarz vergnügt die verborgene Pointe seines letzten Zuges:

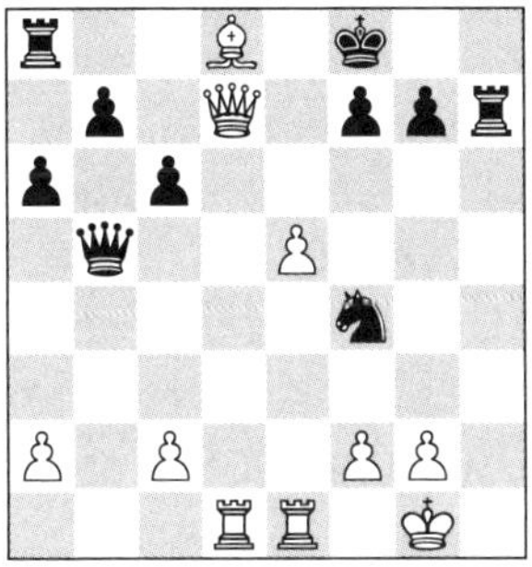

2...♕f1+!!
Phantastisch. Ganz gleich, ob 3.♔xf1 ♖h1# oder 3.♖xf1 ♘e2#, es ist Matt im nächsten Zug.
0:1

Ein subtileres Beispiel einer Lockvogelfalle reichte aus, um den legendären deutschen Meisterspieler Wolfgang Uhlmann hereinzulegen.

Wolfgang Uhlmann
Burkhard Malich
Ostberlin 1968

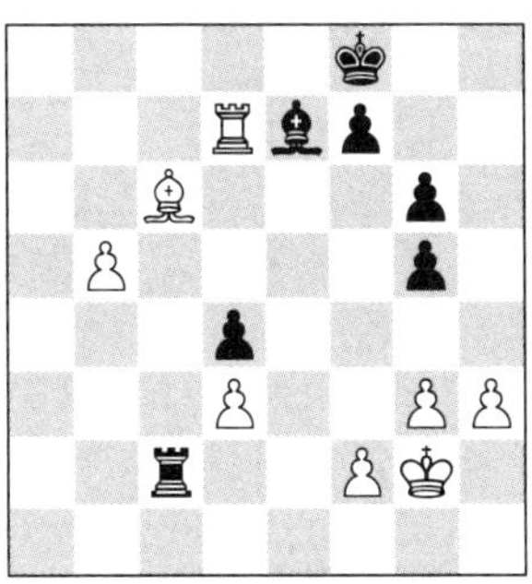

□

Schwarz hatte in diesem Endspiel ohnehin schon zu leiden, doch nun schien er mit 52...♔g7-f8 noch einen zweiten Bauern eingestellt zu haben. „Aber Moment mal," denkt sich Weiß, „nach 53.♖xd4 wird er ...♗c5! spielen, und ich bin ruiniert. Dieser hinterhältige Kerl – was für eine Falle!" Weiß lehnt sich in seinen Stuhl und reflektiert seine Perspektiven. Plötzlich blitzen seine Augen auf – vielleicht kann er den Fallensteller erwischen und sich im Gegenzug selbst allerlei Ärger ersparen. „Nach 53.♖xd4 ♗c5 kann ich 54.♖d8+! spielen und anschließend den Bauern nach d4 vorstoßen. Und selbst wenn sein König nach e7 geht, kann ich immer noch auf d7 ein weiteres Schach geben und dann mit d3-d4 vorrücken. Jaja, er dachte sich, er würde mich austricksen, aber stattdessen werde ich es mit ihm tun." Von seiner eigenen Brillanz überwältigt, führt Weiß überzeugt seinen Zug aus:
53.♖xd4?

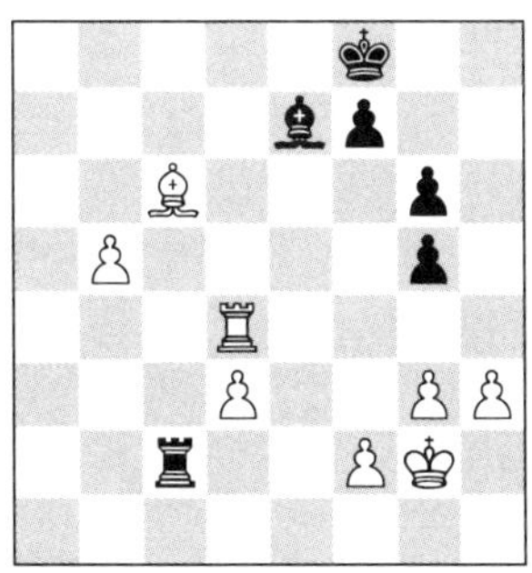

53...♖xf2+!!
Uhlmann entdeckte die Lockvogelfalle 53...♗c5 und übersah darob die tödlichere Drohung.
54.♔xf2 ♗c5

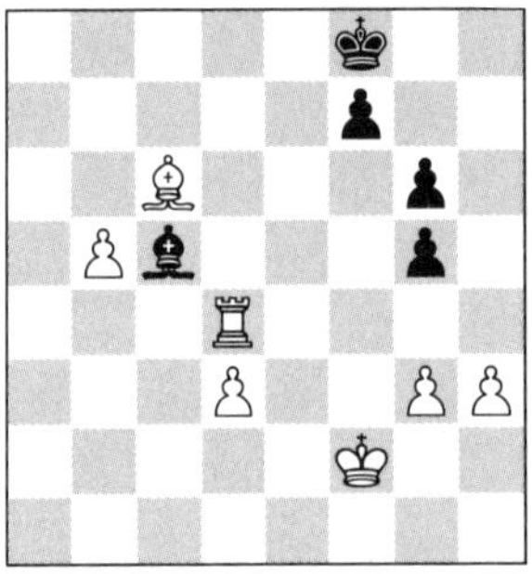

Die Realisierung des Schwindels trifft den Weißen wie ein überraschender Kinnhaken. Nach 55.♔e3 f5!

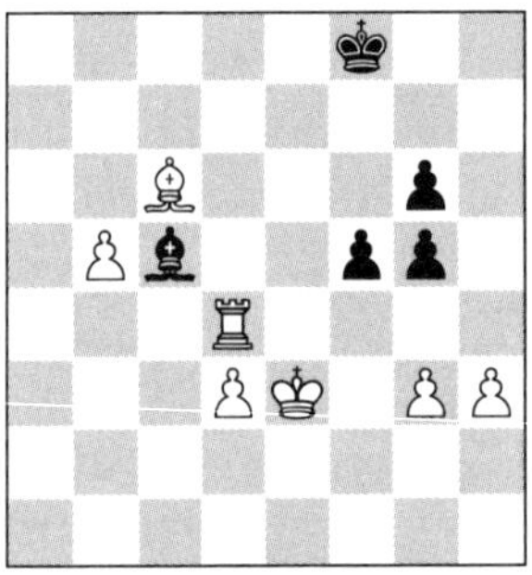

Analysediagramm

sind seine Figuren in einer ewigen Fesselung gebunden, aus der er nur herauskommt, wenn er einen ganzen Turm hergibt. Weiß versuchte stattdessen

55.♔f3,

doch das Endspiel nach

55...♗xd4

ist leicht remis.

Wie wir bereits in Teil II erwähnt haben, ist es wenig sinnvoll, allen gegnerischen Gewinnvarianten Aufmerksamkeit zu schenken. Konzentrieren Sie sich stattdessen auf seine natürlichen Fortsetzungen und suchen Sie dann nach einem Zug, der diese zu Fehlern macht.

In dem nächsten kurzen, aber lehrreichen Schwindel könnte Schwarz, bevor er seinen Zug gespielt hatte, durchaus bemerkt haben, dass 58...♔a4 in ein freilich schwer zu sehendes forciertes Matt läuft. Doch solche Risiken muss der Schwindler meist eingehen; wichtiger ist, dass der Zug im Falle der offensichtlichen „Widerlegung" einen glorreichen Schwindel ermöglicht.

Srecko Nedeljkovic
Mijo Udovcic

Sarajevo Jugoslawische Meisterschaft 1951 (8)

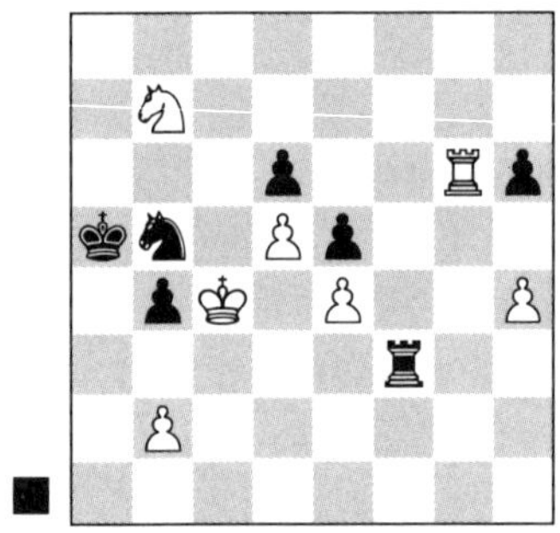

Ihr Computer wird herausschreien, dass Schwarz mit seinem König zurückgehen sollte, doch danach wäre der Gewinn trivial: 58...♔b6 59.♘xd6, und das Endspiel ist bar jeder Hoffnung.

58...♔a4!

Absolut der einzige Versuch. Die Hauptpointe des Schwindels ist sorgfältig hinter einer taktischen Kleinigkeit getarnt: Weiß ist erstmal geschockt, dass das beabsich-

tigte 59.♘c5+? nach dem coolen 59...♚a5! nichts erreicht, wonach Weiß die Stellung wiederholen muss.
Doch keine Sorge, denkt Weiß. Der schwarze König haut nicht ab, und es ist genug Zeit, um den Turm zum Mattgeben heranzukarren.

59.♖g8??

Weiß behält seinen Kugelschreiber gleich in der Hand und wandert mit ihm zu dem Feld, wo das Partieergebnis eingetragen wird; freudig auf die Aufgabe von Schwarz wartend. Wie oft werden Sie wohl diesen Ausdruck auf den Gesichtern Ihrer Gegner wiedererkennen, wenn Sie die Lektion aus diesem Buch gelernt haben!

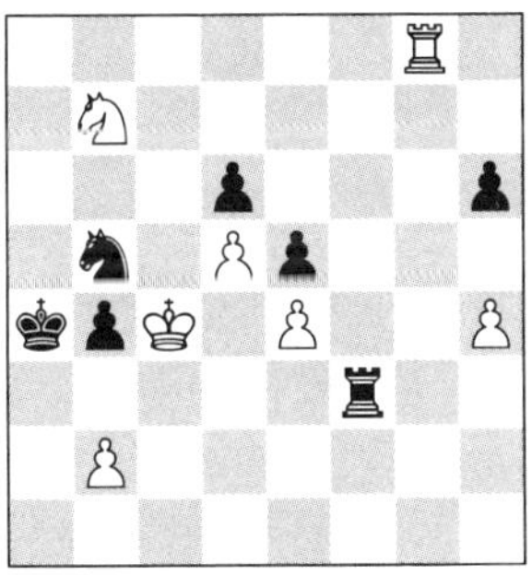

59...♘a3+!! 60.bxa3 ♖c3#

Ein schockierender rasanter Gegenschlag.
59.♖g8?? war ein schrecklicher Fehler, aber es ist auch interessant zu untersuchen, was passiert wäre, wenn Weiß das Matt mit 59.♘xd6 abgewendet hätte.
Das gewinnt tatsächlich mit bestem Spiel, doch Schwarz kann weiterkämpfen:

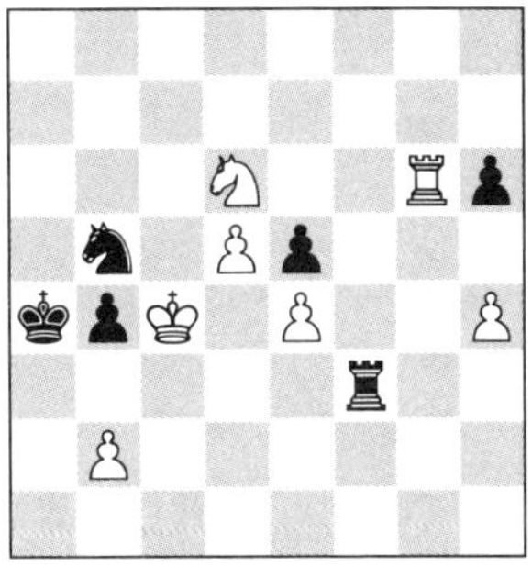

Analysediagramm

59...♘a3+!, und auf 60.bxa3 folgt 60...♖c3# ! Wenn man etwas tiefer blickt, sieht man, dass Weiß seinen Vorteil mit 60.♔c5 behaupten kann, aber Schwarz macht furchtlos mit 60...♚b3! 61.bxa3 ♖c3+! nebst 62...bxa3 weiter, mit allerdings nur einem Hauch von Gegenspiel.
Das ist alles ganz spannend zu analysieren, aber gibt es denn nichts Einfacheres für Weiß? In der Tat, und es ist ein hübsches Echo des schwarzen Motivs: 59.b3+!

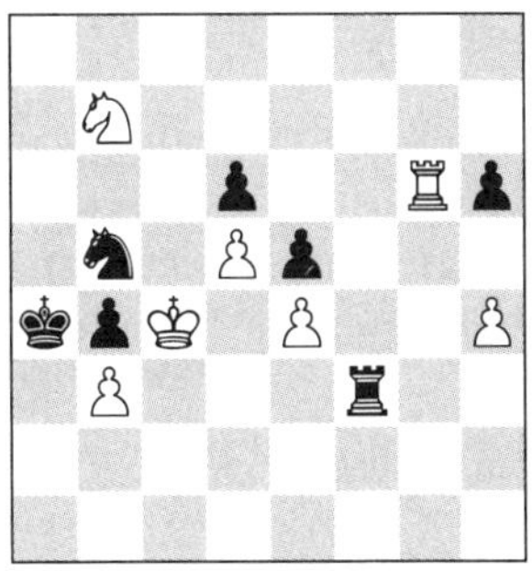

Analysediagramm

59...♖xb3 60.♘c5+!! dxc5 61.♖a6#. Déjà vu!

Zum Abschluss ein sehr inhaltsreiches Beispiel.

James Coleman 2142
James Adair 2247
England 4NCL 2011/12 (5)

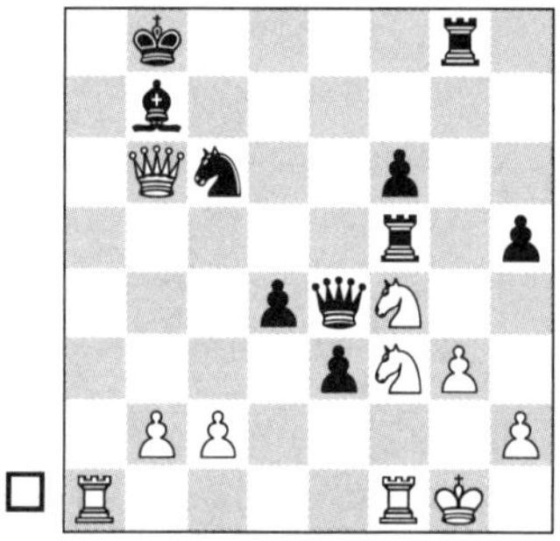

Schwarz hat eine absolut überwältigende Stellung, mit einem mächtigen Angriff und einem riesenstarken gedeckten Freibauern auf e3, der einen Keil in die weiße Stellung treibt. Aber er hat auch drei potenzielle Probleme: einen exponierten König, einen ungedeckten Turm auf g8 sowie einen Springer, der seine Dame-Läufer-Batterie auf der langen Diagonale verstellt. Weiß spürt dies und findet einen Weg, mit nur einem einzigen Zug dem Gegner die Lösung für all diese Probleme anzubieten. Das ist eine große Versuchung!

27.♕b3!!

Ein entzückender Rückzug, der die Hoffnung auf einen Angriff scheinbar fahren lässt. Stattdessen bedroht Weiß g8 und stoppt damit für den Moment das schwarze Spiel. Schwarz hat die Wahl zwischen verschiedenen Gewinnzügen, doch der „naheliegendste" ist, den Springer zur Verteidigung zu verwenden und zugleich der Dame beim Blick nach g2 und h1 die Unterstützung des Läufers auf b7 zu sichern. Es überrascht nicht, dass Adair sich hierfür entscheidet.

Doch tatsächlich ist

27...♘e7??

ein schwerer Fehler. Nach

28.♘e6!

hat Weiß nach dem erzwungenen 28...♖c8 bereits ausgeglichen. Doch der bedauernswerte Schwarze ist sich in seiner Glückseligkeit der versteckten Gefahren nicht bewusst.

28...e2?

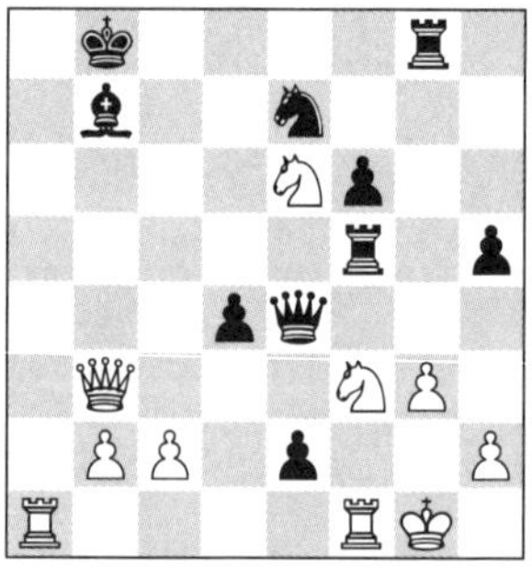

Und nun sehen wir gleich, wie der 27. Zug von Weiß und seine leicht zu parierende Drohung insgeheim ein echtes K.o. verborgen haben. Etwas für Ihr Taktiktraining: Weiß zieht und gewinnt.

29.♖a8+!!

Ermöglicht durch den Wegzug des schwarzen Springers von der Verteidigung des Königs. Es ist ein Matt in acht:

29...♔xa8 30.♕a3+ ♗a6

Oder 30...♔b8 31.♕d6+ ♔a7 32.♖a1+ mit Gewinn.

31.♕xa6+ ♔b8 32.♕d6+! ♔b7 33.♕c7+! ♔a6 34.♖a1

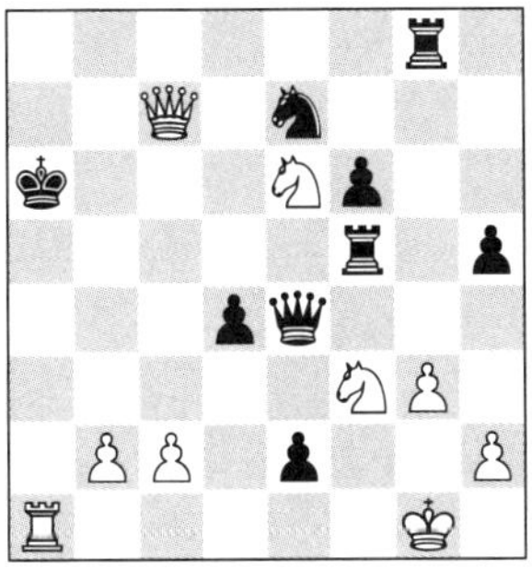

34...♔b5 35.♖a5+ ♔b4 36.♕b6+
Schwarz gab auf.

Nehmen Sie sich vor der Lockvogelfalle in Acht!

KAPITEL 12

Der Berserkerangriff

Zumindest beim Schach gehört den Tapferen die Welt – Edmar Mednis

Als „Berserker“ wird ein „im Rausch kämpfender Mensch“ bezeichnet, der „keine Schmerzen oder Wunden mehr wahrnimmt.“ Der Begriff stammt aus alten nordischen Legenden über Krieger, die mit solch einer Hysterie und Furchtlosigkeit angriffen, dass Waffen wie auch Feuer wirkungslos gegen sie war.

Wenn wir auf Verlust stehen, gibt es keine Tricks, um unverwundbar zu sein. Aber wir können es gewiss so aussehen lassen. Wenn unser Gegner ängstlich ist, ist dies ein besonders guter Zeitpunkt, um aus der Haut zu fahren. Denn was nützt uns unser Selbsterhaltungstrieb, wenn wir beim Nullpunkt anfangen?

Kantholi Rathnakaran 2428
SP Sethuraman 2566
Bhopal Indische Meisterschaft 2013 (13)

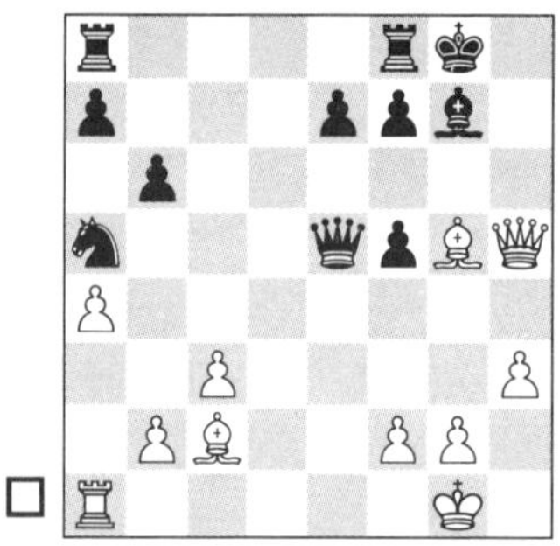

Weiß hat einen Turm für einen Bauern und ansonsten nebulöse Kompensation geopfert. Da er nichts mehr zu verlieren hat, lässt er gegen seinen großmeisterlichen Gegner einen lächerlichen Berserkerangriff vom Stapel, der von bemerkenswertem Erfolg gekrönt ist.

23.g4!?

Warum auch nicht?

23...♖fd8 24.gxf5 ♔f8

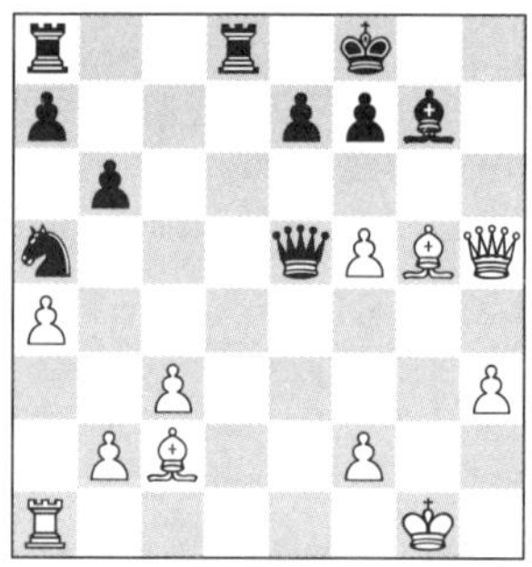

Verschwindet von der g-Linie und weicht irgendwelchen Schachgeboten auf h7 aus. Es ist schwer, dem Schwarzen für diese sichere Wahl einen Vorwurf zu machen, denn im weiteren Spielverlauf hat er stets eine luxuriöse Auswahl an Gewinnvarianten. Der naiv-optimistische Königsangriff von Weiß erinnert derweil an den berüchtigten Schwindel aus Schumow - von Jänisch.

25.♔h1

Keinerlei Subtilität vonnöten. Die weiße Schwindelstrategie kennt nur ein Wort: Angriff!

25...♘c4 26.♖g1 ♘d2

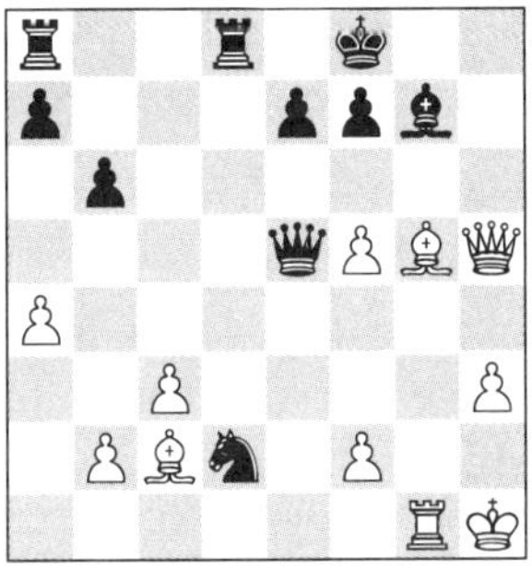

Ein cleverer Zug. Auf den ersten Blick scheint es für Weiß verlockend, den Angriff mit 27.♗h6 fortzusetzen, mit der attraktiven Besonderheit, dass 27...♗xh6? 28.♕xh6+ ♔c8 29.♕c6+! zu einem unerwarteten Dauerschach führt. Doch Sethuraman hatte geplant, zunächst 27...♕d5+!! zwischenzuschalten, was c6 deckt, und erst dann auf h6 zu nehmen: 28.f3 ♗xh6 29.♕xh6+ ♔e8 30.♕h8+ ♔d7, und Schwarz gewinnt.

27.f3!!

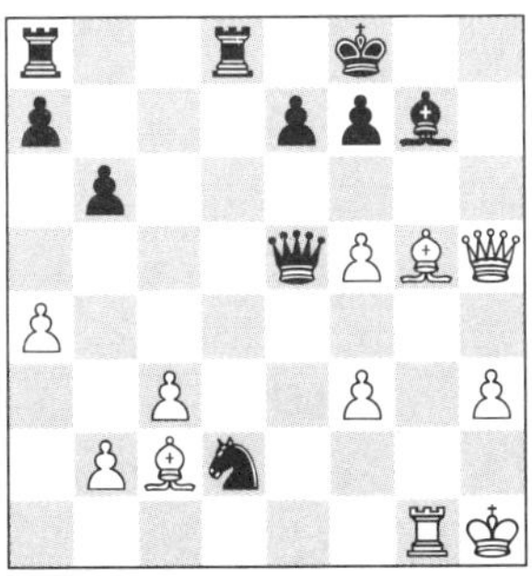

Möglicherweise der brillanteste Zug der Partie. Wie Sethuraman später sagte, besteht sein wichtigstes Merkmal darin, dass es darauf „keinen zwingenden Gewinn" gibt. Ein zweiter Punkt ist, dass er 27...♕d5+ ausschaltet. Aber es gibt noch ein drittes, tieferes Element, das sich zeigt, wenn Schwarz verständlicherweise versucht, ♗h6-Ideen von Weiß endgültig auszuschließen.

27...♖d6?? 28.♕g4!!

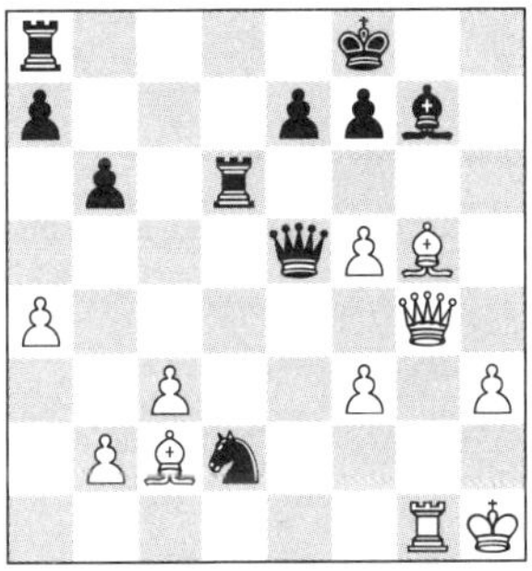

Rückzüge gehören zu den am schwersten wahrzunehmenden Angriffszügen. Weiß formiert sich auf der g-Linie und erstellt die primitive Idee 29.♗f4 ♕f6 30.♗g5 mit Zugwiederholung. Und dank des 27. Zuges von Weiß kann 28...♕d5?? nun sicher mit 29.♗xd2! beantwortet werden.

Sethuraman schaut und schaut ... und schaut noch ein bisschen weiter. Doch unglaublicherweise kann Schwarz, obwohl er einen Turm mehr hat, diese grobschlächtige Drohung nicht entscheidend zurückweisen.

Der Springer kann nirgendwo sicher hinziehen, Damenzüge

werden grundsätzlich mit 29.♗xd2 beantwortet, und den Läufer zu ziehen wäre sogar noch schlimmer (28...♗h6?? 29.♗xh6+ ♖xh6 30.♕g8 matt!).

Eine letzte Wendung folgt auf 28...♕e2!?,

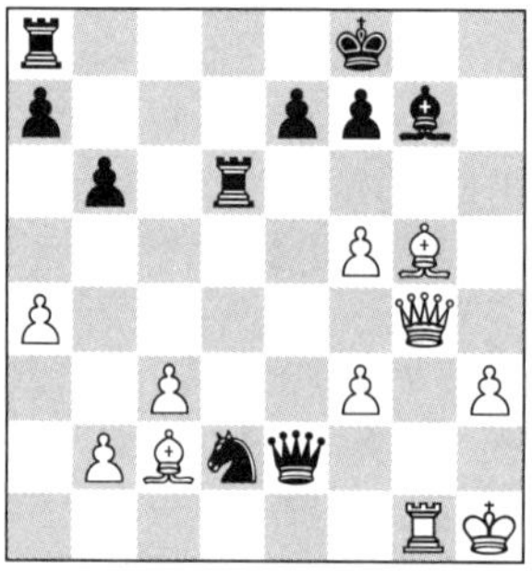

Analysediagramm

was 29...♕xf3+ droht und 29.♗xd2?? ♖xd2! 30.♕xg7+ ♔e8 beabsichtigt, wonach Schwarz einen brutalen Gegenangriff auf der zweiten Reihe führt.
Weiß kann jedoch den Springer verschonen und 29.♗d1!! spielen, was zu einem anderen Tanz zwischen der schwarzen Dame und einem weißen Läufer führt, jedoch mit demselben unentschiedenen Ergebnis nach 29...♕e5 30.♗c2 ♕e2 31.♗d1 oder 30.♗f4 ♕f6 31.♗g5 usw. (aber nicht 29...♕d3?? 30.♗xd2, und Weiß gewinnt).
Psychisch gebrochen und nicht bereit, sich in das unvermeidlichen Remis durch Zugwiederholung zu fügen, implodiert jetzt der Großmeister:

28...♔e8?? 29.♗f4! ♕d5 30.♗xd6! exd6 31.♕xg7

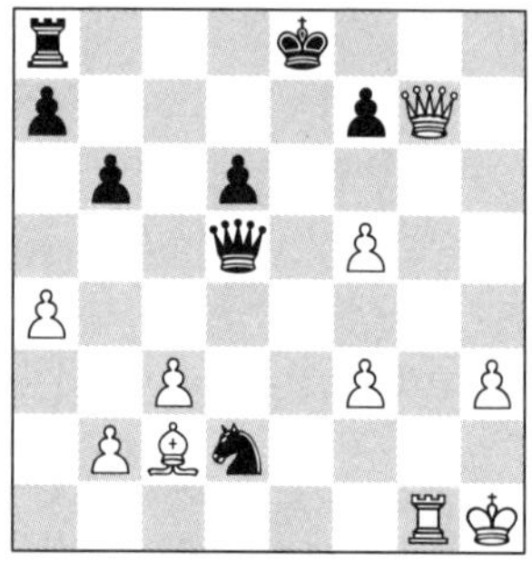

Weiß steht klar besser und gewann im weiteren Verlauf.
Kommt Ihnen der Name des Schwarzspielers in unserem nächsten Beispiel bekannt vor?

Max Illingworth 2352
Junta Ikeda 2373
Sydney 2012 (4)

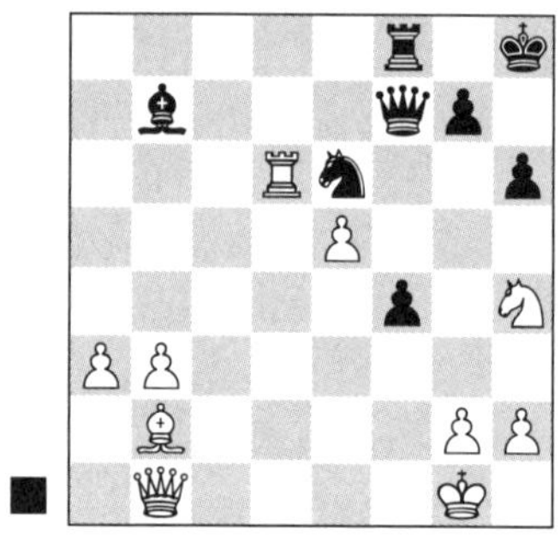

Wenn ich meine australischen Großmeisterkollegen frage, wer unser trickreichster Spieler ist, fällt immer wieder ein Name: Junta Ikeda. Dafür bekannt, die „schlechteste Eröffnungstheorie in Australien“ zu haben, findet sich Junta regelmäßig in Verluststellungen wieder – mit der noch unheimlicheren Tendenz, diesen auch immer wieder zu entkommen.

Zwei Eigenschaften helfen dem Meister-Schwindler: Ruhe und Kreativität. Was Ersteres betrifft, so kann Junta auch unter immensem Druck (sowohl auf dem Brett wie auch auf der Uhr) ein entschlossenes, fast einschläferndes Pokerface bewahren. Ich habe oft erlebt, wie er seine Uhr auf genau eine Sekunde herunterlaufen ließ, bevor er kühl einen unscheinbaren Zug spielte – der dann typischerweise einen tückischen Schwindel enthielt.

Aber es ist das zweite Merkmal, die Kreativität, die sein regelmäßiges Entkommen wirklich kennzeichnet. Junta liebt Schachstudien und Kompositionen, die beides sehr nützliche Trainingswerkzeuge für den Schwindler sind. Seine Fähigkeit, unorthodoxe oder gar den Prinzipien zuwiderlaufende Züge auszuführen, ist legendär. Beide Faktoren mögen ihn roboterhaft erscheinen lassen, fast „stockfishartig" am Brett – und genau wie die Engines ist er aufreizend schwer zu schlagen.

Diese Partie ist ein typisches Beispiel. Schwarz liegt zwei Bauern zurück und sieht sich mit der Drohung 43.♘g6+ konfrontiert; bei routinemäßigen Fortsetzungen müsste er in einen Damentausch einwilligen. Junta geht in den Berserker-Modus.

42...f3! 43.♘g6+ ♔g8 44.♘xf8 f2+!

Nicht einmal unter den Top Fünf der Enginezüge, doch in der Praxis wird man mit Weiß nicht gern damit konfrontiert. Man beachte, dass in diesem Turnier mit der FIDE-Bedenkzeit von 90 Minuten plus 30 Sekunden pro Zug gespielt wurde, so dass nach dem 40. Zug keine Verlängerung gewährt wurde; tatsächlich spielten beide Spieler im Grunde genommen bereits eine Blitzpartie. Einen Bauern auf die siebte Reihe zu schieben, öffnet allen möglichen Tricks Tür und Tor, wie etwa Ideen mit ...♗xg2+.

45.♔f1 ♘g5!!

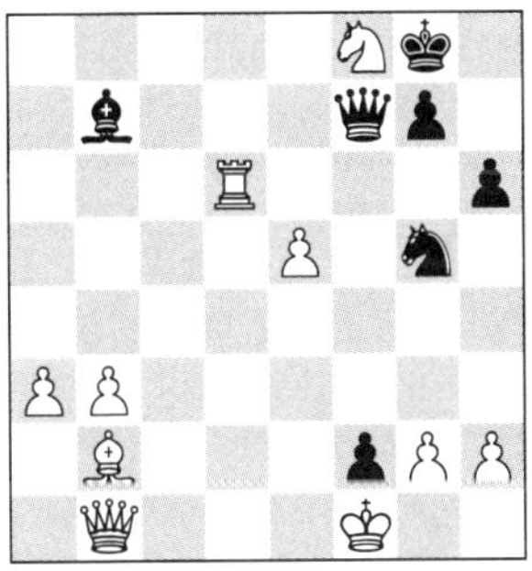

Ein reizender Verwirrzug. Mit einem Turm und zwei Bauern weniger spielt Schwarz einen Zug, der nicht einmal eine direkte Drohung enthält. Dennoch bringt er damit seine letzte Figur näher an den weißen König heran. Daneben werden einige Mini-Fallen ins Spiel gebracht, wie zum Beispiel 46.♖d7? ♗a6+! oder 46.♕g6?? ♗xg2+!. Illingworth ist zu erfahren, um auf solche zweizügigen Tricks hereinzufallen, aber er ist gezwungen, zusätzliche geistige Energie aufzuwenden, indem er ständig nach solchen Taktiken Ausschau halten und diese dann vermeiden muss.

46.♕d3!

Deckt a6 mit einer zweiten Figur und behält zugleich f1 im Auge. Die Engine sagt +11.

46...♕xf8 47.♕e2?

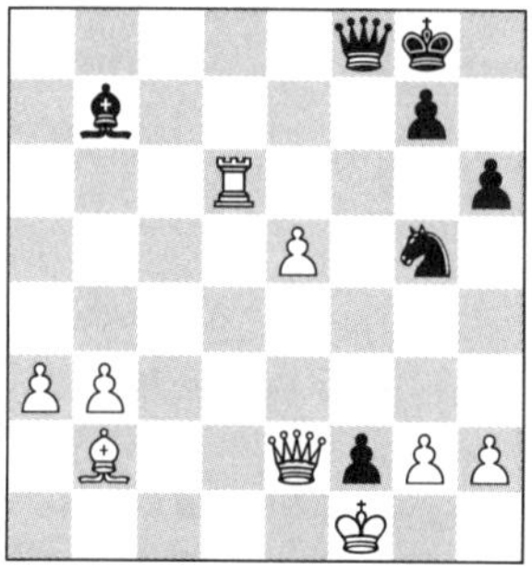

Der erste Fehler von Weiß. Illingworth will verständlicherweise den frechen Bauern auf f2 beseitigen, doch die Preisgabe der Diagonalen b1-h7 ermöglicht einen Angriff aus einer anderen Richtung.

47...♕f5!

Bringt weitere Ideen auf den geschwächten hellen Feldern sowie der soeben aufgegebenen Grundreihe ins Spiel.

48.♖d4

48.♕xf2 verliert wegen 48...♕b1+ 49.♕e1 ♗xg2+!.

48...♘e6 49.♖b4

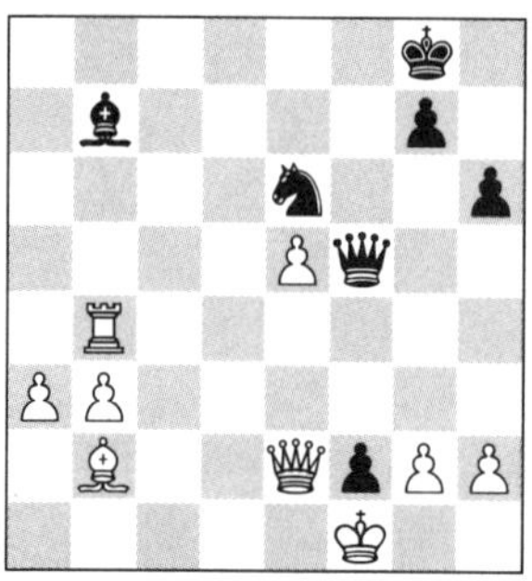

49...♗d5

Ein schöner zentralisierender Zug. 49...♘c5 hätte zu dem vereinfachenden 50.♖xb7! eingeladen. Andererseits muss Weiß jetzt von weiteren Nachstellungen gegen den Läufer mit 50.♖b5?? absehen, da der Turm zum Schutz der vierten Reihe gebraucht wird (50...♗xg2+!!).

50.g4!

Zwingt die schwarze Dame, ihren hübschen Posten aufzugeben.

50...♕b1+ 51.♔xf2

Letztlich hat Weiß damit den Bauern eliminiert, doch dies ging auf Kosten seiner Figurenkoordination und seiner Königssicherheit. Die Engine sagt aber immer noch +3.

51...♘g5!

Auf Rache sinnend wiederholt Schwarz seinen 45. Zug. Diesmal visiert er einige leckere Felder am weißen Königsflügel an, unter anderem f3 und h3. Man beachte, dass jedes Mal, wenn Weiß eine Linie oder ein Feld schwächt, sich die schwarzen Figuren unmittelbar darauf stürzen.

52.♔e3!

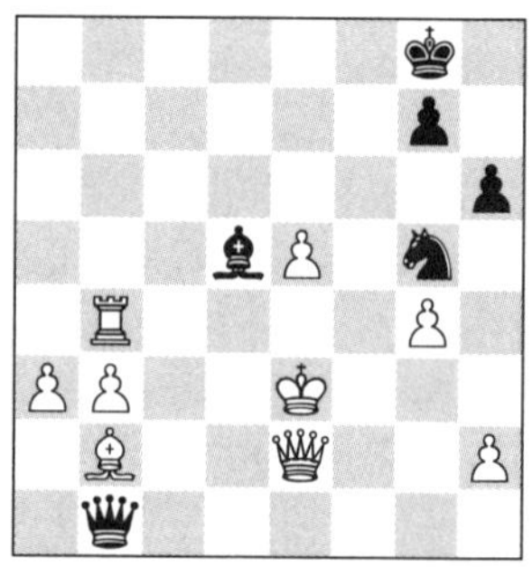

Die Sicherheit des Königs ist in seinen angestammten Gefilden nicht mehr gewährleistet, und so sucht er andernorts Zuflucht.

52...♘f3!!

Ein Schlag in die Rippen. Schwarz macht einen weiteren Springerzug, dessen Wirkung eher Panik und Unbehagen hervorruft als etwas Greifbares zu erreichen.

Illingworth antwortet erneut mit dem objektiv stärksten Zug, wie er es oft zu tun pflegt, und wofür er auch bekannt ist, doch in praktischer Hinsicht ist es eine riskante Entscheidung.

53.e6?!

Einfacher war 53.♖b8+! ♔f7! (53...♔h7?? 54.♕d3+) 54.e6+! ♔e7 55.♖g8!, und Schwarz müsste die Damen tauschen, um Matt zu vermeiden, womit die Partie praktisch vorbei wäre. Es gibt schnellere Gewinnwege – nicht zuletzt mit Illingworths Zug –, doch unter dem Druck eines Blitzschach-Finales am Brett sollte es die oberste Priorität von Weiß sein, die Damen vom Brett zu kriegen.

53...♕g1+ 54.♔f4 g5+ 55.♔f5

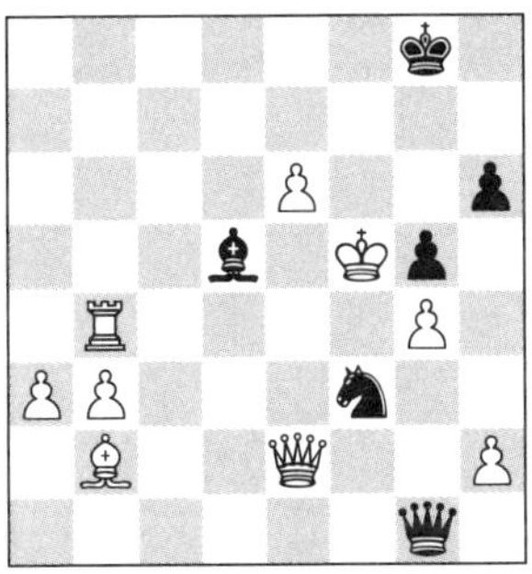

Bis zu diesem Punkt rechnete Weiß bei seinem 52. Zug, und er schätzte den Königsmarsch korrekterweise als gewinnbringend ein. Bestimmt rechnete er sogar außerdem noch die Antworten auf die naheliegenden Schachgebote von Schwarz durch: 55...♕b1+ 52.♔f6! oder 55...♘h4+ 56.♔f6!. In beiden Fällen entkommt er den Schachgeboten und erzielt einen brillanten Sieg.

Aber Junta spielt KEINEN offensichtlichen Zug, auch kein Schachgebot, stattdessen zieht er seine aktivste Figur so weit wie möglich vom Angriffsgeschehen weg! Wie wir bereits erörtert haben, sind derlei Rückzüge bekanntermaßen schwer zu sehen und aus der Ferne noch schwieriger zu berechnen. Ihre Schockwirkung kann, insbesondere unter Zeitdruck, verheerend sein.

55...♕a7!!

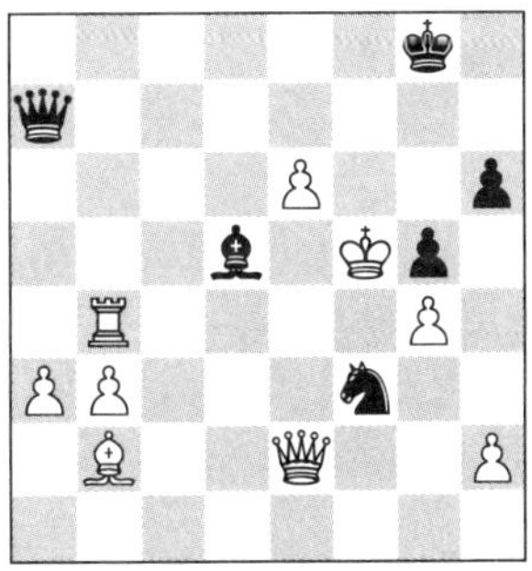

Mit der schauderhaften Drohung 56...♕h7+ 57.♔f6 ♕g7+ 58.♔f5 ♘h4 matt!

Wir können uns gut vorstellen, welche Ängste Weiß nach diesem Donnerschlag auszustehen hatte. Und in der Tat, je länger wir auf diese Stellung starren, desto mehr sind wir davon überzeugt, dass jetzt

SCHWARZ gewinnt. Wir können uns vorstellen, warum Weiß mit laut pochendem Herz und hängender Fahne impulsiv den einzig vernünftig aussehenden Zug spielte, mit welchem der Dame der Weg nach h7 abgeschnitten wird.
Doch nach dem in der Partie gespielten

56.e7??

sah sich Weiß in kurzer Folge mattgesetzt:

56...♕d7+ 57.♔f6 ♕d6+ 58.♔f5

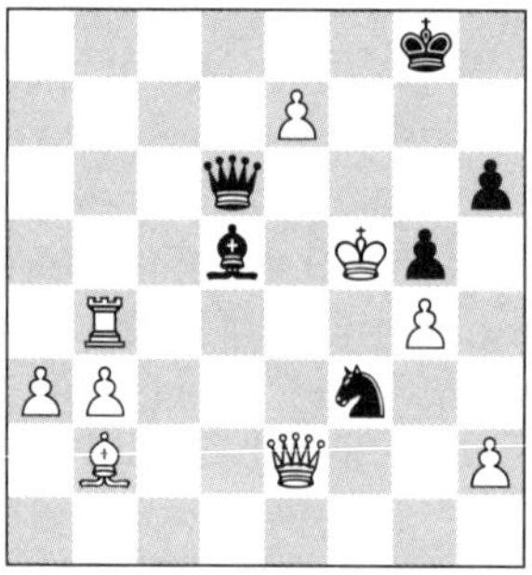

58...♘h4#

Ein wohlverdienter Schwindel erster Sahne! Aber der aufmerksame Leser wird bemerkt haben, dass Weiß mit 53.e6 den stärksten Zug gespielt hatte, und auch sein nachfolgendes Spiel vor dem Schnitzer im 56. Zug war korrekt. Und tatsächlich GIBT es nach 55...♕a7 einen Gewinn für Weiß: ein Zug, der gleichzeitig Matt verhindert, seinen König in Sicherheit bringt und seinem eigenen Angriff Nachdruck verleiht. Stilgerecht wäre dies die Krönung des epischen Marsches des weißen Königs ins Herz der schwarzen Stellung gewesen: 56.♔g6!!.

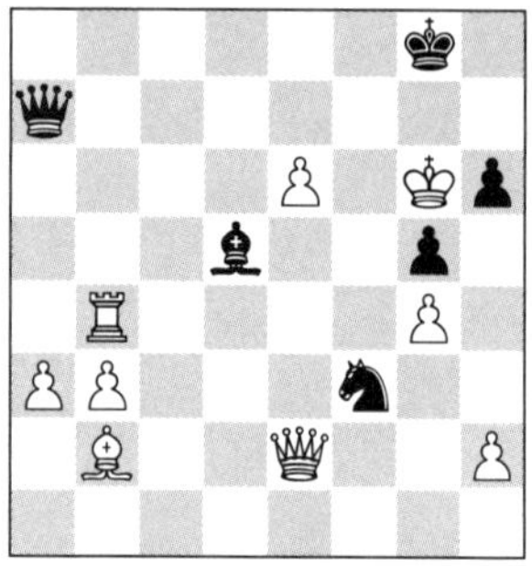

Analysediagramm

Völlig verwegen. Dennoch ist dies der einzige Zug, der die Niederlage abwendet – und zugleich das Spiel gewinnt. Nach 56...♕h7+ versteckt Weiß seinen König sicher auf h5, woraufhin die Drohung 58.♖b8+ einfach vernichtend ist. Schwarz kann stattdessen 56...♘h4+ versuchen, doch dann knabbert Weiß genüsslich mit 57.♔xh6 am schwarzen Königsflügel, wonach er nichts mehr zu fürchten hat.
Man lege einem Schachspieler die Stellung nach 55...♕a7 vor und frage ihn nach dem weißen Gewinn: in neun von zehn Fällen wird er nach etwas Nachdenken den Zug 56.♔g6 findet. Doch wenn man denselben Spieler in die Hitze des Gefechts wirft, nachdem er sich stundenlang wohlgemut auf dem Wege zum Gewinn fand, und ihn dann mit dem außergewöhnlichen Damenrückzug von Schwarz konfrontiert – sehe man, ob er dann auch den Gewinn findet. Mag das Schachspiel an sich ein mathematisch zu lösendes Puzzle sein, so ist eine Schachpartie doch ein Kampf zwischen zwei Individuen. Und wenn es um menschliches Verhalten geht, ist alles möglich.

Während die meisten Berserkerangriffe darauf ausgelegt sind, mit der Angst des Gegners zu spielen, ist es mitunter sinnvoll, diese Angriffe subtil einzufädeln, indem man seine Pläne verborgen hält, bevor man den Angriff entfesselt. Dies maximiert nicht nur den psychologischen Effekt Ihres Angriffes, sondern kann einen naiven Gegner auch dazu verleiten, seine Deckung schleifen zu lassen.

Igor Kowalenko 2674
Constantin Lupulescu 2643
Khanty-Mansijsk 2019 (1)

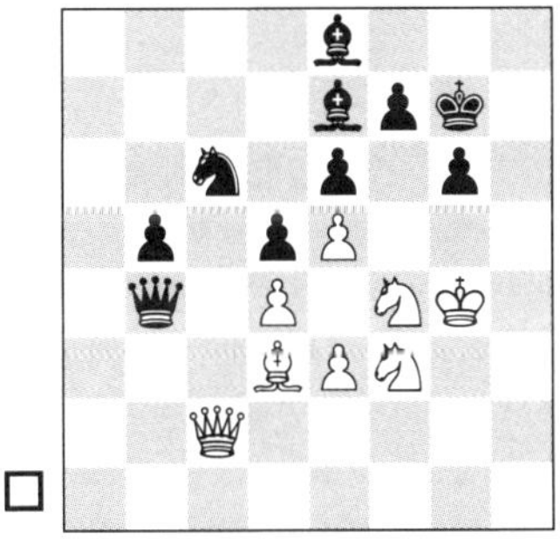

Weiß hat bei geringem verbliebenen Material zwei Bauern weniger, was unter 2600ern ein mit Leichtigkeit entscheidender Vorteil ist. Gegen einen solch starken Gegner benötigt ein Schwindel – selbst wenn es ein verzweifelter ist – ein gewisses Maß an Subtilität, um erfolgreich zu sein. Kowalenko registriert, dass Schwarz auf den dunklen Feldern ein wenig verwundbar ist, gleichwohl er noch über drei Figuren verfügt, die diese Schwächen schützen können: den Läufer auf e7, den Springer auf c6 und die Dame auf b4. Also macht Weiß sich still und heimlich daran, die schwarzen Figuren von ihren Posten wegzulocken.

50.♕e2!!

Verbirgt behutsam seine mörderischen Absichten.

50.♕h2? wäre viel zu offensichtlich, und Schwarz würde seinen Vorteil mit Zügen wie 50...♘a5 oder 50...♕a3 (hält sich an die dunklen Felder!) mit Leichtigkeit verwerten.

50...♕b3?

Schafft Platz auf b4 und verteidigt den Bauern b5 indirekt mit 51.♗xb5? ♕xb5! 52.♕xb5 ♘xe5+. Doch damit entfernt sich eine Schlüsselfigur der Verteidigung vom Königsflügel.

51.♘g5!

Anscheinend ein Schlag in die Luft, und so macht Schwarz weiterhin Druck am Damenflügel.

51...♘b4??

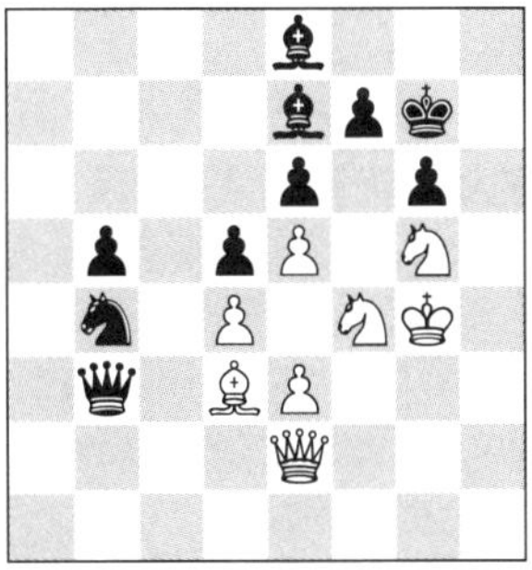

52.♕h2!!

Deckt den Sinn des weißen Spiels auf. Der Angriff auf den dunklen Feldern kommt überraschend schnell, und die Hauptrolle wird hierbei keinem Geringerem als dem eigenen König von Weiß zufallen.

52...♗xg5 53.♔xg5

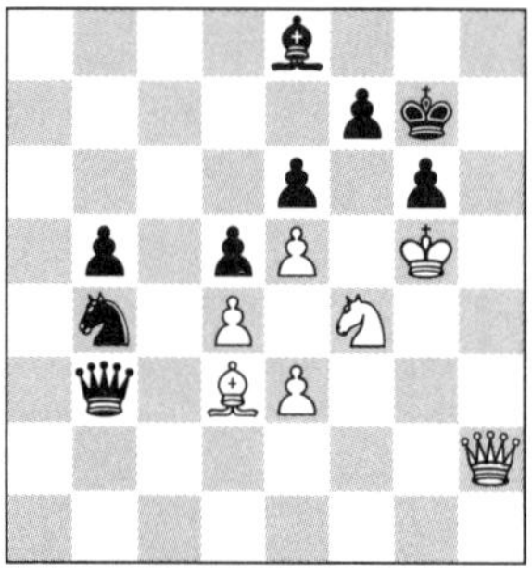

Droht 54.♕h6+, 55.♔f6 und 56.♕g7 matt, was an den berühmten Königsmarsch aus Short - Timman 1991 erinnert. Es gibt keine Verteidigung.

53...♔f8 54.♔f6

Schwarz gab auf.

KAPITEL 13

Drahtseilakrobatik

Man muss seinen Gegner in einen tiefen, finsteren Wald führen, wo zwei plus zwei gleich fünf ist, und wo der Pfad, der hinausführt, nur für einen breit genug ist – Michail Tal

Wir haben gesehen, wie ein Danaergeschenk Ungeduld ausnutzt, die Lockvogelfalle Hybris und ein Berserkerangriff die Angst. Und nur mit einer kreativen Namensgebung können wir das Werkzeug zur Ausnutzung von Kontrollzwang beschreiben.

Leider ist mir selbst keiner eingefallen. Doch ein Freund von mir, ein Belletristik-Autor, kam zur Hilfe. In so manch einem Actionfilm-Klassiker klettert der schwächere Schwertkämpfer vom Tode bedroht auf einen schmalen Fenstersims. Für den eigentlich stärkeren Kämpfer ist die Konsequenz klar: entweder er folgt auf ein Terrain, auf dem Risiko, Ungewissheit und tödliche Gefahren für beide lauern, oder er gibt die Verfolgung auf – und damit seinen Vorteil.

Das ist die Idee hinter der im Deutschen besser als Drahtseilakrobatik bezeichneten Kunst, die ich dem Leser in diesem Kapitel nahebringen will. Unser Gegner kontrolliert das Geschehen und steuert auf den Sieg zu. Wir müssen das Umfeld so verändern, dass beide Seiten einen Fehler machen können. Wir brauchen Komplexität, wir brauchen Komplikationen. Wir brauchen Chaos.

Malcolm Armstrong 2126
Thomas Rendle 2416
Liverpool 2007 (4)

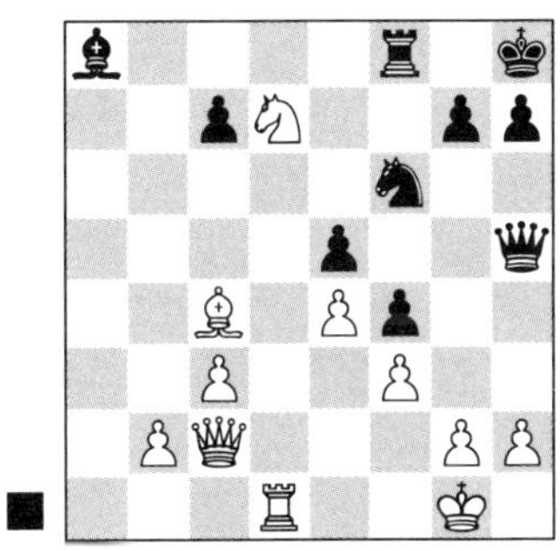

Tom hatte mir später erzählt, dass ihm klar war, dass 25...♘xd7 objektiv erzwungen war, er sich aber nicht zutraute, das gegen seinen niedriger bewerteten Gegner Remis zu halten. Die sich daraus ergebende Stellung ist in der Tat recht düster und, was wichtig ist, ziemlich einfach für Weiß zu spielen, da Schwarz praktisch kein Gegenspiel hat. Stattdessen führt Tom ein Szenario herbei, in dem sich ein niedriger eingestufter Spieler sehr unbehaglich fühlt: Er wird angegriffen!

25...♗xe4!! 26.fxe4 ♘g4 27.h3 ♘e3

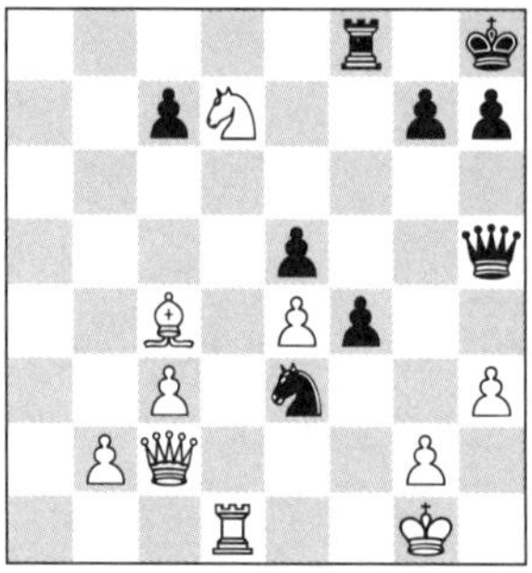

Eine grandiose Gabel. Das Schöne an diesem Betrug ist, dass dem Weißen mit 28.♕e2 ein so offensichtlicher scheinbarer Gewinnzug präsentiert wird, dass er sich nicht die Mühe macht, nach Alternativen zu suchen. Ohne einen so offensichtlichen Kandidaten hätte er vielleicht das vernichtende 28.♘xf8!! ♘xc2 29.♖d8 gefunden, womit ein schöner Sensationssieg perfekt wäre. Stattdessen fällt der schwächere Spieler seinem Instinkt zum Opfer und stürzt sich auf die Gelegenheit, die Damen zu tauschen.

28.♕e2 f3!!

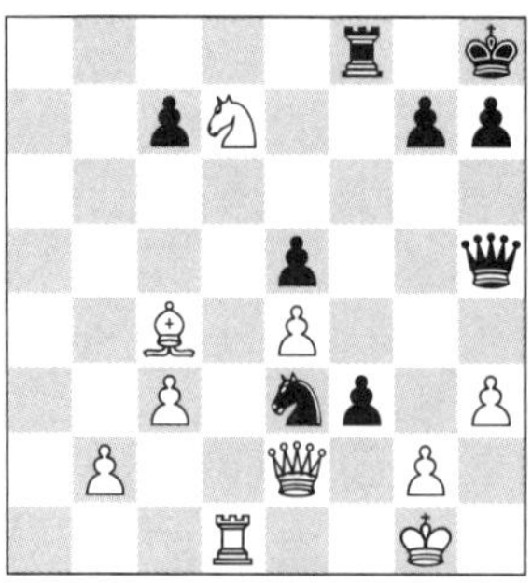

Der weiße Königsflügel, der ein paar Züge zuvor noch so unangreifbar erschien, wird aufgerissen. Fairerweise muss man sagen, dass Weiß vielleicht diese Möglichkeit gesehen haben mag, doch den späteren Schlag übersehen hatte. Schließlich opfert Schwarz beinahe seine komplette Streitmacht, derweil das Umwandlungsfeld weiterhin vom Läufer kontrolliert wird. Wie schlimm kann es also werden?

29.♕xe3??

Das schwer zu findende 29.♖f1!! war der einzige Gewinnzug.

29...f2+ 30.♔h2 ♕xd1 31.♘xf8

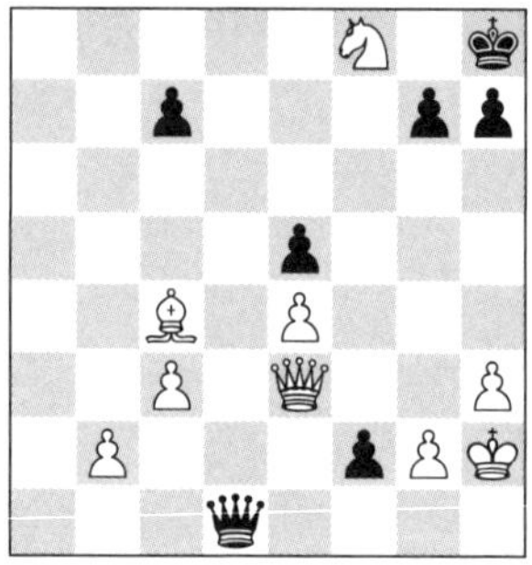

31...♕g1+!!

Die Killertaktik, ohne die Schwarz aufgeben könnte.

32.♔g3 f1♘+ 0:1

Der geopferte Springer erhebt sich wie ein Phönix aus der Asche, um zugleich für ein liebliches Finale zu sorgen. Das prosaische 32...f1♕ hätte ebenfalls genügt, doch wer könnte schon dieser Unterverwandlung widerstehen? Ein pädagogisch wertvoller Sieg von einem der trickreichsten Meisterspieler Englands.

Wenn Ihr Gegner knapp an Bedenkzeit ist, kann es sich besonders lohnen, aufs Drahtseil zu klettern. Schließlich erfordert jeder Zug ungleich mehr Sorgfalt, wenn man auf einem Seil steht.

David Smerdon 2521
Jakob Aabling Thomsen 2370
Helsingör 2013 (4)

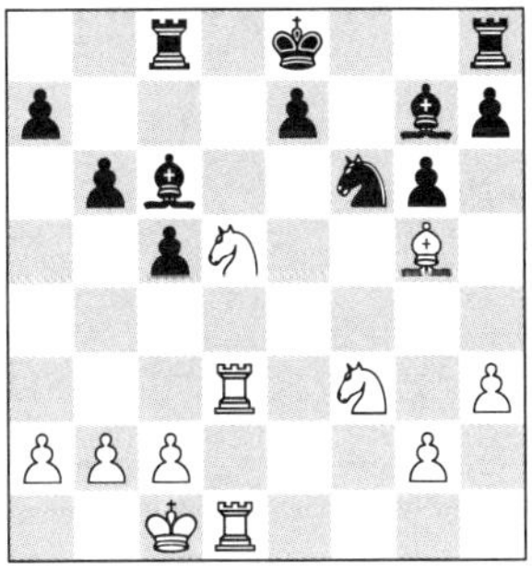

Das Bauernopfer von Weiß ist verpufft, und Schwarz ist nur noch wenige Züge davon entfernt, sich zu konsolidieren.
Materiell und auf der Uhr im Rückstand, traf ich die praktische Entscheidung, das Wasser zu trüben:
21.♘xe7!? ♔xe7 22.♖e3+ ♔f8 23.♘c5

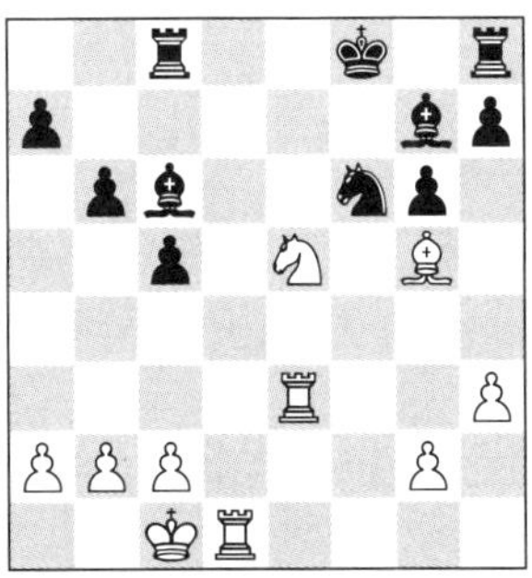

Stellt Schwarz vor Probleme. Mein talentierter Gegner nahm die Herausforderung an und spielte die nächsten Züge sehr präzise, verbrauchte dafür aber kostspielige Minuten.
23...♔g8 24.♖f1!

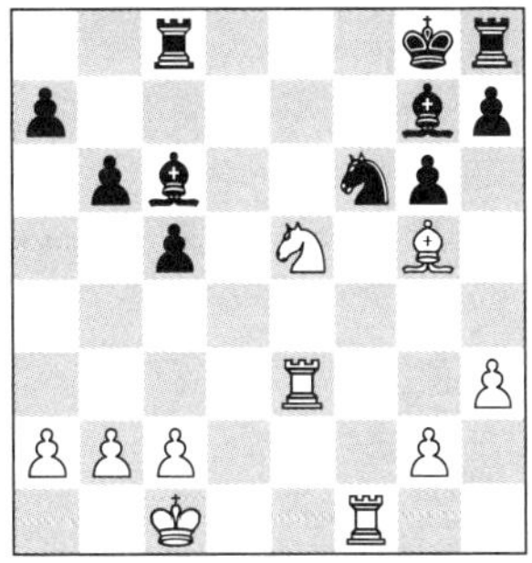

In der Hoffnung auf 24...♘d5?? 25.♘xc6!, wonach Schwarz keine der Figuren schlagen könnte, ohne ein Matt zu erlauben.
24...♗xg2
Im Lichte des weißen Drahtseilaktes ein natürlicher Zug zwecks Klärung der Stellung. Genauer war aber 24...♘d7!, was angesichts von 25.♘xc6 ♖xc6 26.♖e8+ riskant aussieht. Doch auch wenn er vorübergehend in eine Fesselung gerät, kann Schwarz sich mit 26...♘f8! (nicht 26...♗f8?? 27.♗h6!) verteidigen, wonach die weiße Kompensation sich allmählich verflüchtigen wird.
25.♖xf6! ♗xf6 26.♗xf6

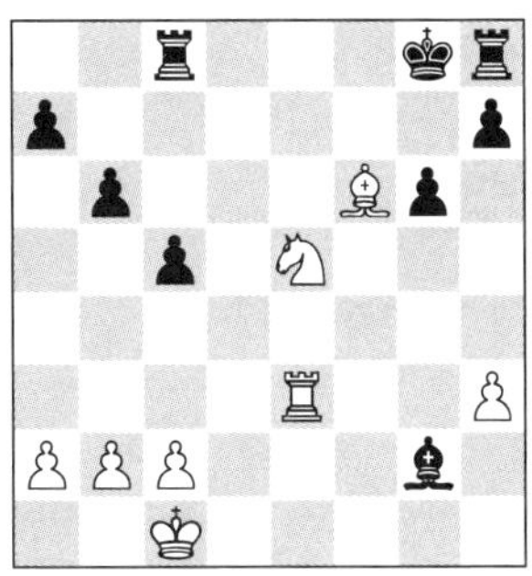

26...♖f8
In der Hoffnung auf ein vorteilhaftes Endspiel nach 27.♗xh8 sowie

auf dringend benötigte Luft für seine Figuren.

27.♘g4!

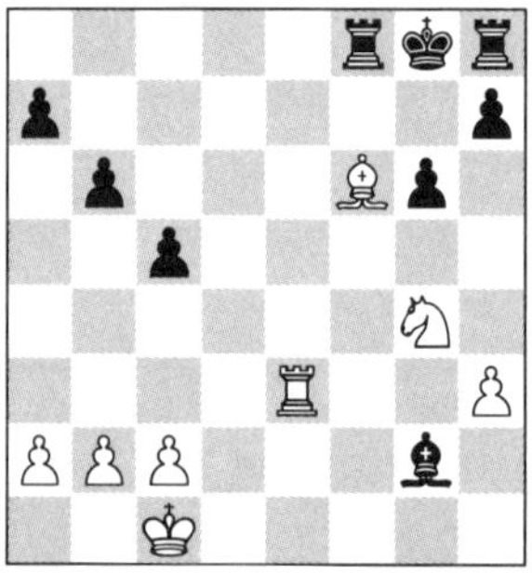

Schnurstracks herausgeblitzt. Das war wichtig, weil ich damit meinem Gegner die Möglichkeit gab, zu schlussfolgern, dass ich einen Fehler gemacht hätte. Nach nur kurzzeitigem Zögern gab er der Versuchung nach.

27...h5??

27...♖xf6! hätte entscheidenden Vorteil bewahrt.

28.♖e7! ♖h7

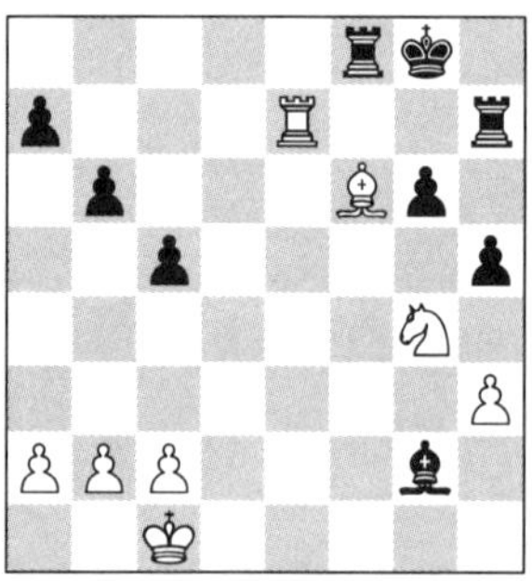

29.♘h6+!

Ein abruptes Dauerschach.

29...♖xh6 30.♖g7+ ♔h8 31.♖f7+ ½:½

Es ist nicht sonderlich gemütlich auf einem Drahtseil, insbesondere wenn man zu der Sorte von Spielern gehört, die gerne alles unter Kontrolle haben. Damit wären freilich so ziemlich alle Schachspieler beschrieben, bis hinauf zum Weltmeister.

Magnus Carlsen 2840
Anish Giri 2773
Wijk aan Zee 2017 (7)

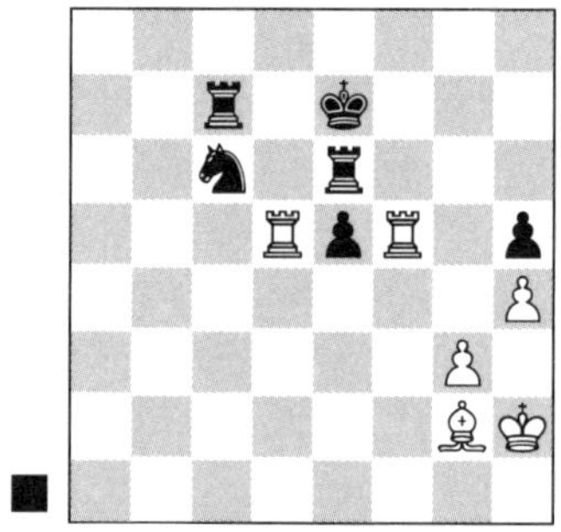

Schwarz wurde sorgfältig ausgespielt und steht nun gegen den weltbesten Spieler vor einem verlorenen Endspiel. Die zäheste Verteidigung wäre nun 49...♖h6, doch dies führt nach 50.♖b5 mit ziemlicher Sicherheit zu einem Turmendspiel mit zwei Bauern mehr für Weiß, das Magnus in 95 von 100 Fällen gewinnen dürfte. Stattdessen nutzt Giri das Konzept des Drahtseilaktes, um seine Chancen auf einen Schwindel zu erhöhen. Seine nächsten beiden Züge werden vom Computer missbilligt; aber ist das, wenn seine Stellung objektiv ohnehin verloren ist, wirklich von Bedeutung? Wichtiger noch ist, dass damit der Weg zum Sieg, den Magnus beschreiten muss, verengt wird.

49...e4! 50.♖xh5 e3!

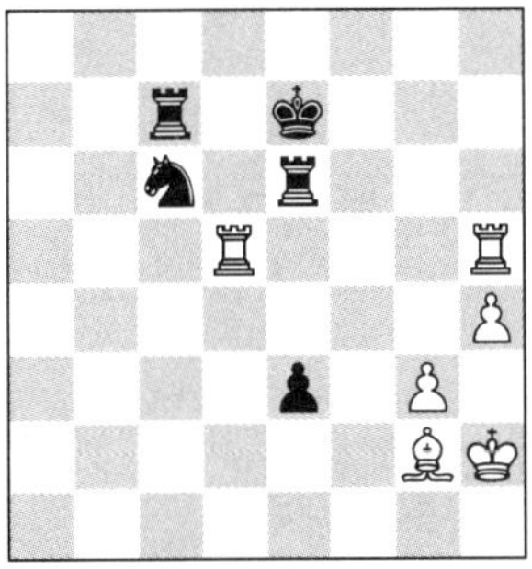

Ob Sie es glauben oder nicht, nach diesem Zug kann Weiß ein Matt in höchstens 25 Zügen erzwingen (die Technik, hey?). Aber das Drahtseil gibt wenig Spielraum für Fehler; Magnus muss präzise sein, ansonsten ...

51.♖h7+ ♔e8 52.♖xc7 e2 53.♗f3! e1♕ 54.♗h5+ ♔f8 55.♖f5+ ♔g8

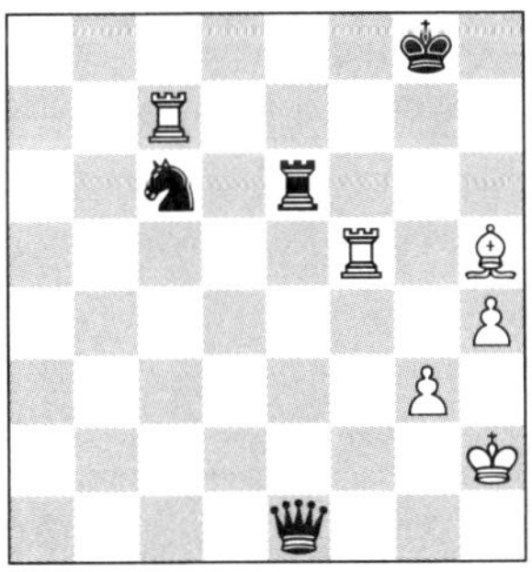

56.♗f7+?

Es ist wahrscheinlich, dass Magnus diese Variante berechnet hatte, als er sich für seinen 50. Zug entschied, weil er das Läuferschach unmittelbar spielte und dabei ein elementares Matt übersah: 56.♖c8+ ♔g7 57.♖f7+ ♔h6 58.♖h8#. Ich bin mir nicht sicher, ob Giri es ebenfalls übersehen hatte, oder es tatsächlich sah und dann entschied, dass es das Risiko wert sei. Wenn letzteres der Fall war, verdient sein Schwindel noch mehr Respekt.

56...♔h8 57.♖h5+ ♔g7 58.♗xe6+ ♔f6

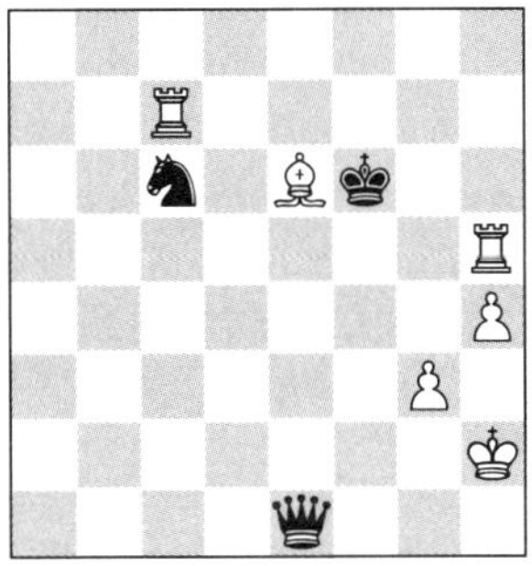

Magnus hatte bis zu diesem Punkt gerechnet und es – korrekterweise – als gewonnen erachtet. Aber ein letzter präziser Zug ist vonnöten, und hier gerät der Champion ins Straucheln:

59.♖h6+??

59.♗c4! ist der einzige Gewinnzug – e2 wird gedeckt und die Drohung gegen den schwarzen Springer erneuert. Es gibt keine Verteidigung: 59...♘e5 60.♖h6+ ♔f5 61.♗d3+!! ♔g4 62.♖g7+ ♔f3 63.♖f6+ ♔e3

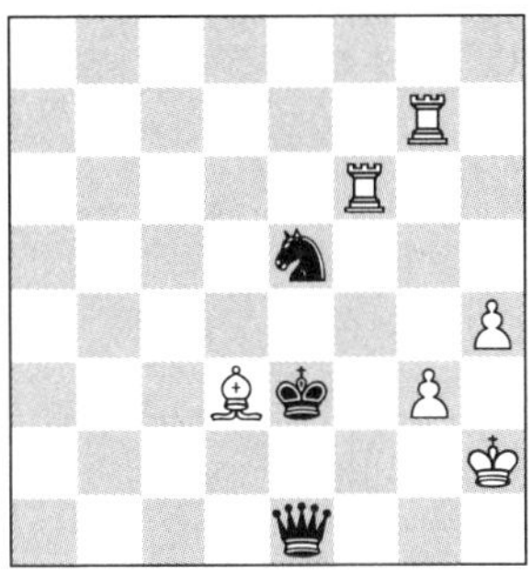

Analysediagramm

64.♗f1!! mit der hübschen Pointe, dass 64...♘f3+? wegen 65.♖xf3+

♔xf3 66.♗g2+ verliert, wonach die schwarze Dame verlorengeht. Natürlich war all dies im Voraus schwer zu ergründen, aber der Zweck von Giris Spiel ist klar: Durch die Verschärfung des Spiels steigt die Wahrscheinlichkeit für einen groben Fehler (gleich von welchem Spieler) dramatisch an.
59...♔e5 60.♗h3 ♕d2+ 61.♗g2 ♕xh6 62.♖xc6 ♕h7

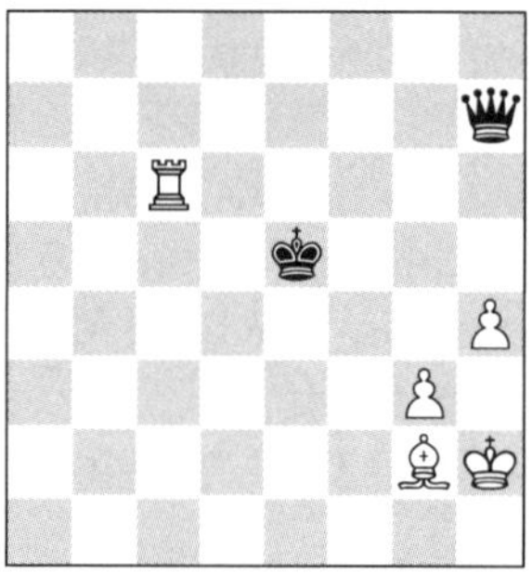

Der Rauch hat sich verzogen, und der Schwindel war erfolgreich. Während Magnus weitere 60 Züge lang drückte, konnte Giri das Endspiel mit nur wenig Mühe halten. Ein phantastisches Beispiel für den Einsatz der Drahtseilakt-Technik zur Maximierung der eigenen Chancen, und das gegen keinen Geringeren als einen Weltmeister.

In den Partien der großen Taktiker wie Tal, Kasparow usw. finden sich nicht wenige Beispiele für einen Drahtseilakt. Unser letztes Beispiel stammt indes von einem meiner Lieblingsamateure, dem deutschen FM Olaf Steffens, dessen unerschütterlich optimistische Lebenseinstellung sich in seinem Schach widerspiegelt. Als eingefleischter Fan von 1.b4 mit den weißen Steinen wie auch ähnlich schrägen Eröffnungen mit Schwarz macht ihn sein übersteigerter Frohsinn in Verbindung mit einem notorisch undurchschaubaren Chaos auf dem Brett zu einem schwierigen Gegner. Olaf ist gleichfalls ein Meister der Drahtseilakrobatik.

Gavin Wall 2265
Olaf Steffens 2330
Hastings 1995 (8)

1.d4 ♘f6 2.♘f3 c5 3.d5 b5 4.♗g5 ♗b7 5.♗xf6 gxf6

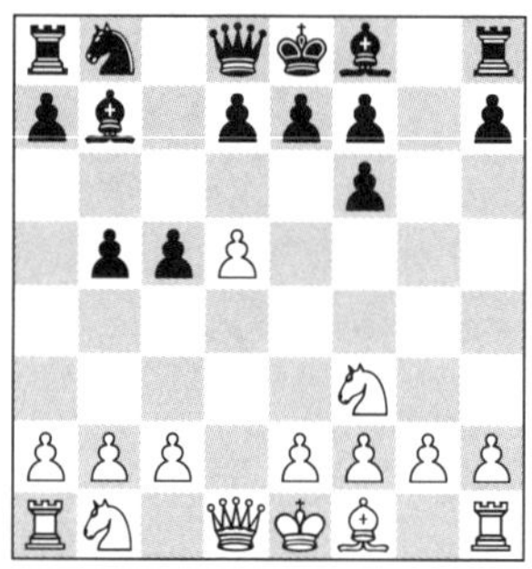

Näher am Mainstream könnte sich eine Eröffnung von Olaf kaum befinden.
6.e4 ♖g8?! 7.♘c3 b4 8.♘e2 ♖g4? 9.♘g3 ♕c7 10.♘d2 ♖g5 11.♘c4 ♕f4 12.♗d3
Steffens' Eröffnungsbehandlung war wie üblich extravagant (und wie üblich auch schwach). Weiß hat die theatralischen Gesten kühl abgewehrt und blickt nun zuversichtlich auf eine gemütliche Verwertung seines Vorteils.

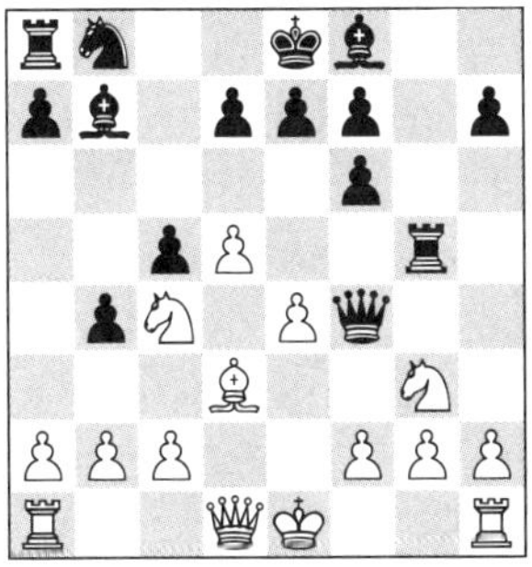

Ein typischer Zug für Schwarz wäre nun 12...♗g7 oder 12...♘a6, um die eine oder andere Figur zu entwickeln. Steffens zieht jedoch das Chaos vor.

12...h5!

Opfert einen Bauern, um Komplikationen herbeizuführen.

13.♘xh5 ♕h4 14.♘g3 e6 15.♕e2 f5!

Ein weiterer unerwarteter Bauernvorstoß.

16.♘a5 fxe4 17.♘xe4 c4!

Und noch einer! Bauern stehen schließlich nur im Weg rum.

18.♘xc4 ♖xd5

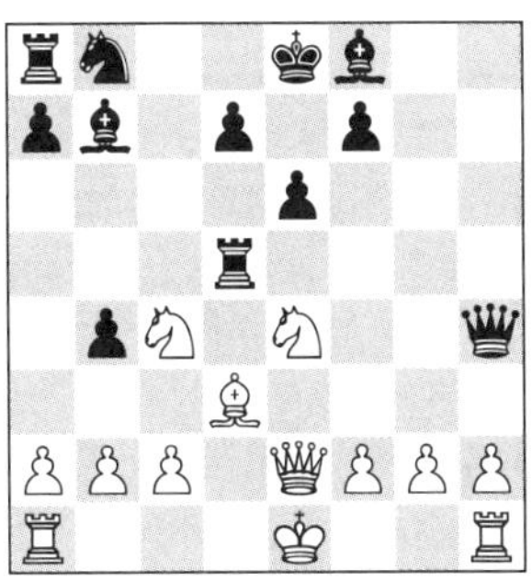

Es wirkt fast, als hätte Schwarz seine Schachlehrbücher verbrannt und deren Asche zusammen mit seinen Figuren über dem Brett verstreut.

19.♕f3 ♕h8

Einer jener „Rückzüge", über die wir gesprochen haben. Schwarz opfert eine Qualität, um das Spiel kompliziert zu halten.

Erstaunlicherweise hätte 19...♔e7!, was Springerschachs auf d6 wie auch auf f6 vermeidet, dem Schwarzen tatsächlich eine recht ordentliche Stellung gegeben.

20.♘f6+ ♔e7 21.♘xd5+ ♗xd5 22.♕g3 ♗g7 23.♘e3 ♗b7 24.♕g5+ ♗f6 25.♕c5+ ♔d8 26.♕xb4

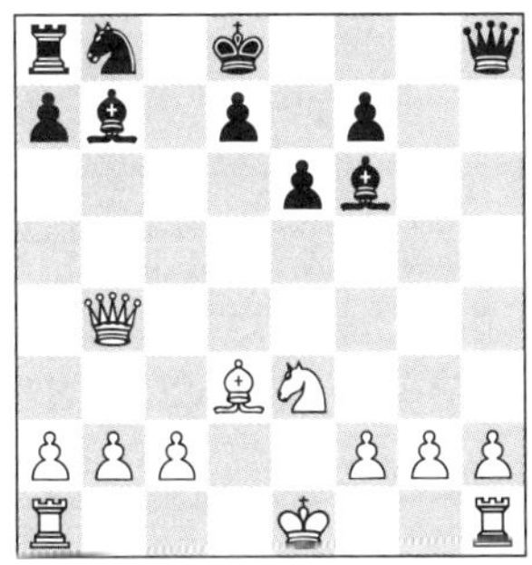

Die Stellung bleibt scharf, doch aus schwarzer Sicht nicht scharf genug. Weiß droht zu rochieren, was viel Gift aus der Stellung nehmen würde. Doch nun beginnt der eigentliche Drahtseilakt.

26...♘c6!!

Mit Qualität und zwei Bauern im Rückstand und in total verlorener Stellung besteht die einzige Hoffnung von Schwarz darin, totales Chaos zu schaffen und dann seinen Gegner ins Boxhorn zu jagen. Er muss noch mehr Öl ins Feuer gießen, und hierfür muss der Läufer geopfert werden. Es gibt jetzt kein Zurück mehr.

27.♕xb7 ♖b8 28.♕a6 ♗xb2

Eine Mini-Falle: 29.♖b1?? ♗c3+!.

29.♖d1 ♖b6 30.♕c4 ♖b4 31.♕c5 ♗d4!

Schwarz darf seinem Gegner keinen Moment der Ruhe gönnen. Die weiße Dame muss drangsaliert werden!

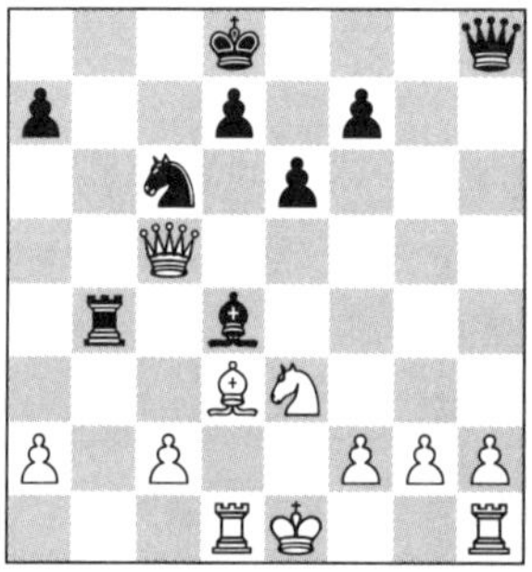

32.♕g5+ ♗f6! 33.♕g3 ♗e5! 34.♕h3 ♖h4! 35.♕f3 ♖f4! 36.♕h3 ♖h4 37.♕f3 ♖f4 38.♕e2 ♗c3+! 39.♖d2 ♘d4! 40.♕d1 ♕e5

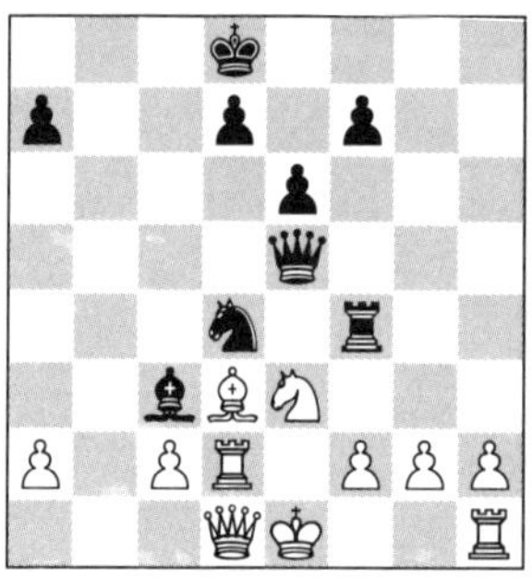

Macht sich weiter an der weißen Stellung zu schaffen. Mit Turm und Bauer mehr ist es Weiß gelungen, allen Drohungen auszuweichen, aber dadurch ist seine Stellung ziemlich passiv geworden. Die ständigen Nachstellungen bringen ihn zur Weißglut.

41.♗e2

Schwarz hat dem Weißen erfolgreich die Rochade ausgeredet, obgleich diese objektiv am stärksten war: 41.0-0 ♗xd2 42.♕xd2 ♖h4 43.f4! mit entscheidendem Vorteil für Weiß.

41...♕a5! 42.f3 d5!

Zum ersten Mal in dieser Partie stellt Schwarz einen Bauern ins Zentrum ...

43.♗d3 e5!

... gefolgt von einem weiteren!

44.♖f1 ♖h4 45.h3 e4!

Als Philidor schrieb, „die Bauern sind die Seele des Schachspiels“, hatte er bestimmt nicht diese Stellung im Sinn.

46.♗e2 f5

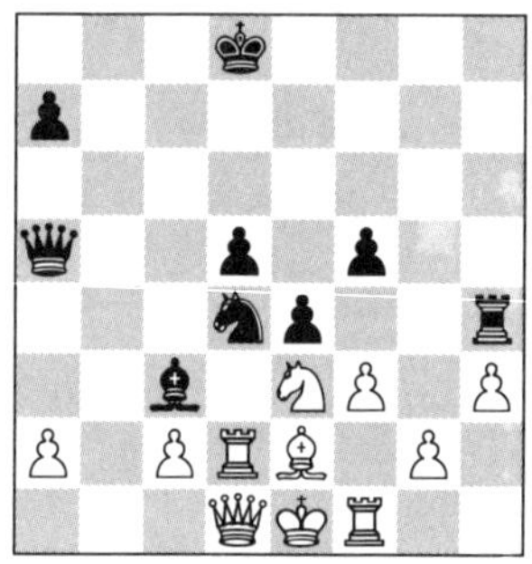

Die komplette schwarze Armee beteiligt sich an dieser Scharade. Trotz seines überwältigenden Materialvorteils haben sich die Figuren von Weiß fast von selbst wieder in die Grundstellung gebracht. Nichts ist ärgerlicher bei einer Schachpartie, als zu wissen, dass die Stellung gewonnen ist, dabei aber das Gefühl zu haben, dass man nichts tun kann, um das auch nachzuweisen.

47.fxe4 fxe4 48.♖f7 ♘e6!

In psychologischer Hinsicht brillant.

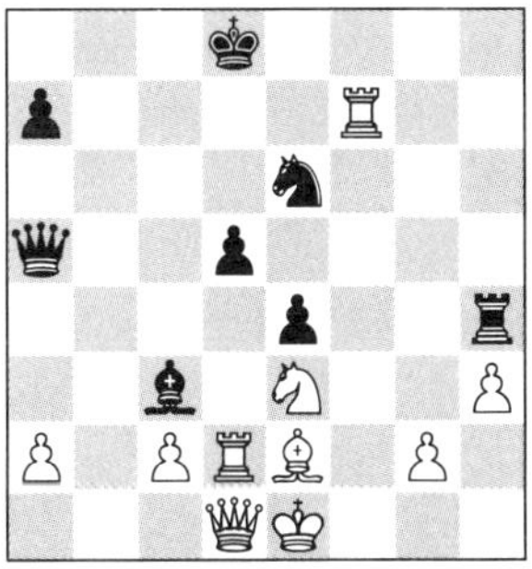

Schwarz droht 49...d4. Oder ist es 49...♘f4 ? Oder vielleicht 49...♖f4 ? In Wirklichkeit schafft dieser Zug nichts außer Angst und Verwirrung – übrigens zwei sehr mächtige Waffen. Zur Verwirrung von Weiß trägt bei, dass er hier nicht weniger als zwanzig(!) Gewinnzüge hat, doch keiner von ihnen ist so richtig klar.

49.♔f1?!

Weiß kann die Fesselung nicht länger ertragen. Doch obgleich dieser Zug immer noch gewinnt, basiert er auf einer Halluzination.

49...♗xd2 50.♘c4?

Weiß gerät in Panik. 50.♕b1! war der stärkste von diversen Gewinnzügen.

50...dxc4 51.♗xc4 ♘g5!

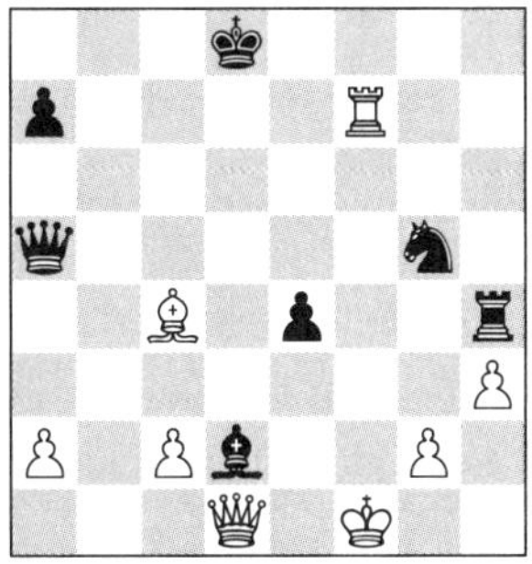

Der lästige Springer hat auf Rache geschworen.

Schwindlig durch den Drahtseilakt und vom Wahnsinn seines Gegners völlig traumatisiert, bricht Weiß nun zusammen.

52.♖xa7 ♕c3 53.♖a8+ ♔c7 54.♔g1 ♘xh3+! 55.gxh3 ♕g3+ 0:1

Nach 56.♔f1 ♖f4+ ist es matt.

KAPITEL 14

Spiele den Gegner

Ich versuche, den Typ, der mir gegenübersitzt, zu schlagen, und ich versuche, die Züge zu wählen, die für ihn und seinen Stil am unangenehmsten sind – Magnus Carlsen

Als ich jung war, flüsterte mir mein Trainer wiederholt das bekannte Schach-Bonmot: „Spiele die Stellung, nicht den Gegner!"[28] Die meisten Schachspieler haben das schon einmal gehört. Der Ratschlag ist gut gemeint. Am Anfang lassen sich Jugendliche leicht von ihren Gegnern ablenken: ihren Launen, ihren Angewohnheiten, ihrer Mimik, ihrem Alter, ihrem Geschlecht, ihrer Zeitnot ... Es ist leicht, darüber den Fokus auf das eigene Spiel und damit die Konzentration zu verlieren. Meistens ist es weitaus besser, zu vergessen, wer einem gegenübersitzt und stattdessen seine Energie in konkrete Berechnungen und die Suche nach den besten Zügen zu stecken. Das sage ich so auch meinen Schülern.

Aber beim Schwindeln ist es eine andere Sache. Die besten Züge sind oft nicht genug, wenn die Stellung hoffnungslos und unstrittig verloren ist. Wir müssen mehr einsetzen als nur das, was das Brett erlaubt. Wir müssen den Gegner spielen.

Wir haben bereits Beispiele von starken Großmeistern gesehen, die den Gegner spielen, wie zum Beispiel Michail Tal in seiner Partie gegen Smyslow. Auch Botwinnik nutzte bei seinen WM-Zweikämpfen gegen Smyslow bekanntermaßen seine Erkenntnisse über die Psyche des Gegners. Kramnik setzte diese Technik in seinem siegreichen WM-Kampf gegen Kasparow mit der meisterhaften Wahl der Berliner Verteidigung ein. Kasparow und Karpow lernten während ihrer legendären „K&K"-Duelle den Stil des anderen aufs innigste kennen, was zu vielerlei Versuchen führte, jedes Anzeichen persönlicher Schwäche auszunutzen. Eine von Kasparows berühmtesten Schwindeleien und zugleich ein typisches Beispiel für das Spielen des Gegners war die Partie gegen einen anderen „K" ...

28 Tatsächlich hieß es: „Spiele die Stellung, nicht den Mann!". Aber geh', wir schreiben das Jahr 2020.

Garri Kasparow 2740
Viktor Kortschnoj 2650
Brüssel 1986 (2)

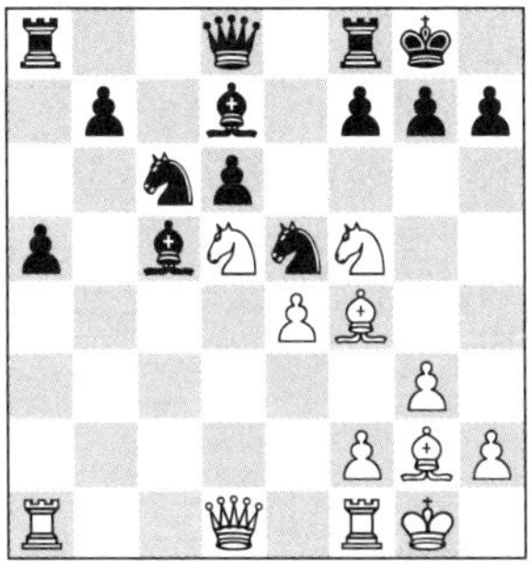

Nachdem er in der Eröffnung überrascht worden war, hatte Kasparow daraufhin versucht, sich mit einer Serie von spekulativen Bauernopfern aus der Misere zu bluffen. Bislang hatte Kortschnoj alle Tricks gekonnt abgewehrt und war so mit einem soliden entscheidenden Materialvorteil verblieben. Der einzige Nachteil ist, dass ihn das einige Zeit auf der Uhr gekostet hat, doch in diesem Stadium ist das noch nicht allzu schlimm. Was ist an Kasparows Stellung gut? Seine Figuren sind aktiv und in Richtung des schwarzen Königs konzentriert. Aber wahrscheinlich hat sich Kasparow mit Blick auf seinen Gegner eine etwas andere Frage gestellt: „Was ist gut an meiner Situation?" Die Antwort lautet, wie Kasparow sehr wohl wusste, dass Kortschnoj stets anfällig für Nervosität war, insbesondere wenn er angegriffen wurde und, wie die meisten von uns, vor allem unter Zeitdruck. Kasparow versucht, diese Attribute zu betonen, indem er so viel Druck wie möglich ausübt. Durch Komplizierung der Stellung per Drahtseilakt und Inszenierung eines Berserkerangriffs gelingt es Weiß, die psychologischen Auswirkungen von Zeitnotproblemen wie Angst und Furcht noch zu verstärken; bald werden dies die wichtigsten Faktoren in der Partie werden. Anstatt also zu versuchen, den rasenden a-Bauern des Gegners aufzuhalten, zieht Kasparow absichtlich seinen Turm von dieser Linie WEG und signalisiert damit seine aggressiven Intentionen. Mag sich dieser Bauer auch bald umwandeln, doch der König steht auf der anderen Brettseite!

22.♖c1! a4 23.g4!

In seinen Partiekommentaren schrieb Kortschnoj: „Man muss einräumen, dass Kasparow ein wunderbares Gefühl für den Angriff hat."

23...a3 24.g5 a2 25.♕h5

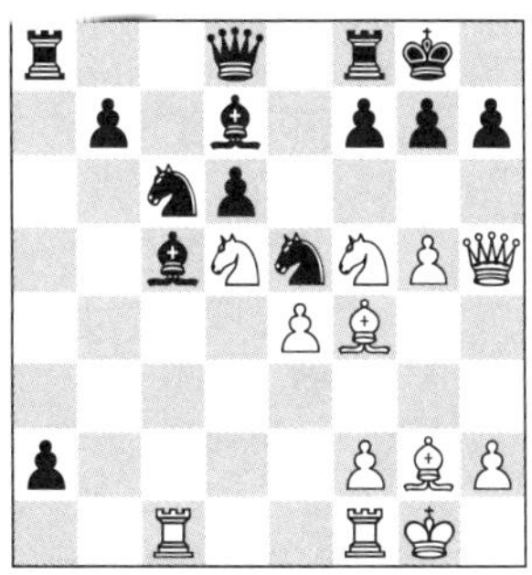

Droht 26.♘xg7.

25...♗xf5

Kortschnoj glaubte, dass dieser Zug erzwungen war, während Kasparow später 25...♘d3 als stärker angab. Natürlich verderben einem die Computer den ganzen Spaß: 25...♔h8! 26.♘xg7 ♖g8!! gewinnt, ebenso wie 25...♗d4! 26.♘xg7 ♘d3!!. Doch die daraus resultierenden Varianten sind jeweils kreuzgefährlich, während Kortschnojs Zug mit der Eliminierung des Springers weit natürlicher ist.

26.exf5 ♗d4! 27.♗xe5!

Die beste Chance. Eine Schlüsselfigur der Verteidigung wird abgetauscht.

27...♘xe5 28.♗e4 ♖e8

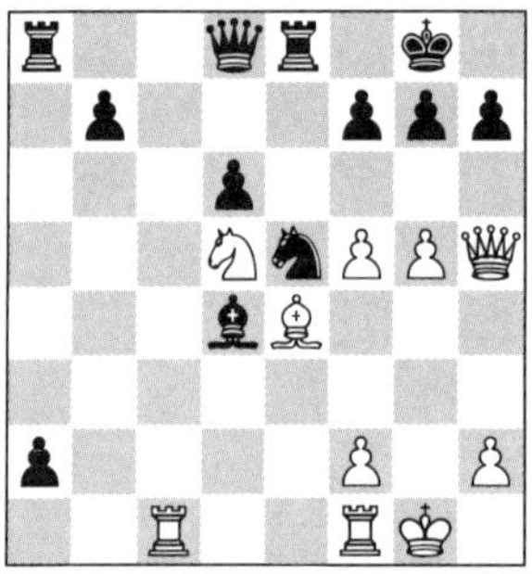

29.♖c7!

Arbeitet weiter an der Vision, die mit 22.♖c1 begann. Weiß muss alle Figuren nach vorne bringen. Mit 29.f6? ♘g6 30.♘e7+ ♖xe7! erreicht Weiß nichts.

29...a1♕ 30.♖xa1 ♖xa1+ 31.♔g2

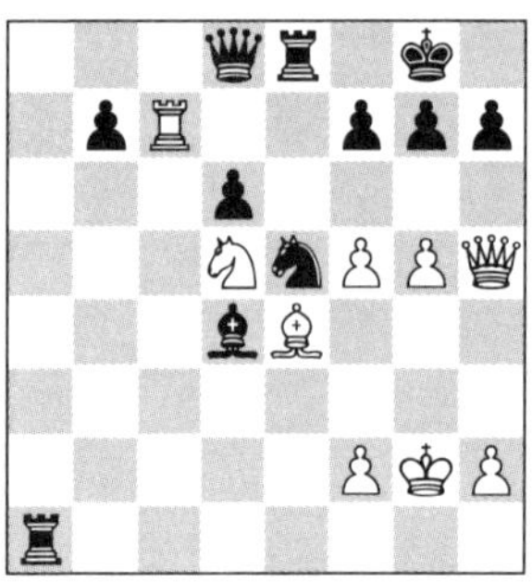

Eine bemerkenswerte Stellung, die fast einer normalen Partie entstammend anmutet – bis man die Türme zählt. Kasparow drängt weiter, als ob nichts wäre. Inzwischen hat schließlich auch die Zeitnot eingesetzt, und um es bis zur Zeitkontrolle im 40. Zug zu schaffen, bleiben beiden Spielern nur noch wertvolle Sekunden.

31...♖a2?!

Objektiv zwar stark, aber die Stellung bleibt hiernach kompliziert. Pragmatischer war 31...♖e1!, um nach 32.♗c2 ♖c1 den Läufer zu eliminieren!

32.♖e7!!

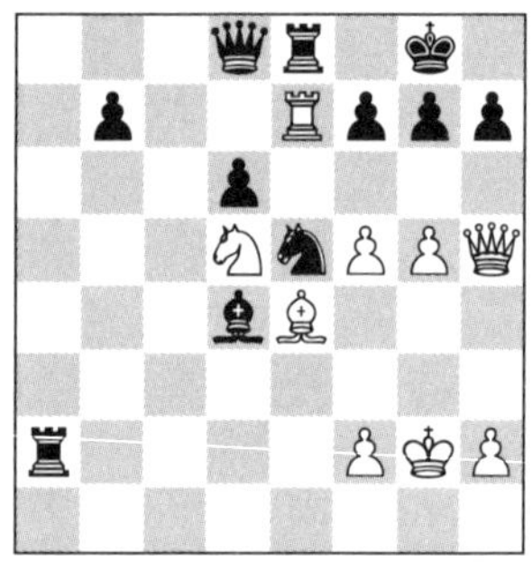

Ein brillanter Chaoszug. Mit unbekümmerter Hingabe wirft Kasparow seinen Turm mitten in die schwarzen Streitkräfte. Kortschnojs Worte sind aufschlussreich: „Hätten wir beide auch nur fünf Minuten auf unserer Uhr gehabt, hätte der Weltmeister – mit einem Turm und zwei Bauern weniger – aufgeben müssen. Aber unsere Fahnen hingen; für die letzten acht Züge hatten wir weniger als eine Minute übrig. Daher hatte er das moralische Recht, den Widerstand fortzusetzen, und er konnte zumindest auch vage Hoffnungen auf die Rettung der Partie hegen.
Es gibt freilich keine Rettungszüge,

und es bleibt nur die Hoffnung auf ein Wunder, auf den psychologischen Überraschungseffekt."
Doch hinter der Überraschung steckt auch eine gewisse Substanz. Schwarz kann nicht einfach passen, schließlich droht der letzte Zug von Weiß 33.f6!. Zuvor hatte Schwarz darauf die Antwort ...♘g6, aber darauf würde jetzt 34.♗xg6 hxg6 35.♖xe8+! ♕xe8 36.♘e7+! mit Gewinn folgen. Schwarz hat die Wahl unter acht Gewinnzügen, darunter 32...♖xf2+ wie auch 32...♖xe7. Kortschnoj sieht auch den letzteren, glaubt aber, dass er dem 40. Zug einen Zug näher kommen kann, wenn er zuerst den ersteren spielt – und dabei nicht zuletzt auch einen Bauern mit Schach nimmt. Leider macht sich Kortschnoj mit der Kombination dieser beiden Alternativen das Leben schwerer.

32...♖xf2+ 33.♔g3 ♖xe7?

Das prosaische 33...♘g6! hätte alle Angriffsträume von Kasparow zunichte gemacht.

34.f6!

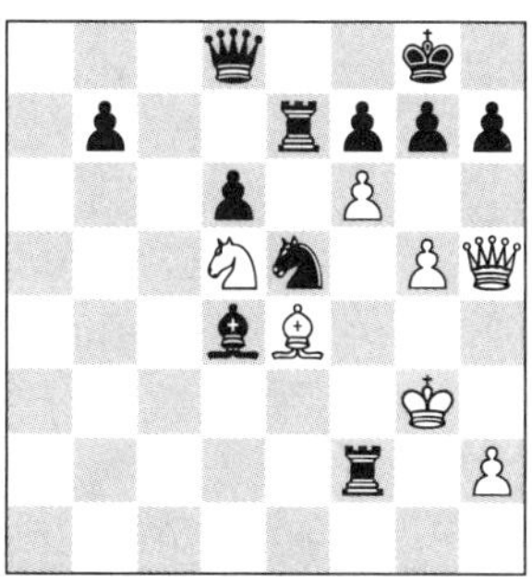

Kasparows Materialnachteil hat sich auf zwei Türme und zwei Bauern verdoppelt, aber er macht tapfer (oder berserkermäßig?) weiter Druck. In extremer Zeitnot ist ein Matt immer eine mächtige Drohung.

34...♘g6 35.♘xe7+ ♔f8 36.♕xh7

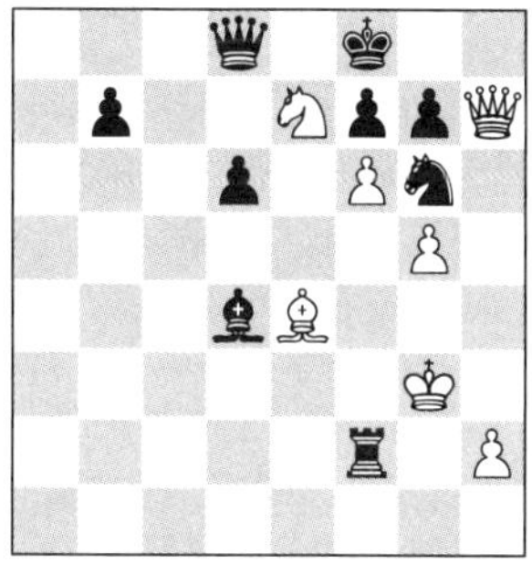

Der Höhepunkt des weißen Schwindels. Aus einer völlig hoffnungslosen Lage hat Kasparow nun eine Situation inszeniert, in der Kortschnoj letztendlich einen einzigen Zug finden muss. Das ist das Höchste, was sich Weiß noch erhoffen konnte. Mit mehr Zeit, oder an einem besseren Tag, hätte Viktor der Schreckliche bestimmt couragiert das prinzipielle 36...gxf6!! 37.♘xg6+ (oder 37.♗xg6 fxg6!) 37...fxg6 38.♗d5 ♕e8! gespielt, wonach der schwarze König ungestraft zum Damenflügel rennt: 39.♕g8+ ♔e7 40.♕e6+ ♔d8 41.♕xd6+ ♕d7 42.♕f8+ ♔c7, und Seine Majestät gelangt endlich in Sicherheit. Aber es war nicht sein Tag, und in Zeitnot haben die Nerven das letzte Wort.

36...♗xf6?

Kortschnoj: „Offenbar hatte mein Gegner mir eingeredet, dass mir Dutzende von Matts drohen würden."

37.♘xg6+ fxg6 38.♔xf2?

Ein kleiner Fehler – doch Kasparow spielte auch unter Dampf. Mit 38.♕h8+ ♔f7 39.♕xd8 ♗xd8 40.♗d5+ ♔f8 41.♔xf2= gab es einen geradlinigen Weg zum Remis.

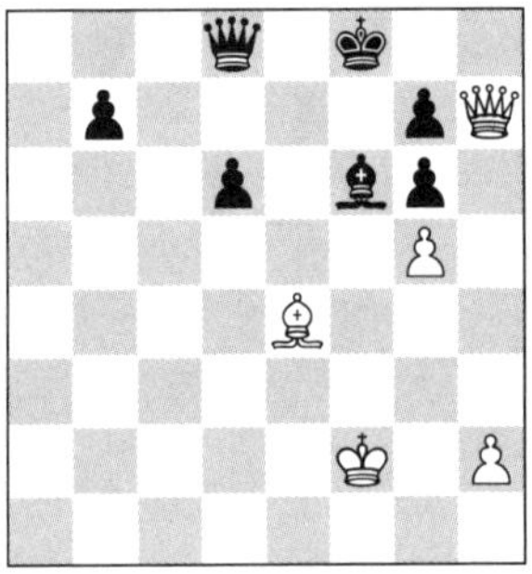

38...♕b6+?

38...♗d4+! hätte die Partie am Laufen gehalten, wenngleich Weiß nach 39.♔f3 ♕xg5 40.♕xg6! ♕xg6 41.♗xg6 d5 42.h4 mit genauem Spiel remis macht.

39.♔g2 ♕b2+ 40.♔h3??

Einer von vielen „berühmten“ Fehlern im 40. Zug (40.♔f3=)

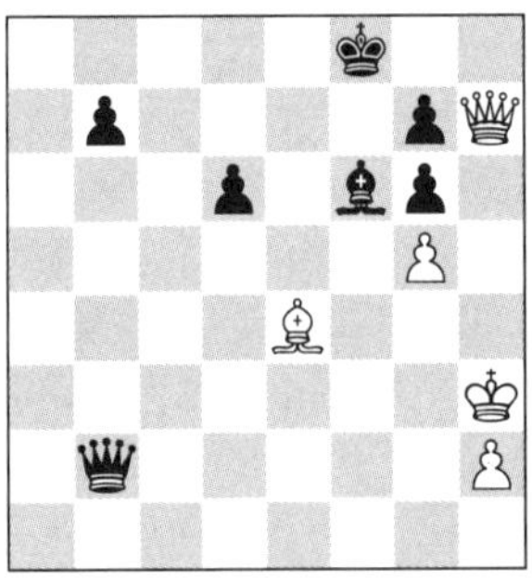

40...♗xg5??

... gefolgt gleich von dem nächsten! Mit nur noch Sekunden auf der Uhr „glaubt“ Kortschnoj seinem Gegner in der Annahme, dass er seinen Vorteil komplett verspielt hätte. Stattdessen hätte 40...♗e5! gewonnen. Die Pointe lautet 41.♔g4 ♕e2+ 42.♗f3 ♕c4+! 43.♔h3 ♕f1+ 44.♔g4 ♕g1! nebst matt.

41.♕xg6 ♕f6?

Eine nachvollziehbare Entscheidung. Nachdem die Zeitkontrolle erreicht und ein Großteil seines Vorteils verschwunden ist, beschließt Kortschnoj, umgehend das Remis zu erzwingen. Mit 41...♗f6! hätte er Kasparow schwer für seinen halben Punkt arbeiten lassen können. Doch nach einer solchen Wende und mit seinen Nerven am Ende, können wir Kortschnojs Verlangen, die Partie zu beenden, gut nachvollziehen.

42.♕xf6+ ½:½

Das Endspiel mit ungleichfarbigen Läufern ist trivial remis, und die Spieler haben das sofort besiegelt. Kortschnoj: „Diese Partie, meiner Ansicht nach eine Schande für beide Großmeister, hat unser schachliches Rollenverhältnis geprägt. Es ist wohl so, dass mich der Weltmeister von seiner Unfehlbarkeit, seiner Unbesiegbarkeit überzeugt hat. Danach habe ich sieben Mal gegen Kasparow verloren, ohne eine Antwort meinerseits ... man muss einräumen, dass der 13. Weltmeister ein subtiler Psychologe am Brett ist.“

Da der Profizirkel aus immer mehr Turnieren besteht, stehen sich die heutigen Spitzenspieler öfter denn je gegenüber. Dank kommerzieller Online-Matches haben einige

Mitglieder des 2800er Clubs buchstäblich schon hunderte Male gegen ihre Kollegen gespielt, was ihnen einen intimen Einblick in die schachliche Persönlichkeit der anderen erlaubt. Aus der heutigen Elite ist Carlsen dafür bekannt, Theoretiker in seine eigenen Gewässer zu führen. Sein psycholo gisches Voodoo hat er für zahlreiche seiner Lieblingsgegner gebastelt, gegen die er ein unverschämt hohes Plus-Score hat. Aber auch Carlsen ist nur ein Mensch, und einige Spieler, wie etwa Nepomnjaschtschi und Giri, scheinen ein besonderes Talent dafür zu haben, ihm unter die Haut zu gehen. Zum Zeitpunkt, als dies geschrieben wird, haben sowohl Nepomnjaschtschi als auch Giri[29] eine positive Bilanz gegen den Weltmeister im klassischen Schach, obwohl – Sie haben es geahnt – beide ein Minus gegen Nakamura haben!

Solche Ergebnis-„Zirkel" sind der Beleg dafür, dass es auch – oder gerade – auf der Topebene auf Stilvorlieben und Persönlichkeitsstrukturen ankommt. Topgroßmeister spielen so häufig gegeneinander, dass ihnen subtile Hinweise, Stimmungen und Voreingenommenheiten sehr vertraut werden. Dies mag erklären, warum sich die meisten von ihnen eher scheuen, über psychologische Strategien gegen bestimmte Gegner zu sprechen,[30] da unweigerlich bald die nächste Begegnung auf dem Programm steht. Ich habe keinerlei derartigen Hemmungen, deshalb hier weiter mit zwei Partien aus der eigenen Praxis.

David Smerdon 2519
Max Illingworth 2476
Sydney 2015 (10)

Beinahe gegen die komplette aktuelle australische Mannschaft habe ich eine ungeschlagene Plus-Bilanz, und zwar dadurch, dass ich gegen sie spielte, als sie jung waren, und dann prompt die australische Schachszene verließ, als sie stark wurden. So macht man es. Diese Partie wurde etwa zu der Zeit gespielt, als Max mich an Spielstärke überholte, was meine raffinierte Rückzugsstrategie auf die Probe stellte.

Zu der Zeit, als diese Partie gespielt wurde, war die Schachpsychologie die größte Schwäche von Max. Er war insbesondere darin stark, auf Drohungen zu reagieren und konkrete Varianten zu berechnen. Er war stolz darauf, computermäßiges Schach zu spielen, immer auf der Suche nach dem seiner Meinung nach objektiv besten Zug. Inkorrekte Opfer sollten stets akzeptiert, schräge Eröffnungen stets widerlegt werden. Löbliche Absichten natürlich, aber wir wissen mittlerweile, dass einen ein wenig Flexibilität am Brett sehr weit bringen kann.

29 Zum Zeitpunkt der Veröffentlichung trifft dies bei Giri nicht mehr zu.
30 Hier ist Giri eine bemerkenswerte Ausnahme – siehe unten.

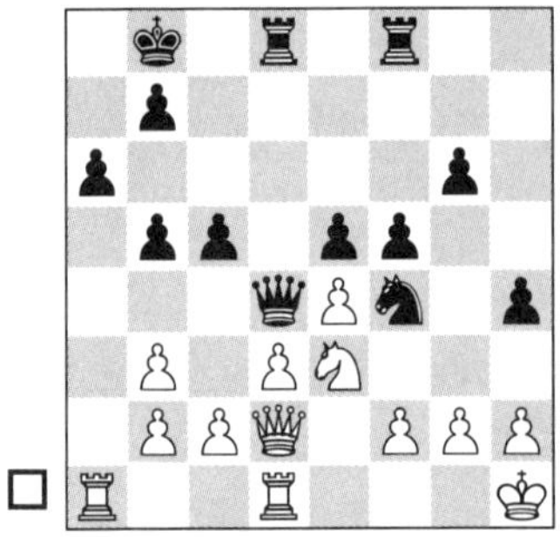

In dieser Partie hatte Max mich von Beginn an überspielt, und meine Stellung war am Rande des Zusammenbruchs. Ich war so deprimiert, dass ich sogar ernsthaft erwogen habe, aufzugeben, weil mir bewusst war, dass Weiß gegen die dreifache Drohung ...♛xb2, ...fxe4 und ...h4-h3 hilflos war. Als meine Augen zwischen diesen Drohungen umherwandelten, stieß ich plötzlich auf einen ungeheuerlichen Schwindelversuch. Da das das einzige war, auf das ich spielen konnte, begann ich, meine Dame scheinbar ziellos über das Brett schweben zu lassen:

29.♕a5!? h3!

Die erste Pointe: 29...fxe4?? 30.dxe4 spießt den Turm auf d8 auf.

30.g3 ♘e6

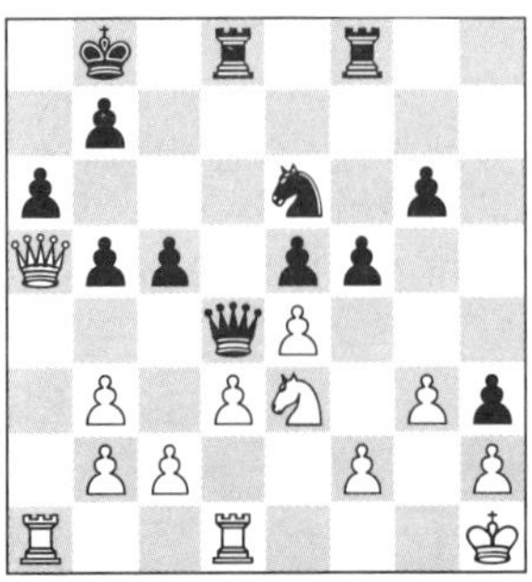

Verteidigt d8, also:

31.♕b6!? ♖d6 32.♕a5!?

Lässt das Motiv des Spießes wiederaufleben.

32...♖c6! 33.♕e1!

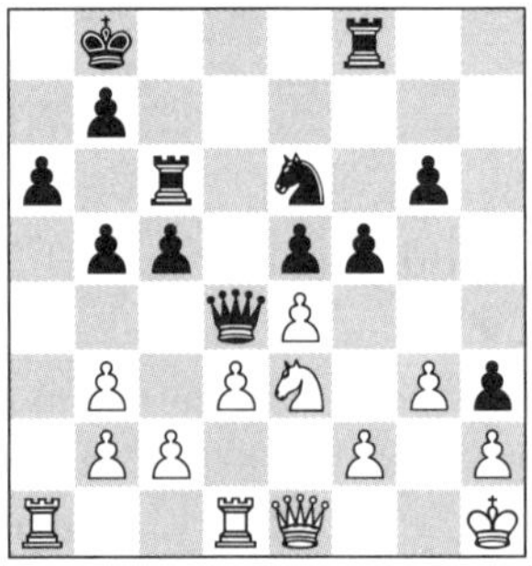

Dies ist die Stellung, auf die ich mit meinem 29. Zug hingearbeitet habe. Es macht den Eindruck, als sei Weiß wieder da, wo er angefangen hatte, und daher scheint den Schwarzen nichts mehr von der Ausführung seiner ursprünglichen Drohungen abzuhalten. Tatsächlich sollte 33...fxe4 letztendlich zum Gewinn führen, auch wenn Weiß e4 noch mit 34.c3 halten kann. Doch was ist mit dem anderen Bauern?

33...♛xb2??

So ein Computerzug. Die menschliche Herangehensweise wäre, die Kontrolle über die Stellung zu behaupten und die Energien auf das Zentrum und den Königsflügel zu konzentrieren, wo man eine offensichtliche Überlegenheit hat. Aber Max konnte einer Bauerngrabscherei nie widerstehen, wenn er der Ansicht war, dies sei eine „prinzipielle" Entscheidung. Hier ist es zu seinem Pech nicht so.

34.exf5 gxf5

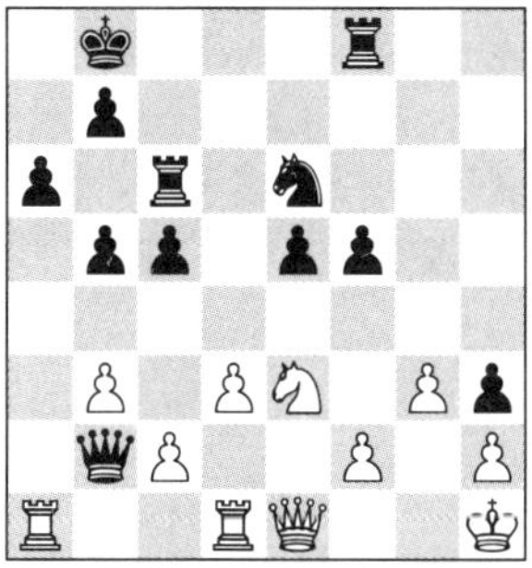

35.c3!!

Und so findet sich die schwarze Dame mir nichts, dir nichts eingesperrt. Man beachte den Unterschied, dass die weiße Dame auf e1 sitzt statt auf d2, sonst wäre dieser Zug nicht möglich.

35...b4! 36.♖dc1! ♕xb3 37.♘c4! bxc3?

37...♖c7! hätte nach 38.♕xe5 ♘d8! einen Vorteil behauptet.

38.♖xc3 ♕b4 39.♖b1

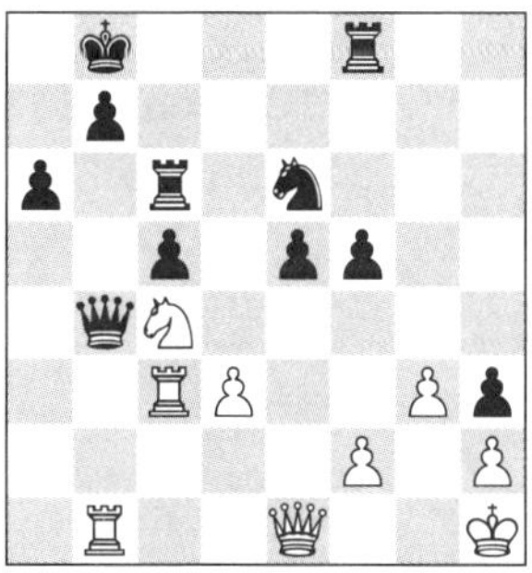

Max begann seinen Kopf zu schütteln und fiel in ein langes Nachdenken. Ein schwächerer Spieler wäre hier zusammengebrochen, aber nach fast einer halbstündigen Pause gelang es ihm, seine Einstellung zu justieren und sich auf einen Abwehrkampf einzustellen. Bewundernswerter Mumm.

39...e4! 40.♖xb4 cxb4 41.♖b3 ♖fc8!

Es ist ein beredtes Zeugnis dafür, wie aussichtslos ich vor zehn Zügen stand, dass Max die Dame einstellen und immer noch genug Kompensation haben konnte, um ein Remis zu ergattern! Max verteidigte sich von hier an hartnäckig, und schließlich teilten wir den Punkt. Manche würden sagen, dies sei ein gerechtes Ergebnis, doch es gibt sehr wenig Gerechtigkeit im Schach, wie die Seiten dieses Buches belegen.

42.♖b1 exd3 43.♘e5 ♖c3 44.♘xd3 ♖xd3 45.♕xe6 ♖cd8! 46.♖e1?

46.♕e1! ♔a7! 47.♔g1 a5 48.♔f1 mit Gewinnchancen.

46...b3 47.♔g1 ♖8d5 48.♔f1 ♔a7 49.♕e2 a5 50.♖a1 b6 51.♖c1 ♖d7 52.♕e5 ♔a6 53.♕h8 ♖d8 54.♕e5 a4 55.♖c4 ♖d1+ 56.♔e2 ♖8d2+ 57.♔f3 b2 58.♖xa4+ ♔b7 59.♕g7+ ♔c6 60.♕c3+ ♔b7 61.♕g7+ ♔c6 62.♕c3+

Remis.

Nach diesem Turnier begann Max ernsthaft an den psychologischen Aspekten seines Spiels zu arbeiten und errang bald den Großmeistertitel.

David Smerdon 2519
James Morris 2378
Sydney 2015 (8)

James Morris ist ein weiterer starker junger Spieler aus Australiens gegenwärtiger goldenen Generation. Er ist für seine taktische

Zauberkunst bekannt, aber wenn darin zugleich auch eine Schwäche liegt (sorry, James), dann die, dass er effekthaschenden taktischen Gelegenheiten nicht widerstehen kann, selbst wenn es einfachere Gewinnwege gibt.

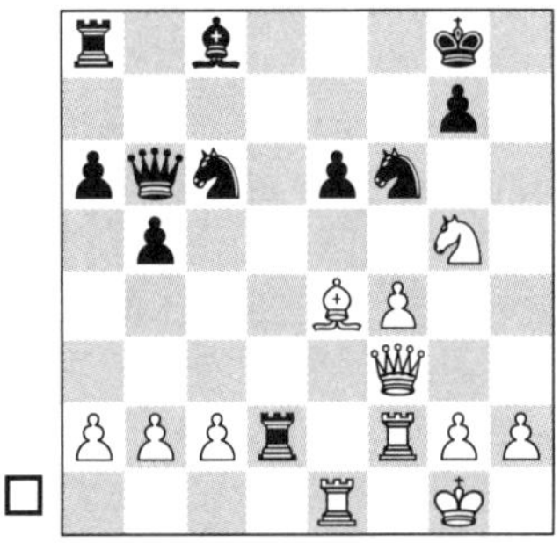

In dieser Partie war mein Figurenopfer nach hinten losgegangen, und jetzt war ich völlig verloren. Der Computer empfiehlt 22.♗xc6, doch gegen einen Spieler von James' Kaliber könnte ich nach 22...♖xf2 23.♕xf2 ♕xc6 genausogut aufgeben. Ich machte einen letzten Trick aus: ein Danaergeschenk, bei dem es weniger darum geht, einen schnelleren Gewinnweg anzubieten, sondern um James die Chance zu bieten, die Partie brillant zu beenden.

22.♖ef1!?

Jetzt gewinnt 22...♗d7 oder 22...♖xf2 routinemäßig, aber ein Angriffsspieler wie James ist immer auf der Suche nach dem glorreichen K.o.-Schlag. Er glaubte, ihn hier gesehen zu haben:

22...♘d4??

Gewinnt gegen jede Antwort außer einer.

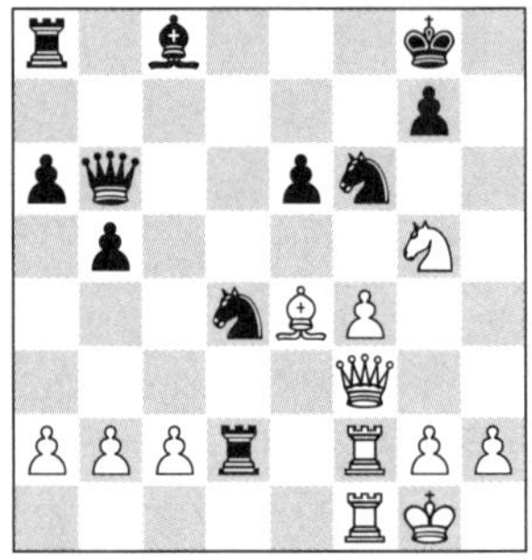

23.♗h7+!! ♘xh7 24.♕h5!

Eine ungewöhnliche Variation des Standard-Läuferopfers auf h7.

24...♘xg5

Mit Remisvereinbarung, da Weiß nach 25.♕e8+ ♔h7 26.♕h5+ ein Dauerschach erzwingt.

Schauen wir uns nun, nachdem ich selbstsüchtig zwei eigene Partien eingeschmuggelt habe, einige andere Beispiele für das Spiel gegen den Gegner an.

Stuart Conquest 2563
Luke McShane 2615
England 4NCL 2009/10 (9)

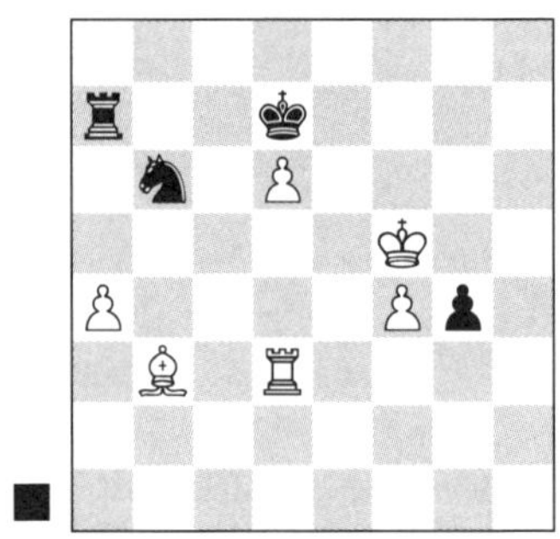

In den Neunziger Jahren war Conquest einer der stärksten englischen Großmeister, und die Leichtigkeit,

mit der er in dieser Partie seinen favorisierten Gegner ausgespielt hatte, zeugt von seinem nach wie vor vorhandenen Können. In späteren Jahren fing Stuart jedoch damit an, seinen eigenen Berechnungen zu misstrauen; ein Phänomen, das vielen von uns bekannt vorkommen mag. Wie wir bereits gesehen haben, ist es beim Schach sehr wichtig, Optimismus und ein gewisses Selbstvertrauen (aber nicht zu viel davon!) zu bewahren. Anderenfalls könnten wir zu einer unangemessen Risikoscheu neigen, anfällig für Zeitnot werden und entscheidende Gelegenheiten verpassen.
In dieser Partie erkennt McShane, gleichfalls ein meisterhafter Schwindler und scharfsinniger Schachpsychologe, dass die Selbstzweifel seines Gegners die einzige Chance für ihn darstellen könnten, um einen halben Punkt zu retten:
64...g3!? 65.♗e6+ ♔c6 66.d7 g2!

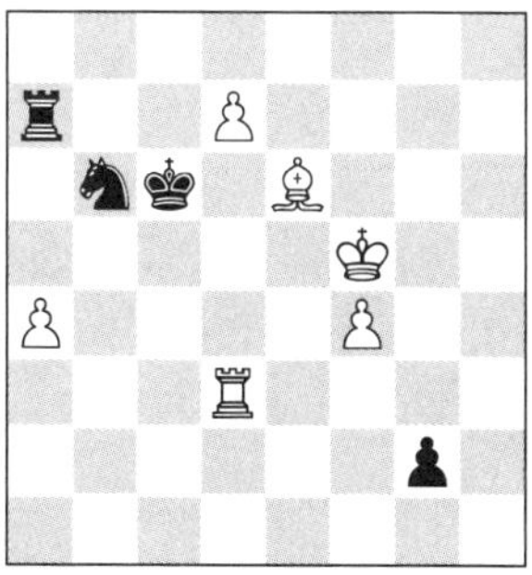

Der Schlüsselmoment.
Conquests Intuition ließ ihn sicherlich glauben, dass 67.d8♕ zum Matt führt, und das tut es tatsächlich. Aber McShane, der Conquest gut kennt, setzt darauf, dass sein Gegner jedwede Komplexität vermeiden möchte. Er präsentiert ihm die sehr verlockende Möglichkeit, mit Schach umzuwandeln! Im Glauben, einen kürzeren Gewinnweg gefunden zu haben, ergreift Conquest die Gelegenheit, die Gewinnführung zu vereinfachen.
67.♖d6+??
Nur fürs Protokoll, die für den Sieg erforderlichen Berechnungen waren 67.d8♕ g1♕ 68.♖d6+ ♔b7 69.♖xb6+! ♕xb6 70.♕c8#.
67...♔xd6 68.d8♕+ ♘d7!!

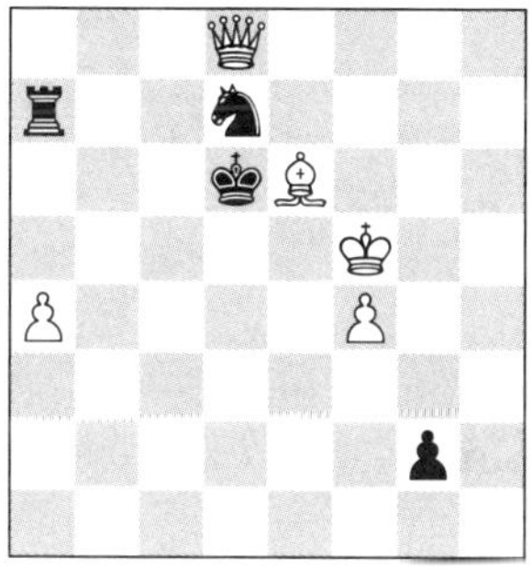

Eine ungeheuerliche Ressource. Weiß kann den Bauern nicht aufhalten: 69.♕g5? ♖a5+ oder 69.♕g8? ♖a5+ 70.♔e4 ♘f6+ kostet jeweils die Dame. Tatsächlich war der Schwindel so gut, dass Weiß nun ums Remis kämpfen muss, und ich wage die Behauptung, dass die meisten Spieler hierbei versagt hätten. Zu seinem Glück hat Stuart sich zusammengerissen, um den halben Punkt zu retten.
69.♗xd7! g1♕ 70.♗e6+ ♔c6 71.♕d5+ ♔b6 72.♕b5+ ♔c7 73.♕e5+ ♔b6 74.♕b8+ ♔c6 75.♕b5+ ♔c7 76.♕c4+ ♔d6 77.♕d5+ ♔e7 78.♕e5 ♕b6 79.♕g7+ ♔d6 80.♕e5+ ½:½

Pia Cramling 2535
Emanuel Berg 2574
Stockholm Schwedische Meisterschaft 2007 (13)

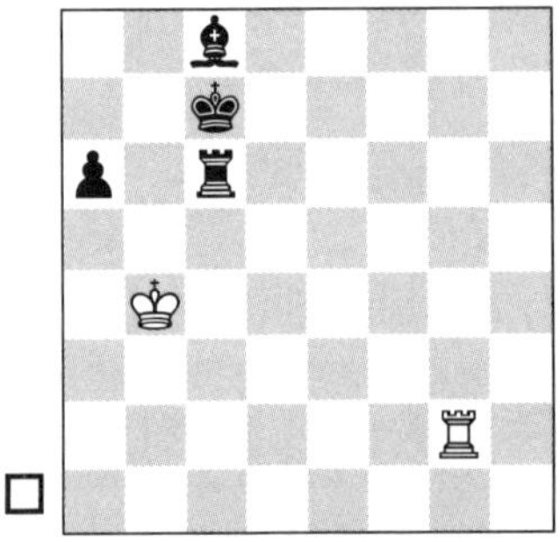

Mancher Schwindel beruht auf dem heiklen Gleichgewicht davon, dass der Gegner taktisch stark genug ist, um auf den Köder hereinzufallen, gleichzeitig aber zu ungeduldig oder zu leichtsinnig, um weiter zu rechnen. Emanuel Berg hat einen wohlverdienten Ruf als hervorragender Taktiker und prinzipienfester Spieler, der seiner Gegnerin und Landsmännin bewusst ist. Schwarz sollte diese Stellung mit langsamem und sorgfältigen Spiel verwerten können, ohne zu tieferen Berechnungen gezwungen zu sein.
Aber wie wir bei Darini - Maghsoodloo gesehen haben, verlangt die Technik zum Gewinn dieses Endspiels Genauigkeit und Aufmerksamkeit, ansonsten kann es für Schwarz leicht schiefgehen. Um die Grundlagen für ihren Schwindel zu legen, appelliert die frühere Weltranglistenerste der Frauen an Bergs prinzipientreue Natur, indem sie ihm eine Abkürzung auf dem Weg zum Gewinn anbietet. Mit

72.♖g3!
kombiniert Cramling die Themen Danaergeschenk und Lockvogelfalle. Berg erkennt natürlich die offensichtliche Drohung 73.♖c3 und dass eine konservative Fortsetzung wie 72...♔b7, was die meisten Spieler wohl erwägen würden, den Vorteil behaupten würde. Er glaubt aber, eine Gegenfalle aufstellen und so den Fortgang der Ereignisse beschleunigen zu können.
72...♔b6?? 73.♖c3! a5+

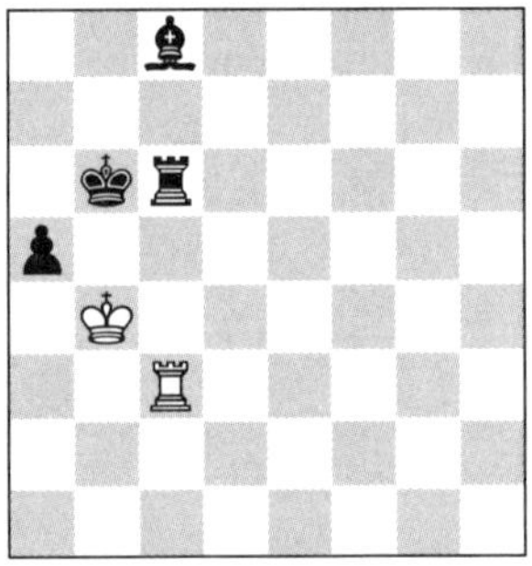

Verlässt sich auf 74.♔b3 ♗e6+ nebst 75...♖d6, wodurch Schwarz auf seinem Weg zum Gewinn etwas Zeit gespart hätte. Aber es gibt ein böses Erwachen:
74.♔a4!!
Großartig. Ein Turmtausch würde zu einem Endspiel mit Randbauer und falschem Läufer führen, mithin ist
74...♖xc3
erzwungen ... und patt. Ein köstliches Fallenspiel der schwedischen Legende.

Ich habe es stets als sehr nützlich empfunden, vor einer Partie etwas über die schachliche Psyche meines

Gegners zu wissen. Der einfachste Weg, etwas herauszufinden, ist, einfach einen Freund zu fragen, oder vielleicht jemanden, der schon einmal gegen ihn gespielt hat oder der im selben Verein spielt. Eine aufwendigere Methode ist es, seine Partien in der Datenbank durchzuspielen (und nicht nur diejenigen, die für Ihre Eröffnungsvorbereitung relevant sind).

Aber selbst wenn es nicht möglich ist, sich einen vertraulichen Einblick in Stil und Persönlichkeit des Gegners zu verschaffen, gibt es andere Wege, etwas herauszufinden. Was bedeutet der Turnierstand für Ihren Gegner – jagt er einer Norm hinterher oder kämpft er um einen Geldpreis, der eine hohe Punktausbeute erfordert? Kommt er direkt von der Arbeit oder ist er vielleicht entsprechend angezogen, um hinterher auszugehen? Was sagt seine Körpersprache während der Partie aus? Lehnt er sich in seinem Stuhl mit den Händen hinter dem Kopf zurück – ein bekanntes Indiz für Zuversichtlichkeit –, oder sitzt er mit verschränkten Armen und überkreuzten Beinen da, was darauf hindeutet, dass er sich in seiner Lage verunsichert fühlt?

Natürlich sollten derlei Hinweise eher als Indizien denn als fixes Evangelium betrachtet werden,[31] aber sie können Ihnen dabei helfen, sich ein Bild davon zu verschaffen, welche verwertbaren Voreingenommenheiten eher im Spiel sind. Betrachten wir zum Abschluss dieses Kapitels eine Tragödie aus jüngster Zeit, bei der ein uns bereits vertrauter Name im Spiel ist.

Anish Giri 2783
Samuel Shankland 2725
Wijk aan Zee 2019 (11)

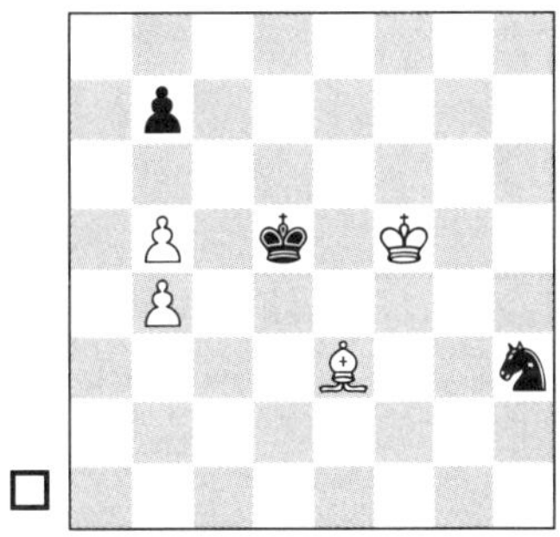

Die meisten Online-Kommentatoren und -Zuschauer, mich selbst eingeschlossen, glaubten, dass Shankland dieses Endspiel – ein Lehrbuch-Remis – bewusst angestrebt hätte. Es ist erwähnenswert, dass nicht nur 45.♔g4 ♚e4 oder 45.♗c5 b6 leicht remis sind, sondern Schwarz auch beide Versuche mit 45...♚c4! beantworten könnte, denn sobald der weiße Bauer auf b6 landet, ist eine Standard-Festung erreicht. Wir haben das Spiegelbild hierzu bereits bei Kramnik - Carlsen gesehen.

Doch Giri, der Shankland gegenüber saß, beobachtete etwas, was

31 Zum Beispiel mahnt The Definitive Book of Body Language (deutsch: Das große Buch der Körpersprache), dass verschränkte Arme und überkreuzte Beine auch ein Zeichen für Frieren sein können!

uns verborgen blieb: „An seiner Körpersprache erkannte ich, dass er glaubte, auf Verlust zu stehen, so dass es sehr schwierig für mich war, die Fassung zu bewahren. Einerseits wollte ich über die Stellung nachdenken, um zu sehen, ob es noch irgendwelche Möglichkeiten gab, aber andererseits wurde mir bewusst, dass er glaubte, nach b5-b6 verloren zu sein. Also beschloss ich, es zu versuchen. Und mit eiskaltem Gesicht spielte ich
45.b6!!."
Giri hatte die Körpersprache seines Gegners genau richtig gelesen. Wie sich zeigte, hatte Shankland geglaubt, dass die Festung mit ♔+♗+♙ vs. ♔+♙ nur funktioniert, wenn der schwarze König nach a8 gelangt, was bei 45...♔c6 46.♔g4 ♔d7 47.♔xh3 ♔c8 48.♗d6 nicht der Fall ist. Doch tatsächlich muss der König nur den Weg nach c8 finden, um remis zu halten. Tragischerweise hätte es schon gereicht, wenn Schwarz einfach die Züge der vermeintlichen Verlustvariante gespielt hätte, um in die Festung zu stolpern.

Giris psychologisches Hasardspiel wurde gewissermaßen dadurch erleichtert, dass es anders auch keine greifbaren Gewinnchancen gegeben hätte. Aber es zahlte sich in einer brutalen Weise aus, gegen den Mann zu spielen. In der Partie hielt Shankland für einige Augenblicke inne und streckte dann seine Hand aus. Als Giri sie schüttelte, beugte er sich vor und fragte seinen Gegner: „Hast Du aufgegeben?" Und Shankland antwortete: „Ja".

Sind Sie versucht, diesen Ausgang als unfair zu erachten? Seien Sie es nicht. Schach ist ein Kampf zweier Geister, und der Stärkere hat hier gewonnen. Zugegebenermaßen muss man für Shankland ein gewisses Mitgefühl empfinden – schließlich kann man kaum voraussetzen, dass jedermann alle wichtigen Endspiele kennt. Aber wir können zumindest die für einen Schwindel nützlichsten lernen.

Auf zu unserem nächsten Abschnitt!

TEIL IV

Kernkompetenzen

Ein schlechter Zug macht vierzig gute zunichte – Bernhard Horwitz

Ich habe Leute sagen hören: „Um ein guter Schwindler zu sein, muss man taktisch stark sein.“ Das ist zwar unbestreitbar richtig, aber auch so etwas wie eine Ausrede. Taktiktraining ist für alle Stadien Ihrer schachlichen Entwicklung nützlich, ebenso wie das Training eines jedes allgemeinen Teils Ihres Spiels: Endspiele, Strategie, das Studium der Meister, und so weiter.

Ziel dieses Buches ist es andererseits, die spezifischen Elemente des Schwindelns zu erörtern, mit denen ein Spieler im Rahmen seines normalen Schachstudiums nicht viel Zeit verbringen wird. Dieser Abschnitt beschreibt einige Segmente derjenigen Kernkompetenzen, die bei der Kunst des Schwindelns besonders oft anzutreffen sind. Es handelt sich nicht um eine erschöpfende Liste, und sie ist notwendigerweise subjektiv, aber dies sind die häufigsten Themen, die mir in meiner Sammlung von Schwindeleien aufgefallen sind. Ich hoffe, dass sie ein praktischer Leitfaden dafür sein werden, worauf man achten sollte.

Statistisch gesehen kommen im Endspiel die meisten Schwindeleien vor. Dafür gibt es eine Reihe von Gründen. Psychologisch gesehen neigen einige Spieler nach Erreichen des Endspiels zur Selbstgefälligkeit, und ihr Gefühl für Gefahren erlahmt. Es ist auch die beste Zeit für Ungeduld und Hybris, um sich in die Psyche der überlegenen Partei einzuschleichen. Aber genauso bedeutsam ist, dass viele Spieler das Studium des Endspiels mehr als jede andere Facette des Spiels vernachlässigen. Schachautoren haben schon oft genug auf diese verbreitete Schwäche hingewiesen, aber für uns ist sie besonders interessant, weil das Endspiel Besonderheiten aufweist, die den Schwindler begünstigen. Insbesondere ist es im Gegensatz zu dem militärischen Äußeren und den Ursprüngen unseres Spiels möglich, dass die Seite mit weit weniger verbliebenen Kräften den Punkt teilen kann.

In den nächsten Kapiteln werden wir drei der extremsten Veranschaulichungen dieses Themas erörtern: die Festung, das Patt und das Dauerschach. Vielleicht sind dies die Kapitel, auf die Sie sich gleich nach Aufschlagen des Buches als Erstes gestürzt haben. Doch während diese Remisthemen oftmals in der Schlussphase praktischer Schwindeleien auftauchen, ist schwer zu erlernen, wie wir sie in unser eigenes Spiel einbauen können. Oft hören wir Großmeister wenig hilfreich darüber reden, wie sie eine Pattstellung oder eine Festungsidee „erspähten", als ob die Eingebung plötzlich aus dem Nichts kam. Tatsächlich können wir diese Remismechanismen nicht aus dem Nichts erschaffen. Die wahre Fähigkeit, die Sie in diesem Abschnitt lernen werden, ist die Fähigkeit, diese Gelegenheiten zu erkennen und wenn sie sich dann bieten, das Beste daraus zu machen.

Andererseits sind das Kultivieren von Mumm und Optimismus sowie die Anwendung der Drei-Fragen-Methode in allen praktischen Situationen nützliche Techniken. Und das erste Kapitel in diesem Abschnitt ist gleichermaßen nützlich für die allgemeine schachliche Entwicklung. Wir beginnen unsere Entwicklung von Kernkompetenzen, indem wir uns neun der wichtigsten Lehrbuchendspiele ansehen, die ein Schwindler kennen sollte.

KAPITEL 15

Endspiele

Nach einer schlechten Eröffnung kann man auf das Mittelspiel hoffen. Nach einem schlechten Mittelspiel dann aufs Endspiel. Doch im Endspiel ist dann die Stunde der Wahrheit gekommen – Edmar Mednis

José Raul Capablanca gab den berühmten Rat: „Um Ihr Spiel zu verbessern, müssen Sie vor allem das Endspiel studieren." Dies ist zweifellos ein guter Rat, doch die meisten Spieler verfügen nicht über unbegrenzt Zeit oder Ressourcen, auch nicht innerhalb dieser einen Disziplin, und deswegen müssen wir Prioritäten setzen. In diesem Kapitel habe ich die für den Schwindler wichtigsten Endspiele aufgelistet. Einige dieser Endspiele stehen häufig auf dem Brett, doch ebenso wichtig ist, dass einige andere dieser Endspiele in der Praxis oft im Hintergrund schweben. Was ich meine ist, dass ein Spieler, der sich in diesen Endspielen gut auskennt, in einem früheren Stadium des Endspiels damit „drohen" kann, diese herbeizuführen, was einen weniger gut versierten Gegner dazu bewegen kann, eine objektiv schlechtere Entscheidung zu treffen, anstatt mit dem gegnerischen Buchwissen zu konkurrieren. Zum Beispiel kann ein Spieler, der sich in der Remistechnik mit Turm gegen Turm und Läufer gut auskennt, getrost damit drohen, in einem Endspiel ♔+♖+♗+♙ vs. ♔+♖+♗ seinen Läufer für den verbliebenen gegnerischen Bauern zu opfern.

Unsere Liste umfasst die nützlichsten Endspiele, die mit Schwindeleien in Zusammenhang stehen.[32] Einige davon sind theoretische Remisendspiele, bei denen eine Seite materiell weit im Rückstand ist, was als endgültiges Gelingen des Schwindels betrachtet werden darf. Andere Endspiele mögen theoretisch verloren sein, ihre Kenntnis ist jedoch sehr nützlich, wenn man auf mangelndes Wissen beim Gegner spekulieren darf, um sich im Grunde zu einem Schwindel zu bluffen. Die stärkere Partei steuert oft auf ein Endspiel zu, weil sie sich vielleicht aus irgend-

32 Was gleichbedeutend damit ist, dass einige in der Praxis gleichfalls oft vorkommende Endspiele weggelassen werden müssen. Diese sind natürlich ebenfalls des Studiums wert, es ist aber weniger wahrscheinlich, dass sie in Zusammenhang mit einem Schwindelmotiv vorkommen. ♔+♖+♘ vs. ♔+♖ ist so ein Beispiel; dies ist ein essentielles Endspiel, und es wurde, obgleich es relativ leicht remis zu halten ist, bekanntermaßen von starken Großmeistern sowohl gegen Kasparow wie auch gegen Carlsen verloren. Dennoch ist es selten für einen Schwindel dienlich, wie es auch bei anderen fundamentalen Endspielen wie ♔+♖ vs. ♔+♗ und ♔+♖ vs. ♔+♘ der Fall ist.

einem Buch daran erinnert, dass die Stellung gewonnen ist; in der Hoffnung darauf, das richtige Gewinnverfahren schon am Brett ausknobeln zu können. Was sie nicht realisieren ist, wie schwierig der Gewinn gegen die trickreichste und zäheste Verteidigung ist. Der erste Fall ist ein Paradebeispiel.

1) ♔+♗+♘ vs. ♔

Die meisten Jugendlichen lernen zunächst, wie man mit einem König und einer Dame gegen einen alleinstehenden König mattsetzt. Dann bewältigen sie die übrigen Standard-Mattführungen, doch aus irgendeinem Grund endet dieser Prozess gewöhnlich, bevor sie zum berüchtigten Läufer- und Springer-Matt kommen. Und selbst für diejenigen, die es als Jugendliche gelernt haben, dauert es oft viele Jahre, bis diese Technik im Turnierspiel auf die Probe gestellt wird.

Nichtsdestotrotz ist die Auffrischung dieser Fertigkeit sehr wichtig, denn diese Konstellation hat oft genug das Potenzial, sich aus Endspielen mit Leichtfiguren zu ergeben, wird dann aber von der einen oder anderen Seite vermieden. Sich dessen bewusst zu sein, dass viele Spieler sich über das Gewinnverfahren nicht im Klaren sind, kann für den Möchtegern-Schwindler ein erfolgreiches Werkzeug sein, auch wenn es sich dabei um eine Art Bluff handelt. Diese Unsicherheit ist unter Amateuren natürlich stark ausgeprägt, aber sie reicht bis auf die Großmeisterebene, wie mehrere berüchtigte Beispiele zeigen.

Robert Kempinski 2498
Wladimir Epischin 2567
Deutsche Bundesliga 2000/01 (5)

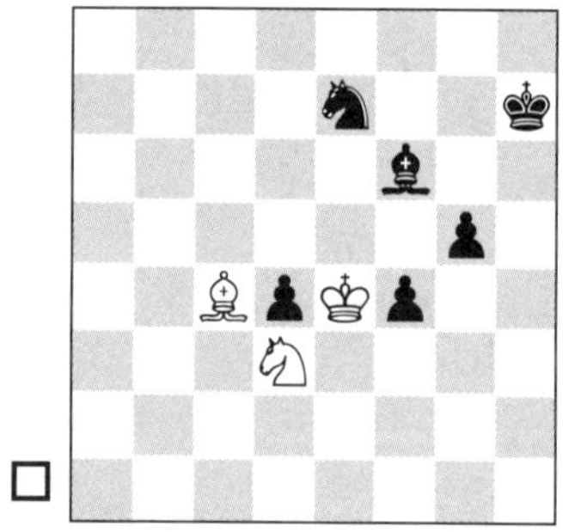

111.♘xf4!?
Eine riskante Entscheidung, aber unter den gegebenen Umständen wahrscheinlich das klügste. Zu diesem Zeitpunkt lebten beide Spieler nur noch vom Inkrement, aber Schwarz hat viele Züge, mit denen er einen Bedenkzeitvorrat aufbauen und ganz allmählich Fortschritte erzielen könnte. Weiß forciert stattdessen das Geschehen und führt das Endspiel ♔+♗+♘ vs. ♔ lieber früher als später herbei. Seine Entscheidung wurde womöglich von zwei Faktoren außerhalb des Schachbretts beeinflusst:

a) Zeitnot, und

b) der Ruf seines Gegners, in Zeitnot Nervenschwäche zu zeigen.

111...gxf4 112.♔xf4 ♔g7 113.♔g4 ♘c6 114.♔f5 ♗h4 115.♔e4 ♗f2

116.♗b5 ♘b4 117.♗c4 ♔f6 118.♗e2 ♔e6 119.♗c4+ ♔d6 120.♗e2 ♔c5 121.♗f1 ♘c6 122.♗e2 ♔b4 123.♗f1 ♔c3 124.♗b5 ♘b4 125.♗f1 d3 126.♗xd3 ♘xd3

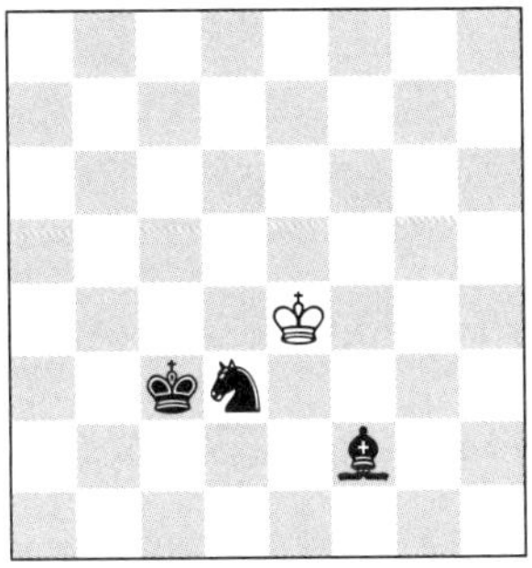

Da wären wir also. Das Gewinnverfahren in diesem wie auch jedem anderen grundlegenden Endspiel wird in jedem guten Lehrbuch erläutert.

Man sollte erwarten, dass ein Großmeister vom Kaliber Epischins sie kennt, mithin würde ich vermuten, dass Zeit und/oder Nerven den Ausgang erklären. Kempinskis Entscheidung, dieses Endspiel anzustreben, war – obgleich ein Schuss ins Blaue – vom Standpunkt der Wahrscheinlichkeitsrechnung korrekt.

127.♔f3 ♗c5 128.♔e4 ♔c4 129.♔f5 ♔d5 130.♔f6 ♗d6 131.♔f7 ♘e5+ 132.♔e8 ♔e6 133.♔d8 ♘f7+ 134.♔c8!

Die wohl grundlegendste Regel, die man kennen muss, ist, dass die Partei mit den Leichtfiguren niemals das Matt in der Ecke mit der dem Läufer entgegengesetzten Farbe erzwingen kann. Weiß strebt also in diese Richtung.

134...♔d5 135.♔b7 ♔c5 136.♔a6 ♗c7 137.♔b7 ♔d6 138.♔a6 ♔c6 139.♔a7 ♘d6 140.♔a8 ♗d8 141.♔a7 ♔b5 142.♔b8 ♔b6 143.♔a8 ♘b7 144.♔b8 ♗c7+ 145.♔a8 ♔c6 146.♔a7 ♘c5 147.♔a8 ♘d7 148.♔a7 ♘b6 149.♔a6 ♗b8! 150.♔a5 ♔c5?

150...♘d5 ist der Weg zum Sieg, gemäß dem „W"-Muster mit dem Springer entlang der Route ...♘b6-d5-b4-d3-b2. Ich bemerke oft, dass Jugendliche Angst haben, den König herauszulassen, doch dieser kommt nicht weit: 151.♔a4 ♔c5 152.♔b3 ♘b4 153.♔c3 ♗f4, und der König befindet sich in der „richtigen" Ecke. Und wenn der weiße König stattdessen versucht, zurück nach a8 zu gelangen, sehen wir das „W"-Muster in Aktion: 151.♔a6 ♘b4+ 152.♔a5 ♔c5 153.♔a4 ♔c4 154.♔a5 ♗c7+ 155.♔a4 ♗b6 156.♔a3 ♘d3 157.♔a4 ♘b2+ 158.♔a3 ♔c3 159.♔a2 ♔c2 160.♔a3 ♗c5+ 161.♔a2 ♗b4 162.♔a1 ♘d3 163.♔a2 ♘c1+ 164.♔a1 ♗c3#.

151.♔a6 ♗d6 152.♔b7

Aber jetzt wird offenkundig, dass Schwarz nicht die richtige Idee hat. Gewiss ist es schwierig, am Brett herauszufinden, dass man in der „falschen" Ecke kein Matt erzwingen kann, wenn man es nicht schon vorher weiß. Die Partie wurde schließlich nach der Fünfzig-Züge-Regel remis gegeben.

152...♔b5 153.♔a7 ♔c6 154.♔a6 ♗b8 155.♔a5 ♘d5 156.♔a6 ♗c7 157.♔a7 ♗b6+ 158.♔b8 ♗c5 159.♔a8 ♘c7+ 160.♔b8 ♘b5 161.♔a8 ♔b6 162.♔b8 ♘a7 163.♔a8

♔a6 164.♔b8 ♗b6 165.♔a8 ♘b5 166.♔b8 ♘d6 167.♔a8 ♔b5 168.♔b8 ♔c6 169.♔a8 ♗c7 170.♔a7 ♘b7 171.♔a8 ♘c5 172.♔a7 ♗b6+ 173.♔a8 ♗c7 174.♔a7 ♘d7 175.♔a8 ♗d6 176.♔a7 ♘b6 177.♔a6 ♗b8 178.♔a5 ♗c7 179.♔a6 ♘c8 ½:½

In den Datenbanken finden sich viele weitere Partien, in denen das Endspiel ♔+♗+♘ vs. ♔ nicht gewonnen wurde, darunter zehn von Großmeistern sowie eine von einer amtierenden Frauen-Weltmeisterin.

2) ♔+♖+♗ vs. ♔+♖

Vielleicht das notorischste Endspiel im Schach. Bekanntermaßen hat Philidor das Gewinnverfahren schon im 18. Jahrhundert beschrieben, doch noch heute bringt es selbst Elitegroßmeister auf beiden Seiten der Medaille zur Weißglut.[33] Über dieses Endspiel sind ganze Bücher geschrieben worden, mithin werde ich die zur Verfügung stehenden Seiten für andere Schwindeleien aufsparen. Aber ich möchte konstatieren, dass die Kenntnis der beiden Standard-Remisverfahren – der Cochrane-Verteidigung und der Zweite-Reihe-Verteidigung – äußerst nützliche Fertigkeiten für den Schwindler sind. Wir haben bei Darini - Maghsoodloo bereits einen Fall gesehen; hier folgt mein Lieblingsbeispiel.

Luis Henrique Coelho 2394
Alexandr Fier 2471
Santos 2006 (5)

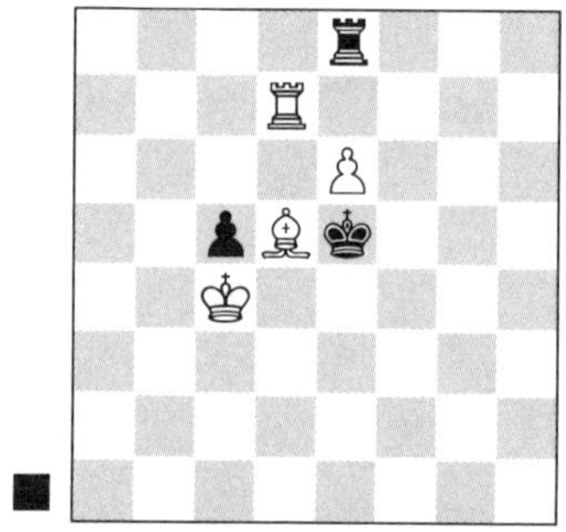

In dieser Stellung scheint es nicht einmal den Hauch eines Schwindels zu geben, doch Fier findet ein bemerkenswertes Danaergeschenk:

67...♖b8!! 68.e7 ♔f6

Nun beendet 69.♔xc5 die Angelegenheit rasch, doch Weiß versucht, sich ein paar Züge zu ersparen:

69.♖d8?? ♖b4+! 70.♔xc5 ♔xe7!!

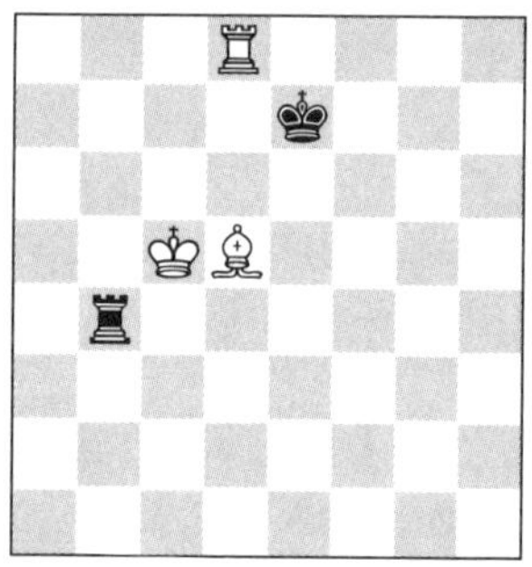

Führt am Ende doch zu ♔+♖+♗ vs. ♔+♖. Fier hatte keine Probleme, remis zu halten.

71.♖h8 ♖a4 72.♖h6 ♖f4 73.♖e6+

33 Nachdem er sein entscheidendes Endspiel gegen Peter Swidler beim Kandidatenturnier 2016 nicht gewinnen konnte, ließ Fabiano Caruana folgende Bemerkung fallen: „Ich habe diese Philidor-Position so oft gelöst und vergesse dann während einer Partie einfach immer, was ich zu tun habe."

♔d7 74.♖e5 ♖f6 75.♖g5 ♔e7 76.♖g7+ ♔f8 77.♖b7 ♖g6 78.♗e4

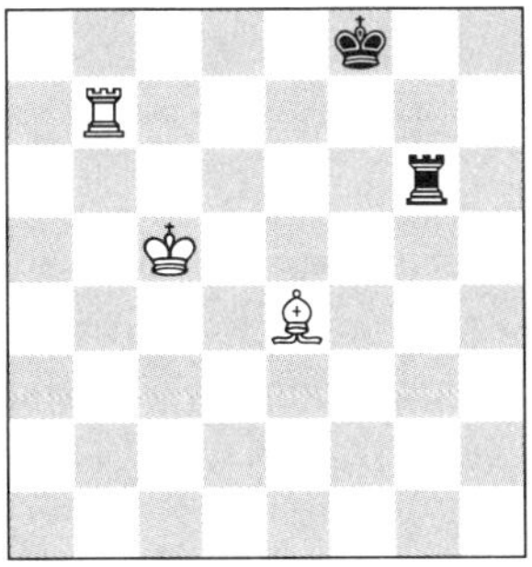

78...♖g7!
Die Zweite-Reihe-Verteidigung ist eines der wichtigeren Themen, die man in diesem Endspiel kennen muss.
79.♖b6 ♔e7 80.♖h6 ♖g5+ 81.♗d5 ♖g1 82.♖e6+ ♔d7 83.♖f6 ♖g7 84.♖h6 ♔e7 85.♖e6+ ♔d7 86.♖e5 ♖g6 87.♖h5 ♔e7 88.♖f5 ♖f6 89.♖e5+ ♔f8 90.♗e6 ♔e7 91.♔d5 ♖f2 92.♗h3+ ♔f6 93.♖e6+ ♔g5 94.♖e4 ♔f6 ½:½

Und hier ein Beispiel, das ich lieber vergessen würde.

Heather Richards 2192
David Smerdon 2520
Brisbane 2017 (8)

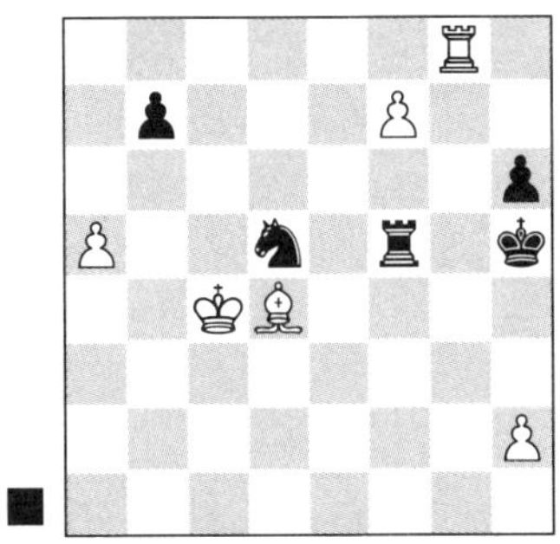

Ein peinlicher Beinahe-Schwindel ist im Gange. Der weiße f-Bauer steht kurz vor der Umwandlung, und ihn mit dem Turm schlagen kostet den Springer. In Abwesenheit anderer Optionen versuchte ich
44...b5+!,
mit kaum mehr als der Schockwirkung dahinter. Die Weißspielerin sollte sich nun nicht allzu viele Sorgen um ihren f-Bauern machen und stattdessen zur Kenntnis nehmen, dass ihr a-Bauer nun einen vorgezeichneten Weg zur achten Reihe hat. Stattdessen folgte
45.axb6?? ♘xb6+! 46.♗xb6 ♖xf7 47.♗e3 ♔h4 48.♗xh6? ♔h3!,

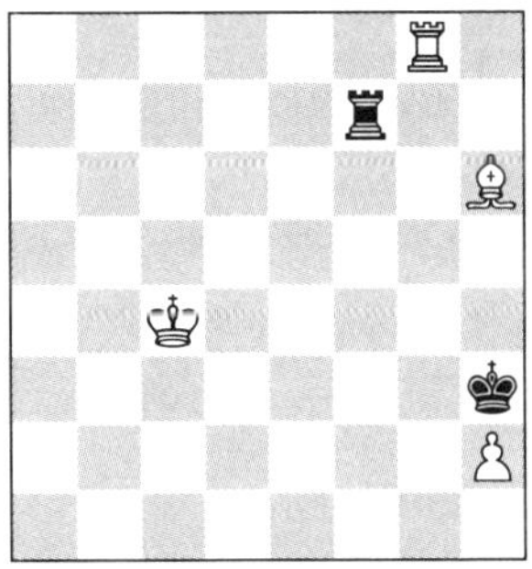

und Schwarz hatte das Buchremis erreicht. Leider mühte ich mich letztlich vergeblich, selbiges mit dreißig Sekunden pro Zug zu halten und machte meine ganze tolle Schwindelarbeit zunichte, indem ich wenige Züge vor Erreichung des Remishafens patzte:
49.♔d4 ♔xh2 50.♔e4 ♖f2 51.♗f4+ ♔h1 52.♔e3 ♖e2+!
Ein netter Patt-Trick, wenngleich der schwarze König weiterhin prekär steht.

53.♔d3 ♖f2 54.♔e4 ♖e2+ 55.♗e3 ♖g2 56.♖h8+ ♖h2 57.♖a8 ♖h4+? 58.♔f3? ♖h3+ 59.♔e2 ♖h2+ 60.♗f2 ♖h5 61.♖g8 ♔h2 62.♗g3+ ♔h1? 63.♗f4 ♖h3 64.♖g4? ♖a3 65.♗e3 ♖a2+ 66.♔f3 ♖g2!

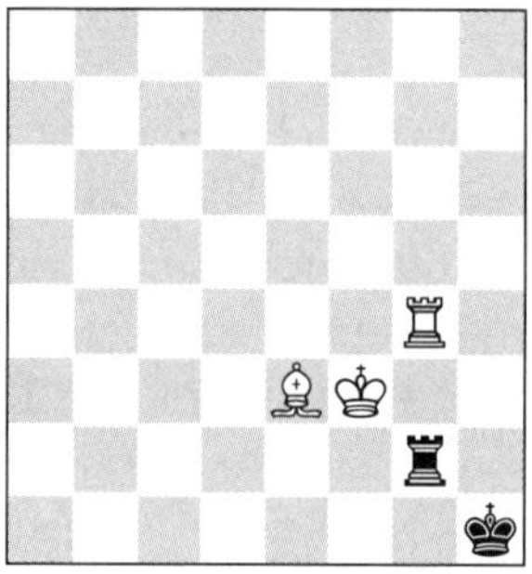

Und noch ein Patt-Trick. So weit, so gut ...

67.♖a4 ♖g3+! 68.♔e4 ♖g4+ 69.♗f4 ♖g2 70.♖a8 ♖c2 71.♖h8+ ♔g1 72.♗e3+

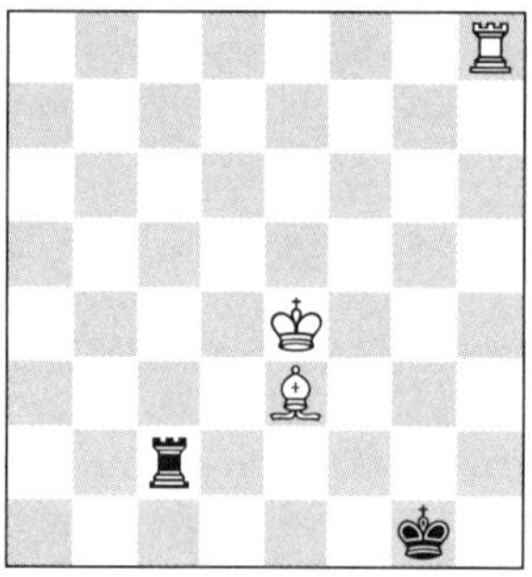

72...♔g2??

72...♔f1! 73.♖g8 ♔e2 74.♖g2+ ♔d1 wäre wieder die Zweite-Reihe-Verteidigung.

73.♖g8+ ♔f1 74.♔d3 ♖g2 75.♖f8+

Und ich gab auf. Ein gewisser Trost war, dass dies der erste Erfolg einer australischen Spielerin über einen Großmeister seit siebzehn Jahren war (wenngleich ich es vorgezogen hätte, wenn es ein anderer Großmeister gewesen wäre).

3) ♔+♕ vs. ♔+♖

Das vielleicht am meisten unterschätzte Endspiel im Schach. Fast jedem von uns wird es im Laufe seiner Schachkarriere einmal begegnen, und doch wird uns als Jugendlichem nur sehr breit und mit Gemeinplätzen erklärt, wie man mit der Dame gewinnt: „Den gegnerischen König an den Rand zwingen, den Turm vom König trennen und dann einige Male Schach bieten, um den Turm aufzugabeln und zu gewinnen."
Vielleicht übertreibe ich ein wenig, doch so wurde das Endspiel mir und einigen meiner Kollegen beigebracht, und das Scheitern von Spitzengroßmeistern beim Gewinnen dieses Endspiels legt Zeugnis von dessen Schwierigkeit ab. Ich glaube, der Grund für die Vernachlässigung dieses Endspiels beim Training liegt darin, dass die Dame praktisch immer gewinnt, wenn beide Spieler vergleichbare Kenntnisse haben. Auf Vereins- und Amateurniveau verfügen beide Spieler in der Regel nicht über hinreichendes Buchwissen, und die Turmseite verteidigt normalerweise nicht auf hartnäckigste Weise und wird rasch mattgesetzt oder gegabelt. Auf Meisterebene kennt die Seite mit der Dame (freilich nicht immer!) das lehrbuchmäßige Gewinnmanöver, unabhängig vom Niveau der Verteidigung. So gewinnt in jedem Fall die Dame.

Was passiert aber unterhalb der Meisterebene, wenn die Turmpartei die besten Verteidigungsmethoden kennt? Dann kann sich die Gewinnführung als außerordentlich schwierig erweisen, wie sich in der Praxis schon oft gezeigt hat. Dies ist kein Endspiellehrbuch, doch das Endspiel ♔+♕ vs. ♔+♖ ist ein so essentielles Werkzeug für den Schwindler, und in Lehrbüchern oft so stiefmütterlich behandelt, dass ich eine Ausnahme mache und anhand der folgenden Beispiele die Schlüsselstellungen erläutere. Der Schwerpunkt wird auf den hartnäckigsten Verteidigungsmethoden liegen, aber wir werden notwendigerweise auch die Gewinnverfahren abhandeln.

Alexander Morosewitsch 2747
Dmitri Jakowenko 2671
Pamplona 2006 (5)

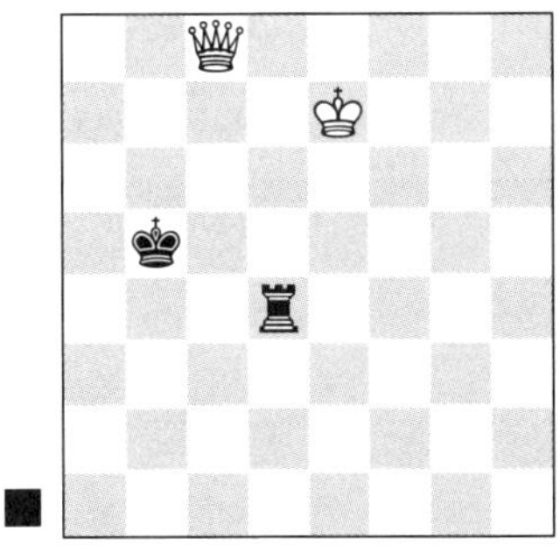

Diese Partie wurde mit klassischer Zeitkontrolle zwischen zwei der weltbesten Spielern ausgetragen.

72...♖d5!

Die Partei mit der Dame kann nach einiger Zeit zufällig auf die richtige Technik stoßen, daher ist es wichtig, den Kontrahenten von Beginn an zu frustrieren. Die Fünfzig-Züge-Regel ist eine entscheidende Ressource für den Verteidiger, deswegen kaut Jakowenko so lange wie möglich auf den Zügen herum, die Weiß braucht, um seinen König dem schwarzen Gegenspieler anzunähern.

73.♔e6 ♖d4 74.♔e5 ♖d3 75.♕c2 ♖d8!

Um den weißen König auf Distanz zu halten, muss Schwarz mitunter ein wenig Abstand zwischen seine eigenen Figuren bringen. Das ist natürlich riskant, deswegen muss jede mögliche Abfolge gegnerischer Schachgebote genau berechnet werden, um sicherzustellen, dass es keine gewinnbringenden Gabeln gibt.

76.♕b3+ ♚c5 77.♕c3+ ♚b5 78.♔e6 ♚b6 79.♕c4!

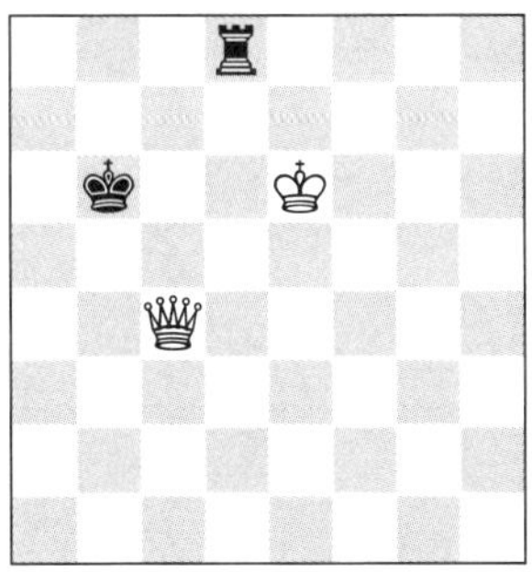

Nun ist Schwarz gezwungen, seinen Plan zu wechseln, da der Turm verlorengeht, wenn er auf der d-Linie bleibt, was nach 79...♔b7 80.♔e7! gleichfalls der Fall wäre.

79...♖g8!

Nützt den weißen König als Schutzschild gegen Gabeln. Es lohnt sich, sich dieses diagonale Muster einzuprägen, denn es verrät gewöhnlich das sicherste Feld für den Turm, sobald sich dieser vom König trennen muss.

80.♕d4+ ♔c6 81.♕c3+

Oftmals versucht die stärkere Seite, alles mit Schach zu tun, was gegen eine schwache Verteidigung auch gut funktioniert, gegen die beste Verteidigung aber kein so schlauer Ansatz ist. Hier war 81.♔e7! viel stärker.

81...♔b5 82.♔d6 ♖g6+ 83.♔c7 ♖g4!!

Diese Art „riskanter" Züge muss man spielen, um sich so entschlossen wie möglich zu verteidigen. Im vorliegenden Fall hat Jakowenko korrekt gerechnet, und sein Turm ist vorerst sicher: Schwarz kann seinen König auf ein dunkles Feld ziehen oder anderenfalls ein Turmschach einschieben.

84.♕c6+ ♔b4 85.♕d6+ ♔c3 86.♔c6 ♖d4 87.♕a3+ ♔d2 88.♔c5 ♖e4!

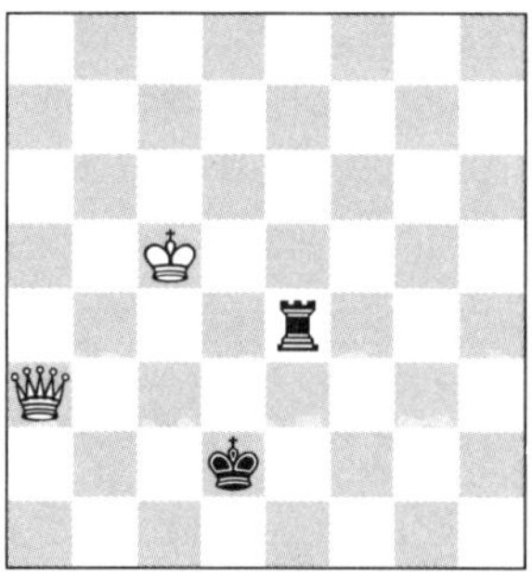

Wendet dieselbe Methode des Abschneidens wie zuvor an, nur dieses Mal mit dem Brett um neunzig Grad gedreht.

89.♔d5 ♖g4 90.♕f3 ♖b4 91.♔c5 ♖a4! 92.♕f6 ♔d3 93.♕d6+ ♔e3 94.♕g3+ ♔e2 95.♕c3 ♖f4! 96.♔d5 ♖g4 97.♔e5 ♖h4 98.♔f5 ♔f2 99.♕d3!

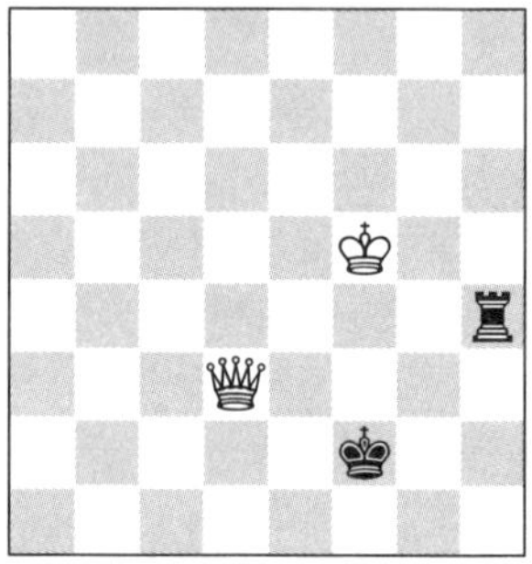

Zwingt Schwarz schließlich zur Richtungsänderung.

99...♖h7!

Erneut ist es am hartnäckigsten, den weißen König als Schutzschild entlang der Diagonale zu benutzen.

100.♕d4+ ♔f3 101.♔g5!

Man beachte, dass die effektvollsten Züge von Weiß meist keine Schachgebote sind.

101...♖h2!

Baut die letzte Verteidigungsbastion entlang der zweiten Reihe auf.

102.♕f4+ ♔g2 103.♔g4! ♔g1 104.♕d4+ ♔g2 105.♕d3 ♔g1 106.♕e3+ ♔f1 107.♕c1+ ♔f2 108.♕d2+ ♔g1 109.♕e1+ ♔g2

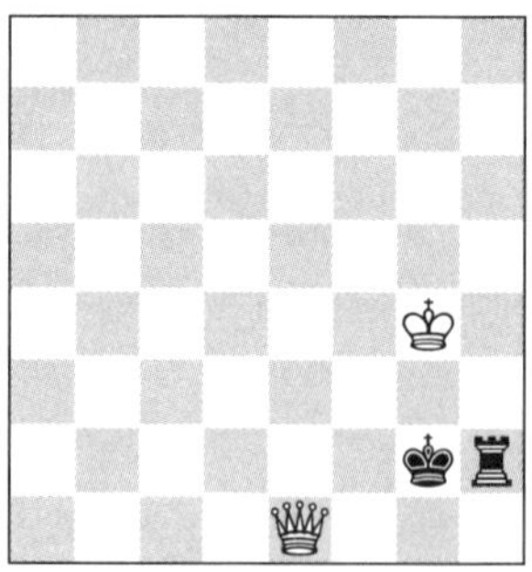

Und so haben wir nach 35 Zügen eine der zwei kritischen Stellungen dieses Endspiels erreicht. Es ist beinahe garantiert, dass Sie eine der beiden erreichen; die andere ist die

sogenannte Philidor-Position[34], wo der schwarze Turm stattdessen auf g2 hockt (siehe hierzu das nächste Beispiel).
Dies ist, wie Michal Krasenkow es nennt, „die letzte Verteidigungslinie von Schwarz." Doch sie kann wegen eines hinterhältigen Patt-Tricks eine harte Nuss sein. Das war auch die Stellung, die Peter Swidler bekanntermaßen gegen Boris Gelfand nicht gewinnen konnte, wenngleich es sich hier nur um eine Schnellpartie handelte.
Ein Schlüsselfaktor ist, dass Weiß gewinnt, wenn er das Zugrecht an Schwarz abtreten kann, was eine Möglichkeit darstellt, diese Stellung zu gewinnen. Ich ziehe eine andere Faustregel vor: „Greifen" Sie zunächst den schwarzen Turm an, und vollziehen Sie anschließend ein Dreiecksmanöver mit Ihrem König. Mithin: 110.♕e5! ♔g1 111.♔g3! ♖g2+ 112.♔h3!,

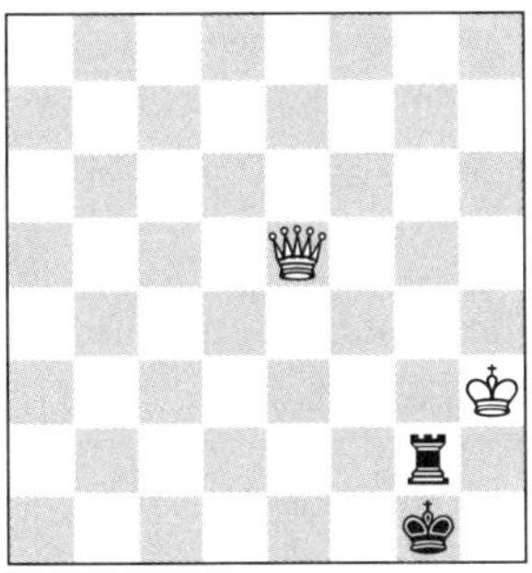

Analysediagramm

und Schwarz verliert den Turm oder wird mattgesetzt. Behalten Sie den entscheidenden Unterschied in der Platzierung des weißen Königs im Vergleich zur Philidor-Position im Gedächtnis.

110.♕g3+?!

Ein natürlicher Zug, aber Bestandteil des Gewinnverfahrens. Nichtsdestotrotz glaube ich, dass viele Spieler diesem sich aufdrängenden Schachgebot nur schwerlich widerstehen könnten.

110...♔h1 111.♔f3??

Es scheint, als sei Schwarz hilflos. Erstickt, könnte man sogar sagen. Er hat fast keine Züge. Sehen Sie, worauf ich damit hinaus will? Korrekt war nach wie vor 111.♕e5.

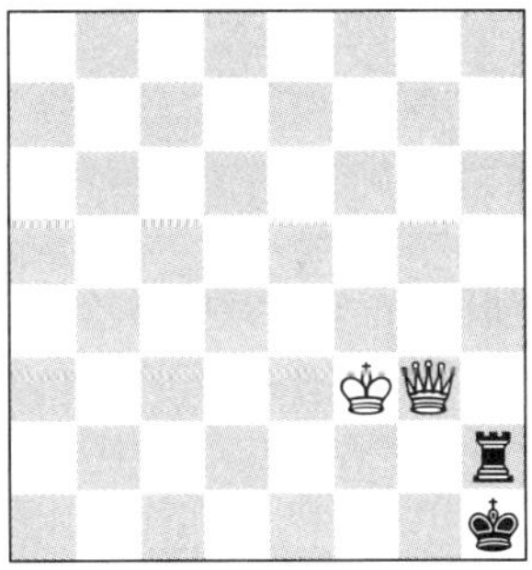

111...♖f2+!!

Einer der verschiedenen Patt-Tricks in diesem Endspiel, die in der Praxis überraschend oft vorkommen.

112.♔e3 ♖e2+ 113.♔d3 ♖d2+ 114.♔xd2 ½:½

Wenn man gelernt hat, wie man hier starken Widerstand leistet, kann das in Turmendspielen zusätzliche Verteidigungsoptionen

34 Mehrere oft vorkommende Endspielpositionen nach sich selbst benannt zu haben, ist sicherlich der Gipfel an Selbstsucht, oder lässt zumindest auf einen ernsthaften Mangel an Vorstellungskraft schließen.

eröffnen. Beispielsweise wird ♔+♕ gegen ♔+♖ oft als Ergebnis eines Turmendspiels mit beiderseitigen Freibauern erreicht, z.B. wenn eine Seite ihren Turm opfert, um eine Umwandlung zu erzwingen. So war es auch im folgenden Beispiel.

Bela Chotenaschwili 2513
Aleksandra Gorjatschkina 2423
Khanty-Mansijsk Blitz-WM Frauen 2014 (27)

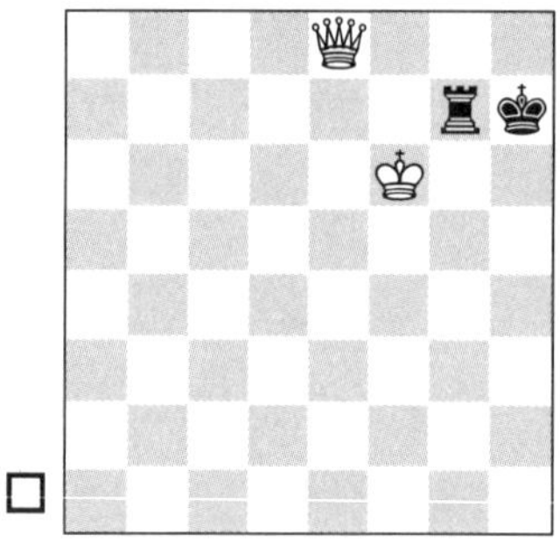

Dies ist die Philidor-Stellung, die sich in den meisten Lehrbüchern und sogar auf Wikipedia findet. Für meine Begriffe ist die Stellung aus dem vorigen Beispiel, bei der im Wesentlichen König und Turm der verteidigenden Seite die Plätze getauscht haben, zählebiger. Doch manchmal hat der Verteidiger auch keine Wahl, und wir landen womöglich trotzdem hier.
Auch hier würde der Weißspieler gern Schwarz den Zug übergeben. Sobald man gewahr ist, dass dies das Ziel ist, wird die Aufgabe überschaubar, z.B. 142.♕e4+ ♔g8 143.♕a8+ ♔h7 144.♕e8, oder 142...♔h8 143.♕h1+ ♔g8 144.♕h5, womit eine gespiegelte Version der Diagrammstellung erreicht wäre, aber mit Schwarz am Zug. Aber meiner Erfahrung nach wissen viele Amateurspieler nicht, dass man hier einen Zug „verlieren“ muss, um zu gewinnen, und sie drängen daher nach vorne, genau wie hier:
142.♕f8? ♖g6+ 143.♔f5 ♖g7
143...♖g5+! ist noch zäher und zugleich ein nützlicher Trick, den man sich merken sollte.
144.♕e8

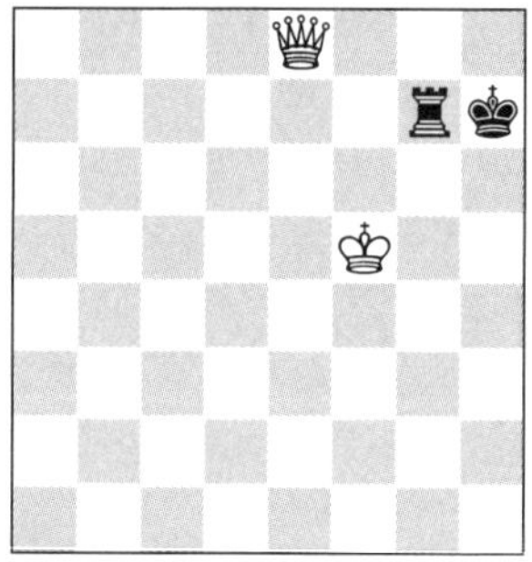

144...♖g8?
Ein Verteidigungsfehler. Es ist viel besser, zu versuchen, die Struktur aufrechtzuerhalten, vor allem wenn man Grund zur Annahme hat, dass der Gegner die Gewinnmethode nicht kennt. Es war besser, den Turm weit nach a7, b7, g2 oder g1 zu ziehen, mit der Absicht, ihn im nächsten Zug wieder nach g7 zu stellen.
145.♕h5+ ♔g7

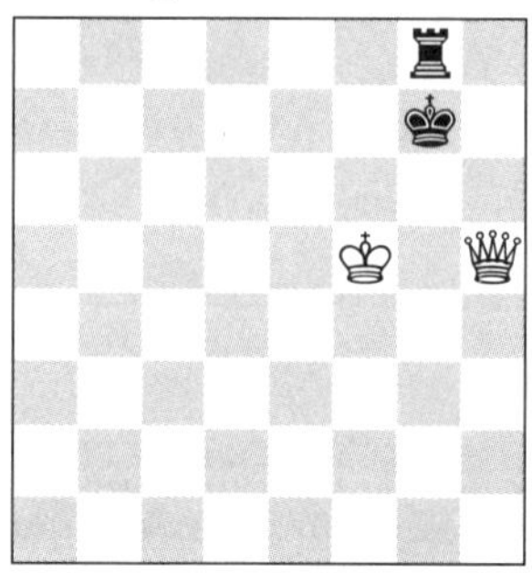

146.♔e6?
146.♕g6+! ♔f8 147.♕f6+ ♔e8 148.♔e6 gewinnt leicht. Man beachte, dass Weiß den schwarzen König lieber irgendwo in der Mitte des Brettrandes hätte anstatt in der Ecke, weil sich dann weniger Pattmöglichkeiten ergeben.
146...♖f8 147.♕g5+ ♔h7 148.♔e7 ♖g8 149.♕h5+ ♔g7
Nun sind wir wieder in der zweiten der beiden Verteidigungs-Schlüsselstellungen gelandet.
150.♕f7+ ♔h8 151.♔f6??

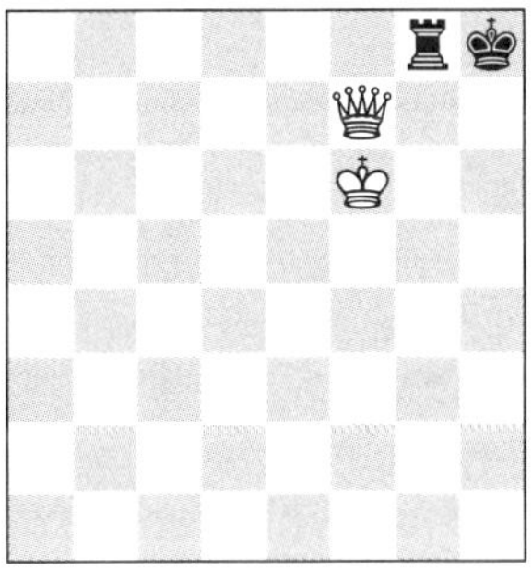

Derselbe Schnitzer wie in der vorigen Partie.
151...♖g6+!!
Und das Spiel sollte remis sein, was es dann auch war. Doch ironischerweise wurde das Unentschieden nicht durch ewiges Schach oder Patt besiegelt, sondern durch die Fünfzig-Züge-Regel. Schwarz gab unerklärlicherweise ein seitliches Schach, anstatt an der g-Linie festzuhalten, was wieder zu einer verlorenen Stellung führte – aber zu diesem Zeitpunkt hatte Weiß keine Züge mehr übrig:
152.♔f5 ♖g5+ 153.♔f4 ♖g4+ 154.♔f3 ♖g3+ 155.♔f2 ♖g2+ 156.♔e1 ♖g1+ 157.♔d2 ♖d1+ 158.♔c3 ♖c1+ 159.♔b4 ♖b1+ 160.♔a3 ♖a1+ 161.♔b2 ♖b1+ 162.♔a3 ♖a1+ 163.♔b4 ♖b1+ 164.♔c5 ♖b5+ 165.♔d4 ♖b4+ 166.♔c3 ♖b6 167.♕e8+ ♔h7 168.♕d7+ ½:½

4) ♔+♗+♙ vs. ♔

Mehr unter der Bezeichnung „Randbauer und falscher Läufer" bekannt, ist dieses Endspiel ein häufiger Gast in den Turniersälen und zugleich viel einfacher als unser vorhergehendes Endspielthema. Wenn man ihm als Jugendlicher erstmals begegnet, ist es schwer zu glauben, dass es einer solch überlegenen Streitkraft nicht gelingt, einen einzelnen König zu besiegen, wo doch so viele Endspiele mit ♔+♙ vs. ♔ gewonnen sind.
Natürlich ist davon auszugehen, dass jeder Gegner das weiß. Der Trick besteht freilich darin, wie schon bei Chandler - Polgar gesehen, dieses Endspiel von weitem zu erkennen.

Elvira Berend 2300
Elisabeth Pähtz 2513
Batumi Frauenolympiade 2018 (8)

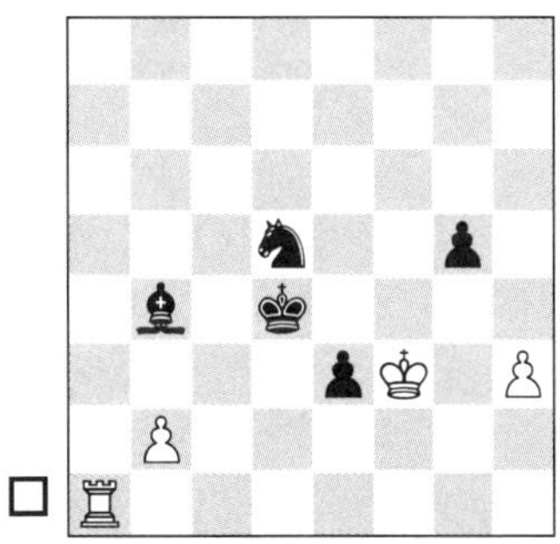

Weiß kann ...♔d4-d3, ...e3-e2 usw. nicht verhindern. Also:

62.♖g1!!

Stellt Schwarz vor eine schwierige Wahl. Einzig 62...♘f4!! gewinnt nach weiterem 63.h4 ♔d3! 64.hxg5 ♘e6! 65.♖g2 e2!, was ♔+♗+♘ vs. ♔ erzwingt. Doch solche Berechnungen scheinen einerseits unnötig riskant, und zudem lauert die unangenehme Aufgabe, unter Zeitdruck mit Läufer und Springer mattsetzen zu müssen.

Die menschlichere Reaktion ist, die Stellung langsam zu spielen und beide Bauern auf dem Brett zu behalten. Es stellt sich jedoch heraus, dass der natürlich anmutende Versuch, mit

62...♗e7??

die Kontrolle zu behaupten, einen hübschen Trick erlaubt:

63.h4!! gxh4 64.♖d1+ ♔e5

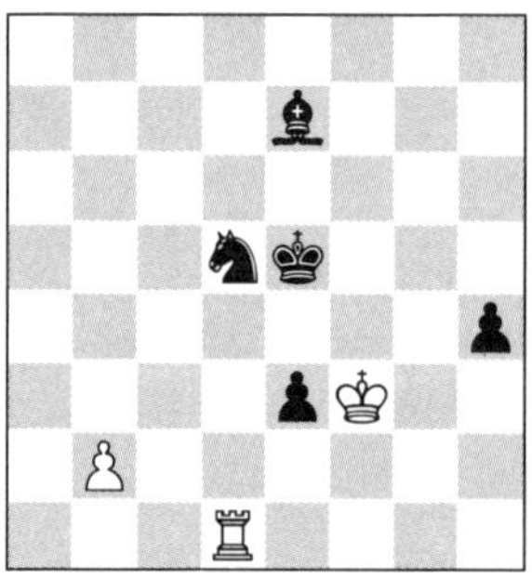

65.♖xd5+! ♔xd5 66.♔xe3

Damit ist die Partie gerettet.

66...h3 67.♔f2 ♗d6 68.♔g1 ♔c4 69.b4 ♔xb4 70.♔h1 ♗h2 ½:½

Häufig kommt dieses Motiv als Schwindelversuch zum Tragen, wenn der Gegner Ungeduld zur Schau stellt, wie etwa in der folgenden Tragikomödie.

Lajos Portisch 2640
Lubomir Kavalek 2590
Montreal 1979 (16)

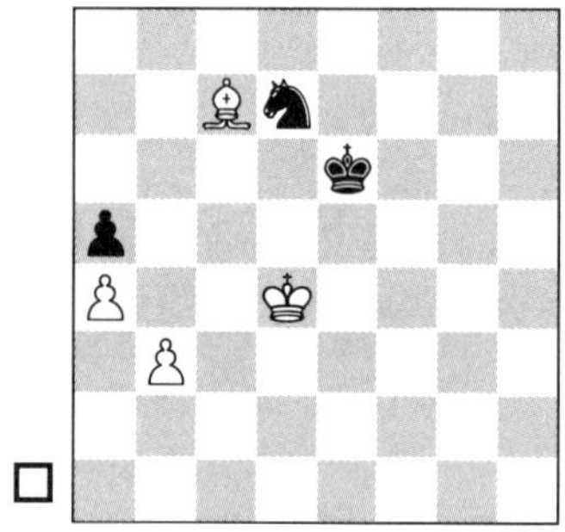

61.♗xa5

Viel einfacher ist 61.♔c4!. Es gibt keinen Grund, sich zu beeilen.

61...♔d6 62.b4??

Doch diese abermalige Ungeduld hat dramatische Konsequenzen. Erneut war 62.♔c4! vonnöten.

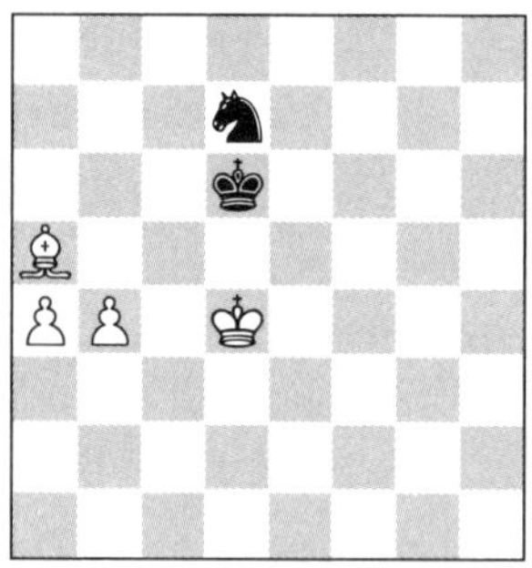

62...♘b8!!

Dieser studienartige Rückzug droht 63...♘c6+, was sogar nach 63.b5 folgt.

Wie er es auch dreht und wendet, Weiß kann seinen essentiellen b-Bauern nicht behalten.

63.♔c4 ♘c6 64.♔b5 ♘xb4 65.♔b6 ♘d3!
Remis.

Andererseits lässt sich der Anlass für einen Schwindel auch manchmal auf reine Sorglosigkeit zurückführen.

Lev Gutman
Vladas Mikenas
Riga 1969

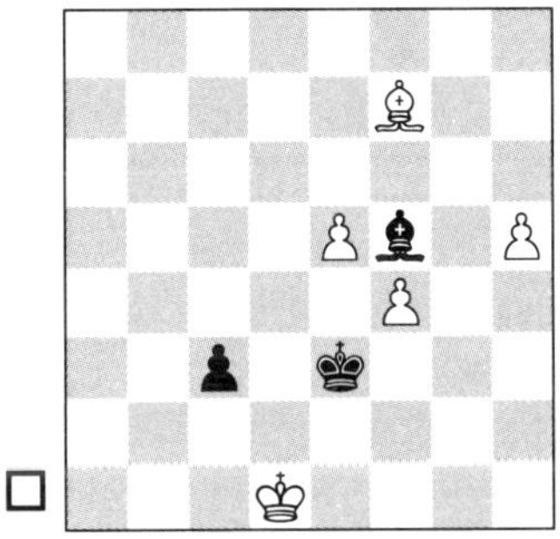

Jeder der beiden Bauernvorstöße gewinnt trivial, doch stattdessen folgte
1.♗g6?? ♔xf4 2.♗xf5 ♔xe5!
mit Remis.

5) ♔+♗+♙ vs. ♔+♙

Analog zu diesem Thema gibt es ein paar weitere Standard-Remisstellungen mit der Konstellation König, Läufer und Bauer gegen König und Bauer. Nachfolgend eine kurze Liste dieser Mini-Festungen mit dem Läufer:

ENDSPIELFESTUNGEN MIT EINER LEICHTFIGUR: LÄUFER

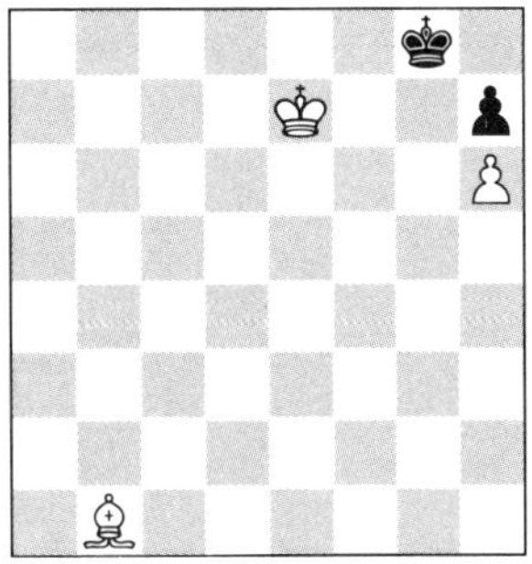

Remis (Sibilio - Belotti, 1988)

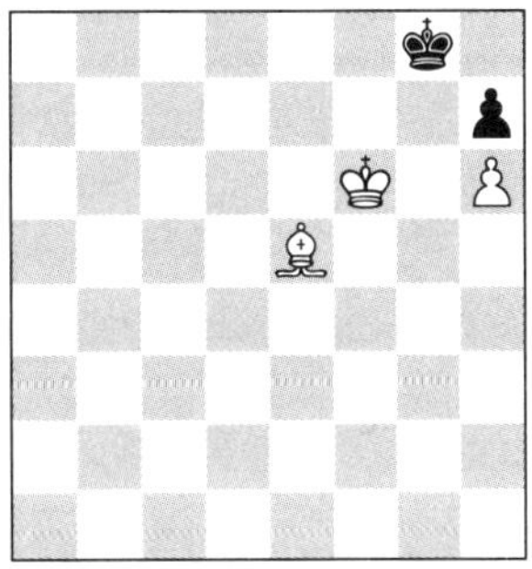

Remis (Rubinstein - Omeljanski, 1906 – aber nicht 1...♔h8?? 2.♔f7#!)

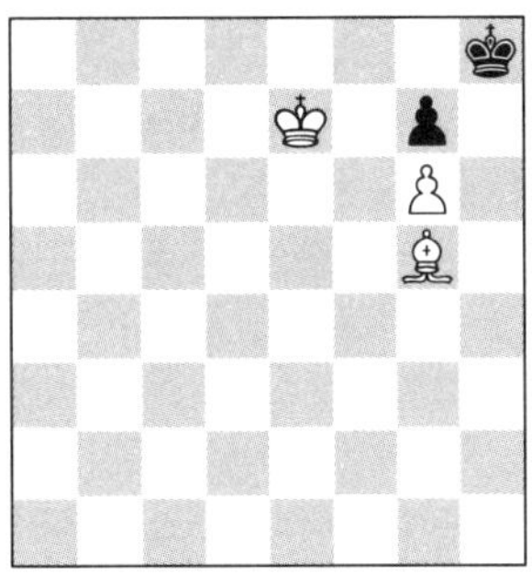

Remis (Minnullin - Hector, 1994)

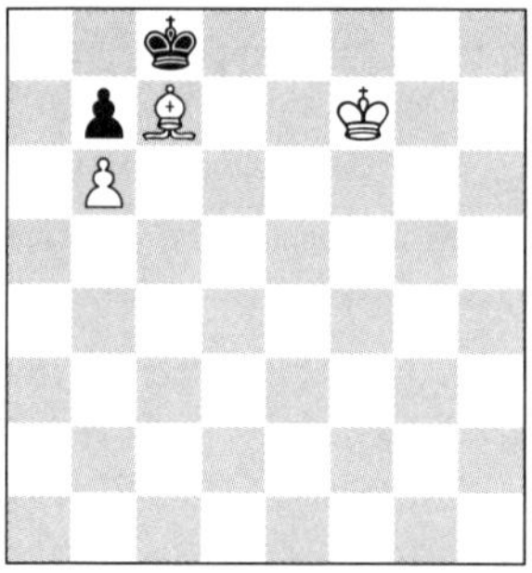

Remis (Siemms - Panno, 1953)

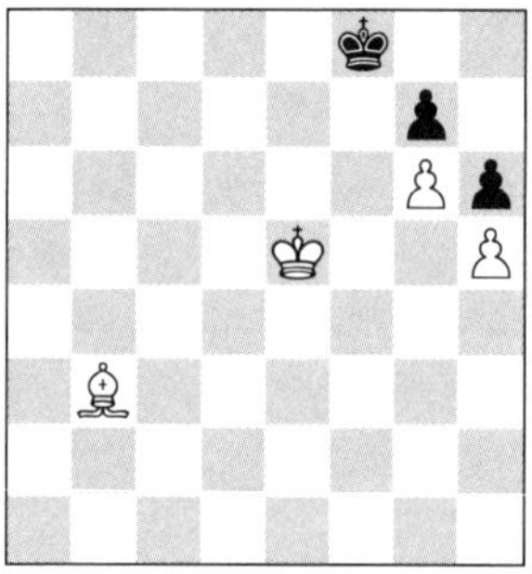

Remis (Vogler - Preiß, 1989)

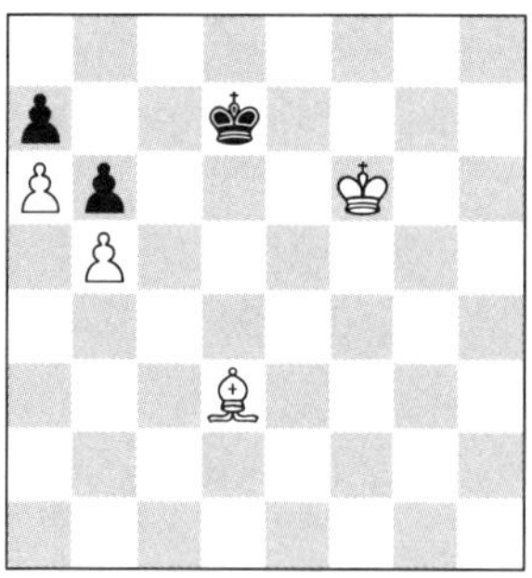

Remis (T. Hansen - Tikkanen, 2001)

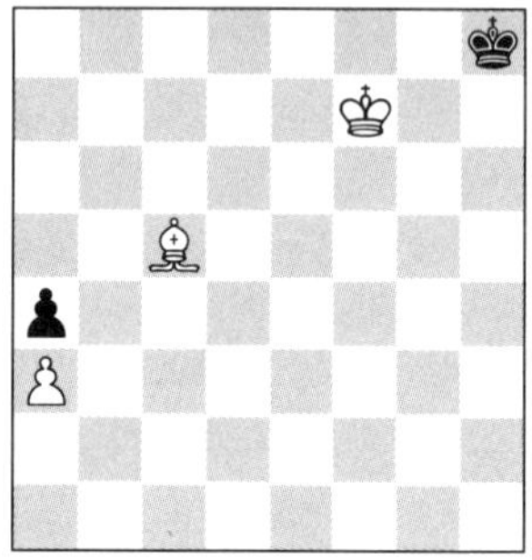

Remis (Kortschnoj - Karpow, 1978)

Wir können hier auch gleich die analogen Endspielstellungen mit Springern diskutieren. Diese sind in der Praxis zwar seltener anzutreffen; es ist dennoch nützlich, sie zu kennen. Es gibt ein paar wenige Konstellationen mit dem Bauern auf der siebten Reihe, bei denen Springer und Bauer gegen den König nur remis machen. Mit je einem Bauern, blockiert auf der sechsten und siebten Reihe, ist die Stellung bei einem Randbauern ebenfalls unentschieden. Aber – und das ist wichtig – mit einem Springerbauern ist es ein Gewinn.

ENDSPIELFESTUNGEN MIT EINER LEICHTFIGUR: SPRINGER

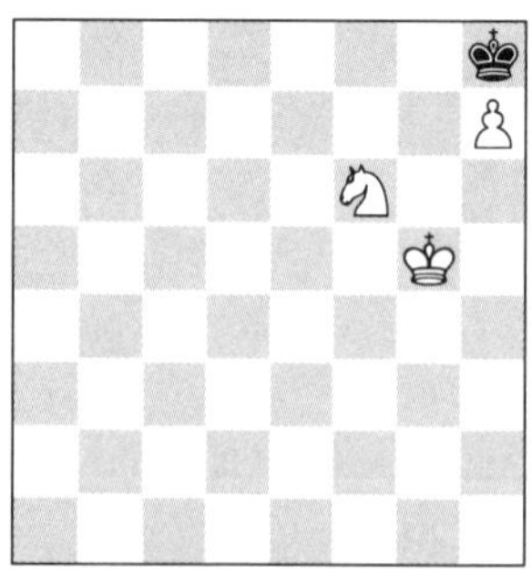

Remis (Bukawschin - D. Ponomarjew, 2015)

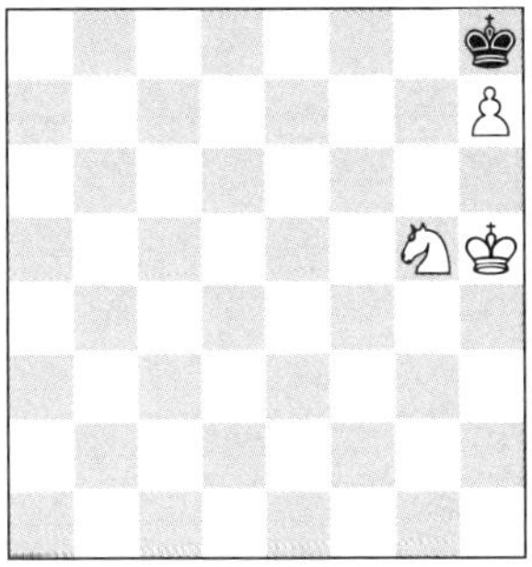

Remis (Zhao Xue - Kostenjuk, 2014)

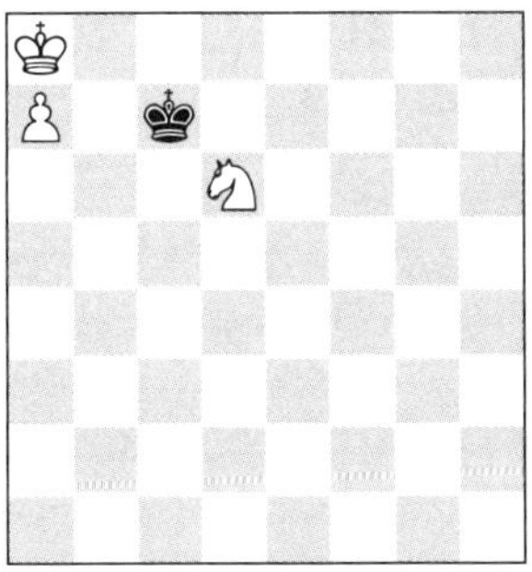

Mit Weiß am Zug remis (Varga - Dinev, 2016)

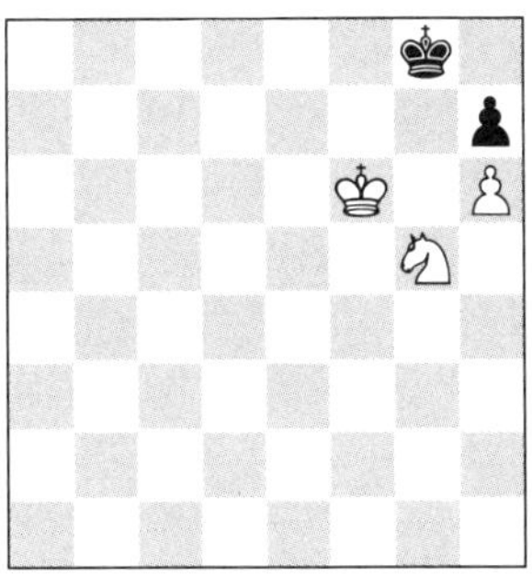

Remis (Kramnik - Carlsen, 2010)

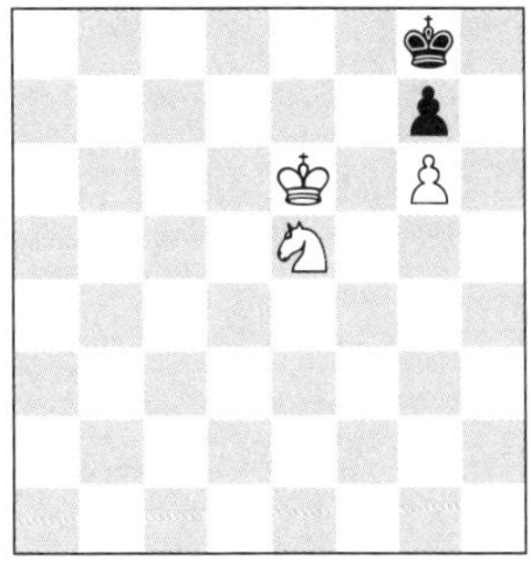

Weiß gewinnt mit 69.♘d7! ♔h8 70.♘f6! (Landa - Bergez, 2005).

Auch hier ist die Kenntnis dieser Positionen nur der erste Schritt. Der Schlüssel ist, sie im Voraus zu erspähen.

Nikolaos Aggelis 2294
Mateusz Bartel 2611
Griechenland Mannschaftskampf 2011 (5)

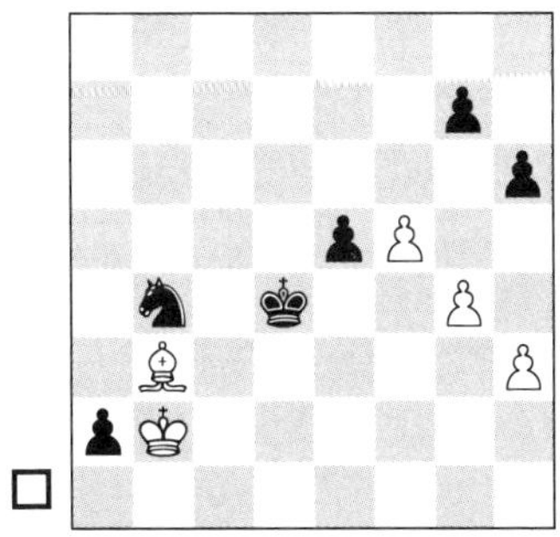

Die Teamkollegen von Weiß müssen sich gefragt haben, warum ihr Mitspieler diese Stellung aus der griechischen Mannschaftsmeisterschaft nicht schon aufgegeben hat. Gegen einen starken Großmeister mit über 300 Punkten mehr und in aussichtslos verlorener Lage verlässt sich Weiß auf eines der vier Mantras des Schwindlers: *Man weiß nie.*

51.h4!

Ein guter Auftakt. Wenn es noch Hoffnung geben soll, muss Weiß nach der alten Endspielmaxime „Wenn man materiell zurückliegt, muss man Bauern tauschen, nicht Figuren“ handeln. Er schafft auch den vagen Anschein einer Freibauernbildung am Königsflügel, obgleich die Drohung stärker aussieht als sie in Wirklichkeit ist.

51...e4 52.g5 e3 53.♗d1

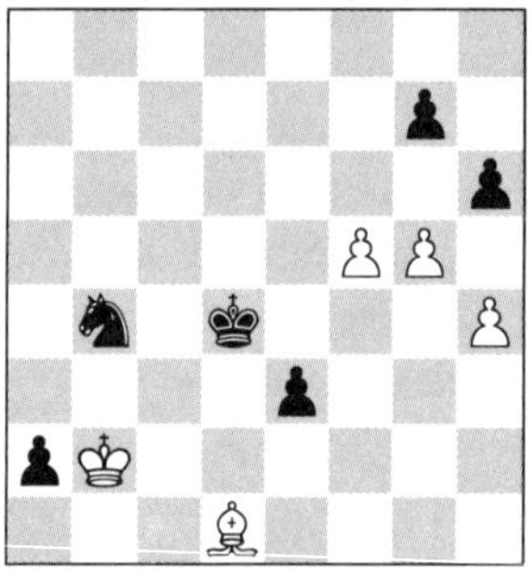

53...hxg5

Gewinnt immer noch, ist aber ein Anzeichen dafür, dass Schwarz „Gespenster sieht“, oder vielleicht auch NICHT die möglichen Fußangeln. Schwarz mag sich sogar Sorgen über einen möglichen Bauerndurchbruch in der Art von 54.f6 gxf6 55.gxh6 gemacht haben, doch tatsächlich wird das leicht pariert, z.B. 53...♘d5! 54.f6 ♘xf6 55.gxf6 gxf6, und Schwarz gewinnt, nachdem er ...e3-e2 durchgesetzt hat, mit Leichtigkeit das Bauernendspiel.

54.hxg5 ♔e5??

Doch das wirft den Gewinn weg. Es ist zwar verlockend, einen zweiten Bauern einzusammeln, doch ist sich Schwarz der entstehenden Festung nicht bewusst.

Stattdessen hätte 54...♘d5! auf ähnliche Weise wie in der vorigen Anmerkung gewonnen.

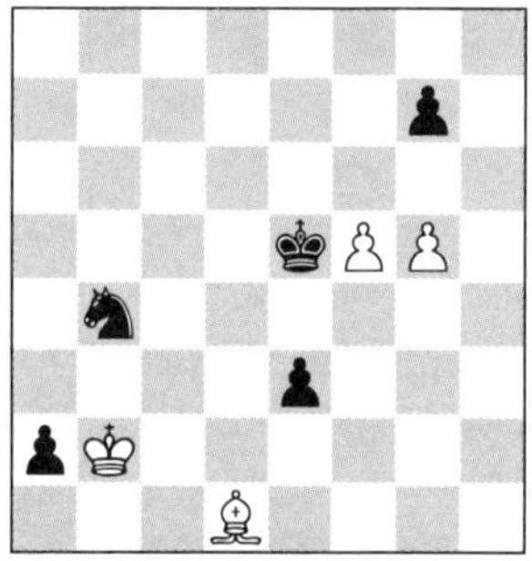

55.f6! gxf6 56.gxf6! ♔xf6 57.♗e2 ♔g5 58.♗f1 ♔f4 59.♗e2 ♔g3 60.♗h5 ♔f2 61.♗g4

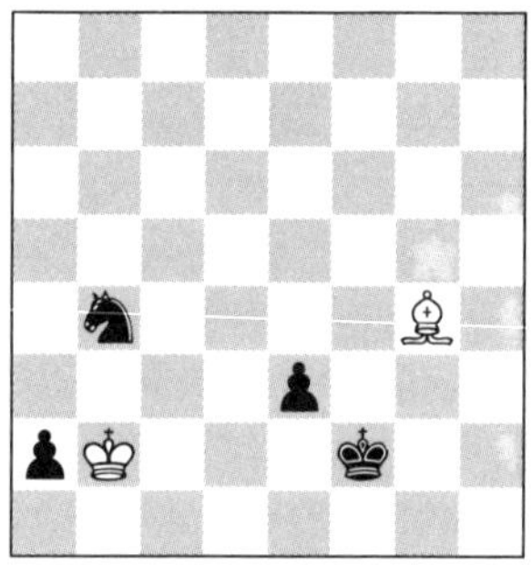

Die Falle schnappt zu! Zu spät erkennt Schwarz, dass er den Läufer nicht gewinnen kann, da das Endspiel mit König gegen König, Springer und Bauer auf a2 ein Buchremis ist. Es scheitert auch der Versuch, clever zu sein, a2 über Bord zu werfen und den Springer nach f3 zu bringen, da Weiß dies mit ♗d1 vermeiden wird – gegen einen Mittelbauern hat der Läufer keine Probleme, das Remis zu halten. Eine tolle Belohnung für die Widerstandsfähigkeit des Amateurs.

61...♔g2 62.♗h5 ♔g3 63.♔a1 ♔h4 64.♗f3 ♔g5 65.♔b2 ♔f4 66.♗h5

♔e4 67.♗g4 ♔e5 68.♗h5 ♔f4 69.♔a1 ♔e5 70.♔b2 ♔d4 71.♗g4 ♔d3 72.♗h5 e2 73.♗xe2+ ♔xe2 74.♔a1 ♔d2 75.♔b2 ♔d1

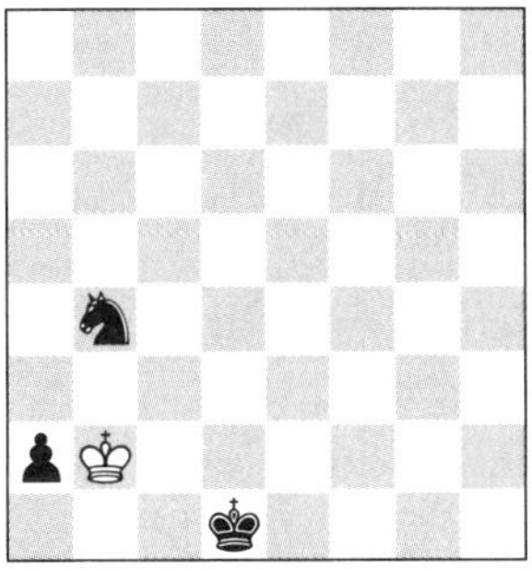

76.♔a1 ♔c1 ½:½

6) ♔+♕ vs. ♔+♙

Ein weiteres grundlegendes Endspiel, das Sie schon kennen sollten, mit der Quintessenz, dass hier die schwächere Seite dank Patt-Tricks mit einem Läufer- oder Randbauern Remismöglichkeiten hat. Auch hier lautet die wesentliche Botschaft: man muss diese elementaren Endspiele im Voraus erkennen.

Tuan Minh Tran 2512
Iyer Akash Pc 2432
Bhubaneswar 2018 (7)

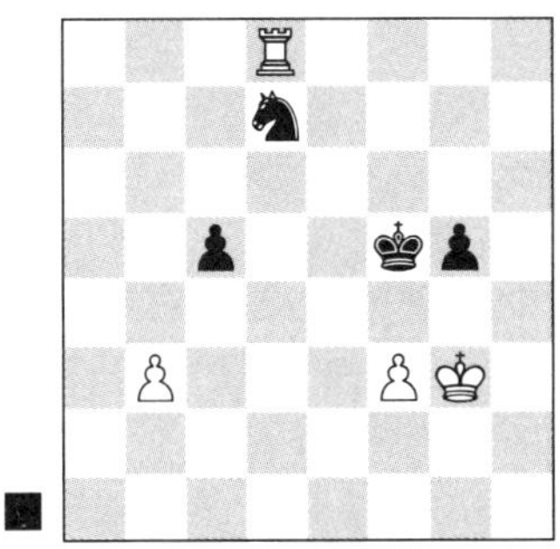

54...♔e6!
Ein sehr offenkundiges Danaergeschenk, das Weiß einen klaren Weg zum Sieg auf dem Silbertablett serviert. Weiß zählt und zählt nach: ich wandle um, und er nicht!
55.♖xd7?? ♔xd7 56.♔g4 ♔c6 57.♔xg5 ♔b5 58.f4 ♔b4 59.f5 ♔xb3 60.f6 c4 61.f7 c3 62.f8♕ c2

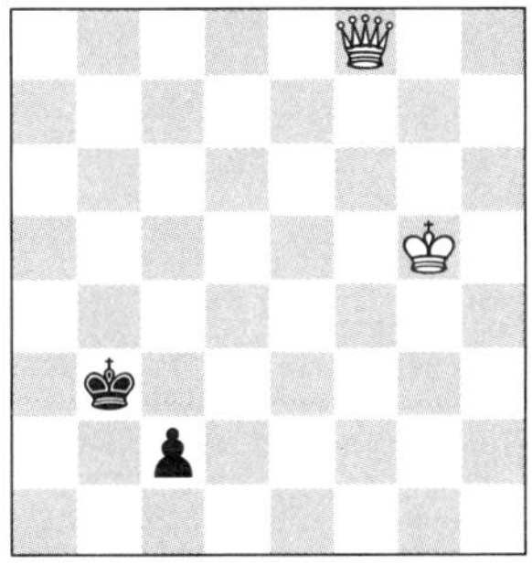

In der Tat bleibt der schwarze Bauer ein Bauer, aber als Läuferbauer ist er weit genug vorgedrungen, um das Remis zu sichern. Weiß würde gewinnen, wenn er seine Dame nach a1 oder c1 bringen könnte, doch hierfür gibt es keine Möglichkeit: Remis.

Ian Rogers 2470
Wassili Smyslow 2570
Groningen 1989 (5)

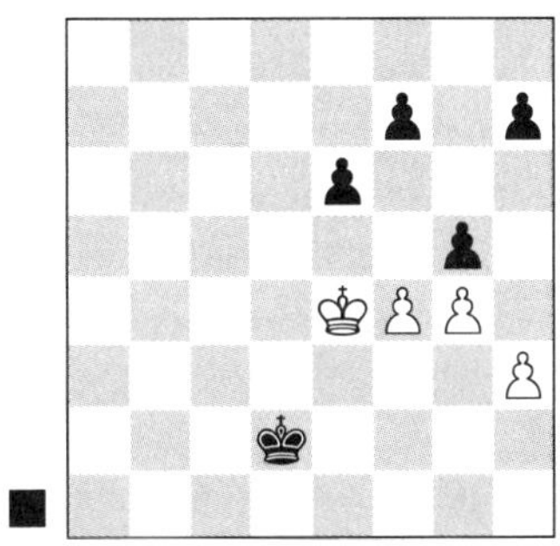

Dem armen Smyslow ergeht es in diesem Buch gar nicht gut. Gegen den höchstdekorierten Spieler Australiens könnte er dieses Lehrbuchendspiel mit jedem der folgenden Züge gewinnen: 52...gxf4, 52...f6, 52...♔e2 oder 52...♔e1. Aber nicht

52...h6?? 53.f5!!,

und der Läuferbauer rettet den Tag:

53...exf5+ 54.gxf5! f6

Oder 54...h5 55.f6.

55.♔d5 h5 56.♔e6 g4 57.hxg4 hxg4 58.♔xf6 g3 59.♔e7!

Und nicht auf die g-Linie!

59...g2 60.f6 g1♕ mit Remis.

Wenn ein Spieler diese Endspiele mit Turm- oder Läuferbauern erlernt, muss er auch die Gewinnzonen für den König der überlegenen Seite kennen, von der aus dieser heranfliegen kann, um ein Matt zu erzwingen, selbst nachdem der Gegner umgewandelt hat. Vergessen Sie nicht, das zu lernen, da hier auch starke Spieler danebenliegen können.

Wesley So 2875
Wladimir Fedoseew 2821

Fischer-Random-WM (Viertelfinale) 2019

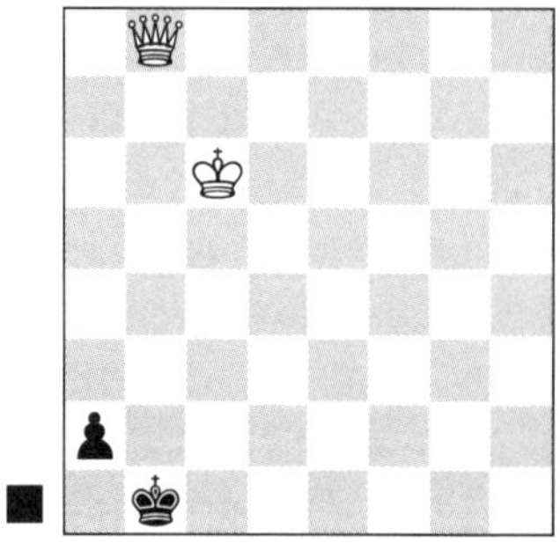

Bei der ersten Fischer-Random-Weltmeisterschaft hatte sich Wladimir Fedoseew gut geschlagen und gelangte ins Viertelfinale gegen den späteren Sieger Wesley So.

Nach all der harten Arbeit, die er zuvor geleistet hatte, um dieses unentschiedene Endspiel zu erreichen, und mit viel Zeit auf der Uhr, verlor Fedoseew unerklärlicherweise die Konzentration:

1...♔a1?? 2.♔b5!

Hebt das Patt vorübergehend auf, um den König in die Gewinnzone zu bringen. Angesichts von 2...♔b2 3.♔c4+ ♔c1 4.♕f4+ ♔b1 5.♔b3 gab Schwarz auf.

Ich kann nicht widerstehen, hier eine letzte Partie zu zeigen, um zu demonstrieren, dass mitunter auch andere Bauern remis halten.

Aleksander Mista 2562
David Navara 2710

Tschechien Mannschaftskampf 2012/13 (4)

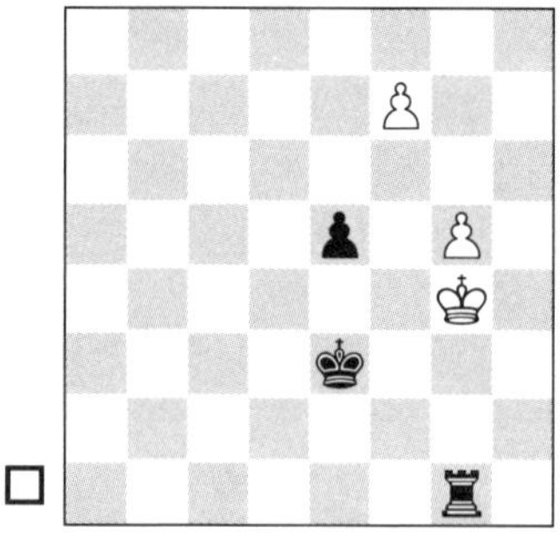

Weiß gewinnt mit 52.♔h3 oder 52.♔h4, obgleich es selbst nach der Umwandlung ein langer Prozess ist, zunächst den schwarzen Bauern zu gewinnen und dann mit ♔+♕ vs. ♔+♖ (wie wir vorhin gesehen haben) den Sieg herauszuquetschen. Um sich so etwas Langatmiges zu ersparen, nimmt Weiß eine simple Abkürzung:

52.♔f5?? ♖f1+ 53.♔e6 ♖xf7! 54.♔xf7 e4 55.g6

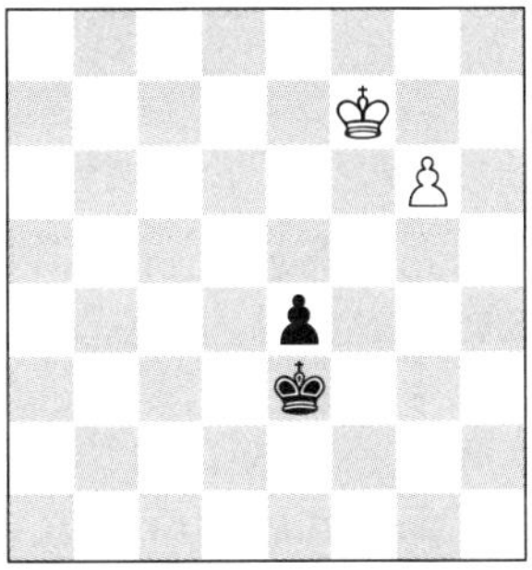

55...♔f2!! 56.g7 e3 57.g8♕ e2

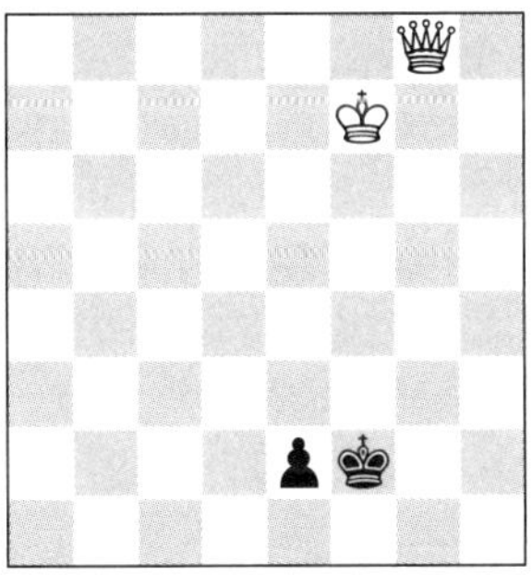

Jeder Jugendliche weiß, dass eine Dame gegen einen Zentrums- oder Springerbauern gewinnt, da es hier keine Patt-Tricks gibt und die stärkere Seite mit standardmäßigen Fessel- und Schachmanövern ihren König allmählich annähern kann. Diese Regel gilt für 99 Prozent der Fälle. Aber ohne Fessel- oder Schachmöglichkeiten ist es hier die einprozentige Ausnahme.

58.♕e8 e1♕ 59.♕xe1+ ♔xe1 ½:½

7) ♔+♖+♙ vs. ♔+♗

Die meisten Spieler lernen von klein auf, dass ♔+♖ vs. ♔+♗ remis ist. Die verteidigende Seite führt ihren König einfach in die Ecke mit der entgegengesetzten Farbe des Läufers, wonach König und Turm keinen Fortschritt machen können, ohne ein Patt zu erlauben.

Weniger bekannt ist, dass das Endspiel mitunter sogar remis ist, wenn die überlegene Seite einen zusätzlichen Bauern hat – und selbst wenn die Stellung theoretisch gewonnen ist, ist dies oft eine technisch äußerst anspruchsvolle Aufgabe. Dies kann eine sehr nützliche Verteidigungsidee sein, die überraschend selten in Lehrbüchern erwähnt wird.

Sergej Dolmatow 2545
Tamas Georgadse 2530
Erewan Zonenturnier 1981 (3)

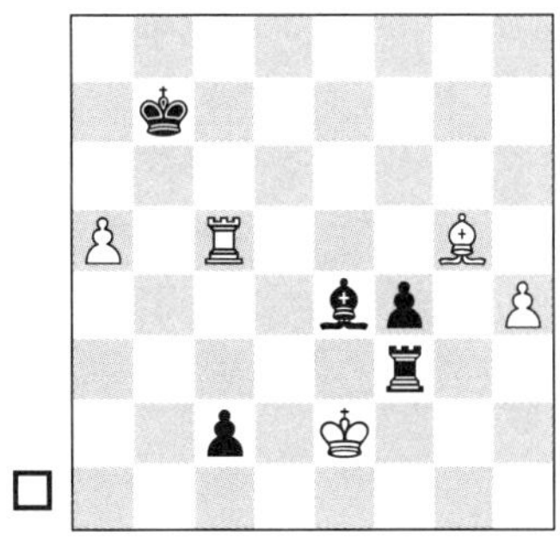

Die schwarzen Bauern sind viel schneller als ihre Gegenüber. Weiß steht vor einer schwierigen Aufgabe, z.B. 90.♖c4 ♖h3! (droht 91...♗d3+) 91.♖b4+ ♔a6 92.♗xf4, und jetzt ...

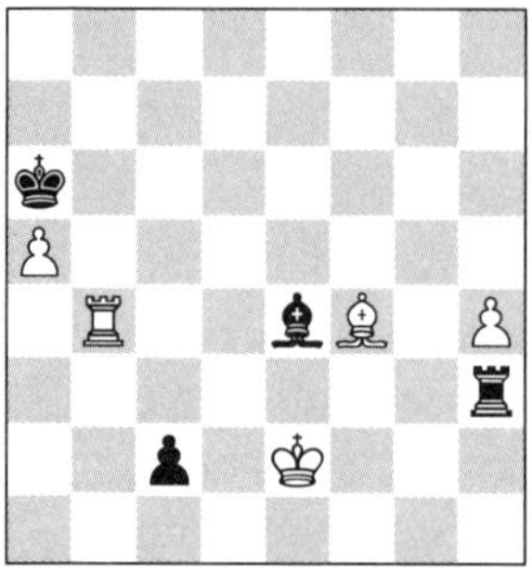

Analysediagramm

92...♖h2+!, und Weiß hat nichts besseres, als in ein Endspiel ♔+♕ vs. ♔+♖ einzuwilligen nach 93.♗xh2 c1♕ 94.♖xe4 ♕c2+!, da Schwarz nach 93.♔e1 mit 93...♗d3 ein Killerschach mit dem Turm auf e2 droht.

Endspielspezialist Sergej Dolmatow findet eine hartnäckigere Verteidigung:

90.♖xc2!! ♖e3+ 91.♔d2 ♗xc2 92.♔xc2

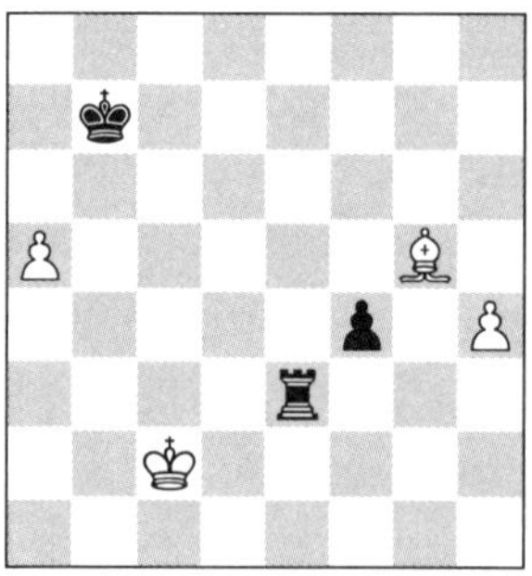

Hier ist 92...♖e2+! der präzise Gewinnzug, was das Schlüsselfeld f2 kontrolliert. Schwarz begeht stattdessen den äußerst menschlichen Irrtum, sich darauf zu konzentrieren, gegnerische Bauern zu eliminieren – ein häufiger Fehler in derartigen Endspielen.

92...♖e4?? 93.♔d3 f3 94.♗e3! ♖xh4 95.♗f2!

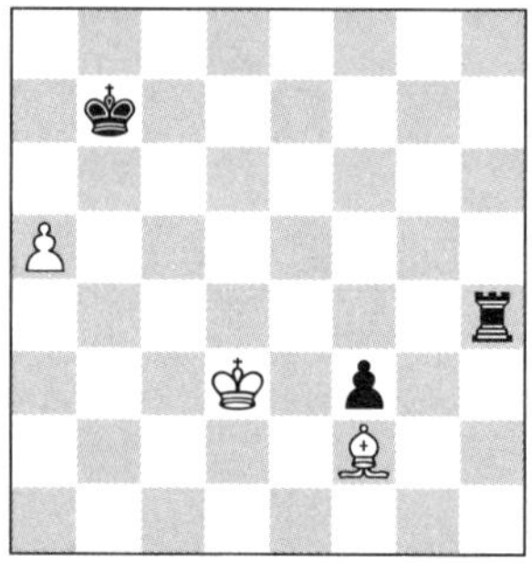

Der Bauer a5 ist verloren, doch das ist irrelevant. Dieses Endspiel ist tatsächlich ein theoretisches Remis, doch auch in ganz ähnlichen Stellungen, in denen es einen Gewinn gibt, ist dieser oft nur schwer zu erreichen, und es ist mithin die Sache wert für den Schwindler. In der Partie versucht es Georgadse noch viele Züge lang, muss aber schließlich ins Remis einwilligen.

95...♖f4 96.♔e3 ♖f7 97.♗g3 ♔a6 98.♔f2 ♔xa5 99.♗e5 ♔b5 100.♗d4 ♔c4 101.♗b6 ♔d3 102.♗c5 ♔e4 103.♗b6 ♖f5 104.♗a7 ♖f6 105.♗c5 ♖a6 106.♔f1 ♖c6 107.♗a7 ♖c2 108.♗b6 ♔f4 109.♗d4 ♔g4 110.♗a7 ♖h2 111.♗b6 f2

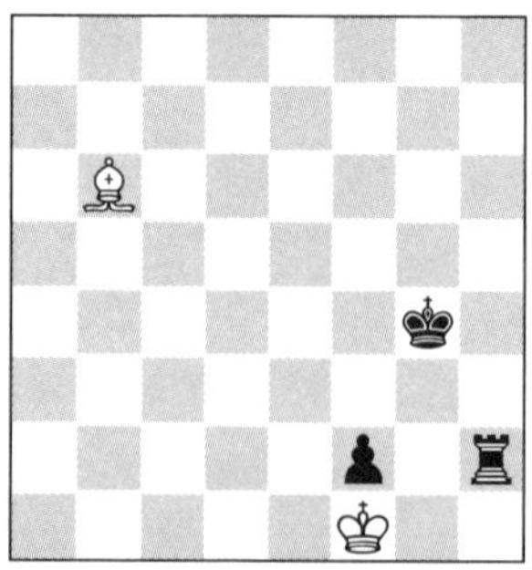

112.♔e2!

Der letzte Kniff, den man kennen muss: 112.♗xf2?? ♔f3! mit Gewinn. **112...♔g3 113.♗c5! ♖g2 114.♗b6 f1♕+ 115.♔xf1 ♔f3 116.♔e1 ♖a2 117.♗c5 ½:½**

Im Kapitel zu den Festungen sehen wir bei Michalewski - Wiersma ein weiteres Beispiel.

8) Verschiedenfarbige Läufer

Dies ist ein ganzes Thema für sich, welches in den meisten guten Endspielbüchern gründlich behandelt wird. Es reicht zu konstatieren, dass dies eine wichtige Thematik ist, die man bei Schwindeleien im Auge behalten sollte. Wir sehen uns zur Illustration nur ein bekanntes Beispiel an.

Mark Taimanow
David Bronstein

Leningrad Mannschaftsturnier 1960

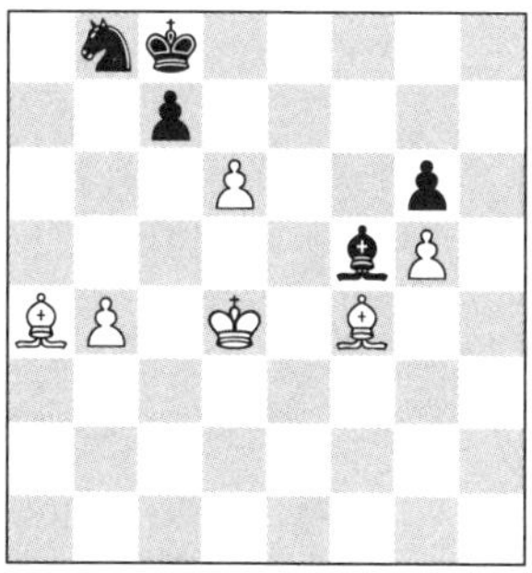

Ein nettes Beispiel unter Mitwirkung zweier großer sowjetischer Meister der Sechziger Jahre. Es scheint keine Rolle zu spielen, ob Schwarz 69...cxd6 oder 69...c6 spielt, und in der Tat sollte es auf dasselbe hinauslaufen (ein verlorenes Endspiel). Hinter einem dieser Züge verbirgt sich allerdings eine listige Falle, und dieser sollte mithin bevorzugt werden.

69...c6! 70.d7+! ♗xd7!

Nun führt 71.♗c2! zu einem technischen Gewinn, der zwar Geduld erfordert, aber kristallklar ist. Aber das gilt anscheinend auch für das technische Läuferendspiel nach Abtausch auf b8, und dazu geht es viel schneller. Die Gefahren einer Abkürzung!

71.♗xb8??

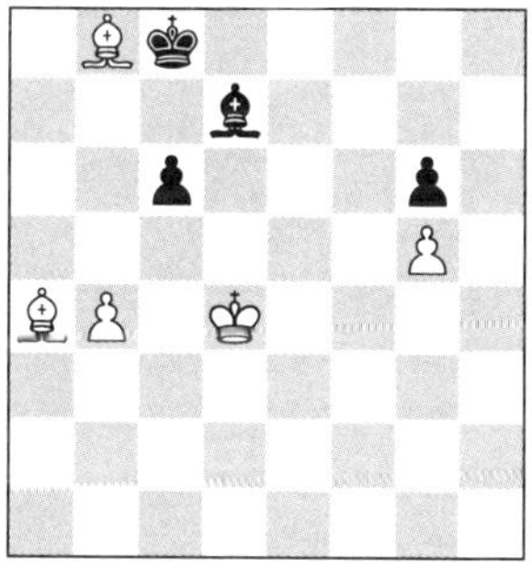

71...c5+!!

Zu seinem Entsetzen realisiert Weiß, dass er ein Läuferendspiel bekommen wird, doch sicherlich nicht jenes, das er sich gewünscht hat. Niedergeschlagen und enttäuscht stimmte Taimanow dem Remis zu.

9) ♔+♘+♘ vs. ♔(+♙)

Ich habe gezögert, dieses letzte Endspiel aufzunehmen, da es im praktischen Spiel nicht oft vorkommt. Und wir alle wissen, dass zwei Springer gegen einen einsamen König kein Schachmatt erzwingen können. Aber man sollte es trotzdem erwähnen, da dieses Endspiel oft zu einem früheren Zeitpunkt „angedroht" wird, ohne dann jemals tatsächlich aufs Brett zu kommen. Dies ist typischerweise der Fall, wenn die überlegene Seite zwei Springer und einen oder mehrere Bauern gegen einen Turm und Bauern oder aber zwei Springer und einen oder mehrere Bauern gegen eine Leichtfigur und Bauern hat. In diesen Fällen kann die verteidigende Seite versuchen, ihre verbleibende Figuren für den oder die Bauern der überlegenen Seite zu opfern.

Ich möchte kurz erwähnen, dass zwei Springer gegen einen König und einen Bauern Schachmatt erzwingen können, solange der Bauer noch nicht weit vorgedrungen ist. Die Schwelle hierfür ist die berühmte „Troitski-Linie", die Sie selbst nachschlagen können. Aber um ehrlich zu sein, selbst wenn der Bauer hinter der Linie steht, so dass die Stellung theoretisch gewonnen ist, ist die erforderliche Technik so ausgeklügelt, und diese Endspiele in der Praxis so selten, dass ich nicht empfehlen kann, Zeit für das Erlernen dieser Endspiele aufzuwenden. Es wäre besser für Sie, wenn Sie ♔+♖+♗ vs. ♔+♖ auffrischen würden!

Zum ein- und allerletzten Mal: Schulen Sie sich darin, diese Schlüsselendspiele so weit wie möglich aus der Ferne zu erkennen. Das Erkennen der damit verbundenen Möglichkeiten wird Ihnen helfen, versteckte Möglichkeiten und Schwindelgelegenheiten aufzuspüren.

Friso Nijboer 2515
Matthew Sadler 2667
Arnheim 1999 (5)

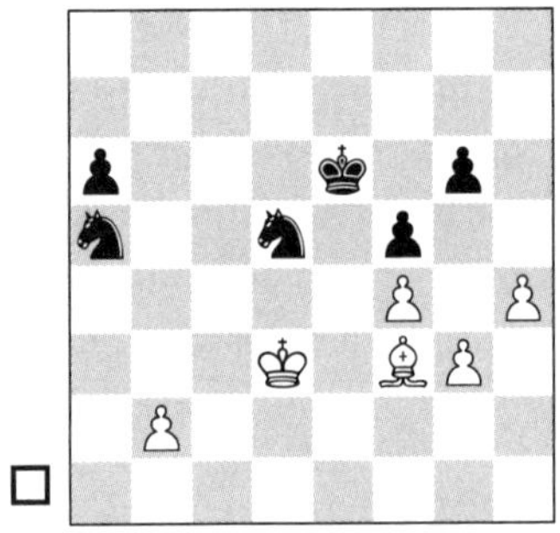

52.h5!

Folgt erneut dem allgemeinen Verteidigungsratschlag, dass man bei einem Materialrückstand Bauern und nicht Figuren tauschen soll.

52...gxh5 53.♗xh5 ♘f6 54.♗e2 ♘c6 55.♔c4 ♔d6 56.♗d3! ♘d5 57.♔b3! a5

Es war zwar sehr schwierig zu berechnen, doch 57...♔c5! 58.♗xa6 ♘a5+! 59.♔a3 (59.♔a4? ♘c4!) 59...♘c4+ 60.♔a4 ♘d6!

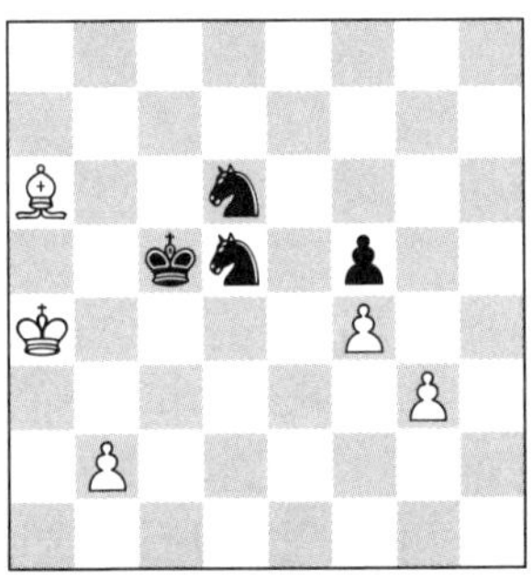

Analysediagramm

war der Weg, der zu beschreiten war, um zu versuchen, den verbliebenen Bauern möglichst lange zu bewahren (z.B. 61.♗d3 ♘e4!).

58.♗xf5!!

Eliminiert beide verbliebenen Bauern von Schwarz, auch wenn das entstehende Endspiel verloren ist. Doch wenn Matthew der „Alpha-Held" Sadler das nicht gewinnen kann, ist das gewiss eine sichere Wette gegen jeden Gegner.

58...♘d4+ 59.♔a4 ♘xf5 60.♔xa5 ♘xg3

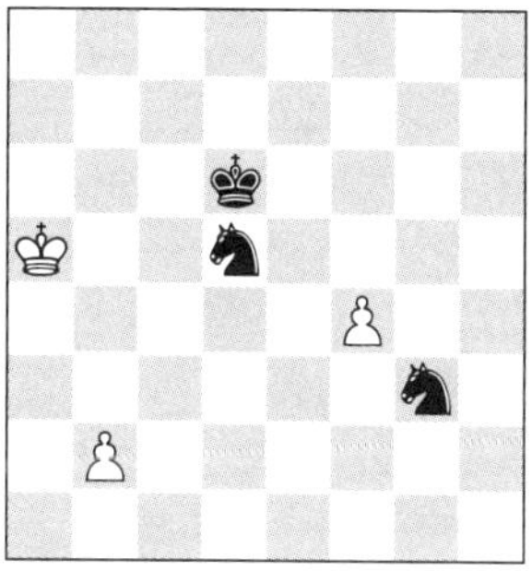

61.b4

61.f5! ist das zäheste, wonach 61...♘f6!! in 66 Zügen zum Matt führt. Im Allgemeinen bevorzugt es die verteidigende Seite, einen Springerbauern zu haben, oder ersatzweise einen Läuferbauern, damit die Springer beim abschließenden Mattmanöver die geringste Bewegungsfreiheit haben. Wenn Sie sich bezüglich dieses Endspiel nur an eines erinnern sollten, dann an dieses.

61...♘f5 62.b5 ♔c5 63.b6 ♘xb6 64.♔a6 ♘c4

Schwarz kann mit bestem Spiel in 16 Zügen mattsetzen, doch die Methode ist fürchterlich kompliziert. In der Partie fand Sadler den Weg nicht, und die Spieler remisierten nach der Fünfzig Züge-Regel.

KAPITEL 16

Festungen

Auf nach Helms Klamm! Lasst niemanden am Leben! – Saruman, *Der Herr der Ringe: Die zwei Türme*

Im Gegensatz zu Patt, Dauerschach und den zuvor beschriebenen Remisendspielen ist die Festung ein Remiskonzept, das in Einklang mit militärischer Kriegsführung steht. Die Geschichte ist voll von Beispielen, in denen die zahlenmäßig unterlegene Seite verzweifelt versuchte, in ihren Befestigungen den Ansturm des Feindes zu überdauern oder zumindest erheblich zu verzögern. Im 14. und 15. Jahrhundert widerstand eine winzige Garnison in Mont Saint-Michel während des gesamten Hundertjährigen Krieges unbesiegt der britischen Armee. Nach dem Niedergang des Weströmischen Reiches überlebte Rom nicht weniger als sieben Belagerungen, während Konstantinopel 17 Mal belagert wurde, bevor die Türken 1453 das Byzantinische Reich endgültig vernichteten. Im 17. Jahrhundert wurden einige hundert Malteserritter in Candia auf der heutigen Insel Kreta von einer Truppe von über 60 000 Osmanen belagert.

Die meisten Schachbücher beziehen sich beim Begriff der Festung auf eine objektiv undurchdringliche Verteidigung, wie zum Beispiel die bereits erwähnten Stellungen ♔+♗+♙ vs. ♔+♙. Dies ist ein weit verbreitetes Missverständnis. In der militärischen Strategie werden Festungen nicht in dem Glauben entworfen, dass sie niemals aufgebrochen werden können. Vielmehr besteht der Zweck einer Festung, wie z.B. einer Schlossbefestigung, darin, dem feindlichen Angriff so lange wie möglich standzuhalten. In der Kriegsführung kann ein längerer Widerstand die Vorräte des Feindes erschöpfen oder Zeit für die Ankunft von Verstärkungen schaffen. Im Schach erschöpft eine Festung den Gegner und hilft zugleich uns beim Warten auf unsere eigenen „Verstärkung“: die Fünfzig-Züge-Regel.

Dies ist nicht nur eine Spitzfindigkeit bezüglich der Terminologie. Es ist ein Faktum, dass wirklich uneinnehmbare Festungen in der Praxis recht selten sind; berühmt ist Magnus Carlsens Bemerkung, dass er nicht an deren Existenz glaube.[35] Eine der hübschesten „uneinnehmbaren“ Festungen der Schachgeschichte galt zwischenzeitlich als nicht viel mehr denn ein Bluff, wodurch es dann tatsächlich zu einem berühmten Schwindel wurde.

35 Dies sagte er allerdings auf der Pressekonferenz nach der 4. Partie seines Weltmeisterschaftsduells gegen Sergej Karjakin, nach einem Endspiel, das, soweit man es sagen kann, tatsächlich eine uneinnehmbare Festung war.

Arshak Petrosjan
Laszlo Hazai
Schilde U18 1970 (9)

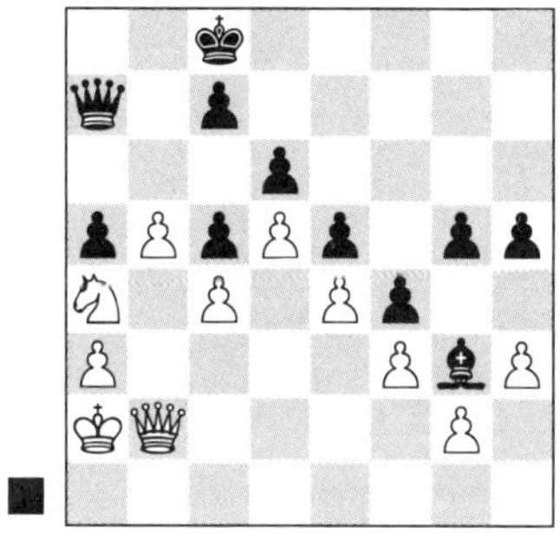

Eine Position, die unzählige Male wiederveröffentlicht wurde. Weiß droht 46.b6, was er selbst in Antwort auf 45...♔b7 (46.b6 ♕a6 47.bxc7+ ♔xc7 48.♕b5! mit Gewinn) spielen wird. Je länger man auf diese Stellung starrt, desto unausweichlicher scheint der Durchbruch b5-b6 mit nachfolgendem Gewinn zu sein. Doch mit einer erstaunlichen Freiheit von jedem schachlichen Dogma erkannte Hazai, dass es tatsächlich EINE Möglichkeit gibt, b5-b6 zu verhindern:

45...♕b6!!

Hier kann man von einer wahrhaft verlockenden Danaer-Dame sprechen! Schwarz gießt zu freilich hohen Kosten Zement in die Löcher am Damenflügel. Weiß spielte mit, aber nach

46.♘xb6+ cxb6 47.h4 gxh4 48.♕d2 h3!! 49.gxh3 h4

war das Brett völlig versiegelt, und mit seiner wertlosen Mehrdame blieb dem Weißen nichts anderes übrig, als sich ins Remis zu fügen:

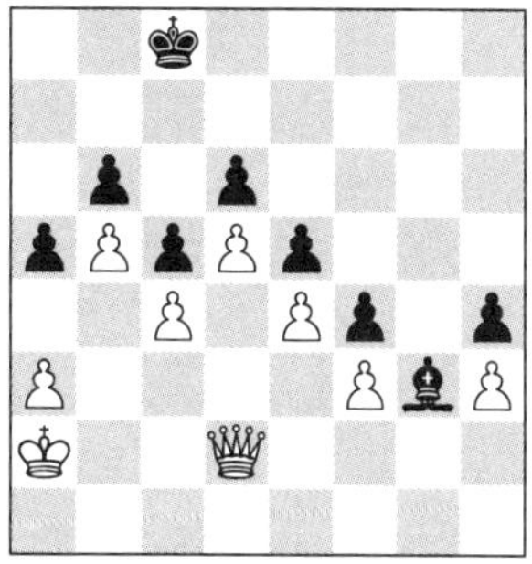

50.♔b3 ♔b7 51.♔a4 ♔a7 52.♕g2 ♔b7 53.♕b2 ♔a7 54.♕c2 ♔b7 55.♕c3 ♔a7 ½:½

In der englischen Originalausgabe dieses Buches schrieb ich hier: „Erstaunlicherweise jedoch war der 45. Zug von Schwarz mehr Bluff als Glanz. Indem er auf die Dame verzichtet und stattdessen ruhig einem schnöden Bauern nachjagt, kann Weiß einen allmählichen Gewinn erzwingen. Nach dem prosaischen 46.♕d2!

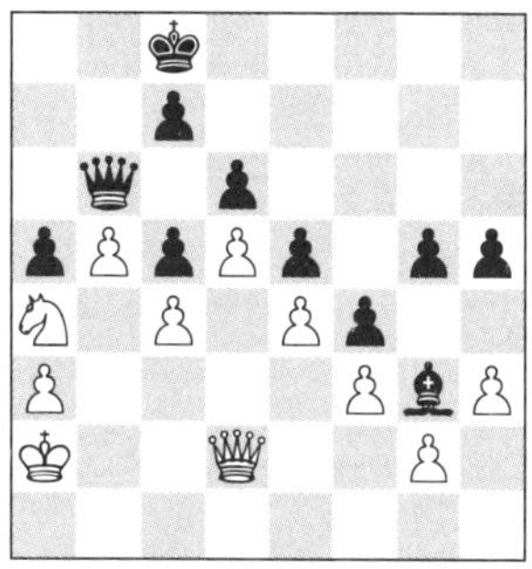

Analysediagramm

verfügt Weiß über den unaufhaltsamen Plan ♔b3, ♘b2, ♔a4 gefolgt von ♘b2-d3-c1-b3xa5."

Wie sich jedoch herausgestellt hat, liegen die Dinge nicht ganz so einfach, und die Stellung birgt für beide Seiten tiefe Ressourcen. Gemäß den jüngsten Erkenntnissen von Top-Analytikern hat Schwarz dabei genug Gegenspiel, um dieses faszinierende Endspiel Remis zu halten. Ungeachtet dessen bleibt es dabei, dass es für den Schwindler unglaublich nützlich ist, nach hartnäckigen Verteidigungsformationen Ausschau zu halten. Diese geben uns die bestmöglichen Chancen, unseren Gegner zu frustrieren und ihn zu schlechten Entscheidungen zu animieren, auch wenn es theoretisch einen Durchbruch geben mag.

Ein gutes Beispiel hierfür ist die Gelegenheit, die Schirow gegen Caruana verpasst hatte (eine sehr ungewöhnliche mit ♔+♕+♗+♗+♙+♙ vs. ♔+♕+♕!) und die wir bereits am Anfang dieses Buches gesehen haben. Wir werden uns in diesem Kapitel hauptsächlich auf diese Art von „Pseudo-Festungen" konzentrieren.

Victor Michalewski 2516
Eelke Wiersma 2362
Dieren 1999 (6)

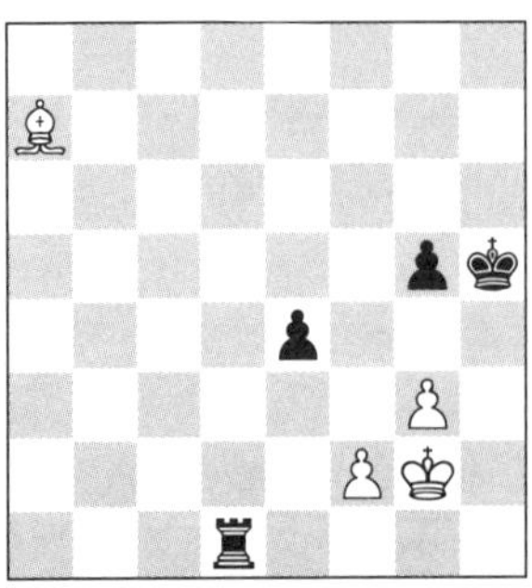

Schwarz hat gerade 54...♔g4-h5 gespielt, was einen offensichtlichen Gewinnplan droht: den Vorstoß ...g5-g4, gefolgt von einer Königswanderung nach e2, danach ...♖d1-d3-f3 und schließlich der Durchbruch ...e4-e3 mit Überleitung zu einem gewonnenen Bauernendspiel. Weiß wäre hilflos. Es gibt nur eine Möglichkeit, Schwarz vom Autopiloten abzubringen:

55.g4+!!

Ein meisterhafter Defensivschlag! Weiß opfert einen Bauern, um Gegenspiel zu schaffen.

55...♔xg4 56.♗e3 ♖d3 57.♗a7 ♔f5 58.♗b6 ♖b3 59.♗c5

Wenn Schwarz nun seinen Spaziergang zum Damenflügel mit dem König fortsetzt, greift Weiß den Bauern g5 an, um ...g5-g4 zu provozieren, wonach dieser für Angriffe durch den König verwundbar ist. Die Stellung ist technisch gewonnen, aber Schwarz ist nun gezwungen, das richtige Manöver zu finden, anstatt einem gebrauchsfertigen Plan zu folgen. Zunächst spielt er die Stellung langsam und vorsichtig, in der Hoffnung, dass sich die Gewinnmethode von selbst offenbaren wird:

59...♖b5 60.♗e3 ♔g4 61.♗a7 ♖b3 62.♗d4 ♔h4 63.♗c5 ♖d3 64.♗a7 ♖f3 65.♗b6 ♔g4 66.♗c5 ♔f5 67.♗b6 ♔e5 68.♗d8 ♖f8 69.♗e7

69.♗xg5?? ♖g8!.

69...♖f7 70.♗d8 ♔d4 71.♔f1 ♖f5 72.♔e2 g4

Nachdem es ihm nicht gelang, Fortschritte zu erzielen, gibt Schwarz nach und rückt den Bauern vor.

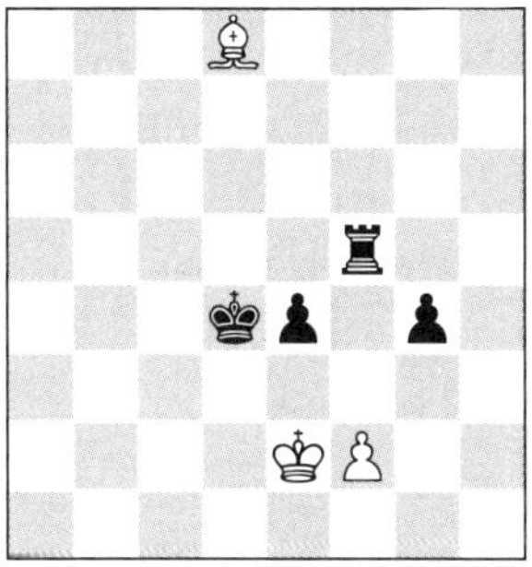

Die Festung kann noch immer geknackt werden, doch die Stellung erfordert von Schwarz sorgfältige Berechnung – während Weiß einfach mit seinen Figuren pendelt.

73.♗b6+ ♔d5 74.♗a7 ♖f3 75.♗e3 ♔e5 76.♔d2 ♖h3 77.♔e2 ♔d5 78.♗f4 ♔d4 79.♗g5 ♖b3 80.♗h6 ♖a3 81.♗g7+ ♔d5 82.♗h6 e3!

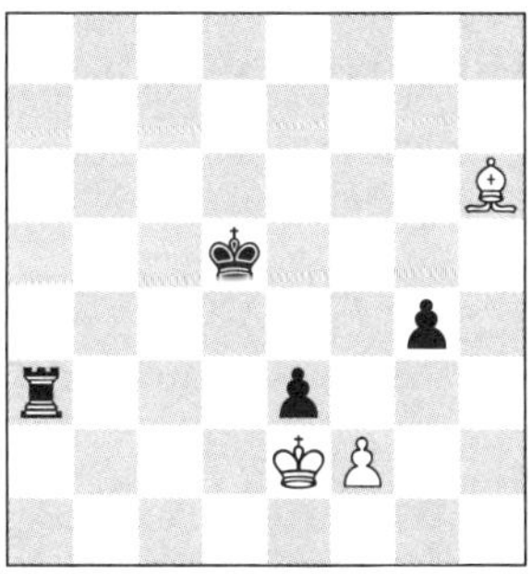

Er findet schließlich den richtigen Durchbruch. Dies ist jedoch nur ein Teil des Gewinnverfahrens.

83.f3!!

Ein brillanter letzter Bluff. Gemäß den Tablebases hätte 83.♗xe3 am längsten gedauert, andererseits erneut einen geradlinigen Gewinnplan mit Abwicklung in ein gewonnenes Bauernendspiel für Schwarz ermöglicht: 83...♔e4 84.♗c5 ♖a2+ 85.♔f1 ♔f3 86.♔g1 ♖a1+ 87.♔h2 ♖f1

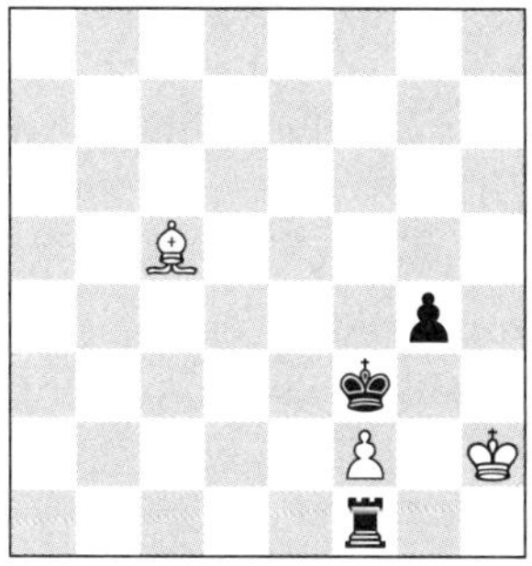

Analysediagramm

gefolgt von 88...♖xf2+. Michalewskis Zug sollte schneller verlieren, sofern es Schwarz gelingt, seine Konzentration vom Vernichten weißer Bauern auf nüchterne Berechnung zu verlegen ...

83...gxf3+??

Wieder einmal der „menschliche“ Zug, doch der ist hier ein schwerer Fehler.

83...g3!! 84.♗xe3 (oder 84.♔f1 ♖a1+ 85.♔g2 e2) 84...♖a1 gewinnt nach ...g3-g2-g1 den Läufer.

84.♔xf3 ♔d4 85.♗g5!

Das Remis ist ähnlich wie bei Dolmatow - Georgadse im vorigen Kapitel.

85...♖b3 86.♗h6!

Vollendet einen wohlverdienten Schwindel. Die Festung ist nun uneinnehmbar.

86...e2+ ½:½

Ein weiterer Pluspunkt der militärischen wie auch der schachlichen Festungen besteht darin, dass sie die Last der Entscheidungsfindung auf die angreifende Seite verlagern. Bei einer offenen Feldschlacht im Mittelalter war die militärische Strategie nicht sonderlich komplex[36], und die Seite mit der zahlenmäßigen Übermacht überrollte für gewöhnlich den Feind. Aber eine Belagerungssituation zwingt den Angreifer zu Plänen, um die Verteidigung niederzureißen, während für die Belagerten der Plan einfach ist: die Festung halten! Dasselbe Prinzip gilt beim Schachspiel und ist heutzutage sogar noch wichtiger, da die Bedenkzeiten bei Turnieren immer kürzer werden. Der Aufbau einer Festung zwingt unseren Gegner dazu, kostbare Zeit dafür aufzuwenden, den mathematischen korrekten Durchbruch auszuarbeiten, während wir innerhalb unserer Befestigungslinien fröhlich unsere Figuren vor und zurück ziehen können.

Constantin Lupulescu 2620
David Navara 2726

Antalya Mannschaftsturnier 2017 (6)

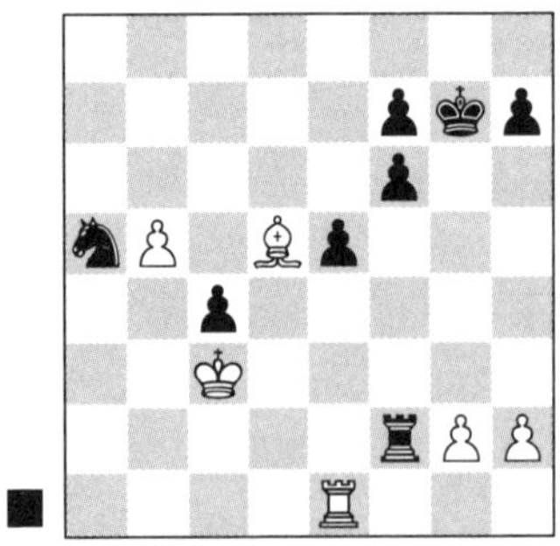

Obwohl er vorübergehend zwei Bauern im Vorteil ist, ist Schwarz verloren. Weiß beabsichtigt b5-b6, gefolgt von entweder ♖a1 oder ♔b4, so greift er das einzige Hindernis auf dem Weg des b-Bauern an. Mit einer normalen Verteidigung lässt sich dieser Plan nicht aufhalten, und so ist Navara gezwungen, etwas Radikales zu versuchen.

35...♘b3! 36.b6 ♘d4!

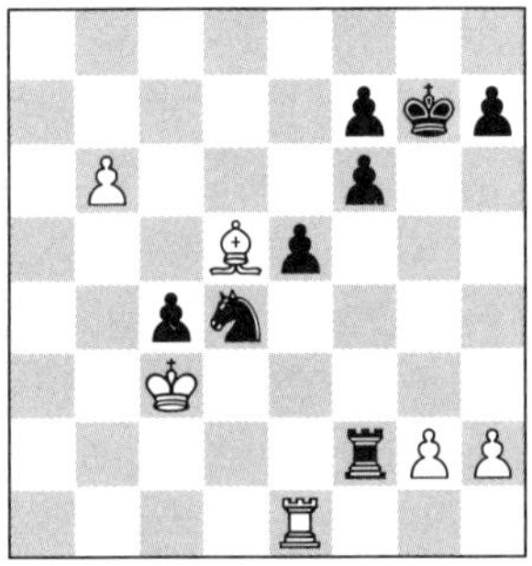

Dies wirkt wie der helle Wahnsinn. Schwarz hat seinen Springer vom weißen Bauern WEGbewegt. Aber es gibt einen Haken: nach 37.b7 ♘b5+ 38.♔xc4 ♘d6+ 39.♔c5 ♘xb7+ 40.♗xb7

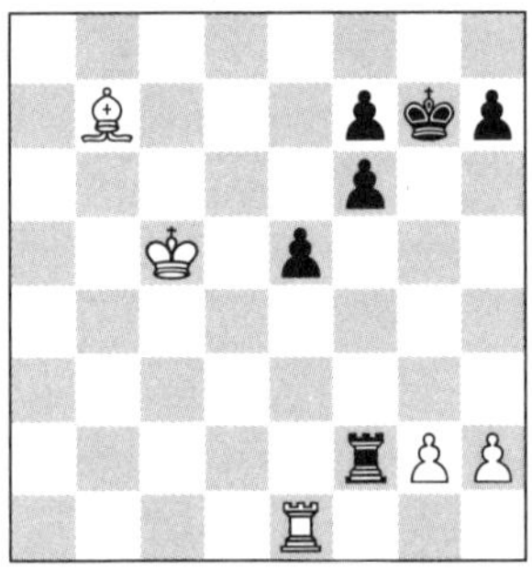

Analysediagramm

hat Schwarz den gefährlichen Bauern ein für allemal beseitigt. Das Spiel wäre dann gänzlich anderer Natur, mit ausgezeichneten Schwindelchancen für Schwarz.

36 Zumindest nicht nach schachlichen Maßstäben ...

Man beachte, dass aus dieser Konstellation zwei geläufige Remisendspiele entstehen können: ♔+♖+♗ vs. ♔+♖ sowie ♔+♗+♙ vs. ♔ mit dem Randbauern und dem falschen Läufer.

37.♖b1

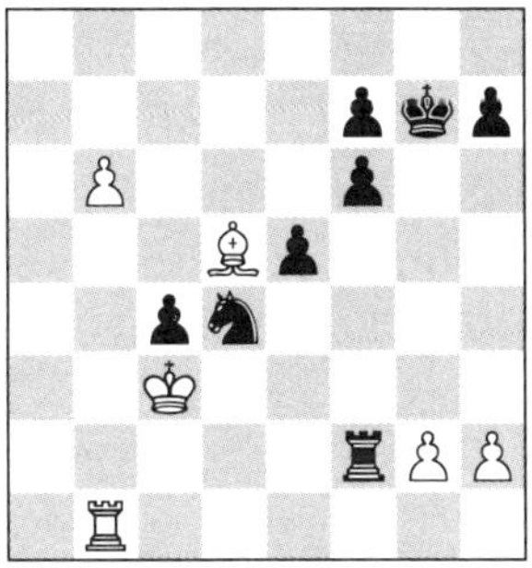

Weicht den erwähnten Schwierigkeiten aus. Nun jedoch übernimmt der zuvor im Abseits stehende Springer die Glanzrolle beim Zusammenspiel mit dem Turm und dem c-Bauern.

37...♖c2+ 38.♔b4 c3!

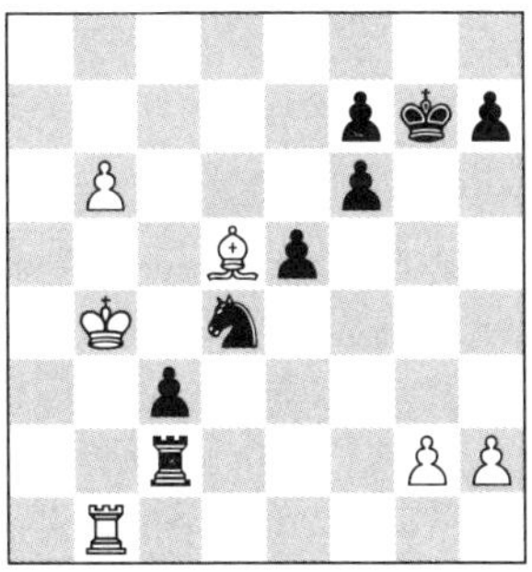

39.♔a3?

39.b7! ist das, was der letzte Zug von Schwarz verhindern sollte, doch tatsächlich ist dies immer noch der beste Zug. Nach 39...♖b2+ 40.♖xb2 cxb2 41.♗e4 ♘c6+ (41...f5 42.♔c3!) 42.♔c3 ♘b8 43.♔xb2

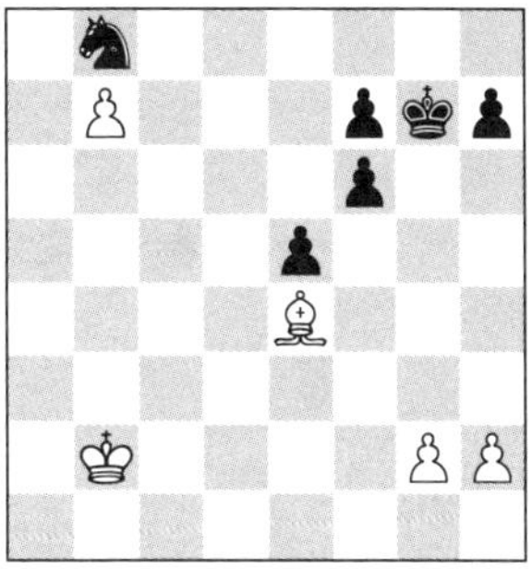

Analysediagramm

hat Schwarz einen Bauern mehr, doch sein Springer ist völlig festgenagelt, und Weiß wird die schwarze Stellung überrennen, sobald sein König wieder am Kampf teilnimmt. Es ist nachvollziehbar, dass Weiß die Textfolge einem Leichtfigurendspiel mit einem Minusbauern vorgezogen hat, denn wie will Schwarz den b-Bauern jetzt noch aufhalten?

39...♖d2!

Gar nicht! Stattdessen orchestriert Navara ein Gegenspiel mit seinem eigenen Bauern. Das Spiel verläuft nun forciert:

40.b7 c2 41.♖c1 ♘b5+ 42.♔b2

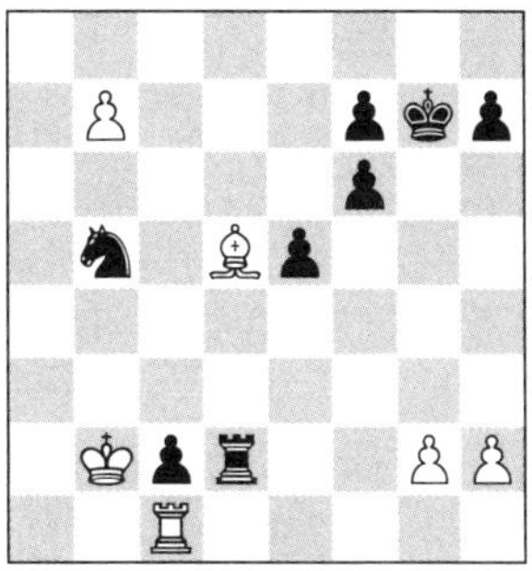

42...♖xd5!! 43.b8♕ ♘d4!

Eine bemerkenswerte Stellung. Schwarz hat nur ein paar Bauern und einen Springer für die Dame, doch was für ein Ross das ist!

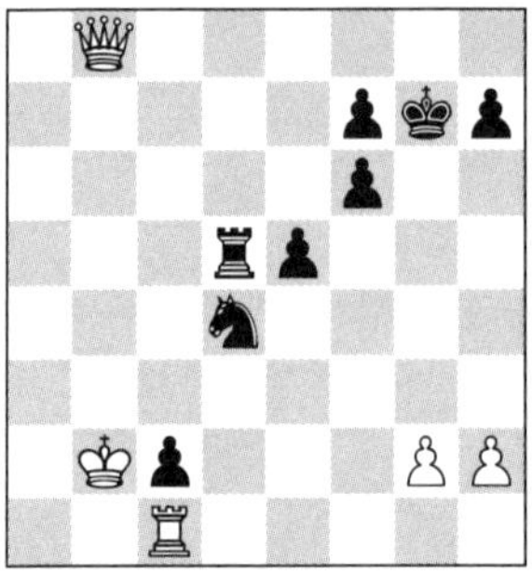

44.♕c7 ♖b5+ 45.♔a2

Aber nicht 45.♔c3?? ♖b1! 46.♔d2 (46.♖xc2 ♘b5+!) 46...♘b3+, wonach Weiß sich schon glücklich schätzen kann, nach 47.♔c3! ♘d4 48.♔d2 mit einem Remis durch Zugwiederholung zu entkommen.

45...♖b4!

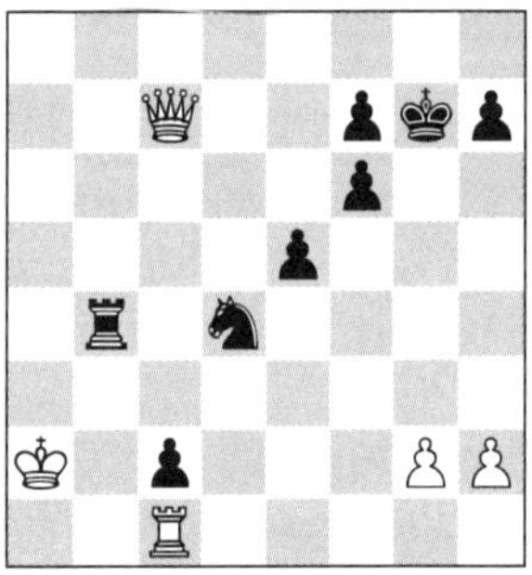

Droht ein Remis durch Zugwiederholung mit 46...♖a4+, da a3 und c3 für den weißen König im Moment wegen ...♘b5+ „vermint“ sind.

46.♖xc2

Weiß könnte im Moment noch ohne diesen Zug auskommen, doch letztlich ist dieser Tausch unvermeidbar, wenn Weiß Fortschritte erzielen möchte.

46...♘xc2 47.♕xc2

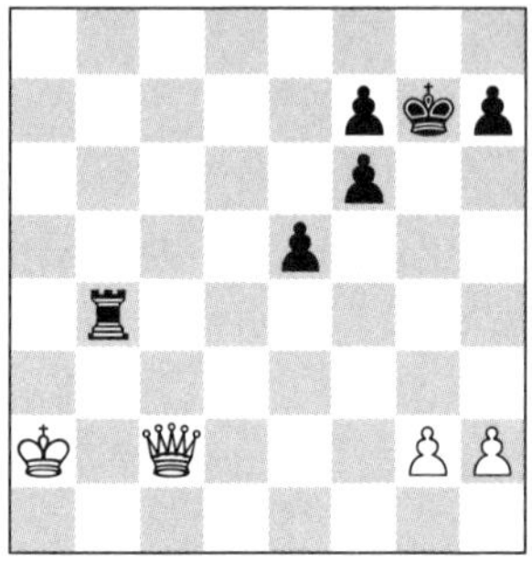

Das nachfolgende Endspiel ist äußerst kompliziert. Es ist eine akademische Frage, ob diese Position bereits ein theoretisches Remis ist oder nicht. Falls ja, dann können wir konstatieren, dass der Betrug bereits in dem Moment erfolgreich war, als dem Weißen der Zug 39.b7 ausgeredet wurde! Aber selbst wenn dies nicht der Fall ist, hat Navaras kreatives Spiel seine Chancen auf Rettung der Partie erheblich erhöht, da viele Festungen mit Turm und Bauern wie diese nur unglaublich schwer zu knacken sind.

47...h5!?

Clever. Navara stellt sicher, dass Weiß Bauerntäusche zulassen muss, wenn er am Königsflügel Fortschritte erzielen will. Für das Protokoll: ungeachtet meines soeben erfolgten Lobes zeigt meine Analyse, dass Schwarz objektiv eher abwarten sollte als auf Bauerntausch auszugehen, und zwar aus etwas kontraintuitiven Gründen. Meine Aufzeichnungen deuten darauf hin, dass die Stellung dann mit dem besten Spiel remis ist, während die Partiefortsetzung zu einem theoretischen Gewinn für Weiß führt. Dennoch ist Navaras Plan lehrreich zu verfolgen, da es in der Regel ein guter Plan in derartigen Endspielen ist.

48.g3 h4? 49.♕c3!

Womöglich hatte Navara dies übersehen.

49...♖d4 50.gxh4

50...♖xh4?? verliert wegen 51.♕g3+.

50...f5!? 51.♕g3+ ♔h7 52.♕xe5 ♖a4+ 53.♔b3 ♖a6! 54.♕xf5+ ♔g7

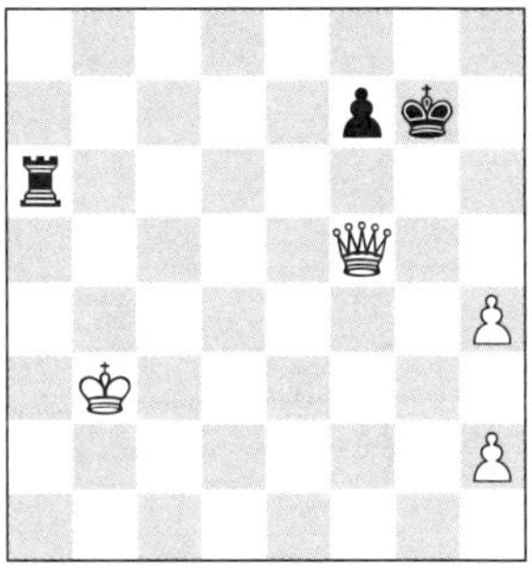

Schwarz hat drei(!) Bauern hergegeben, nur um die weiße Struktur zu schädigen. Doch während mir meine Siebensteiner-Tablebase verrät, dass Weiß in 29 Zügen mattsetzen kann, ist die Aufgabe von Weiß in praktischer Hinsicht kein Zuckerschlecken. Tatsächlich machen die Vereinfachungen dem Schwarzen in dem Sinne das Leben leichter, dass seine besten Züge offensichtlich sind. Er wird seinen Turm auf der dritten Reihe pendeln lassen und abwarten, derweil Weiß versucht, sich einen Plan auszudenken.

55.♕e5+ ♔g8 56.h5??

Erstaunlicherweise wirft dies den Sieg weg! Die einzigen Züge, die zum Sieg führten, waren die beiden Grundreihenschachs sowie der beste Zug, 56.♕g3+!!.

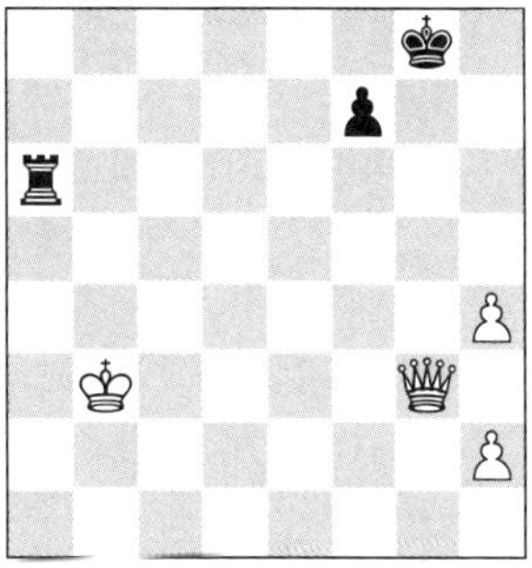

Analysediagramm

Danach gewinnen 56...♔h7 57.♕d3+ und 56...♔h8 57.♕c3+ jeweils den Turm, während 56...♔f8 nach 57.h5 den Weg für den weißen Bauern freimacht. Aber der entscheidende Punkt ist, dass 56...♖g6 mit dem hübschen 57.h5!! beantwortet wird:

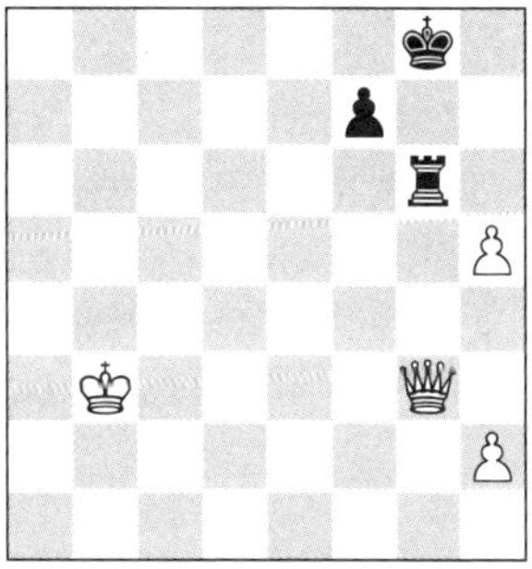

Weiß löst gewaltsam seinen Doppelbauern auf und führt so ein gewonnenes Bauernendspiel herbei.

56...♖e6 57.♕g5+ ♔h7!

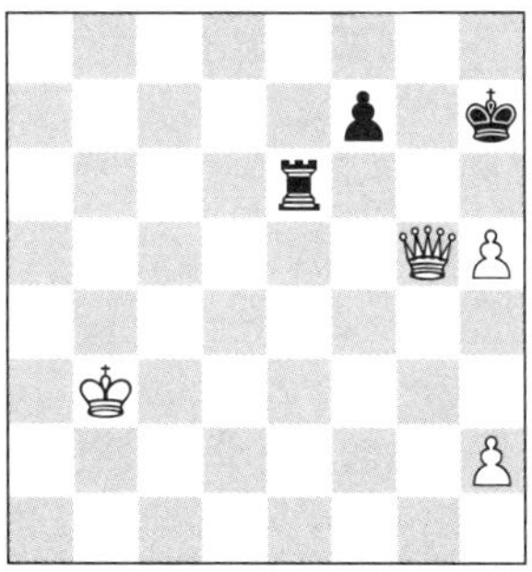

Weiß versuchte es mehr als fünfzig Züge lang, aber die Festung von Navara hielt stand. Phantastische kreative Vorstellungskraft des tschechischen Stars (und des stärksten „Davids“ der Welt).

Genau wie bei den gewöhnlichen Endspielen liegt der Schlüssel beim Einsatz von Festungen bei Ihrem Schwindelkonzept darin, die Muster im Voraus zu erkennen. Wenn Sie die Möglichkeiten vorhersehen, bevor Ihr Gegner dies tut, können Sie seine Ungeduld ausnutzen und ihn zu einer scheinbaren Abkürzung verlocken, nur um ihm aufzuzeigen, dass der Sieg hier alles andere als einfach ist. Frustration und Ärger können sich einstellen, oft gepaart mit Panik und Reue, und diese Emotionen führen dann zu Fehlern. Schließlich sind wir alle anfällig für menschliche Urteilstrübungen, und wie wir bei Kramnik - Carlsen gesehen haben, sind sogar Weltmeister menschlich. „Für Carlsen ist es doch ein Leichtes, diese Festungsideen aufzuspüren“, mögen Sie argumentieren, „aber was ist mit dem Rest von uns?“ Es ist zwar richtig, dass es keine simplen Methoden gibt, um Festungen aus der Ferne zu erspähen. Es gibt jedoch einige übergreifende Themen, die wir im Hinterkopf behalten sollten, wenn wir mit dem Rücken zur Wand stehen. Bei den meisten Festungen muss die verteidigende Seite die Vorherrschaft über einen der Felderfarbkomplexe haben, und bei vielen Festungen befinden sich zugleich auch alle Bauern auf einer Seite des Brettes. Wenn Sie darauf achten, ob diese Themen in Ihren Endspielen auftauchen könnten, haben Sie bereits einen weiten Weg bezüglich der Identifizierung vielversprechender Festungen zurückgelegt.

Abhijit Kunte 2528
Daniel Howard Fernandez 2299
Sydney 2010 (9)

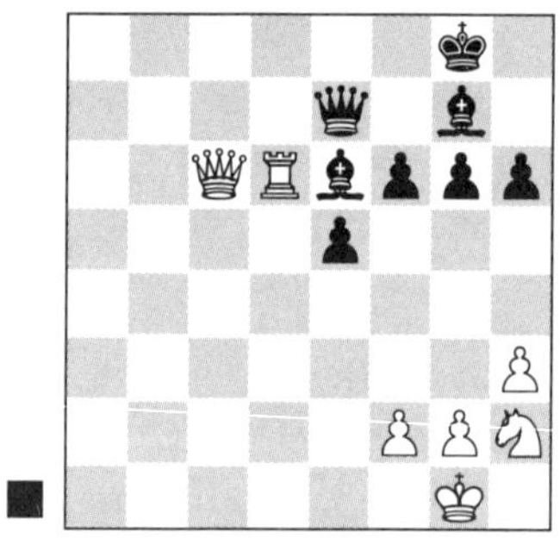

In materieller Hinsicht geht es Schwarz nicht so schlecht: er hat einen Bauern für die Qualität, und alle Bauern befinden sich auf demselben Flügel. Doch das entscheidende Stellungsmerkmal ist die Schwäche seiner ersten beiden Reihen, da er im früheren Verlauf gezwungen war, seinen f-, g- und h-Bauern von ihren Ausgangsfeldern wegzuziehen. Diese Zugeständnisse bedeuten, dass seine Verteidigungskräfte anfällig gegen einen Angriff der weißen Schwerfiguren entlang der Reihen sind. Nach dem Enginevorschlag 38...♔f7 spielt Weiß zum Beispiel 39.♕b6!,

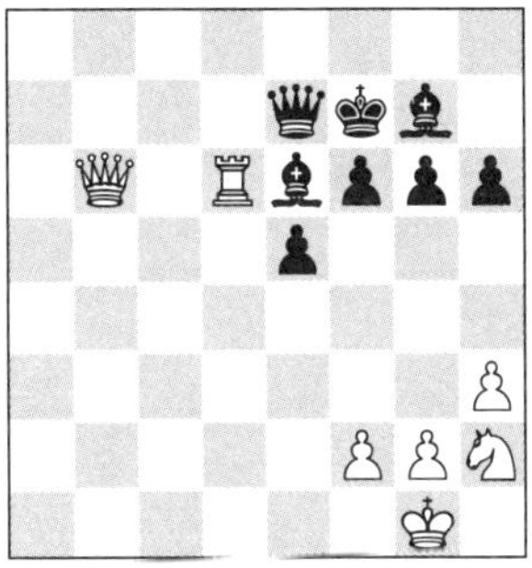

Analysediagramm

was den Wechsel des Turms auf die siebte Reihe via ♖d6-c6-c7 vorbereitet. Schwarz kann dies nur auf Kosten der Koordination seiner Figuren verhindern, z.B. 39...♗d7 40.♕b8! e4 41.♖a6! (bereitet entweder ♖a7 oder ♖a8 vor) 41...f5 (41...e3 42.♕b3+ gewinnt diesen Bauern) 42.♘f1!, wonach ein entscheidender Einmarsch droht. Schwarz darf nicht erlauben, dass sich der weiße Springer zu seinen Kollegen gesellt, mithin ist 42...♗d4 erzwungen, doch dann folgt trotzdem 43.♖a8 ♗e8 44.♘e3!.

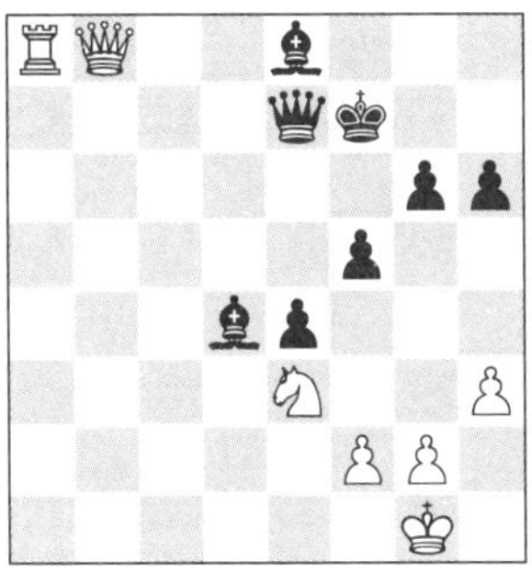

Analysediagramm

Nach dem Tausch auf e3 bricht die Verteidigung von Schwarz rasch zusammen – man beachte das neue geöffnete Einfallstor auf den dunklen Feldern via ♕b8-b2-h8 –, während selbst ein Damentausch ihn nicht rettet: 44...♕e5 45.♕xe5! ♗xe5 46.♘c4!!

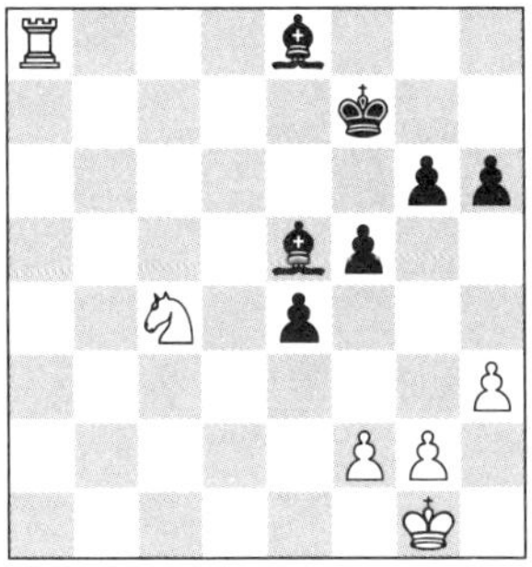

Analysediagramm

mit pittoreskem Gewinn eines Läufers. Nach 46...♗f4 47.g3 ♗b5 48.♘a3 gewinnt Weiß eine Figur. Diese Varianten sind nicht erzwungen (folgen aber den Engineempfehlungen), aber sie veranschaulichen die Realitäten des drohenden Schicksals von Schwarz.

Fernandez ist sich gewahr, dass ein langsamer Tod auf der Agenda steht und kommt zu dem Schluss, dass drastische Maßnahmen vonnöten sind.

38...♗f7!!

Ein psychologisch brillanter Zug. Wir haben soeben über die hoffnungslose Schwäche der siebten Reihe von Schwarz gesprochen, und nichtsdestotrotz lädt Fernandez seinen Gegner umgehend zum Einmarsch ein, ohne Widerstand zu leisten! Der Rückzug erweckt den Anschein, dass Schwarz sich in sein Schicksal ergeben hat, ist aber in Wirklichkeit mit einer genialen Festungsidee verbunden.

39.♖d7

Natürlich und objektiv am stärksten, so dass es nicht verwundert, dass Weiß sich wahrscheinlich nicht nach Alternativen umgesehen hat.

Doch im Nachhinein war 39.♘g4!? womöglich in praktischer Hinsicht besser. Schwarz kann dem Weißen kaum erlauben, auf f6 zu schlagen, doch selbst nach 39...f5!, in der Hoffnung, nach 40.♕c8+ ♔h7 41.♖d7 ♕e6 zur Partiefortsetzung überzuleiten, kann Weiß nichtsdestotrotz 40.♘f6+! spielen. Nach 40...♗xf6 41.♖xf6 ♔g7 42.♖d6

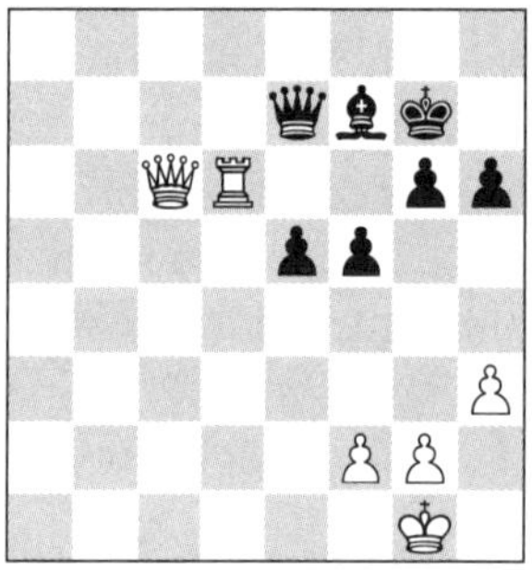

Analysediagramm

ist die Schwäche der beiden Grundreihen von Schwarz so gravierend, dass er zumindest einen Bauern hergeben muss, um die Verteidigung zu erleichtern. Eine plausible Fortsetzung ist 42...f4 43.♖d7 ♕f6 44.♕c5 e4! 45.♖d6 ♕a1+ 46.♔h2 e3 47.♖d8! ♔h7 48.♕e7 ♕g7 49.fxe3 fxe3 50.♖d7 ♔g8 51.♖d6 ♔h7 52.♕xe3, mit Erreichen eines technisch gewonnenen Endspiels, das freilich allerlei Finesse erfordert.

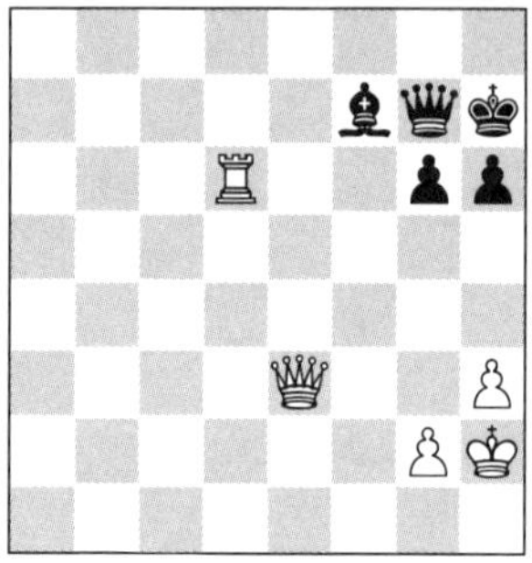

Analysediagramm

Wie wir jedoch bereits gelernt haben, ist „technisch gewonnen" keine besonders nützliche Einschätzung für den praktischen Spieler. Ich bevorzuge eine probabilistische Bewertung im Stile von AlphaZero. Im vorliegenden Fall ist auch die Verteidigungsaufgabe von Schwarz recht beschwerlich, und so schätze ich die Gewinnchancen von Weiß in einer praktischen Partie etwa auf das Dreifache der Chancen von Schwarz, das Remis zu halten.[37]

Zurück zur Partie:

39...♕e6 40.♕c8+ ♔h7 41.♕c7 ♔g8

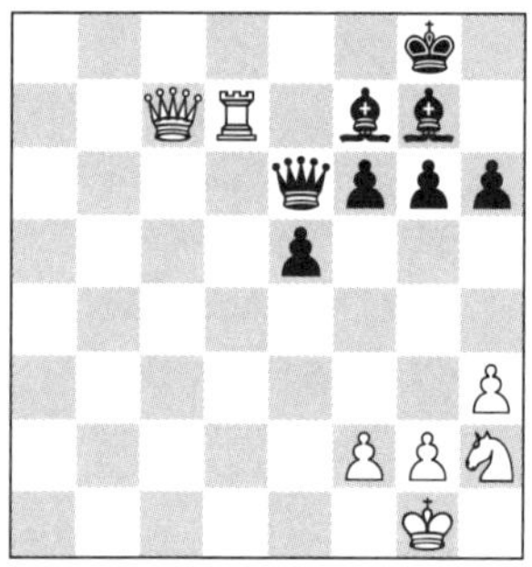

Alles sehr natürlich. Es scheint, dass Weiß enorme Fortschritte gemacht hat, da Schwarz völlig gefesselt ist und das Eingreifen des

37 Mit anderen Worten: Weiß hat einen Erwartungswert von 0,8 bis 0,9 Punkten, unter der Annahme, dass die schwarzen Gewinnchancen nahe Null liegen.

Springers unmittelbar bevorsteht. Folglich wirkt der nächste Zug von Weiß gleichermaßen offensichtlich wie vernichtend. Hier liegt einer der Gründe, warum ich vorhin gesagt hatte, dass Weiß im 39. Zug eine andere, praktischere Fortsetzung hätte bevorzugen sollen. Um zu sehen warum, betrachten Sie die beste und praktisch vielleicht einzige Gewinnfortsetzung im Diagramm. Weiß muss seinen Turm von dem prächtigen neuen Posten mit 42.♖d6!! wegziehen. Wenn die Dame dann nach b3 oder a2 zieht, könnte Weiß mit der Folge 43.♖d8+ ♔h7 44.♖d7 ♔g8 und erst jetzt 45.♘g4 einen Zug gewinnen! Stattdessen sollte Schwarz mit 42...♕c4 den Damentausch anbieten, doch darauf würde 43.♖c6!

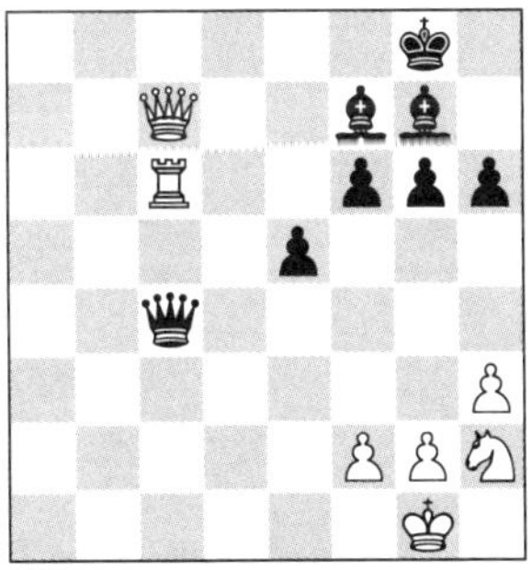

Analysediagramm

und anschließend ♘h2-g4-f6+ folgen, samt einer fatalen Schwächung der dunklen Felder von Schwarz. Zum Beispiel 43...♕d5 44.♘g4 f5 45.♘f6+! ♗xf6 46.♖xf6 ♔g7 47.♖b6
und dann ♕e7 und ♖b8 in irgendeiner Reihenfolge. Dies ist eine vernichtende Variante, sie ist zugleich aber auch ziemlich kontraintuitiv. Nachdem er soeben die Kontrolle über die siebte Reihe von Schwarz erlangt hat, muss sich der weiße Turm zurückziehen, und das nicht nur ein-, sondern gleich zweimal. Es ist die Art von Zugfolgen, die normalerweise nur Computern gefällt – bloß, in diesem Fall übersehen die Engines sie auch! Nun, der Fairness halber sei gesagt, dass die Engines den weißen Gewinn attestieren, aber der weißen Partiefortsetzung entschieden den Vorzug geben, wobei auch sie die Pseudo-Festung von Schwarz nicht zu schätzen wissen.

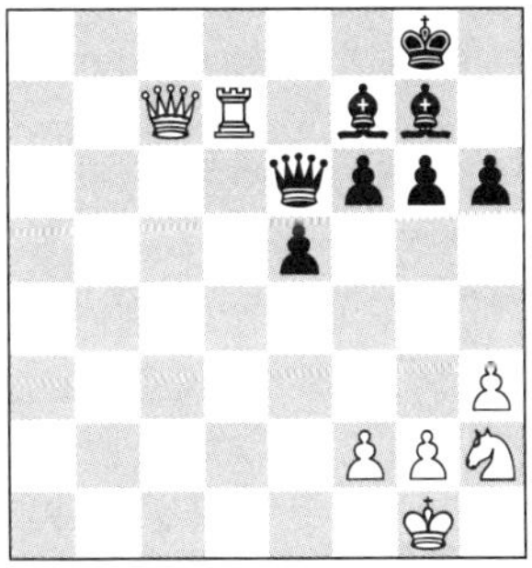

42.♘g4? f5!!
42...h5 43.♖d6 ♕xd6 44.♕xd6 hxg4 45.hxg4 g5

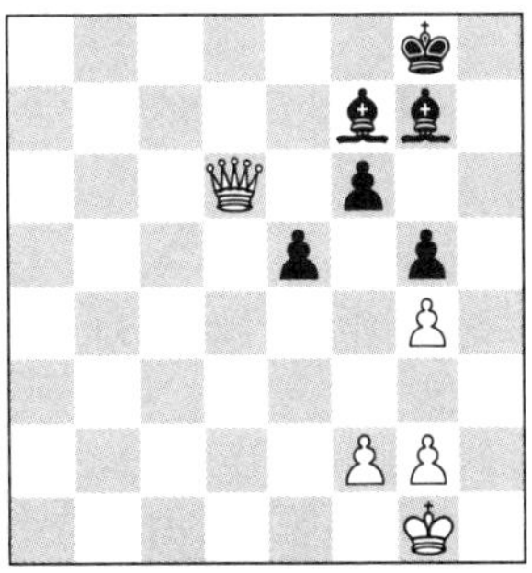

Analysediagramm

ist eine weitere Variation desselben Themas. Der Unterschied zwischen den beiden Beinahe-Festungen besteht darin, dass Weiß sich in der Diagrammstellung Zeit nehmen kann, um den Gewinnplan auszuarbeiten, während er bei der Partiefortsetzung sofort und präzise handeln muss, um zu verhindern, dass es eine echte Remisfestung wird.

43.♖e7??

Letztlich ein grober Fehler, wenngleich wir Kunte schwerlich einen Vorwurf machen können, da dies den Segen der Engine erhält.
Nach 43.♘e3 e4 44.♖d6! ♕a2 45.g3! ist die Stellung weiterhin klar vorteilhaft für Weiß, wenngleich sich die schwarzen Aussichten definitiv verbessert haben. Ein trickreicher Zug ist 45...♗f6!,

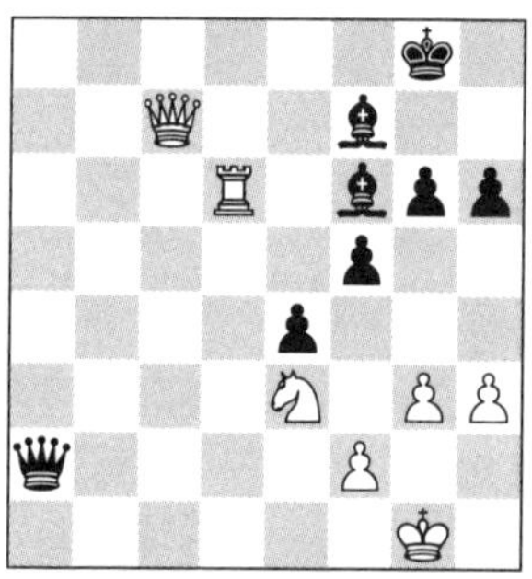

Analysediagramm

indirekt durch 46...♕a1+ verteidigt, und in der Absicht, sofern erlaubt mit ...f5-f4 und ...♗h4 Gegenspiel zu erzeugen.
Und jetzt kommt Fernandez mit einem phantastisch einfallsreichen Konzept, das im Voraus ausgearbeitet werden musste:

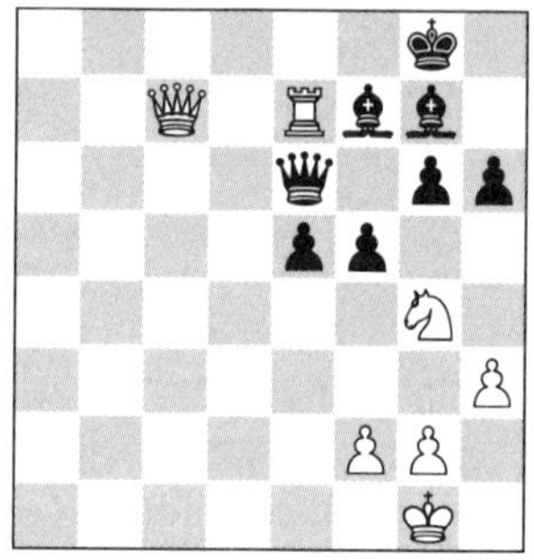

43...fxg4!!

Schwarz gibt noch mehr Material her, aber in einem höheren philosophischen Sinne beseitigt er zwei Angriffsfiguren von Weiß gegen eine eigene. Zugegeben, es handelt sich um seine stärkste Figur, aber in dieser Welt müssen wir alle Opfer bringen.

44.♖xe6 ♗xe6 45.hxg4 ♔h7 46.f3

46.g5 h5! gibt dem schwarzen Läufer einen stabilen Stützpunkt auf f5, der nur um den Preis einer weißen Bauernverdopplung aufgebrochen werden kann.

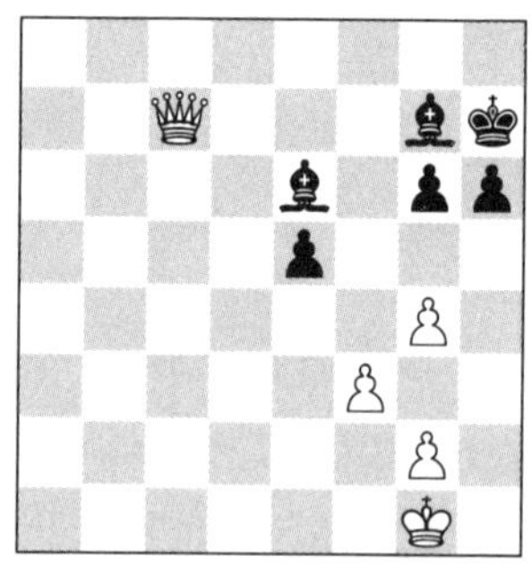

46...♗a2?!

Es ist schwer, diesen Zug zu kritisieren, mit dem das Schwindelkonzept vollendet wird, und der in der Partie auch sofort von Erfolg gekrönt wird. In seinen Anmerkungen zu dieser Partie schrieb Fernandez, dass er die Idee sah, ...g6-g5 zu spielen und seinen Läufer nach g6 zu führen, was zu einer uneinnehmbaren Festung führen würde, und dass er dies also anstrebte. Vielleicht war Fernandez zuversichtlich, dass sein Gegner unter dem Schock des Damenopfers stehend diesen Plan wahrscheinlich übersehen würde, und so versuchte er, diesen Plan zu verschleiern, indem er zuerst den Läufer umgruppierte und sich den Bauernschub zum Schluss aufhob. Dies gibt Weiß jedoch die Chance, den Sieg zu erringen, wenn er dies alles erkennt. Gegen einen den kühlen Kopf bewahrenden Gegner hätte ich lieber mit dem objektiv zäheren 46...g5 begonnen!

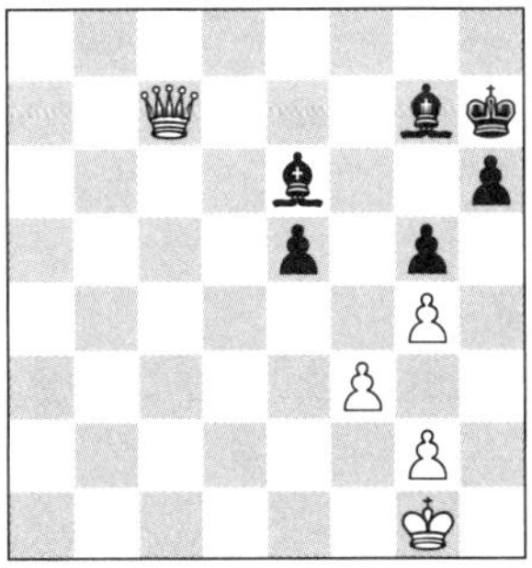

Analysediagramm

Entscheidend ist, dass Weiß damit dauerhaft gehindert wird, mit g2-g3 und f3-f4 einen Freibauern zu bilden. Obgleich es hier Schwarz wahrscheinlich nicht gelingt, seinen Läufer auf die Diagonale a2-h7 zu überführen und Weiß damit in der Lage sein sollte, e4 mit seinem König zu besetzen, bedeutet das nicht das Ende der schwarzen Verteidigungsressourcen. Man beachte, dass eine Aufstellung mit dem schwarzen König auf g6 und seinen Läufern auf f6 und f7 höchstwahrscheinlich nicht zu durchbrechen wäre.

Weiß kann diese Aufstellung durch das präzise 47.♕c2+! ♔g8 48.♕g6! verhindern, wonach das Spiel auf die eine oder andere Weise wohl auf eine Stellung der folgenden Art herauslaufen wird: 48...♗b3 49.♕f5 ♗a2 50.♔f2 ♗f7 51.♔e3 ♔f8 52.g3 ♔e7 53.♕e4 ♔f8 54.♕h7 ♗e6 55.♕g6 ♗f7 56.♕d6+ ♔g8 57.f4 exf4+ 58.gxf4 gxf4+ 59.♔xf4 ♔h7 60.♔f5! ♗b3 61.g5.

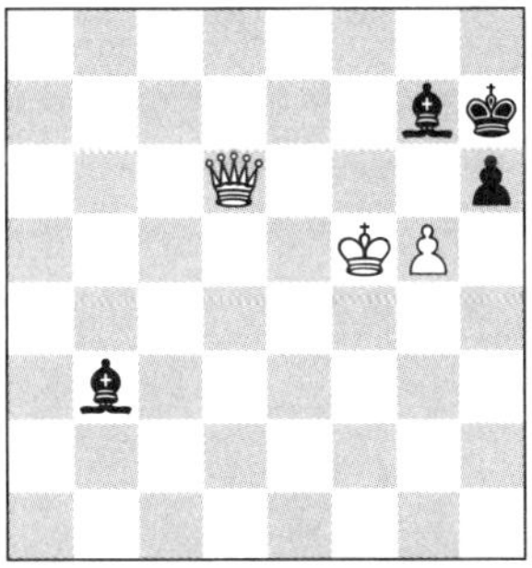

Analysediagramm

Unglückseligerweise hat Schwarz die Kontrolle über g6 verloren, und er kann es sich daher nicht erlauben, ...h6-h5 zu spielen. Das entstehende bauernlose Endspiel ist eine der Tablebase-Gewinnstellungen mit ♔+♕ vs. ♔+♗+♗. Nichtsdestotrotz müsste Weiß nach 61...♗c2+ 62.♔g4 ♗g6 63.gxh6 ♗xh6 zeigen, dass er sich hier auskennt, und mithin glaube ich, dass dies die bessere praktische Chance für Schwarz gewesen wäre. Andererseits ist man, wie es so schön heißt, hinterher immer schlauer. Das kalkulierte Risiko von Schwarz in der Partie zahlt sich hingegen sofort aus, da Weiß die Festungsidee nicht durchschaut.

47.♕e7? ♗b1 48.♔f2??

48.♕b7!, was zu Stellungen überleitet, die wir bereits gesehen haben, hätte gewonnen.

48...g5!! 49.♔e3 ♗g6

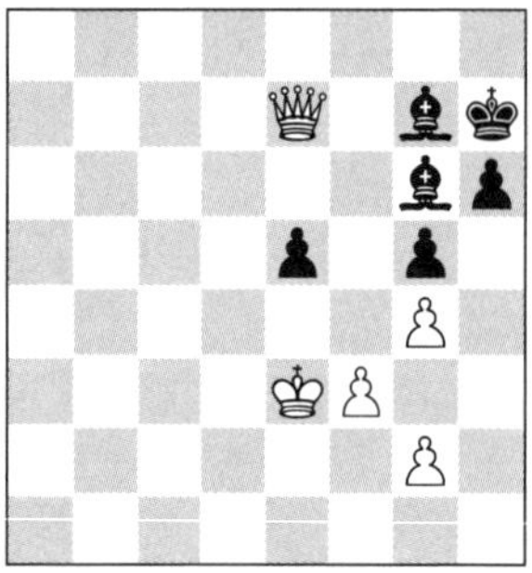

Jetzt ist das Remis unvermeidlich, denn nach dem Abtausch von zwei Bauernpaaren kann Schwarz dafür Sorge tragen, dass das dritte nicht vom Brett kommt.

50.♔d2 ♔g8 51.♕e6+ ♔h7 52.g3 ♗h8 53.♔e3 ♗g7 54.f4 exf4+ 55.gxf4 gxf4+ 56.♔xf4 ♗h8! 57.g5 h5!

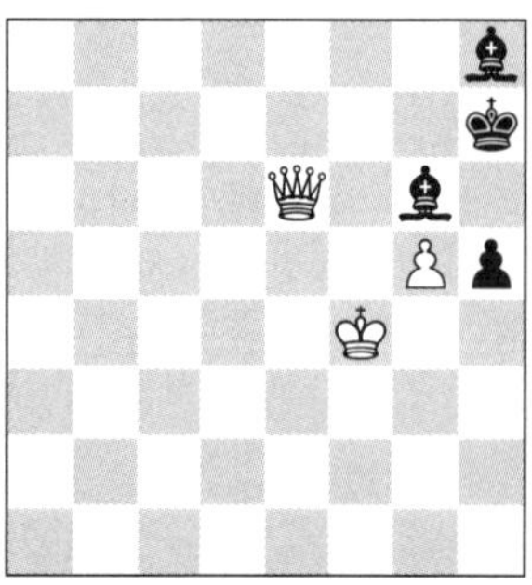

Errichtet den Wall. Ein feiner Schwindel. ½:½

Bis hier habe ich nur Beispiele gezeigt, in denen der Schwindel mit dem Festungsbau funktionierte. Das ist natürlich nicht immer der Fall. Wie die alten Burgen von einst ist die Festung des Schwindlers darauf ausgelegt, die Wahrscheinlichkeit, das Spiel zu retten, zu erhöhen. Wir können nur unser Bestes versuchen, und auch wenn wir dieses Mal scheitern, werden wir vielleicht morgen Erfolg haben. Zumindest sollten wir von den Zuschauern und auch von unserem Gegner eine anerkennende Reaktion erhalten ...

Alexander Kotow
Gudmundur Arnlaugsson

Amsterdam Olympiade 1954 (6)

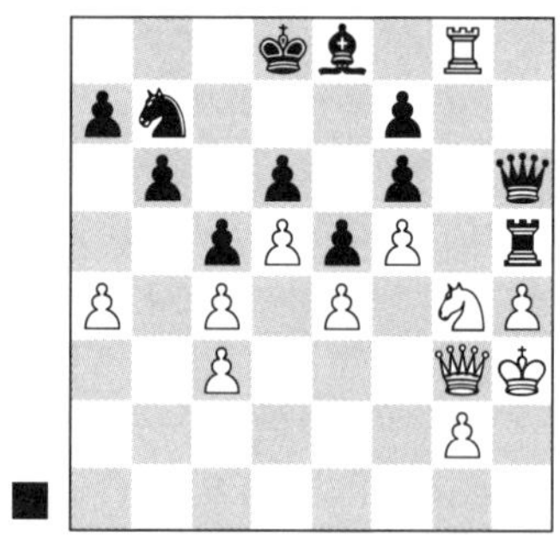

Weiß hat soeben ♘e3-g4 gespielt, mit der Absicht 84...♕c1 85.♘xf6 ♕h1+ 86.♔g4 samt Gewinn. Alexander Kotow, der berühmte Autor von *Denke wie ein Großmeister*, zeichnet ein amüsantes Bild des nachfolgenden Geschehens: „Nachdem ich

♘g4 gespielt hatte, machte ich mich zu einem Rundgang auf. Als ich ans Brett zurückkehrte, verstand ich zunächst gar nicht, was geschah."

84...♛g5!!

Ein brillantes Opfer, ganz im Stile von Hazais meisterhaftem Bluff.

85.♖xg5 fxg5 86.♕e3 ♖xh4+ 87.♔g3 ♖xg4+!!

Ein zweites fabelhaftes Opfer auf der g-Linie.

88.♔xg4 f6

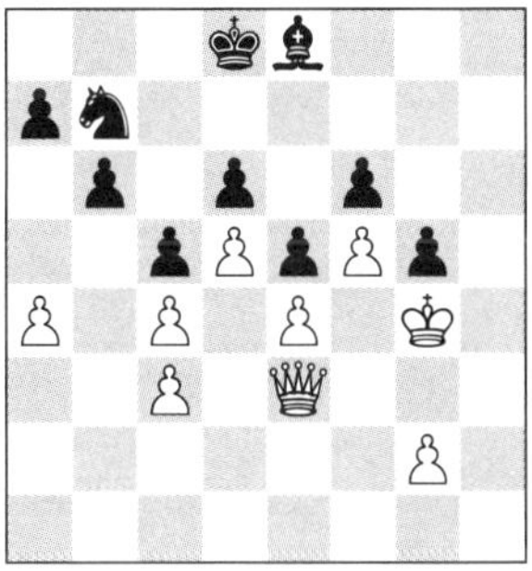

Die Position ist nicht so verschlossen, wie wir es bei Petrosjan - Hazai gesehen haben, aber die schwarzen Leichtfiguren kontrollieren hervorragend die Schlüsselfelder. Wie Kotow schreibt: „Nun schaute ich mit Schrecken auf das Brett. Wie sollte ich gewinnen? Wo konnte ich einen Einbruch erzwingen?"

89.♕h3!!

Wenn Schwarz seinen König nun auf magische Weise nach g7 versetzen könnte, würde dies tatsächlich seine Festung zementieren. Tatsächlich aber sind die Befestigungsanlagen nicht so wasserdicht. Nicht jedem Gegner würde es gelingen, hier durchzubrechen, aber Kotow ist in der Lage, seinem methodischen „Variantenbaum" folgend seinen Weg zu finden.

89...♚e7 90.♕h7+ ♝f7 91.♕h8! ♝e8 92.♕g8 ♞d8 93.♕h7+ ♝f7 94.a5!

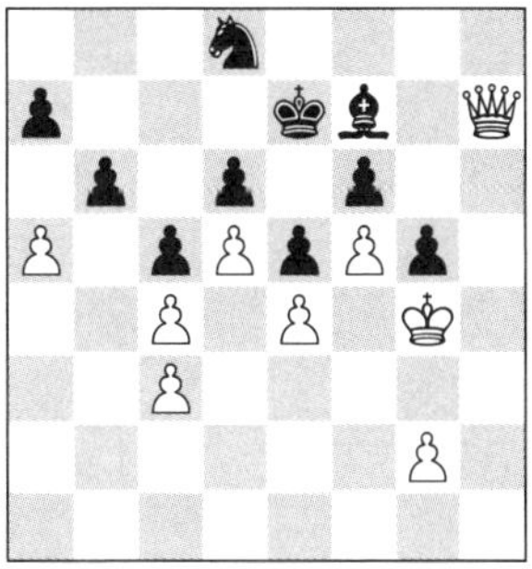

Im richtigen Moment verlagert Weiß seine Aufmerksamkeit zum Damenflügel.

94...bxa5 95.♕h1 a4 96.♕b1 ♝e8 97.♕b8 a5

Ein besserer Versuch war 97...♘f7, doch ich erspare Ihnen die Details.

98.♕c7+ ♝d7 99.♔h5 ♞f7

99...g4!

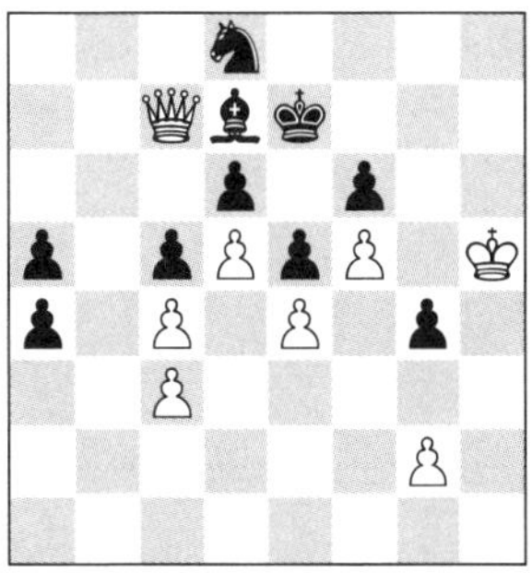

Analysediagramm

ist ein äußerst kreativer Versuch, den Widerstand zu verlängern. Die Idee besteht darin, g5 für den schwarzen Springer freizulegen und den weißen König damit zur Verteidigung von e4 umzuleiten. Ich habe die Stellung längere Zeit analysiert und bin zu dem Schluss gekommen, dass Weiß hier immer noch gewinnt, aber es ist teuflisch vertrackt. Für den Fall, dass Sie interessiert sind, hier die Hauptvariante meiner Analyse: 100.♔xg4 ♘f7 101.♔f3 ♘g5+ 102.♔e3 ♘f7 103.♕xa5 ♘g5 104.♕a8 ♘f7 105.♕b8 ♘d8 106.♔d3 ♗e8 107.♔d2 ♘f7 108.♕c8 ♘g5 109.♔d3 ♗d7 110.♕g8 ♗e8 111.♕g7+ ♗f7 112.♔e3 a3 113.♕h8 ♗e8 114.♕h1 ♔f7 115.♕b1 ♔g7 116.♕b7+ ♗f7 117.♕a7 ♔h6 118.♕xa3 ♗g8 119.♕a6 ♘f7 120.♕c8 ♔g7 121.♕d7 ♗h7 122.g4 ♗g8 123.♕e7 ♗h7 124.♕e6 ♗g8

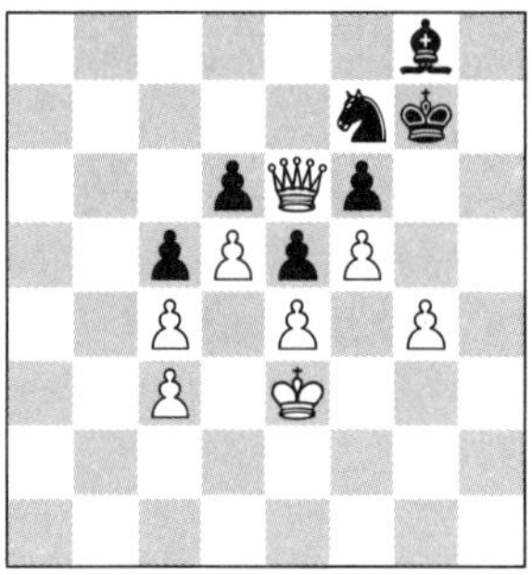

Analysediagramm

125.g5! fxg5 126.♕g6+ ♔f8 127.f6 mit Gewinn.

100.g4 ♘d8 101.♔g6 ♘f7 102.♔g7 ♘d8 103.♕xa5 ♘f7 104.♕b6 ♗e8 105.♕b1 ♘d8 106.♕h1

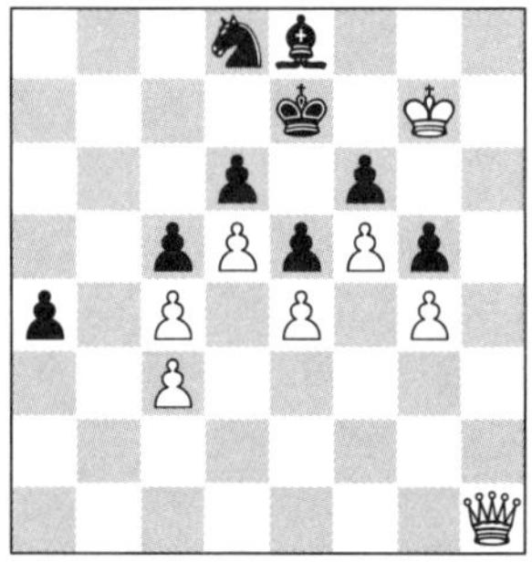

Und Schwarz gab auf.

Eine gute Leistung des isländischen Spielers, und eine eindrucksvolle Demonstration von Kotows Technik. Man kann eben nicht alle Stellungen retten ...

KAPITEL 17

Patt

LIVERPOOL VERPASST DAS PATT GEGEN EIN ERSATZGESCHWÄCHTES MANCHESTER UNITED – Sportüberschrift in *The Guardian*, 24. Februar 2019

Das Patt ist in der Praxis der häufigste Mechanismus bei einem Schwindel.[38] Dennoch schenken wir diesem Thema in unserem Buch nur untergeordnete Aufmerksamkeit, weil man ein Auf-Patt-spielen nur begrenzt üben kann. Meist eröffnet sich die Gelegenheit durch grobe Unachtsamkeiten des Gegners, und es liegt dann an uns, die Chance auf das Remis zu erkennen.

Ein allgemeiner Ratschlag ist, sich der Pattmöglichkeiten bewusst zu sein, wenn die meisten unserer Bauern blockiert sind (oder fehlen!) und unser König eingeengt ist – aber das liegt ein bisschen sehr auf der Hand. In der Praxis treten Pattsituationen statistisch am häufigsten in Damenendspielen auf, wodurch diese zu einem bevorzugten Umfeld für unsere Schwindelversuche werden. Darüber hinaus sind diese Pattsituationen für unsere Gegner oft schwieriger vorherzusehen, da der pattgesetzte König einen Zug zuvor noch mehrere Fluchtfelder gehabt haben kann. Auch beim „wildgewordenen Turm" steht das Patt im Mittelpunkt, wie wir bereits in der Einleitung gesehen haben und was ein wichtiges Verteidigungsmotiv in Turmendspielen ist.

Mit einer vollständigen Diskussion über das Patt im Endspiel ließe sich leicht ein ganzes Buch füllen. Wir können hier nicht alles abhandeln, zeigen aber stattdessen einige der häufigsten Pattmuster, wodurch sich die Fähigkeit entwickeln sollte, Pattmöglichkeiten mehrere Züge im Voraus zu erspähen.

---

38 Zugleich ist es die Remismethode, die am wenigsten mit der militärischen Kriegsführung, auf der unser Spiel beruht, im Einklang steht. GM Nigel Short hält dies sogar für eine „dumme Regel".

So ist es beispielsweise durchaus möglich, dass Tals kreatives Kiebitzen bei Furman - Smejkal, dem ersten Beispiel in unserem Buch, durch den Schluss der folgenden, ein Jahrzehnt zuvor in Moskau gespielten Partie inspiriert wurde.

Vera Tichomirowa
Nina Woitsich
Moskau 1960

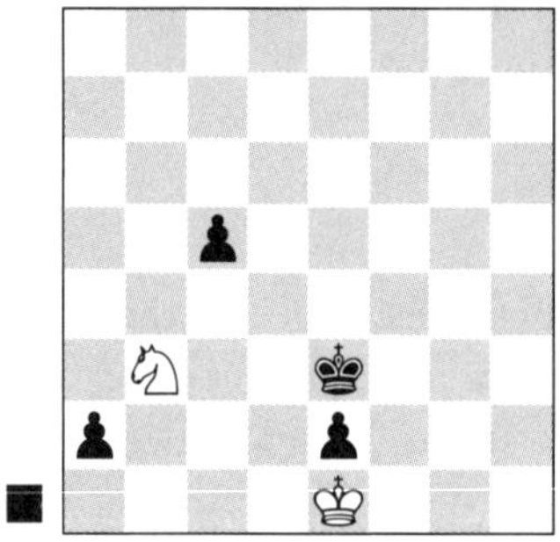

Schwarz gewinnt, indem er den König nach d3 oder f3 zieht. Stattdessen endete das Spiel wie folgt:
1...c4??,
und jetzt sehen sie es natürlich – **2.♘c1!** mit Remis.

Die nächste Partie zeigt eine der folgenreichsten Pattsituationen der Schachgeschichte.

Robert Hübner	2600
Andras Adorjan	2550

Bad Lauterberg Match 1980 (9)

Im Viertelfinale des Kandidatenturniers 1980 lag der ungarische Großmeister Andras Adorjan bei zwei ausstehenden Partien mit einem Punkt gegen den großen Robert Hübner im Rückstand. Der Autor des Buches *Black is OK!* hatte jedoch mit den schwarzen Steinen ein gewonnenes Turmendspiel erreicht und war auf dem Weg, den Stand auszugleichen.

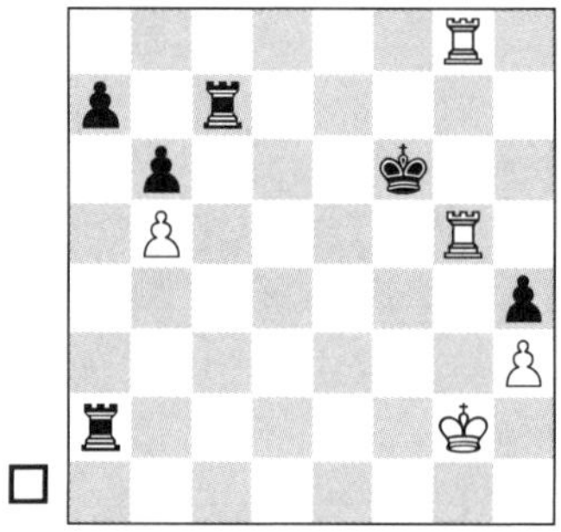

Objektiv hätte es nach 62.♔h1 am längsten gedauert, doch gegen einen solch passiven König ist der Gewinn nicht allzu schwer. Stattdessen erspäht Hübner von weitem eine brillante Schwindelmöglichkeit. Er lädt den Gegner dazu ein, eine kurze, erzwungene Variante durchzurechnen, die anscheinend zum Abtausch aller Türme führt.
62.♔f3!! ♖c3+ 63.♔g4 ♖g2+ 64.♔h5 ♖xg5+ 65.♖xg5

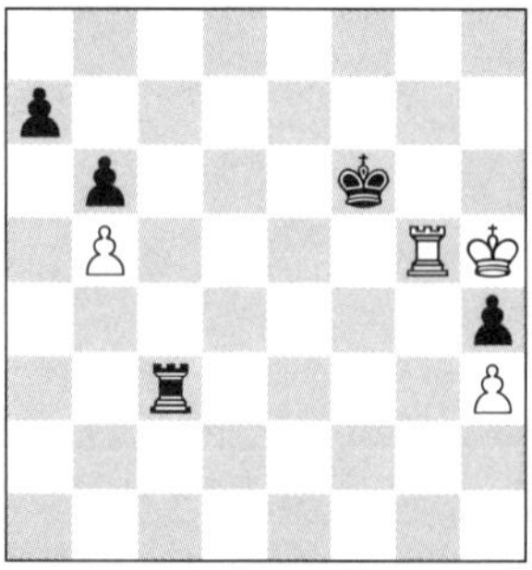

Alles natürlich und erzwungen. Hier kann sich Schwarz mit 65...♖xh3

den Gewinn sichern, was dann zwei Mehrbauern im Turmendspiel wären. Aber da beide Spieler die vorherige Folge heruntergeblitzt hatten, hielt Adorjan nicht einmal inne, bevor er das „saubere" ...

65...♖c5??

... spielte. Sehen Sie es nun?

66.♔xh4!!

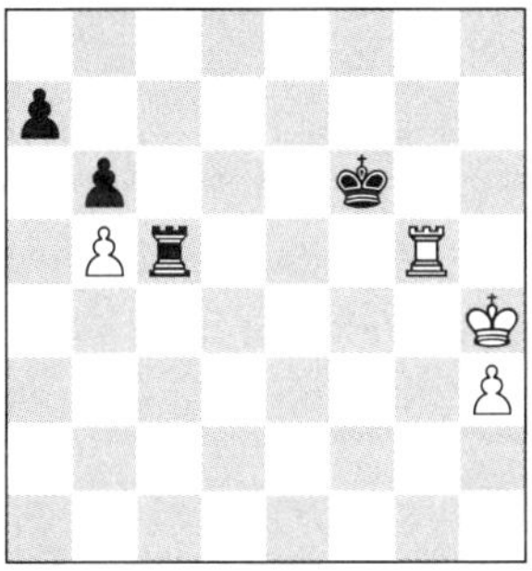

Ein brutales Patt, das Hübner fünf Züge zuvor ins Auge gefasst hatte.

66...♖xg5 ½:½

Mit diesem Unentschieden gewann Hübner dann das Match, was ihn schließlich bis ins Finale gegen Kortschnoj führen sollte. Adorjan erreichte leider nie wieder diese Höhen.

Da die Chance auf ein künftiges Match um die Weltmeisterschaft auf dem Spiel stand, benötigte Hübner keine weitere Motivation, um in dieser Stellung nach jeder noch so kleinen Schwindelchance zu suchen – und er wurde für seine Bemühungen belohnt. In unseren eigene Partien müssen wir uns selbst motivieren, wobei uns die in diesem Buch beschriebenen Tipps und Tricks helfen, optimistisch bleiben. Die klassischen Meister waren darin äußerst beschlagen, und sie zögerten die Aufgabe stets heraus, wenn sie die Chance erspähten, dem Gegner noch einen letzten genauen Zug abzuverlangen.

Joseph Henry Blackburne
Szymon Winawer

Berlin 1881 (10)

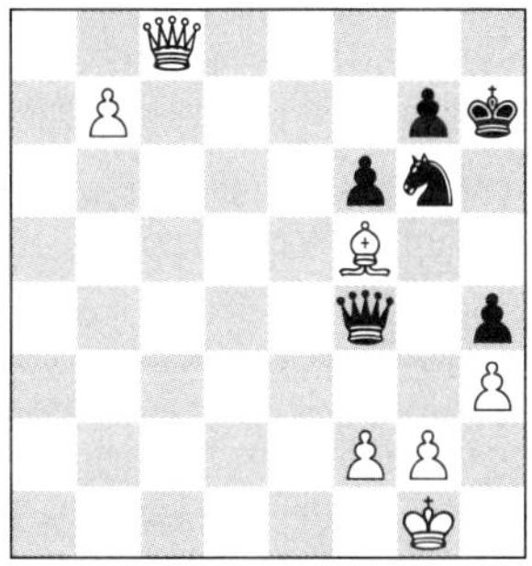

Ist es an der Zeit, um aufzugeben?

37...♕d2!!

Wie viele Spieler auf der weißen Seite würden diesen Zug als Scherz betrachten und sich frohgemut eine neue Dame holen? Nicht so Joseph Henry Blackburne, wie sich herausstellt!

In der Partie streckte Weiß absichtlich seine Hand aus, als wollte er den Bauern zur Dame umwandeln ... dann zog er sie schwungvoll zurück zum Läufer und schlug den Springer auf g6. Mit einem schrägen Grinsen gab Schwarz auf, denn sein Schwindel war säuberlich aufgedeckt:

38.b8♕?? ♕c1+!!

Brillant! Das Schlagen der Dame ergibt ein Patt, doch nach

39.♔h2 ♕f4+!!

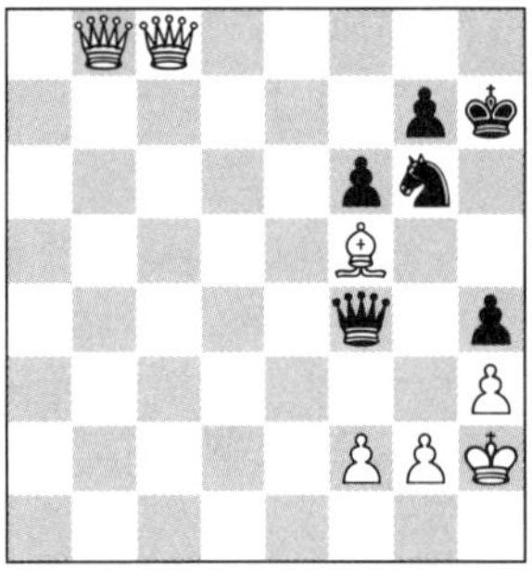

bleibt die Situation unverändert: Remis, entweder durch Patt oder durch Dauerschach. Doch wie bereits erwähnt, durchschaute und vermied Weiß den Schwindel, und die Partie endete unter allgemeinem Gelächter.[39]

Ein komplizierteres Beispiel, mit viel mehr Figuren auf dem Brett, ist die folgende neuerere Begegnung.

Dejan Bojkow 2522
Jure Borisek 2509
Göteborg 2005 (5)

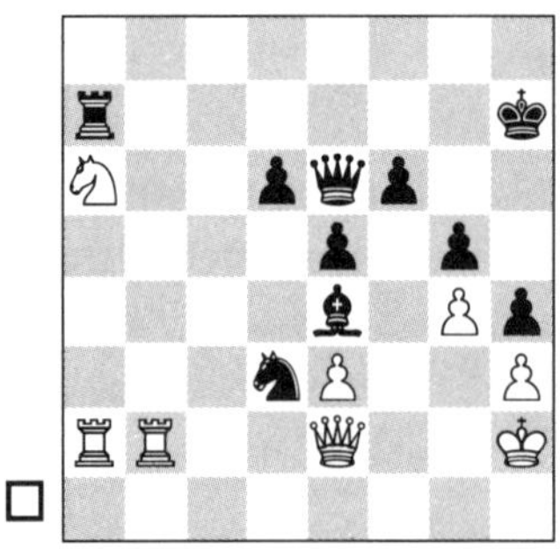

Das Material ist ausgeglichen, doch die Kräfte von Schwarz beherrschen das Brett, und sein König steht viel sicherer. Es ist schwer, hier einen guten Zug zu finden: 64.♘c5? verliert wegen 64...♖xa2 65.♘xe6 ♖xb2; 64.♖d2 erlaubt 64...♖b7! mit Einmarsch auf der Grundreihe (aber nicht 64...♘c1 65.♘c5!), und 64.♖b1 wird mit 64...♘f4! 65.exf4 ♗xb1 beantwortet. Weiß versucht stattdessen

64.♖c2!,

was zumindest ein Zug ist, der nicht auf der Stelle verliert. Tatsächlich ist keine der schwarzen Gewinnmöglichkeiten so richtig trivial: 64...♕f7, was 65.♖c7+ verhindert, oder das präzise 64...♘e1! 65.♕xe1 ♗xc2 66.♖xc2 ♖xa6 67.♕b1

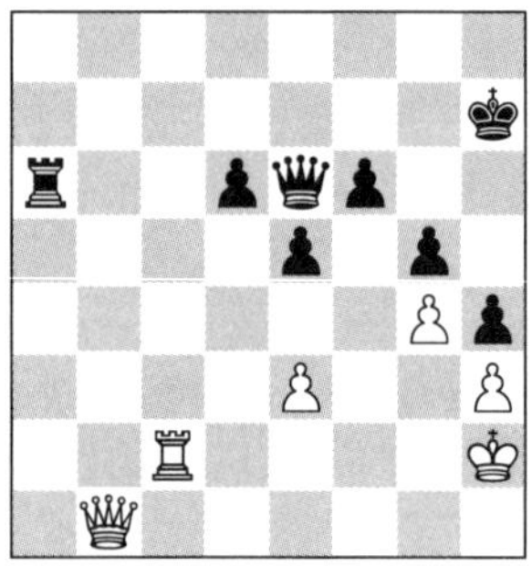

Analysediagramm

67...♔h6!! (der einzige Zug, der nicht verliert!) 68.♕b8 ♔g6!, und Schwarz gewinnt. Auch hier ist verständlich, dass Schwarz vor solch langen Berechnungen zurückschreckt, zumal er die Chance erspäht, selbst eine Falle zu stellen. Es beginnt mit einem natürlichen, zentralisierenden Zug:

64...d5?? 65.♘c5!

Weiß „fällt“ auf die Falle herein, greift zugleich diverse Figuren von

39 Wie von Horowitz und Reinfeld in *Chess Traps, Pitfalls and Swindles* wiedergegeben.

Schwarz an, erlaubt dabei freilich die von seinem Gegner vorbereitete Kombination.

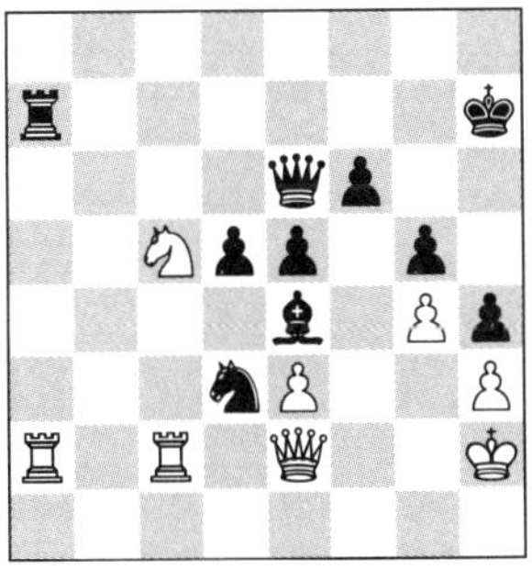

65...♖xa2 66.♘xe6 ♖a1

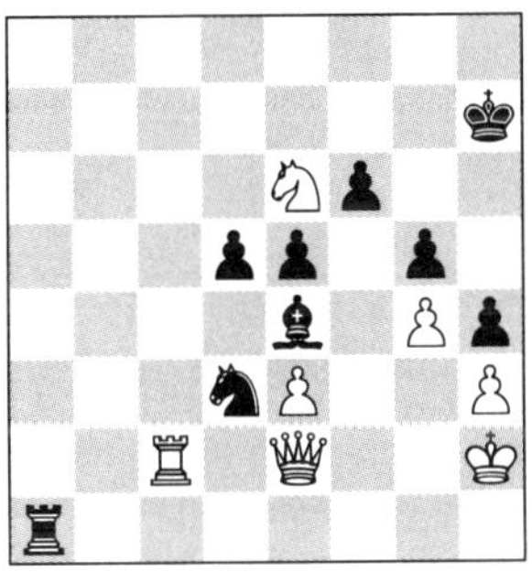

Die Pointe des schwarzen Spiels. Ein hübsches Damenopfer hat zu einem unabwendbaren Matt auf h1 geführt. Doch wie Ihnen an dieser Stelle des Buches längst bewusst sein sollte, endet es, wenn ich das Wort „unabwendbar“ verwende, meist genau mit dem Gegenteil!

67.♘xg5+!!

Haben Sie bemerkt, dass der weiße König nicht mehr ziehen kann?

67...fxg5

Erzwungen, da 67...♔h6?? 68.♘xe4 die Mattkonstellation aufhebt.

68.♖c7+ ♔g8 69.♖c8+ ♔f7

70.♖f8+!

Das zweite Opfer.

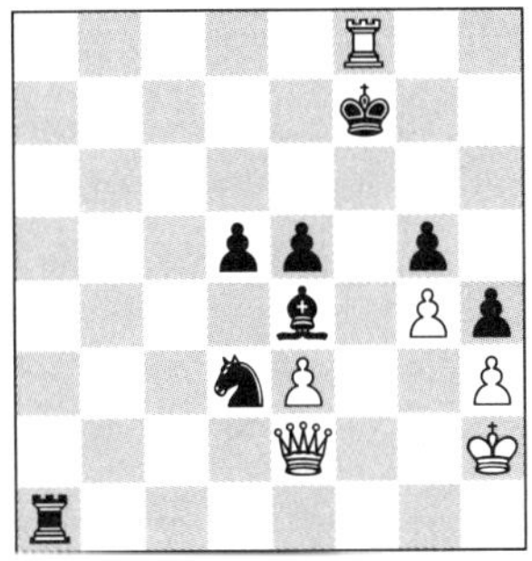

70...♔xf8

70...♔e7 71.♖f7+ ist zwecklos, da 71...♔d6?? 72.♖f1! ♘c1 73.♖f6+ ♔e7 74.♕f1 Weiß den Vorteil überlässt.

71.♕f1+!!

Sehr präzise. Die anderen Schachgebote hätten Schwarz erlaubt, das Patt aufzuheben.

71...♖xf1

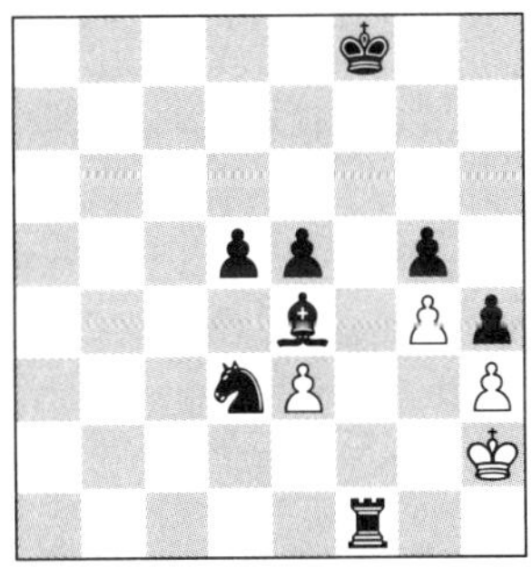

Und trotz seines überwältigenden Materialvorteils musste Schwarz dem Gegner den halben Punkt zugestehen: ½:½.

Gewöhnlich ergeben sich Pattmöglichkeiten erst, wenn die Kräfte auf dem Brett bereits reduziert sind. Wann immer Sie in einem objektiv verlorenen Endspiel gelandet sind, in welchem Ihr König auch nur ansatzweise knapp an Fluchtfeldern ist, halten Sie stets die Augen für mögliche Selbsteinkerkerungen offen. Versuchen Sie sich am nächsten Diagramm.

Karoly Honfi
Levente Lengyel

Budapest Ungarische Jugendmeisterschaft 1963

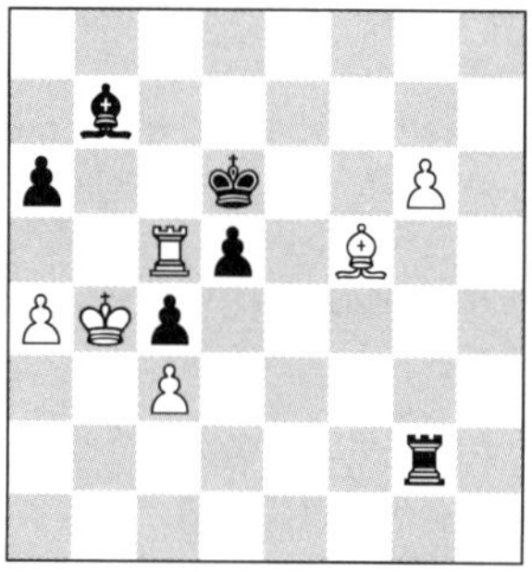

Weiß am Zug schwindelt

Schwarz hat zuletzt 46... ♖g1-g2 mit der Drohung 47...♖b2+ gespielt. Der weiße Turm ist gefangen, und auch 47.g7? ♖xg7 hilft nicht. Trotz seiner verzweifelten Lage ersinnt Weiß ein brillantes Konzept, das auf einem Patt beruht. Nehmen Sie sich Zeit – können Sie es sehen?

47.♗c8!!

Ein Schnitzer?

47...♖b2+??

Das umsichtige 47...a5+! hätte auf der Stelle gewonnen.

48.♔a5!

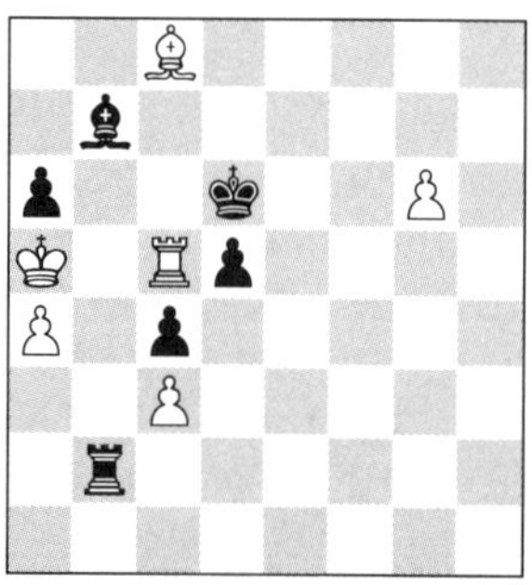

Der Schwindel!

48...♔xc5?

Mit dem kontraintuitiven 48...♖c2! (aber nicht 48...♖g2 49.♖xc4!! oder 48...♖b1 49.♗h3! ♖c1 50.g7 ♖g1 51.♔b6 ♖xg7 52.♗f1!!, was in beiden Fällen zum Remis führt) 49.♔b4 (49. g7? ♖g2) 49...♖c1!! hätte Schwarz am Drücker bleiben können, wenngleich Weiß nach 50.g7 ♖b1+ 51.♔a3 ♖g1

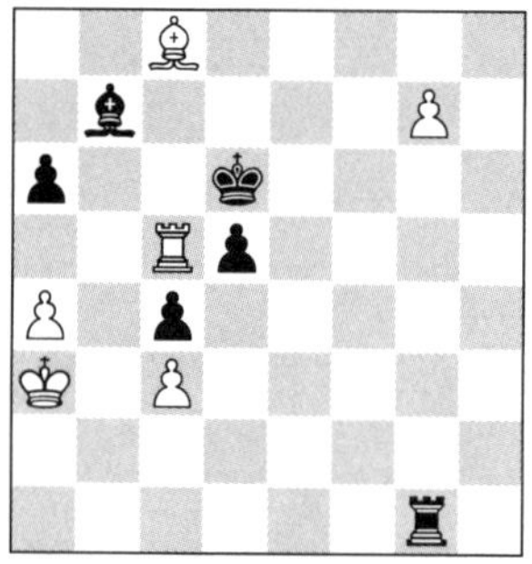

Analysediagramm

52.♖xc4!! dxc4 53.♗xb7 a5 54.♗a6 eine ungewöhnliche Festung errichtet hat – ich denke, das kann er Remis halten. Doch das lag natürlich nicht in der Absicht von Schwarz bei seinem 47. Zug.

49.g7! ♖g2

Die fernen Schemen eines Patts haben sich allmählich zu etwas Vertrauterem verdichtet.

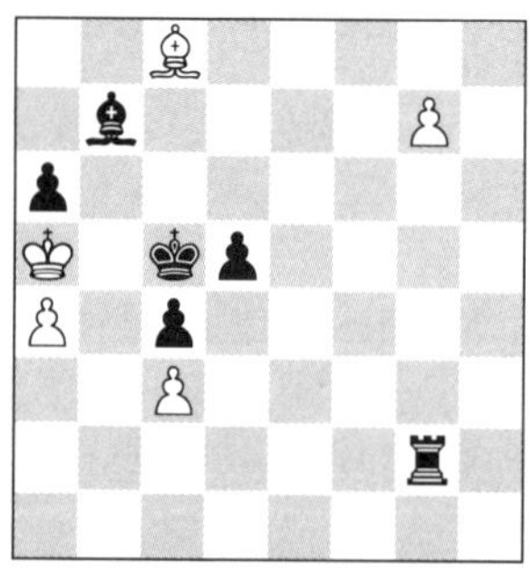

50.♗g4!! ♖xg4 51.g8♕! ♖xg8 ½:½
Ein exzellent durchgeführter Schwindel, der auf einer weiträumigen Pattkonstellation beruhte.

Leider gibt es keinen einfachen Weg, sich selbst im frühzeitigen Erkennen von Pattsituationen zu trainieren. Das Beste, was wir tun können, ist, unserem Geist so viele anschauliche Beispiele wie möglich vor Augen zu führen. Hier ein besonders weit vorausschauender Fall von einem der phantasievollsten Großmeister.

Tiger Hillarp Persson
Per Vernersson
Elitserien 1997 (4)

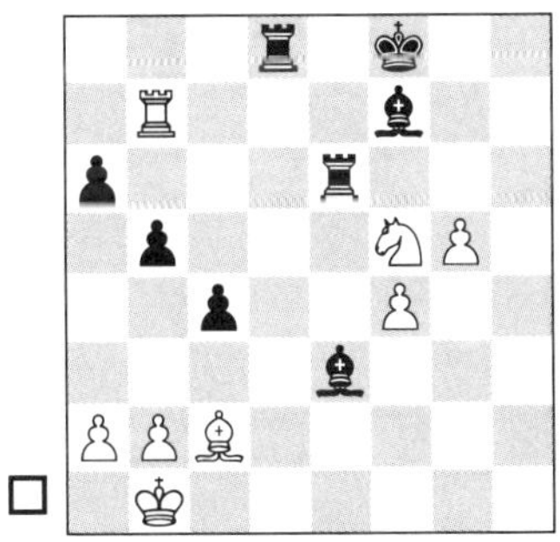

Das kreative Opferspiel des schwedischen Großmeisters ist legendär, aber eine Konsequenz aus Tigers bewundernswertem Stil ist, dass die Figuren gelegentlich einfach weggenommen werden ...!
Hier ist Weiß ohne nennenswerte Kompensation einen Turm im Rückstand, und er könnte guten Gewissens aufgeben (Matt in 23 laut meiner Engine). Stattdessen beschwört er aus weiter Ferne eine bemerkenswerte Pattstellung herauf. Der erste Schritt besteht darin, Schwarz einzuladen, die Position zu vereinfachen:
34.♘h6! ♖xh6!
Räumt etwas Material weg.[40]
35.gxh6 ♗g6

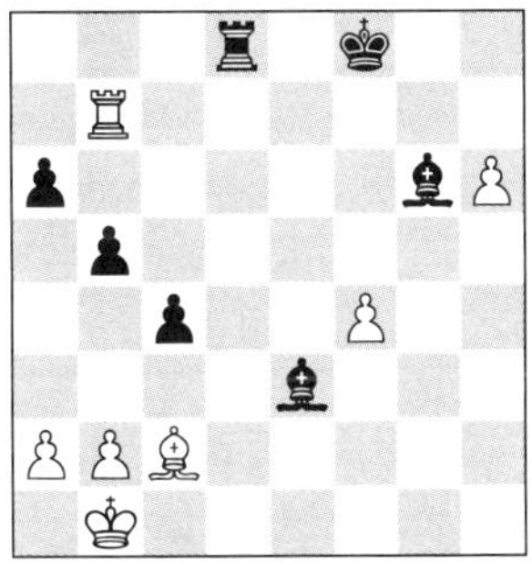

Anscheinend ein sauberer Abschluss, da 36.♗xg6?? ♖d1+ zum Matt führt. Weiß ist gezwungen, ein Luftloch zu machen, was ihn eine weitere Figur kostet.
36.b3! ♖d1+ 37.♔b2 ♖d2

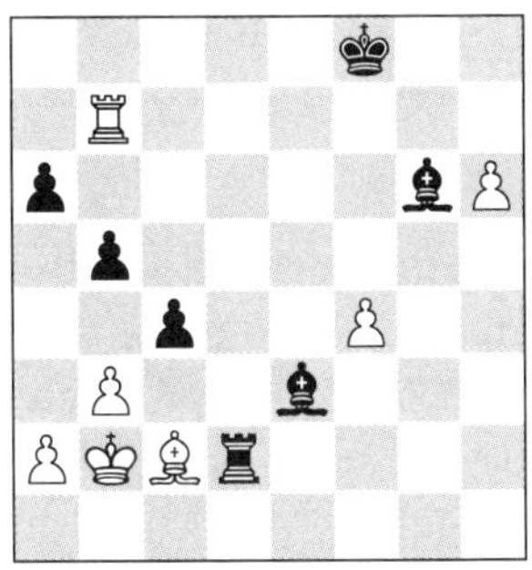

Jetzt geht Tiger in den kompletten Schwindelmodus:
38.f5! ♗xf5 39.h7! ♖xc2+ 40.♔a3!

40 Nicht sonderlich hilfreich ist der Hinweis des Computers, dass 34...♗g6 ein Matt in 16 ist.

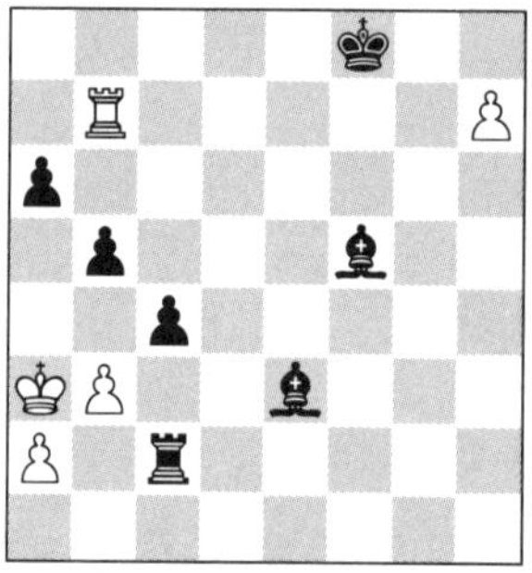

Langsam fangen die verschwommenen Umrisse einer Pattstellung deutlicher zu werden. Das umsichtige 40...♗xh7! würde jedwedes Gegenspiel zunichte machen, doch beim berüchtigten 40. Zug ist Schwarz entschlossen, sein Mattnetz zu weben. Er setzt selbstbewusst den tödlichen Hieb:

40...♗c5+ 41.b4 ♗d4??

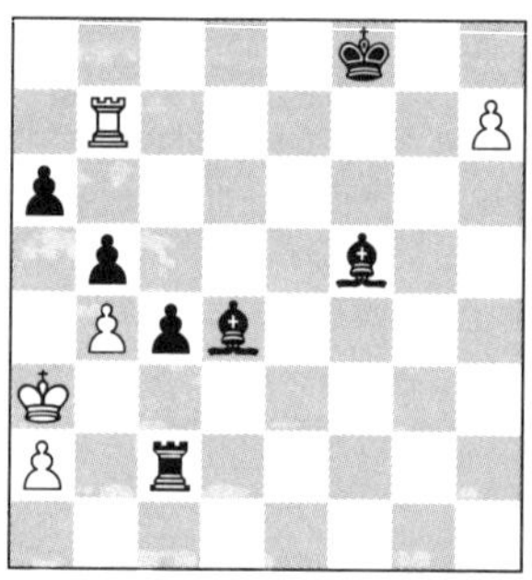

Ungewöhnlicherweise geschieht der eigentliche Fehler im 41. Zug – vielleicht hat Schwarz nach der Zeitkontrolle auch gleich umgehend gezogen; in der Annahme, dass ...♗b2# nicht verhindert werden könne. Und das ist in gewisser Weise sogar korrekt, verhindert wird es nur durch die Schachregeln.

42.h8♕+! ♗xh8 43.♖f7+! ½:½

Mit niemals endenden Schachgeboten hat Weiß das Wunder vollbracht!

Pattstellungen kommen in etlichen Beispielen in diesem Buch vor, und ich habe für Ihr Training auch einige Übungen mit Pattsituationen bereitgestellt. Runden wir dieses Kapitel aber mit einem Beispiel ab, das eher Unterhaltungs- als Lehrzwecken dient. Doch ich komme nicht umhin, Ihnen mein Lieblingspatt zu zeigen.

Alexei Troitski
Vogt
St. Petersburg 1896

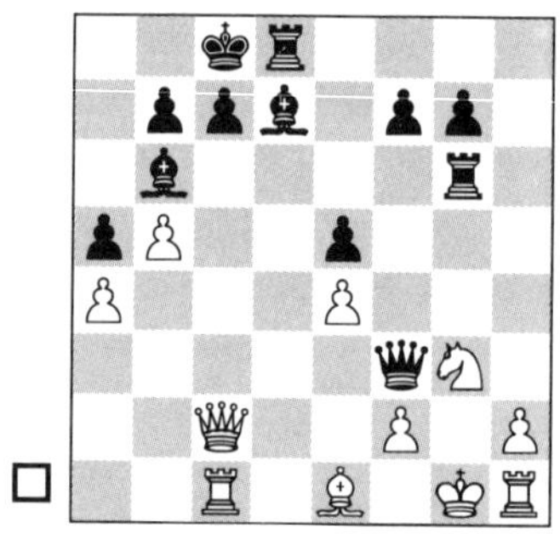

Aus dieser ganz untypisch überfrachteten Stellung ergibt sich einer der ungewöhnlichsten Schwindel, die man je gesehen hat. In dieser Mittelspielstellung scheint es nicht einmal den Hauch eines Gegenspiels für Weiß zu geben. Seine Kräfte sind derart gebunden, dass sie sich kaum bewegen können. Einige können sich überhaupt nicht bewegen ...

1.♖d1! ♗h3??

Eine so offensichtliche Antwort, mit einem „unabwendbaren“ – da ist schon wieder dieses Wort – Matt auf g2. Doch Weiß hat weiter vorausgesehen.

2.♖xd8+ ♔xd8 3.♕d1+!! ♕xd1 ½:½

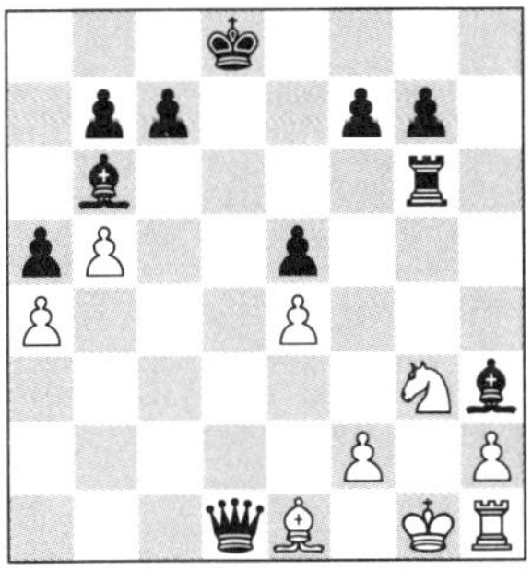

Eine erstaunliche Stellung. Ich habe noch nie eine Pattstellung gesehen, bei der noch so viele Figuren auf dem Brett standen; zumindest nicht, ohne dass dies als offensichtlicher Scherz zu erkennen war. Man kommt nicht umhin, Mitleid mit Schwarz zu empfinden, da man ihm kaum zum Vorwurf machen kann, dass er im Mittelspiel nicht an ein Patt gedacht hat. Und doch steckt in jedem Glas voller Sympathie ein Tropfen der Schadenfreude des Schwindlers. Ein sehr süßer Tropfen!

KAPITEL 18

Dauerschach

Oh Ihr Spekulanten auf ein Perpetuum Mobile, wie viele eitle Schimären habt Ihr auf der Suche nach diesem geschaffen? Geht und nehmt Euren Platz unter den Goldsuchern ein – Leonardo da Vinci

Von Zeit zu Zeit verwenden Journalisten und Experten Schachmetaphern in Bereichen wie Politik, Wirtschaft und Sport, vermutlich weil diese Intelligenz signalisieren. „Das da draußen ist wie eine Schachpartie", sagte ein Kommentator eines besonders unspektakulären Fußballspiels. „Die Chinesen sind wie Schachgroßmeister; und wir spielen Dame", sagte Donald Trump, bevor er einen Handelskrieg zwischen den Supermächten initiierte. „Wir sind jetzt im Endspiel", bemerkte ein politischer Journalist im Hinblick auf die syrische Flüchtlingskrise. Und praktisch jede wichtige Quelle verwendete irgendwann den Begriff „Patt", wenn sie über die Brexit-Saga berichtete.

Der Begriff des „Patts" bezieht sich in der Regel auf eine Sackgasse, in der Fortschritte nicht ohne Zugeständnisse einer Seite gemacht werden können. Die Schachregel passt damit aber nicht so recht zusammen (übrigens auch nicht, wie wir bereits erwähnt haben, mit einem realistischen militärischen Szenario). Was die Experten mit ihrem Gebrauch des Begriffs „Patt" meinen, ist eigentlich am ehesten mit einem Dauerschach zu vergleichen: einer Situation, in der keine Seite dem Vor-und-Zurück ausweichen kann, ohne dem Gegner Zugeständnisse zu machen. Als letzte Zuflucht kann es, unabhängig von einem materiellen Rückstand, aber auch ein mächtiges Schwindelwerkzeug sein.

Wir haben bereits ein paar Beispiele wie etwa Smerdon - Aabling Thomsen gesehen. Ein jüngeres Beispiel beschwört Reminiszenzen zu den im Buch schon früher betrachteten psychologischen Absurditäten von Gareyev herauf:

Maxime Vachier-Lagrave 2715
Wang Hao 2731
Wijk aan Zee 2011 (1)

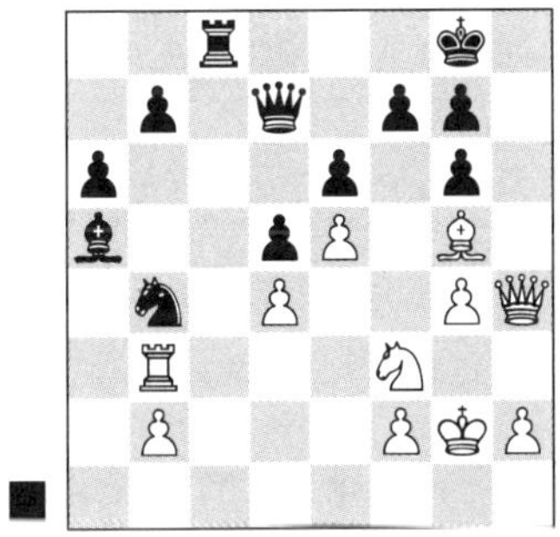

Die Figuren von Schwarz sind nutzlos am Damenflügel gestrandet, derweil sein König einem starken Angriff ausgesetzt ist. Weiß droht sowohl 32.♗e7 (gefolgt von ♘g5 und Matt auf h7) wie auch 32.♘g1 (gefolgt von ♖h3 und Matt auf h8). Dagegen kann man sich nicht ohne schwerste Materialverluste verteidigen. Beispielsweise empfiehlt die Engine, den Widerstand mit 31...♘c6 zu verlängern, um so 32.♗e7 zu verhindern, doch nach 32.♘g1! f5 (der einzige Zug, um Matt zu verhüten) 33.exf6 gxf6 34.♗xf6 ♕h7 35.♕g5 (droht 36.♖h3) 35...♔f7 36.♖xb7+ fällt alles auseinander.

Das Problem für den Schwindler in spe beruht darin, dass der weiße Angriff so einfach und geradlinig ist, dass er sich quasi von alleine spielt. Die Situation ist jener ähnlich, vor die sich Schwarz in Sevian - Gareyev am Anfang dieses Buches gestellt sah. Und genau wie dort gesehen, versucht auch Wang Hao seinen Gegner abzulenken, indem er eine seiner Figuren auf der entgegengesetzten Brettseite lächerlich platziert.

31...♕b5!!

Wang Hao zieht seine beste Verteidigungsfigur vom Königsflügel WEG, in Verbindung mit einer Selbstfesselung des Springer. Als ob die schwarzen Kräfte ihren Monarchen aufgegeben hätten und abhauen in die Berge.

Es sollte eigentlich Maximes Verdacht erregt haben, wenn ein Spieler von Wang Haos Kaliber einen solch absurden Zug spielt. Weiß hat verschiedene Gewinnmöglichkeiten, unter anderem wie gehabt den Rückzug 32.♘g1! gefolgt von 33.♖h3.[41] Womöglich abgelenkt durch die neu entstandene Fesselung des Springers b4, entscheidet er sich aber für eine dominierendere Fortsetzung:

32.♗e7??

Wie um die Einfalt von Schwarz zu betonen, dringt Weiß auf das nun ungedeckte Feld e7 ein, schneidet zugleich die Flucht des schwarzen Königs ab, greift b4 an und bereitet ♘g5 vor, wonach Matt folgen soll.

41 Postny weist daneben auf das äußerst elegante 32.♗f6! hin.

Wenn die Stellung von Schwarz vorher schon hoffnungslos war, so scheint sie es jetzt erst recht. Doch ist es genau dieser Zug, der die Verteidigung des Feldes f4 vernachlässigt, auf den Schwarz gezählt hatte.

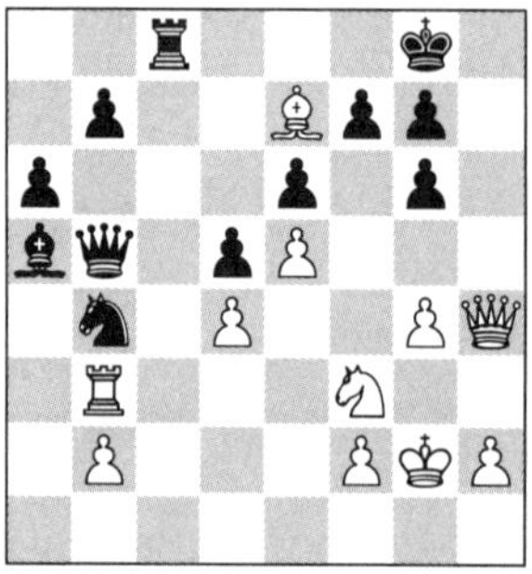

32...♘d3!!

Eine rettende Entfesselung. Die schwarzen Figuren befreien sich mit Macht von ihren Ketten.

33.♖xb5

Bei 33.♘g5?? knüpft plötzlich Schwarz ein Mattnetz: 33...♘f4+ 34.♔g3 ♕xb3+ 35.♔xf4 ♗d2#. 33.♖xd3? mit der Absicht 33...♕xd3 34.♘g5! sieht zwar besser aus. Doch Schwarz hat eine zweite unverhoffte Ressource: 33...g5!!

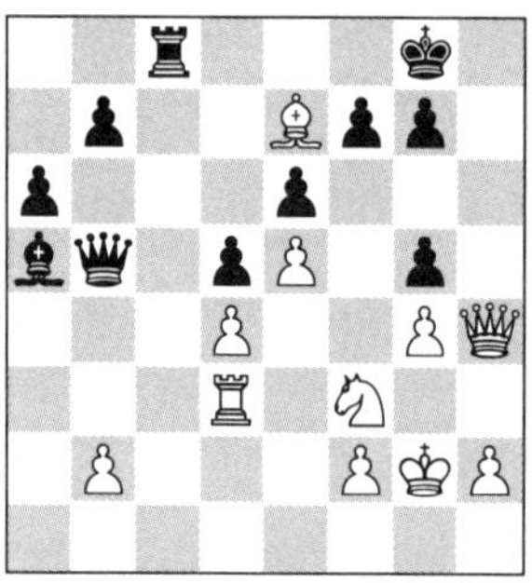

Analysediagramm

mit der Pointe, dass nach 35.♘xg5 ♕xd3 das Bauernopfer den Blick der schwarzen Dame zum Schutz von h7 freigemacht hat. Unglaublicher Stoff.

33...♘f4+ 34.♔g3 ♘e2+ 35.♔h3 ♘f4+ 36.♔g3 ♘e2+ 37.♔g2 ♘f4+,

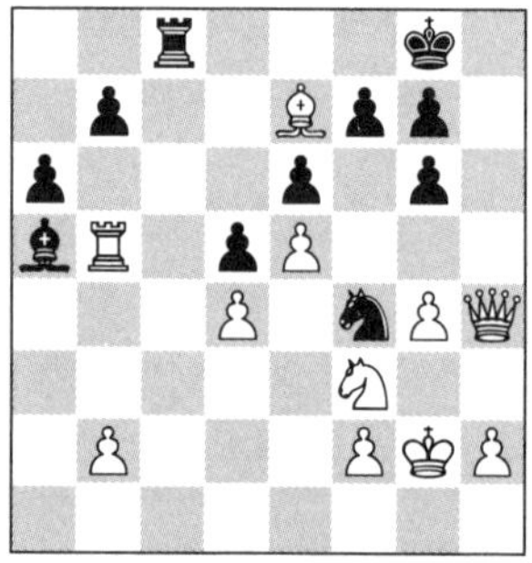

und die Spieler einigten sich auf Remis. Weiß war nicht verpflichtet, sich zu fügen, doch wahrscheinlich war es die richtige Entscheidung, sowohl praktisch wie auch psychologisch. Bei 38.♔h1 (aber nicht 38.♔f1?? ♖c1+ 39.♘e1 ♖xe1#) hat Weiß zwar zeitweilig eine Dame mehr, doch nach 38...♖c1+ 39.♘g1 ♘e2! müsste er große Teile seiner verbliebenen Armee opfern, um das Matt abzuwenden.

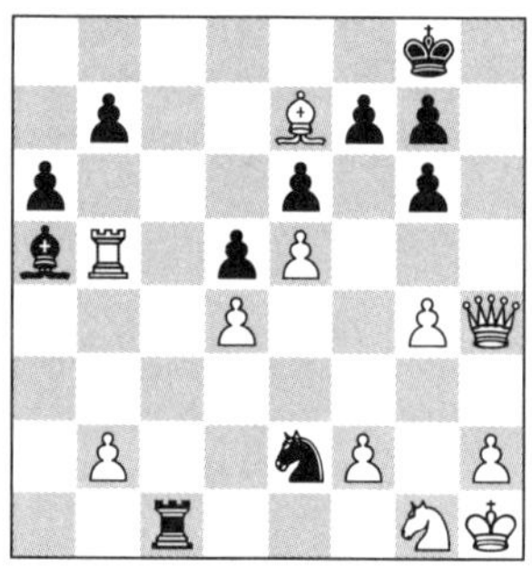

Analysediagramm

Zum Beispiel 40.♔g2 ♖xg1+ 41.♔f3 ♘xd4+ 42.♔e3 ♘xb5, und Weiß ist materiell sogar im Hintertreffen.

Bei der gleichermaßen unterhaltsamen wie auch erzwungenen Folge 40.h3 ♖xg1+ 41.♔h2 axb5 42.♕g5! ♖b1! 43.♕e3 ♖xb2 44.♕a3 ♗c3 45.♕a8+ ♔h7 46.♕f8 ♗xd4

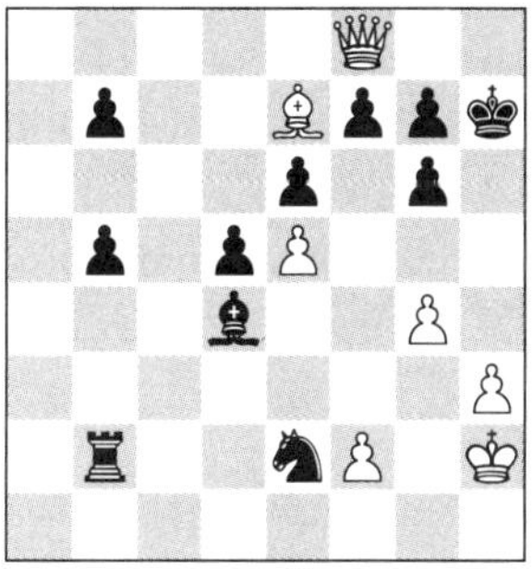

Analysediagramm

47.♗f6!! gxf6 48.♕xf7+ ♔h6 49.♕f8+ ♔h7 50.♕f7+ müsste diesmal tatsächlich Weiß das Dauerschach forcieren.

Beim sogenannten „Schwindel des Jahrhundert“, der geschickt die Themen Patt und Dauerschach miteinander verknüpft, spielt das Dauerschach gleichfalls eine große Rolle:

Alexander Beljawski 2630
Larry Christiansen 2575
Reggio Emilia 1987/88 (2)

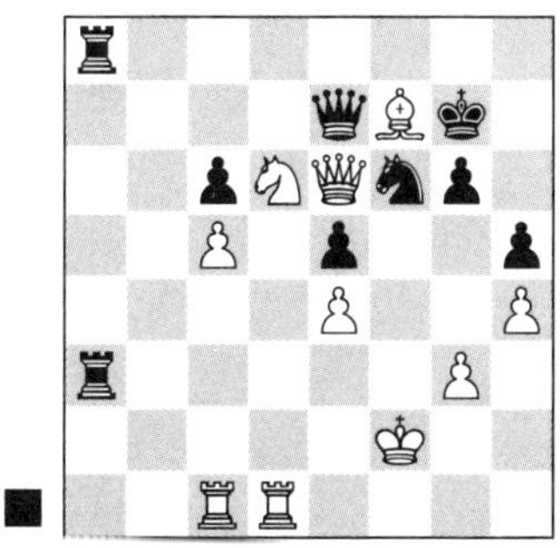

Einer der größten Schwindel aller Zeiten im Duell zweier Schwergewichte der Achtziger Jahre. Mit einer Figur weniger beginnt Schwarz seinen letzten Schwindelversuch:

32...♖a2+!

Dieser Zug stellt Weiß vor eine unangenehme Entscheidung. Beljawski ist sich bewusst, dass das Endspiel nach 33.♕xa2 technisch gewonnen ist, doch das materielle Ungleichgewicht mit Figuren gegen die Dame könnte die Sache knifflig gestalten, insbesondere in Anbetracht der nahenden Zeitkontrolle. Und wer wünscht sich schon derlei Komplikationen, wenn er sie auch vermeiden kann?

33.♔g1 ♖8a3!

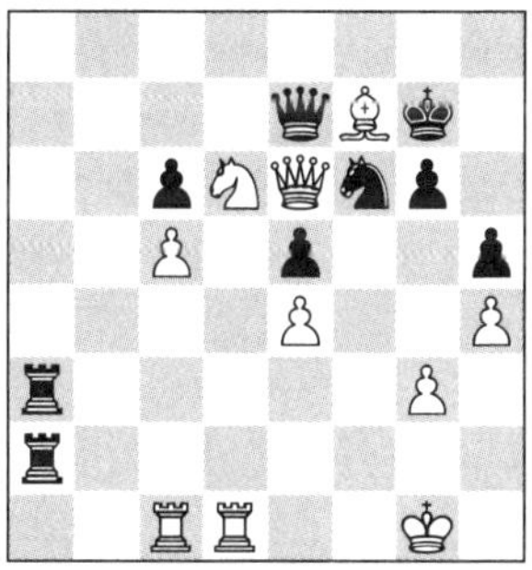

Der erste Trick. 34.♕xe7? ♖xg3+ erlaubt ein unwahrscheinliches Dauerschach durch den Turm auf der dritten Reihe. Beljawski durchschaut dies und stellt sicher, dass seine Dame ein Auge auf das Feld h3 wirft. Doch der Schwindel hat noch eine weitere Dimension ...

34.♘e8+! ♔h6!

Die einzige Chance.

34...♕xe8 35.♗xe8, und der Umstand, dass die Dame h3 deckt,

verhindert das Dauerschach, während bei 34...♘xe8 35.♕xg6+ Matt im nächsten Zug folgt.

35.♘xf6!

Stellt erneut sicher, dass h3 gedeckt ist, und zwar auch in dem Fall, das Schwarz auf e6 die Damen tauscht.

35...♖xg3+ 36.♔h1

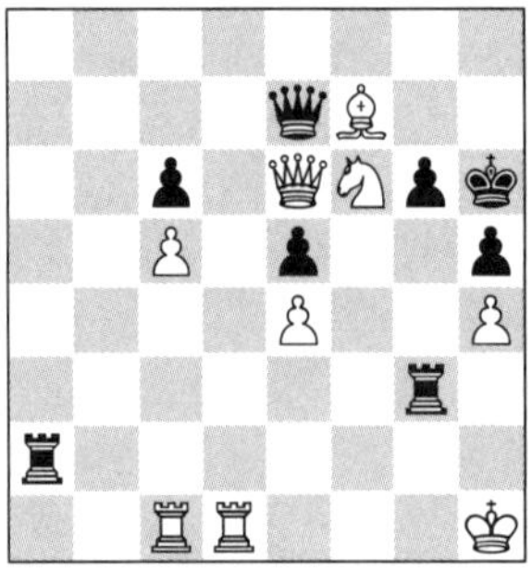

36...♕xf7!!

Ein zweites schockierendes Damenopfer. Schwarz will sein Dauerschach-Thema wieder zum Leben erwecken. Man beachte, dass beide Spieler nur wenige Sekunden hatten, um die Zeitkontrolle bei Zug 40 zu erreichen – eine schwierige Aufgabe, die noch dadurch erschwert wird, dass Weiß so viele Möglichkeiten hat, die er berechnen muss.

Tatsächlich gibt es hier mehrere Gewinnzüge. Der sauberste ist 37.♘g4+!, gefolgt vom Schlagen der schwarzen Dame. Doch um sich hierfür zu entscheiden, hätte Weiß nicht nur das Dauerschachthema von Schwarz erkennen müssen, sondern auch eine gänzlich unerwartete Pattidee. Mit nur noch Sekunden auf der Uhr, um es bis zum 40. Zug zu schaffen, ist nachvollziehbar, dass Weiß dies nicht gelungen ist und er stattdessen eine einfachere – und immer noch gewinnende – Fortsetzung gewählt hat.

37.♖d7 ♕xf6!

Der letzte in einer Serie von drei Opfereinschlägen, wenngleich Weiß ihn nicht als solchen erkennt. In jeder normalen Situation wäre Beljawski zutiefst misstrauisch, warum sich ein Großmeister damit abgibt, einen solchen Zug zu spielen, anstatt einfach aufzugeben. Er hätte ein paar Sekunden gebraucht, um die versteckte Absicht zu erkennen, und vielleicht ein paar weitere, um herauszufinden, dass 38.♖h7+! die Auseinandersetzung beendet: 38...♔xh7 39.♕xf6 ♖h3+ 40.♔g1 ♖g3+ 41.♔f1, und es gibt kein Patt. In dieser Partie hatte Christiansen jedoch den großen Vorteil, dass man diesen Zug mit hängender Flagge von Weiß nur als billigen Versuch betrachten konnte, auf Zeit zu gewinnen. Ohne innezuhalten spielte Weiß mithin den offensichtlichen Zug:

38.♕xf6??

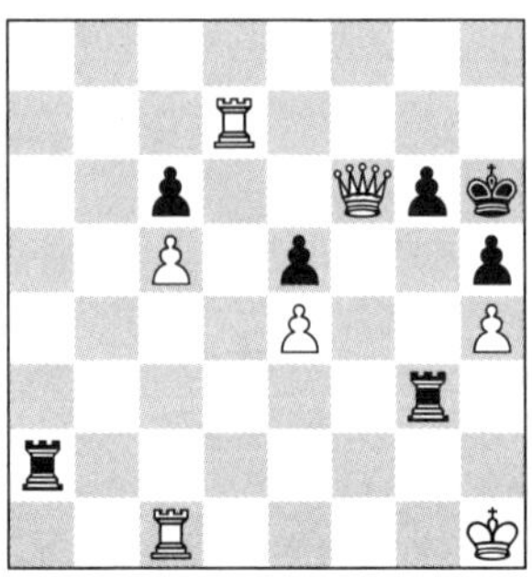

38...♖h2+!!

Vom Dauerschach zu einem unerwarteten Patt. Nach 39.♔xh2 ♖g2+ muss Weiß in eines der Remismotive einwilligen. Dem Tapferen hilft das Glück!

Glückliche Rettungen durch Dauerschach treten oft in Verbindung mit Pattideen auf, wie wir nicht nur in der vorigen Partie, sondern auch schon früher im Buch anhand der Beispiele mit „wildgewordenen" Türmen gesehen haben. Am häufigsten ergeben sich Dauerschachs freilich, wenn sich Damen auf dem Brett befinden. Wenn viele Schachgebote zur Auswahl stehen, sollte der Schwindler versuchen, seinen Gegner in die Irre zu leiten, indem er ihn vor eine möglichst schwierige Wahl stellt. Das nächste Beispiel bringt dies hervorragend auf den Punkt.

Jonathan Grant 2179
Bedri Sadiku 2213
Hersonissos Mannschafts-EM 2017 (8)

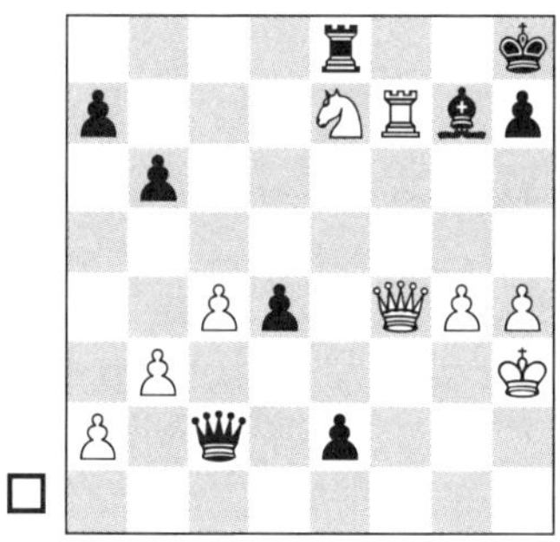

Zwar ist das Material ausgeglichen, doch die Engines geben Schwarz einen gewaltigen Vorteil.[42] Der Bauer e2 kann nicht aufgehalten werden; auf 41.♕f2 folgt 41...♕c3+ nebst Umwandlung. Die einzige Hoffnung von Weiß besteht in einem Gegenangriff. Der erste Zug ist klar.

41.♖xg7! ♔xg7 42.♕g5+ ♔f7

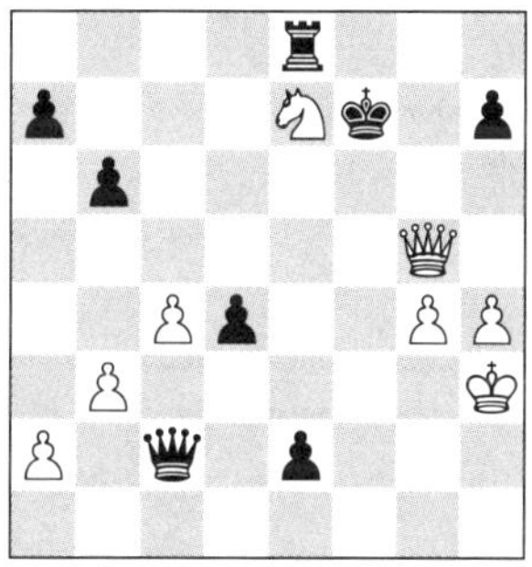

Ein lehrreicher Moment. Der schwarze König wurde also seines wichtigsten Verteidigers beraubt. Aber was nun? Die verlockendste Möglichkeit ist, weiter Schach zu bieten, in der Hoffnung auf ein Dauerschach. Weiß mag Grund zur Annahme haben, dass das Variantengestrüpp zu komplex ist, als dass sein Gegner es sauber berechnen könnte, und dies vielleicht zu Recht. Nichtsdestotrotz ist ein Schachgebot hier eine schlechte praktische Wahl. Der Grund dafür ist, dass Schwarz, auch wenn er zunächst den falschen Weg einschlägt, stets seine Schritte zurücknehmen und so auf einen der verschiedenen Gewinn-

42 Tatsächlich ist es ein Matt in 32 für Schwarz, falls Sie sich um solche Einschätzungen scheren.

wege stolpern kann.[43] Der einfachste sieht wie folgt aus: 43.♕f4+ ♔xe7 44.♕e5+ ♔f8 45.♕d6+ ♖e7 46.♕d8+ ♔f7 47.♕d5+ ♖e6 48.♕d7+ ♔f6 49.♕d8+ (49.♕xd4+ ♔e7 50.♕g7+ ♔e8 51.♕g8+ ♔d7 52.♕f7+ ♖e7 53.♕d5+ ♔c7, und die Schachgebote gehen zur Neige) 49...♔e5 50.♕g5+ ♔e4! 51.♕f5+ ♔e3!,

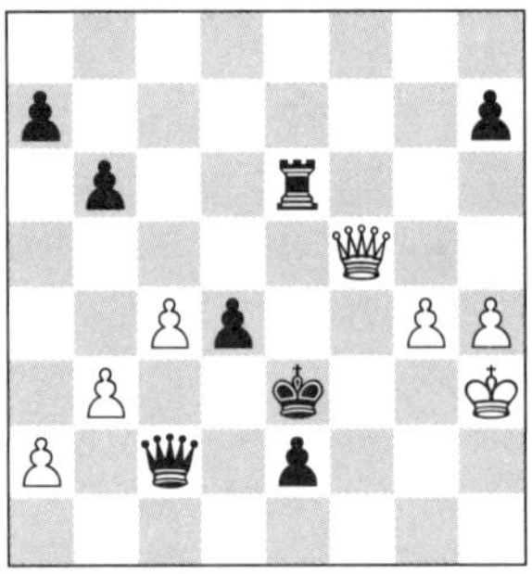

Analysediagramm

und Schwarz gewinnt.
Man beachte, dass auch wenn dies eine lange Variante ist, der schwarze König quasi gezwungen wird, auf den richtigen Weg zu stolpern, da er von den Schachgeboten der weißen Dame gelenkt wird. Die einzige echte Remischance unter diesen Umständen wäre, wenn Schwarz versehentlich eine dreimalige Stellungswiederholung erlaubt – bestenfalls eine geringe Chance. Weiß glaubt es besser machen zu können und lässt den Finger einstweilen noch am Abzug.

43.♘f5!!

Im Gegensatz zur vorigen Anmerkung, wo ein schwarzer Sieg fast unvermeidlich war, ist dieser phantastische „stille" Zug ein viel besserer praktischer Versuch.

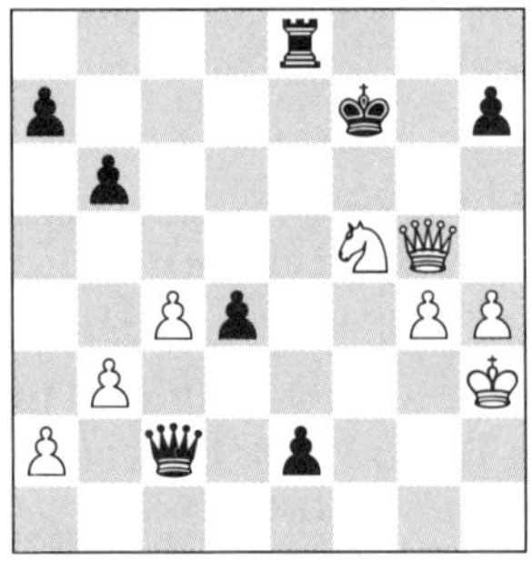

Schwarz hat drei Alternativen: in eine neue Dame umzuwandeln, oder mit seiner „alten" Dame ein Schach auf c3 oder d3 zu geben. Einer dieser Züge gewinnt recht leicht, obwohl überhaupt nicht klar ist warum, einer ist eher gefährlich, und einer führt umgehend zum Remis. Viel bessere Chancen!

43...♕c3+

Die gefährliche Option: Schwarz gewinnt noch immer, bewegt sich aber nun auf einem schmalen Grat. Besser ist 43...♕d3+!, und zwar aus dem unerfindlichen Grund, dass dies c3 für den König frei hält! 44.♔h2 e1♕ 45.♘h6+ (45.♕g7+ ♔e6 46.♕h6+ ♔e5 47.♕g7+ ♔f4 48.♕h6+ ♔f3 49.♕c6+ ♕ee4, und die Schachgebote versiegen; man beachte, dass Schwarz wie oben erwähnt in diese Gewinnvariante „hereinstolpern" kann, ohne sie genau berechnet haben zu müssen) 45...♔e6 46.♕d5+ ♔e7 47.♕b7+ (47.♘f5+,

43 Dies erinnert mich an die kuriose mathematische Tatsache, dass man schließlich fast jedem Labyrinth entkommen kann, indem man eine Hand an die Wand hält und vorwärts geht (geistreich als Wandfolge-Algorithmus bezeichnet).

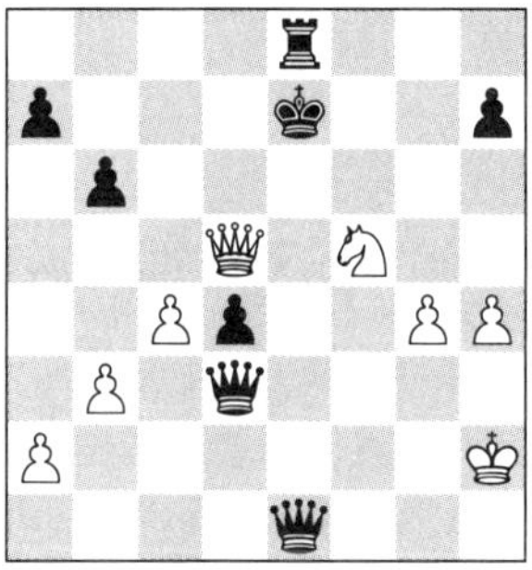

Analysediagramm

und nun gewinnen alle Züge, am einfachsten ist aber 47...♕xf5!, was einen anderen Vorteil davon, eine Dame auf d3 zu haben, zeigt) 47...♔d6 48.♘f7+ ♔c5 49.♕d5+ ♔b4 50.♕b5+ ♔c3,

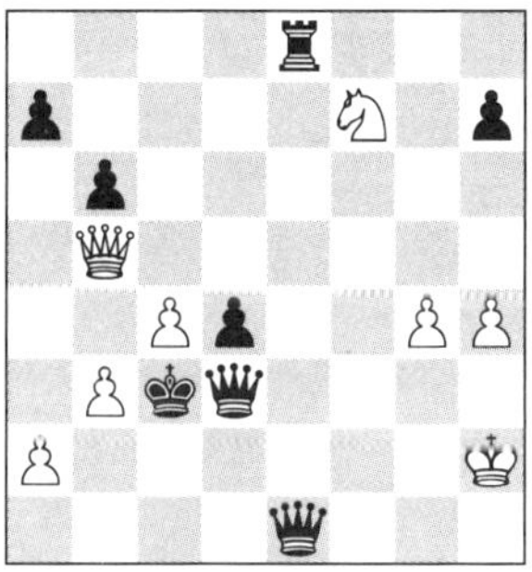

Analysediagramm

und der Spaß für Weiß ist vorbei. Andererseits erlaubt 43...e1♕?? ein sofortiges Remis: 44.♕g7+ ♔e6 45.♘xd4+ ♔d6,

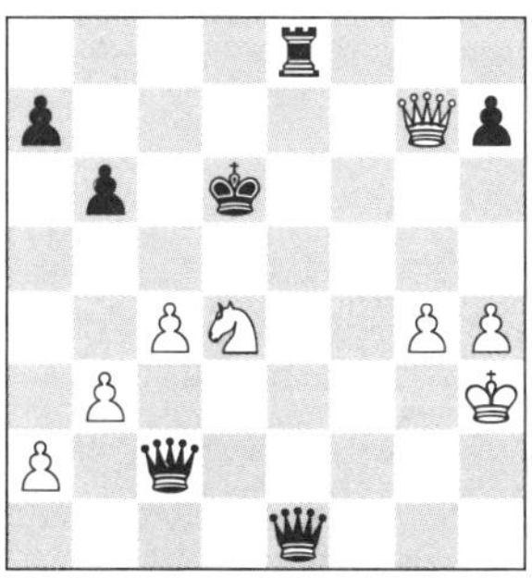

Analysediagramm

und nun nicht 46.♘xc2?? ♕f1+ 47.♔g3 ♕d3+, aber stattdessen 46.♘b5+! ♔e6 (46...♔c6 47.♕c7# oder 46...♔c5 47.♕d4+ ♔b4 48.♕d6+ ♔a5 49.♕a3#, ein Thema, das uns noch einmal begegnen wird) 47.♘d4+ mit einem Remis durch Dauerschach.
Zurück zur Partie, wo Schwarz immer noch auf Gewinn steht, die Marge hierfür aber erheblich geschrumpft ist.

44.♔h2 e1♕

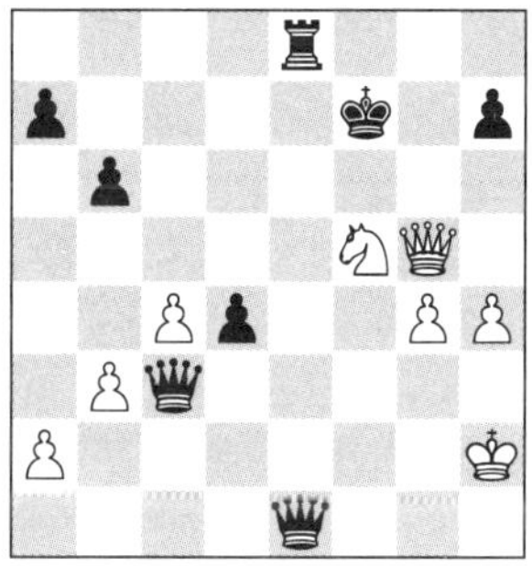

45.♘h6+!!

Das beste Schachgebot. Bei jedem Zug erhält Schwarz mehrere Königszüge zur Auswahl, doch nur ein Pfad führt zum Gewinn. Andere Züge bieten schlechtere Schwindelchancen: 45.♘d6+ ♔e6 46.♕d5+ ♔e7 47.♘f5+, und nun gewinnt sowohl 47...♔f6 wie auch 47...♔f8, während Schwarz nach 45.♕g7+ ♔e6 46.♕h6+ ♔e5 47.♕d6+ ♔e4 48.♕c6+ ♔d3 einmal mehr einen erfolgreichen Königsmarsch das Brett herab vollzieht.

45...♔e6 46.♕d5+ ♔e7

46...♔f6 47.♕g5+ wiederholt die Stellung.

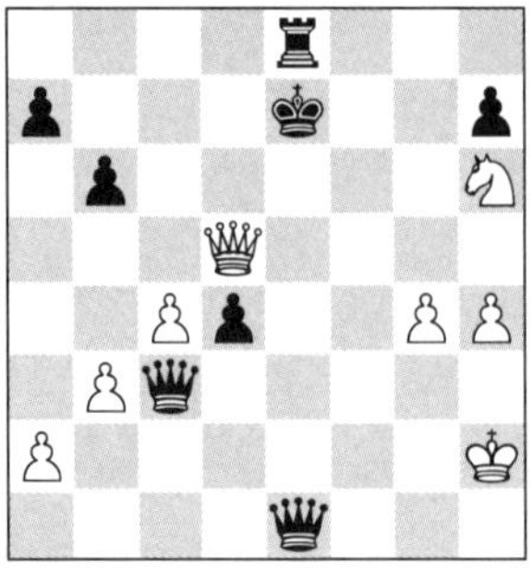

47.♕b7+!
Weiß wählt erneut den Zug, der die Fehlermöglichkeiten für Schwarz maximiert.
Nach 47.♘f5+ gewinnt Schwarz, ohne etwas berechnen zu müssen. Beispielsweise sind nach 47...♔f6 fast alle weiteren Züge von Schwarz erzwungen: 48.g5+ ♔g6 49.h5+ ♔xh5 50.♕f7+ ♔xg5 51.♕g7+ ♔xf5. Wenn Schwarz auch nur den Hauch eines Schwindels vermeiden möchte, könnte er auch das klinisch saubere 47...♔f8 48.♕d6+ ♕e7! wählen.
Im Gegensatz zu den Varianten zuvor steht Schwarz nun aber vor einer kritischen Entscheidung, mit echten Chancen fehlzugreifen. Drei der fünf möglichen Züge sind leicht auszuschließen: auf d8 oder f8 wird Schwarz in einem Zug mattgesetzt, während 47...♔e6 lediglich die Stellung wiederholt. Aber die Entscheidung zwischen den Feldern d6 und f6 ist schwierig zu berechnen. Schwarz trifft seine Wahl intuitiv, mit der Überlegung, dass sich die meisten der verbliebenen weißen Kräfte am Königsflügel befinden und er also in die andere Richtung laufen sollte.

47...♔d6??
Die falsche Wahl!
Der Gewinn bestand in 47...♔f6, auch wenn dies zu 48.g5+ einzuladen scheint. Doch nach 48...♔e5 49.♕d5+ ♔f4 50.♕f7+ ♔e3 51.♕xe8+ ♔d2

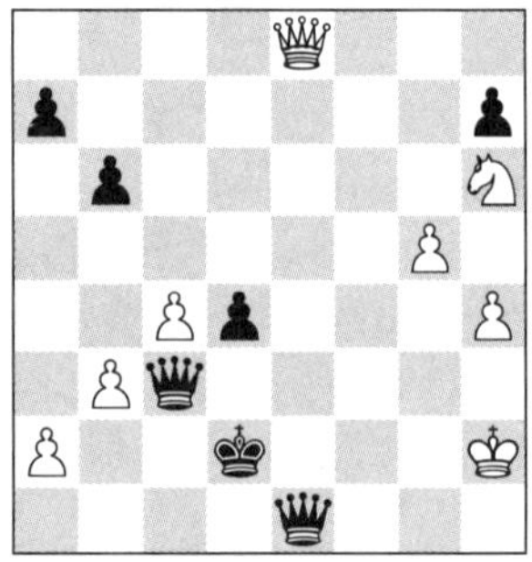

Analysediagramm

hat es der schwarze König in Sicherheit geschafft, und zwei Damen sind zu viel.
48.♘f7+!

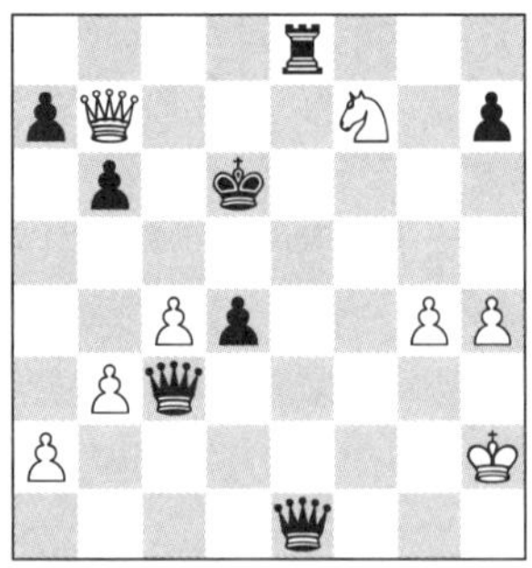

Schwarz findet sich erneut an einer gefährlichen Weggabelung. Doch während es bei seiner letzten Entscheidung um den Unterschied zwischen einem Sieg und einem Unentschieden ging, liegen hier die möglichen Ausgänge genau einen halben Punkt niedriger.
48...♔c5??

Erneut verkehrt!
Das „Pech" von Schwarz schreit schon nach Mitgefühl. Zu spät erkennt er, dass 48...♔e6 49.♘g5+! ♔f6 50.♕f7+ ♔e5 51.♕c7+ ein Dauerschach ist, und so steuert er weiter in Richtung Damenflügel. Doch während der schwarze König in anderen Varianten erfolgreich durch das Zentrum in Richtung Süden marschiert ist, wird seine Entscheidung für den Westkurs sich hier als fatal erweisen.
49.♕d5+ ♔b4

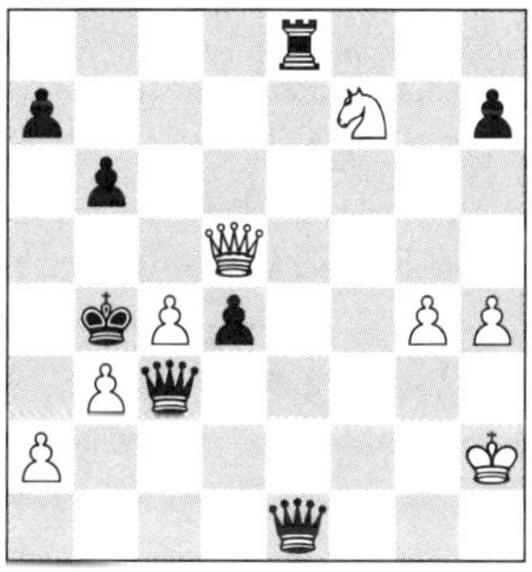

50.♕d6+!!
Der Gnadenstoß. Da das Feld c3 durch eine seiner Extradamen blockiert ist, hat der schwarze König gar keine andere Wahl, als weiter in sein Verderben zu rennen.
50...♔a5 51.♕a3# 1:0

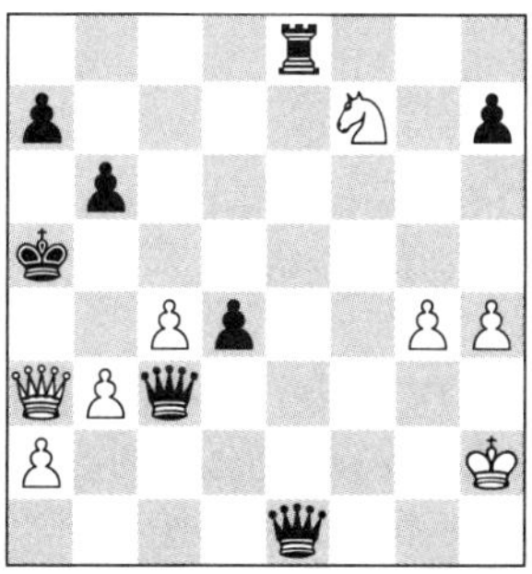

Zu guter Letzt endet die Partie überraschenderweise mit einem Matt statt mit einem Dauerschach. Aber dieses Thema hatte eine große Rolle beim Erfolg des weißen Schwindels gespielt.

Mit ihrer machtvollen und konkurrenzlosen Fähigkeit, von Linien auf Diagonalen zu wechseln, spielt die Dame bei einem Dauerschach meist die Hauptrolle. Allein die Andeutung einer Lawine von Damenschachs kann die überlegene Seite in Angst und Schrecken versetzen – und Angst kann, wie wir gelernt haben, eine mächtige Waffe sein.

Walter Gaier 1750
Matt Chapman 1937
London 2019 (9)

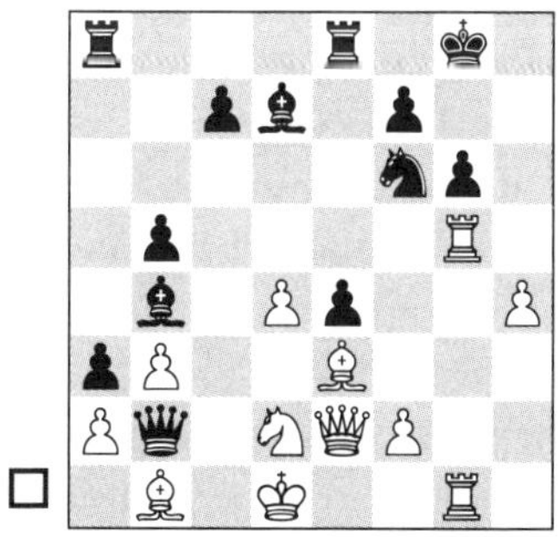

Die Dinge laufen überhaupt nicht gut für Weiß, der sich der tödlichen Drohung 26...♗xd2 nebst 27...♕xb1+ gegenüber sieht. Dies ist genau der richtige Moment um abzudrücken, und Weiß ergreift seine Chance:
26.♖xg6+! fxg6 27.♖xg6+ ♔f7 28.♖xf6+!!
Wenn schon, denn schon ...

28...♔xf6 29.♕h5

Ein exponierter König und eine aktive Dame sind oft schon alles, was man für eine Schachlawine braucht. Fügen Sie noch eine bisschen Angst und eine Prise Panik hinzu, und der Schwindel läuft.

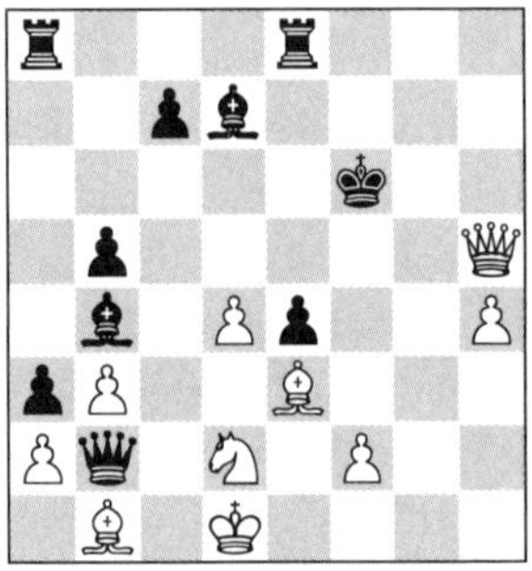

Es ist zwar richtig, dass ein Dauerschach droht (z.B. 29...♗xd2?? 30.♕g5+), aber die Wahrheit ist, wie Sie sich vielleicht schon denken können, dass dies leicht zu parieren ist. Doch etwas Rechenarbeit ist erforderlich, und Schwarz muss seine Einstellung weg von einem offensichtlichen Angriffsplan und hin zu einem Dauerschach-Vermeidungs-Programm ändern. Als ihm dämmert, dass Dauerschach droht, beginnt sich die Angst einzuschleichen, und diese schwillt an, wenn keine offensichtliche Verteidigung zu sehen ist. Er schaut auf die Uhr und beginnt, sich über die Bedenkzeit Gedanken zu machen, was seine Panik am Brett noch verstärkt. Dann ertappt er sich selbst bei einer Fehlkalkulation, versucht noch einmal anzufangen, blickt auf die Uhr, dann wieder auf seinen König ...

Ich glaube, die meisten von uns fanden sich schon einmal in einer solchen „Angstspirale“ wieder. Es ist ein schreckliches Gefühl mit einer gewaltigen Wirkmacht, das Panik und gänzlich irrationale Verzweiflung erzeugt, was die einzige Erklärung für den folgenden Zug von Schwarz sein kann.

29...♗g4+??

Schwarz gibt unerklärlicherweise eine Figur her, möglicherweise in der vergeblichen Hoffnung, einen Fluchtweg zum Damenflügel zu öffnen (doch einen solchen Weg gibt es nicht). Der Läufer wurde dringend gebraucht, um Felder am Königsflügel zu kontrollieren, doch jetzt ist das Dauerschach Realität.

30.♕xg4 ♗xd2 31.♕g5+ ♔e6 32.♕e5+ ♔d7 33.♕d5+!

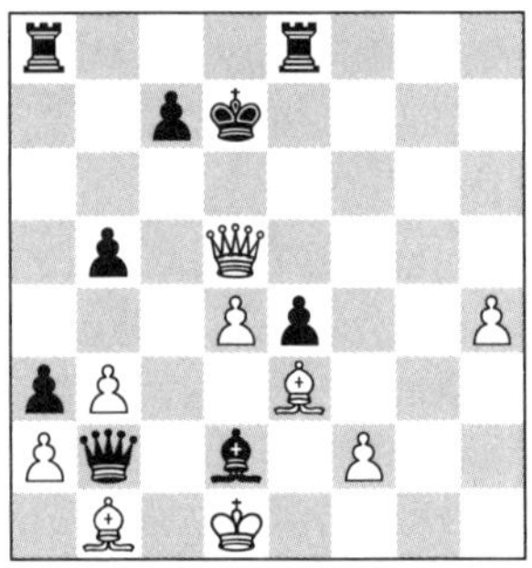

Wahrscheinlich der Zug, den Schwarz übersehen hatte. Jetzt ist es remis.

33...♔e7 34.♕e5+ ♔d7 35.♕d5+ ♔e7 36.♕e5+ ½:½

Das letzte Beispiel in diesem Kapitel ist äußerst inhaltsreich und leitet von einem verlorenen Turm-und-Läufer-Endspiel in ein kompliziertes Bauernendspiel über, das in eines von mehreren verschiedenen Damenendspielen münden kann. Ich habe es ausgiebig kommentiert, weil das ganze Beispiel sehr lehrreich ist und sich die Zeit lohnt, es zu studieren, auch wenn einige der Varianten außerhalb den Bereich des Schwindelns fallen.

Stephen „Solo" Solomons Schwindeleien gelten in Australien schon als legendär. Es geht das Wort um, dass die Kiebitze stets sein Brett im Auge haben sollten, wenn er ein verlorenes Endspiel hat, weil „Zeichen und Wunder" geschehen können.[44]

Stephen Solomon 2385
Spartaco Sarno 2410
Erewan Olympiade 1996 (10)

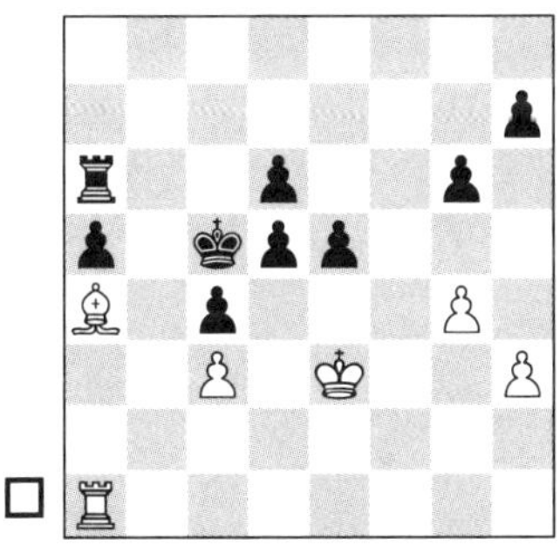

Schwarz hat vier Bauern für einen Läufer, mit einer bedrohlichen Bauernmasse im Zentrum. Schwarz hat einen geradlinigen Plan, also muss Weiß, wie wir wissen, den Trend brechen. Anstatt geduldig sein Schicksal abzuwarten, ergreift Solomon drastische Maßnahmen.

45.♖b1!

Der Turmtausch, gleichwohl von der Engine gemieden, ist die einzige praktische Chance für Weiß. Schwarz ist nun gezwungen, konkret zu rechnen, anstatt ohne Widerstand weiterzukommen.

45...♖b6 46.♖xb6 ♔xb6 47.h4! ♔c5 48.♗e8! d4+ 49.♔d2!

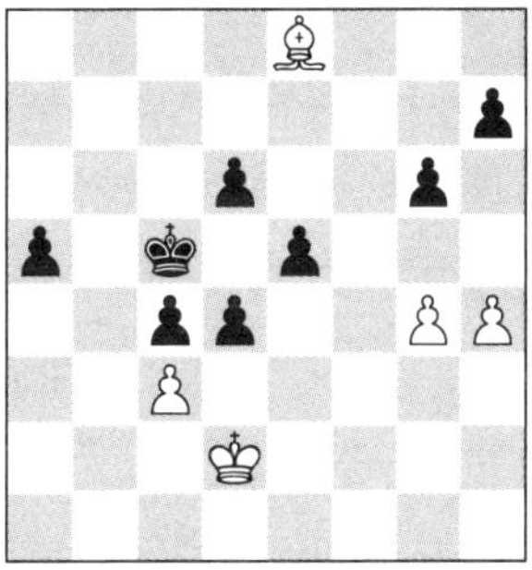

Sarno versank in tiefes Nachdenken, denn das weiße Gegenspiel mit 50.♗xg6 ist überraschend schnell. Noch schwerwiegender ist, dass die Varianten im bevorstehenden Bauernendspiel komplex und verworren sind, wobei die Folgen eines Fehlgriffes fatal sein können. Ein perfektes Umfeld für einen Schwindler.

49...e4?!

Einer von verschiedenen verlockenden Zügen, der auch gewinnt, aber nicht am klarsten.

49...dxc3+ gewinnt (wie auch 49...d5), wobei die Varianten sehr interessant sind: 50.♔xc3 (50.♔d1!? e4 51.♗xg6, und auch hier gewinnt Schwarz am leichtesten, wenn er den Läufer ignoriert und einfach weiter vorrückt: 51...d5!):

44 Ein Zitat von IM Robert Jamieson.

A) 50...e4! (die praktikabelste Methode) 51.♗xg6 e3!!.

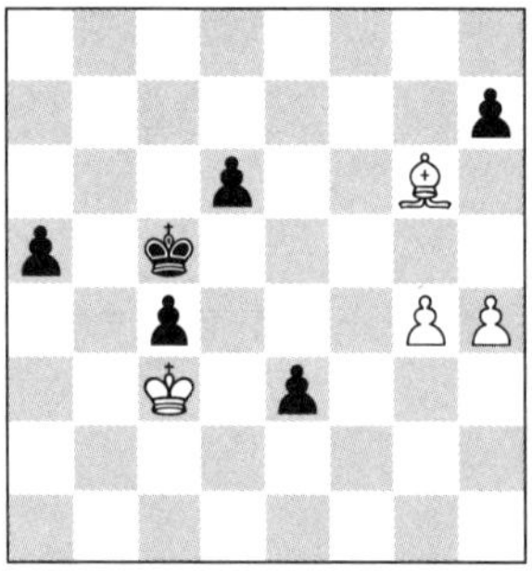

Analysediagramm

Andere Kommentatoren folgten einfach dem Computervorschlag und schlugen den Läufer, doch ich denke, dass dieser Ansatz am meisten Sinn macht. Schwarz ignoriert das Material und konzentriert sich stattdessen auf das Rennen zur Umwandlung – jedes Tempo zählt! 52.♗xh7 a4 53.h5 a3 54.♗b1 e2 55.♔d2 c3+ 56.♔xe2 c2 57.♗xc2 a2

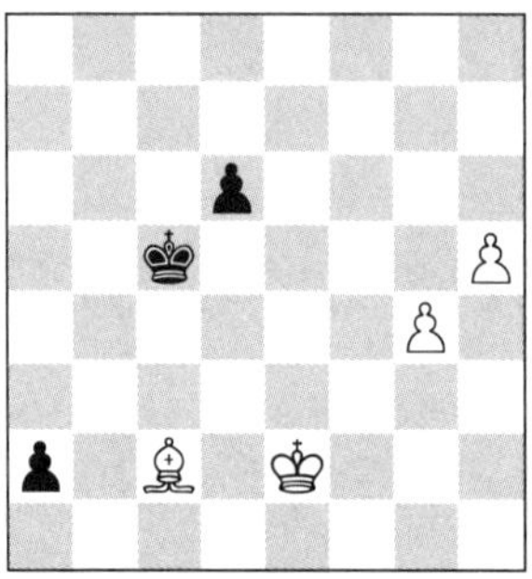

Analysediagramm

mit leichtem Gewinn;

B) 50...d5 gewinnt ebenfalls, und tatsächlich sogar schneller, ist aber schwerer zu berechnen. Dennoch ist dies eine äußerst interessante und lehrreiche Endspielübung, zu der ich Sie ermutige, sie auszuprobieren. Als Referenz habe ich die wichtigsten Varianten eingefügt: 51.♗xg6 d4+ 52.♔c2 d3+! 53.♔c3 (53.♗xd3 cxd3+ 54.♔xd3 ♔d5 (54... a4 gewinnt auch, wie jeder weiß, der ein Buch über Bauernendspiele studiert hat) 55.g5 ♔e6, und Schwarz ist leichtfüßig „im Quadrat“) 53... hxg6 54.h5 gxh5 55.gxh5 e4

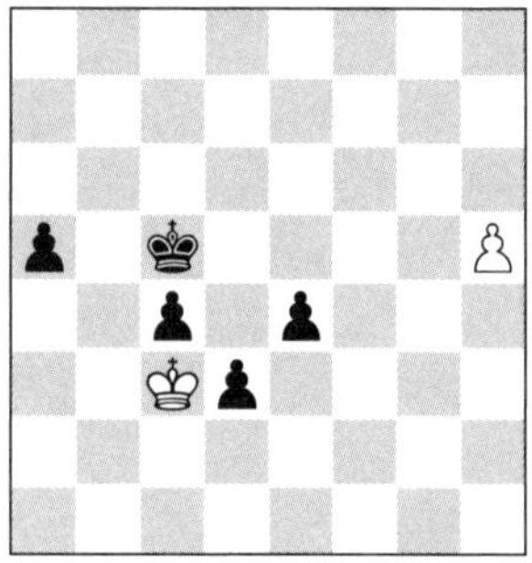

Analysediagramm

56.h6 e3 57.h7 e2 58.♔d2 c3+! 59.♔xd3 e1♕ 60.h8♕ ♕d2+ 61.♔e4 c2.

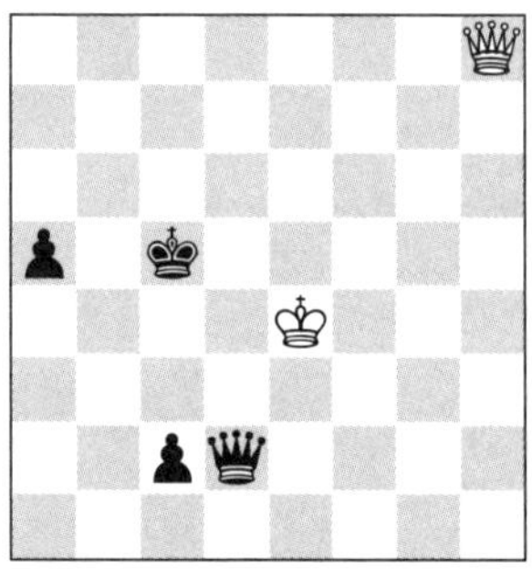

Analysediagramm

Der schwarze König findet auf a3 ein behagliches Versteck, wo dann seine Dame diagonale Schachgebote mit einem Gegenschach auf b4 parieren kann: 62.♕f8+ ♔c4 63.♕f7+ ♔b4 64.♕e7+ ♔a4 65.♕e8+ ♔a3 66.♕e7+ ♕b4+ mit Gewinn.

Zurück zur Partie:

50.♗xg6! e3+

50...dxc3+ leitet höchstwahrscheinlich zur vorigen Anmerkung über.

51.♔e2

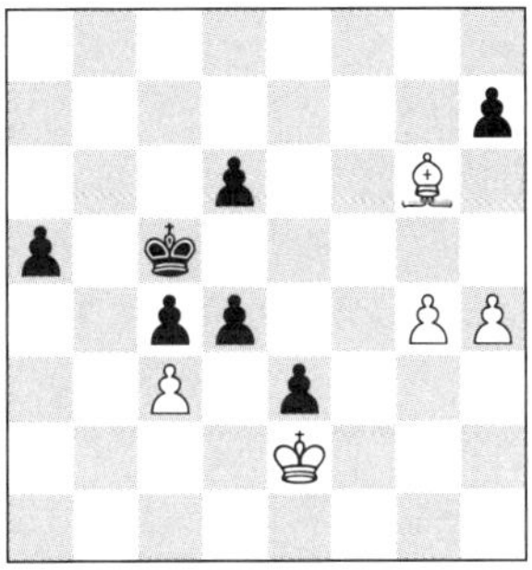

51...hxg6??

Ein „automatisches“ Zurückschlagen so wie hier kann sich mitunter als Schuss nach hinten erweisen. Hier hätte Schwarz erneut mit 51... a4! (51...dxc3 52.♗c2 ♔b4!! gewinnt nach einer unergründlich komplizierten Zugfolge ebenfalls – es lohnt sich, das mit Ihrer Engine nachzuprüfen) ins Rennen einsteigen sollen. Schwarz kommt genau rechtzeitig: 52.♗b1 dxc3 53.♔xe3 a3

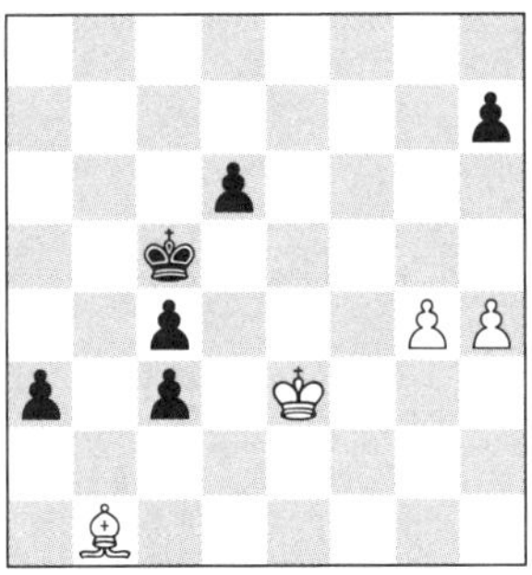

Analysediagramm

54.♗a2 d5 55.g5 d4+ 56.♔e2 d3+ 57.♔d1 c2+ 58.♔d2 ♔d4 59.h5 c3+ 60.♔c1 ♔e3 61.g6 ♔e2 62.gxh7 d2+, und Schwarz gewinnt um ein einziges Tempo.

52.h5! gxh5??

Ein weiteres automatisches Zurückschlagen, doch dieses wirft alle verbliebenen Gewinnchancen weg. Man beachte, wie Solomon das Spiel seines Gegners von langfristiger Planung und Kontrolle in eines mit langen Varianten und komplizierten Berechnungen verwandelt hat. Der Schnitzer von Schwarz ist die Belohnung für Weiß.

Sarno hätte 52...a4 53.h6 (53.hxg6 dxc3! 54.♔xe3 a3 55.g7 c2 56.♔d2 a2 57.g8♕ c1♕+! (die einzige Möglichkeit, Dauerschach zu vermeiden – Schwarz muss mit Schach umwandeln) 58.♔xc1 a1♕+ spielen sollen,

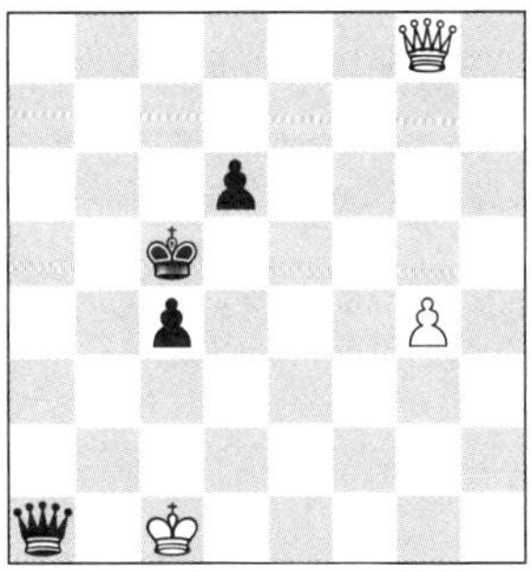

Analysediagramm

wonach Schwarz gute Gewinnchancen behält. Tatsächlich verfügen wir heutzutage dank unserer Tablebase-Bewertungen über präzisere Einschätzungen, und hier lautet das Verdikt „Schwarz setzt in 58 Zügen matt“. Doch wenn Sie aus dem Buch etwas gelernt haben, dann das, dass es bei einer Stellungsbewertung um etwas ganz anderes geht als das, was die Ziffern eines Computers anzeigen) 53...dxc3 54.♔xe3 a3 55.h7 c2 56.♔d2 c3+!! 57.♔xc2 a2 58.h8♕ a1♕.

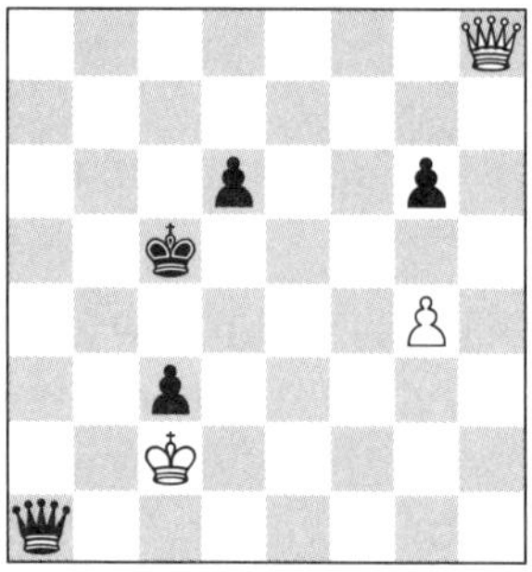

Analysediagramm

Das Bauernendspiel nach 59.♕xc3+ ist verloren, während sich der Vorteil davon, die g-Bauern auf dem Brett gelassen zu haben, in folgender Variante zeigt: 59.♕c8+ ♔d4 60.♕h8+ ♔e4!! 61.♕e8+ ♔f4 62.♕f7+ ♔g3.

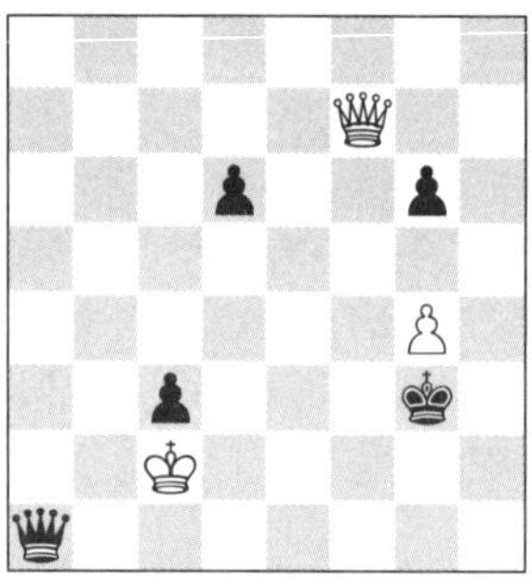

Analysediagramm

Schwarz nutzt die Bauern sehr effektiv als Schutzschild, mit Gewinn.

53.gxh5

Mit dem Abtausch der g-Bauern ist der Schwindel erfolgreich vollzogen. Sehen wir nun warum:

53...dxc3 54.♔xe3 a4 55.h6 a3 56.h7 a2

Ohne die g-Bauern erlaubt 56...c2 57.♔d2 c3+ 58.♔xc2 a2 59.h8♕ a1♕ Weiß ein Remis, entweder durch Dauerschach mit 60.♕c8+, oder um noch schneller zum Ziel zu gelangen mit 60.♕xc3+.

57.h8♕ a1♕

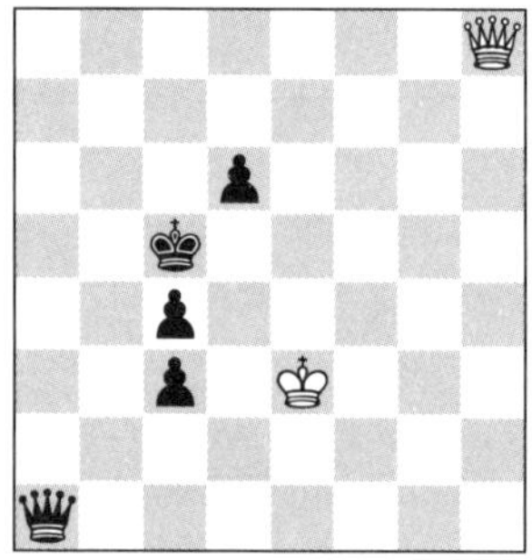

Laut GM Ian Rogers schaute Sarno hier recht selbstzufrieden und war sichtlich schockiert, als Solomon seinen nächsten Zug mit einem Remisangebot garnierte!

58.♕c8+! ♔b4

Am Königsflügel findet der weiße König keinen Schutz, in dieser Richtung jedoch auch nicht.

59.♕b7+ ♔a3 60.♕a8+ ♔b2

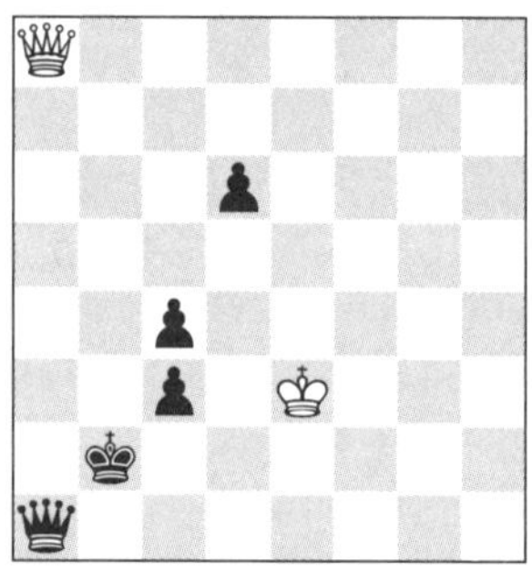

61.♕b7+! ♔a2 62.♕a8+ ♔b1 63.♕h1+

Und schließlich wurde Remis vereinbart.

Ein fesselnde und unterhaltsame Auseinandersetzung.

KAPITEL 19

Kreativität

Schach ist die Kunst, die die Wissenschaft der Logik zum Ausdruck bringt – Michail Botwinnik

Im Jahr 2017 trug das stärkste Schachprogramm der Welt, Stockfish, ein Match über einhundert Partien gegen ein neuartiges Programm namens AlphaZero aus, das von Googles Team für künstliche Intelligenz entwickelt wurde. Das Computerschach sah schon viele Newcomer kommen und gehen, aber dieses Mal hat die Welt aufgemerkt und Notiz davon genommen: AlphaZero schloss das Match mit 28 Siegen, 72 Unentschieden und keiner einzigen Niederlage ab.

Der Aufstieg der Schachcomputer mag zwar die Kunst des Schwindelns erstickt haben, aber er hat sicherlich auch viele Dinge begünstigt, insbesondere eine Wertschätzung der Kreativität. Dank des Aufkommens von Algorithmen zum maschinellen Lernen war selbige noch nie so wichtig wie heute. Wie alle Schach-Engines vor ihm wird Stockfish durch eine Reihe von Heuristiken – oder auch Regeln – gelenkt, die von Menschenhand verfasst wurden. Diese allgemeinen Prinzipien wurden von Programmierern beständig verfeinert, was in Verbindung mit Eröffnungsbüchern, Endspieldatenbanken und allgemeinen Fortschritten der Hardware dazu geführt hat, dass Schachcomputer in den letzten Jahrzehnten die menschlichen Fähigkeiten völlig übertrumpft haben. Aber AlphaZero hat keine menschliche Anleitung außerhalb der Parameter des Spiels. Vor dem Match spielte es Millionen von Simulationen gegen sich selbst, wodurch es sich das Schachspiel praktisch von Grund auf selbst „beibrachte". Das Studium seiner Partien enthüllt faszinierende Ideen und brillante kontraintuitive Motive, die der klassischen schachlichen Lehre entgegenlaufen – und doch irgendwie Partien gewinnen.[45]

45 Weitere Informationen finden Sie in dem faszinierenden Buch von Matthew Sadler und Natasha Regan: *Zeitenwende im Schach – AlphaZeros bahnbrechende Strategien und die Verheißungen der KI* (New In Chess 2019).

AlphaZero
Stockfish
AlphaZero vs. Stockfish Match 2017 (9)

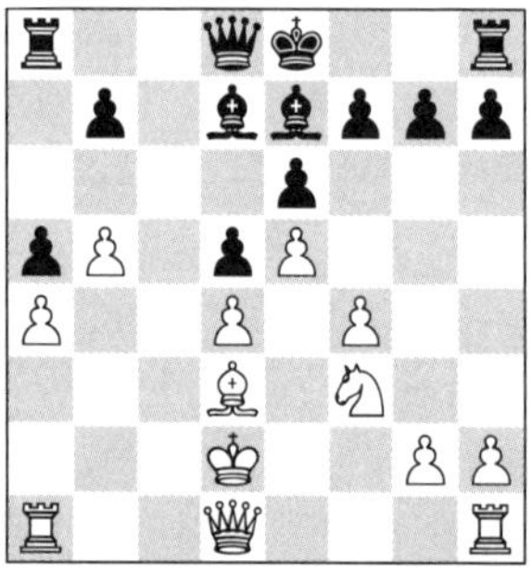

AlphaZeros Behandlung der Französisch-Struktur ist ausgezeichnet. Es hat bereits das grundlegende schwarze Gegenspiel am Damenflügel vereitelt und einen langsamen Sturm am Königsflügel vorbereitet. Der einzige Anlass zur Sorge scheint der leicht exponierte König zu sein.

17.♔e3!!

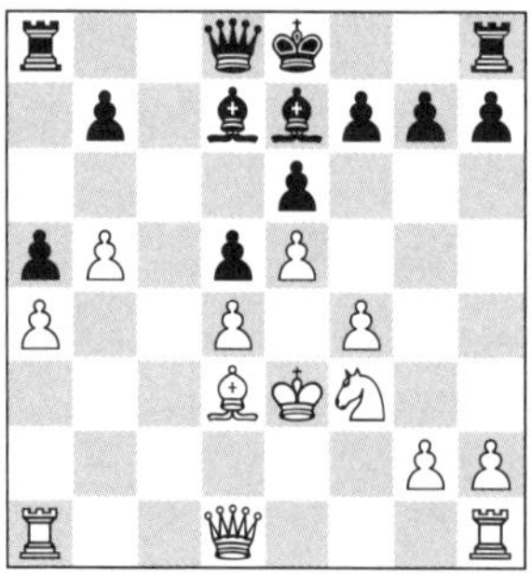

Paradoxerweise sehr kraftvoll. Auf den zweiten Blick zeigt sich, dass der König in der Mitte nicht nur vollkommen sicher steht, sondern sich auch im Mittelspiel nützlich macht und dem weißen Zentrum zusätzlichen Halt verleiht (1:0 nach 36 Zügen).

AlphaZero
Stockfish
AlphaZero vs. Stockfish Match 2017 (10)

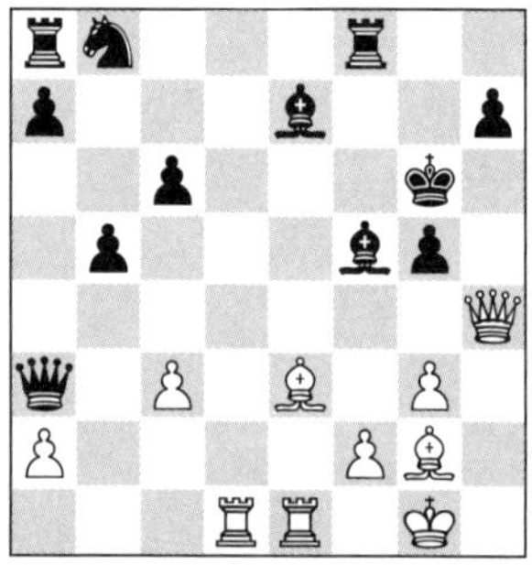

26.♕h1!!

Ein wunderhübsches Konzept. Obwohl es eine Figur und einen Bauern weniger hat, zieht AlphaZero seine Dame zurück in die Ecke. Aber auch hier steckt Logik hinter der Kreativität. Der Damenzug dient zwei Schlüsselfunktionen: Er nimmt c6 ins Visier, wodurch die schwarzen Figuren am Damenflügel gebunden werden, und er bereitet ♗e4 vor, was die wichtigste schwarze Verteidigungsfigur abtauscht (1:0 nach 56 Zügen).

Von diesen Maschinen können wir lernen, dass die uns beigebrachten Regeln gebrochen werden können. Tatsächlich wäre AlphaZero der ultimative Regelbrecher, abgesehen davon, dass es diese Regeln gar nicht kannte! Der Einsatz von Computern bei unserem Training lehrt uns, dass ungewöhnliche und unorthodoxe Züge äußerst machtvoll sein können. Allgemeine Prinzipien sind natürlich sinnvoll, aber wir sollten nicht zu dogmatisch an

ihnen festkleben; vielmehr sollten wir versuchen, unseren Verstand stets aufgeschlossen für unorthodoxe Möglichkeiten zu halten.
Es ist noch aus einem weiteren Grund wichtig, die schachliche Kreativität zu trainieren, über das Verstehen von Computern und das Finden starker Züge hinaus. Für den Schwindler ist dies das Überraschungselement.
Überraschung ist in jeder Wettkampfsituation eine mächtige Waffe. Beim Schach überrascht man seinen Gegner am besten durch seine Kreativität; diese beiden Elemente gehen Hand in Hand. Wie wir bereits erörtert haben, hat eine Überraschung die Macht, zu verunsichern und abzulenken, Angst und Zweifel zu säen. Wenn das Spiel zu entgleiten scheint und der Schwindler dringend den Status quo ändern muss, kann es sehr hilfreich sein, den Kopf von der eigenen Schacherziehung freizumachen und über den Tellerrand hinauszudenken.

Detlev Birnbaum 2190
Eloi Relange 2420
Cappelle-la-Grande 1995 (9)

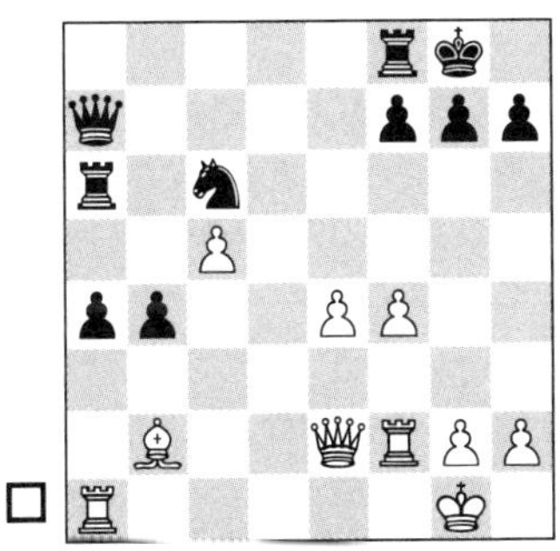

Das schwarze Bauernpärchen am Damenflügel ist nicht aufzuhalten, derweil auch c5 fallen wird. Da Weiß nichts mehr zu verlieren hat, beginnt er einen Alles-oder-nichts-Aufmarsch am Königsflügel:

26.♕g4!

Droht für alle Fälle mal Matt in einem Zug.

26...f5! 27.exf5 a3 28.♗e5 b3

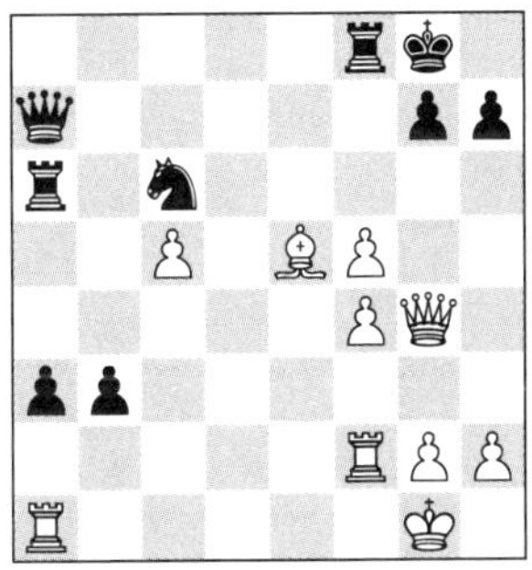

In solchen Situationen, wo man gegen einen mehr als 200 Punkte stärkeren Gegner mit dem Rücken zur Wand steht, lohnt es sich, zunächst einmal tief durchzuatmen und sich zu fragen: was ist gut an meiner Stellung? Hier hat Weiß gewissen Druck gegen g7 sowie eine Bauernmehrheit am Königsflügel. Zu bemerken wäre auch, dass Weiß zwar am Damenflügel verloren haben mag, aber sein Spiel zumindest auf der Seite mit den Königen stattfindet – was bedeutet, dass er, zumindest geometrisch, dem Matt ein wenig näher ist. Das ist zwar nicht viel, aber besser als gar nichts.

29.f6!

Ein freilich alternativloser Berserkerangriff.

29...b2 30.♖d1! ♘xe5!

Eliminiert den schönen Läufer von Weiß, der zugleich am Angriff und an der Verteidigung beteiligt war.

31.fxe5 ♕f7

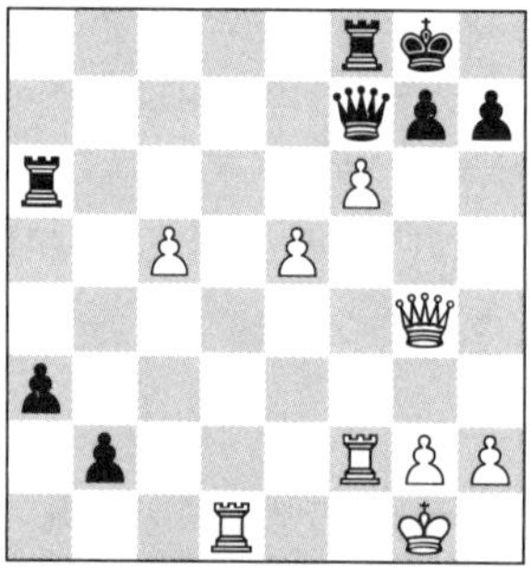

Weiß findet hier eine bemerkenswerte Ressource:

32.♕e2!!

Ein unerwarteter Rückzug. Weiß zieht freiwillig seine aktivste und stärkste Figur vom Königsflügel ab. Und doch gibt es, genau wie beim Damenrückzug von AlphaZero, mehrere logische Punkte. Zum Ersten ist die kolossale Drohung ...a3-a2 einstweilen verhindert, da Weiß nun mit seiner Dame auf b2 schlagen kann. Zum Zweiten ist der Turm a6 jetzt angegriffen. Und zum Dritten unterstützt Weiß den Vorstoß e5-e6. Nicht schlecht für einen Rückzug!

Doch der wichtigste Punkt bei ♕e2 ist womöglich, dass dies scheinbar mit einer logisch wirkenden und stark aussehenden Antwort widerlegt werden kann ... die sich, wie Sie bestimmt erraten haben, als grober Fehler herausstellt. Dieses Danaergeschenk ist der Kernpunkt des Schwindels.

32...♕b3??

Äußerst verlockend, wirft aber den Gewinn weg. Schwarz greift d1 an, erneuert die Drohung ...a3-a2 und schafft mit ...b2-b1♕ eine weitere Drohung. Was kann man schon mehr wollen?

33.♖ff1 a2 34.f7+!

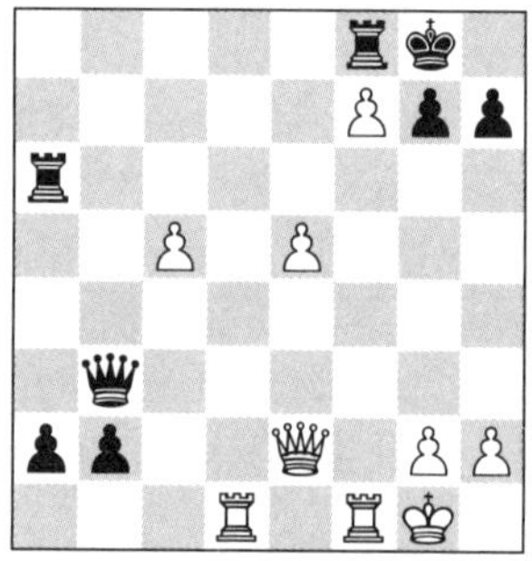

Ein schöner Zwischenzug. 34...♖xf7 verliert wegen 35.♖d8+, während 34...♕xf7 bestenfalls ein Remis verspricht. Bemerkenswerterweise hätte Schwarz genau das tun sollen.

34...♔h8? 35.♕xa6! b1♕ 36.♕d6!!

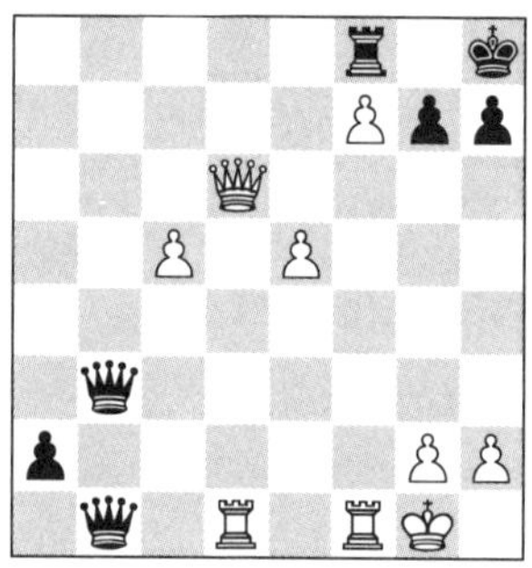

Weiß ignoriert den Umstand, dass sein Gegner zwei Damen hat und in Kürze eine dritte bekommen könnte, und nimmt seinen Angriff am Königsflügel wieder auf. Wir sehen nun, wie wichtig es ist, dass das weiße Spiel auf der Seite mit den Königen stattfindet; einen

Vorteil, den sich Schwarz oft in der Königsindischen Verteidigung zunutze macht. Die unmittelbare Drohung ist ein einzügiges Matt!

36...♕b8 37.e6

Erstaunlicherweise konnte Weiß hier auf eine studienartige Weise gewinnen, die einmalig bleiben dürfte. Aus diesem Grund und wegen ihrer Schönheit präsentiere ich die Hauptvariante komplett: 37.♔h1!! (droht e5-e6, ohne ein zukünftiges ...♕d4+ zu erlauben; siehe die nächste Anmerkung) 37...♕xd6 38.exd6 ♕b5 39.d7! a1♕ 40.♖xa1 ♕xd7

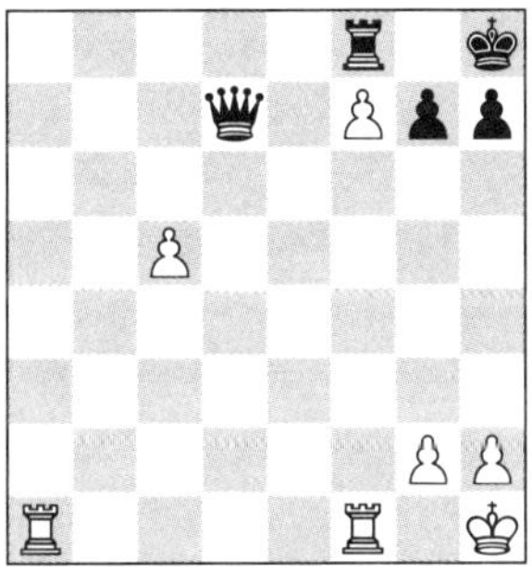

Analysediagramm

41.♖a8!! ♕e7 42.♖xf8+ ♕xf8

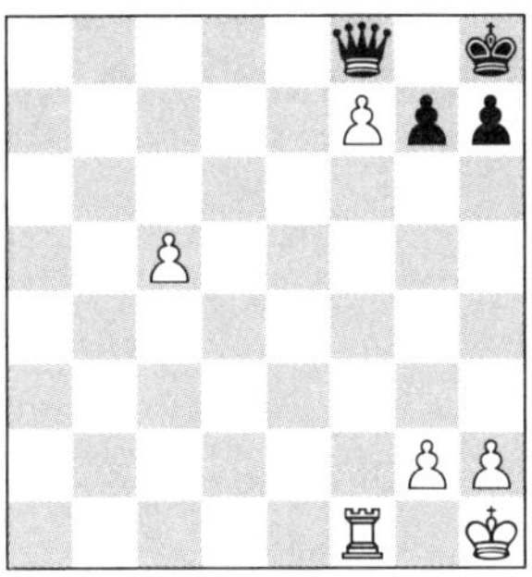

Analysediagramm

43.c6! g5 44.c7 ♔g7 45.♖f3 g4 46.♖f2 h6 47.♔g1 h5 48.g3.

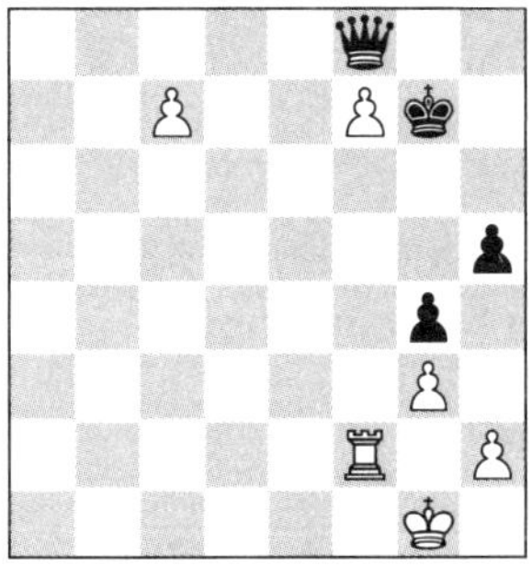

Analysediagramm

Ein wunderhübscher *Zugzwang*: 48...♔g6 49.c8♕ ♕xc8 50.f8♕ mit Gewinn.

37...♕xd6 38.cxd6 a1♕

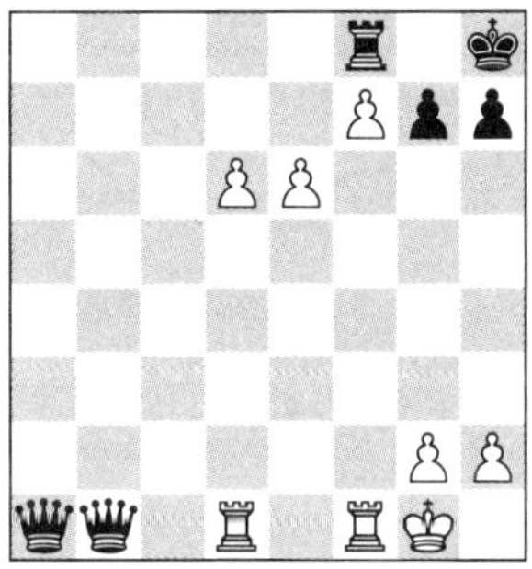

Eine weitere Dame erscheint auf dem Brett!

39.e7!

39.♖xb1 ♕d4+ ist der Hauptgrund, warum 37.♔h1 der Gewinnzug war.

39...♕b6+ 40.♔h1 ♕a8 41.d7!

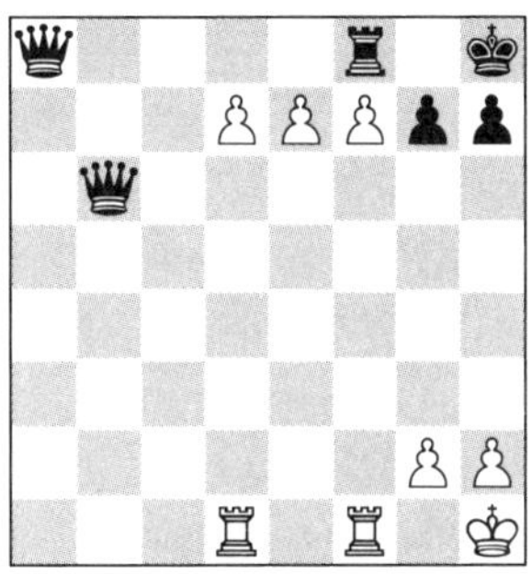

Haben Sie schon einmal eine derartige Stellung gesehen? Gut, es gab eine Partie, die dem nahekommt:

Alexander McDonnell
Louis de La Bourdonnais
London 1834 (4. Match)

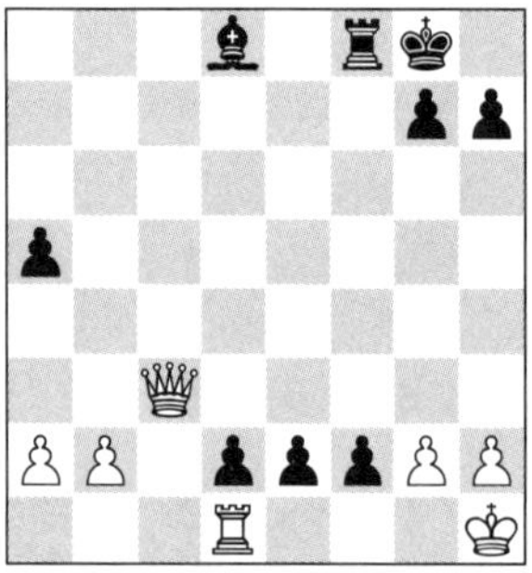

In diesem berühmten Beispiel gab Weiß nach 37...e2 auf.
Schauen Sie noch einmal, wo wir den Faden bei unserer Partie ursprünglich aufgenommen haben, und Sie werden das schiere Ausmaß der weißen Gesundung zu schätzen wissen (siehe das vorletzte Diagramm). Es ist fast schon ein Verbrechen, dass Schwarz noch eine rettende Ressource hat:
41...♛xg2+ 42.♔xg2 ♛g6+ 43.♔h1 ♛e4+
Und die Spieler haben sich auf ein grandioses Remis geeinigt.

Im allgemeinen Sprachgebrauch wird Kreativität meist als obskures, nicht fassbares Konzept gebraucht, das schwer zu definieren und noch schwerer zu bewerten ist. Aber als Element des Schachspiels ist Kreativität tatsächlich nicht so vage, wie es scheinen mag. In seinem ausgezeichneten Buch *Creative Chess* bricht der Psychologe Amatzia Avni die Kreativität am Brett auf ihre zentralen Elemente herunter, von denen einige besonders gut für Überraschungseffekte geeignet sind:

1) Ungewöhnliche Positionierung oder Funktion einzelner Figuren, wie etwa Rückzüge, während man die Initiative besitzt, oder der Einsatz des Königs als Angriffsfigur.

Iztok Jelen 2370
Bent Larsen 2615
Ljubljana/Portoroz 1977 (11)

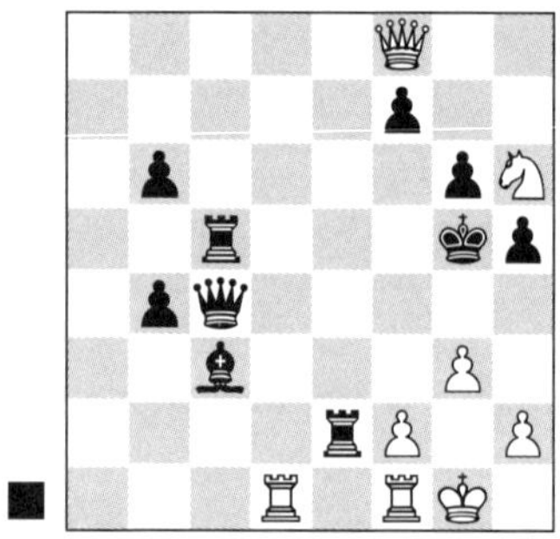

Larsen, einer der einfallsreichsten Schachspieler der Fischer-Ära, muss hier jedes Quäntchen an Kreativität einsetzen, um zu überleben. Sein König ist hoffnungslos exponiert, und ein Matt scheint unmittelbar bevorzustehen – und tut es auch tatsächlich. Per Ausschlussverfahren begibt sich Larsen auf die Suche nach der in der Praxis zähesten Verteidigung. Wie bei der Lösung einer Mattaufgabe fängt man damit an, die weiße Drohung zu erkennen

und alle möglichen Versuche von Schwarz sukzessive auszuschließen. Die tödlichen Drohungen lauten hier 33.f4+ oder 33.h4+, um 33...♔f6 mit 34.♖d6+ und 35.♕xf7 matt zu erwidern.
Wie lauten die schwarzen Versuche?
A) 32...h4? 33.f4+ ♔h5 34.g4# hilft nicht;
B) 32...♕e6?, um d6 zu decken, läuft in 33.f4+ ♔f6 34.♕h8+ ♔e7 35.♕d8#;
C) Ein weiterer Versuch ist 32...♖c6?, doch dies lässt fatalerweise g5 ungedeckt: 33.♘xf7+ ♔g4 34.f3+ ♔h3 35.♘g5#;
D) 32...♗d4? verliert wegen des hübschen 33.h4+ ♔f6 34.♖xd4! ♕xd4 35.♕h8+;
E) Schließlich verstellt 32...♖d2 die d-Linie, doch geschieht dies auf Kosten der Räumung der e-Linie, und somit bereitet 33.h4+ ♔f6 34.♖fe1! das unaufhaltsame 35.♕h8+ vor.
Schwarz scheint wahrhaftig vom Glück verlassen! Dennoch ist dies ein perfektes Beispiel für die Anwendung dessen, was wir bisher gelernt haben. Was ist das Gute an der Stellung von Schwarz? Wir können sofort konstatieren, dass er einige seiner Figuren in Angriffsstellung hat, und zu denen könnte sich eines Tages sogar sein König gesellen. Der nächste Schritt besteht darin, einen Zug zu finden, der nicht sofort oder offensichtlich verliert. Durch das Ausschlussverfahren findet Larsen einen Zug, der wenigstens die weiße Hauptdrohung verhindert, und obgleich er ebenso verliert, bringt er einen gefälligen „Pseudo-Gewinn“ in die Mixtur ein: Weiß kann die schwarze Dame gewinnen, doch die Geschichte fängt damit erst an ...

32...♗d2!! 33.♘xf7+?

Verlockend, aber falsch. Weiß erspäht eine ins Auge stechende Kombination, die auf bekannten Themen beruht und zu anziehend ist, um ihr zu widerstehen. Die schwarze Verteidigung hatte aber Weiß dazu gezwungen, andere Muster als die aus den angegeben Varianten zu finden, was bereits eine praktische Errungenschaft darstellt. Nichtsdestotrotz hätten Züge wie 33.♕h8! oder 33.♕g7! die Gewinnstellung gewahrt.

33...♔g4 34.♖xd2 ♖xd2 35.f3+ ♔h3 36.♕c8+

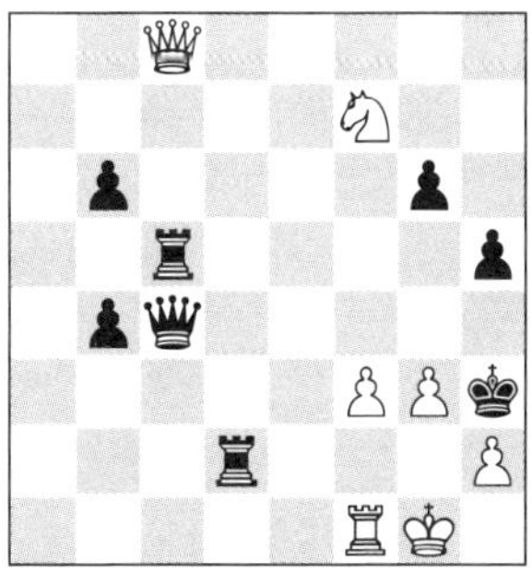

Die Pointe. Weiß will den Schönheitspreis. Und vielleicht wurde der auch verliehen ... aber an seinen Gegner.

36...♕g4!!

Ein unglaublicher Gegenschlag.

37.♘g5+

37.fxg4? verliert wegen 37...♖g2+! 38.♔h1 ♖xh2+ 39.♔g1 ♖xc8 40.♘g5+

♔xg3 41.♘e4+ ♔h3 42.♘g5+ ♔xg4 mit schwarzem Gewinn. Aber nicht 37...♖xc8?? 38.♘g5+ ♔xg4 39.♘e4!!, und dank der Doppeldrohung ♘xd2 und ♖f4+ gewinnt Weiß einen Turm.

37...♖xg5 38.fxg4 ♖g2+ 39.♔h1

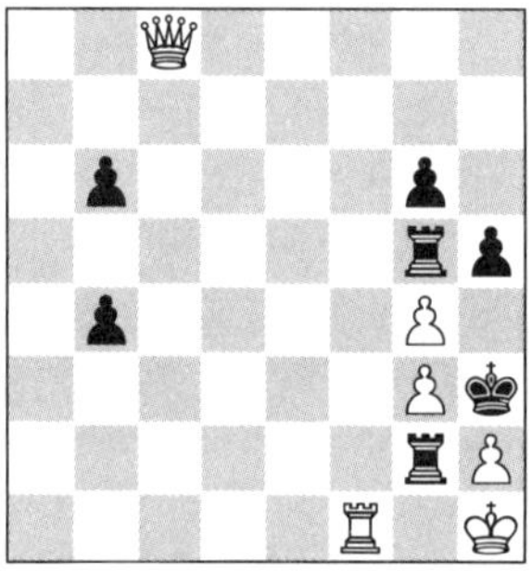

39...♖c5!!

Mit dem Remis in der Tasche leckt Larsen Blut und will jetzt mehr. Seine Entscheidung wurde vermutlich von dem Umstand beeinflusst, dass Weiß noch einen Zug bis zur Zeitkontrolle machen muss, und dies ein sehr kritischer Zug sein würde. Die Intuition von Schwarz wird belohnt, denn Weiß stolpert umgehend.

40.♕d8??

40.♕e6! ♖xh2+ 41.♔g1 g5 42.gxh5+ g4 43.♕f6! macht remis.

40...♖xh2+ 41.♔g1

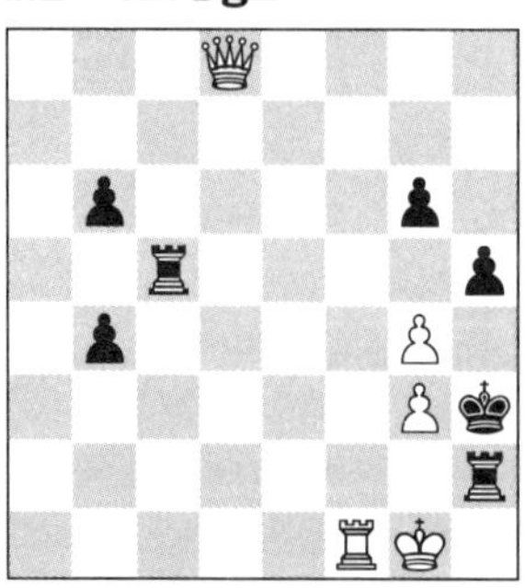

41...g5!!

Studienartig. Schwarz verschafft seinem König ein unzugängliches Versteck und plant, mit entscheidender Wirkung seinen zweiten Turm auf die zweite Reihe zu bringen. Weiß spielte

42.♖b1

und gab auf, ohne auf 42...♖cc2 samt Matt zu warten. Larsens Einfallsreichtum brachte hier eine unglaubliche Wende zuwege.

2) Die Verletzung allgemeiner Prinzipien, wie z.B. sich freiwillig in eine Fesselung zu begeben, bei materiellem Rückstand Figuren abzutauschen oder die eigene Struktur zu schwächen.

Konstantin Maslak 2548
David Smerdon 2461
Pardubice 2007 (9)

1.e4 d5 2.exd5 ♘f6 3.♘f3 ♗g4 4.♗e2 ♕xd5 5.♘c3 ♕f5 6.h3 ♗xf3 7.♗xf3

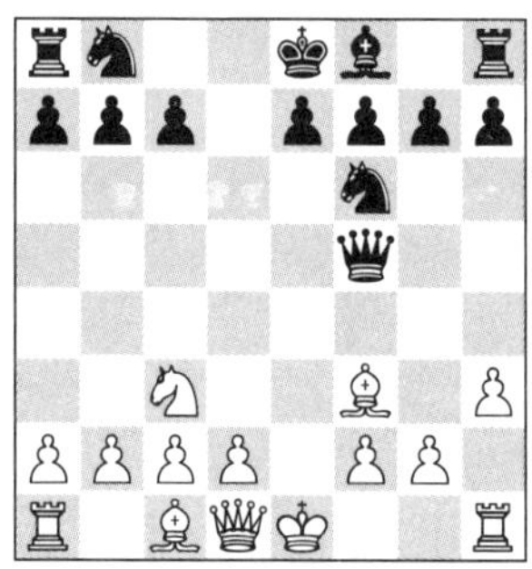

7...♘c6!

Eine Neuerung, auf die ich damals sehr stolz war, wenngleich sie keine Nachahmer fand. Ich analysiere sie ausführlich in meinem Buch *Smer-*

don's Scandinavian, wo ich sie als Sellerie-Variante bezeichne, da dieser Zug und dieses Gemüse zwei Dinge gemein haben: Beide sind hässlich, und beide werden unterschätzt. Und tatsächlich schlagen die heutigen Engines hier 7...♘c6 als bestes vor.

8.♗xc6+ bxc6 9.♕e2 e6 10.0-0 ♗d6 11.♕c4

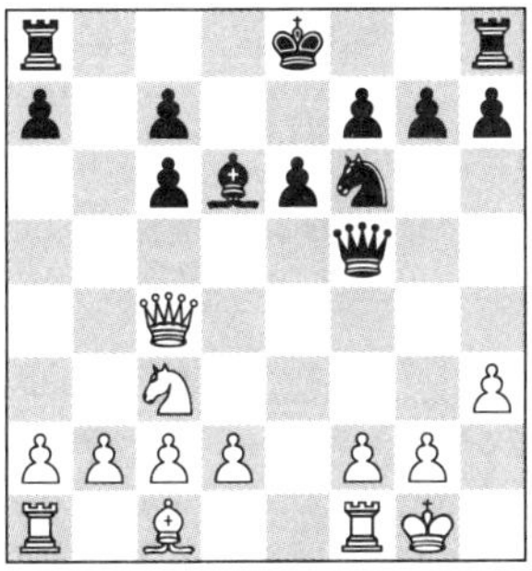

11...♔d7!

Das ist der Kerngedanke. Nicht ganz auf AlphaZero-Niveau, aber das Konzept ist dasselbe. Schwarz verwendet seine verkrüppelten Bauern als zentralen Schild für seinen König und bereitet derweil einen Blitzangriff auf dem Königsflügel vor.

12.d3 ♖ab8 13.a3 g5! 14.♘e4 g4!

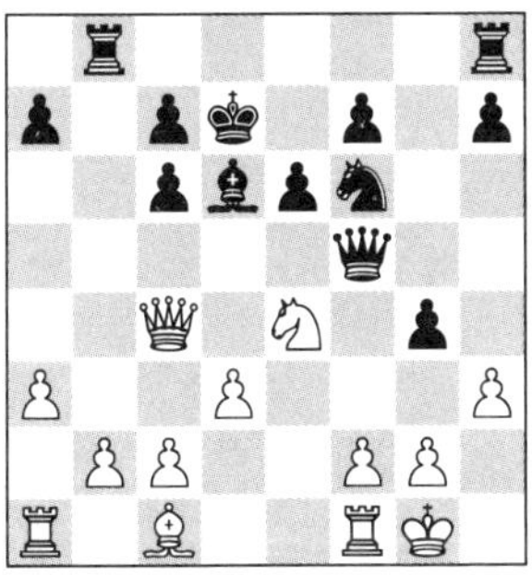

15.♘xd6

Weiß beschließt, auf Kosten der Begradigung der schwarzen Bauernstruktur eine von dessen Angriffsfiguren zu eliminieren.

15...cxd6 16.h4 ♘d5 17.♕d4 a6 18.♕a4 ♘c7 19.g3 ♖b5 20.c4 ♖b7 21.♕c2 e5 22.b4 ♘e6 23.♗b2 h6 24.♖fe1 ♖bb8 25.c5

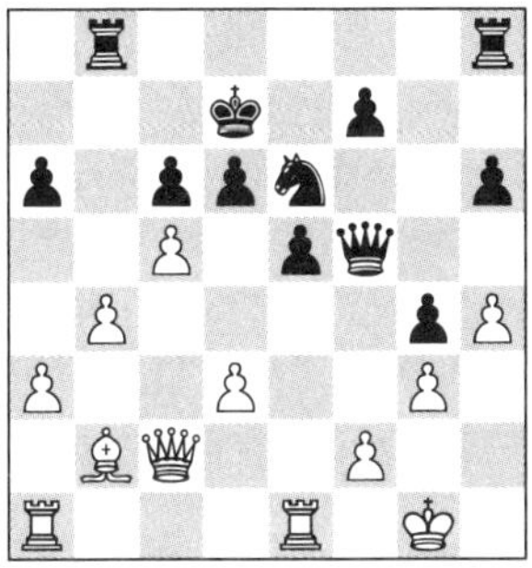

25...♘g5!!

Schwarz muss die Flamme am Köcheln halten, und ich war mehr als bereit, hierfür meinen Springer zu opfern.

26.cxd6!?

Eine gute praktische Wahl.

Bei 26.hxg5 hxg5 27.♕e2 (27.♖e3 ♖h3 28.♔g2 d5! 29.♗xe5 d4! ist äußerst unangenehm) 27...♕f3!! 28.♕xf3 gxf3

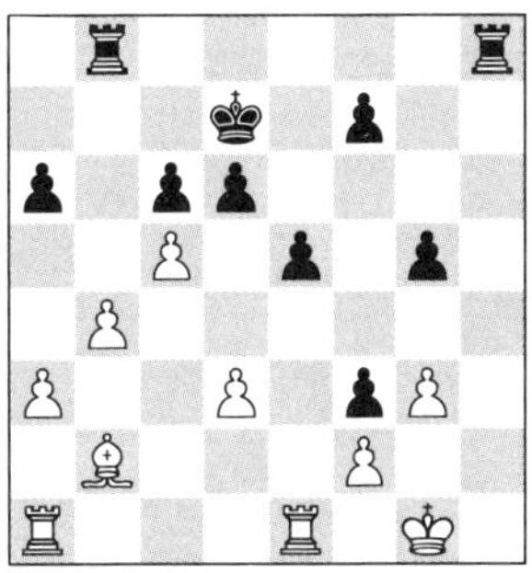

Analysediagramm

kann Weiß das Matt nur durch 29.♖xe5! dxe5 30.♗xe5 abwenden, was zu einem Remisendspiel führt.

26...♘f3+ 27.♔f1 ♘xe1 28.♖xe1 ♖b5

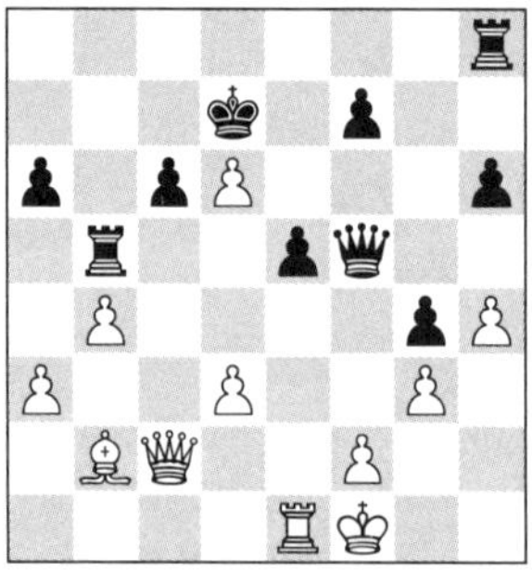

Mein unorthodoxes Spiel hatte mir eine Qualität eingebracht, wenngleich mein Gegner angemessene Kompensation erhielt und später ausnutzte, dass ich in Zeitnot patzte.[46]

3) Absurde Züge, die jeder schachlichen Logik entbehren, wie etwa eine Figur auf ein Feld ziehen, wo diese geschlagen werden kann, oder „ruhige" Züge in einer scharfen Stellung spielen.

Huub van Dongen
Eric Wijsman
Eindhoven 2005

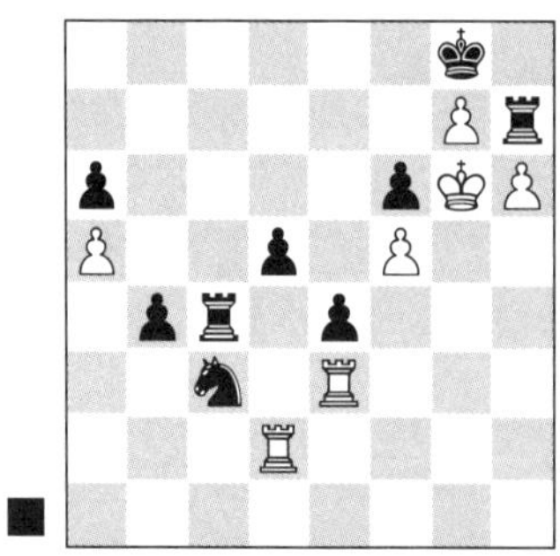

Wie Tim Krabbé es beschreibt: „Nach einer miserablen Partie war van Dongen völlig verloren und dachte in der Tat schon lange ans Aufgeben. Beinahe jeder Zug von Schwarz gewinnt, am stärksten war aber 73...b3. Doch als Schwarz sich für den offensichtlichsten Zug entschied, eröffnete sich für van Dongen eine einzigartige Gelegenheit."

73...d4? 74.♖dd3!!

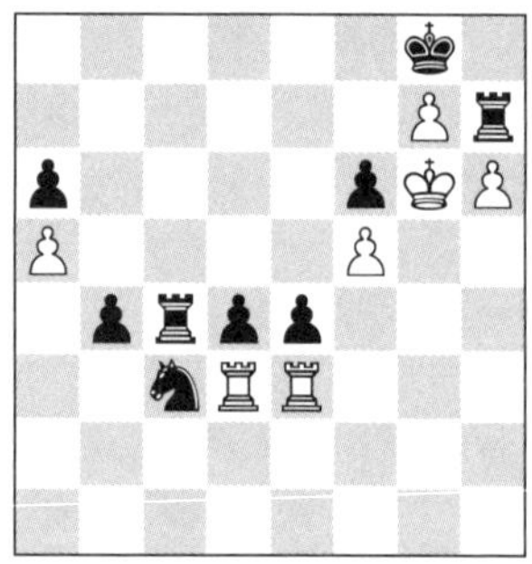

Außergewöhnlich kreativ. Weiß ignoriert nicht nur den Angriff auf seinen Turm, sondern stellt diesem sogar auf einem gleichfalls bedrohten Feld seinen anderen Turm zur Seite. Und unglaublicherweise ist Schwarz in Zugzwang! Von seinen aktiven Figuren sind die d- und e-Bauern von Schwarz festgenagelt, während die restlichen drei Einheiten vollständig mit Verteidigungsaufgaben befasst sind. Tatsächlich hat Schwarz nur einen schmalen Weg zum Remis. Wijsman war jedoch verständlicherweise verunsichert und brach schnell zusammen:

74...♘b5?

46 Dennoch reichte dank der Elozahl meines Gegners selbst diese Niederlage für meine letzte Großmeisternorm, so dass es nicht nur schlechte Neuigkeiten für mich gab.

74...b3! war der einzige Zug: 75.♖xd4 ♖xd4 76.♖xc3 ♖d8 77.♖xb3 ♖e8! (erneut der einzige, andernfalls spielt Weiß ♖b3-b6-e6) 78.♖e3 ♖e7 79.♖c3 ♖e8 80.♖e3 mit Remis.

75.♖xe4 ♘d6 76.♖e6 ♖c6 77.♖xd4 ♖xh6+ 78.♔xh6 ♘xf5+ 79.♔g6 1:0

Bei der Kreativität geht es vor allem um die Suche nach dem Unerwarteten. Wenn es hart auf hart geht und Sie nichts zu verlieren haben, sollten Sie sich nach Zügen umsehen, die Sie unter normalen Umständen nicht in Erwägung ziehen würden, denn die Chancen stehen gut, dass Ihr Gegner sie auch nicht auf dem Radar hat. Bonuspunkte gibt es, wenn Sie die kreative Idee im Voraus erkennen können, wie im folgenden eindrucksvollen Beispiel aus dem Amateurschach.

Mihai-Ionut Deaconu 1957
Hans-Jörg Cordes 2188
London 2019 (3)

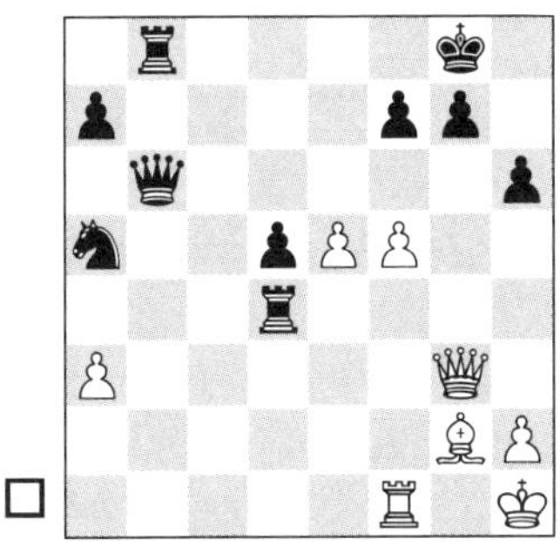

Weiß hat gegen einen mehrere hundert Punkte stärkeren Gegner einen Turm weniger. Ok, er kann eine kleine Show am Königsflügel abziehen, aber das scheint nicht allzu beunruhigend. Ich frage mich, zu welchem Zeitpunkt Deaconu seinen eindrucksvollen 36. Zug entdeckt haben mag – vielleicht schon hier?

33.f6 g6 34.e6!

Spielt nicht zuletzt mit der Angst von Schwarz. Man kann nicht von irgendeiner echten Drohung sprechen, doch verständlicherweise will Schwarz seinen Königsflügel wetterfest machen und hierfür die Bauernstellung abklären. Zu seinem Leidwesen wird der Wunsch nach Kontrolle hier sein Verderben sein.

34...♖f8??

Ein fürchterlicher Fehler!

35.e7 ♖e8??

... gleich gefolgt vom nächsten! Erstaunlicherweise hätte nur 35...♕e6! den Laden für Schwarz zusammengehalten. Aber er wittert keine Gefahr und übersah dabei die am wenigsten erwartete Möglichkeit.

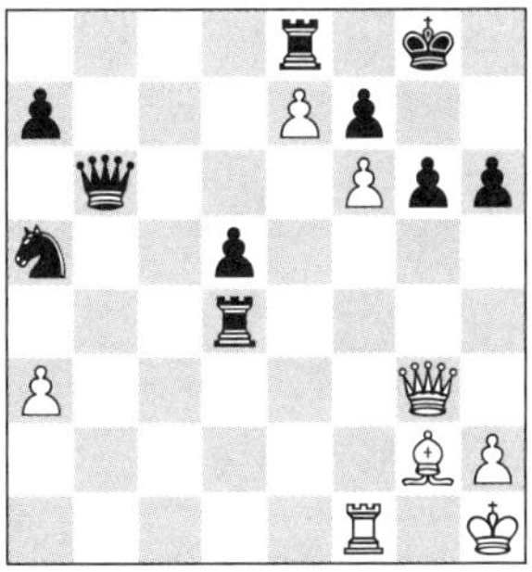

36.♕xg6+!!

Schockierend, brillant, kreativ. Der felsenfeste Königsflügel von Schwarz wird auf spektakuläre Weise aufgesprengt.

36...fxg6 37.f7+ ♔h7 38.fxe8♕
Gefolgt von Matt. Schwarz gab auf.

Man begegnet Kreativität oft im Zusammenhang mit Pattsituationen. Themen wie das absichtliche Einsperren des eigenen Königs oder das Festnageln der eigenen Figuren kommen außer zwecks Schaffung einer Pattstellung kaum einmal vor – und ihre Effektivität beruht darauf, dass die üblichen Denkmuster hier nicht gelten und man nach dem Unerwarteten sucht. Im folgenden Beispiel erschafft Schwarz Schönheit aus der Absurdität.

Colin McNab 2475
Attila Groszpeter 2495
Norresundby 1992 (4)

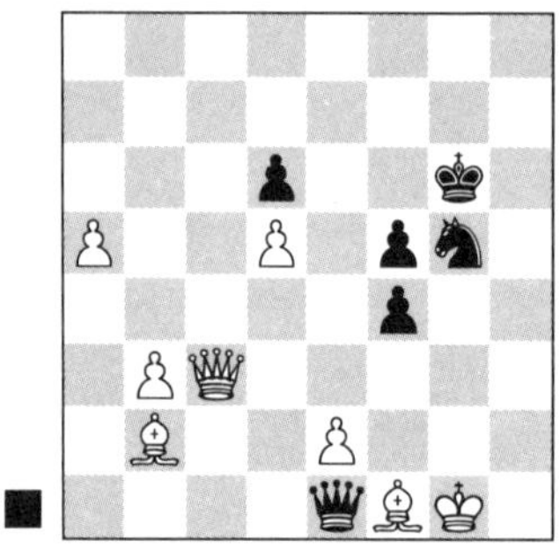

In solch einer Stellung wäre normalerweise unter zwei Großmeistern „49... aufgegeben" der zu erwartende Zug. Doch Schwarz findet einen letzten Trick.
49...♕d1! 50.♕g7+ ♔h5 51.♗f6
McNab, ein starker Taktiker, trifft den Punkt, dass 51...♘h3+ 52.♔h2 ♕xf1 53.♕h7+ ♔g4 54.♕h4 ein forciertes Matt ist. Er brauchte wahrscheinlich nur Sekunden, um das Matt nach dem offensichtlichen Springerschach zu berechnen – doch wie wertvoll wäre eine weitere Sekunde gewesen, die er dem anderen Schach gewidmet hätte!
51...♘f3+!!

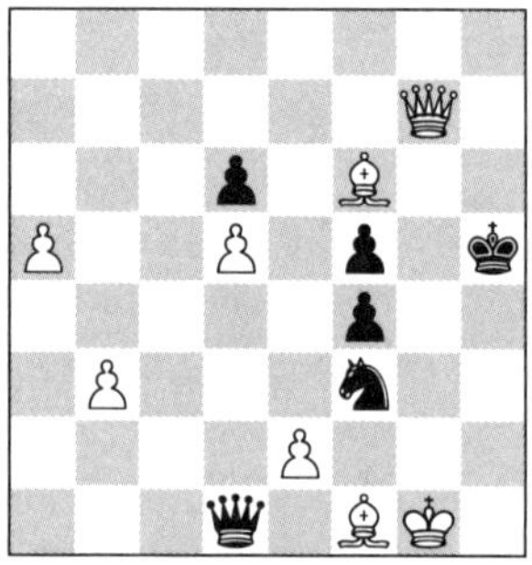

Beabsichtigt 52.exf3 ♕xf1+! mit anschließendem Patt. Es ist möglich, ja sogar wahrscheinlich, dass McNab so weit vorausgesehen hatte und zu dem Schluss gelangte, dass das Patt mit Leichtigkeit zu vermeiden ist, wenn er den Springer unangetastet lässt.
52.♔g2
Nun wird jedes Springerschach mit 53.♔f2 samt zügigem Matt beantwortet. Weiß geht davon aus, dass durch den Verzicht auf das Schlagen jedwede Pattgefahr gebannt ist, da Schwarz zusätzlich zu den vielen verbleibenden Figuren noch einen keinesfalls blockierten f-Bauern hat. Diese Logik hat freilich einen überraschenden Schwachpunkt, den freilich nur ein kreativ ebenbürtiger Geist ausfindig gemacht hätte.
52...♕xe2+!!
Ein böses Erwachen. Mit seinem aus der Verzweiflung geborenen

Einfallsreichtum und glänzender Kreativität zaubert Schwarz doch noch sein Patt herbei!

53.♗xe2 ½:½

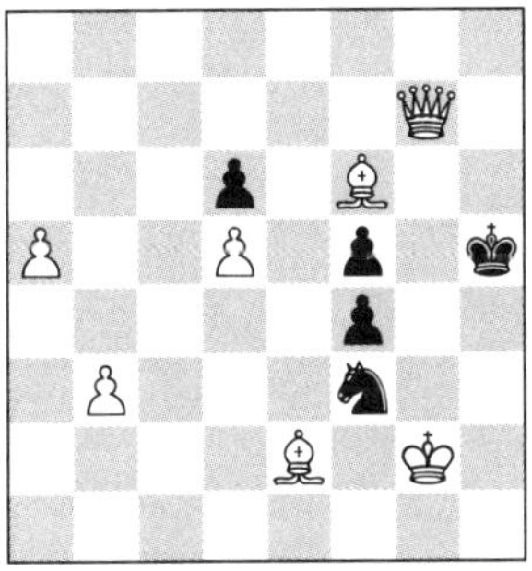

Abschließend ein Beispiel für Kreativität im Fernschach, das durch eine tödliche Unterverwandlung gekennzeichnet ist.

Man kann sich gut die Überraschung auf dem Gesicht von Schwarz vorstellen, als er den letzten Umschlag öffnete:

Babuschkin
Postnikow
Fernpartie 1970

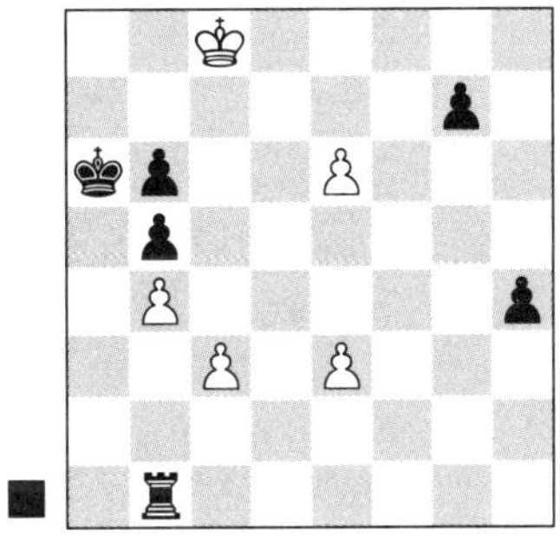

1...h3?? 2.e7 h2

In Erwartung von 3.e8♕ h1♕ mit leichtem Gewinn. Doch stattdessen servierte der Briefträger einen Schock:

3.e8♘!!

Mit einem sonderbaren Dauerschach nach 3...h1♕ 4.♘c7+ ♔a7 5.♘xb5+; also Remis.

KAPITEL 20

Schlitzohrigkeit

Wieso muss gerade ich gegen diesen Idioten verlieren? – Aron Nimzowitsch[47]

Dieses Kapitel soll nicht Lehrzwecken, sondern eher der leichten Unterhaltung dienen, bevor wir danach mit illustrativen Partien fortfahren. Ich habe erwogen, es ganz wegzulassen, aber es lässt sich nicht leugnen, dass manch einer Schlitzohrigkeit als legitimen Teil des Schwindelns betrachtet – und dies soll schließlich ein „vollständiger" Ratgeber sein. Wenn Sie dieses Buch in die Hand genommen haben, um ernsthaftes Schach zu studieren, sollten Sie vielleicht dieses Kapitel überspringen und zum nächsten übergehen. Anderenfalls legen Sie sich Chips bereit und suchen Sie sich einen bequemen Sessel, denn nun geht's ans Geschichten erzählen.

Das Spektrum der psychologischen Charaktere in unserem Spiel ist breit. An einem Ende stehen die Maschinen – kalte, emotionslose Automaten, die sich nur um objektive Einschätzungen kümmern und die Schachpsychologie außen vor lassen –, dicht gefolgt von Spielern, die Maschinen nacheifern wollen. Das andere Extrem sind Menschen, die bereit sind, um eines psychologischen Vorteils willen die Regeln zu beugen oder gar zu brechen. Zwischen den extremen Polen von Maschinen und Betrügern gibt es ein breites Spektrum von Meinungen darüber, wo die Grenze zwischen legitimem psychologischen Spiel und unsportlichem Verhalten am Brett zu ziehen ist.

Bei all meinem Gerede über Schachpsychologie ist meine persönliche „Grenze" eher konservativ. Ich vertraue dem Ansatz, die Stärken sowie die möglichen Urteilstrübungen meines Gegners nicht nur anhand der Stellung, sondern auch anhand seiner Wertungszahl, seiner Bedenkzeit, seines Alters und seiner kulturellen Herkunft, der Turniersituation und sogar seiner Körpersprache zu beurteilen (siehe Teil II). Wenn ich herausfinde, was mein Gegner will und was ihm unangenehm sein könnte, kann ich mir ausrechnen, welche Werkzeuge und Tricks ich einsetzen könnte (siehe Teil III). Aber für mich persönlich ist alles andere, was die aktive Beeinflussung seines psychologischen Zustands betrifft, einfach nicht mein Ding.

Doch es gibt andere – speziell unter denjenigen, für die das Schachspiel die Lebensgrundlage ist –, die die Grenzen anders ziehen. Schach ist in

47 Nimzowitsch sprang vom Brett auf und rief diese Worte, bevor er die Partie gegen Fritz Sämisch aufgab, was ihn den ersten Preis in diesem Turnier kostete.

dieser Hinsicht keineswegs einzigartig. Ein Fußballspieler, der vortäuscht, gefoult worden zu sein, riskiert, dafür selbst die Gelbe Karte zu erhalten; es ist aber durchaus regelkonform, einen Sturz nach einem leichten Kontakt etwas zu übertreiben – viele Trainer ermuntern sogar dazu. Ein Tennisspieler, der ständig bei engen „Aus"-Rufen lamentiert, weiß, dass der Schiedsrichter ihn dann statistisch gesehen bei knappen Entscheidungen bevorteilt; eine Taktik, die unter anderem von John McEnroe erfolgreich angewandt worden ist.[48] Im Kricket, dem sogenannten Gentleman-Sport, beleidigen manche Spieler buchstäblich stundenlang den gegnerischen Schlagmann, um dessen Konzentration zu beeinträchtigen. Ist es dann wirklich so schlimm, wenn ein Schachspieler selbstbewusst eine Figur auf das Brett knallt, selbst wenn er berechnet hat, dass dieser Zug zwangsläufig zum Verlust führt? Und wenn man dies als annehmbar betrachtet, wie sieht es dann mit anderen Tricks aus, die darauf abzielen, die Ansichten des Gegners zu beeinflussen?

Die philosophische Grundlage der Ethik ist nicht meine starke Seite. Stattdessen präsentiere ich Ihnen zu Ihrer Unterhaltung und zu Ihrem eigenen Ermessen eine beispielhafte Auswahl zur Schlitzohrigkeit. Jedes dieser Beispiele setzt Psychologie ein, um sich innerhalb der Grenzen der Regeln einen Vorteil zu verschaffen; offenkundiger Betrug bleibt außen vor, so dass Sie hier weder die Berührt-Geführt-Episoden (zum Beispiel) aus Kasparow - Polgar, Nakamura - Aronjan und Kasparow - Nakamura(!) noch die berüchtigte Geschichte von „J'adoubovic" finden werden. Ich habe auch die berühmten Beispiele aus WM-Kämpfen ausgelassen, die in anderen Quellen ausführlich abgehandelt werden, wie z.B. das Duell Karpow - Kortschnoj von 1978 (denken Sie an Stühle, Joghurt und Parapsychologen) oder die „Toiletgate"-Saga von 2006.[49] Das, was übrigbleibt, sind weniger bekannte, aber nichtsdestotrotz unterhaltsame Geschichten. Deren Bewertung – und wo hier die Grenzen zu ziehen sind – möchte ich Ihnen überlassen.

Die Bedenkzeit, und zwar sowohl ihr Einsatz wie auch ihr Missbrauch, steht oft im Mittelpunkt der Schlitzohrigkeit. Eine häufig vorkommende Situation ist die, dass der eine Spieler schlechter steht, der andere aber Probleme auf der Uhr hat. Diverse Autoren haben die *Trommelfeuertechnik* vorgeschlagen; ein Begriff, der von Simon Webb in seinem ausgezeichneten Buch *Schach für Tiger* geprägt worden ist. Die Idee besteht darin, einige Zeit dafür aufzuwenden, die nächsten

48 ... was später durch die Hawk-Eye-Technologie zunichte gemacht wurde.
49 Es lohnt sich, im Internet nach all diesen Geschichten zu suchen. Legen Sie sich Popcorn bereit.

Züge im Voraus zu planen, und dann, sobald man die Sequenz beginnt, umgehend auf die Züge des Gegners zu antworten. Das „Trommelfeuer" funktioniert besonders gut, wenn Sie den ersten Antwortzug des Gegners zuverlässig vorhersagen können (zum Beispiel bei einem Figurentausch) und der zweiter Zug Ihrer Sequenz außergewöhnlich oder unerwartet ist. Diese Technik, die darauf abzielt, Ihren Gegner zu einem aus Nervosität geborenen Fehler zu verleiten, fällt unter die harmlosere Kategorie innerhalb der Schlitzohrigkeit. Wie Webb ausführt: „Ihr Gegner hat mit viel Zeit auf der Uhr angefangen. Wenn er sich entscheidet, sie so einzuteilen, dass er kaum noch etwas davon übrig hat, so ist das sein eigener Fehler."

Aber neben der Möglichkeit, ein Trommelfeuer im Voraus zu berechnen, hat es noch andere Vorteile, wenn man lange nachdenkt, wenn der Gegner wenig Zeit hat. GM Pal Benkö schreibt, dass das Warten einem Spieler auf die Nerven gehen, Ungeduld verursachen, seine Konzentration stören und ihn dazu bringen kann, sich auf andere Dinge zu konzentrieren – etwa darauf, ob er vom Brett aufstehen oder noch etwas trinken soll –, anstatt auf seine geplanten Antworten. Der australische Großmeister Ian Rogers hat diesen Effekt in der ursprünglichen Toiletgate-Episode einmal auf die Spitze getrieben. Sein Gegner, GM Dragan Barlov, weigerte sich, in einem lehrbuchmäßigen Turmendspiel dem Remis zuzustimmen. Stattdessen brachte er die Partie zum zweiten Mal zum Abbruch, mit der Folge, dass beide Spieler bei der Sitzung am Ruhetag das Mittagsbuffet und den Ausflug verpassen würden. Verärgert spielte Rogers die nächsten vierzig Züge schnell, während Barlov unerklärlicherweise fast seine gesamte Zeit verbrauchte, so dass beim 99. Zug die Uhr zwei Stunden gegen anderthalb Minuten anzeigte. Doch sogar nach dem Turmtausch wollte Barlov kein Remis. Bei seinem 100. Zug begann Rogers mithin nachzudenken.

Nach 15 Minuten Nachdenken bestellte Rogers eine Tasse Tee, und Barlov tat es ihm gleich. Nach weiteren 15 Minuten bestellte Rogers eine Tasse Kaffee, ebenso auch Barlov – bevor ihm dämmerte, was los war, und er seine Bestellung stornierte. Weitere 15 Minuten vergingen, und Barlov begann, seine Beine übereinander zu schlagen.

Nach einer Stunde sprach GM Willie Watson die Frau von Rogers im Publikum an und sagte: „So etwas würde Ian doch nicht tun, oder? Das würde er nicht! ... Er tut es!"

Nach 90 Minuten Überlegen machte Rogers seinen 100. Zug. Barlov antwortete sofort und rannte zur Toilette. Als er wiederkam, bot Barlov sofort Remis an.

Ich weiß nicht, woher Rogers etwas vom Zustand seines Gegners während der Partie ahnen konnte, aber ich habe ihn gefragt, worüber er 90 Minuten lang nachdachte. „Ich habe im Kopf meine nächste Schachkolumne geschrieben", lautete seine Antwort.

***

Ungeachtet des Geredes über meine persönliche Ethik habe ich mich einmal eines ähnlichen Falls von „Verschleppung" schuldig gemacht – obgleich ich damals erst zehn Jahre alt war. Die erste Runde eines Wochenendturniers in meiner Heimatstadt fand an einem Freitagabend um 18 Uhr statt, und der ehemalige Kapitän der australischen Olympiamannschaft, FM Manuel Weeks, rechnete sicherlich mit einem leichten Gegner. Dreist hatte er eine Verabredung für 20 Uhr arrangiert, ohne zu ahnen, dass sein junger Gegner deutlich unterbewertet war. Obgleich ich in der Eröffnung einen Bauern verloren hatte, habe ich mich eingemauert und verbissen verteidigt. Mein zehnjähriges Ego war so sehr darauf konzentriert, die Partie zu retten, dass ich nichts mehr um mich herum wahrnahm, auch nicht die verärgerte Miene meines Gegners oder die schick gekleidete, aber leicht verstimmte Frau, die am Spiellokal eingetroffen war und nun an unserem Brett stand. Das Endspiel war hoffnungslos verloren, aber ich spielte stur weiter, genährt vom Optimismus (und der Naivität) der Jugend. Irgendwann erwog mein Gegner ernsthaft, mir ein Remis anzubieten, als er seine Prioritäten abwog. Nach fast vier Stunden gab ich schließlich auf, und als wir uns die Hand schüttelten und mein gereizter Gegner zu seiner Verabredung stieß, fragte ich mit süßer Stimme: „Möchten Sie analysieren?" Verwirrt konnte Manuel nur antworten: „Vielleicht ein andermal."[50]

***

Die Partie Goh Wei Ming - Duda bei der Schacholympiade 2016 sah einen raffinierteren Umgang mit der Zeit. Auch wenn es sich formal gesehen nicht um einen Schwindel handelt, ist es eine zu gute Geschichte, um hier weggelassen zu werden.

Kevin Goh Wei Ming 2444
Jan-Krzysztof Duda 2675
Baku Olympiade 2016 (9)

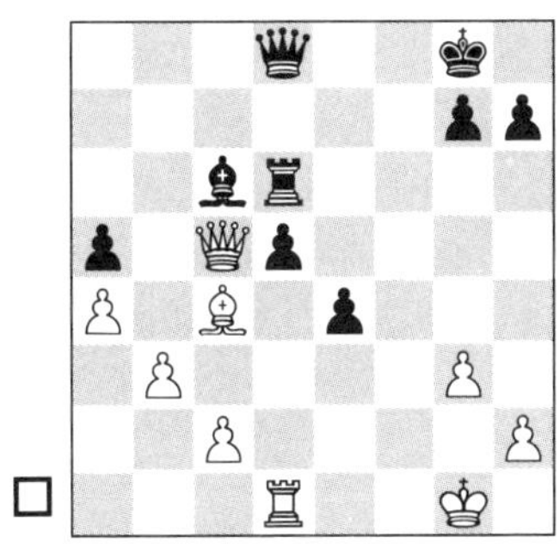

Die Stellung ist ausgeglichen, und Weiß ist derjenige, der Probleme mit der Bedenkzeit hat. Wie Kevin

50 Zwanzig Jahre später war ich Trauzeuge bei seiner Hochzeit.

mir später erzählte, ließ er seine Uhr auf drei Sekunden herunterlaufen, bevor er wie wild

30.♔g2!!

heraushaute. Indem er Nervosität vortäuschte und schließlich die am nächsten zur Uhr stehende Figur zog,[51] verkaufte er seinen Zug überzeugend als Ziehzug in Zeitnot. Und es funktionierte, denn nach nur wenigen Minuten Überlegen versuchte Duda die Lage auszunutzen mit

30...e3??

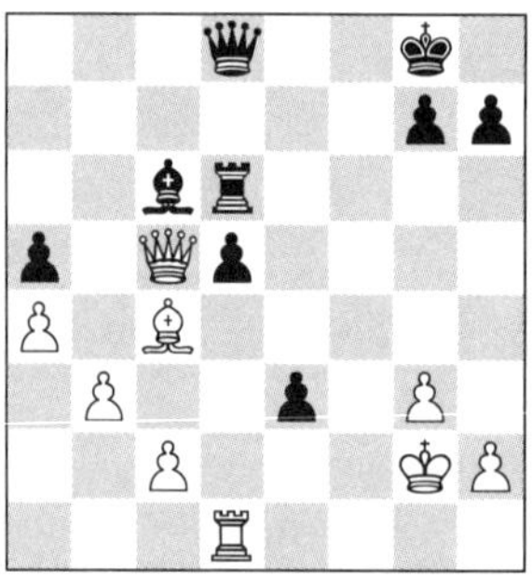

Unter anderen Umständen wäre Duda davon ausgegangen, dass ein Spieler von Kevins Format diese stark aussehende Antwort natürlich gesehen haben müsste – es sei denn, Kevin hätte sie wegen seiner verzweifelten selbstverschuldeten Zeitnot übersehen. Stattdessen ging Duda der weißen Theatralik auf den Leim.

31.♕xc6!!

Mit der herrlichen Pointe, dass Schwarz nach 31...♖xc6 32.♖xd5! mit Dame gegen Läufer verloren ist!

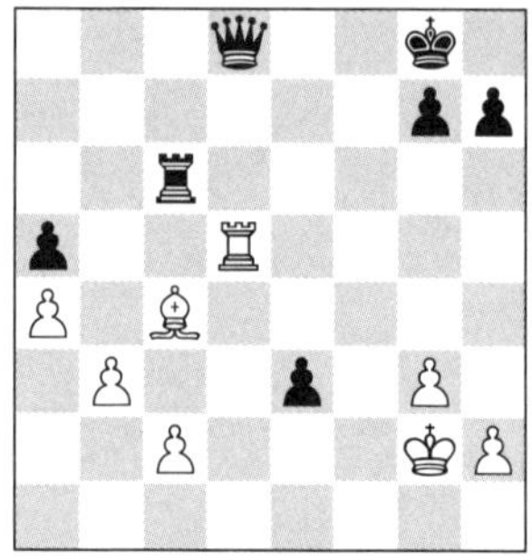

Analysediagramm

Beispielsweise wäre 32...♕b6 33.♖d8+ schachmatt, während 32...♕f8 33.♖f5+ ♖xc4 34.♖xf8+ ♔xf8 35.bxc4 zu einem hoffnungslos verlorenen Bauernendspiel führt. Tatsächlich leitete Schwarz via

31...♕f8 32.♖xd5 ♖xc6 33.♖d8+ ♖xc4 34.♖xf8+ ♔xf8 35.bxc4

zu diesem Endspiel über, und die Partie endete wie folgt:

35...♔e7 36.♔f3 ♔d6 37.♔xe3 ♔c5 38.♔d3 ♔b4 39.g4!?

39.♔d4 ♔xa4 40.c5 gewann viel schneller.

39...♔xa4

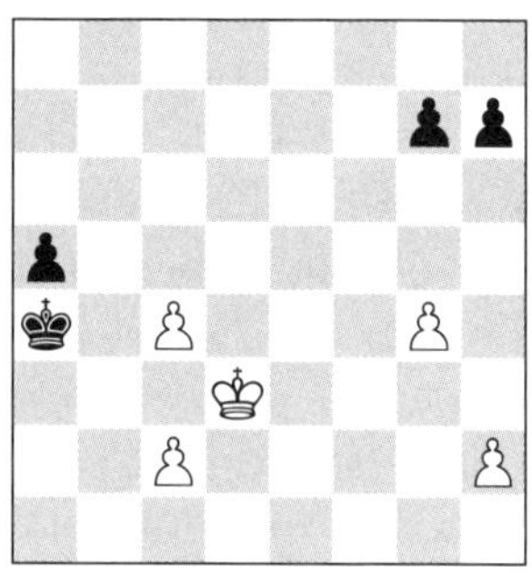

40.c3 h6 41.♔c2 g6 42.h4 g5 43.h5 1:0

51 In Mannschaftskämpfen stehen die Uhren üblicherweise alle in derselben Richtung, so dass die Uhr bei der Hälfte der Bretter zur Rechten von Weiß steht.

Ein weniger ausgeklügeltes „Nachdenken“ von Schwarz gab es bei Awruch - Rudolf.

Boris Awruch 2668
Henrik Rudolf 2353
Ohrid Mannschaftsturnier 2009 (2)

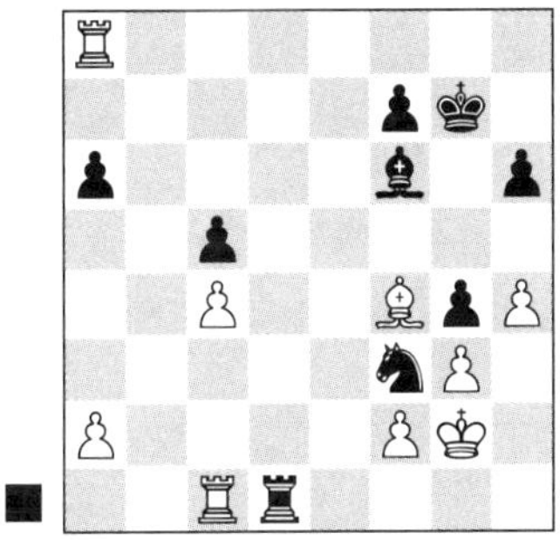

Der berühmte Schachautor und Großmeister Boris Awruch hatte soeben 34.♖c3-c1 gespielt und wartete auf die Aufgabe seines niedriger bewerteten Gegners. Er erzählt: „Mein Gegner wirkte verzweifelt und dachte über fünf Minuten lang nach. Plötzlich zeigte er auf die Uhr und sagte, dass ich auf Zeit verloren habe ... wie sich herausstellte, hatte ich die Uhr vom Brett neben uns gedrückt!“

***

Die eigene Zeit ablaufen zu lassen ist nur eine Möglichkeit, um den Gegner vom Geschehen auf dem Brett abzulenken und seine Konzentration stattdessen auf Ihre Bemühungen, noch Widerstand leisten zu können oder zu wollen, zu richten. Der berühmte Schachschriftsteller GM Alexander Kotow erzählt eine Geschichte, die ein direkteres Anzeichen beinhaltet.

Iwan Golubew
Alexander Kotow
Sowjetunion 1939

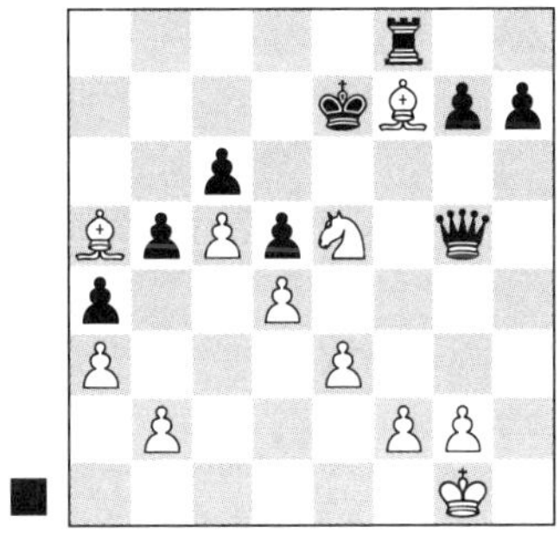

Frustriert darüber, dass sein Gegner immer noch weiterspielte, obwohl er die meiste Zeit in der Partie einen Turm weniger hatte, wusste Kotow, dass das Ende nahte, als sein Gegner „AUFGEGEBEN“ auf sein Partieformular schrieb, es in der Mitte zusammenfaltete und in seine Hosentasche steckte, und das „mit einem Hauch von Verzweiflung, der sein ganzes Auftreten erfasste, und der ahnen ließ, dass er aufgeben würde, sobald ich meinen Zug gemacht habe.“
Eine oscarreife Vorstellung. Ganz kooperativ setzte Kotow mit dem offensichtlichen Turm-schlägt-Läufer fort:

1...♖xf7??

Beinahe jeder andere Zug wäre besser gegeben. Tatsächlich gab es dreizehn Gewinnzüge. Doch der Textzug ist keiner von ihnen. Kotows Gegner beendete umgehend das Schauspiel und knallte die Antwort aufs Brett:

2.♗d8+!!

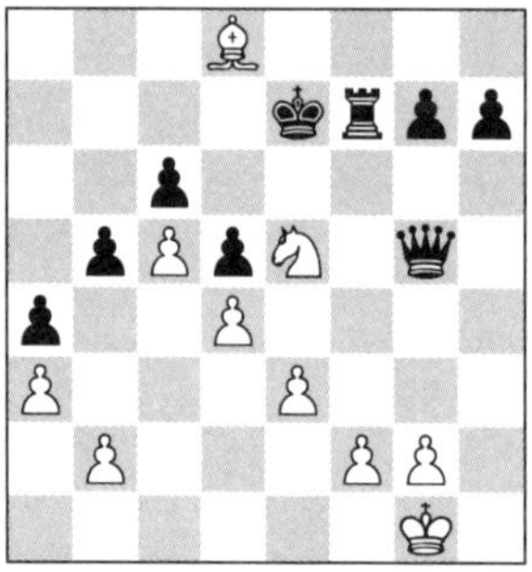

Nachdem er hilflos zusehen musste, wie sein Gegner sein Partieformular wieder aus der Tasche holte und das Wort „AUFGEGEBEN“ durchstrich, schließt Kotow mit den verzweifelten Worten: „Nun war ich derjenige, der aufgeben musste!“

***

Bei seinem Weltmeisterschafts-Revanchekampf gegen Tal zeigte der große Michail Botwinnik eine etwas verfeinerte Herangehensweise, um eine bald bevorstehende Aufgabe zu signalisieren. Vor der Wiederaufnahme der 20. Partie nach ihrer zweiten Vertagung entwarf Botwinnik einen Plan, um seinen Gegner zur Selbstgefälligkeit zu verleiten. Er schreibt: „Nach zwei Spieltagen und zwei schlaflosen Nächten war ich restlos erschöpft, doch ich nahm meine übliche Thermoskanne mit Kaffee nicht mit zur Hängepartiesitzung – das würde der gewichtigste Beleg dafür sein, dass ich nur noch ein paar Züge machen und dann die Partie aufgeben würde. Und genau während dieser wenigen Züge müsste Tal die Pattmöglichkeit übersehen.“

Michail Tal
Michail Botwinnik

Moskau WM-Match 1961 (20)

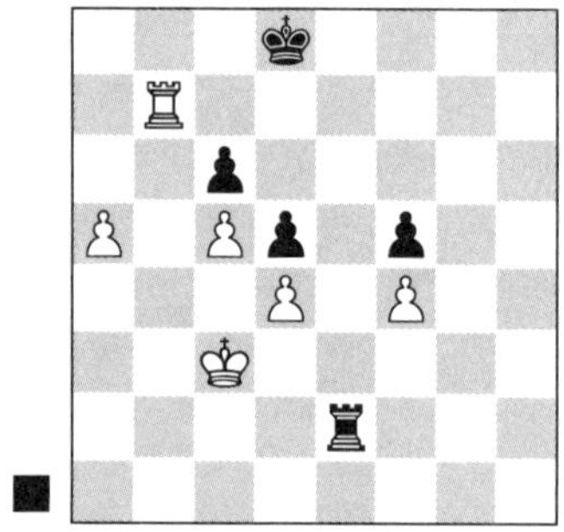

75...♖a2 76.♖b6 ♔c7 77.a6 ♖a1 78.♔b2 ♖a4 79.♔b3 ♖a1 80.♖b7+ ♔c8 81.♖b6 ♔c7 82.♖b7+ ♔c8 83.♖a7 ♖b1+ 84.♔c3 ♖a1 85.♖a8+ ♔c7 86.♔b3 ♖b1+ 87.♔c3 ♖a1 88.♔b3 ♖b1+ 89.♔a2 ♖b5 90.a7 ♖a5+ 91.♔b3 ♔b7 92.♖f8 ♖b5+ 93.♔a4 ♔xa7 94.♖xf5 ♖b1

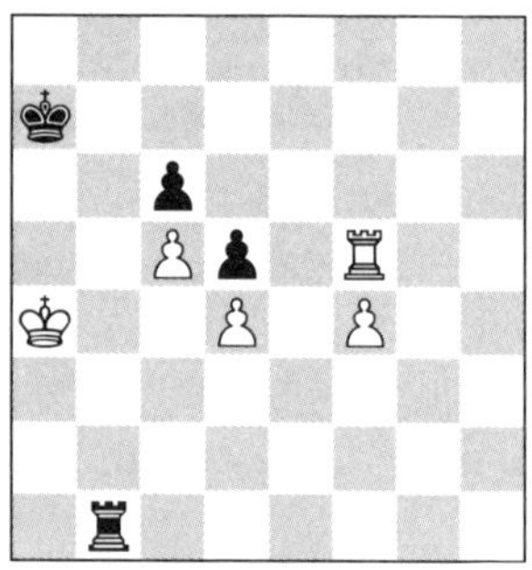

Botwinniks koffeinbasierte List war erfolgreich: Viel zu spät erkannte Tal, dass sein beabsichtigtes 95.♖f7+ ♔a6 96.♖c7? einen mittlerweile vertrauten Trick ermöglichen würde:

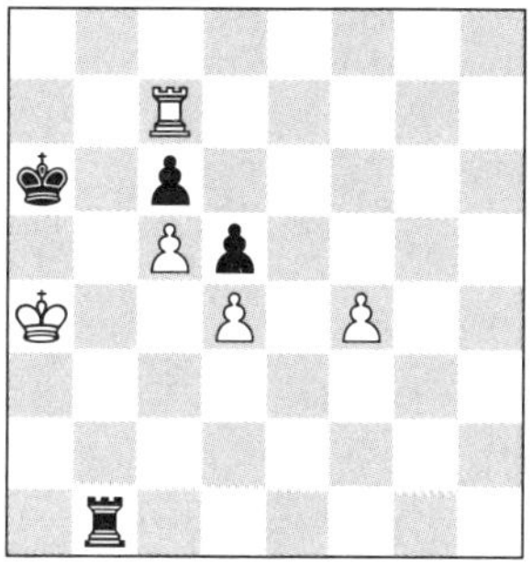

Analysediagramm

96...♖b4+!!, wonach 97.♔xb4 Patt ist, während 97.♔a3 ♖xd4 gleichfalls ein sofortiges Remis erzwingen würde.

Tal ließ dadurch, dass ihm dieser Trick entging, den Sieg entgleiten. Botwinnik holte sich dann überzeugend den Titel zurück.[52]

(dank der Engines können wir heutzutage genauer als damals Botwinnik sagen, wo exakt der Sieg dahinglitt. Beispielsweise gewinnt 81.- oder 83.♖f7! leicht, während 90.a7?? den Gewinn komplett wegwirft (90.♖f8!), aber nur, wenn Schwarz mit 92...♖xa7! 93.♖xf5 ♔a6! fortsetzt.

Nach 92...♖b5+?? war stattdessen 93.♔c3! die letzte Gewinnchance. Der König bleibt flexibel, mit einem Auge sowohl auf den Königsflügel wie auch auf den Pfad b4-a5 am Damenflügel. Nach 93...♔xa7 94.♖xf5 ♖b1 95.♖f7+!! ♔b8 (95...♔a6 96.♖c7! – diesmal funktioniert Tals Idee) 96.f5! ♖f1 97.♔b4! kann Schwarz, im Unterschied zur Partie (vergleiche Zug 112 des tatsächlichen Partieverlaufs), nicht zugleich auf beide Flügel ein Auge werfen.

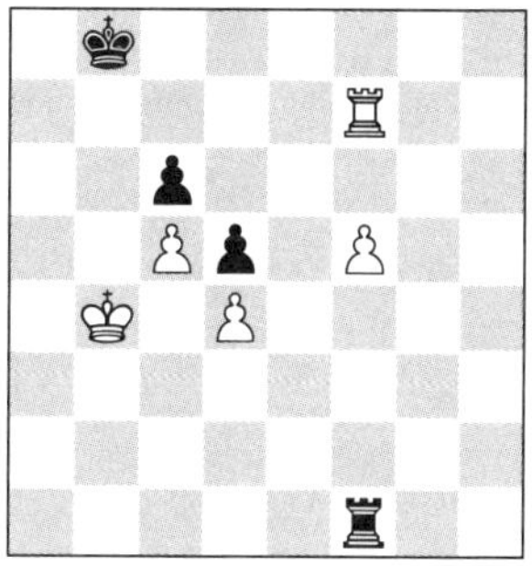

Analysediagramm

Entweder dem weißen König oder dem f-Bauern muss Schwarz das Vorrücken gestatten. Oh heiliges Silikonmonster, wie Du uns verdirbst!)

***

Die Tage der Hängepartien und ihrer komplexen Regeln ermöglichten andere Formen der Schlitzohrigkeit. So war es beispielsweise früher so, dass die Abgabe eines illegalen Zuges bedeutete, dass der Übeltäter bei Wiederaufnahme seinen König ziehen musste. In den FIDE-Regeln wurde die Strafe später in sofortigen Verlust umgewandelt, und die Legende besagt, dass GM Akiba Rubinstein schuld daran sei. In einem vertrackten Bauernendspiel mit tickender Uhr dämmerte es Rubinstein, dass sein nächster Königszug entscheidend sein würde und vielleicht den Unterschied zwischen einem Sieg und einem Unentschieden ausmacht. Was war zu tun? Anstatt

52 Tal schrieb seinen Matchverlust Botwinniks „Hausküche" zu – dabei bezog er sich vermutlich mehr auf dessen Eröffnungsvorbereitung als auf seinen Kaffee.

diese wichtige Entscheidung am Brett zu treffen, gab der große polnische Meister listig einen illegalen Zug ins Kuvert. Nach Wiederaufnahme der Partie und nachdem er vom Schiedsrichter gezwungen worden war, seinen König zu ziehen, spielte er selbstbewusst den Gewinnzug, den er zu Hause in aller Ruhe analysiert hatte.

***

Eine weitere verbreitete Form der Schlitzohrigkeit sind Ablenkungsmanöver. Artikel 11.5 der FIDE-Schachregeln besagt: „Es ist verboten, den Gegner auf irgendwelche Art abzulenken oder zu stören." – aber dies lässt einen ziemlichen Interpretationsspielraum offen. Ein Schiedsrichter muss die Absicht des Verhaltens interpretieren, und ob ein Schaden verursacht wurde, und auch, inwieweit die fraglichen Handlungen in der Verantwortung des Spielers liegen. Bei dem starken Turnier in Tilburg 1985 spielte der englische GM Tony Miles mehrere Partien im Liegen auf einem Massagetisch, nachdem er sich am Rücken verletzt hatte. Mehrere Spieler beschwerten sich, dass sie dies als ablenkend empfinden würden, und dass sich Miles, der später den ersten Platz teilte, auf diese Weise einen unfairen Vorteil verschafft hätte. Ob fair oder nicht, Miles bekam einige Jahre später in einer Partie gegen den kroatischen Großmeister Davorin Komljenovic seine Quittung. Zu Beginn der Partie folgte Miles seiner üblichen Gewohnheit, seine Armbanduhr neben das Brett zu legen. Komljenovic antwortete, indem er einen absurd überdimensionierten Wecker auf seiner Seite des Bretts platzierte. Miles protestierte, aber es galt quid pro quo, und die beiden Zeitmesser verblieben in ihrer Pattstellung. Miles patzte später in einem remislichen Turmendspiel.

***

Auch die Ansichten darüber, was allgemein als störend empfunden wird und was nicht, haben sich im Laufe der Zeit geändert. Es gibt diverse Storys über Spieler, die, als das Rauchen noch gestattet war, Zigaretten zu ihrem Vorteil genutzt haben. Meine Lieblingsgeschichte handelt von den großen Meistern Aron Nimzowitsch und Milan Vidmar beim New Yorker Turnier von 1927. Nimzowitsch, der das Rauchen verabscheute, gelang es, seinen Gegner vor der Partie davon zu überzeugen, am Brett zu nicht rauchen. Doch aus Gewohnheit holte Vidmar geistesabwesend seine Zigarrentasche heraus und legte sie neben das Brett. Nimzowitsch protestierte umgehend beim Schiedsrichter, der antwortete, eine ungeöffnete Zigarrentasche sei doch nicht gleichbedeutend mit wie Rauchen. „Ich weiß", antwortete Nimzowitsch, „aber als alter Schachspieler müssen Sie selbst wissen, dass die Drohung stärker ist als die Ausführung."

***

Bei den südaustralischen Meisterschaften 1998 war die Bedrohung offenbar doch zu schwer zu ertragen. Der frühere Staatsmeister Robert Cowley, 50 Jahre alt, verlor das Finale gegen die 24-jährige Nhan Phan-Koshnitsky. Cowley legte offiziell Protest ein mit der Begründung, dass Phans Kleidung zu viel von ihrem Dekolleté verriet, was ihn abgelenkt hatte. Er behauptete, er habe versucht, seine Augen abzuwenden, „aber es war sehr schwer, nicht hinzusehen. Ich habe meine Hände über die Stirn gelegt, aber das hat nicht gut funktioniert, so dass ich nun in Erwägung ziehe, künftig einen breitkrempigen Hut zu tragen", und er fügte hinzu: „Schach ist schon ohne solche Zusatzprobleme schwierig genug". Cowleys Protest wurde abgelehnt und seine Drohung einer gerichtlichen Klage ignoriert. Die Geschichte machte natürlich in der Mainstream-Presse die Runde, wobei Phan angeblich ein Angebot ablehnte, für den Playboy zu posieren. Ich bezweifle, dass Cowley mit seiner Notlage bei vielen Spielern – ganz gleich, welchen Geschlechts – Gehör finden würde.[53]

***

Während die Regelkonformität von Störungen am Brett der Auslegung durch die Schiedsrichter unterliegt, gibt es natürlich eine Litanei von Beispielen schamlosen Betrugs, die außerhalb des Rahmens dieses Buches liegen.[54] Die Regeln zu brechen, um sich so einen Vorteil zu verschaffen, reicht über den Komplex der „Schlitzohrigkeit" hinaus, und deshalb habe ich mich entschieden, die eingangs dieses Kapitels erwähnten berüchtigten Berührt-Geführt-Episoden hier nicht mit einzubeziehen. Aber ein Beispiel für eine berührte Figur passt in unsere Kategorie der Schlitzohrigkeit, gerade weil es ein Beharren auf den damals gültigen Regeln ausnutzt.

In einem Londoner Ligamatch fand sich Daniel Harrwitz, ein Meisterspieler des 19. Jahrhunderts, in der folgenden Stellung wieder.

53 Diese Geschichte erinnert mich an die Junioren-Weltmeisterschaften, die ich im indischen Bundesstaat Goa spielte, der für seine Strände und sein Nachtleben berühmt ist. Das Spiellokal hatte keine Klimaanlage, und die Temperaturen in der großen Spielhalle stiegen während der Partien auf über 40 Grad Celsius. Am zweiten Tag, als keine Lösung in Sicht war, entschieden sich mehrere Spieler, mit nacktem Oberkörper (Jungen) bzw. im Bikini (Mädchen) zu spielen. Am dritten Tag beschlossen die Organisatoren, den Mädchenwettbewerb in einen separaten Raum zu verlegen, wobei sie als Grund dafür Ablenkungen für die Spieler anführten. Seltsamerweise kannte keiner von uns einen Spieler, der sich beschwert hätte.

54 Als Referenz hierfür sei *The Complete Chess Addict* und seine Fortsetzung angegeben, sowie Webseiten von Historikern wie Edward Winter, und natürlich *Wie man beim Schach bescheißt* von Bill Hartston.

Daniel Harrwitz
NN

London Mannschaftskampf 18??

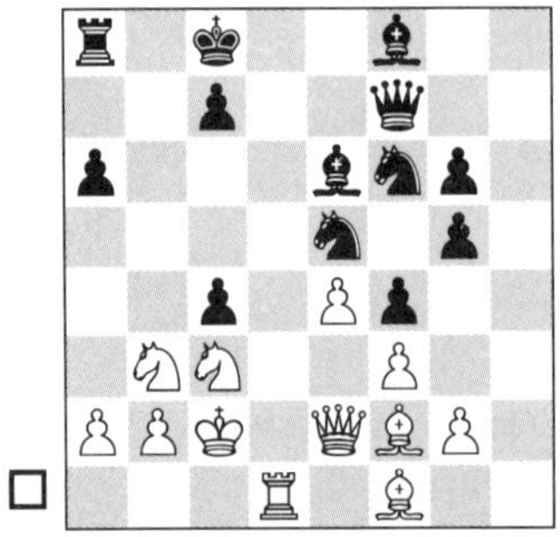

Mit einem Bauern weniger und seinem Springer unter Beschuss, erspähte Harrwitz plötzlich die Möglichkeit eines gerissenen Schwindels, beginnend mit dem Rückzug seines Königs. Doch sein Gegner, gleichfalls ein Meister, würde solch einem unverfrorenen Angebot zu einem Figurengewinn sicherlich misstrauisch gegenüberstehen. Harrwitz kam mit einem verschlagenen Einfall daher. Er spielte den illegalen Zug 1.♘b3-d5(!?!), gegen den sein Gegner sofort Einspruch erhob. Damals wurde ein illegaler Zug damit bestraft, dass man nicht etwa die berührte Figur, sondern seinen König ziehen musste. Trotz seiner Beteuerungen und Proteste wurde Harrwitz von seinem aufgebrachten Gegner gezwungen, seinen Springer zurückzustellen und das verzweifelte 1.♔b1 zu spielen. Sein Gegner, der das alles für einen unwahrscheinlichen Glücksfall hielt, nahm eilig mit 1...cxb3? den Springer – woraufhin sich Harrwitz' Miene änderte, während er lauthals ein Matt in vier Zügen ankündigte.

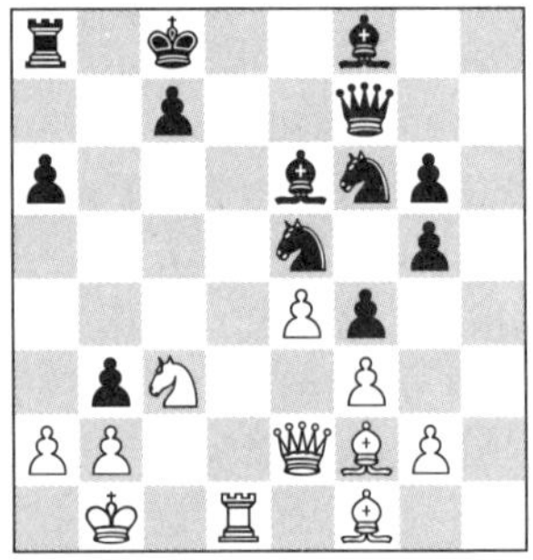

Nach

2.♕xa6+!!

endete die Partie mit

2...♖xa6 3.♗xa6+ ♔b8 4.♖d8+ ♗c8 5.♖xc8# 1:0

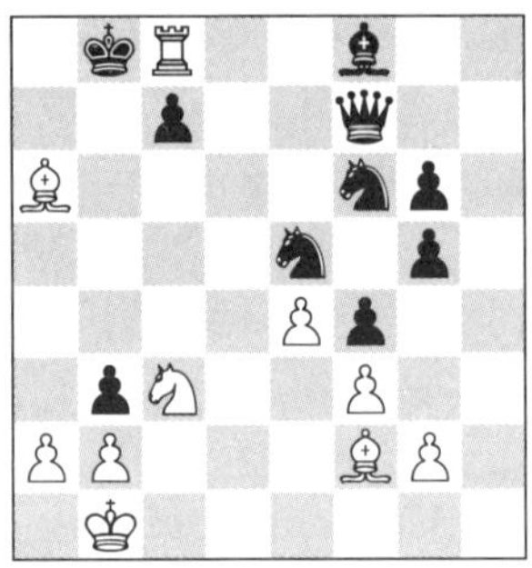

***

Für gewöhnlich sind die Versuche eines Spielers, einen Schwindel zu „verkaufen", weit primitiver als von Harrwitz demonstriert. Ich habe oft erlebt, dass Jugendspieler (und mitunter auch Erwachsene) ganz bewusst einen Zug spielen und dann großspurig vorgeben, sie hätten gerade gepatzt, meist garniert mit einer einer Goldenen Ananas würdigen schauspielerischen Leistung. Ich habe wenig

Sinn für solche Theatralik, die bestenfalls wirkungslos und schlimmstenfalls armselig ist. Dennoch gelang es Miguel Najdorf einmal, sein schauspielerisches Können erfolgreich einzusetzen. Seine Partie gegen Svetozar Gligoric bei der Olympiade 1952 schien unweigerlich auf ein Remis zuzusteuern, bis zu einer dramatischen Schlussszene kurz vor der Zeitkontrolle.

Miguel Najdorf
Svetozar Gligoric

Helsinki Olympiade 1952 (5)

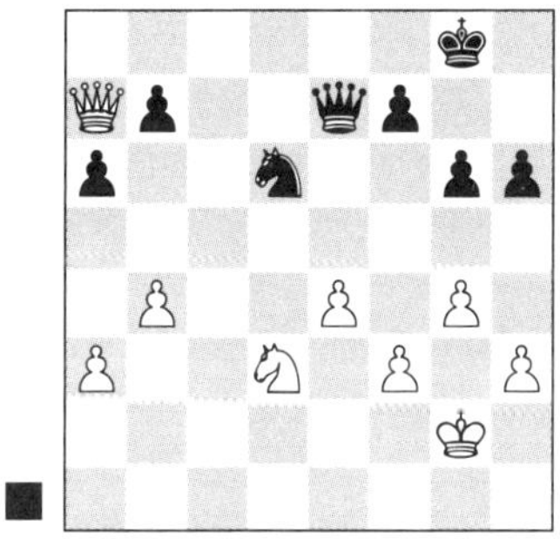

39...♘xe4?? 40.♕e3! ♕e6 41.♕xe4 1:0

Wie Gligoric es erzählt: „Najdorf setzte sich wie in Trance hin, machte seinen Zug, mit dem er mir einen Bauern anbot, und schlug sich sofort an die Stirn, als ob im soeben klargeworden sei, dass er gerade einen Fehler gemacht habe. Unter Zeitdruck stehend, schnappte ich naiv nach dem Bauern, woraufhin Najdorf sich eine ganze Figur schnappte. Selbst der zurückhaltende Paul Keres, der das ganze Szenario beobachtet hatte, konnte sich ein Lachen nicht verkneifen, und vielleicht hätte ich es auch von der lustigen Seite gesehen – denn die kindischen Streiche des quirligen Najdorf waren auf ihre Art Weise niedlich –, wenn ich nicht gerade besiegt worden wäre!"

***

Zu guter Letzt erzählt der holländische Schachsammler G. C. van Perlo die Geschichte eines ungeheuerlichen Schwindels, zugleich ein Beispiel von Schlitzohrigkeit allerfeinster und übelster Sorte. In diesem Buch haben wir über Bluff, Kreativität und Patt geredet, aber selten werden Sie alles drei im gleichen Augenblick sehen, um mit so durchschlagendem Erfolg wie im folgenden Beispiel umgehend die Ernte einzufahren:

Erno Gereben
Haji Ardlansyah

Siegen ol 1970 (7)

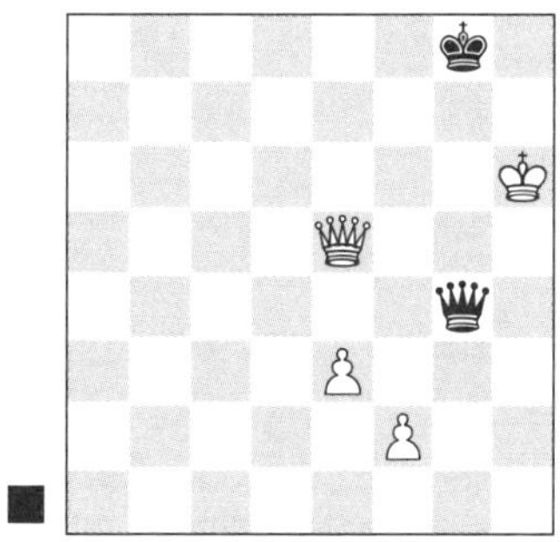

Van Perlo erzählt die Geschichte wie folgt: „Der Schwindler entdeckte eine Möglichkeit, die sich kaum jemand hätte träumen lassen. Triumphierend schnappte er sich seine Dame, pflanzte sie nach g6, schrie ‚Patt!' und packte dann gleich die Figuren in die Schachtel. Der entgeisterte Gereben akzeptierte das Remis, bevor ihm später aufging, dass er hereingelegt worden war."

71...♕g6+!?!? ½:½
Atmen Sie einmal tief durch und versuchen Sie, Ihr Gewissen zu besänftigen, derweil wir diesen ethischen Morast verlassen und uns auf die grüneren Weiden der Musterpartien begeben.

TEIL V

Schwindel in der Praxis

Ich bin überzeugt davon, dass die Art und Weise, wie jemand Schach spielt, immer auch die Persönlichkeit des Spielers widerspiegelt. Wenn es etwas gibt, das seinen Charakter definiert, dann definiert dies auch seine Spielweise – Wladimir Kramnik

Wenden wir uns nun, nachdem wir die einzelnen Bausteine des Schwindelns beim Schach aufgedröselt haben, nun einigen Partien zur Veranschaulichung zu. Ich habe mir erlaubt, diese Partien in voller Länge zu kommentieren. Seien Sie also nachsichtig mit mir, es wird einige „normale" Schachkommentare geben, bevor wir zu den wirklich aufregenden Schwindeleien kommen. Ich habe hauptsächlich Beispiele ausgewählt, die die bislang in diesem Buch diskutierten Themen kombinieren, wenngleich einige dieser Schwindeleien inzwischen schon recht berühmt-berüchtigt sind.

Sehen wir uns zunächst einige Beispiele aus der Großmeisterpraxis an, gefolgt von Perlen aus Amateurpartien, bevor wir dann mit meinem Lieblingsschwindel abschließen.

KAPITEL 21

Meisterschwindel

Partie 1

Wadim Malachatko 2600

Gawain Jones 2562

Canberra 2008 (7)

Viel zu oft beobachte ich, dass Spieler bei wichtigen Entscheidungen praktische Aspekte außer Acht lassen und stattdessen blindwütig bei jedem einzelnen Zug darauf erpicht sind, den „besten" zu finden. Dies gilt für alle Ebenen, insbesondere aber für Amateure. Auf der anderen Seite zwingt die unerbittliche Welt des Profischachs Großmeister dazu, sich ihrer eigenen praktischen Stärken und Schwächen, wie auch der ihrer Gegner, völlig bewusst zu sein. Bei unserem ersten Anschauungsbeispiel illustriert der starke britische Großmeister Gawain Jones diesen Punkt trefflich.

1.c4 ♘f6 2.♘c3 g6 3.d4 ♗g7 4.e4 d6 5.♘f3 0-0 6.♗e2 e5 7.0-0

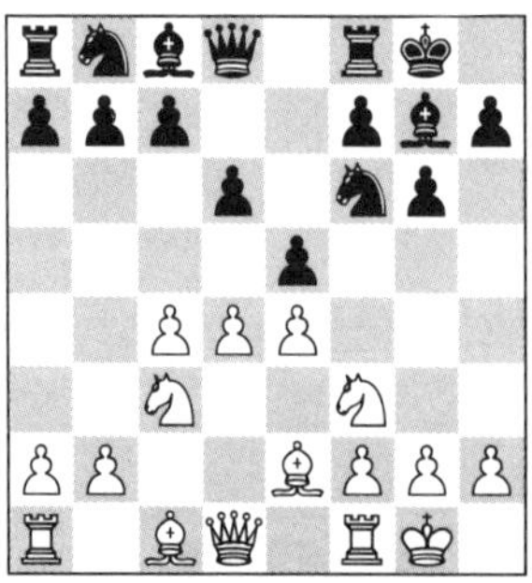

7...exd4

Wird heutzutage auf Großmeisterebene nur selten gespielt und nicht nur durch das äußerst populäre 7...♘c6, sondern auch von 7...♘bd7, 7...♘a6 und dem jüngst im Trend liegenden 7...c6!? in den Schatten gestellt.

Nichtsdestotrotz diente dem 2014 von GM Dejan Bojkow veröffentlichten Repertoirebuch das Schlagen als Rückgrat. Es führt zu Stellungen, die sich von den anderen Varianten des klassischen Königsinders stark unterscheiden, wobei sich der Kampf um das halboffene Zentrum dreht. Eigentümlicherweise ist dies auch die erste Wahl der Engines – wobei Engines bei der Beurteilung von Königsindisch-Stellungen notorisch schlecht sind.

8.♘xd4 ♖e8 9.f3 ♘c6 10.♗e3 ♘h5

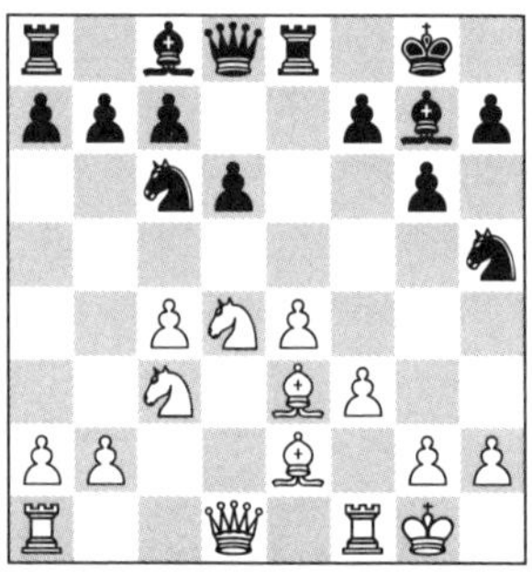

11.♕d2

Die Hauptvariante.

Weiß kann auch zuerst auf c6 schlagen und erst nach 11.♘xc6 bxc6 den Zug 12.♕d2 spielen, was den Vorteil hat, 12...♘f4 zu verhindern, dafür aber 12...c5 erlaubt.
Das prinzipielle 11.f4 gewinnt hingegen Raum und greift den Springer auf h5 an, doch nach dem Rückzug 11...♘f6! übt Schwarz unangenehmen Druck auf die frisch geschwächten Punkte e4 und g4 aus.

11...♘f4!

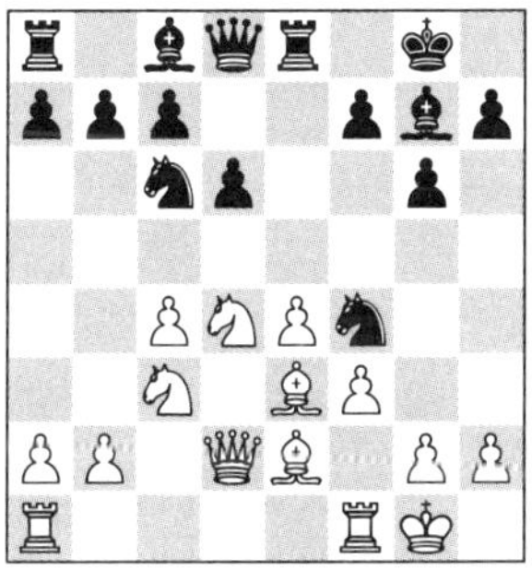

Diese strategisch wünschenswerte Idee macht die ganze Variante für Schwarz spielbar. Nachdem er sich im siebten Zug für die Öffnung der Stellung entschieden hat, geht Schwarz nun auf die Jagd nach den weißen Läufern.

12.♖fd1

Erneut der beliebteste Zug.
12.♘xc6 muss natürlich mit dem *Zwischenzug* 12...♘xe2+! beantwortet werden, worauf das Mittelspiel nach 13.♘xe2 bxc6 14.♗d4 ♗xd4+ 15.♕xd4 c5! als ungefähr ausgeglichen gilt (van Wely - Mamedscharow, Bastia Schnellschach 2010, 1:0/70)
(*s. Analysediagramm*)

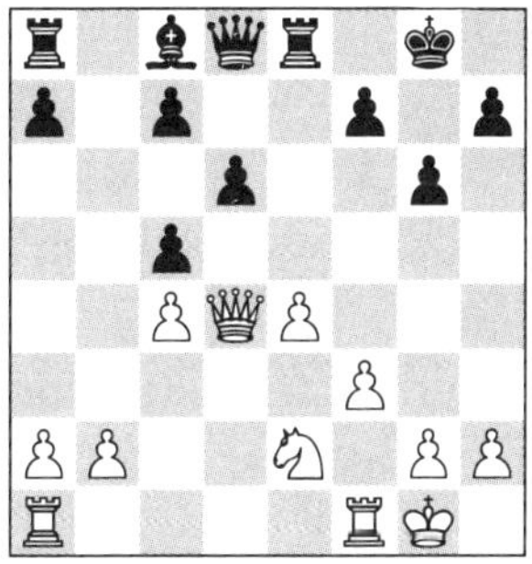

Analysediagramm

Im Unterschied zur Hauptpartie kontrolliert Schwarz hier das Feld d4 und kann die halboffene b-Linie zu einem Minoritätsangriff mit seinem a-Bauern ausnutzen.
Man kann auch versuchen, mit 12.♗xf4 ♘xd4 13.♗d3 am Läuferpaar festzuhalten, doch der schwarze Springer ist äußerst imposant, und nach 13...♗e6 mit der Absicht ...c7-c6, ...a7-a6 und ...b7-b5 gerät die weiße Stellung unter überraschend starken Druck.

12...♘xd4 13.♗xd4 ♗xd4+ 14.♕xd4 ♘xe2+ 15.♘xe2 b6 16.♘c3 ♗b7

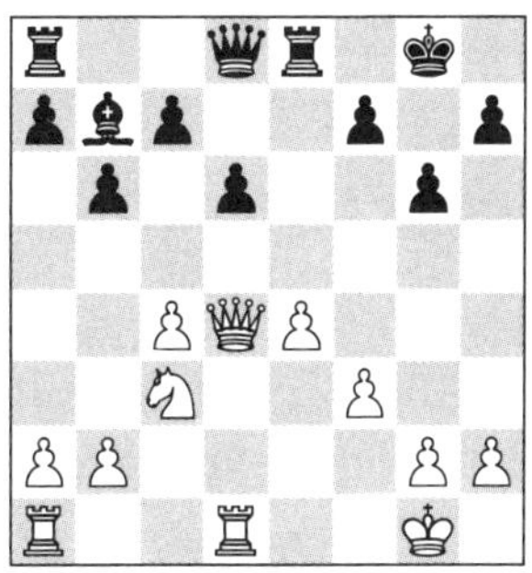

All dies war schon viele Male zu sehen. Im Gegensatz zu den schillernden Angriffsvarianten in der königsindischen Mar del Plata-Variante (nach 7...♘c6) hat Schwarz hier einen konservativeren Ansatz gewählt. Anstatt für einen Alles-oder-Nichts-Angriff sämtliche Brücken abzubrechen, ist er hier bereit, einen geringfügigen Nachteil in Kauf zu nehmen, um ein Endspiel mit sehr guten Chancen auf ein Remis zu erreichen – welches er in den meisten Fällen auch erreichen wird. Andererseits geht Weiß hier kein echtes Risiko ein und spielt, wie man so schön sagt, auf „zwei Ergebnisse“.

17.♖ac1

Die Alternative ist 17.♘d5, was unmittelbar auf ein Schwerfigurenendspiel zusteuert. Nach 17...♗xd5 18.cxd5 ♕g5 19.♖ac1

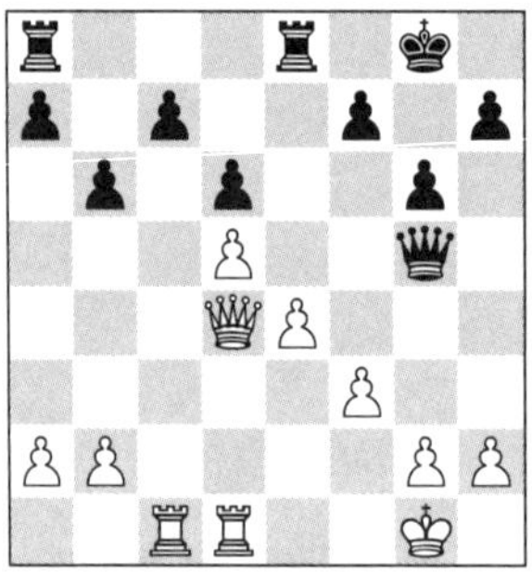

Analysediagramm

hat Weiß eine etwas angenehmere Struktur, doch Schwarz hat nur eine echte Schwäche (den Bauern c7), und im Allgemeinen ist eine Schwäche in derlei Endspielen nicht entscheidend. Meine Datenbank meldet mir hier Dutzende von Remispartien, darunter eine der vielen notorisch mit „½:½“ endenden Begegnungen zwischen Mamedscharow und Radschabow (Schamkir 2017).

17...♕g5 18.♕d2!?

Weiß entscheidet sich dafür, die Leichtfiguren auf dem Brett zu behalten und stattdessen die Damen zu tauschen. In technischer Hinsicht hat Schwarz den „guten“ Läufer, aber das moderne strategische Denken hat sich seit den Tagen, in denen man nur auf die Felderfarbe der Bauern geschaut hat, stark weiterentwickelt. Der weiße Zugriff auf das Zentrum schränkt den Wirkungsradius des Läufers effektiv ein, wie auch oft in der verwandten Struktur mit der „Maroczy-Klammer“ zu sehen.

18...♕h5?!

Ein etwas nutzloses Feld, von welchem die Dame bald wieder wegziehen muss. Besser war entweder 18...♕e5 oder der Abtausch auf d2.

19.b4

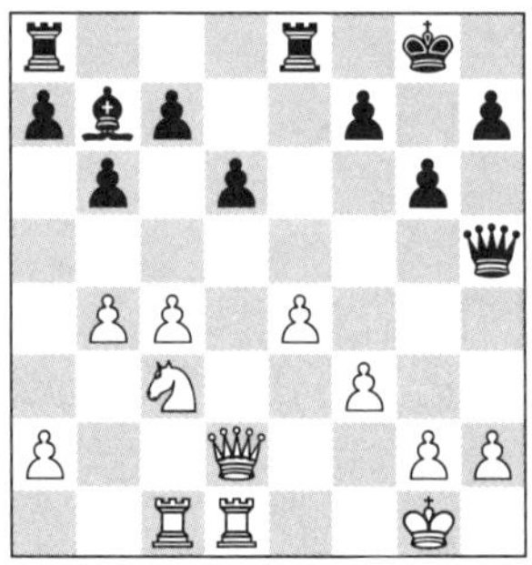

Weiß plant, mit seiner Damenflügelminorität eine schwarze Bauernschwäche am selbigen Flügel zu schaffen und diese schließlich zu erobern.

19...♖e7?!

Besser war 19...a5!, was Weiß dazu zwingt, entweder mit 20.b5 den Plan c4-c5 aufzugeben oder aber nach 20.a3 dem Schwarzen zumindest die a-Linie zu überlassen.

20.♘e2 ♕e5

Für 20...a5? ist es jetzt bereits zu spät: Nach 21.c5! fliegt die schwarze Bauernstruktur auseinander.

21.c5

Alles Teil des Plans!

21...dxc5 22.bxc5 bxc5

22...♖ae8 würde die schwarze Struktur konservieren, aber um den Preis einer weiteren Einengung des Läufers nach 23.c6!, gefolgt von der Überführung des Springers nach d5. Nichtsdestotrotz war dies wahrscheinlich das kleinere Übel.

23.♕e3

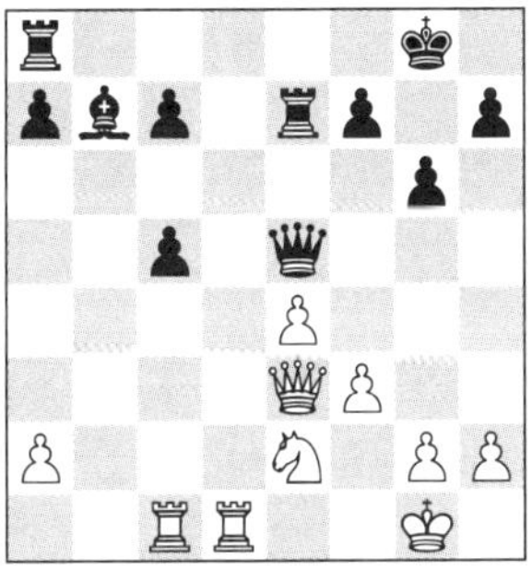

Weiß hat jetzt klaren Vorteil. Der Bauer c5 ist fraglos dem Untergang geweiht, doch sein Kollege auf c7 ist nicht viel besser dran, denn er steht danach als Nächster in der Schusslinie der weißen Schwerfiguren. Schwarz muss bereits zu Trickse-reien Zuflucht nehmen.

23...♕e6 24.♘f4 ♕a6?

Übersieht wahrscheinlich den 26. Zug von Weiß, obgleich 24...♕xa2 25.♕xc5 ebenfalls klar besser für Weiß ist.

25.♖xc5! ♕xa2? 26.♕c3!!

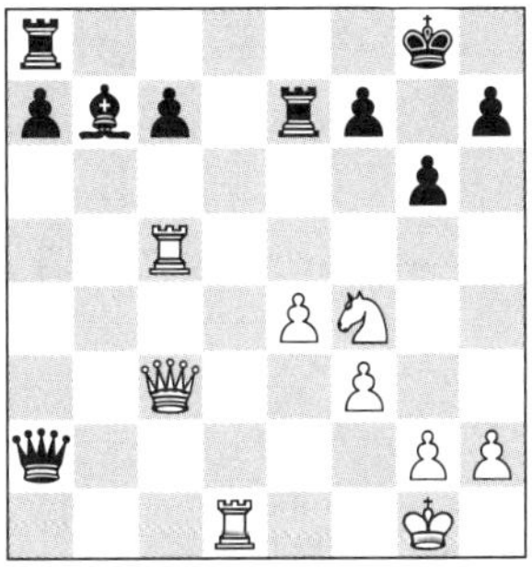

Schwarz hat zeitweise einen Bauern mehr, aber seine Dame sitzt weitab der Heimat in der Falle und muss irgendwie mit der Drohung 27.♖a1 zurechtkommen.

Derweil droht Weiß auch das tödliche 27.♘h5! samt flottem Mattangriff.

26...♕a6

Der einzige Zug. Die schwarze Dame verkauft ihre Haut so teuer wie möglich.

27.♘h5!

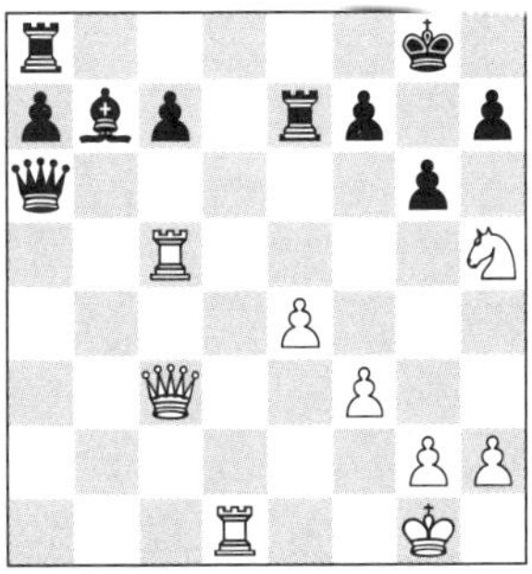

27...gxh5 28.♖g5+ ♕g6 29.♖xg6+ hxg6 30.♕c5

Eine letzte Feinheit, die einen Bauern gewinnt.

30...♖ae8 31.♕xa7

Nun hat sich der Staub gelegt, und Schwarz ist in großen Schwierigkeiten.

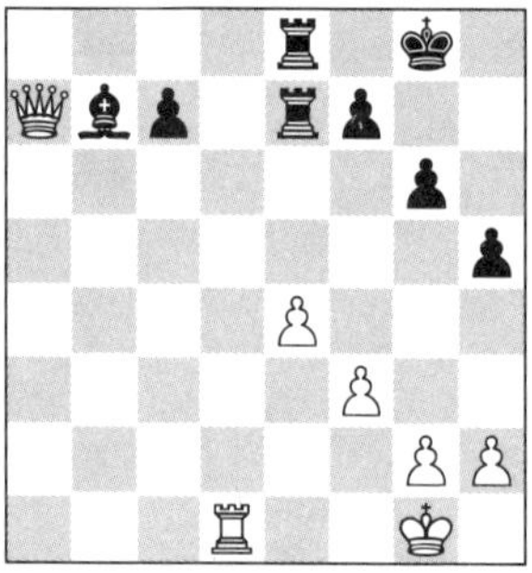

Der c-Bauer wird bald fallen, und selbst wenn es Schwarz gelingt, dabei ein Turmpaar zu tauschen, werden seine verbleibenden Figuren nicht in der Lage sein, den Königsflügel zu halten. In diesem Szenario mit „♖+♗+♙+♙+♙ vs. ♕+♙+♙+♙+♙“ würden sich die schwarzen Sorgen um seinen Läufer aus dem Mittelspiel fortpflanzen. Dieser findet nirgendwo einen sicheren Posten, und etwa auf e6 wäre er anfällig gegen ein schließliches f3-f4-f5. Es ist an der Zeit, in den Schwindelmodus zu wechseln. Ein wichtiger Punkt ist, dass in diesem Turnier mit der modischen FIDE-Zeitkontrolle von 90 Minuten plus 30 Sekunden pro Zug gespielt wurde, und beide Spieler näherten sich rasch der reinen Inkrementphase. Jones schätzt zu Recht ein, dass das oben erwähnte Endspiel für Schwarz äußerst schwierig wäre, da er bei jedem Zug darauf achten müsste, nicht mit einer Figur in einen Doppelangriff der Dame zu geraten. Weiß hingegen könnte ziemlich schnell ziehen und so versuchen, sich ohne Risiko ein Zeitpolster auf der Uhr aufzubauen.

In praktischer Hinsicht ist das eine äußerst ungünstige Situation, und Jones kommt zu dem Schluss, dass die Aussichten, sich zu behaupten, unter diesen Umständen zu gering wären. Stattdessen dreht er mit Gewalt den Spieß um und führt ein Endspiel herbei, bei dem es Weiß ist, der ernsthaft nachdenken muss, während die schwarzen Züge relativ einfach (und schnell) zu machen sind.

31...♗xe4!! 32.fxe4 ♖xe4

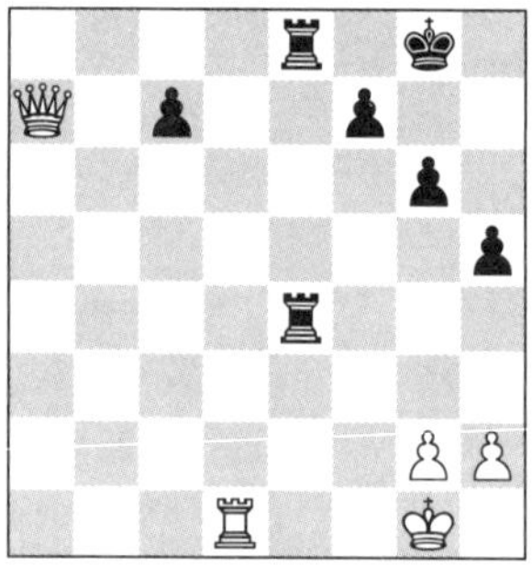

Ein gewitztes Opfer. Schwarz fischt nach einem Endspiel „♖+♙+♙+♙ vs. ♕+♙+♙“ im Falle von 33.♕xc7 ♖e1+, wobei Schwarz sich das Feld e6 für seinen Turm dauerhaft gesichert hätte. Weiß versucht, dies zu vermeiden, indem er ein zusätzliches Turmpaar auf dem Brett hält, doch Jones findet erneut die zäheste Aufstellung.

33.♕a1 c5! 34.h3 c4 35.♔h2 ♖e3 36.♕a7 ♖3e7 37.♕c5 ♖e4

Man beachte, dass Schwarz stets vor einer unkomplizierten Wahl steht; er muss einfach Zug auf Zug auf die durchsichtigen Drohungen von Weiß reagieren. Weiß hingegen muss sich einen langfristigen

Gewinnplan zurechtlegen, und das benötigt mehr Zeit und Energie.

38.♖d7 ♔g7 39.♕c7 ♖f8!

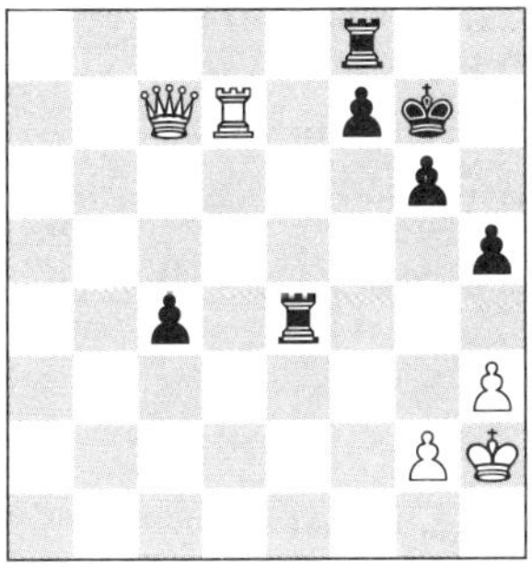

Eine notwendige passive Aufstellung. Der Turm verteidigt f7 und kann nur per Abtausch beseitigt werden. Derweil stromert der andere Turm umher und versucht Ärger zu machen, um es für Weiß so schwierig wie möglich zu gestalten, ohne Turmtausch den Bauern c4 einzusammeln.

40.♔g3 ♖e3+ 41.♔f2 ♖d3 42.♖e7 ♖d2+ 43.♔g1 ♖c2 44.♔h2 ♔g8 45.♕f4

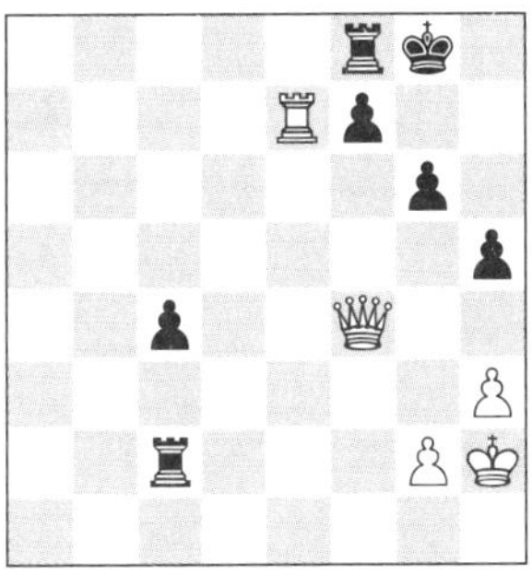

Weiß hat einige Fortschritte gemacht, indem er die schwarzen Türme vereinzelt und die Kontrolle über die Linien im Zentrum übernommen hat. Dennoch sind die Verteidigungslinien am Königsflügel robust, während Weiß nicht über genügend Kräfte verfügt, den streunenden Turm von Schwarz in die Enge zu treiben.

45...♖c3 46.♖c7 ♖c2 47.♕f6 ♖c1 48.♔g3 ♖c2 49.♔h2 ♖c1 50.♔g3 ♖c2 51.♔f3 ♖c1 52.♔f2 c3

Gibt Weiß eine weitere Gelegenheit, den Turmtausch zu erlauben.

53.♔g3 ♖c2 54.♕f4!

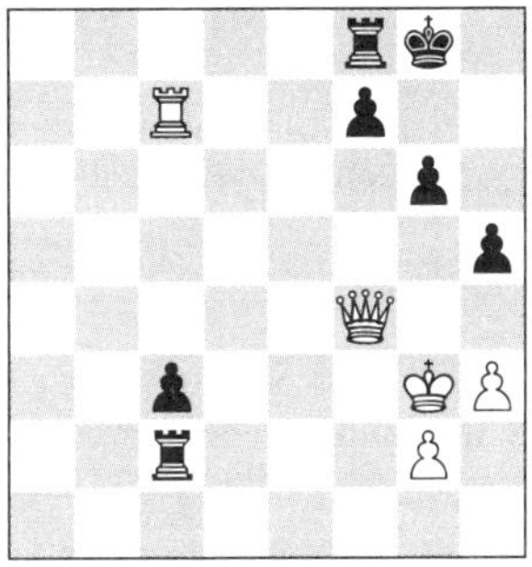

Ausgezeichnetes Spiel von Malachatko. Dank seines umsichtigen Manövrierens kann er endlich den c-Bauern einsammeln. Die Anstrengungen haben ihn freilich wertvolle Zeit gekostet, und nun muss er mit nur 30 Sekunden pro Zug die letzte Verteidigungslinie von Schwarz durchbrechen.

54...♖d2

Sollte Schwarz versuchen, mit 54...♔g7 an seinem Material festzuhalten, setzt Weiß mit 55.♕e4 ♖c1 56.♕d4+ ♔g8 57.♔h4! fort. Danach sollte Schwarz endlich seinen c-Bauern über Bord werfen, denn anderenfalls wartet ein peinliches Matt auf ihn, sobald der weiße König sich nach h6 aufgemacht hat.

55.♖xc3 ♖d5! 56.♖c7 ♔g7 57.♔h2 ♖f5

Weiß hat also einen weiteren Bauern gewonnen, und der

schwarze Turm ist gezwungen, sich zu seinen inneren Befestigungen zurückzuziehen.

58.♕d4+ ♔g8 59.g4 ♖a5!

Und definitiv nicht 59...hxg4? 60.hxg4, wonach Weiß die h-Linie zum Aufstellen von Mattdrohungen auf h8 nützen könnte. Stattdessen versucht Jones, den Königsflügel so geschlossen wie möglich zu halten. Hierfür muss er seinen Turm auf der fünften Reihe behaupten, von wo er sowohl h5 deckt als auch den weißen König hindert, via g5 einzudringen.

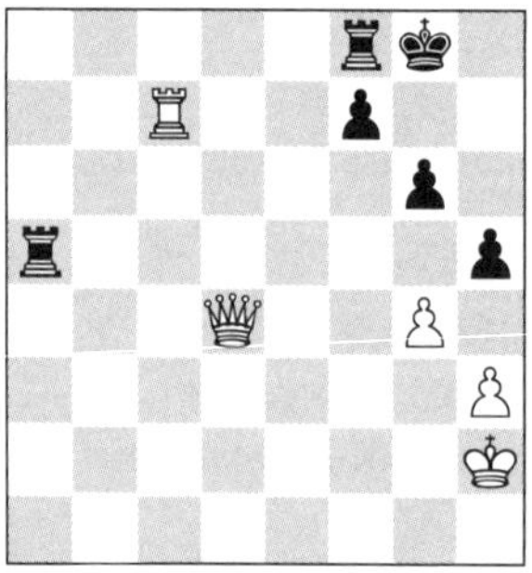

60.♕f6 ♖d5 61.♔g3 ♖b5 62.♔f2 ♖d5 63.♔e2 ♖b5 64.♔f2 ♖d5 65.♔g3 ♖b5

Weitere Wiederholungen von Seiten von Schwarz.

66.♔h4 ♖d5 67.♖b7 ♖c5 68.♔g3 ♖a5

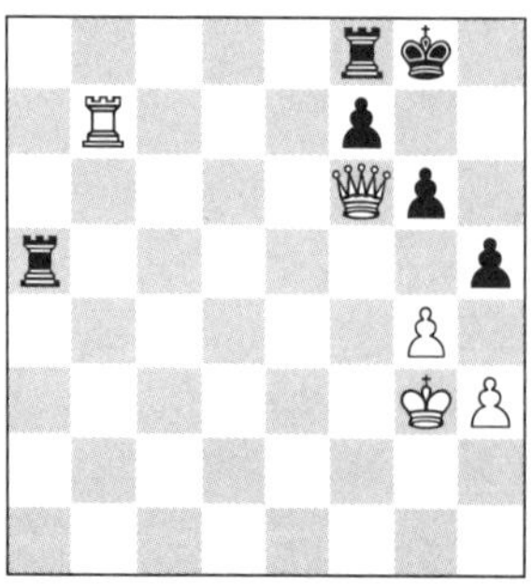

Verteidigt sich tapfer. Es sei noch einmal darauf hingewiesen, dass Jones aufgrund seiner pragmatischen Entscheidung, seinen Läufer herzugeben, die letzten 15 Züge mehr oder weniger sofort ausführen konnte. Weiß hingegen musste versuchen, in einem kniffligen Endspiel einen überzeugenden Durchbruchsplan auszuarbeiten. Nun gibt es einen Gewinn, und mit mehr Zeit auf der Uhr hätte Malachatko zweifellos die präzise Umsetzung gefunden. Doch mit Inkrement spielend, und sicherlich frustriert vom schwarzen Widerstandsgeist, erkennt er im falschen Moment die richtige Idee:

69.♖xf7??

Die Engine offeriert mit Unschuldsmiene 69.♕d4! ♖a3+ 70.♔h4 ♖a5 71.♖xf7! mit Gewinn.

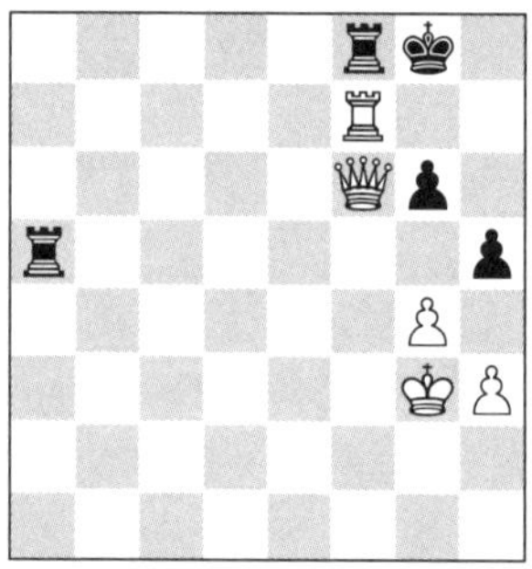

69...♖a3+!

Ein fürchterlicher Schock, der den Unterschied zur vorigen Anmerkung deutlich macht. Dieses bemerkenswerte Versehen eines starken Großmeisters ist die Krönung für den Mut, die Tapferkeit und vor allem für all jene praktischen Entscheidungen, die Schwarz in den letzten 40 Zügen getroffen hat.

Malachatko hatte nur 69...♖xf7?? 70.♕d8+ ♔g7 71.♕xa5 mit leichtem Gewinn für Weiß vorausgesehen.

70.♔h4 ♖xf7 71.♕xg6+ ♖g7 72.♕e8+ ♔h7 73.♕xh5+ ♔g8

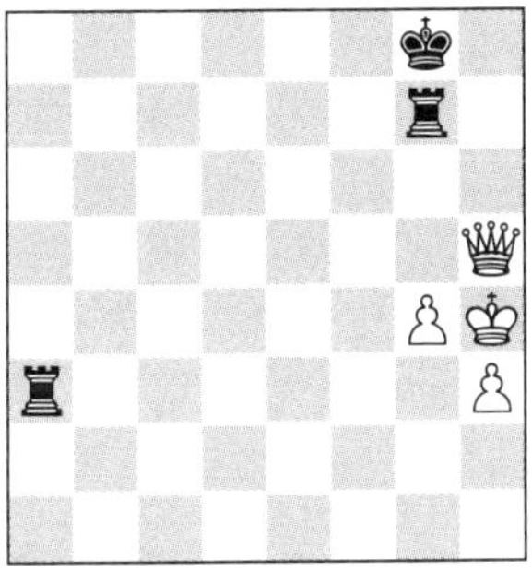

Die Situation hat sich auf bemerkenswerte Weise verändert. Weiß hat nach wie vor Materialvorteil, und genau wie nach der Eröffnung kann nur er auf Gewinn spielen. Doch die schwarzen Remischancen haben sich nach dem Fehler von Weiß drastisch erhöht.[55]

74.♕e8+ ♔h7 75.♕h5+ ♔g8 76.♕d5+ ♔h8 77.♕d8+ ♔h7 78.♕d6

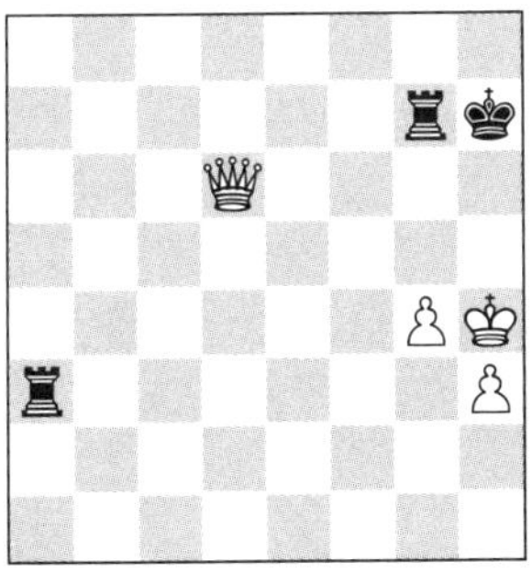

78...♖ga7!

Jones stellt einmal mehr sein Verständnis für schachpraktische Bewandtnisse unter Beweis, indem er umgehend seine Türme verbindet und so die Möglichkeiten für einen zeitnotbedingten Fehler einschränkt.

79.♕e6 ♖3a6 80.♕f5+ ♔g8 81.♕d5+ ♔f8 82.♕d8+ ♔g7

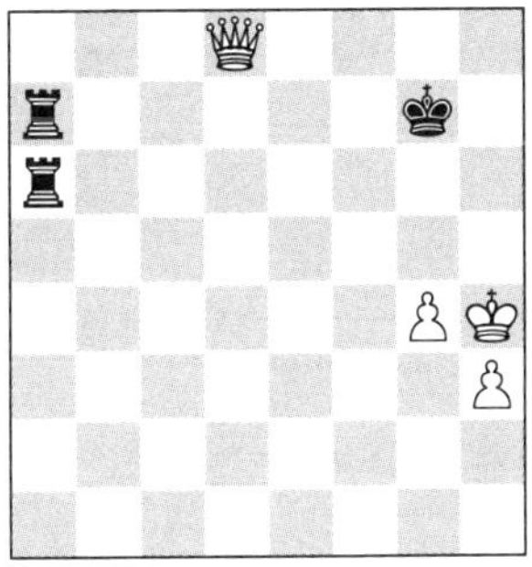

83.g5?

Weiß muss seine Bauern irgendwann vorschieben. Doch das Timing ist unglücklich, denn der weiße König wird den Schutz vor Schachgeboten aus beiden Richtungen schmerzlich vermissen.

83...♖a8! 84.♕d4+ ♔g6 85.♕d3+ ♔g7 86.♔h5 ♖h8+! 87.♔g4 ♖ha8! 88.♕c3+ ♔g6 89.♕d3+ ♔g7

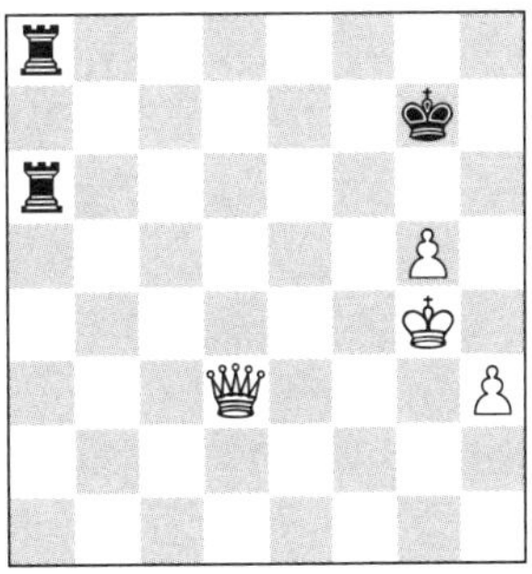

Die Stellung ist nun trivial Remis. Weiß kann nicht seine Bauern vorschieben und zugleich Schutz

55 Gemäß der Tablebases ist die Stellung tatsächlich bereits ein theoretisches Remis, wenngleich die Aufgabe von Schwarz recht schwierig ist.

für seinen König finden, und normalerweise würden wir an dieser Stelle konstatieren, dass der Schwindel erfolgreich war. Doch die Geschichte nimmt noch eine weitere Wendung.

90.♕d7+ ♔g6 91.h4 ♖a4+ 92.♔g3 ♖a3+ 93.♔f2 ♖8a4 94.♕e8+?

Der Auftakt zu einer zweifelhaften Strategie, mit der der schwarze König nach vorne getrieben wird. Das wäre bestimmt nicht Malachatkos Wahl gewesen, wenn er zufällig vor dieser Stellung gelandet wäre, doch die Frustration darüber, dass ihm der Sieg in den letzten Stunden entglitten ist, beginnt sein Urteilsvermögen zu trüben.

94...♔f5 95.♕f7+ ♔g4!

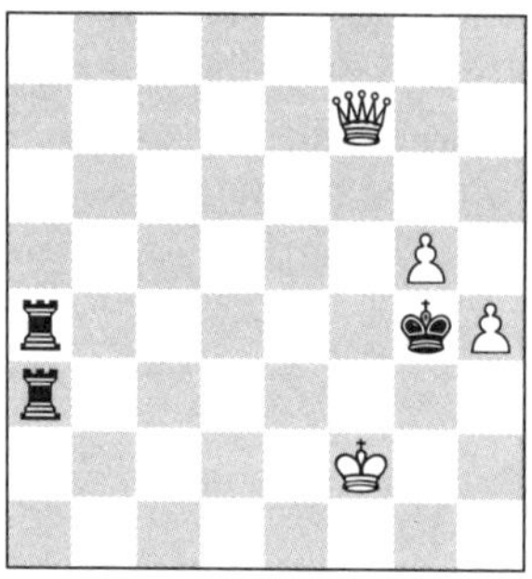

Verzweifelt dem Gewinn nachjagend, geht Malachatko große Risiken ein. Die Stellung sollte nach wie vor remis sein, aber indem er die weißen Bauern als Schutzschild für seinen König benutzt, kann Schwarz einige bemerkenswerte studienartige Mattdrohungen erzeugen. Zu diesem Zeitpunkt dachten höchstwahrscheinlich beide Spieler über einen möglichen Gewinn nach ...

96.♔e2 ♖a2+ 97.♔d1 ♖d4+ 98.♔c1 ♖dd2 99.g6 ♖dc2+

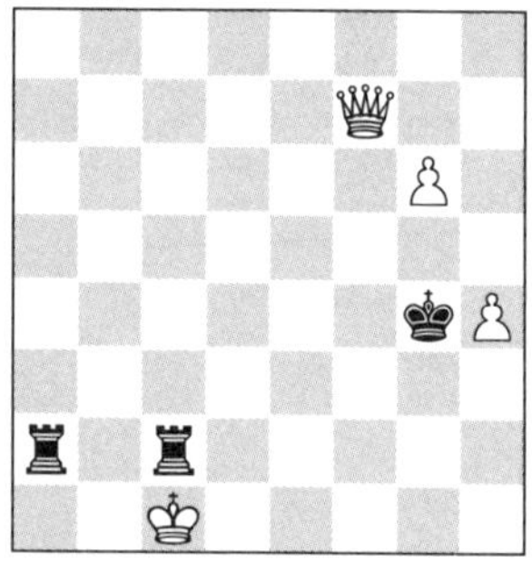

100.♔d1?

Der einzige Gewinnversuch, zugleich aber ein klares Indiz dafür, dass Weiß die Stellung nicht mehr im Griff hat. Nach 100.♔b1 hätten die Spieler die Hände schütteln können. Nun aber ist die Gefahr sehr real, und erstaunlicherweise muss Weiß nun auf einem schmalen Pfad wandeln, um noch remis zu halten.

100...♖g2!! 101.♕e6+ ♔h5 102.♕e5+ ♔g4

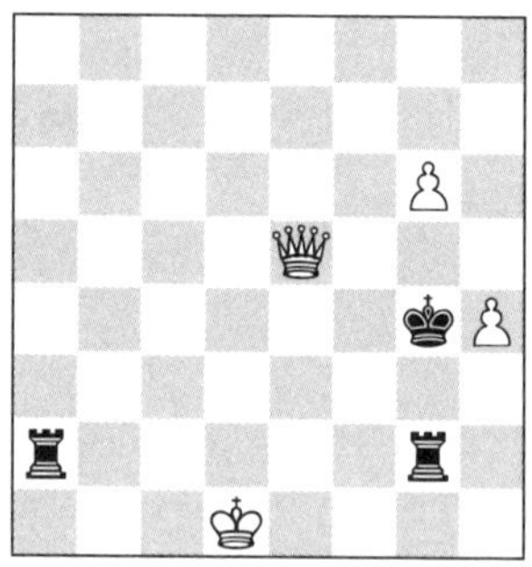

103.♕d4+??

Aber das ist nun wirklich zu viel. Unwillig, dem Remis nach 103.♕e6+ zuzustimmen, unternimmt Weiß seinen letzten Gewinnversuch und erlaubt damit ein schönes Finale.

103...♔h3!!

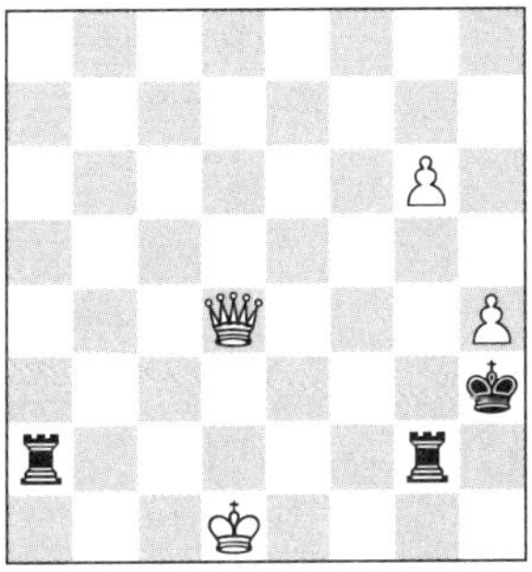

Wahrscheinlich hat Malachatko übersehen, dass 104.g7 mit 104...♖g1+!! 105.♕xg1 ♖a1+ 106.♔e2 ♖xg1 beantwortet wird, wonach das Umwandlungsfeld gedeckt ist. Ohne seine Bauern könnte Weiß immer noch remis machen, indem er Schachs gibt. Aber so wie es ist, arbeiten seine eigenen Kräfte gegen ihn, indem sie dem schwarzen König Deckung geben.

104.♔e1

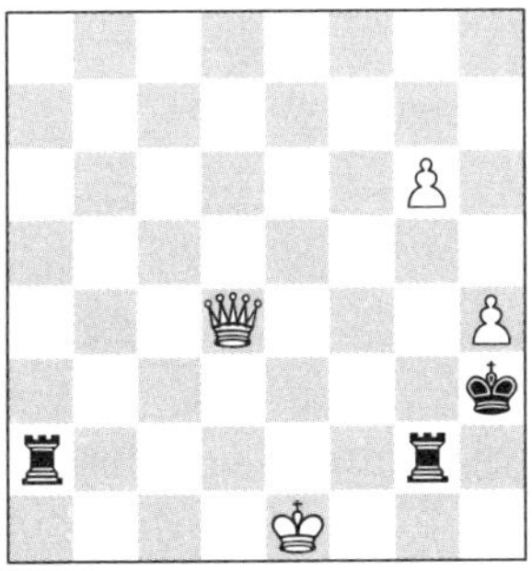

104...♖a1+!! 105.♕xa1 ♖g1+ 106.♔f2 ♖xa1

Beinahe 80 Züge voller Durchhaltevermögen und Pragmatismus haben sich voll ausbezahlt.

107.h5 ♖a2+ 108.♔f3 ♖g2 0:1

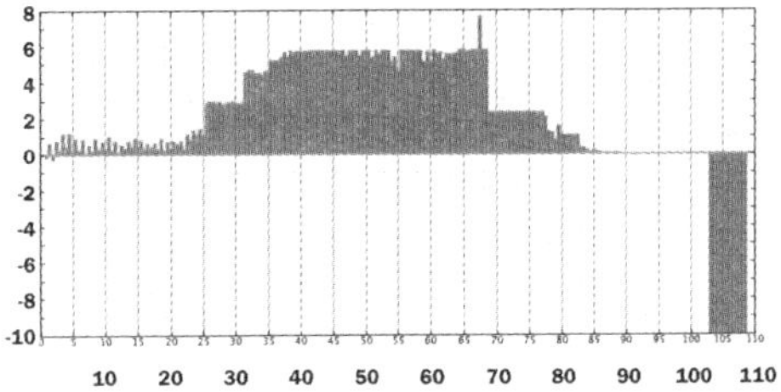

(Als Wirtschaftswissenschaftler könnte ich kein Buch ohne entsprechende Schaubilder schreiben. So sehen Sie nach jedem Illustrationsbeispiel eine Bewertungsgrafik der Partie. Ein schneller Schnappschuss, der zeigt, welche Seite während der Partie wie lange und wie hoch auf Gewinn stand. Die horizontale Achse stellt die Zugnummer dar und die vertikale Achse zeigt die Computerbewertung, die von Stockfish mit der Suchtiefe 22 gemessen wurde. Die meisten Online-Schachplattformen wie auch kommerzielle Schachsoftware können solcherlei Graphiken für Sie erstellen; für dieses Buch habe ich SCID[56] benutzt)

Partie 2

SP Sethuraman 2618

Anish Giri 2772

Tiflis 2017 (3)

Beide Protagonisten in der nachfolgenden Partie gelten als bekannte Schwindler. Giri durfte mit Schwarz spielend keinesfalls verlieren, um ihr Mini-Match aus dem Weltcup in die Verlängerung zu bringen.

56 scid.sourceforge.net/

1.e4 c5 2.♘f3 d6 3.d4 cxd4 4.♘xd4 ♘f6 5.♘c3 a6 6.♗e2 e5 7.♘b3 ♗e7 8.♗e3 ♗e6 9.♕d3 0-0 10.0-0 ♘bd7 11.♘d5 ♗xd5 12.exd5 ♖c8 13.c4

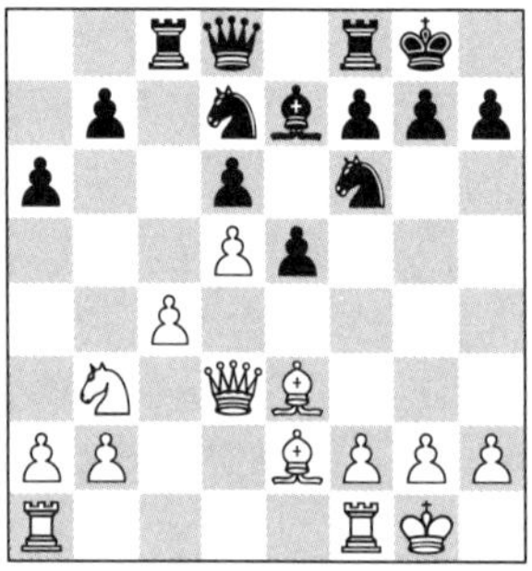

Eine eifrig diskutierte Variante steht auf dem Brett. Wie so oft im Najdorf-Sizilianer ist die Anfangsphase im Wesentlichen ein Gedächtniswettbewerb, und hier bringt Anish seine Züge durcheinander.

13...g6?!

Eine in dieser Variante geläufige Idee, besser war aber 13...♘e8! –

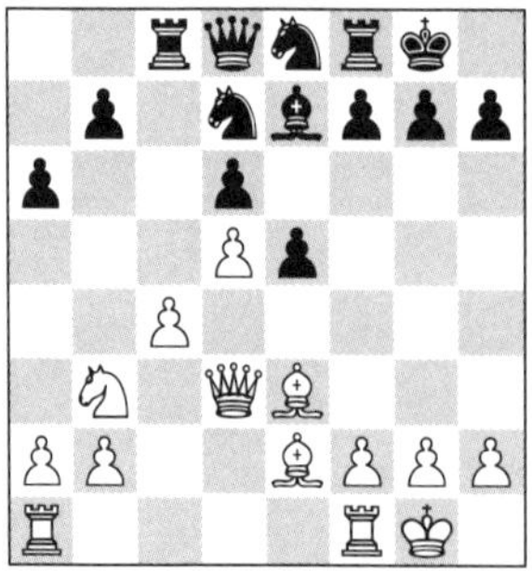

Analysediagramm

ein Zug, den Schwarz ohnehin spielen muss, um ein Gegenspiel zu kreieren, aber nun kann er vielleicht in einigen Abspielen auf ...g7-g6 verzichten. Wenn z.B. 14.♖ac1, dann beschleunigt 14...f5! das schwarze Gegenspiel im Vergleich zur Partie ein wenig.

Stattdessen spielt Weiß hier normalerweise 14.♕d2, um 14...f5 mit 15.f4 zu beantworten. Magnus Carlsen erlitt nach weiterem 14...b6!? 15.♖ac1 a5 16.♘a1 g6 eine seiner seltenen Niederlagen, Carlsen - Grischuk, St. Louis 2015 (0:1/66). Kürzlich wurde Grischuk mit dem konservativeren 14.f3!? konfrontiert und erreichte erneut aus der Eröffnung eine gute Stellung, auch wenn der Ausgang letztlich weniger glücklich war: 14...g6 15.♔h1 ♘g7 16.♗g1 ♗g5 17.♖ad1 h5 18.♘d2 f5 19.b4 h4, und Schwarz stand etwas besser in Karjakin - Grischuk, Paris (Blitz) 2018 (1:0/45.).

14.♖ac1 ♘e8 15.♕d2 ♘g7 16.♘a5!

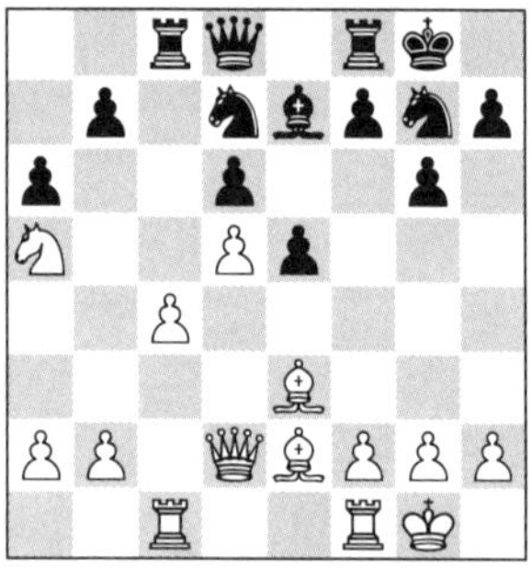

Giri: „Ein Standardzug, den ich übersehen hatte.“ Schwarz kann den Bauern b7 natürlich verteidigen, aber nach ♗d3 und b2-b4 hat Weiß eine viel günstigere Version im Vergleich zu den Normalstellungen aus dieser Variante. Man kann im Najdorf nicht einfach Tempi gratis verschenken, und auf Eliteniveau ist die schwarze Stellung bereits strategisch verloren. Das bringt Giri dazu, über den besten psychologischen Ansatz nachzudenken, um sich Chancen zu verschaffen. Er entscheidet sich für eine Strategie des Drahtseilaktes in Verbindung mit einem Berserkerangriff, wobei er praktisch den gesamten Damenflügel aufgibt, um möglichst rasch einen Angriff am Königsflügel herbeizuzaubern.

16...♘f5!? 17.♘xb7 ♕c7 18.♘a5 ♘xe3 19.fxe3 ♗g5!

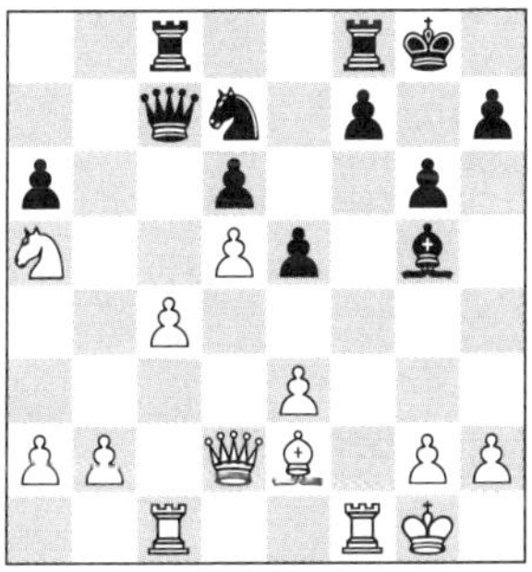

Nachdem er den schwarzfeldrigen Läufer von Weiß abgetauscht hat, sollte das schwarze Gegenspiel natürlich über die dunklen Felder laufen. Der nächste Schritt besteht darin, den Hauptverteidiger dieser Felder – den Bauern e3 – ins Visier zu nehmen.

20.b4!

Sichert den Springer und bringt auch das Feld c5 unter Kontrolle.

20...♕b6 21.♖f3 f5! 22.♘c6 f4!

Die Ausrufezeichen stehen nicht dafür, dass diese Züge objektiv gut sind, sondern dafür, dass die Engine sie hasst. Eine passive Verteidigung bietet dem Schwarzen jedoch keine praktische Chancen; er muss einfach aufs Ganze gehen und den Kampf in ein taktisches Scharmützel verwandeln, in der Hoffnung, dass Weiß ins Straucheln gerät.

23.♕c2!!

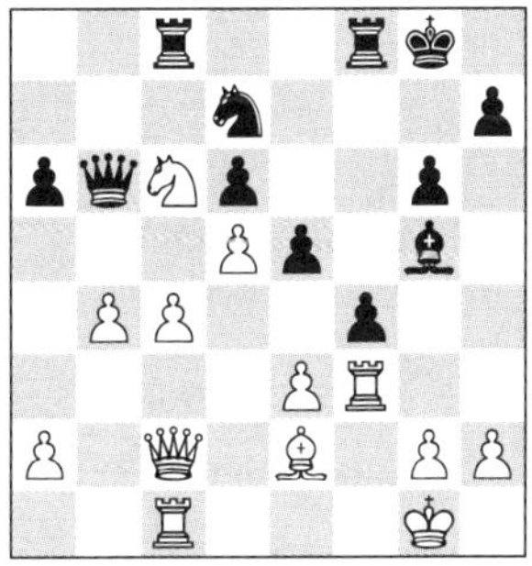

Ein ausgezeichneter Zug, der die schwarze Angeberei zurückweist, indem er herausstreicht, dass auch der schwarze König keinesfalls sicher steht. Giri bemerkt zu spät, dass sein geplantes 23...fxe3 auf 24.♖g3! trifft, wonach ein tödliches Opfer auf g6 folgen soll. Aber zu diesem Zeitpunkt hat Schwarz bereits alle Brücken hinter sich abgebrannt, und alle objektiv besseren Züge sind in praktischer Hinsicht wenig einladend. Zum Beispiel erreicht die Engineempfehlung 23...e4 24.♕xe4 ♖ce8 nur, Weiß zu zwingen, einige offensichtliche (und offensichtlich gute) Züge zu finden: 25.♕d4 ♕xd4 26.♘xd4 ♘e5 27.♘e6, und das Endspiel ist auf Großmeisterebene trivial gewonnen. Ohne eine realistische Alternative bleibt Giri bei Plan A.

23...fxe3! 24.♖g3! ♗h4 25.♖xg6+

In seinem typischen schelmischen Stil gibt Giri mit seinen Äußerungen nach der Partie einen kleinen Einblick in seine Gedankenwelt:

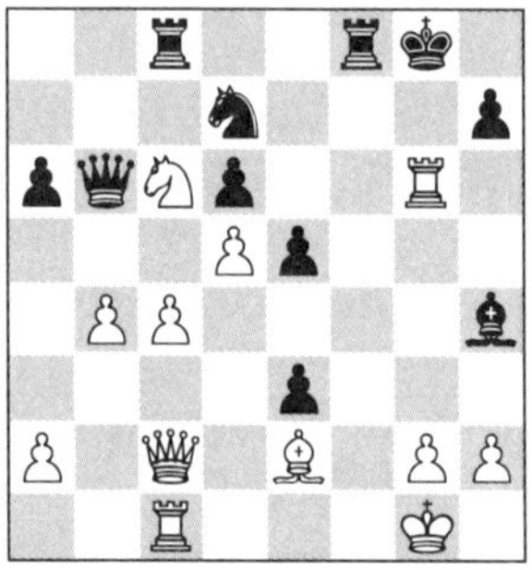

„Ich dachte hier schon an die sofortige Aufgabe. Doch dann erinnerte ich mich daran, dass Sethuraman zuvor eine +11-Stellung gegen Ponomarjew nicht gewonnen hatte, und obgleich ich mir keine Hoffnungen mehr machte, dachte ich, es sei dumm, hier aufzugeben."
Wie es so typisch für einen Kommentar von Giri ist, findet sich, wenn man hinter die Kulisse der Oberflächlichkeit schaut, nicht selten ein Funken Weisheit. Sethuraman hatte sich kurz zuvor als anfällig für Schwindeleien gezeigt, was Giri gemahnte, optimistisch zu bleiben, „gegen den Mann zu spielen" und nach praktischen Chancen zu suchen. Er versucht zunächst, die Position so undurchsichtig wie möglich zu halten.

25...♔h8!

25...hxg6 vereinfacht die Dinge in dem Sinne, dass die Varianten ziemlich erzwungen sind. 26.♕xg6+ ♔h8 27.♕h5+ ♔g8 28.♕g4+, was den Springer und den Läufer einsammelt, ist schlicht zu einfach.

26.♖xd6 ♘f6

26...♗f2+ 27.♔h1 ♘f6 28.♕f5! schließt den Angriff und die Partie ab.

27.g3

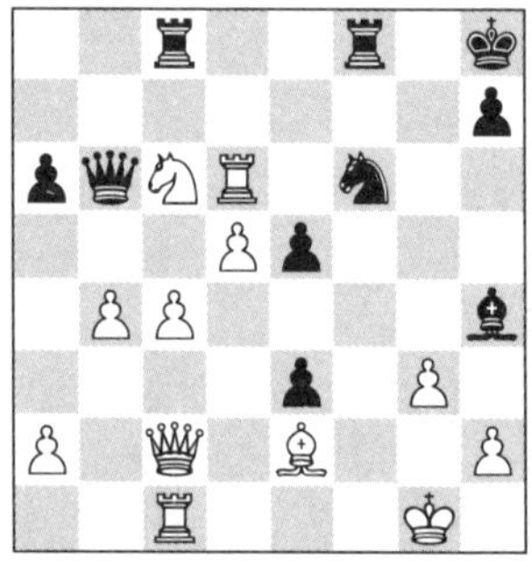

27...♕c7!!

Und nicht 27...♗g5? 28.♖f1 mit Gewinn.
Weiß hat es geschafft, den Läufer von f2 fern- und die Dame vom Vordringen abzuhalten. Daher findet Schwarz nun einen anderen Weg, seine Kräfte herüberzubringen. Es versteht sich von selbst, dass die einzige Hoffnung von Schwarz darin besteht, mit seinem tapferen e-Bauern Drohungen im Umfeld des weißen Königs zu schaffen.

28.♖e6

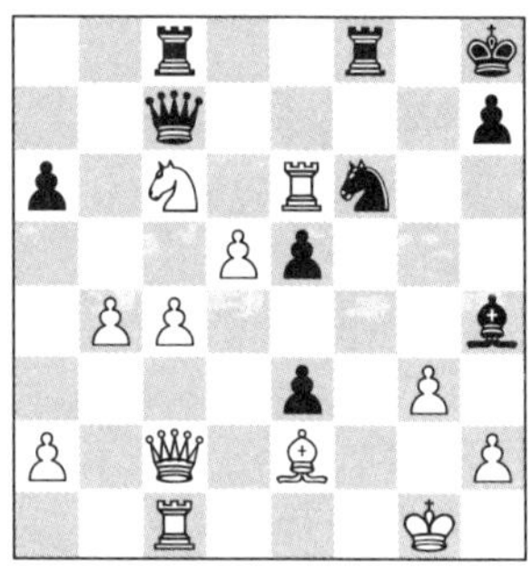

+6 sagt meine Engine.
Weiß droht sich zu konsolidieren, und so versucht Giri, um jeden Preis Verwirrung und Angst zu stiften.

28...♗xg3!!

Ein Zug, den Weiß gewiss nicht auf dem Brett sehen wollte, ungeachtet seines objektiven Wertes.

29.hxg3 ♕g7

Zum ersten Mal in dieser Partie hat Schwarz eine ernsthafte Drohung. Giri hat eine Figur und einen Bauern weniger, doch dem Weißen werden die Verteidiger der dunklen Felder am Königsflügel knapp.

30.♗f3

Ein natürlicher Zug, der darauf abzielt, die Dame zur Verteidigung des Königs heranzubringen. Doch es gab einen – wenngleich schwer zu sehenden – stärkeren Gewinnweg: 30.g4 ♘xg4 31.♖g6!!. Man kann Sethuraman schwerlich einen Vorwurf machen, dies nicht gesehen zu haben. Stattdessen beabsichtigt Weiß mit dem Textzug, 30...♕xg3+ 31.♕g2 ♕f4 mit 32.♘xe5!! zu beantworten, was 32...♖g8 wegen 33.♘f7# verhindert. Giri muss seine Kreativität noch mehr bemühen, um das Spiel am Laufen zu halten.

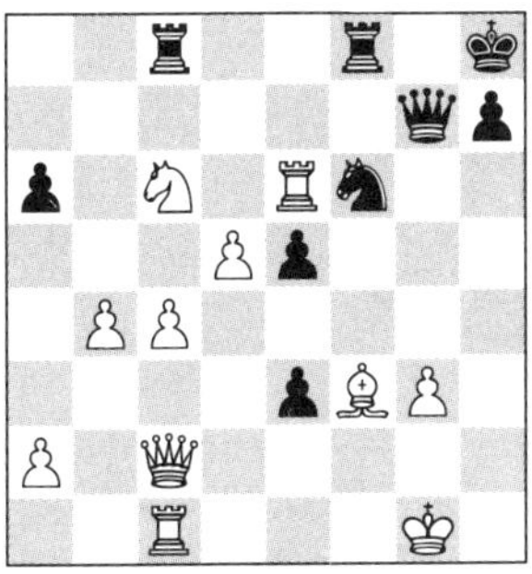

30...e2!!

Der tapfere e-Bauer ist bereit, sich für die Sache aufzuopfern und die Diagonale c1-h6 für die Dame freizulegen.

31.g4!?

Die Pointe ist, dass nach 31.♕xe2? ♕xg3+ 32.♕g2 ♕f4! der Turm auf c1 bedroht ist, so dass Weiß keine Zeit hat, ...♖g8 zu verhindern. Doch selbst hier ist die Stellung von Weiß so gut, dass er mit 33.♖c2! ♖g8 34.♘xe5, womit er ein paar Figuren für seine Dame einsteckt, Remis halten kann.

31...♘xd5!

Weiß hat seinen Gegner offenkundig zu 31...♘xg4 eingeladen, wo ist hier der Haken? Wenn man ein wenig genauer hinschaut, können wir Sethuramans listige Idee erspähen: 32.♖e7 ♕h6 33.♕xh7+! ♕xh7 34.♖xh7+ ♔xh7 35.♗xe2,

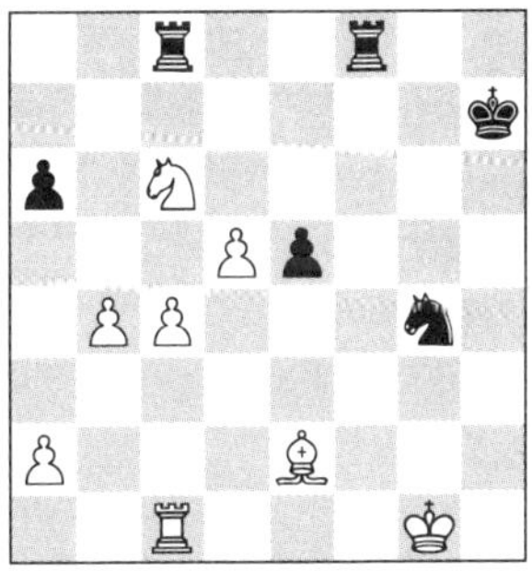

Analysediagramm

wonach das Material ausgeglichen ist, aber der massive weiße Springer auf c6 garantiert in Verbindung mit seiner Horde verbundener Bauern einen bequemen Gewinn.

Dennoch ist der Zug 31.g4 ein gutes Zeichen für Giri. Er sendet das Signal, dass sein Gegner aus dem taktischen Fight aussteigen will und statt nach einem klaren Sieg nach Möglichkeiten zur Vereinfachung der Stellung sucht. Mit anderen

Worten, er deutet an, dass Sethuraman nervös ist. Giris Zug soll dieses Gefühl noch verstärken.

32.♕xe2!

Eine gute Antwort, erneut mit dem Ziel von Vereinfachungen. 32.cxd5?? ♖xf3 und 32.♗xd5?? ♕xg4+ tun es nicht, hingegen ist die Beseitigung des vorlauten e-Bauern mit Sicherheit eine Erleichterung. Beachten Sie jedoch zwei Konsequenzen: Erstens ist der schwarze Springer jetzt endlich auf Jagd, und zweitens ist der weiße Damenturm derzeit ungedeckt.

32...♘f4 33.♕xe5 ♘xe6

Es gibt nichts Besseres, aber ist es Giri gelungen, die Damen auf dem Brett zu halten und dazu ein bisschen was von seinem Materialrückstand wettzumachen.

34.♕xe6 ♖ce8

Bringt seine letzte Figur in den Angriff.

35.♕d5 ♖f4! 36.♖f1

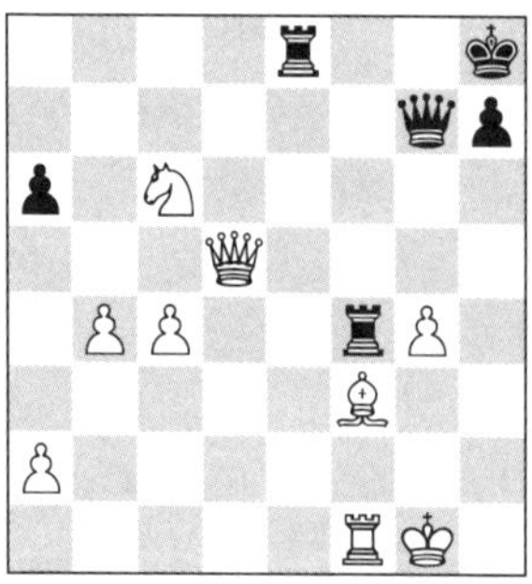

Die Lage auf dem Brett hat sich zügig geklärt, und Weiß kann mit dieser Transformation einigermaßen zufrieden sein. Sein Vorteil ist immer noch gesund und faktisch im entscheidenden Bereich (+3 laut meiner Engine), und die schwarzen Angriffsressourcen sind stark dezimiert. Dennoch ist der weiße König noch nicht völlig sicher, und Zug vierzig ist noch ein paar qualvolle Züge entfernt. Schwarz muss bis dahin den Druck aufrechterhalten.

36...♖e3!

Auch nach den Abtäuschen prügelt Giri weiter auf die dunklen Felder ein. Man beachte die passgenaue Platzierung seiner Figuren, die sowohl um den weißen König kreisen wie auch zugleich verhindern, dass der Springer in die Verteidigung zurückkehrt.

37.♕d8+ ♖f8 38.♕d5

Eine verständliche Zugwiederholung angesichts der nahenden Zeitkontrolle. Weiß wünscht sich nichts sehnlicher, als noch zweimal zu „passen“, um ohne weitere Aktionen die Zeitkontrolle zu erreichen, aber zu seinem Leidwesen muss er doch noch eine kritische Entscheidung treffen, um die dreifache Stellungswiederholung zu vermeiden.

38...♖f4

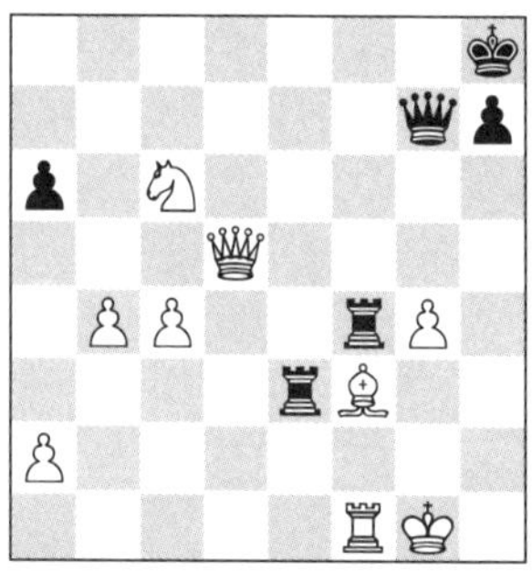

39.♖f2??

Ein natürlicher Zug, mit dem Weiß 39...♖xg4+ verhindert, wonach zuerst auf g4 geschlagen und dann der Turm auf g2 dazwischengesetzt wird. Doch in Wirklichkeit ist dieser Zug ein schrecklicher Fehler. Weiß kann sich gewiss nicht erlauben zu zaudern, da Schwarz ernsthafte Drohungen hat, z.B. 39.b5?? ♖exf3!! 40.♖xf3 ♖xg4+ 41.♔f2 ♕b2+, und Schwarz hat genug Drohungen, um ein Dauerschach zu erzwingen, z.B. 42.♔e3 ♕c3+, und Weiß muss seinen König zurückziehen, da 43.♕d3?? in 43...♕e1+ 44.♕e2 ♖e4+!! läuft.

Der sauberste Gewinnzug ist 39.♔h2!, was geschickt allen zukünftigen Schachs auf der g-Linie ausweicht. Nach 39...♖xg4 40.♗xg4 ♕xg4 41.♕d8+! ist plötzlich Weiß derjenige, der mattsetzt. Stattdessen kann Schwarz ein Schach auf h4 drohen, doch nach 39...♕f6 40.♔g3! (40.♔g2 ist ebenfalls gut) gibt es kein Durchkommen, und nachdem er seinen Läufer gedeckt hat, droht Weiß endlich, mit 41.♕d8+ die Damen zu tauschen.

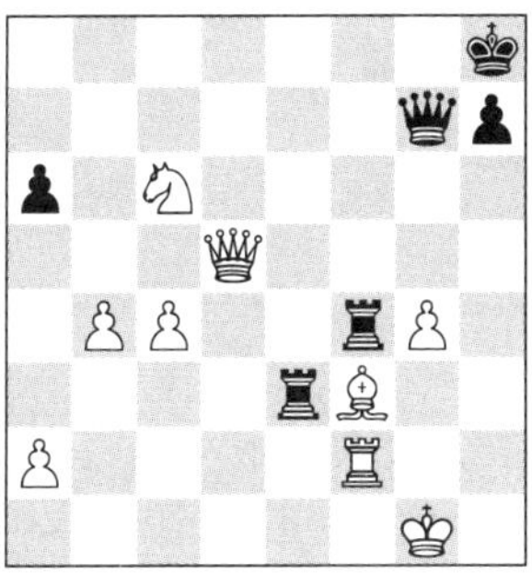

39...♖e1+??

Beiderseitige Schachblindheit! Nachdem Giri mit seiner ausdauernden Aggressivität den Fehler erzwungen hatte, verpasst er seine erste Chance. Später sollte er bemerken: „Ich habe gebetet, und Gott schickte mir ein Rettungsboot, und ich hatte Glück, dass er sich entschloss, mir ein zweites zu schicken."

39...♖exf3! ist der Zug, den beide Spieler übersehen hatten, und den Weiß mit seinem letzten Zug nicht verhindert hatte. Nach 40.♖xf3 ♖xg4+ 41.♔f2 ♕b2+, was zu einem Remis per Dauerschach führt, leiten wir zur vorigen Anmerkung über.

40.♔h2!

40.♔g2?? führt zu einer messerscharfen Abfolge einziger Züge: 40...♖xg4+! 41.♔h3! ♖f4! 42.♖e2! ♕h6+ 43.♗h5 ♖xe2 44.♕d8+ ♔g7 45.♕d7+ ♔g8 46.♕c8+, wonach Schwarz mit dem verblüffenden 46...♖e8!! 47.♕xe8+ ♖f8 48.♕e5 ♕xc6 auf Gewinn spielen kann, obgleich Weiß nahe daran ist, das Remis zu retten.

40...♕h6+ 41.♔g2 ♕h4!

41...♕h1+?? 42.♔g3 verliert Material.

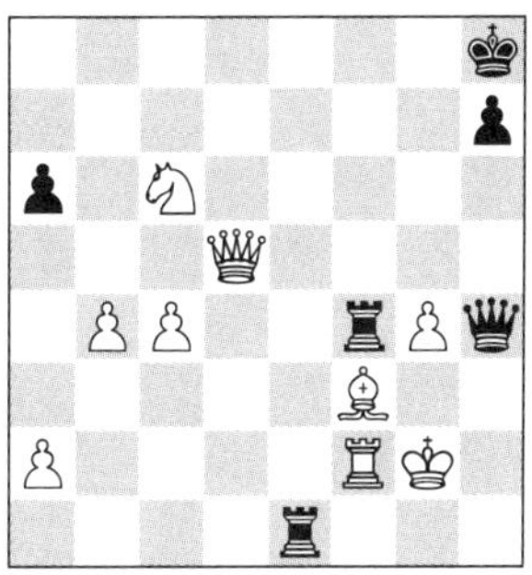

Die erste Zeitkontrolle ist erreicht, und Weiß konnte zwar einer ganz fetten Gewehrkugel ausweichen, ist aber noch lange nicht über den Berg. Sein König bleibt exponiert, und seinen Figuren mangelt es trotz des überwältigenden Materialvorteils an Koordination.

42.♕d7

Kein schlechter Zug, aber ich hätte sicherlich versucht, die Stellung zu vereinfachen. Es stimmt zwar, dass das Endspiel nach 42.♕d8+ ♕xd8 43.♘xd8 ♖xc4 ein wenig knifflig ist, insbesondere wegen des unmittelbaren Drucks gegen b4. Stärker ist aber 42.♕h5!. Wenngleich das Endspiel nach 42...♕xh5 43.gxh5 ♖xc4 gleichfalls etwas Technik benötigt, geht Weiß hier keinerlei Risiken ein, und die Aufgabe sollte für einen Spieler von Sethuramans Kaliber nicht allzu beschwerlich sein, insbesondere nach 44.♗d5!. Vielleicht unterschätzte Sethuraman nach Erreichen der Zeitkontrolle ein wenig die Gefahren und widmete sich daher wieder der Suche nach einem glasklaren Abschuss.

42...♖xc4

„Zeig' mir, was Du hast."

43.♕c8+ ♔g7 44.♕d7+ ♔h8 45.♘d4

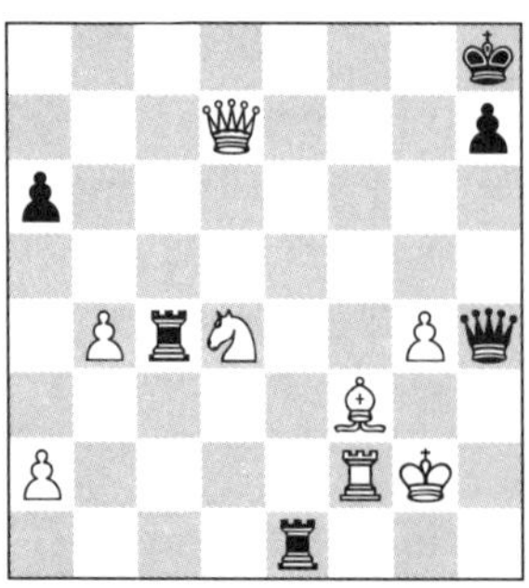

Nach langer Abwesenheit vom Gefecht kehrt der weiße Springer endlich zurück.

45...h5!

Schwarz übt weiterhin Druck aus und entfernt die letzten Überbleibsel des weißen Bauernschutzes. Der Bauer kann wegen des auf d4 hängenden Springers nicht geschlagen werden.

46.♖f1?!

Ein natürlicher Versuch, ein paar Figuren zu tauschen, aber wenn Sethuraman Vereinfachungen haben wollte, hätte er dies besser schon vor ein paar Zügen haben können. Während dieser Zug den Angriff von Schwarz letztlich abwehrt, erlaubt er Giri aber auch, sein ganzes Gewicht auf einen letzten Alles-oder-Nichts-Schwindel zu werfen:

46...hxg4 47.♗xg4 ♖xf1 48.♔xf1 ♕f6+!!

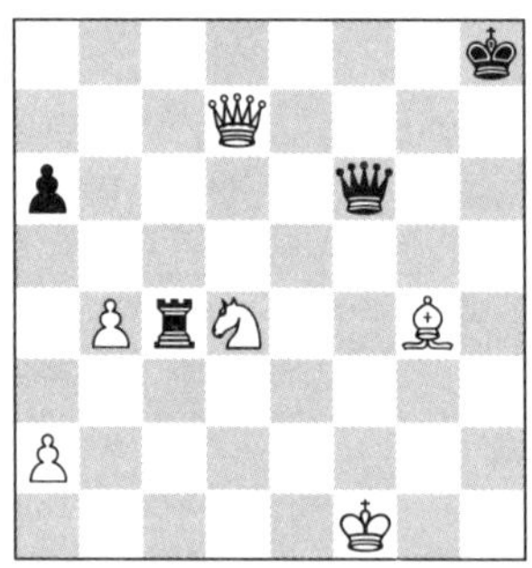

Dies sollte auf der Stelle verlieren, und dennoch verleihe ich diesem Zug schamlos zwei Ausrufezeichen. Andere Züge zögern nur die unvermeidliche Niederlage heraus, während Giri stattdessen all seine Chips auf die Schockwirkung dieser Gabel setzt, die Sethuramans ansonsten messerscharfe taktische Fähigkeiten vernebelt. Das Brett hat sich rasch geleert, und Sethuraman hätte damit gerechnet, dass der Sieg nur eine Frage der Sicherung seines materiellen Vorteils sei – deshalb ist die Wirkung von Giris Zug so giftig. Überrascht und erschöpft, ängstlich und vielleicht auch an die Grenzen seiner Geduld gebracht, spielt Sethuraman den scheinbar einzigen Zug, der seine Figuren rettet – und wirft damit den Sieg weg.

49.♘f3??

Das kontraintuitive 49.♗f5!! hätte die Sache erledigt, zumal der weiße König nach 49...♖c1+ 50.♔e2 ♕e5+ 51.♔d3 ♕g3+ 52.♔e4 stolz das Brett hinauf in Sicherheit marschiert.

49...♖xb4!

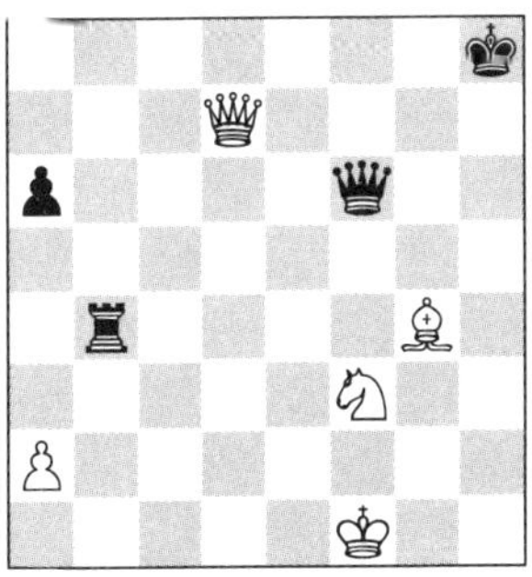

Damit wäre schließlich so eine Art ausgeglichenes Endspiel entstanden. Weiß hat immer noch Materialvorteil, doch die reduzierte Bauernanzahl in Verbindung mit seinem dauerhaft exponierten König bedeutet, dass ein Remis der wahrscheinlichste Ausgang ist. Das taktische Handgemenge findet jedenfalls mit diesem schwarzen Schlagfall auf den dunklen Feldern seinen angemessenen Abschluss.

50.♕c8+ ♔g7 51.♕c7+ ♔h6 52.♕h2+ ♔g7 53.♕c7+ ♔h6 54.♕c1+ ♔g7 55.♕d1?

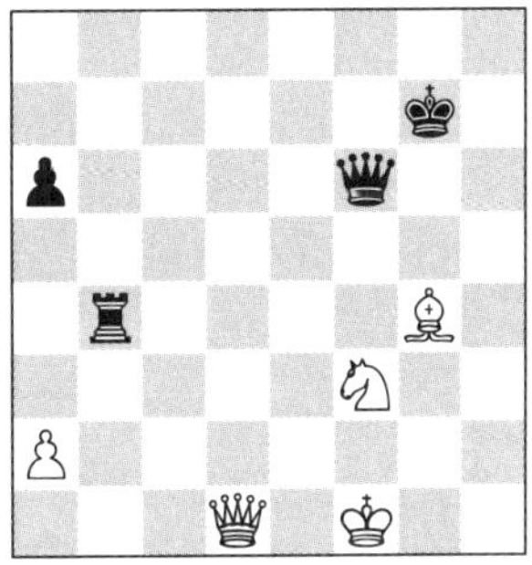

Stellt eine Falle auf – doch Giri sieht weiter.

55...♖xg4! 56.♕d7+ ♔f8 57.♕c8+ ♔e7 58.♕xg4 ♕a1+!

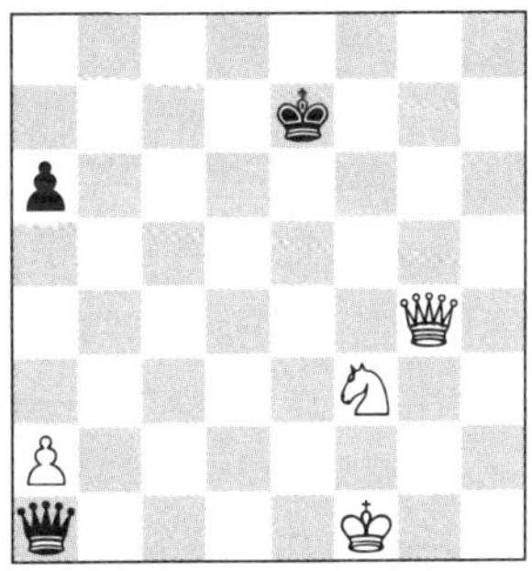

59.♔g2 ♕xa2+

Damit ist ein theoretisches Remisendspiel erreicht. Sethuraman spielt noch eine Weile weiter, doch der Ausgang steht nicht mehr in Frage.

60.♔g3 ♕e6 61.♕g7+ ♔d6 62.♕a7 ♕g6+ 63.♔f4 ♕f6+ 64.♔e3 ♕c3+ 65.♔e4 ♕b4+ 66.♘d4 ♕e1+ 67.♔d3 ♕d1+ 68.♔c3 ♕a1+ 69.♔c2 ♕a2+ 70.♔d3 ♕b1+ 71.♔e3 ♕g1+ 72.♔d2 ♕f2+ 73.♔c3

♕e1+ 74.♔b2 ♕b4+ 75.♘b3 a5 76.♕a6+ ♔c7 77.♕xa5+ ♕xa5 78.♘xa5 ½:½

Eine bemerkenswerte Rettung gegen einen starken Großmeister, die es Giri ermöglichte, im Match zu bleiben und es schließlich auch zu gewinnen. Zugleich wird hier die mächtige Beziehung zwischen Emotionen und Schwindeleien selbst auf höchstem Niveau aufgezeigt.

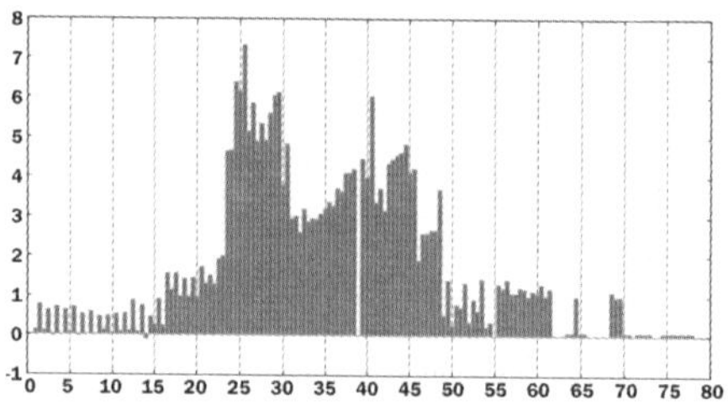

Als kleine Zugabe hier mein Lieblingsschwindel von Giri. Im Laufe seiner Karriere konnte Giri viele Spitzengroßmeister beschwindeln, darunter in dieser Partie Wesley So in ihren jüngeren Jahren.

Partie 3

Wesley So 2656

Anish Giri 2588

Wijk aan Zee 2010 (11)

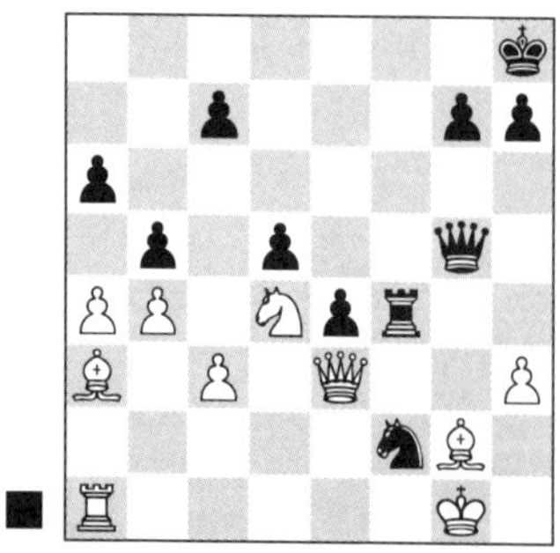

Ein ganzes Läuferpaar im Rückstand, entkorkte Giri mit

34...♘d1!!,

was 35... ♖f1+ droht, einen bösen Scherz. Weiß hat derart viel Material mehr, dass er sogar mit 35.♖xd1 ♖f1+ 36.♔xf1 die Dame geben konnte, mit überwältigendem Vorteil. Die Partie endete indes wie folgt:

35.♕c1? ♕g3 36.♘e2??

36.♕xd1 ♖f2 37.♕f1! gewinnt immer noch.

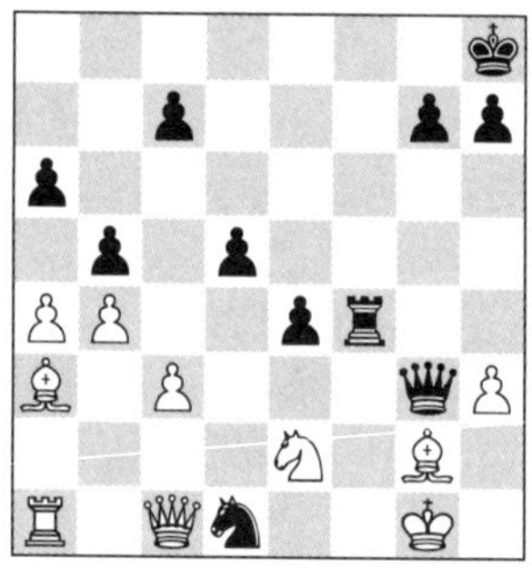

36...♖f1+!! 0:1

Im nächsten Zug ist es auf f2 matt.

Partie 4

Anthony Miles

Nigel Short

London 1980 (4)

Tony Miles war nicht nur einer der besten britischen Spieler, sondern auch eines der kreativsten Genies der Neuzeit. Zugleich war er in allen Aspekten der Schachpsychologie äußerst versiert. In seinem berüchtigten Nachruf schrieb Short: „Tony war sich nicht zu fein für ein gewisses Maß an Schlitzohrigkeit. Spieler beschwerten sich darüber, dass er am Brett rülpste oder sich laut die Nase putzte. Mitunter störte er seine Gegner absichtlich (und regelwidrig), indem er ihnen wiederholt Remis anbot. [...] Aber, um fair zu sein, es war sein großes Können, und nicht die derlei fragwürdige Praktiken, was seinen Erfolg ausmachte."

In der folgenden Partie aus einem der stärksten jemals in England ausgetragenen Turniere Englands wirft Miles seine ganze schachpsychologische Begabung gegen seinen langjährigen Kontrahenten in die Waagschale.

1.d4 e6 2.♘f3 ♘f6 3.c4 b6 4.a3 ♗a6 5.e3

Heutzutage ist 5.♕c2 die Hauptvariante, wonach es Tausende von Partien mit der Folge 5...♗b7 6.♘c3 c5 7.e4 cxd4 8.♘xd4 gibt.

5...d5 6.♘bd2 ♗e7 7.b4 0-0 8.♗b2 c5

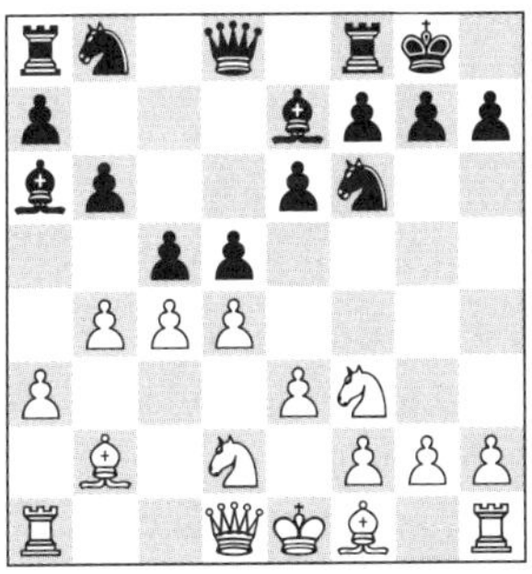

Eine Standardreaktion. Weiß liegt in der Entwicklung zurück, und sein König befindet sich noch in der Mitte, also versucht Schwarz, die Sache zu öffnen.

9.dxc5 bxc5 10.b5 ♗b7 11.♗e2 ♘bd7 12.0-0 ♘e4

Umsichtiger war 12...a6 13.a4 ♗d6, was ...♗c7 plant, um ein Auge auf die weißen Damenflügelbauern zu werfen, und anschließend ...♕e7 mit der Aussicht auf Spiel im Zentrum.

13.cxd5

13.♘xe4! dxe4 14.♘e5, was Weiß die flexiblere Bauernstruktur sichert, hätte Vorteil versprochen. Man beachte die Idee f2-f4, um etwas Raum am Königsflügel zu gewinnen.

13...♘xd2 14.♕xd2 exd5 15.a4 ♘f6 16.a5 ♘e4 17.♕c2 ♖c8

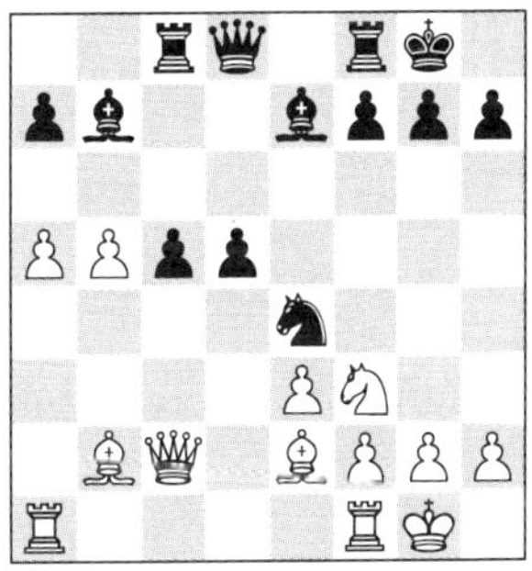

Eine ungewöhnliche Hängebauernstruktur.

Grundsätzlich müsste das etwas besser für Weiß sein, doch Schwarz hat mehr Raum sowie Aussichten auf einen Königsangriff.

18.♘d2 f5! 19.♖fd1

Heutzutage verstehen wir, wie gefährlich die schwarzen Angriffschancen in dieser Art von Stellungen sein können. Weiß hätte besser etwas in der Art von 19.♘xe4 fxe4 20.f3! exf3 21.♖xf3 gespielt, wonach die kleine Schwäche auf e3 durch die neugewonnene Aktivität auf der f-Linie und am Königsflügel aufgewogen wird.

19...♕d6!?

Bringt vernünftigerweise die Dame zum Königsflügel, wenngleich 19...♕e8! stärker war.

20.f3 ♕h6!? 21.♘f1?

Danach stehen Weiß einige Leiden bevor. Sicherer war 21.♘xe4 fxe4 22.f4!, was ein paar Linien geschlossen hätte.

21...♘d6 22.♗e5 ♖fe8!

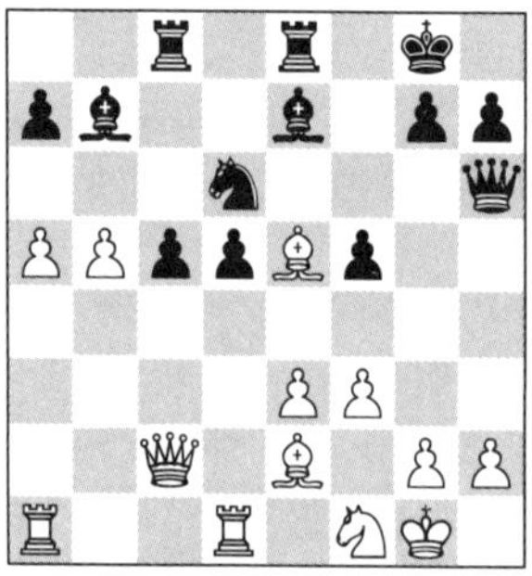

Eine reizende Falle. Wie es scheint, ist Schwarz bereit, für das Ausschalten des dominanten weißen Läufers einen Bauern zu zahlen. Auf der Suche nach mehr als dem kleinen Vorteil, den 23.♗d3 oder 23.♖ab1 verspricht, prüft Miles diesen Vorschlag und beschließt, das Angebot anzunehmen ...

23.♗xd6? ♗xd6

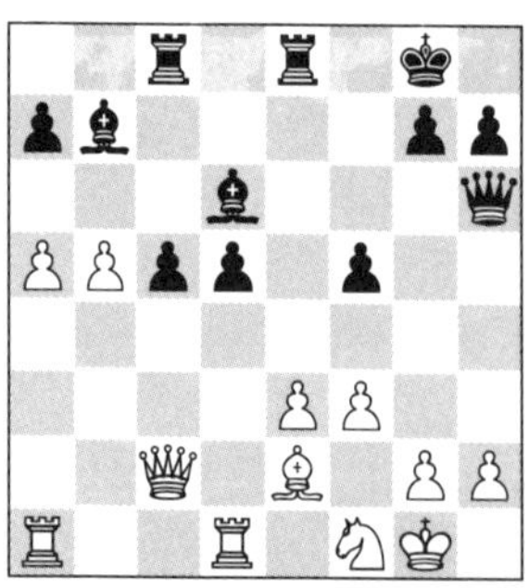

... nur um zu erkennen, dass er überlistet wurde! Wenn Weiß nun mit seinem geplanten 24.♕xf5 fortsetzt, folgt darauf 24...♗xh2+!! 25.♘xh2 ♕xe3+ 26.♔h1 ♕xe2, und Schwarz gewinnt das Material mit Zinsen zurück. Nachdem Miles seinen wertvollen Läufer „umsonst" hergegeben hat, muss er nun die Gangart wechseln.

24.a6 ♗a8 25.♕xf5!?

Eine pragmatische Entscheidung. Weiß hätte stattdessen mit einem Zug wie 25.f4 seinen Stolz herunterschlucken können, aber mit den zwei Läufern, mehr Raum im Zentrum und einem klaren Angriffsziel auf e3 hätte Schwarz eine strategische Gewinnstellung. Die objektive Einschätzung ist auch nach Miles' Wahl dieselbe, aber beide Seiten stehen auf schwankenderem Boden, und Unsicherheit begünstigt bekanntlich den Schwindler.

25...♗xh2+ 26.♔f2!

Die riskantere, letztlich aber pragmatischere Wahl.

Genau wie bei der Anmerkung zum 24. Zug von Weiß gibt 26.♘xh2 ♕xe3+ 27.♔h1 ♕xe2 dem Schwarzen einen sicheren Mehrbauern mitsamt der besseren Stellung.

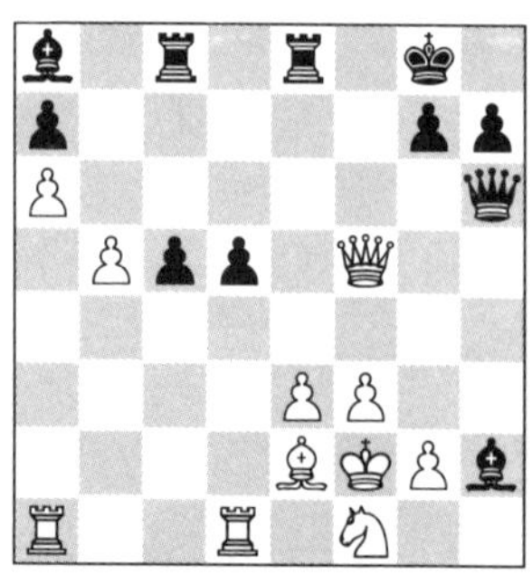

26...♕h4+ 27.g3 ♗xg3+

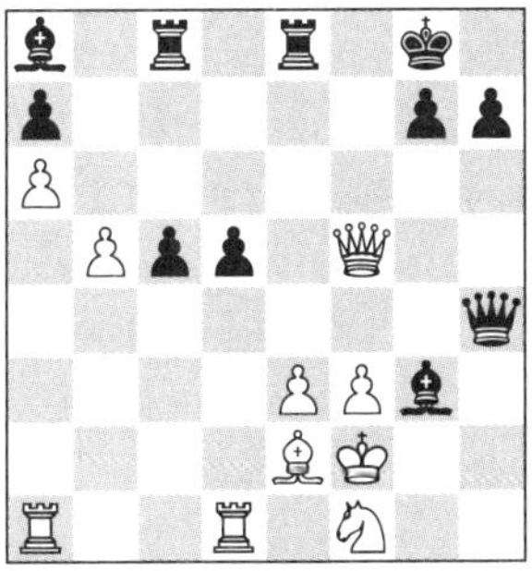

28.♔g2!

Hervorragende Drahtseilakrobatik. Erneut tut Miles das bestmögliche, um seine Chancen am Leben zu halten.

Die Engineempfehlung 28.♘xg3 ♕h2+ 29.♔f1 ♕xg3 würde Weiß praktisch zum Damentausch zwingen, um einen Schnellfeuer-Mattangriff zu vermeiden. Aber jedes Endspiel ist aussichtslos.

28...♗e5 29.♖ac1 c4 30.♖c2 ♖cd8

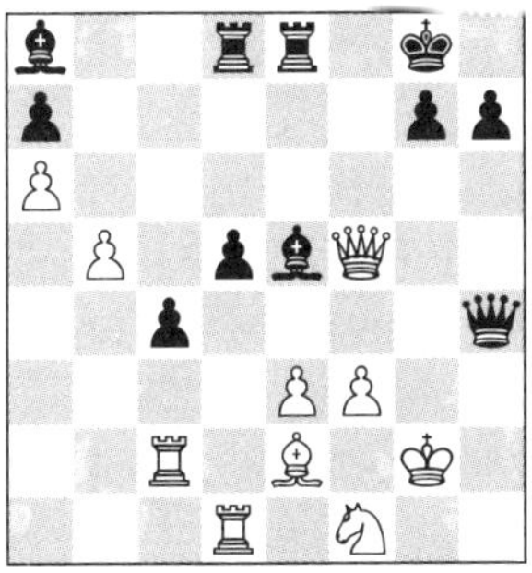

Ein lehrreicher Moment. Mit einem Bauern weniger sowie einem offenen König gibt es für Weiß nicht viel Grund zur Freude. Der vielleicht einzige Punkt zu seinen Gunsten ist, dass der schwarze Läufer auf a8 zumindest im Moment keine Bewegungsfreiheit hat.

31.♕h3!!

Sehr gut! Nur wenige Züge zuvor hatte ich angemerkt, dass Endspiele hoffnungslos für Weiß sind. Aber jetzt gibt es einen wichtigen Unterschied: Schwarz hat ...c5-c4 gespielt und damit die Bauern im Zentrum festgelegt, wodurch der Vorstoß ...d5-d4 viel schwerer durchzuführen ist und sich somit die Chance verringert, dass der Läufer a8 das Tageslicht sieht. Das Endspiel nach 31...♕xh3+ ist theoretisch immer noch gewonnen für Schwarz, aber es ist technisch viel schwieriger als noch wenige Züge zuvor.

31...♕e7! 32.♔f2 ♗c7!

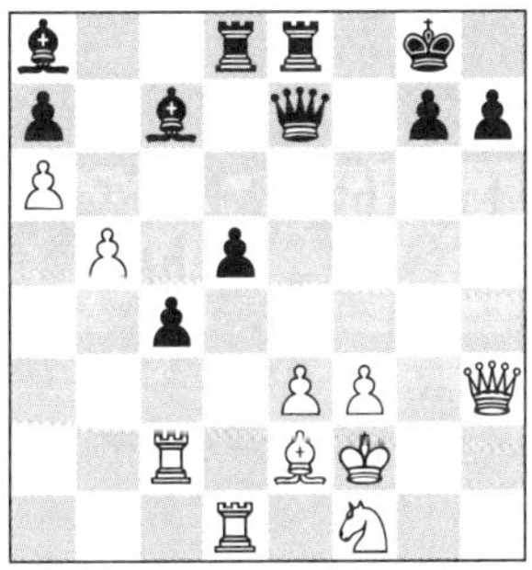

Eine clevere Umgruppierung. Bald wird Short – davon abgesehen, dass er einen Bauern mehr hat – all seine Figuren auf den weißen König gerichtet haben. Laut Computer leistet 33.♖d4 ♗b6 34.♕h4! den hartnäckigsten Widerstand, was eine Qualität hergibt, um das Feld d4 zu blockieren und den verbleibenden schwarzen Läufer vom Spiel auszuschließen. Doch dieser Spielansatz würde nur das Ende herausschieben, die Computer geben mit -5 einen pessimistischen Ausblick. Stattdessen entkorkt Miles einen der schockierendsten Züge, die ich jemals von einem Großmeister gesehen habe. Er hat nicht viel, an das er sich in dieser Stellung klammern kann, und konzentriert sich mithin auf psychologische Faktoren. Insbesondere macht er zwei Faktoren aus, die er sich zunutze machen kann. Das eine ist die verkürzte Bedenkzeit in dieser Partie und das andere Shorts Ruf, Varianten gründlich bis zum Ende zu berechnen. Mithin geht Miles eine riskante Strategie ein, indem er seinem Gegner die Chance einräumt, einen forcierten Gewinn zu berechnen – eine Wette darauf, dass Short hierbei seine Uhr gefährlich weit herunterlaufen lässt. Der erste Schritt ist, einen Zug zu spielen, für den sich keine andere Bezeichnung als „obszön" findet.

33.e4!!

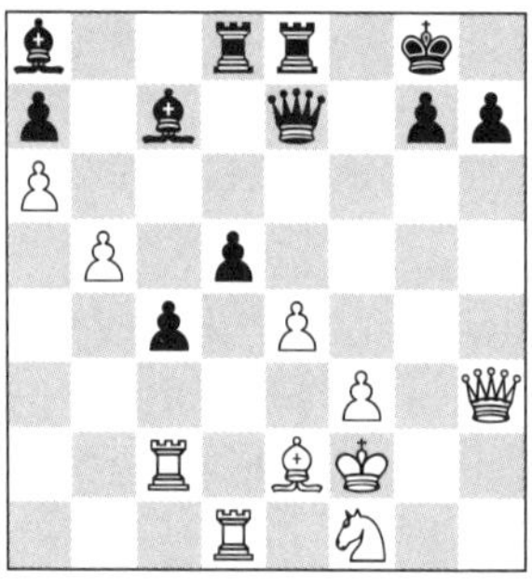

Reiner Wahnsinn! Anstatt zu versuchen, eine Blockade auf den dunklen Feldern zu errichten, öffnet Miles Diagonalen BEIDER Feldfarben sowie seine eigenen Verteidigungslinien, wodurch sein König der Gnade der schwarzen Armee ausgeliefert ist. Meine Engine traf hier fast der Schlag und sie rief manisch aus, dass Weiß nicht weniger als 28(!) bessere Alternativen habe, darunter so unsinnige Fehlzüge wie ♖d3 oder ♖xc4. Emotional hat es freilich eine gewisse Logik, den schwarzen Figuren schamlos die Willkommensmatte hinzulegen. Short folgert korrekt, dass es eine konkrete Zugfolge zum Matt geben muss. Doch diese zu finden, braucht Zeit ...

33...♗b6+ 34.♔e1 dxe4

Bewertung: -20, wenn Sie das interessiert.

35.♗xc4+ ♔h8 36.f4!

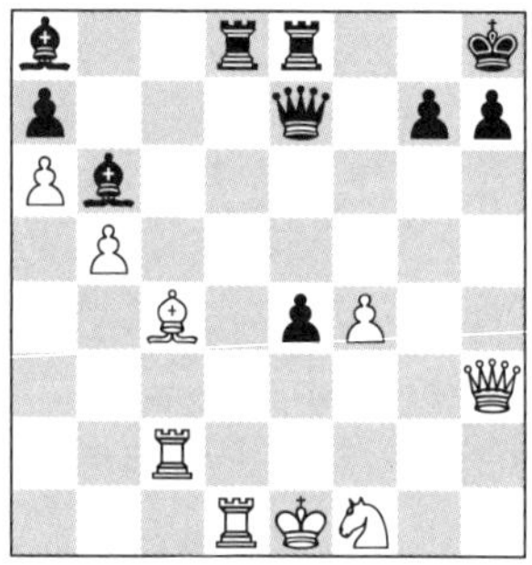

Die e-Linie muss geschlossen bleiben.

36...♕b4+

36...e3! war der schnellste Weg zum Gewinn, wenngleich – wie Short bestimmt vermutet hat – hier praktisch alles gewinnt. Weiß könnte den billigen Trick 37.f5 versuchen,

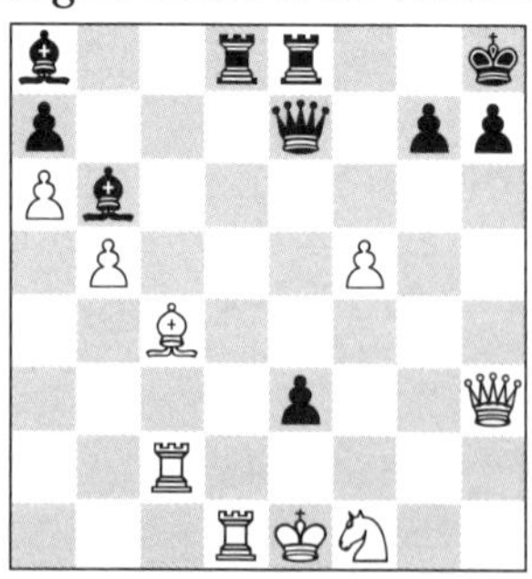

Analysediagramm

was 38.♕xh7+! vorbereitet, doch das ist wirklich sehr billig. Dummerweise für Weiß verhindern alle natürlichen Züge von Schwarz diesen Matttrick (wie etwa 37...♕b4+, das in neun Züge mattsetzt).

37.♔e2! ♖xd1 38.♔xd1 ♗a5 39.♕e3!

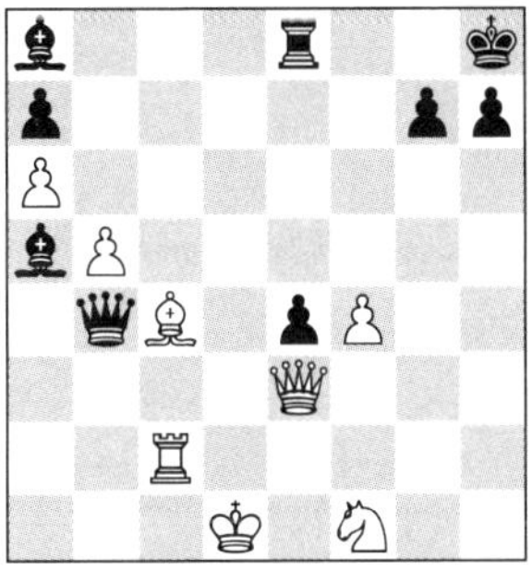

Hält sich so mit Hängen und Würgen. Mit einem Bauern mehr und einem wütenden Angriff gestaltet sich die Suche nach einem K.o.-Schlag für Short frustrierend trügerisch, und er wendet auf der Suche danach wertvolle Sekunden auf.

39...♖d8+ 40.♔c1 ♗b6 41.♕c3!

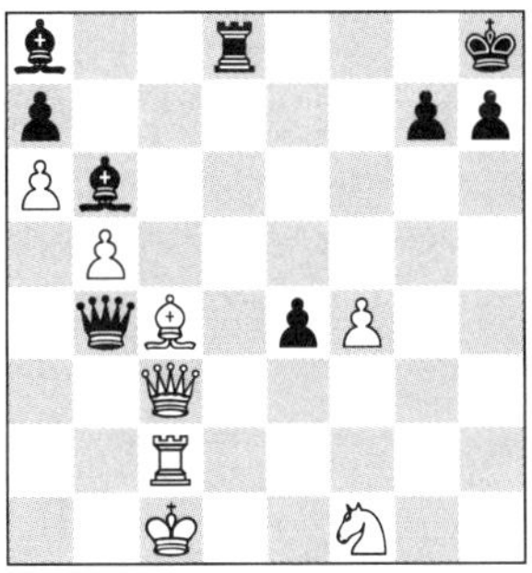

Zum zweiten Mal bietet Miles frech den Damentausch an. Auch hier ist beiden Spielern bewusst, dass das resultierende Endspiel für Schwarz gewonnen ist. Doch einmal mehr sieht Miles richtig voraus, dass Short die Partie so klinisch sauber wie möglich beenden möchte.

41...♕d6?!

Nach 41...♕xc3 42.♖xc3 müsste Schwarz mit Zügen wie 42...g6 samt Herausbringen des Königs den Gewinn herausquetschen. Dies wäre freilich unter praktischen Gesichtspunkten vernünftig gewesen, da es fast das gesamte Gegenspiel von Weiß auslöscht. Doch 41...♕a4! war der klare Gewinn, womit der Druck aufrechterhalten wird und 42...♗d4 oder 42...e3 droht.

42.♘e3 ♗d4 43.♕b3 ♕xf4

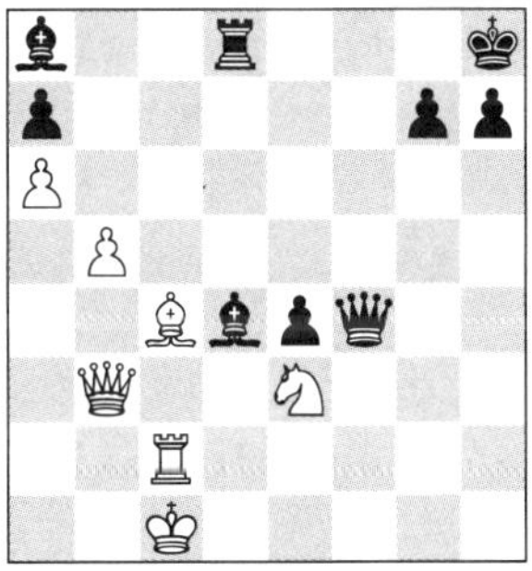

Nun sind es zwei Bauern. Doch zum ersten Mal sieht die weiße Königsstellung tatsächlich ein wenig sicherer aus.

44.♖e2 ♕e5 45.♔b1 ♖f8 46.♕d1 ♕c5 47.♕b3

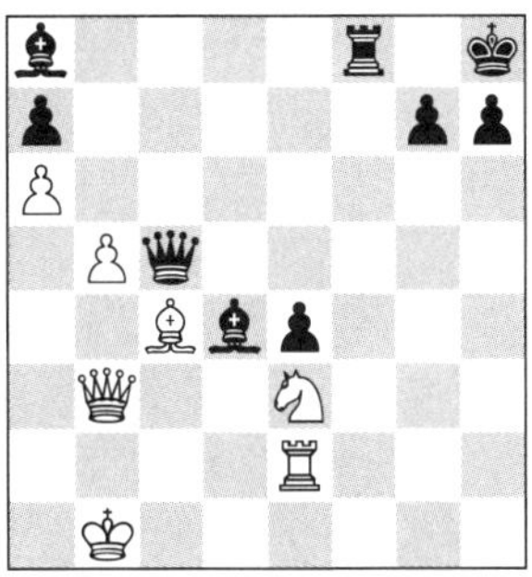

Man beachte, dass Weiß dafür Sorge trägt, dass Feld d5 unter Kontrolle zu halten, so dass der schwarze Läufer auf a8 keine Chance erhält, in den Kampf einzugreifen. Die Bewertung liegt noch immer in der Gegend von -9, doch Weiß, der immer nur reagieren muss, hat die einfachere Aufgabe, genau wie es für Schwarz bei Malachatko - Jones der Fall war.

47...♖f3

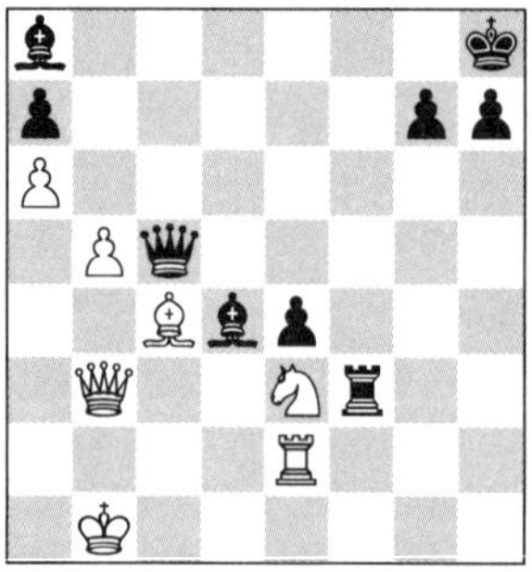

48.♖d2!

Ein weiterer unerwarteter Trick! Der Springer ist indirekt verteidigt – im Moment.

48...g6

Bei 48...♖xe3?? 49.♕xe3 ♗xe3?? setzt 50.♖d8 matt.

49.b6!

Weiß bietet einen dritten Bauern an, um ein wenig Chaos zu stiften. Es ist zwar richtig, dass er damit dem Läufer a8 nach längerer Zeit mal wieder ein freies Feld gibt. Doch für das Opfer erhält Miles einen Freibauern und eröffnet auch seiner Dame ein paar Möglichkeiten, Drohungen gegen den schwarzen König zu schaffen.

49...axb6?

An 49...♖xe3!, was eine Figur gewinnt, da die Taktik für Schwarz arbeitet, war nichts auszusetzen. Aber nun befinden wir uns in der zweiten Sitzung nach der Unterbrechung, und die Müdigkeit hat begonnen einzusetzen.

50.♕a4 ♖f8

Auf 50...♗c6 ist 51.a7 nervig. Es ist schon geraume Zeit her, dass Schwarz einen Verteidigungszug spielen musste. Ein gutes Anzeichen für Miles.

51.♘c2 ♗g7

Eine weitere geschickte Umgruppierung, die den Aufbau einer Batterie auf der langen Diagonale vorbereitet.

52.♕b3 ♗c6

Nach gefühlten Jahren der Gefangenschaft befreit Schwarz endlich seinen Damenläufer aus dem Käfig.

53.♖d1 ♕e5

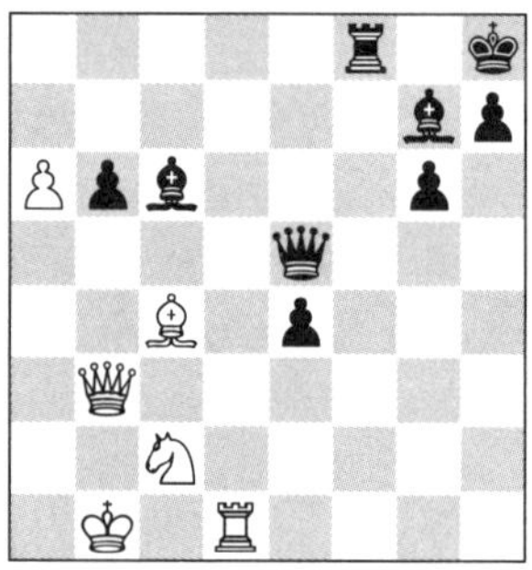

54.a7

Nun, warum nicht? Schließlich ist es der einzige Bauer, den Miles noch hat!

54...♗a4 55.♕a3 ♖c8 56.♘e3 ♕a5 57.♖c1!

Findet erneut den hartnäckigsten Zug. Weiß ist nach wie vor total verloren – meine Engine sagt immer noch -10 – und schafft es dennoch, Schwarz davon abzuhalten, die Totenglocken läuten zu lassen. Er stellt auch eine weitere Mini-Falle auf: falls 57...♕xa7 58.♗b5! ♖xc1+? 59.♔xc1 ♕c7+ 60.♔b1!,

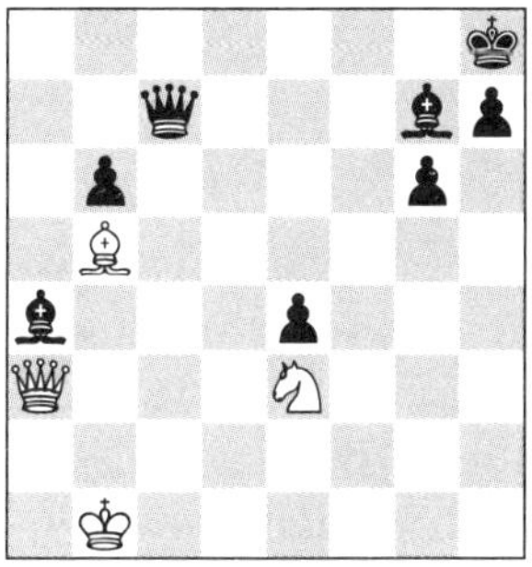

Analysediagramm

so ist der Läufer a4 wegen des tödlichen Grundreihenschachs auf a8 verloren.
Dementsprechend lautet der einfachste Gewinnzug 57...♖d8!, was dem Abzugsangriff ausweicht und somit plant, im nächsten Zug ungestört auf a7 zu nehmen. Shorts Zug gewinnt ebenfalls, aber die Fehlertoleranz für Schwarz wird danach kleiner.

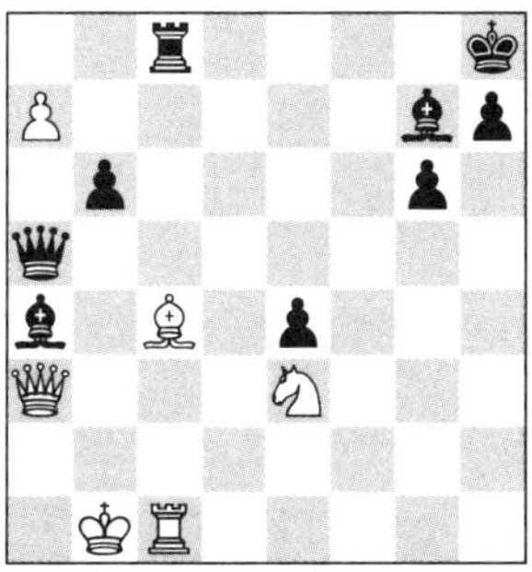

57...h5?! 58.♗d5!
Endlich einmal eine Drohung!
Weiß legt einen Abzugsangriff auf der c-Linie frei und droht gleichzeitig zu verwandeln.
Schwarz kann immer noch mit 58...♖d8 gewinnen, was ein Qualitätsopfer plant. Zum Beispiel 59.♖c7! (59.a8♕ ♖xa8 60.♗xa8 ♕xa8 ist zu einfach für Schwarz), und nun ist ein komplizierter, aber dafür hübscher Gewinn im Angebot: 59...♖xd5!! 60.♖c8+ ♔h7 61.a8♕.

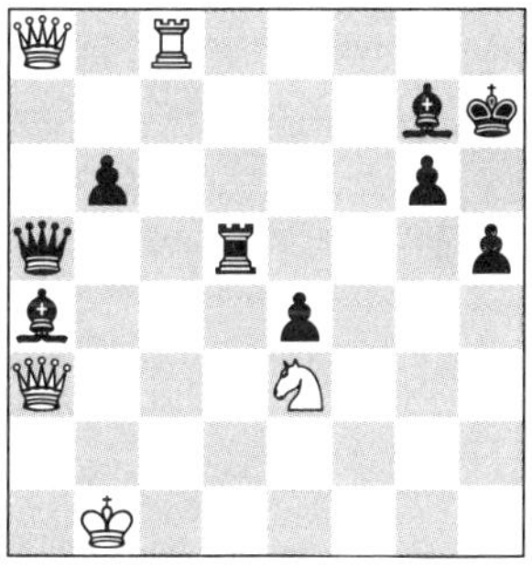

Analysediagramm

Hier gewinnt Schwarz mit 61...♖b5+!! 62.♔a2 ♗b3+! 63.♔b1 ♕e1+ 64.♖c1 ♗c2+! 65.♔a2

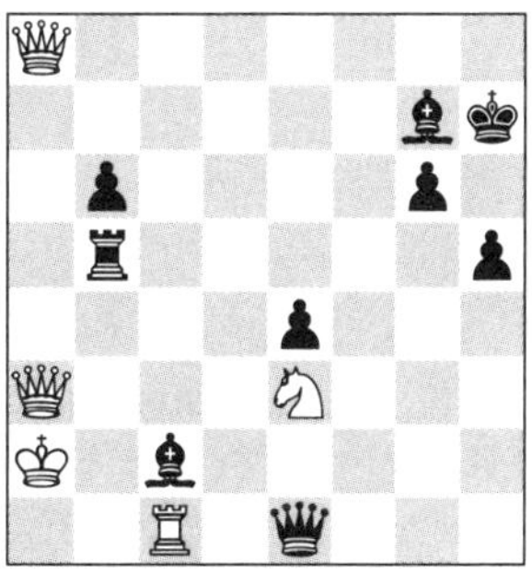

Analysediagramm

65...♗b1+!! 66.♖xb1 ♕xb1#.
Das ist genau die Art brutaler zwingender Varianten, mit denen Short typischerweise mit mehr Zeit auf der Uhr brilliert. Doch die Situation

hat sich nun zu einem Schnellfeuer-Scharmützel gewandelt, und Nerven sind ebenso wichtig wie Berechnungen. Short hat bis jetzt erfolgreich durch den Hokuspokus von Miles navigiert, aber mit nur wenig kostbarer Zeit verbleibend, fällt er schließlich einem Trick zum Opfer.

58...♖xc1+?? 59.♕xc1 ♕xa7

Das sind nun vier Bauern – doch endlich wird Weiß selbst aktiv.

60.♕c8+ ♔h7

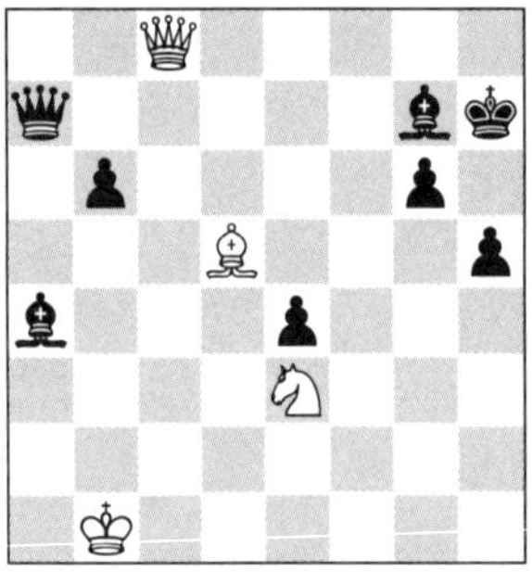

Es sieht so aus, als habe Schwarz alle Fallstricke umschifft, da sein König es sich nach beiden Schachgeboten auf g8 auf h6 gemütlich machen wird.

Doch Miles hat ein letztes Ass im Ärmel.

61.♘f5!!

Ein brillantes Opfer. Weiß droht Matt auf g8, und der Springer kann nicht geschlagen werden, ohne Dauerschach zu erlauben. Obgleich er über keinen Bauernschutz verfügt, steht der weiße König überraschenderweise im Augenblick sicherer als sein Gegenspieler, was diesen bemerkenswerten Gegenangriff ermöglicht.

61...♗e8!?

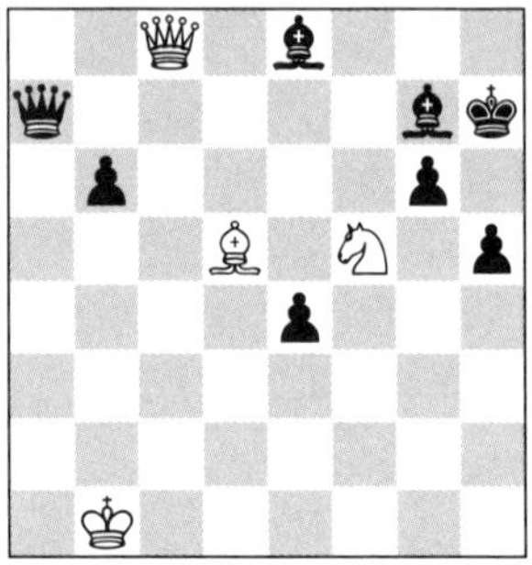

Ein netter Versuch, da 62.♕xe8?? ♕a1+! erlaubt, und Schwarz wird nach ein paar weiteren Zügen den Springer mit seiner Dame einsammeln. Aber Miles hat Short nun mit seinem Schwindel am Haken und ist nicht gewillt, ihn sich freizappeln zu lassen.

62.♘xg7!! ♕d7 63.♕xe8!! ♕xd5 64.♘e6!!

Fünf trickreiche Züge in Folge von Miles, und Short bleibt nichts anderes mehr übrig, als sich mit dem Remis abzufinden.

64...♕b3+ 65.♔c1 ♕c3+ 66.♔d1 ♕f6

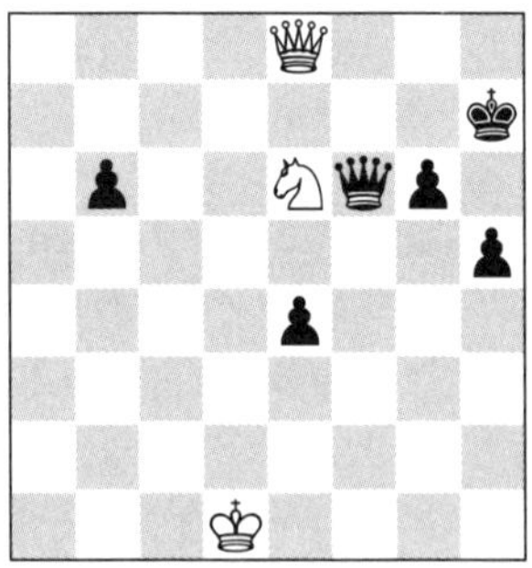

67.♘g5+!

Ein gebührendes Finale.

67...♕xg5 68.♕f7+ ♔h8 69.♕f8+ ♔h7

Und man einigte sich auf Remis.

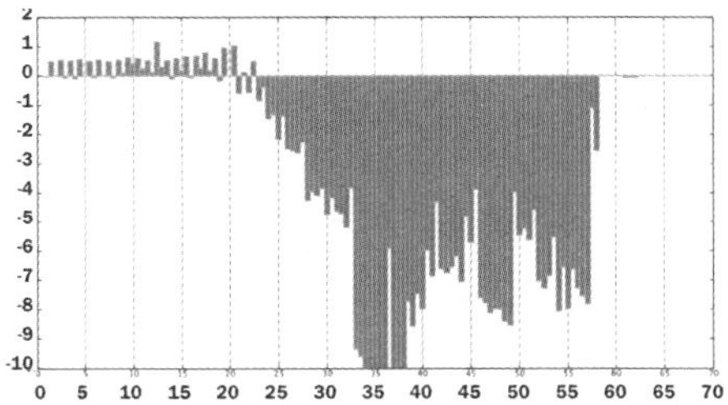

Partie 5

Slim Bouaziz

Anthony Miles 2560

Riga Interzonenturnier 1979 (6)

Unter all den Spielern, die mir bei meinen Recherchen über den Weg gelaufen sind, ragte Miles als der beeindruckendste Schwindler heraus. Im Folgenden sehen Sie einen der größten Schwindel von einem der größten Schwindler.

1.e4 c5 2.♘f3 e6 3.d4 cxd4 4.♘xd4 a6 5.♗d3 ♘f6 6.0-0 d6 7.c4 ♗e7 8.♘c3 0-0 9.♗e3 ♘bd7

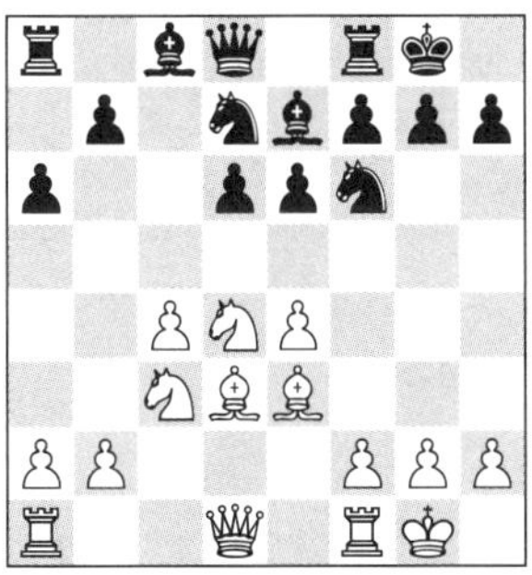

10.f3

In dieser speziellen Variante geben sich heutzutage die meisten Spieler nicht damit ab, e4 zu sichern, und setzen stattdessen ehrgeiziger mit 10.f4! fort. Eine geläufige Variante hierauf ist 10...♘c5 11.♗c2 e5! 12.♘f5 ♗xf5 13.exf5 exf4 14.♖xf4, wonach Weiß das Läuferpaar hat, Schwarz aber ein paar schöne Felder für seine Springer (Quesada Perez - Grandelius, Schnellpartie auf chess.com 2018, 0:1/37.).

10...♖e8 11.♕d2 ♗f8 12.♖fd1 b6 13.♗f1 ♗b7 14.♖ac1 ♖c8 15.♕f2

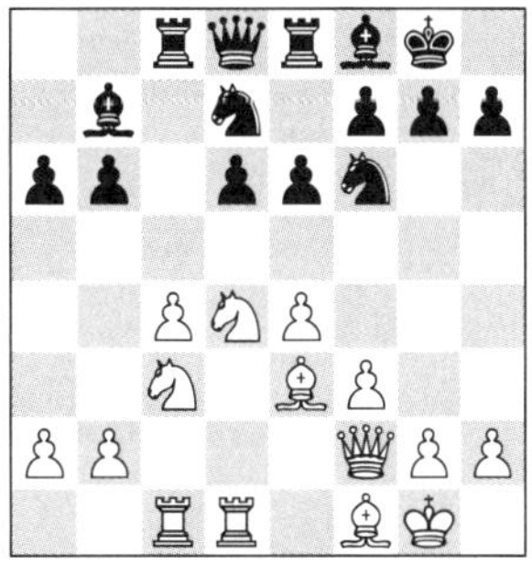

Nun befinden wir uns wieder in einer typischen Igelstruktur, die oft zu undurchdringlichen Verwicklungen führt. In diesem Stellungstyp sollten beide Spieler beständig auf der Ausschau nach schwarzen Bauerndurchbrüchen im Zentrum sein, und hier hätte Schwarz 15...d5 16.cxd5 exd5 17.exd5 b5! mit gutem Spiel spielen können.

15...♕c7 16.b3 ♕b8 17.♖c2 ♗a8

Erneut war 17...d5! stark.

18.♔h1 ♖cd8 19.♗c1 ♘e5 20.♗b2 d5!

Beim dritten Mal Glück gehabt.

21.cxd5 exd5 22.exd5 b5! 23.♘f5 b4 24.♘a4 ♗xd5??

Ein schrecklicher Fehler. Nach jedem anderen Schlagen auf d5 war Schwarz wohlauf.

25.♖cd2!

Stellt Schwarz in eine schreckliche Fesselung, weil die schwarze Dame und der Turm e8 mit der Deckung von d8 und e5 überlastet sind.

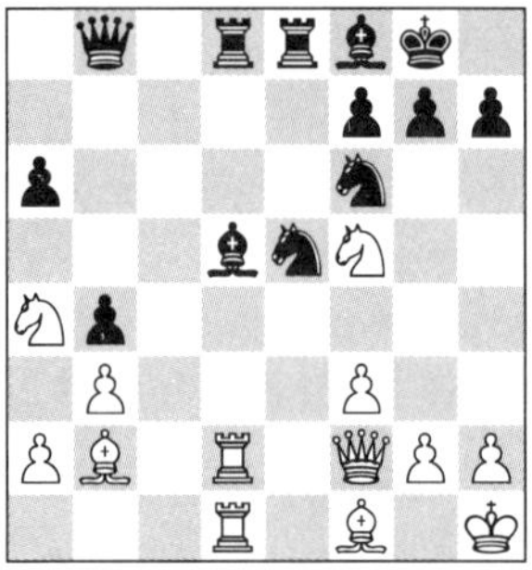

Das bedeutet, dass Schwarz seinen Läufer einstweilen nicht von d5 wegziehen kann, und in der Zwischenzeit droht Weiß, ihn mit Zügen wie ♘e3 und ♘b6 anzugreifen. Der schwarze Springer auf e5 ist gleichfalls an seinen Partner auf f6, einen Hauptverteidiger von d5, „angenagelt“. Miles steht vor einem zwangsläufigen Materialverlust.

25...♕c7

A) 25...♘ed7 ist der Vorschlag der Engine, doch 26.♖xd5 ♘xd5 27.♖xd5 ist natürlich verloren;

B) 25...♘eg4!? ist trickreicher, doch die Taktik begünstigt erneut Weiß: 26.fxg4 ♘e4 27.♕h4!

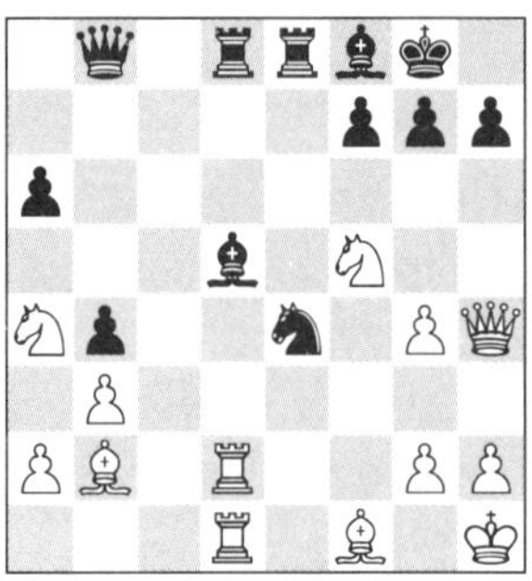

Analysediagramm

27...♘xd2 28.♖xd2 ♖e6 29.♗xg7! ♗xg7 30.♕g5 mit weißem Gewinn.

26.♘e3 ♕a7!

Miles beginnt auf Tricks zu spielen, indem er selbst eine Fesselung anbringt.

27.♗d4 ♕b7 28.♗xe5 ♖xe5 29.♗c4

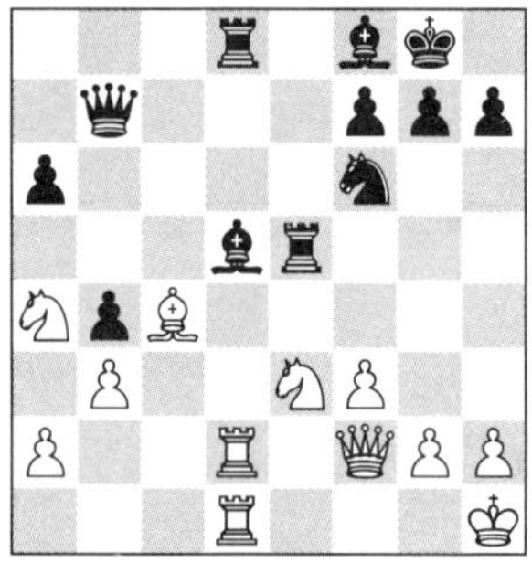

29...♖h5!

Mir gefällt dieser Zug sehr. Miles ist sich dessen bewusst, dass er das Material nicht retten kann, also bekundet er seine Absichten am Königsflügel und hofft, die eine oder andere Schwäche herauszukitzeln.

30.♘xd5 ♘xd5 31.g4 ♖e5 32.♘b6 ♘xb6 33.♖xd8

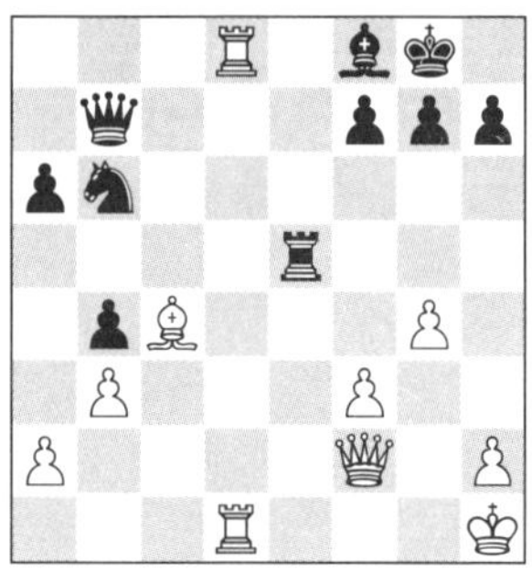

Miles hat eine glatte Qualität weniger, und dazu noch eine schlechte Stellung. Seine Grundreihe ist entsetzlich schwach, und seine Kräfte sind durch die weiße Dominanz auf der d-Linie gespalten. Zweifellos hofft Bouaziz, seinen Materialvorteil ungestört verwerten zu können, und es sieht so aus, als würde dies kein Problem darstellen. Nichtsdestotrotz ist Miles entschlossen, jede noch so kleine Chance für einen Schwindel zu nutzen. Er beginnt damit, sich die Frage zu stellen, was an seiner Position gut und an der gegnerischen schlecht ist.

33...h5!

Wenn es einen Mangel in der weißen Stellung gibt, dann ist es eine gewisse Verwundbarkeit seiner Königsstellung. Miles versucht, sie weiter zu lockern.

34.h3 ♘xc4 35.bxc4 ♕e7

Jetzt kann Schwarz zu seinen Gunsten zumindest auf die geschwächten dunklen Felder verweisen und so darauf hoffen, dass sein weit hergeholter Berserkerangriff einige vorschnelle oder ängstliche Reaktionen provoziert. Und er kann umgehend einen kleinen Erfolg verzeichnen: die unmittelbare Drohung lautet 36...♖e2, und Bouaziz, der eigentlich besser aktiv bleiben sollte, ist hinreichend besorgt, um seinen gut platzierten Turm zurückzubeordern.

36.♖8d2 ♖e3 37.♖c2 ♕e5 38.♖d5 ♕a1+! 39.♔g2 ♖e1!

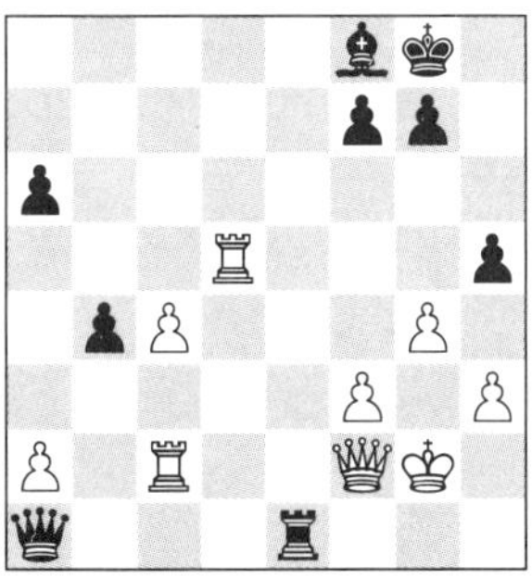

Objektiv könnte man mit passiver Verteidigung länger durchhalten, würde Weiß damit aber auch keine echten Probleme bereiten. Nun, da auch die gegnerische Uhr zu einem Faktor wird, beginnt Miles einen brillanten Plan auszuhecken, um mit Dame und Turm an einem Mattnetz zu basteln. Freilich sind die meisten möglichen Motive mit diesen Figuren bekannt, und eine reale Bedrohung scheint im derzeitigen Stadium in weiter Ferne zu liegen.

40.c5 ♖h1 41.c6 h4!!

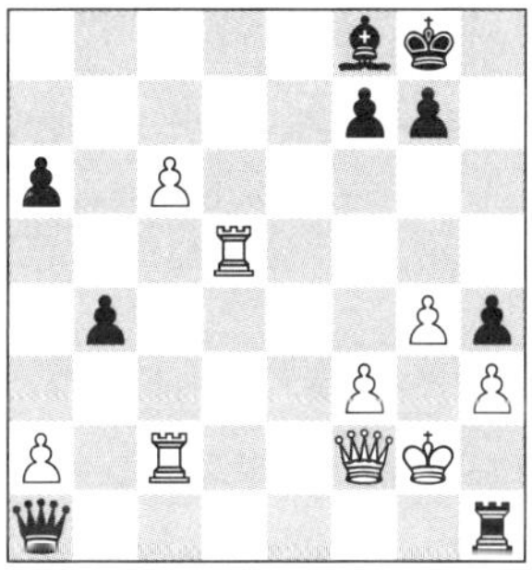

Brillant oder nur ein Bluff? Im Schwindlerjargon schließt sich beides nicht unbedingt aus, so wie auch hier. Die Drohung erscheint beinahe zu offensichtlich, und tatsächlich sieht Weiß 42.c7 ♖xh3! 43.♔xh3 ♕h1+ 44.♕h2 ♕xf3+ mit einem Chaos. Man beachte, dass in dieser Variante der weiße Turm auf d5 hängt. Erpicht darauf, jeden Anflug von Trickserei zu vermeiden, übernimmt Weiß wieder die Kontrolle über die d-Linie.

42.♖cd2

Beabsichtigt 42...♖xh3 43.♖d1!.

42...♖c1! 43.♖c2 ♕b1!?

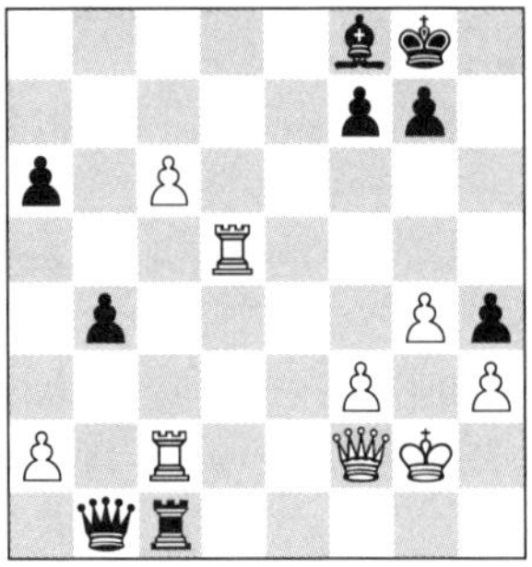

Heller Wahnsinn?! Miles weicht der Zugwiederholung selbst aus; wohl wissend, dass sein Gegner nach 43...♖h1 einen anderen Weg wählen würde. Er offeriert Weiß den Notausgang mit 44.♖xc1 ♕xc1 und 45...♕xc6, wonach er dem Anziehenden technische Probleme bei der Verwertung der Mehrqualität bereiten könnte. Weiß spürt richtigerweise, dass mehr möglich ist, doch die Figuren auf dem Brett zu behalten bleibt auch nicht ohne Nebenwirkungen.

44.♖dd2 ♖h1! 45.c7??

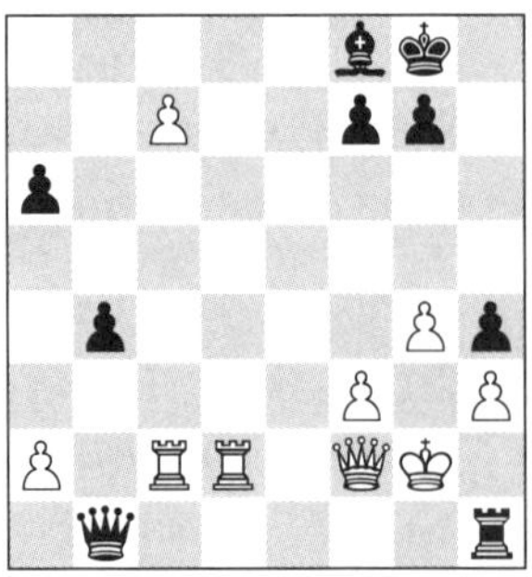

„Jetzt ist aber genug!“, sagt Weiß. Da er keinen hängenden Turm auf d5 mehr hat, beschließt er, die Sache ein für alle Mal zu Ende zu bringen, wobei er davon ausgeht, dass der Materialvorteil mit zwei Türmen und einem bald umzuwandelnden Bauern gegen einen Läufer mehr als genug sein sollte. Denn was soll schon schiefgehen?

45...♖xh3!!

Jetzt funktioniert das Opfer.

46.♔xh3??

Tragisch. In nur zwei Zügen begibt sich Bouaziz von einer gewonnenen über eine unentschiedene in eine verlorene Stellung.

Die letzte Chance auf eine Punkteteilung bestand in 46.♕f1! ♖g3+ 47.♔f2 ♖xf3+ 48.♔xf3 ♕xf1+ 49.♔e3, wonach die Partie mit Dauerschach endet.

46...♕h1+ 47.♕h2 ♕xf3+ 48.♔xh4 ♗e7+ 49.g5

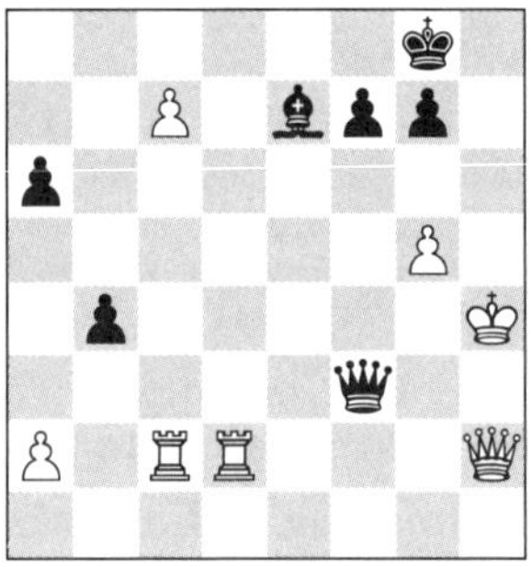

Ironischerweise würde Weiß mit einem „hängenden“ Turm auf d5 (wie in der Anmerkung zum 41. Zug) gewinnen. Im Schach, wie auch im realen Leben, kann ein kleiner Unterschied alles ändern.

49...♗xg5+!!

Weiß gab auf, ohne abzuwarten, dass eines der beiden Zwillingsmatts in zwei Zügen nach 50.♔xg5 f6+ auf dem Brett steht. Eine herausragende Lehrstunde in Schachpsychologie und Schwindeln.

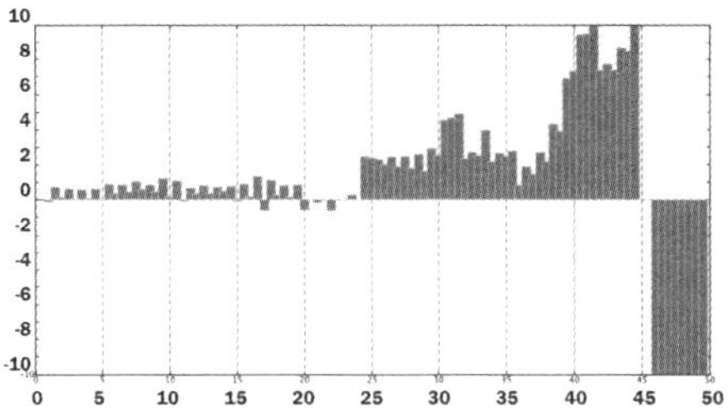

Partie 6

Frank Marshall

Nathan Halper

New York 1941

Zu einer bestimmte Periode der Schachgeschichte galt Frank Marshall als größter Schwindler überhaupt, wenngleich ich mir mehrere qualifizierte Mitbewerber aus der Neuzeit vorstellen kann (wie z.B. der Protagonist der letzten beiden Partien). Er schaffte es so oft, auf magische Weise aus verlorenen Stellungen zu entkommen, dass er sogar ein ganzes Buch mit eigenen Schwindeleien veröffentlichte. In der folgenden Partie büßt Marshall nach sieben Zügen eine Figur ein, und noch bevor die Partie den 15. Zug erreicht hat, könnte bereits sein Gegner aufgeben!

1.e4 e5 2.♘f3 ♘c6 3.d4 exd4 4.c3

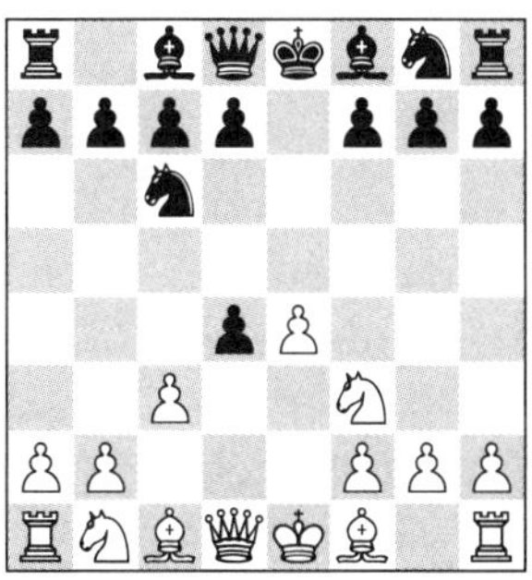

Dieses altmodische Gambit ist tatsächlich nicht so schlecht wie es ausschaut. Heute ist es freilich schwierig, so früh in der Eröffnung mit Überraschungen aufzuwarten. Heutzutage lehnen viele Großmeister das Gambit ab und streben lieber mit 4...d5 5.exd5 ♕xd5 6.cxd4 ♗g4 7.♗e2 ♗b4+ 8.♘c3 ♗xf3! 9.♗xf3 ♕c4! ein einfacheres Spiel an.

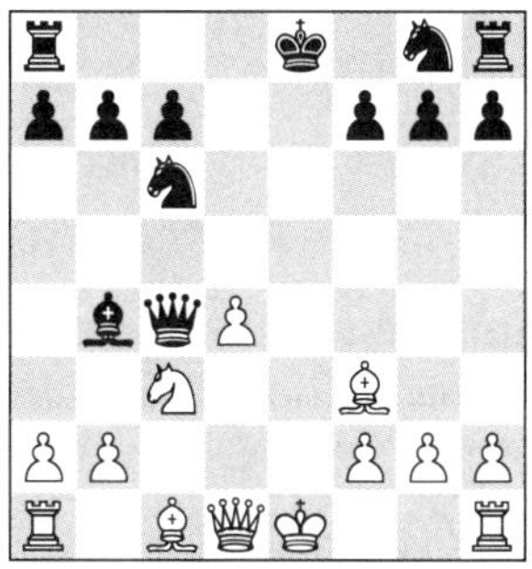

Analysediagramm

Dies ist ein ausgezeichneter Zug, der den Druck auf d4 aufrechterhält, auf c3 einen Bauern zu gewinnen droht, und – am wichtigsten – Weiß von der Rochade abhält. Wenn Schwarz noch einen weiteren Zug erhielte, um lang zu rochieren, würde Weiß in alle möglichen Schwierigkeiten geraten. Demzufolge folgte hier in fast allen Partien 10.♗xc6+ bxc6! 11.♕e2+ ♕xe2+ 12.♔xe2 mit einem ausgeglichenen Endspiel.

Jüngst verfolgte Nepomnjaschtschi jedoch einen ehrgeizigeren Ansatz, wenn auch in einer Blitzpartie: 10.♗e2!? ♕xd4 (10...♗xc3+ 11.bxc3 ♕xc3+ 12.♗d2 ♕xd4 13.♖b1 gibt Weiß eine nicht ganz hinreichende, aber interessante Form der

Kompensation für die zwei Bauern – Marshall wäre mit Stolz erfüllt) 11.♕b3 ♘ge7 12.0-0 0-0 13.a3 ♗xc3 14.bxc3 ♕b6 15.♕c2

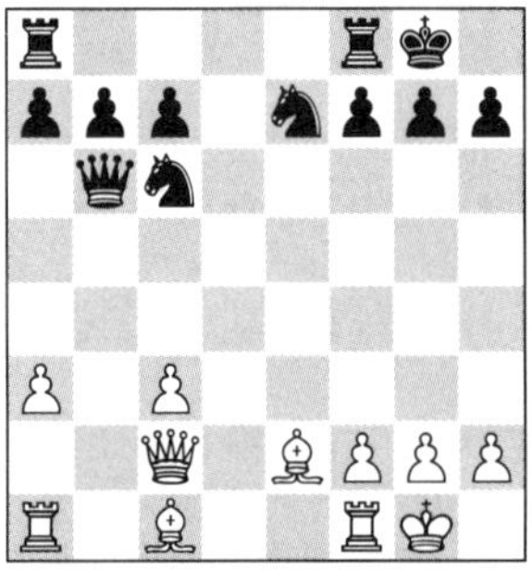

Analysediagramm

mit hinreichender Kompensation für den Bauern, dank des Läuferpaares auf einem offenen Brett. Er hatte damit gegen einen vormaligen Blitzweltmeister Erfolg: 1:0/58., Nepomnjaschtschi - Grischuk, chess.com Blitz 2018.

4...dxc3 5.♗c4!?

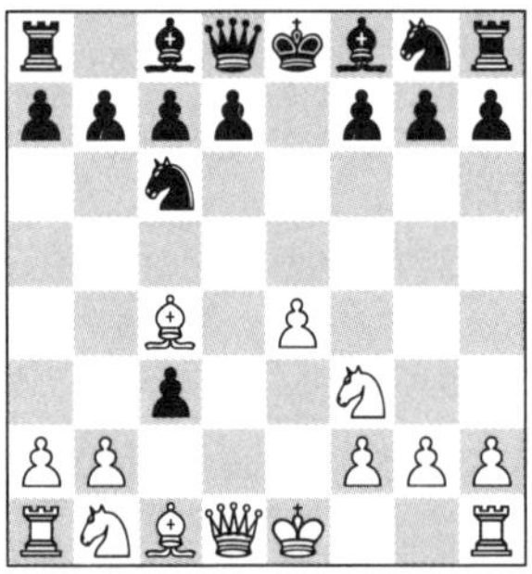

Was uns irgendwo an die Schnittstelle von Göring-Gambit, Dänischem Gambit und dem „richtigen“ Schottischen Gambit bringt – ah, um in den Tagen vor der Berliner Verteidigung zu leben!

5...d6?!

Ein wenig passiv.

Die Theorie empfiehlt hier dem Schwarzen, Mut zu zeigen und 5...cxb2 6.♗xb2 ♗b4+ 7.♘c3 ♘f6 zu spielen, wonach die Engines einen Vorteil von etwa -0.50 einfordern. Es sollte freilich angemerkt werden, dass Weiß in der Praxis hier sehr gut fuhr. In einem hochkarätigen Beispiel folgte 8.♕c2 d6 9.0-0-0 ♗xc3 10.♕xc3 ♗e6 11.♖he1 ♗xc4 12.♕xc4 0-0 13.e5! ♘d7! 14.♕g4! f6! 15.exd6 ♖f7! 16.♔b1 cxd6 17.♖xd6 ♕c8!, und Schwarz stand besser in D. Mastrovasilis - Graf, Fürth 2002 (½:½/49.).

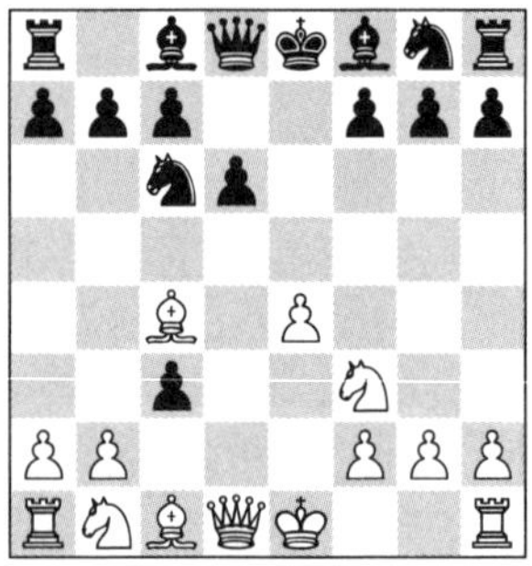

6.♕b3?!

Die richtige Idee, doch in der falschen Zugreihenfolge. Weiß sollte 6.♘xc3 ♘f6 und erst jetzt 7.♕b3! spielen, wonach er mit seiner aktiven Entwicklung volle Kompensation hat.

6...♕d7! 7.♕xc3??

Für einen Spieler von Marshalls Kaliber ein unglaublicher Schnitzer. Vielleicht hatte er den vorigen Zug von Schwarz übersehen, oder den nächsten. In jedem Fall war 7.♘xc3 ♘a5 8.♕b4 vorzuziehen, wonach Weiß gewisse Kompensation bewahrt, wenngleich der Abtausch auf c4 gewiss eine Errungenschaft für Schwarz ist.

7...d5!

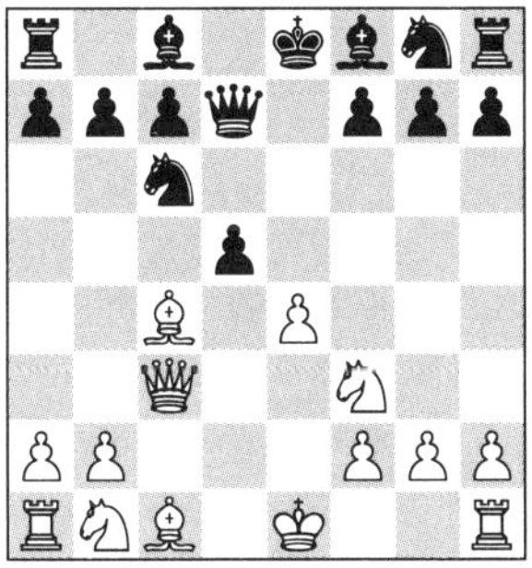

Eine der großen Legenden des amerikanischen Schachs findet sich mit den weißen Steinen nach nur sieben Zügen in einer verlorenen Stellung wieder, und das gegen einen Amateur! Schwarz stellt eine Doppeldrohung gegen den Läufer auf c4 sowie mit der tödlichen Fesselung durch 8...♗b4 auf. In dieser peinlichen Situation wechselt Marshall in den Schwindelmodus – sein Markenzeichen. Die beste Fortsetzung wäre ein deprimierendes Endspiel mit 8.♘e5, wobei freilich die Gefahr, dass für Schwarz etwas schiefgeht, sehr gering wäre. Nach 8.♘e5 dxc4! 9.♘xd7 ♗b4 10.♘c5 b6 11.♘a4 ♗xc3+ hätte Weiß einen Bauern weniger und eine viel schlechtere Ausgangsposition, um den Kampf noch einmal anzufahren. Stattdessen stellt Marshall sich die Frage: Welche Zugfolge wird meinem Gegner am unangenehmsten sein? Was räumt ihm Chancen ein, Fehler zu machen? Und vor allem: Was wird ihn am meisten verärgern? Im Moment hat Weiß nur einen Vorsprung in der Entwicklung. Marshall kommt zu dem Schluss, dass es sich lohnt, diesen zu behalten – auch unter großen Kosten.

8.exd5!!

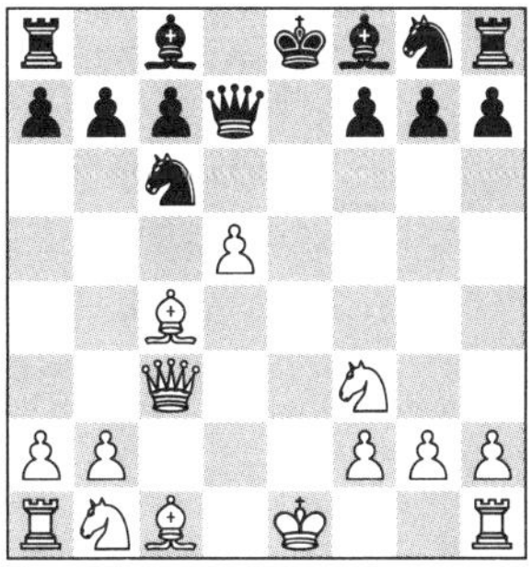

Ein gewagtes Damenopfer, das den Kampf umgehend verschärft.

8...♗b4 9.dxc6 ♗xc3+ 10.♘xc3

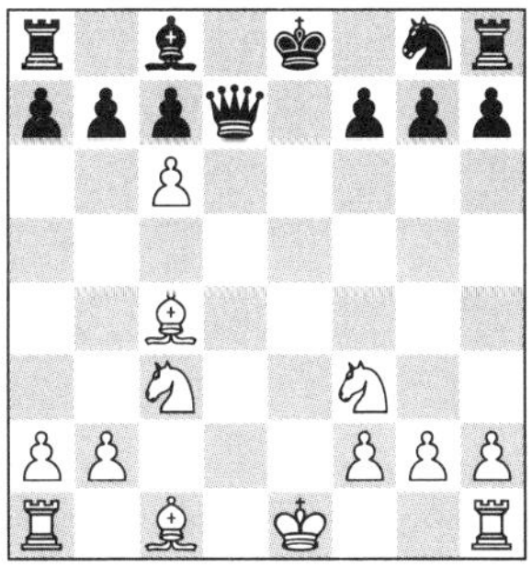

Weiß hat nur zwei Figuren für die Dame, doch er hat seinen Entwicklungsvorsprung noch vergrößert – tatsächlich ist die Dame die einzige Figur, die Schwarz überhaupt entwickelt hat! Nach dem Damenopfer stellt Marshall gleich den ersten „Mini-Schwindel“ auf: 10...♕xc6?? wird mit der Gegenfesselung 11.♗b5! beantwortet. Freilich ist das ein wenig zu durchsichtig, als dass Schwarz darauf hereinfallen könnte, doch wie bei jedem Lockvogel-Schwindel steckt ein zweiter Punkt dahinter. Der beste Zug für Schwarz ist nun 10...♕e7+!, was den Weg des weißen Turms auf die e-Linie zumindest um einen Zug verlängert hätte. Halper wählt stattdessen den natürlichen Zug, doch der Weg zum Gewinn wird damit gleich tückischer.

10...bxc6? 11.0-0!

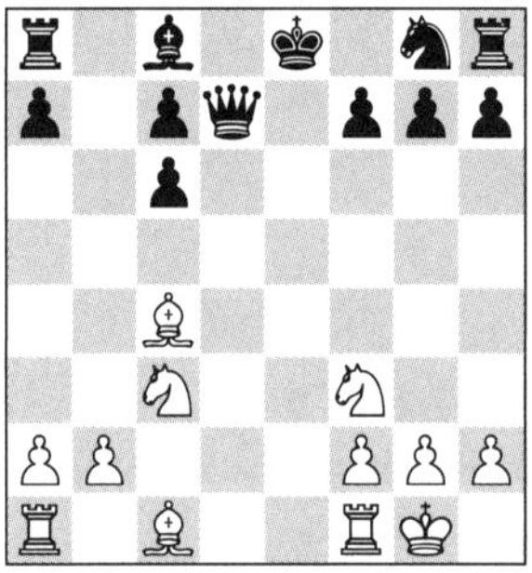

In materieller Hinsicht ist Weiß weiterhin verloren, doch es werden bereits die ersten Konturen von Kompensation ersichtlich. Zumindest mit Blick auf die klassischen Prinzipien ist er wohlauf: ein riesiger Entwicklungsvorsprung, aktive Figuren und der weitaus sicherere König. Schwarz ist noch ein paar Züge davon entfernt, sich zu konsolidieren, und sieht sich zudem Druck auf der e-Linie gegenüber. In ihrer Kombination leiten diese Umstände den Schwarzen in die Irre, denn was könnte natürlicher sein als der folgende Entwicklungszug:

11...♘e7?

Erneut war 11...♕e7! gefragt, oder sogar ein Zug der Dame nach d6 oder f5, was in allen Fällen 12...♗e6 beabsichtigt. Verständlicherweise ist Schwarz verzweifelt bemüht, seine übrigen Figuren zu entwickeln, doch Marshall ergreift abrupt seine Chance:

12.♗xf7+!!

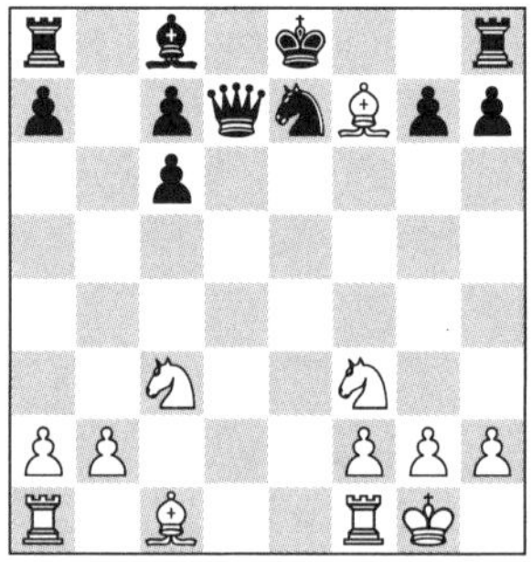

Reißt die schwarzen Bastionen nieder. Eine elementare Kombination, die freilich aus der klugen praktischen Entscheidung von Weiß im achten Zug erwachsen ist.

12...♔f8

Traurige Notwendigkeit, da 12...♔xf7 13.♘e5+ die Dame einkassiert.

13.♗b3

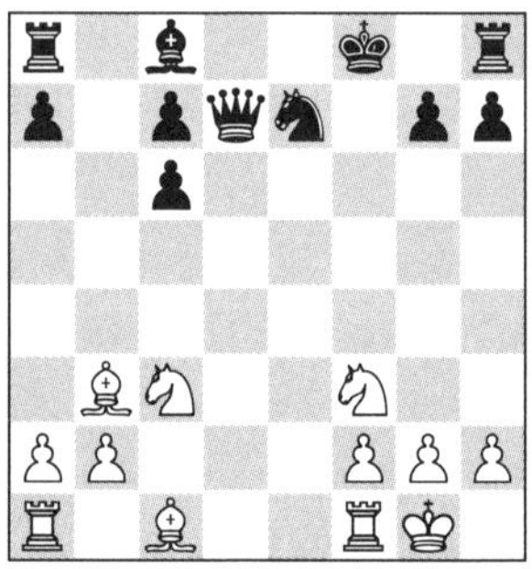

13...♗b7?

Erneut können wir für die verzweifelten Versuche von Schwarz, seine Leichtfiguren zu entwickeln, unsere Sympathien empfinden. Nichtsdestotrotz war 13...♖b8! seine letzte Chance, mit der Absicht, sich durch ein Opfer auf b3 Erleichterung zu verschaffen. Nach 14.♗e3 ♖xb3! 15.axb3 ♔g8 hat Schwarz respektable Chancen, einen Kampf zu bekommen, auch wenn unsere Wahl auf Weiß fiele.

14.♗e3! ♘f5 15.♗c5+ ♘d6 16.♘d4!

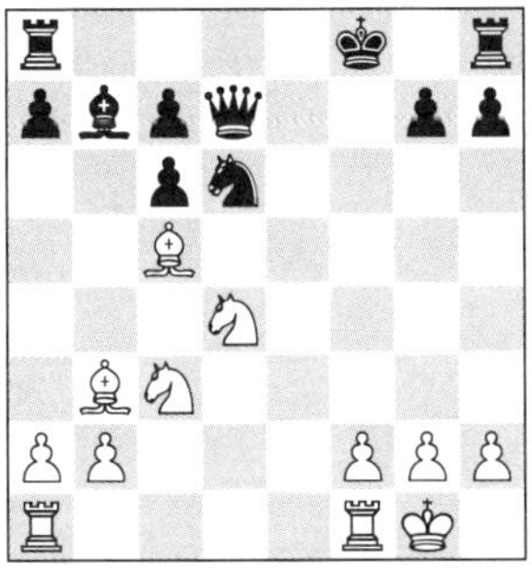

Wie schnell sich das Blatt doch gewendet hat. Marshalls damenlose Truppe schwärmt über die gesamte Stellung von Schwarz aus. Der schwarze Monarch ist in der Schusslinie der weißen Läufer gefangen, die weißen Türme sind bereit, die Zentrumslinien einzunehmen, und der Springer hat das saftige Feld e6 im Auge. Marshall führt den Angriff nicht auf die sauberste Art und Weise, aber er lässt den Vorteil von hier an nicht mehr los.

16...♖e8 17.♖fe1! h5?

Das verliert schnell, doch auch nach dem hartnäckigeren 17...♗c8 gäbe es keine Rettung. Weiß hat den Luxus, zwischen 18.♖ad1 mit Aufrechterhaltung des Drucks oder der Herbeiführung eines technisch gewonnenen Endspiels mit 18.♘e6+ ♖xe6 19.♖xe6 ♕xe6 20.♗xe6 ♗xe6 21.♗xa7 wählen zu können.

18.♘e6+ ♖xe6

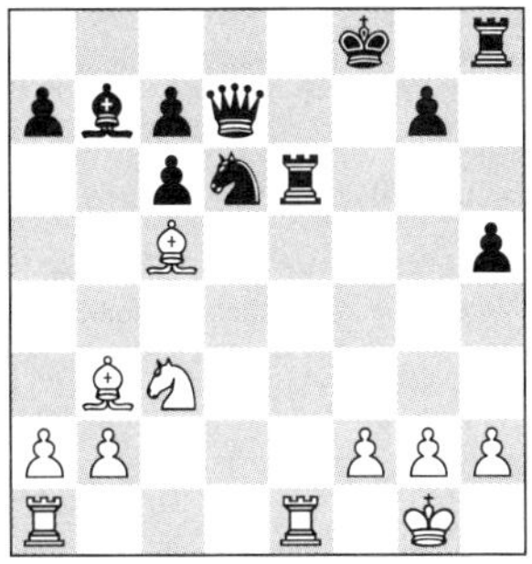

19.♗xe6

Eine kleine Ungenauigkeit. Weiß hätte die Partie durch 19.♖xe6 ♖h6 20.♖e3!, mit dem unaufhaltsamen Plan ♖ae1, ♘e4 und ♖f3+, auf der Stelle beenden können. Doch der nächste Zug ist auch gut genug.

19...♕d8 20.♖e5! ♖h6 21.♖ae1 ♗c8 22.♗b3! ♗d7

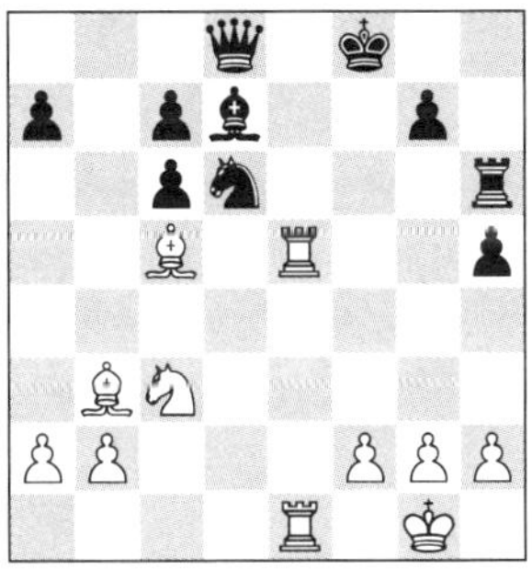

23.♗e3

Erneut gab es mit 23.♘e4 einen schnelleren Gewinn, doch Schwarz kann sich auf keinen Fall retten.

23...♘f5 24.♗xh6 gxh6 25.♘e4 ♔g7 26.♘c5 ♔f6 27.♘xd7+ ♕xd7 28.♗e6 1:0

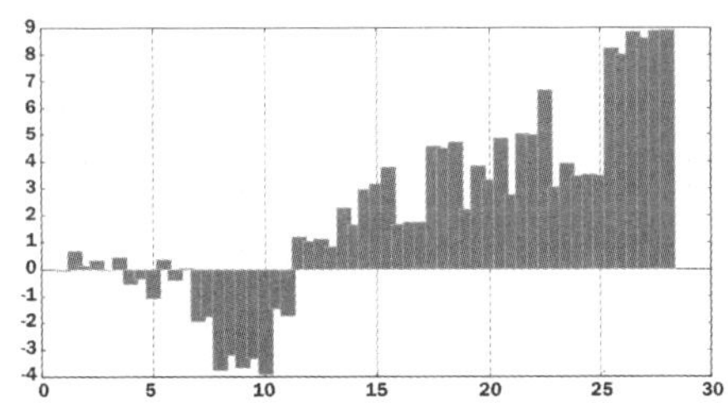

Partie 7
Dmitri Jakowenko 2738
Boris Gelfand 2744
Khanty-Mansiysk 2015 (9)

Diese Partie wurde gegen Ende des letzten Turniers des Fide-Grandprix gespielt, wobei beide Spieler einen Sieg benötigten, um eine realistische Chance zu wahren, sich für das Kandidatenturnier 2016 zu qualifizieren.

1.e4 c5 2.♘f3 d6 3.d4 cxd4 4.♘xd4 ♘f6 5.♘c3 a6 6.h3 e5 7.♘de2 h5 8.g3 b5

Gelfands Lieblingsvariante. Schwarz plant, dem weißen Königsfianchetto mit seinem eigenen ...♗b7 zu begegnen. Viel beliebter ist es, den Läufer nach e6 zu stellen, und Jakowenko macht sich umgehend das freie Feld d5 zunutze.

9.♘d5 ♘bd7 10.♗g5 ♗b7 11.♘ec3 ♖c8 12.♗g2 ♗e7 13.♘xe7 ♕xe7 14.0-0 ♕e6 15.♖e1 b4

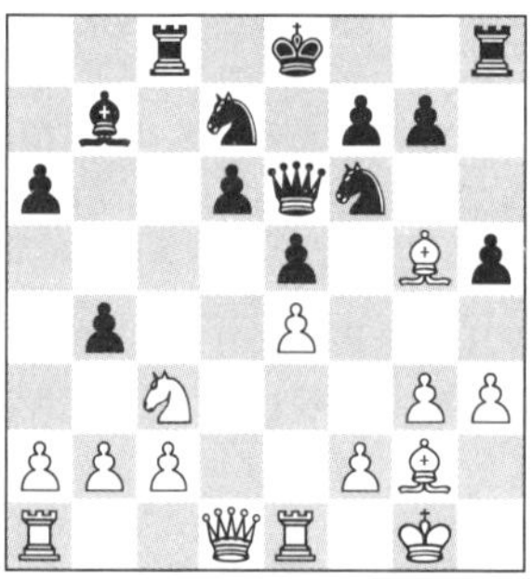

16.♘d5

So weit die Partie Leko - Mamedscharow, Peking 2013, die mit 16.♘a4 ♖c4! 17.f3 h4 18.g4 d5 19.b3 weiterging. Nach 19...♖c7 wäre die schwarze Stellung nun recht annehmbar. Stattdessen war 19...♖d4? 20.♕xd4!! exd4 21.exd5 ♘xd5 22.♖xe6+ fxe6 23.♖d1 e5 24.f4 eine aparte Überleitung in ein besseres Endspiel (½:½/51.).

16...♗xd5

Diese Stellung wurde in einer weiteren Partie erreicht. Dort folgte 16...♘xd5 17.exd5 ♕f5 18.♗d2 ♕xc2 19.♗xb4 ♕xd1 20.♖axd1 ♔e7 21.f4, und in Baklan - Morchiaschwili, Cesme 2017, stand Weiß ein wenig besser (½:½/98.).

17.exd5 ♕f5 18.♗d2! ♖xc2 19.♖c1! ♖xc1 20.♕xc1

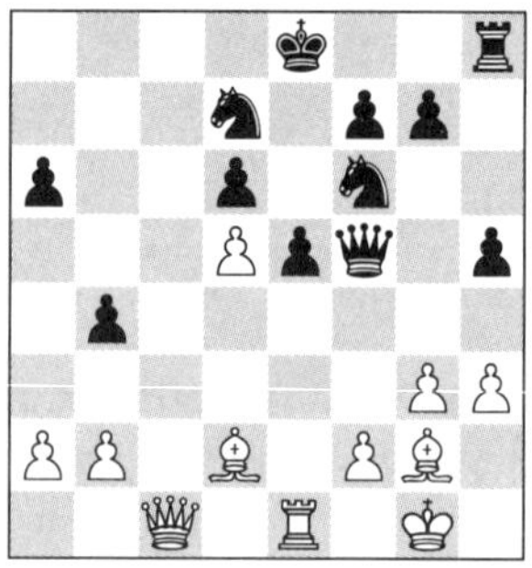

Gewinnt den Bauern zurück, was Weiß den Vorteil des Läuferpaares überlassen würde, wäre da nicht das folgende schwarze Manöver.

20...♘c5! 21.♗xb4 ♘d3 22.♕c6+ ♕d7 23.♕a8+ ♕d8 24.♕c6+

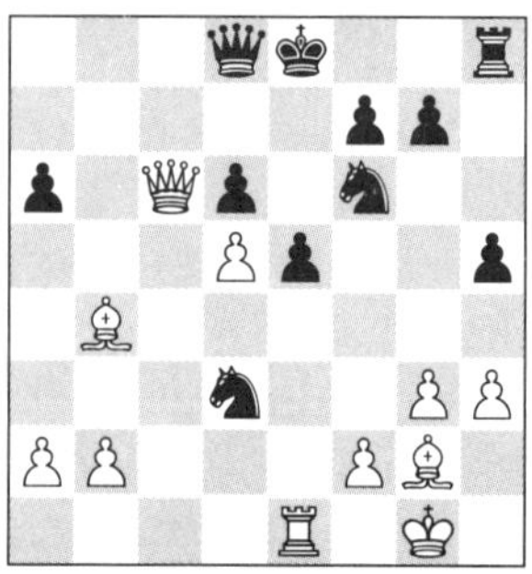

Beide Spieler haben hervorragend gespielt, und ein Remis wäre nun ein faires und angemessenes Ergebnis. Doch es steht viel auf dem Spiel, und keinem wäre damit geholfen. Gelfand zuckt als Erster mit der Wimper.

24...♘d7??

Nach einer halben Stunde quälenden Nachdenkens gespielt. Ich vermute, Gelfand war bewusst, dass dies ein Fehler war. Er entschied aber, dass es keinen Sinn hat, so die Qualifikation zu verpassen.

25.♖e4 f5 26.♖c4 e4 27.♕xa6

Weiß hat einen Bauern gewonnen und wird bald auch d6 erobern. Die Stellung von Schwarz ist lausig, aber er kämpft weiter.

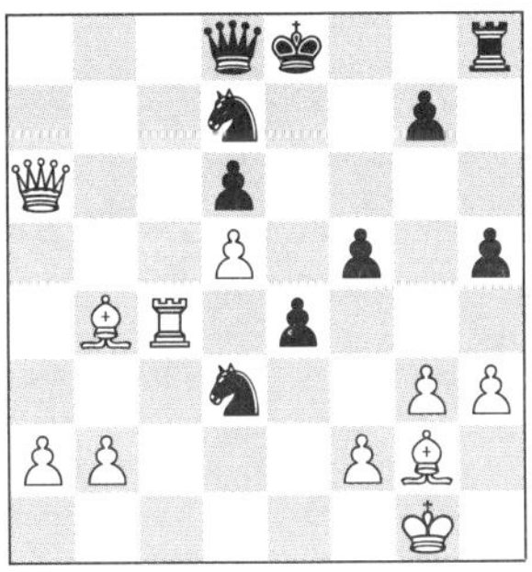

27...♘xb4 28.♕xd6! ♘d3 29.♕e6+ ♔f8 30.♕xf5+ ♔g8 31.♕e6+ ♔f8 32.♕d6+ ♔g8 33.♕e6+ ♔f8 34.♕xe4

Nun zuckt auch Jakowenko – angesichts seiner völlig gewonnenen Stellung freilich eine ungleich leichtere Entscheidung.

34...♘3e5 35.♕f5+ ♔g8 36.d6!

Macht dem Läufer den Weg zum Angriff frei. Weiß hat vier Bauern für den Springer. Doch bedeutsamer sind die völlig unkoordinierten Kräfte von Schwarz sowie dessen ungeschützter König. Die Engines machen einen Vorteil von etwa +3 geltend.

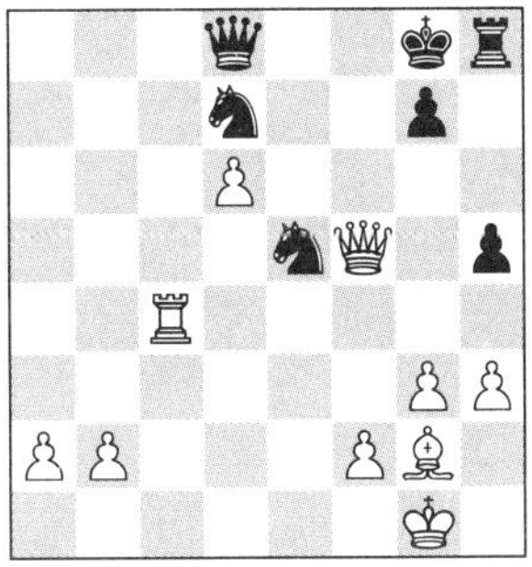

36...♖h6 37.♖e4?

Einfach gewann 37.♗d5+ ♔h8 38.♖a4! mit der Drohung 39.♖a8, da 38...♘b6 39.♖e4! ♘xd5 40.♖xe5 ♘f6 41.♕d3 Schwarz völlig ohne Gegenspiel lässt.

37...h4?

Beide Spieler befanden sich in Zeitnot, was erklärt, warum sie das natürliche 37...♖xd6! 38.♖xe5 (38.♕xh5 ♘f7 ist etwas besser für Weiß) 38...♘xe5 39.♕xe5 ♖d1+ 40.♔h2 ♖d2 mit gleichen Chancen dermaßen falsch einschätzen konnten.

38.♖xh4 ♖xh4 39.gxh4 ♕xh4 40.♗d5+ ♔h8

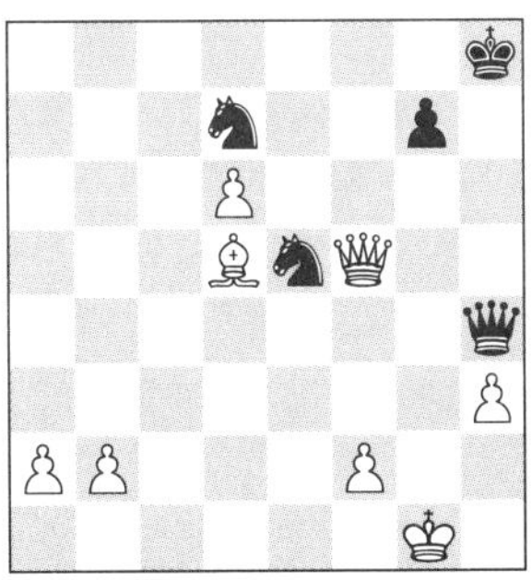

41.♔h1!!

Nach Erreichen der Zeitkontrolle wendet Jakowenko 15 Minuten auf, um den besten Zug auszuarbeiten. Dadurch, dass er einem möglichen Schach auf g5 ausgewichen ist, droht er nun 42.♕e6. Dazu hat er vier Bauern für die Figur, großartig zentralisierte Figuren und einen Monsterfreibauern auf d6. Doch Gelfand weigert sich, leise abzutreten.

41...♕h6!?

Die beste praktische Chance. 41...g6 42.♕e6 ♔g7 43.♕g8+ ♔h6 44.♕h8+ ♔g5 45.♕xh4+ ♔xh4 46.a4 ist für Weiß leicht zu gewinnen.

42.f4

Blockiert das Schachgebot auf c1 und nimmt die wackeligen Springer aufs Korn.

42...g6! 43.♕e6 ♕f8!

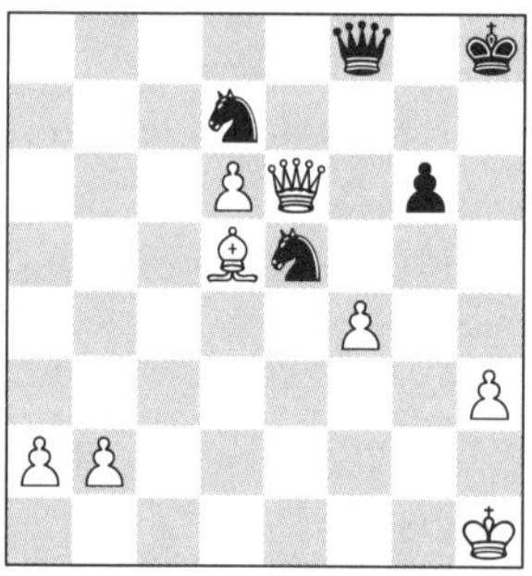

Gelfand findet weiterhin kreative Lösungen für seine Probleme. Die einzige Schwäche in der Stellung von Weiß ist sein luftiger König, und Gelfand versucht verzweifelt, mit seiner Dame hinter die feindlichen Linien zu gelangen.

44.♗b3?

Ein verständlicher Rückzug. Doch besser war es, Mut zu zeigen und 44.h4! zu spielen, mit der Pointe, dass nach 44...♕c8 45.fxe5 ♕c1+ 46.♔h2 ♕f4+ 47.♔g2 ♕d2+ 48.♔f3 ♕d1+ 49.♔g3 ♕e1+ 50.♔h2 ♕d2+ 51.♗g2 ♕f4+ 52.♔g1 ♕e3+ 53.♔f1 ♕d3+ 54.♔f2 ♕d4+ 55.♔g3 die Schachgebote letztlich versiegen: 55...♕e3+ 56.♗f3 ♕e1+ 57.♔g2 ♕d2+ 58.♔h3 mit Gewinn. Natürlich war diese Variante sehr schwer zu berechnen.

44...g5!!

Nach 25 Minuten Nachdenken bringt Gelfand seinen letzten Infanteristen ins Spielgeschehen.

45.f5

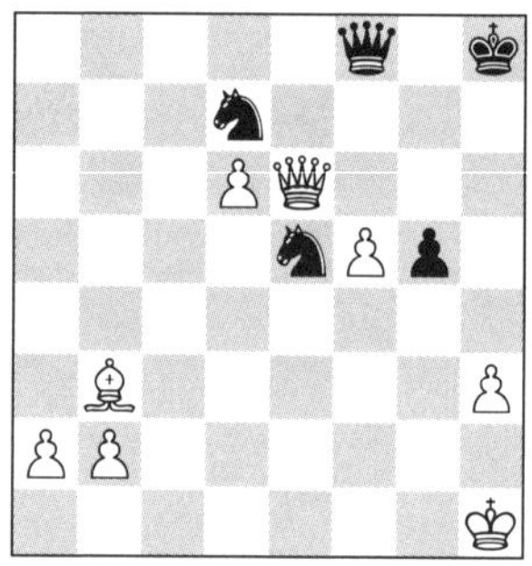

45...♘d3!?

Brillantes Berserkern. Schwarz ist bereit, einen oder sogar beide Springer herzugeben, um die weißen Verteidigungslinien zu durchbrechen.

Ein verblüffender Vorschlag des Computers ist das äußerst unmenschliche 45...♔g7!. Nach 46.♕e7+ ♕xe7 47.dxe7 ♘f6 spielt Schwarz 48...♘e8, 49...♘c6 und greift sich den e-Bauern; mit guten Chancen, sich zu behaupten.

46.♕xd7 ♕a8+ 47.♔g1 ♘f4! 48.♔f2

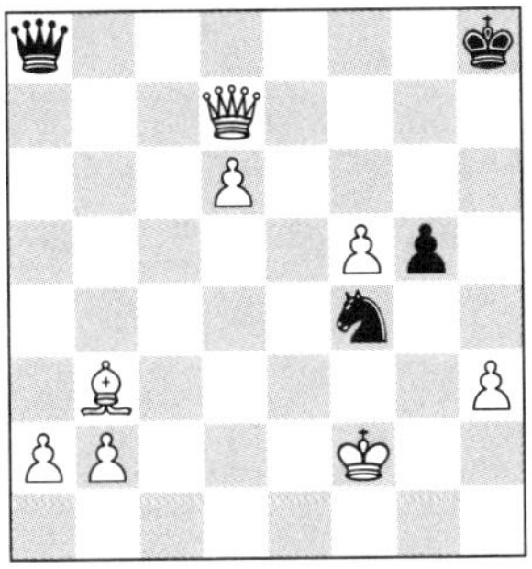

Schwarz hat endlich etwas Gegenspiel erzeugt, doch das natürliche 48...♕g2+ führt zu nichts: 49.♔e3 ♕e2+ (49...♕g1+ 50.♔e4 ♕g2+ 51.♔d4 ♕f2+ 52.♔c4 ist ähnlich) 50.♔d4 ♕xb2+ 51.♔c5 ♘d3+ 52.♔b6 ♕d4+ 53.♔c7 ♕a7+ 54.♔d8 ♕a8+ 55.♕c8 ♕a5+ 56.♔e7+, und nun ist Weiß mit Schachgeboten an der Reihe.

48...g4!!

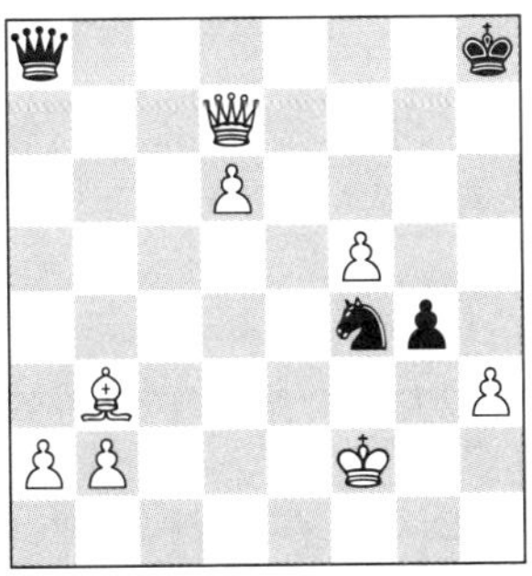

Ein unangenehmer Zug, der die Komplexität der Stellung erhöht und hinter dem sich eine teuflische Schwindelei verbirgt.

49.hxg4?

Weiß schluckt den Köder! Angesichts der neuen Drohungen 49...♕f3+ und 49...g3+ ist das Schlagen zwar ein entschuldbarer Fehler von Jakowenko, aber der Vorteil ist damit verspielt. Um zu gewinnen, musste er furchtlos mit seinem König nach e3 oder g3 marschieren, mit ähnlichen Varianten wie bei der Anmerkung zu 48...♕g2+. Diese natürliche Antwort hingegen, nämlich einen der wenigen verbliebenen Steine von Schwarz zu schlagen, ist ein schrecklicher Fehler. Man beachte, dass der schwarze König jetzt keine Felder mehr hat, was die Alarmglocken klingeln lassen sollte.

49...♕g2+ 50.♔e3 ♘d5+!!

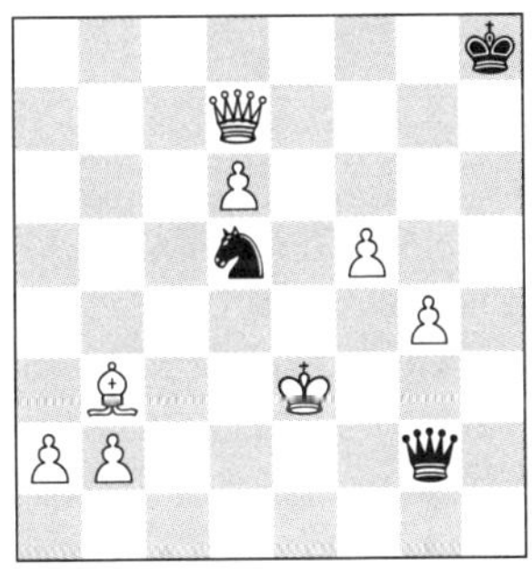

Macht dem Weißen ein Angebot, dass dieser nicht ablehnen kann – ganz gleich, wie sehr er es versucht.

51.♔d4

51.♗xd5 ♕d2+ 52.♔e4 ♕e3+ 53.♔xe3 ist patt, 51.♔d3 ♕f3+ 52.♔c2 ♕f2+ 53.♔c1 ♕e3+ dagegen ein Dauerschach.

51...♕f2+!

Zwingt Weiß, den Springer zu schlagen oder ein Dauerschach zu erlauben. Man beachte, dass die Felder c4 und e4 aufgrund von Springergabeln vermint sind. Das Remis, das Gelfand vor dreißig Zügen verschmähte, ist nun unausweichlich.

52.♔xd5 ♕d4+! 53.♔xd4 ½:½

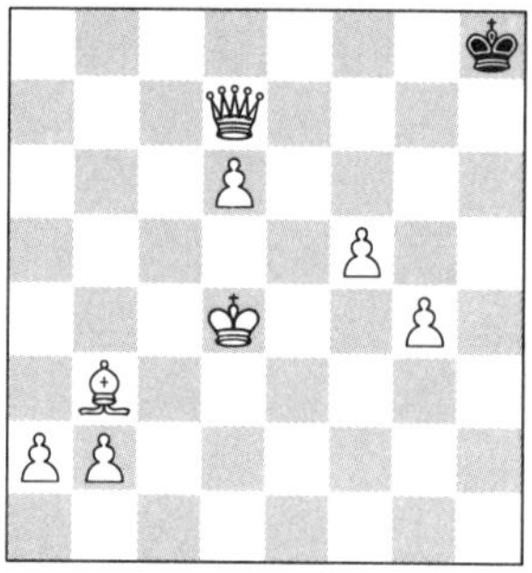

Eine überraschende Schlussstellung für ein 2700er Duell.

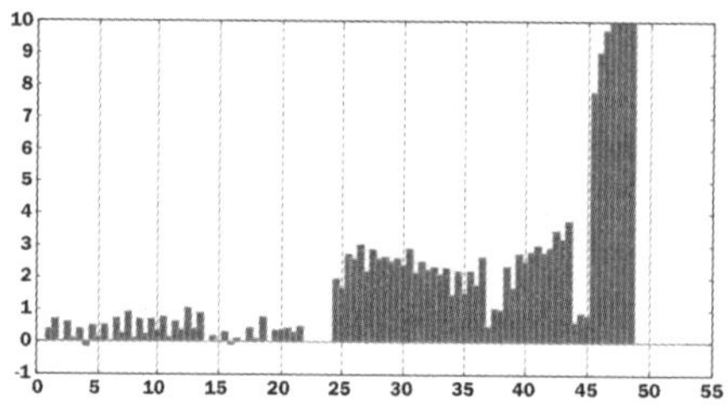

Partie 8

Anastasia Bodnaruk 2449
Valentina Gunina 2528

Porto Carras Mannschaftsturnier Frauen 2018 (1)

1.e4 c6 2.d4 d5 3.e5 ♗f5 4.h4 a6!?

Der Hauptzug ist 4...h5, worauf mir die Nebenvariante 5.♗g5!? gefällt, der Zug mit der derzeit besten Bilanz. Die Pointe ist, dass es bei 5...♕b6 6.♗d3! ♗xd3 7.♕xd3 zu riskant ist, mit 7...♕xb2 dem Turm nachzujagen wegen 8.e6!. Die meisten Spieler geben daher dem sichereren 7...e6 den Vorzug, doch nach 8.♘d2! behält Weiß großen Entwicklungsvorsprung mitsamt einer herausragenden Bilanz, an welcher ich auch meinen Anteil habe (Smerdon - Kostenjuk, Gatwick 2016, 1:0/42.).

5.h5 h6 6.g4 ♗d7 7.f4 c5 8.c3 e6

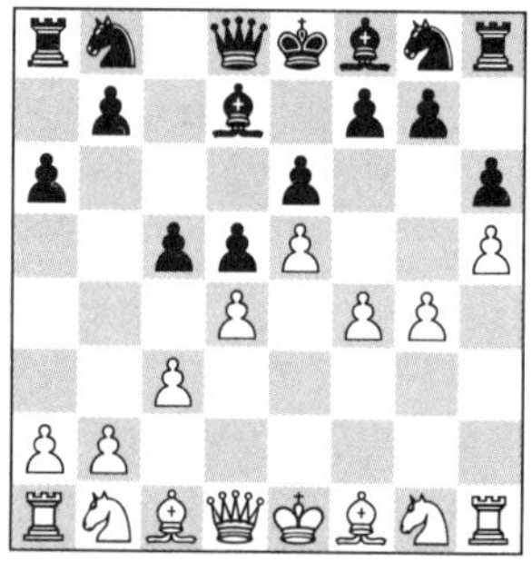

Wir haben eine seltsame Abart der Französischen Vorstoßvariante erreicht, wobei Schwarz behauptet, dass die beiden Zusatztempi von Weiß lediglich den weißen Königsflügel schwächen. Bodnaruk beantwortet die unausgesprochene Frage, wo ihr König platziert werden soll, mit einer Lösung, auf die auch AlphaZero stolz wäre.

9.♘f3 ♕b6 10.♔f2! ♘c6 11.♔g3!? 0-0-0 12.♖h2

Hier war 12.dxc5! stark, mit der Absicht 12...♗xc5 13.b4 nebst 14.a4.

12...g6 13.hxg6 fxg6 14.♕d3 cxd4 15.cxd4 g5??

Nach 15...h5 16.g5 ♘ge7 wäre die Partie ausgeglichen.

16.♘xg5?

Die Spieler tauschen Komplimente aus; 16.fxg5! hätte die Variante aus der nächsten Anmerkung vermieden.

16...♘ge7?

16...hxg5! wäre ein starkes Qualitätsopfer, weil Weiß nach 17.♖xh8 ♘ge7 keinen guten Weg hätte, den

Bauern d4 zu verteidigen: 18.♗e3? gxf4+ 19.♔xf4? (19.♗xf4 ♘g6! 20.♕xg6 ♕xb2 ist unklar) 19...♕xb2 20.♕c3 ♕xc3 21.♘xc3 ♘g6+.

17.♘f7 ♖g8 18.♔h3 ♘xd4?! 19.♗e3

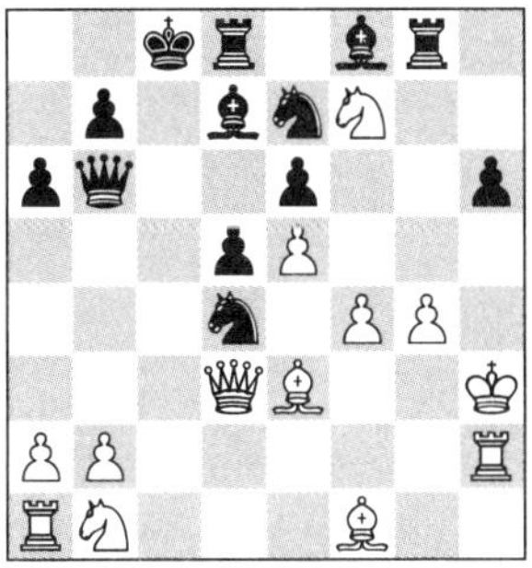

Es sieht nicht gut aus für Schwarz, mit einem angegriffenen Springer (gefesselt!) und Turm (gefangen!). Etwas davon muss fallen, und bei einer Enginebewertung von +4 würde so mancher die Stellung als aufgabereif erachten. Aber nicht ich, nicht Sie, und schon gar nicht Gunina! Sie fragt sich selbst: „Was ist an der Stellung meiner Gegnerin schlecht?“ Die Antwort lautet natürlich, der König von Weiß. Gunina versucht umgehend, dessen Unbehagen zu vergrößern.

19...♘ef5!!

Statt zu versuchen, eine der angegriffenen Figuren in Sicherheit zu bringen, stellt Gunina eine dritte *en prise*! Weiß muss schlagen, doch damit öffnet sie die g-Linie und entfernt einen wichtigen Verteidiger ihres Königs.

20.gxf5

20.♘xd8 ist möglich, aber nach 20...♗b5! 21.♕c3+ ♔b8! hat Schwarz die Initiative, z.B. 22.♗xb5 ♕xd8 23.♗f2 ♘xb5! mit ernsthafter Kompensation für die Qualität.

20...♗b5!

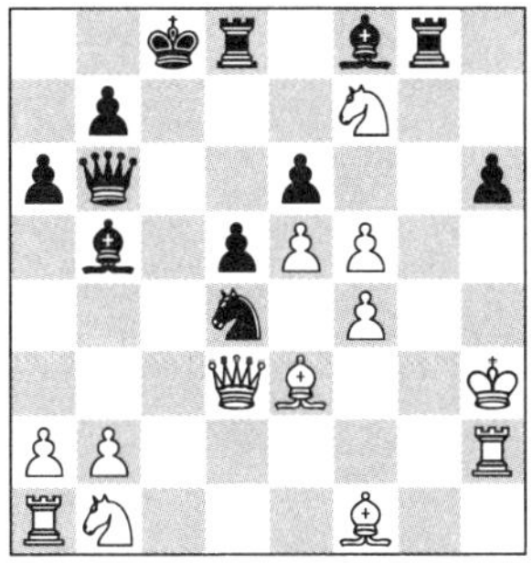

21.♖c2+!

Ein starkes Gegenopfer, sowohl objektiv wie auch in praktischer Hinsicht.

21.♕xd4? ♗xf1+ 22.♔h4 ♕c7!

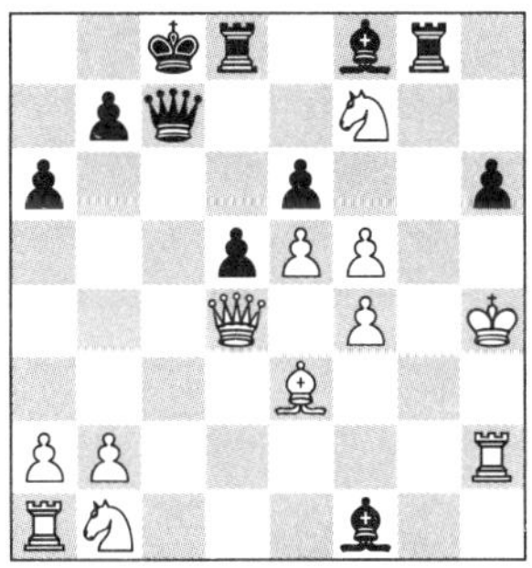

Analysediagramm

würde Schwarz enorme praktische Chancen geben, wobei der weiße König prekärerweise durch die offene g-Linie abgeschnitten wäre. Zum Beispiel 23.fxe6?? ♕e7+! oder 23.♕c3 ♗c4 24.♘xd8?? ♕g7!, in beiden Fällen mit schwarzem Gewinn. Es gibt einen schmalen Pfad zum Sieg, wobei ich freilich anfügen möchte, dass 23.f6!! nicht gerade der natürlichste Zug ist, der mir in den Sinn käme. Nach

23...♕xf7 24.♖c2+! ♗c4 25.♘d2!! vergibt die Engine stolz den Punkt an Weiß.

21...♘xc2! 22.♕xc2+?

Gemäß meiner Engine erneut das beste, aber 22.♗xb6! ♗xd3 23.♗xd3 war ein viel sicherer Weg zum Gewinn. Das darauf folgende Endspiel lässt Schwarz keine Hoffnung. Auch wenn der Textzug dem Weißen laut Engine einen kolossalen Vorteil gibt. ist dies doch ein lehrreicher „menschlicher“ Moment in der Partie.

22...♗c5!!

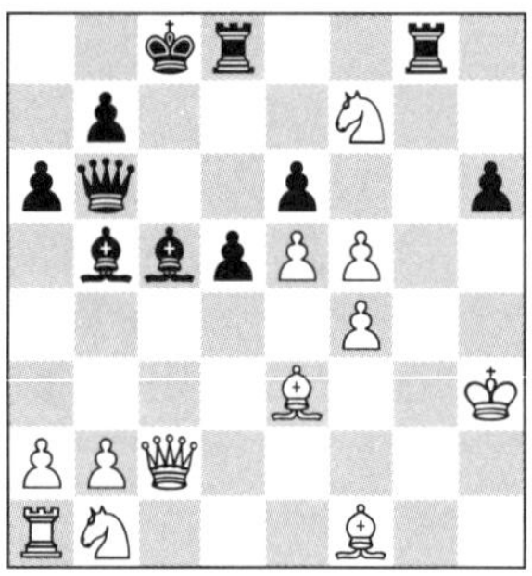

Absolut erzwungen, aber nichtsdestotrotz ein herrlicher Zug.

23.♗xb5?

Auch hier war die Rückgabe von etwas Material die bessere praktische Herangehensweise: 23.♕xc5+! ♕xc5 24.♗xc5 ♗xf1+ 25.♔h4! mit gewonnenem Endspiel.

23...d4!

Volle Kraft voraus!

24.♘xd8 ♔xd8 25.♗a4

Behält das Feld c6 im Blick und beabsichtigt 25...dxe3 26.♘c3 mit überwältigendem Vorteil. Doch mit bereits zwei Figuren weniger liegt es nicht in der Absicht von Gunina, sich an einem Materialrückgewinn aufzuhalten.

25...♕c7!!

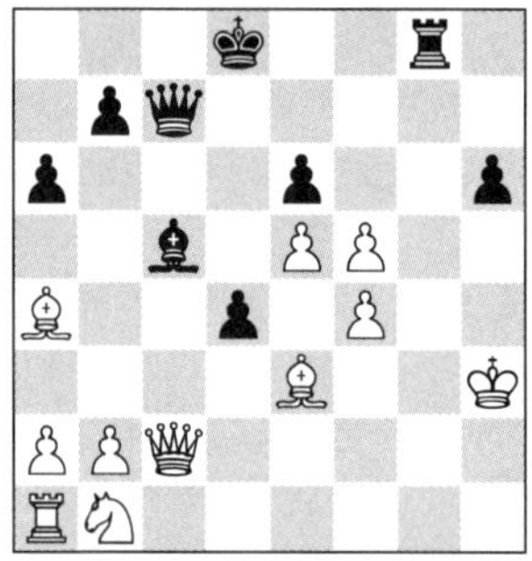

Objektiv gesehen war das Spiel von Weiß in den letzten Zügen perfekt, aber sie hat mehrere pragmatische Alternativen ausgelassen, die das Risiko, einem Schwindel zum Opfer zu fallen, verringert hätten. Das Resultat dieser Versäumnisse ist ein chaotisches Durcheinander mit der sehr realen Möglichkeit, es zu verpatzen. Der letzte schwarze Zug ist angesichts einer solch scharfen Stellung trügerisch ruhig, nichtsdestotrotz droht Schwarz damit, die Dame auf den Königsflügel zu bringen und auf der g-Linie einzudringen. Weiß hat im Moment zwei Figuren mehr, doch der Pfad zum Sieg wird schmaler und schmaler.

26.f6!

Hält sich die Dame für den Moment vom Leib.

26.♗xd4?? ♕g7! erzwingt ein Matt in drei Zügen.

26...♕f7 27.♔h4!

Ausgezeichnete Verteidigung. Die Schwarzspielerin hat alles getan, um einen Angriff zustandezubringen, doch Weiß wendet alle Kräfte auf, um die Einbruchsfelder am Königsflügel zu bewachen.

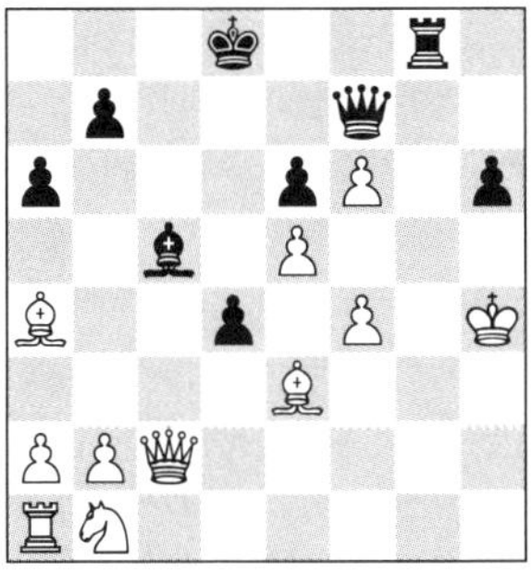

Gunina muss ein Ablenkungsmanöver starten.

27...dxe3!

Scheinbar, um Möglichkeiten mit dem Freibauern zu schaffen – doch das ist in Wirklichkeit der Lockvogel. In Wirklichkeit geht es um ein Einbruchsfeld auf g1.

28.♕xc5

Ein weiterer „bester“ Zug gemäß den Engines, aber 28.♘a3! oder sogar 28.♘d2! war sicherer. Der Schutz von g1 ist maßgeblich.

28...♖g1! 29.♕d6+ ♔c8

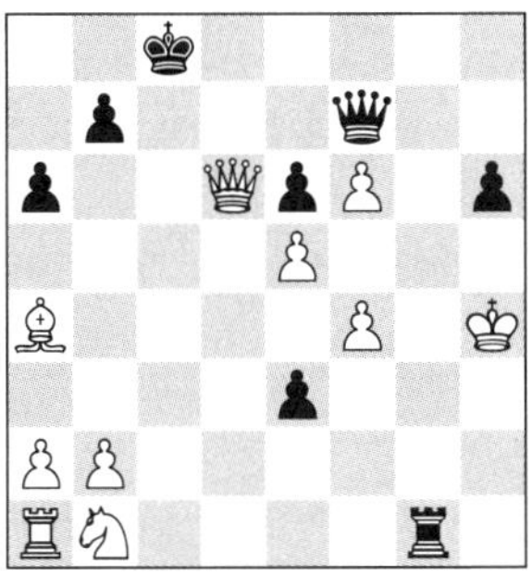

In den letzten 10 Zügen hat Weiß bei jedem Zug die erste Wahl des Computers getroffen. Und doch steht die Stellung, trotz des materiellen Vorteils, auf des Messers Schneide. Mit der Zeitkontrolle am Horizont und einem sich in Auflösung befindlichen Königsflügel zeigt Weiß die ersten echten Anzeichen von Nervosität, beginnend mit einer unangebrachten Zugwiederholung.

30.♕c5+ ♔b8! 31.♕d6+ ♔a7!

Die Weißspielerin hat ihren Wunsch nach einer Zugwiederholung kundgetan, aber höchstwahrscheinlich nur, um dem 40. Zug näherzukommen. An der Stelle von Schwarz würden viele Spieler umgehend wiederholen, doch Gunina spürt die wahren Motive ihrer Gegnerin und weicht als Erste ab, wie wir es auch bei Miles - Bouaziz gesehen haben. Sie bietet eine andere Art der Wiederholung an, aber eine, bei der die Gewinnfortsetzung schwieriger zu finden ist.

32.♕d4+ ♔a8 33.♕d8+ ♔a7 34.♕d4+ ♔a8 35.♕d8+ ♔a7

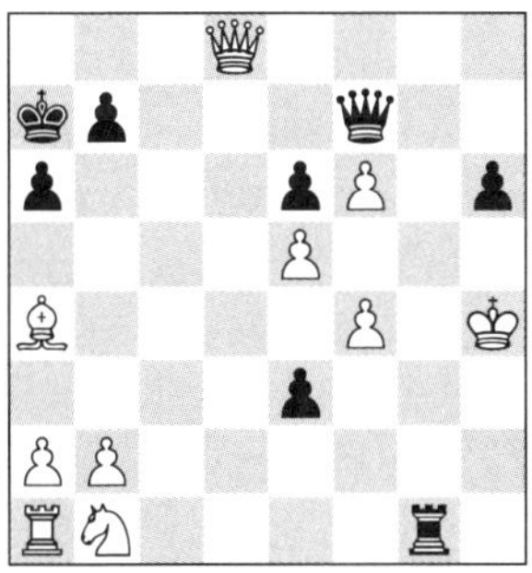

Nun muss Weiß abweichen oder sich anderenfalls mit einer dritten Stellungswiederholung abfinden. Dies ist der kritische Moment der Partie, und da 36.♕d4+ eine Remisreklamation zulässt, gewinnen nur zwei Züge. Doch beide sind mit großen Materialopfern verbunden, wobei Weiß weder die Zeit noch das Bedürfnis dazu hat, das alles zu berechnen. Das ist genau die Art von praktischem Dilemma, die ein Schwindler gerne herbeiführt!

36.♕e8??

Der richtige Weg war, mit 36.♘c3!! ♖xa1 37.♕d4+ ♔a8 einen Turm zu opfern. Nun ist das verblüffende 38.♗c6!! der schnellste Weg zum Gewinn (man beachte, dass der Läufer h1 kontrolliert), da 38...bxc6 39.♕d8+ ♔b7 40.♕e7+ zu einem trivial gewonnenen Endspiel führt. Daneben gab es eine weitere hübsche, freilich etwas unmenschliche Gewinnfortsetzung mit einem Damenopfer: 36.♕d1!.

36...♕c7?

Beiderseitige Zeitnot. Tatsächlich macht 36...♕h7! auf der Stelle remis, wobei uns dann freilich das spektakuläre Finale vorenthalten worden wäre.

37.f7?

Gibt das Kompliment zurück und macht eine letzte Wende der Ereignisse möglich. Weiß hat korrekt berechnet, dass 37...♕c1? 38.♘c3!! auf der Stelle gewinnt. Doch wie es so oft bei den letzten Zügen vor der Zeitkontrolle passiert, übersieht sie dabei eine entscheidende taktische Wendung.

37...♖h1+! 38.♔g4 ♕c4!!

Gunina lässt sich das Remis nicht ein zweites Mal entgehen. 39...♕e2+ ist eine enorme Drohung, die Weiß nur auf eine einzige Weise abwehren kann. Doch was ist das Problem bei dem offensichtlichen Textzug?

39.♘c3

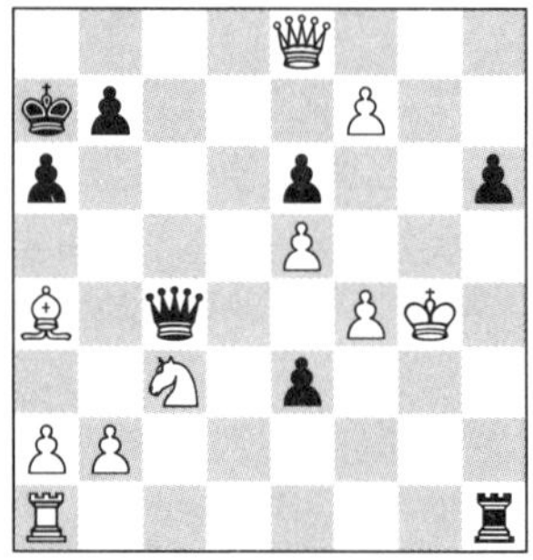

39...♖h4+!!

Ein letztes heroisches Opfer. Das wievielte eigentlich? Ich habe nicht mehr mitgezählt.

40.♔xh4 ♕xf4+

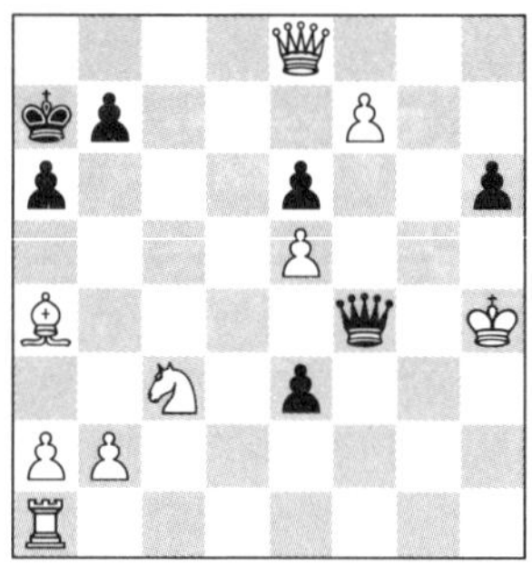

Und exakt im 40. Zug, und trotz eines materiellen Unterschiedes von Turm und zwei Figuren gegen einen einzigen Bauern, einigten sich die Spielerinnen auf ein Remis. Würden Sie das als unverdient bezeichnen?

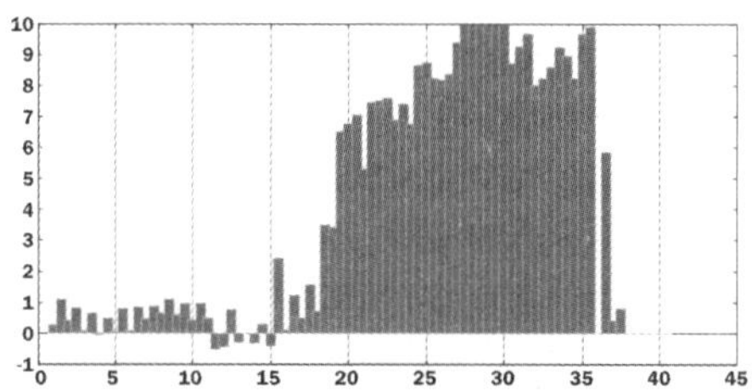

Partie 9

Justin Tan 2407

David Smerdon 2521

England 4NCL 2014/15 (10)

Mein Gegner – nicht derselbe Justin Tan wie bei meinem ersten Schwindel! – ist einer der talentiertesten jungen Spieler Australiens und wurde vor kurzem Großmeister. Kreativ, einfallsreich und unglaublich tapfer spielend, ist er oft der letzte, der im Turniersaal noch zugange ist, so wie auch hier.

1.e4 c5 2.♘f3 g6 3.d4 cxd4 4.♘xd4 ♘c6 5.c4 ♗g7 6.♗e3 ♘f6 7.♘c3 d6 8.♗e2 0-0 9.0-0

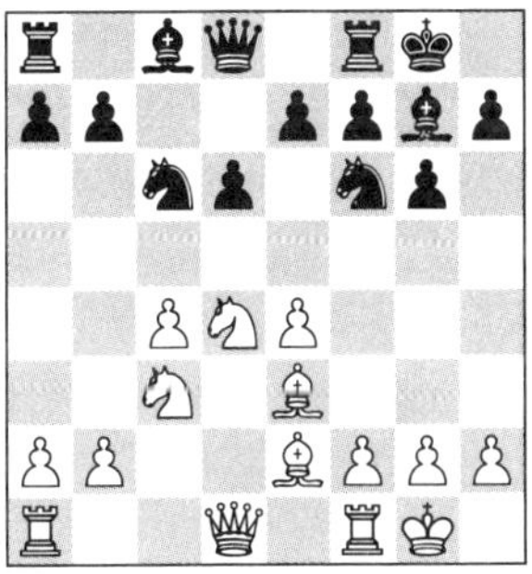

9...♘xd4

Dies vor 9...♗d7 zu spielen ist eine Anregung von Tiwjakow, um damit die Varianten mit 10.♘c2 zu umgehen. Es gibt nur ein kleines Problem:

10.♗xd4 ♗d7 11.♕d3!

Dieser selten gespielte Zug ist das Problem bei der Zugreihenfolge von Schwarz. Es ist nicht allzu schlimm, aber damit kommt Weiß schnell zu f2-f4 und braucht nicht das konservative f2-f3 zu spielen, das Schwarz zu provozieren hoffte.

11...♗c6

Diese Stellung wurde tatsächlich fast genauso oft mit Schwarz am Zug erreicht. Dies geschieht gewöhnlich, wenn Weiß ein frühes ♕d2 spielt und dann ...♗c6 mit ♕d2-d3 beantwortet. Doch sie kann ebenso über einige seltsame Königsindisch-Zugfolgen zustande kommen, z.B. 1.d4 ♘f6 2.♘f3 g6 3.c4 ♗g7 4.♘c3 d6 5.e4 0-0 6.♗e2 ♘c6 7.d5 ♘b8 8.♘d4 c5 9.dxc6 ♘xc6 10.♗e3 ♗d7 11.0-0 ♘xd4 12.♗xd4 ♗c6 13.♕d3 wie in Menkhaus - Perk, Binz 2015.

12.f4

12.b4! ist hier stark.

12...a5 13.♔h1 ♘d7 14.♗xg7 ♔xg7 15.♗g4 ♘c5 16.♕d4+ ♔g8 17.f5!?

Sehr aggressiv und genau im Stil von Justin. Die Kehrseite der Medaille ist, dass dadurch die dunklen Felder im Zentrum empfindlich geschwächt werden.

17...♕b6

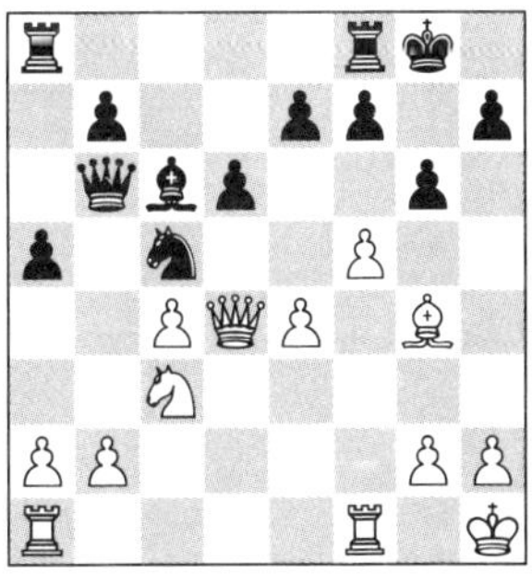

18.f6?!

Konsequent, aber fragwürdig. Weiß opfert einen Bauern, um die Stellung aufzubrechen, aber er vermisst bei seinem Angriff schmerzlich ein oder zwei weitere Leichtfiguren.

18...exf6 19.♖xf6 ♕xb2 20.♖d1 ♖ae8! 21.♗f3 ♖e6 22.♖xe6 ♘xe6 23.♕f6 ♕b4! 24.h4?!

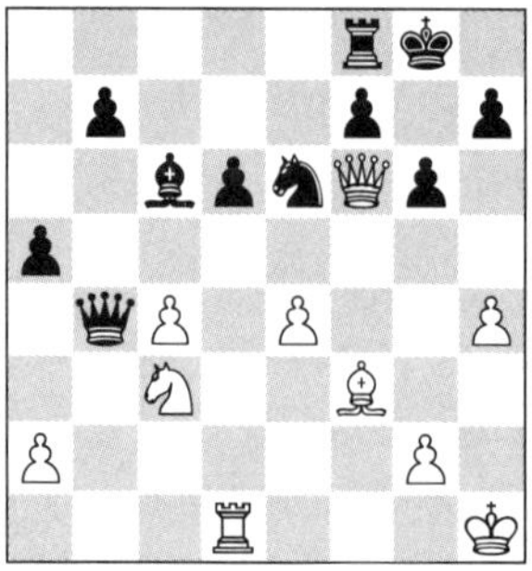

Hartnäckig. Weiß will mit allen Mitteln die dunklen Felder von Schwarz angehen. Aber der Angriff lässt sich leicht parieren.

24...♕xc4 25.♖xd6 ♖e8 26.♖d1

26.h5 ♕c5!.

26...♘c5 27.h5 ♕e6 28.♕h4 ♘xe4 29.♘xe4 ♗xe4 30.♖e1 f5

Der Angriff ist vorbei, und Schwarz hat zwei Bauern.

31.♕g3 ♕e5 32.♕g5 ♕e7 33.♕f4 g5 34.♕d2 g4 35.♗xe4 fxe4 36.♕xa5 g3 37.♕d5+ ♔h8 38.♔g1 ♕f6

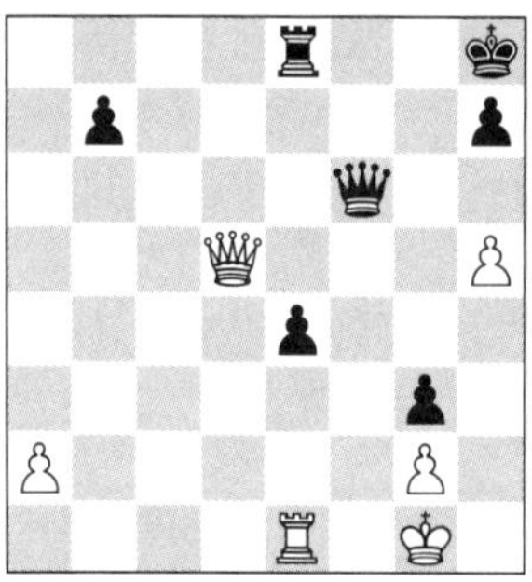

Und so haben wir den Beginn der Schwindelphase erreicht. Justin ist völlig verloren, er hat zwei Bauern weniger und sieht sich einem Angriff ausgesetzt. Tatsächlich kann Schwarz von hier ein Matt in 19 Zügen erzwingen; doch wir werden sehen, dass die Partie weit länger dauern wird.

Justin beginnt tief zu schürfen. Jeder seiner folgenden Züge folgt der Ultima Ratio des Schwindlers: „Zumindest verliert dieser Zug nicht sofort."

39.♖f1 ♕b6+ 40.♔h1 e3

40...♕d8! war ein sofortiger Gewinn, mit der Drohung, ...♕h4+ zu spielen. Auf 41.♕xd8 ♖xd8 42.♖e1 folgt 42...e3! 43.♔g1 e2!.

41.♕f3! ♕d6 42.♕e2!

Tapfer.

42...♖e4 43.♔g1 ♕d2

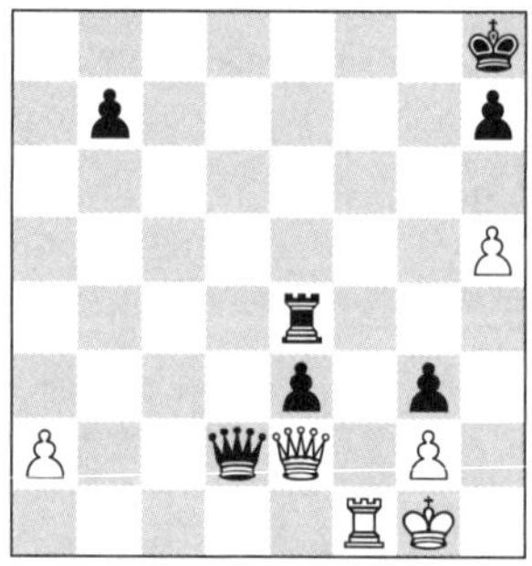

Hier hatte ich selbst eine kleine Falle vorbereitet: 44.♕f3?? ♕f2+!! 45.♖xf2 exf2+ mit Gewinn.

44.h6!

Seine erste echte Drohung von Weiß in der Partie, aber ein einzügiges Matt ist schon mal kein schlechter Anfang!

44...♔g8

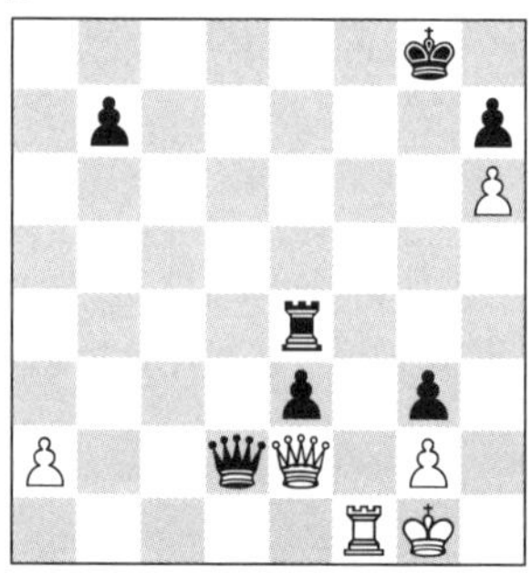

45.♖f8+!

Justin hat nicht nur einen Trick auf Lager. Er erkennt, dass seine einzige praktische Chance in einer Überleitung zu einem Damenendspiel besteht, wo ihm mein entblößter König etwas zum darauf herumbeißen gibt.

45...♔xf8 46.♕f3+ ♔e7 47.♕xe4+ ♔d6 48.♕f4+ ♔c6 49.♕xg3 ♕d1+ 50.♔h2 ♕h5+ 51.♔g1 ♕d1+ 52.♔h2 e2

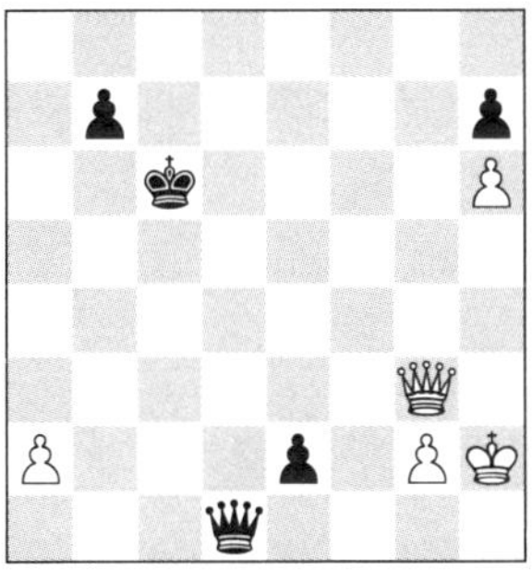

Gespielt mit der (richtigen) intuitiven Einschätzung, dass der schwarze König den Schachgeboten letztlich entkommt. Freilich war mir nicht annähernd bewusst, dass mein e-Bauer für über 30 Züge auf e2 steckenbleiben würde ...

53.♕c3+ ♔d5 54.♕f3+ ♔c5 55.♕c3+ ♔b6 56.♕e3+ ♔a6 57.♕e6+ ♔a7 58.♕e3+

Nachdem ich die ganze Partie über einen Vorsprung auf der Uhr hatte, hatte ich jetzt nur noch 30 Sekunden pro Zug, ebenso wie mein Gegner. Das war kein Zufall. Justins ausgezeichnete praktische Entscheidung im 45. Zug hat die Partie so verändert, dass ich bei jedem Zug Varianten berechnen musste, während er jeweils zwischen zwei oder drei Schachgeboten wählen konnte – eine Strategie, die wir bereits bei Malachatko - Jones gesehen haben. Jetzt, da sich die Bedenkzeit angeglichen hat, haben sich die weißen Chancen auf einen Schwindel deutlich verbessert.

Die nächste Phase der Partie ist durch Ungenauigkeiten beider Spieler gekennzeichnet, was bei derartigen komplizierten Damenendspielen zu erwarten ist. Schwarz hat den klaren Plan, seinen König dorthin zu bringen, wo er von seiner Dame geschützt wird, was mir nach einiger Zeit auch gelungen ist.

58...♔a6? 59.♕e6+ ♔a5 60.♕e5+ b5 61.♕c7+ ♔a4 62.♕a7+ ♔b4 63.♕e7+ ♔c4 64.♕c7+ ♔d4 65.♕d6+ ♔c4 66.♕c7+ ♔d4 67.♕d6+ ♔c3 68.♕c5+ ♔d2 69.♕g5+ ♔c2 70.♕c5+ ♔b1 71.♕xb5+ ♔c1 72.♕c5+? ♕c2 73.♕e3+ ♕d2 74.♕c5+ ♔d1

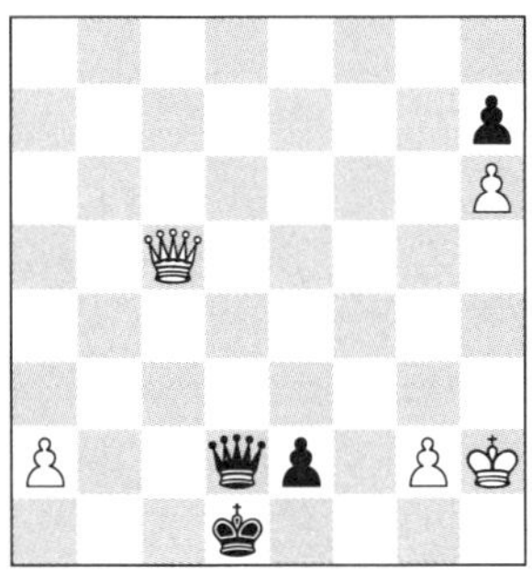

75.♕h5!

Nach 22 Schachgeboten in Serie spielt Weiß schließlich etwas anderes – aber erneut ist es die zäheste Verteidigung.

75...♕f4+ 76.♔h1 ♕e3 77.♕d5+ ♔e1 78.♕f5 ♕xh6+ 79.♔g1 ♕e3+ 80.♔h2 ♕h6+ 81.♔g1 ♕c1?
81...♕e3+ 82.♔h1 ♕d4! mit Gewinn.
82.♕d3 ♕c5+ 83.♔h2 ♔f1

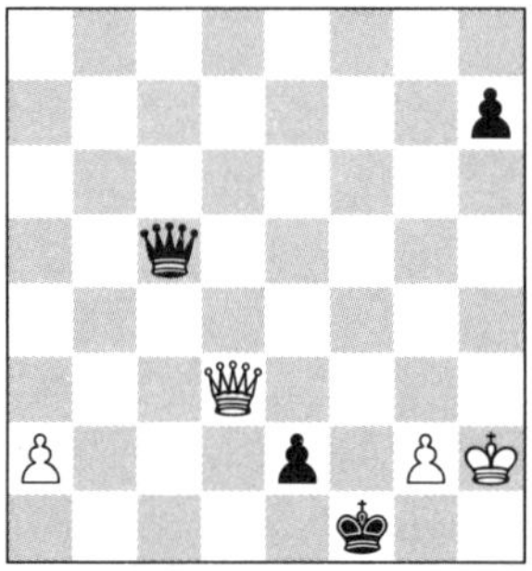

Der schwarze König hat tief im weißen Territorium Unterschlupf gefunden. Ich erinnere mich, wie ich mich in meinem Stuhl zurücklehnte und die Hände hinter dem Kopf verschränkte – nicht um Zuversicht auszustrahlen, sondern weil ich wirklich überzeugt war, dass der Kampf vorüber sei (manchmal handelt man in Unwissenheit am Besten!). In der Tat sollte der Kampf jetzt vorbei sein, aber nicht in der Weise, wie ich glaubte.
Zu meinem Glück blitzte Justin ein einer Mischung aus Erschöpfung und Enttäuschung den Zug
84.g4??
heraus, und die Partie endete wie folgt:
84...♕f2+ 85.♔h3 ♔g1 0:1
Erst nachdem ich auf mein Hotelzimmer zurückgekehrt war, enthüllte mein Computer die schaurige Wahrheit bezüglich der Diagrammstellung.

Weiß kann die Partie auf bemerkenswerte Weise retten: 84.♕b1+!!. Wenn nun 84...e1♕ 85.♕d3+, so muss Schwarz ein Dauerschach zugestehen, denn 85...♔f2?? 86.♕f3 ist matt, ebenso wie 85...♕e2 86.♕b1+ ♔f2?? 87.♕g1#!
Die Geschichte hat noch eine weitere Wendung. Schwarz kann immer noch 84...e1♘!? (deckt d3) 85.♕xh7

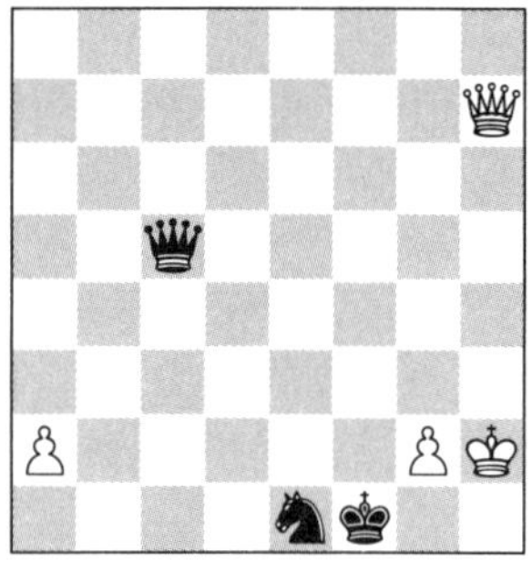

Analysediagramm

85...♘f3+! versuchen, in Hoffnung auf 86.gxf3 ♕g1+!. Doch das nüchterne 86.♔g3! ♕f2+ 87.♔f4! hält das Remis, wobei dasselbe Endspiel wie bei Sethuraman - Giri erreicht wäre. Eine erstaunliche „unsichtbare“ Zugfolge, die Justins Verteidigungsleistung zu Recht belohnt hätte. Doch auch wenn dieser letzte Schwindel niemals ans Tageslicht kam, können wir aus dieser Partie viel lernen.

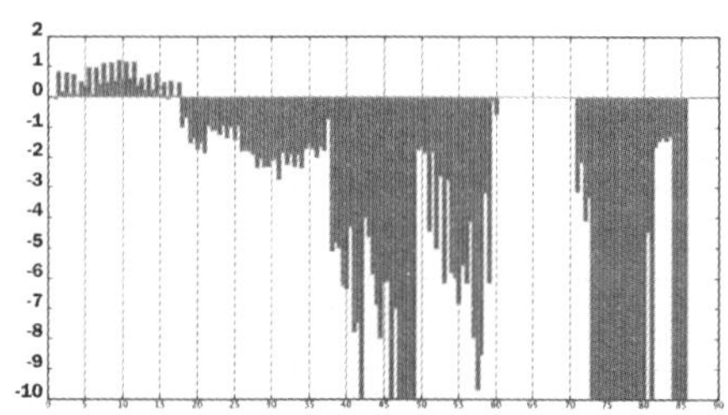

KAPITEL 22

Schwindeleien aus Amateurpartien

Partie 10
Niels Piepho 2284
Olaf Steffens 2251
Deutschland Oberliga 2008/09 (8)

1.c4 ♘a6!?

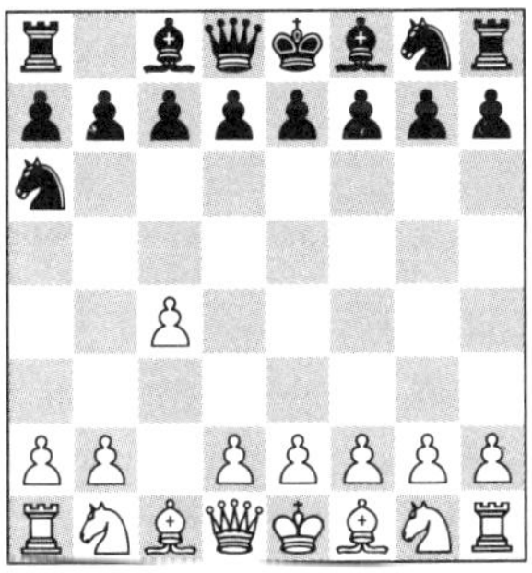

Wir haben Olaf Steffens bereits kurz im Kapitel über Drahtseilakte getroffen. Steffens ist eine beliebte und angesehene Persönlichkeit der Bremer Schachszene. Er ist sowohl für seine exzentrischen Eröffnungen (man sehe, wie die vorliegende Partie beginnt!) wie auch für seine warmherzige und stets positive Art bekannt. Er liebt das Schachspiel in all seinen Facetten; sei es als Spieler, als Organisator oder als Schreiberling. Dies äußert sich in seinem unerschütterlichen, oftmals unbegründeten Optimismus am Brett. Ein echter Schachliebhaber kann der unangenehmste Gegner sein!

Lassen Sie sich von den Eröffnungszügen nicht täuschen – dies ist keinesfalls eine Gelegenheitspartie; Steffens und seine Kameraden aus der 2. Mannschaft des wundervollen Vereins Werder Bremen nehmen ihre Begegnungen äußerst ernst, dergleichen ihre Gegner. Doch das hält ihn nicht davon ab, vom ersten Zug an in seinem typischen Stil zu spielen, wie wir bereits in der Partie gegen Gavin Wall gesehen haben.
Für Steffens ist Schach gleichermaßen Sport wie Kunst: jede Partie ist nicht nur ein Duell des Geistes, sondern auch eine Gelegenheit, etwas Originelles zu erschaffen. Typischerweise, und sehr zum Leidwesen seiner Mannschaftskameraden, lässt er dieser Kreativität vom ersten Zug an freien Lauf.

2.♘c3 ♘h6!? 3.d4 g6

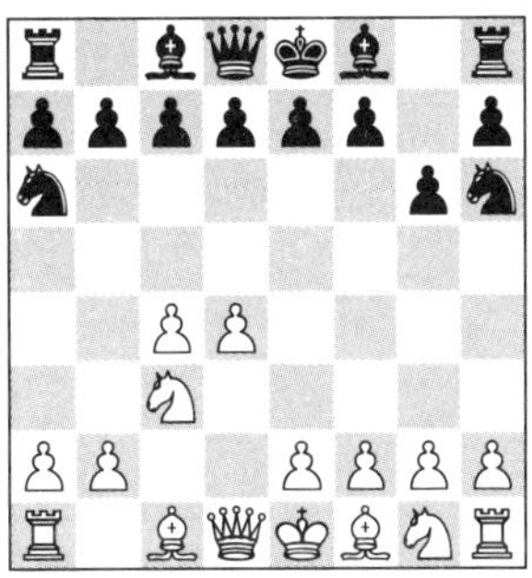

4.♘f3

Erstaunlicherweise ist erst dieser Zug eine Neuerung!
Ein kanadischer Amateur namens Kosta Elieff hatte zweimal diese Stellung mit den schwarzen Figuren, wobei er beide Male mit 4.e4 konfrontiert wurde. 4...♗g7 (4...f6!? 5.♘f3 ♘f7 6.♗e2 c6 7.0-0 ♗g7 8.♗f4 ♘c7 leitet tatsächlich zur „Drunken-Roo“-Variante über – betrunkenes Känguru –, deren Name von dem legendären Schwindler Tony Miles – von wem auch sonst – geprägt wurde[57]) 5.♗e3 d6 6.f3 f5! 7.♕d2 ♘f7 8.♖c1 0-0, und Schwarz hatte eine respektable Stellung im Geiste des Leningrader Systems der Holländischen Verteidigung, Van der Velde - Elieff, London (Kanada) 1994 (0:1/29.).
Kehren wir nun, nachdem wir unverständlicherweise soeben die Eröffnungstheorie dieser Position erörtert haben, zur Partie zurück.

4...d6 5.♗g5

Mit der Idee 5...♗g7 6.♕d2!, um den Springer auf h6 in Verlegenheit zu bringen. Aber zu diesem Zweck hätte Weiß seinen Läufer lieber nach f4 stellen sollen, denn Steffens scheut sich bestimmt nicht, seinen f-Bauern (oder einen beliebigen anderen Bauern) vorzurücken.

5...f6! 6.♗d2 e5 7.e3 ♗g7

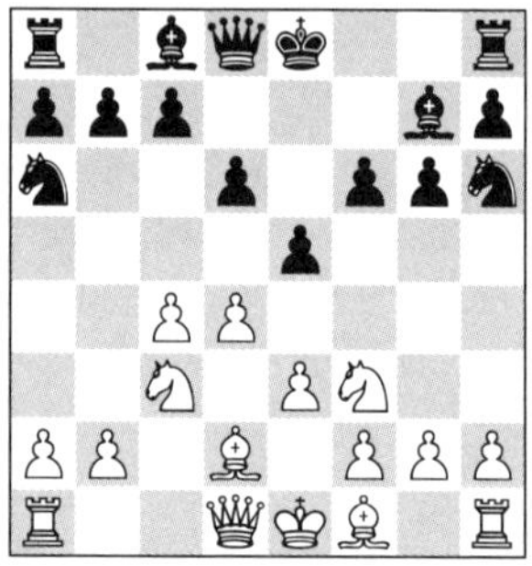

Natürlich muss Weiß in dieser Stellung besser stehen – die schwarzen Springer am Rand „bringen Kummer und Schand“, während die diversen schwarzen Bauernvorstöße in Zukunft unweigerlich schwache Felder hinterlassen werden.
Auf der anderen Seite hat Schwarz auch eines seiner Ziele erreicht: in dieser Stellung müssen beide Spieler selbstständig denken, anstatt Varianten herunterzubeten. Und tatsächlich greift Weiß gleich daneben.

8.♗d3?

Stark war 8.c5!, was das Feld c4 für den Läufer geräumt und vielleicht sogar ein Schlagen auf a6 ermöglicht hätte. Nach 8...dxc5 gibt 9.dxe5! fxe5 10.♕b3! dem Weißen mehr als genug Kompensation für den Bauern.

8...f5!

Eine natürliche Antwort, die 9...e4 mit Figurengewinn droht, so dass Weiß Zeit verlieren muss.

57 Miles entwickelte diese Variante zusammen mit seinem australischen Freund Aleks Wohl – genau der Spieler aus dem zweiten Beispiel unseres Buches, der mit dieser Eröffnung viele Großmeister wie etwa Yermolinsky, Nogueiras und Deltschew besiegen konnte. Miles ließ seinem Kumpel später die Ehre zuteilwerden, diese Eröffnung im Magazin Kingpin als „Holy Wohly“ zu titulieren.

9.♗c2?
9.c5! war noch immer möglich, da 9...e4 10.♗xa6! exf3 11.♕xf3! den Weißen begünstigt.

9...e4 10.♘g1 ♕g5!?
Aktiv gespielt.
Ein zurückhaltenderer Ansatz wäre der Versuch, Weiß zu d4-d5 zu zwingen, wodurch sich die lange Diagonale für den schwarzen Fianchettoläufer öffnen würde. Dieser Plan lässt sich mit 10...♗e6! (provoziert d4-d5) einleiten. Weiß kann den Bauern mit 11.♕e2 verteidigen, doch dann ist e2 nicht mehr für seine Springer verfügbar, wodurch der Bauer d4 noch verwundbarer wird.
Es könnte 11...♘b4 12.♗b1 c5!? 13.d5 ♗d7

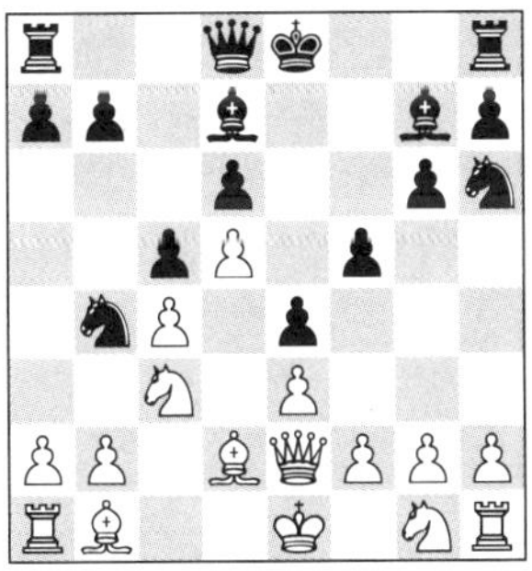

Analysediagramm

mit exzellenter Stellung für Schwarz folgen.
Steffens' Wahl steht mehr im Einklang zu seinem Stil, doch die Dame wird nach einem späteren ♘h3 zum Rückzug gezwungen sein.

11.g3 ♘b4 12.♗b1 0-0 13.♘h3 ♕e7 14.♘f4

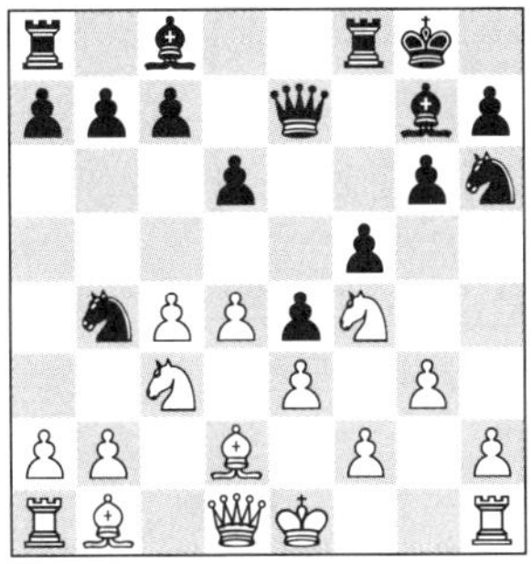

14...c6
Erneut sollte Schwarz besser mit 14...c5! Druck auf das Zentrum von Weiß ausüben, bevor dieser seine Entwicklung vollenden kann. Es stimmt zwar, dass Weiß dann den Vorposten auf d5 geltend machen kann, doch nach 15.♘cd5 ♘xd5 16.♘xd5 ♕f7 17.♗c3 kann Schwarz diesen umgehend mit 17...b5! unterminieren und die Stellung zu seinem Vorteil öffnen.

15.h4!
Weiß entscheidet sich schließlich dafür, den Schwarzen an seine eigenen Schwächen zu erinnern.

15...♘g4 16.a3 ♘a6 17.♗a2 ♗e6?!

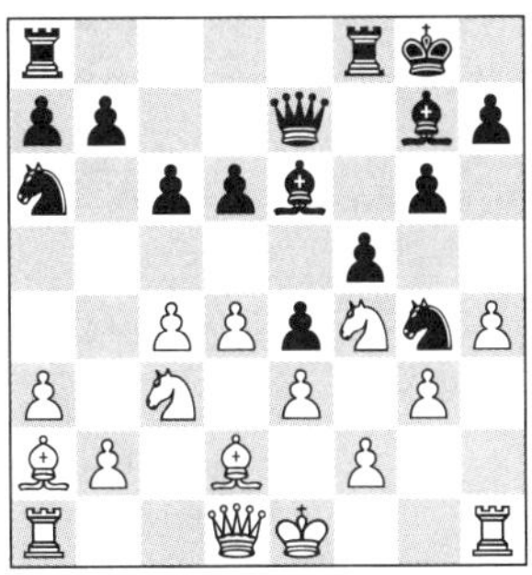

Ein positioneller Fehler. Zwar mögen hier noch alle Bauern auf dem Brett sein, doch Schwarz wird seinen weißfeldrigen Läufer bald vermissen.

18.♘xe6 ♕xe6 19.♘e2 c5 20.♗c3 ♔h8?! 21.♘f4! ♕e8 22.♕d2 cxd4

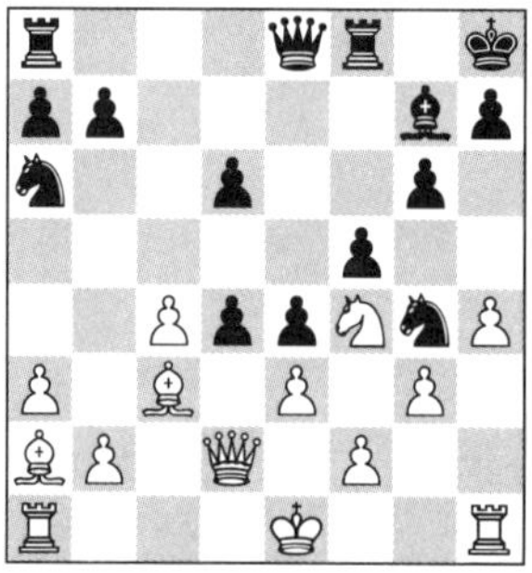

23.♗xd4!?

Eine interessante Entscheidung. Es ist offenkundig, dass Weiß die Stellung öffnen will. Dies erlaubt Schwarz zwar den Damentausch, doch Weiß folgert korrekt, dass seine besseren Leichtfiguren in Verbindung mit der Bauernschwäche auf d6 ihm den Vorteil geben.

23...♗xd4 24.♕xd4+ ♕e5 25.♖d1 ♘c5?

Schwarz versucht, seine positionellen Probleme mit taktischen Mitteln zu lösen, doch dies wird bald nach hinten losgehen. Besser war es, mit 25...♘c7 in den Kriechgang zu schalten.

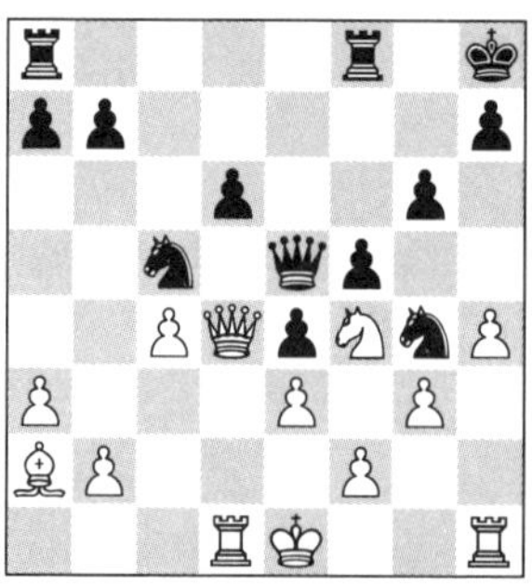

26.b4! ♘d3+ 27.♘xd3 ♕xd4 28.exd4 exd3

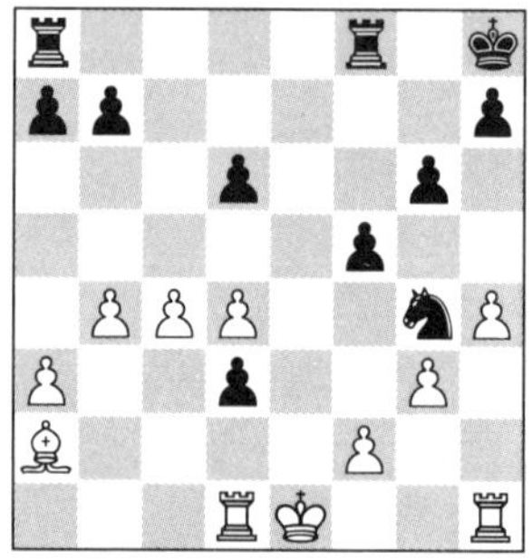

29.0-0!

Schwarz zählte vielleicht auf 29.♖xd3? ♖ae8+ 30.♔f1 f4!, wonach er sehr ernsthaftes Gegenspiel hätte. Stattdessen spielt Weiß es sicher; davon ausgehend, dass der Bauer d3 nicht vom Fleck kommt.

29...a5 30.b5 f4 31.♖xd3 ♖f6 32.c5!

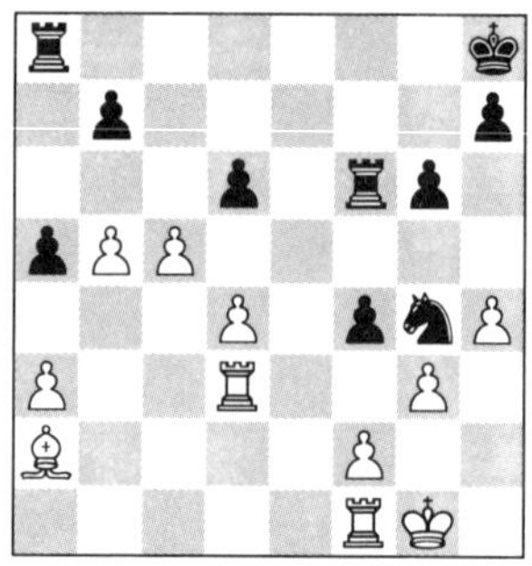

Weiß hat umsichtig den Bauern eingesammelt und beginnt nun, seine Damenflügelmehrheit ins Rollen zu bringen. Tatsächlich ist er nur noch wenige Züge davon entfernt, eine neue Dame zu bekommen. Die Kräfte von Schwarz sind in Unordnung, jede einzelne Figur ist ihrem Gegenspieler objektiv unterlegen. Der einzige Faktor, der für Schwarz spricht, ist ein aufziehender Verzweiflungsangriff am Königsflügel, der vielleicht dadurch Rechtfertigung erhält, dass der Läufer von Weiß ein paar Züge von einer Verteidigungsfunktion entfernt steht. Vor diesem Hintergrund und ohne realistische Chance, den Ansturm am Damenflügel zu stoppen, unternimmt Steffens einen gewagten Versuch, ein Gegenspiel gegen den weißen König heraufzubeschwören.

32...♖af8!

Mit nur noch wenigen Figuren an Bord ist es schwer zu glauben, dass Schwarz am Königsflügel nicht nur Luftlöcher schlägt.

33.♗d5!

Eine dominante Stellung für den Läufer, von wo er sowohl die Bauern am Damenflügel wie auch die Verteidigung des Königsflügels unterstützt.

Bei 33.gxf4? ♖xf4 droht 34... ♘xf2, und im Falle von 34.f3 gewinnt 34...dxc5 35.dxc5 ♘e5! den Bauern schließlich doch.

33...fxg3 34.♖xg3 ♘xf2 35.♔g2!

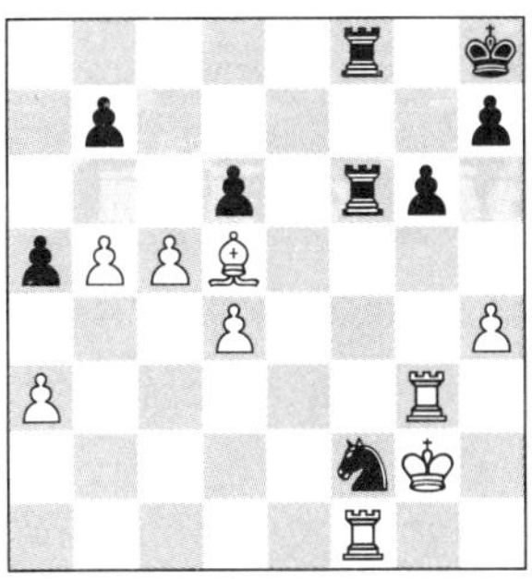

Verhindert Ideen mit ...♘h3+. Schwarz steht nun vor der wenig schönen Perspektive, entweder einen Turmtausch zuzulassen oder seinen Springer in der Fesselung auf der f-Linie stehenzulassen. Derweil sind die weißen Bauern am Damenflügel nur noch wenige Züge vom Touchdown entfernt. Schwarz muss kreativ werden, und zwar zügig.

35...dxc5! 36.dxc5 ♖d8!

Opfert, um die Angriffsrichtung zu verändern, noch einen Bauern.

37.♗xb7

Um ehrlich zu sein, ich hätte bestimmt den laut Engine fünftbesten Zug gespielt – 37.♖xf2!? –; sowohl, weil es die Stellung vereinfacht, als auch, weil die resultierende Variante erzwungen und damit leicht zu berechnen ist: 37...♖xf2+ 38.♔xf2 ♖xd5 39.♖g5 ♖d3 40.♖e5 ♖c3 41.♔e2 ♔g7 42.♖e7+ ♔f6 43.♖c7 ♔e5 44.♔d2 ♖c4 45.♔d3 ♖c1 46.a4

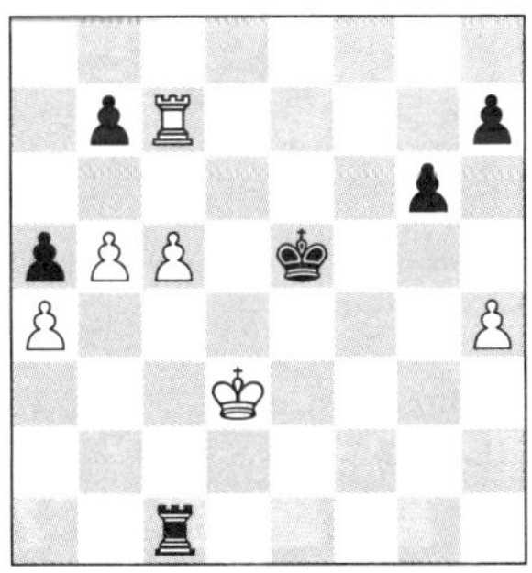

Analysediagramm

mit einem leicht gewonnenen Turmendspiel. Ich hätte diesen Weg gewählt, und zwar nicht nur, weil diese Variante sehr geradlinig ist, sondern auch, weil ich mich in diesem Turmendspiel ganz daheim gefühlt hätte. Vielleicht war sich Piepho diesbezüglich nicht so sicher. Erkenne Dich selbst!

37...♖d2

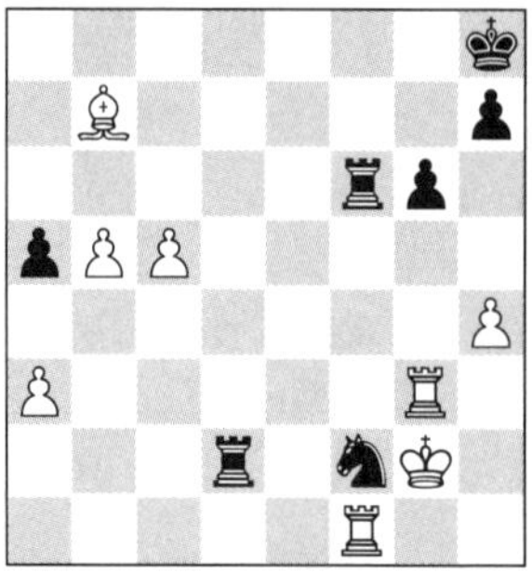

Weiß hat nun zwei verbundene Freibauern, und sein Vorteil ist objektiv riesig, doch Schwarz hat zumindest eine Drohung: 38...♘e4+.

38.♔g1! ♖c2 39.♖g2!

Ein cleverer Zug, der Schwarz provoziert, die Stellung zu dem Endspiel nach 39...♖xc5 40.♖gxf2 ♖xf2 41.♖xf2 ♖xb5 42.♗e4 zu vereinfachen. Wir haben zuvor bereits gesehen, dass sich Schwindler gerne die Aussicht auf ein Endspiel ♖+♗ vs. ♖ zunutze machen, um halbe Punkte zu stiebitzen. Doch hier sind die Chancen von Schwarz, den a-Bauern zu eliminieren, praktisch Null. Ohne realistische Hoffnung in diesem Endspiel versucht Steffens, lieber die Figuren auf dem Brett zu behalten.

39...♘h3+! 40.♔h2 ♘f2!

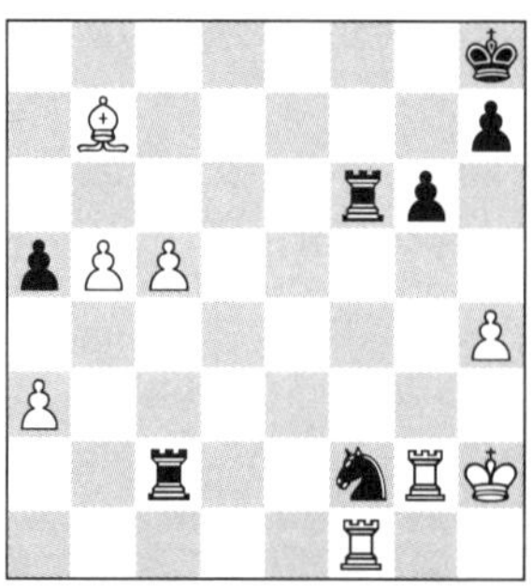

Eine irritierende Zugwiederholung. Weiß würde nun gern 41.c6 spielen, muss aber zunächst die Konsequenzen von 41...♘g4+! (und die damit verbundenen Fallstricke) berechnen:

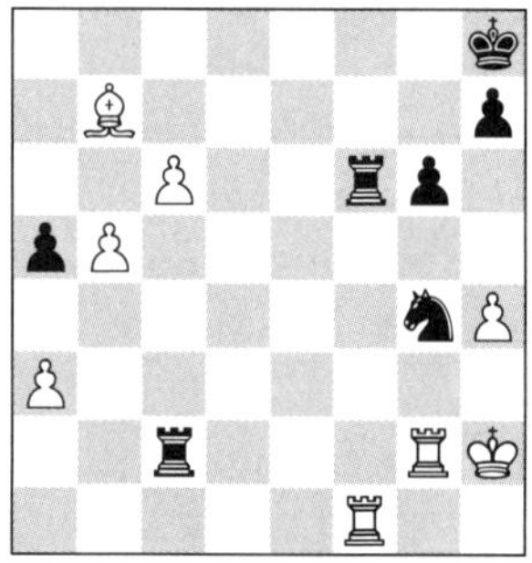

Analysediagramm

A) 42.♔g1?? reicht nicht: 42...♖xf1+ 43.♔xf1 ♘e3+, und Schwarz gewinnt;

B) 42.♔g3? ♖c3+! 43.♔xg4 ♖xf1, und nun muss Weiß 44.b6?? h5+ 45.♔g5 ♔g7! vermeiden,

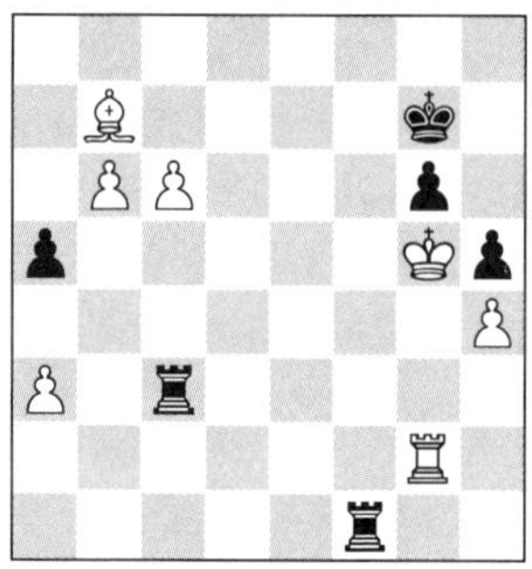

Analysediagramm

mit einem niedlichen Matt für Schwarz. Stattdessen führt 44.♖g3 h5+ zu einem ausgeglichenen Endspiel, in dem Remis der wahrscheinlichste Ausgang ist;

C) 42.♔h3!! ♖c3+ 43.♖g3 ♖xg3+ 44.♔xg3 ♖xf1 45.♔xg4, und mit ein wenig Sorgfalt sollte Weiß gewinnen.

Angesichts dieses Dschungels von Fallen entscheidet sich Weiß nachvollziehbarerweise für einen ruhigeren, die Stellung klärenden Weg.

41.♖fxf2! ♖fxf2 42.♖xf2 ♖xf2+ 43.♔g3

Bis hierher hat Weiß sehr gut gespielt, und es ist ihm gelungen, die Situation zu entschärfen, ohne auf einen der schwarzen Tricks hereinzufallen. Angesichts des unaufhaltsamen Vormarsches 44.c6, 45.b6 und 46.c7 wirkt die Lage hoffnungsloser denn je für Schwarz. Ich lade Sie ein, die Stellung sorgfältig zu studieren und zu sehen, ob Sie einen Weg finden, wie Schwarz Schwindelchancen schaffen kann.

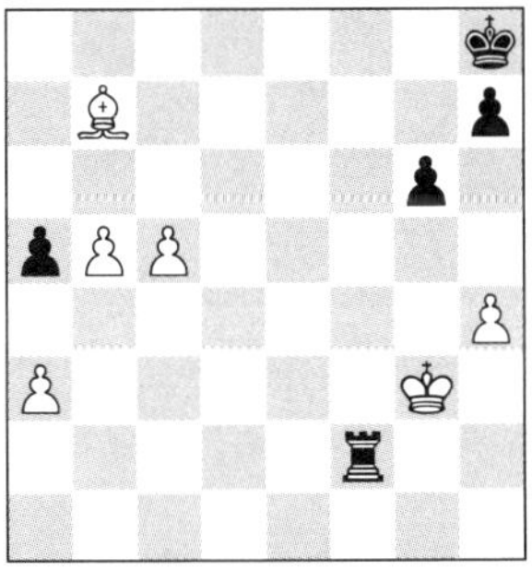

Schwarz am Zug schwindelt

Ich könnte mir gut vorstellen, dass viele Spieler hier mit Schwarz ohne weiteres aufgeben würden, während der Rest dies zumindest ernsthaft in Erwägung ziehen würde. Und tatsächlich gibt es keine Möglichkeit für Schwarz, zu verhindern, dass er einen Turm verliert oder dass Weiß in den nächsten Zügen eine neue Dame bekommt.

Der unerschütterlich optimistische Steffens bleibt jedoch unbeirrt, und wir sollten alle dankbar für seine Entscheidung, hier weiterzuspielen, sein – denn wir werden gleich Zeuge einer der unglaublichsten Schwindeleien werden, die ich jemals gesehen habe.

43...♖a2!

Ermöglicht Weiß gemäß meiner Engine ein Matt in 18 Zügen oder weniger. Aber da es keine andere Möglichkeit für ein Gegenspiel gibt, kann sich Schwarz genausogut einen eigenen Freibauern verschaffen.

44.c6 ♖xa3+ 45.♔f2 ♖c3 46.b6 a4!

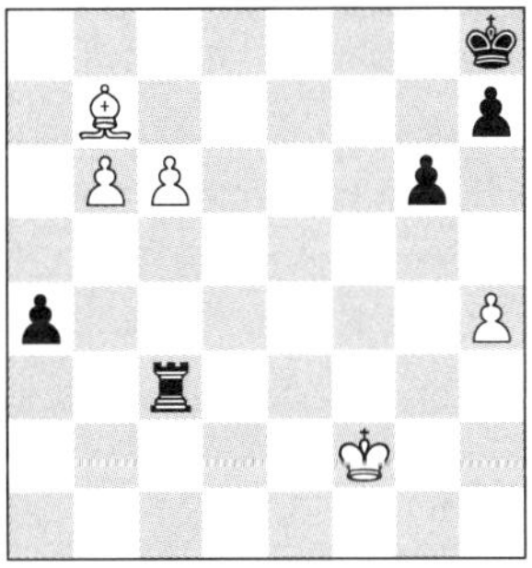

Freibauern müssen vorgerückt werden, wie man sagt, obgleich der schwarze a-Bauer sicherlich viel zu langsam ist, um zu einem Faktor in der Rechnung zu werden.

47.c7

Gut genug, doch 47.♗a8!, was den Weg für den b-Bauern freimacht, erzwingt ein Matt in 17 Zügen.

47...a3

Der Infanterist kommt gerade rechtzeitig, um Weiß zum Nachdenken zu bringen, was immerhin eine kleine Errungenschaft ist. Genauer gesagt, wird Weiß nach der natürlichen Fortsetzung 48.c8♕+? ♖xc8 49.♗xc8 a2!

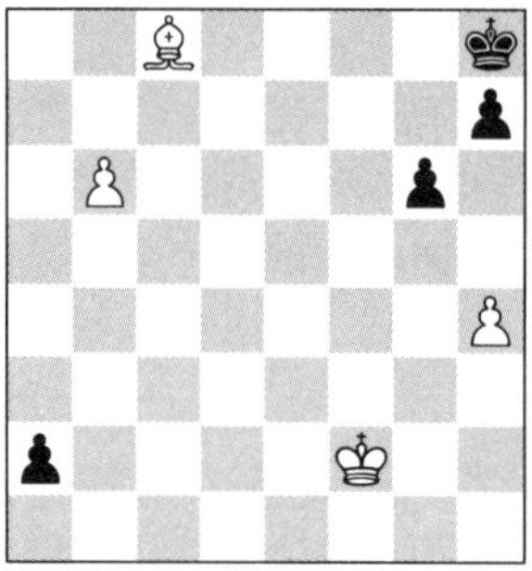

Analysediagramm

eine neue Dame bekommen, Schwarz aber auch! Nach 50.b7 a1♕ 51.b8♕ ♕d4+ endet die Partie mit einem Dauerschach. Weiß erkennt diese Falle und umschifft auch diese Klippe, aber die Nerven beginnen eine Rolle zu spielen. Warum gibt dieser Kerl nicht einfach auf?!

48.♗d5

Sehr verlockend. Der Läufer kehrt auf seine zentrale Kommandostation zurück, wo er wieder mehrere Aufgaben erfüllt, indem er b6-b7 unterstützt und zugleich ...a3-a2 verhindert. Doch mit 48.♗c6!! gab es einen putzigen schnelleren Gewinn. Dennoch verdirbt der Textzug nichts und scheint erneut überzeugend zu sein. Bestimmt hat der Bremer Magier jetzt nichts mehr im Hut.

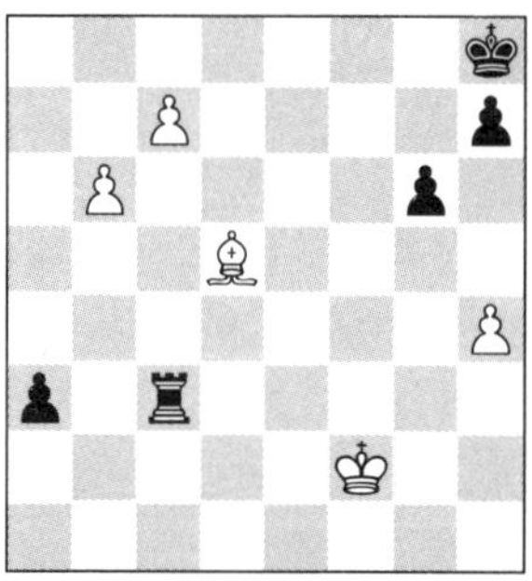

48...♔g7! 49.b7 a2!!

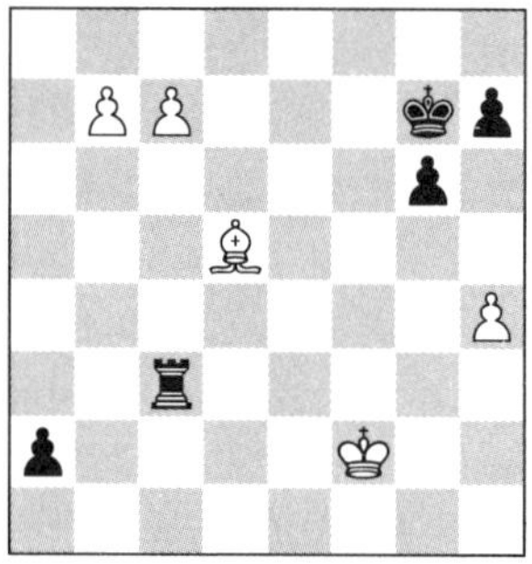

Zauberei! Der kleine Bauer von Schwarz marschiert tapfer weiter. Zu seinem Schrecken realisiert Weiß, dass das einstmals klare Wasser nun getrübt ist. Nach 50.♗xa2 ♖xc7 51.b8♕ ♖c2+ 52.♔e1 ♖xa2

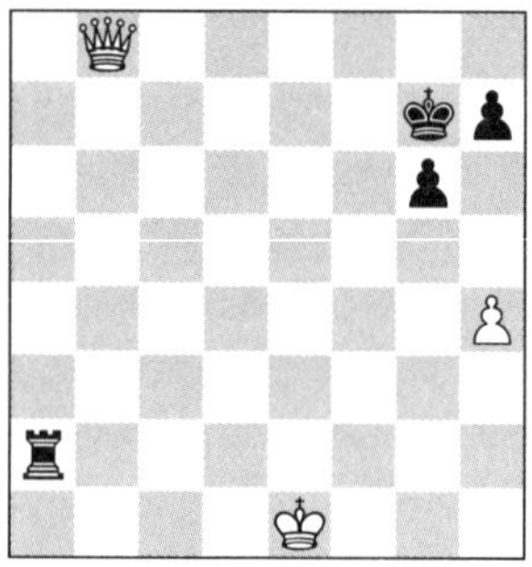

Analysediagramm

hat sich die Partie sensationellerweise von einer sicheren Angelegenheit in ein vertracktes Endspiel verwandelt. Jeder Spieler ist sich der möglichen Festungen bewusst, die König, Turm und Bauern gegen eine gegnerische Dame errichten können – und wer in Gottes Namen weiß schon immer so genau, welche davon gewonnen sind und welche nicht? Wir haben in diesem Buch bereits mehrere erfolgreiche Abwehrschlachten der damenlosen

Seite gesehen, wie etwa Lupulescu - Navara, Morosewitsch - Jakowenko und Malachatko - Jones.

Die nackte Wahrheit ist freilich, dass die Diagrammstellung GEWONNEN ist, aber nur, wenn Weiß eine Serie präziser Züge findet. Es zeigt sich, dass Weiß den Turmgewinn nicht erzwingen kann, solange Schwarz vorsichtig ist und mit seinem König zwischen g7 und h6 pendelt. Doch nach 53.♕e5+ ♔h6 54.♕f4+ ♔g7 55.h5!

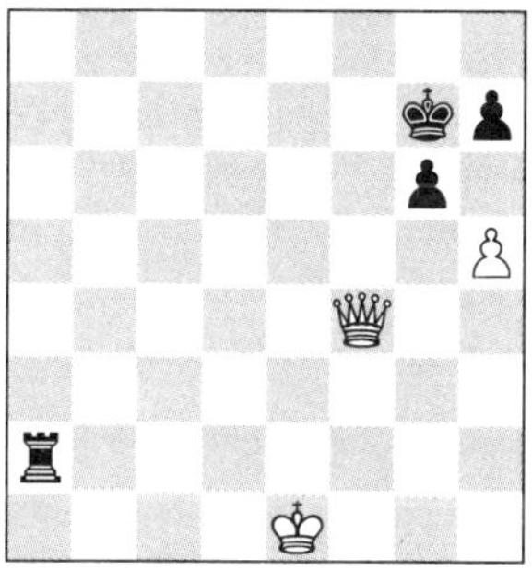

Analysediagramm

kann Schwarz nicht länger seinen Turm in Sicherheit halten und zugleich h5-h6+ verhindern, wonach sein Königsflügel auseinanderfällt. Wäre die Partie so weitergegangen, hätten wir gewiss dem Weißspieler für seine Brillanz und Gelassenheit applaudiert. Aber man kann die Beklemmung von Weiß an dieser Stelle nachempfinden, und womöglich sucht er im Bemühen, die Demütigung einer Lehrbuchfestung mit Turm gegen Dame zu vermeiden, einmal mehr nach einer einfacheren Lösung – und wirft den Sieg so ganz weg.

50.c8♕??

Gewiss ein Schnitzer, aber geboren aus Nervosität und vielleicht sogar dem Unglauben an den schwarzen Einfallsreichtum.

50...♖xc8 51.bxc8♕ a1♕ 52.♕g8+ ♔h6 53.♕f8+

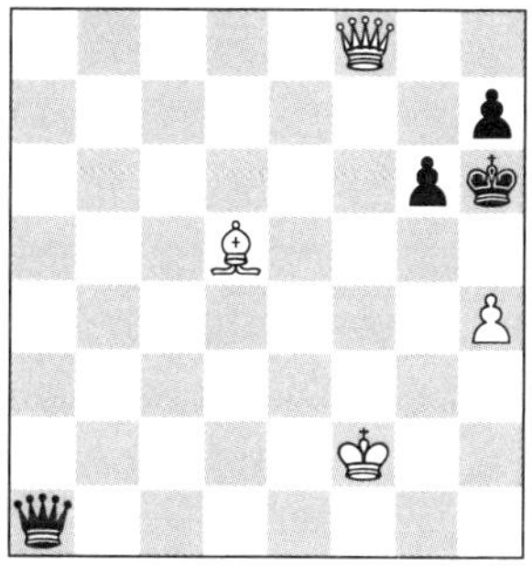

53...♕g7!

Vielleicht rechnete Weiß nur mit 53...♔h5?? 54.♗f3+ ♔xh4 55.♕h6#, in der Annahme, dass er nach dem Damentausch trivial gewinnen könne. Doch ein wenig zu spät bemerkt Weiß, dass das Endspiel nach Damentausch wegen des falschen Läufers mit einem Randbauern remis ist. Das heißt aber nicht, dass dieses Endspiel in der Praxis auch immer remis ausgeht. Werden Sie Zeuge des tragikomischen Endes bei Kobese - Hoang Thai Tu von der Olympiade 1996:

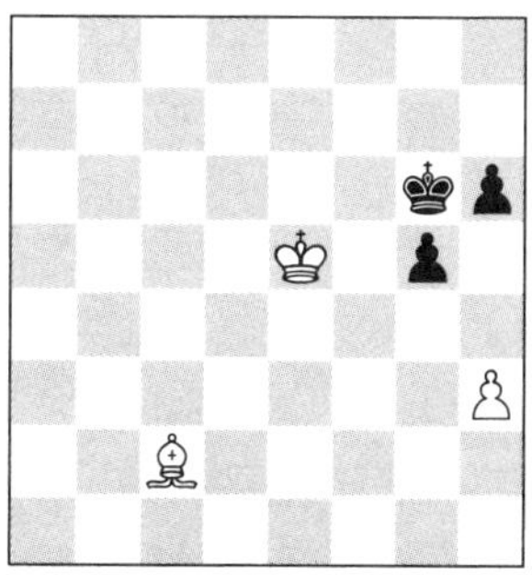

63...♔h5 64.♗d1+ ♔h4??.

Einfach den König zurückzuziehen und bei nächstbester Gelegenheit ...h6-h5, ...g5-g4 zu spielen, war ein leichter Weg zum Remis. Es kümmert Schwarz nicht, wenn er beide Bauern verliert. Stattdessen folgte jedoch 65.♗g4!! h5 66.♔f5! 1:0.

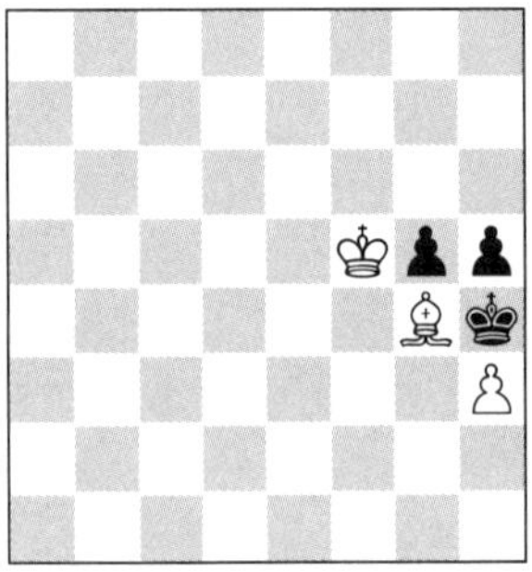

Zurück zur Partie nach 53...♕g7:

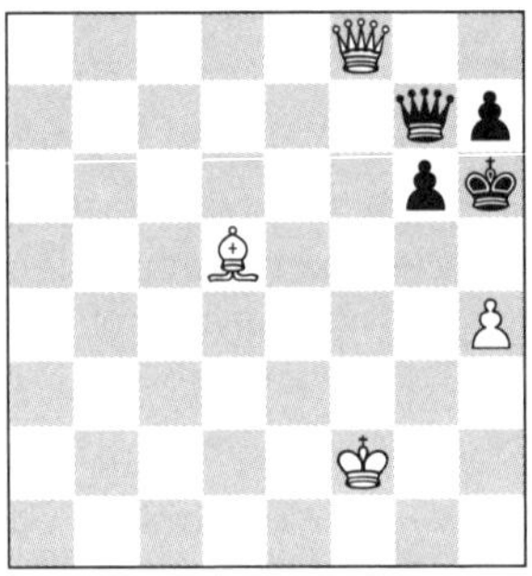

54.♕f4+ g5 55.♕d6+ ♔h5!
55...♕g6?? 56.♕f8+ ♔h5 57.♗f7 (oder 56...♕g7 57. hxg5+) kostet die Dame.

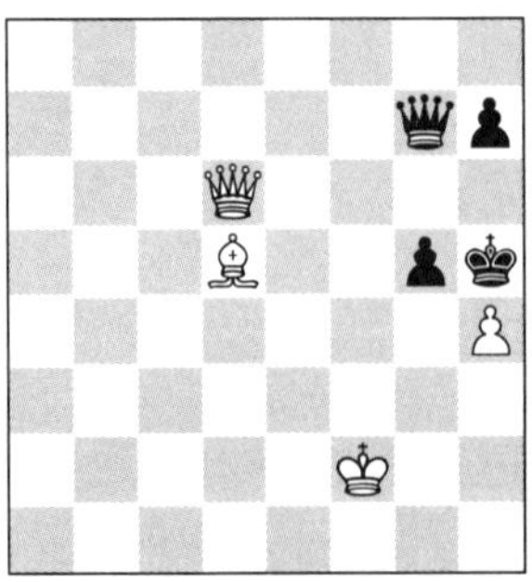

Nachdem er seinen König schließlich außer Gefahr gebracht hat, hat Schwarz das Schlimmste hinter sich, und Weiß kann den Abtausch seines letzten Bauern nicht mehr vermeiden.

56.hxg5 ♔xg5 57.♕g3+ ♔h6 58.♕h4+ ♔g6 59.♗e4+ ♔f7 60.♕h5+ ♔e7

Und der traumatisierte Weiße beschloss, für heute Feierabend zu machen: ½:½

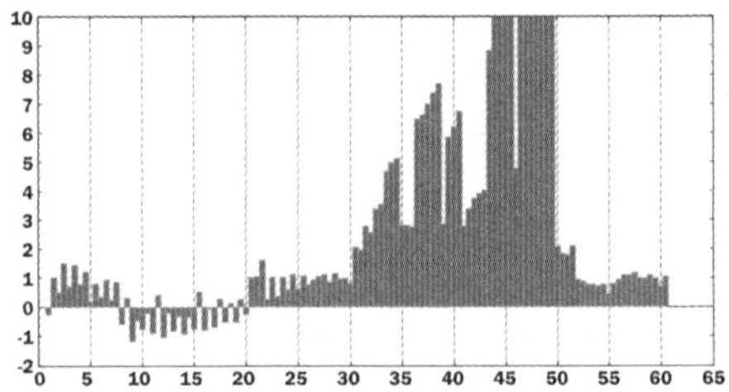

Ein faszinierender Schwindel, der durch die unterbewusste Kraft von Steffens' heiterer Psyche unterstützt wurde.
Hätte Weiß beim 50. Zug den Gewinn gefunden, dann hätte Steffens zweifellos gelächelt, die Hände geschüttelt, fest geschlafen und akzeptiert, dass er nicht mehr tun konnte, als sich die Chancen zu verschaffen, die er hatte. Niemand hätte der Partie mehr Aufmerksamkeit geschenkt. Aber so wie es kam, war dies der eine von hundert Fällen, bei dem der Schwindel erfolgreich war, und jetzt ist er im Buch verewigt.

Partie 11

R Vaishali 2376

Nathalie Pellicoro 1967

London 2019 (1)

1.e4 c5 2.♘f3 e6 3.d4 cxd4 4.♘xd4 ♘c6 5.♘c3 ♕c7 6.g3 ♘f6 7.♗g2 a6 8.0-0 ♗e7 9.♖e1

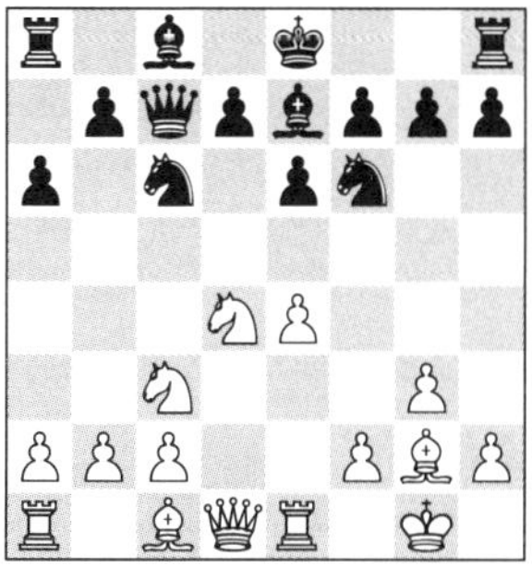

Das Fianchetto-System ist weitaus giftiger als es auf den ersten Blick den Anschein hat.

9...d6?!

Der am häufigsten gespielte Zug, doch zugleich ein Fehler. Die Theorie sagt 9...0-0! 10.♘xc6 dxc6 11.e5 ♖d8! 12.♕f3 ♘d5, wenngleich Schwarz heutzutage gegen das derbe 13.h4! einen schweren Stand hat, Wang Hao - Andreikin, China Mannschaftsturnier 2019 (1:0/60).

10.♘xc6! bxc6 11.e5 dxe5

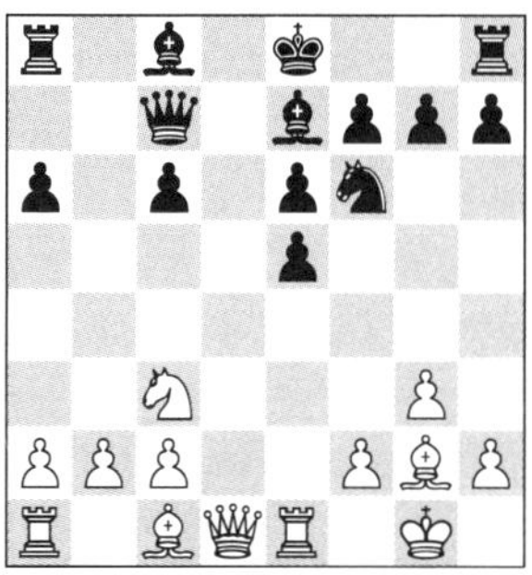

12.♖xe5!

Die Pointe des weißen Spiels. Der Turm ist wegen der Gegendrohung auf c6 tabu, was bedeutet, dass die schwarze Struktur – zusätzlich zum weißen Entwicklungsvorsprung – dauerhaft kompromittiert ist.

12...♘d5?

Am besten ist 12...0-0. Nach 13.♗f4! muss Schwarz das naheliegende, aber verheerende 13...♗d6?? 14.♖xe6!! zugunsten des klobigen 13...♕b7 vermeiden, mit leichtem Nachteil.

13.♘xd5 cxd5 14.♗f4 ♕c5?

14...♗d6? 15.♕xd5 wäre eine Katastrophe, doch der Textzug ist nicht viel besser. Die weißen Kräfte schwirren rund um die schwarze Dame.

15.c4 ♕xc4 16.♖c1 ♕xa2

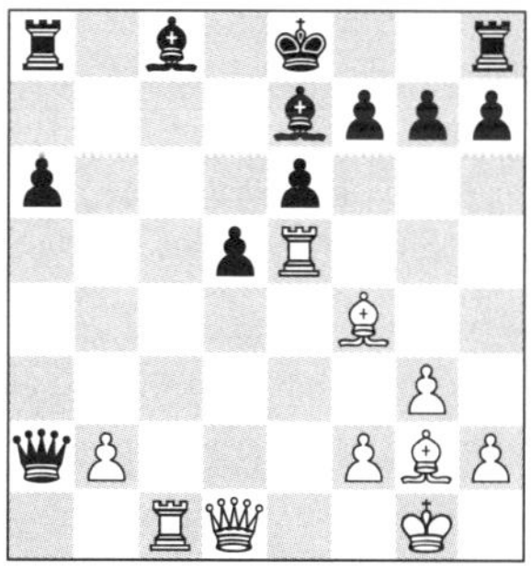

17.♖xd5!

Man fühlt, dass so ein Opfer kommt. Erneut verschafft auch die Rochade keine Atempause, da 17...0-0 18.♖d2! ♖a7 19.♗e3 ernsthafte Materialverluste mit sich brächte.

17...exd5 18.♗xd5 ♕a5 19.♗c6+! ♔f8 20.♗xa8 ♗e6 21.♖c7

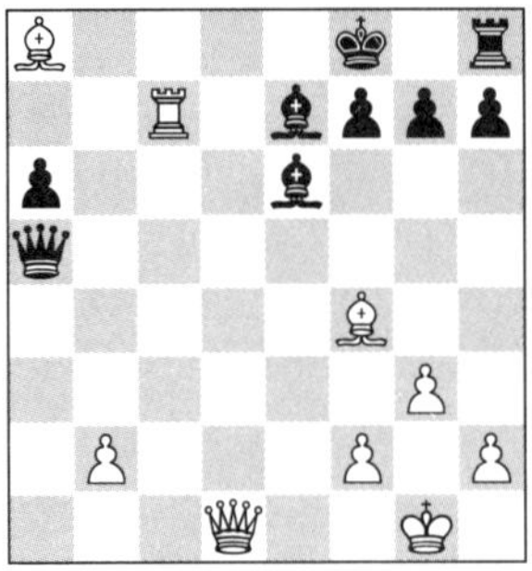

Der Rauch hat sich verzogen, doch obgleich Schwarz Materialverluste vermeiden konnte, liegt ihre Position in Scherben. Die unmittelbare Drohung lautet 22.♗d6, was auf der Stelle gewinnen würde, und wenngleich Schwarz dies abwendet indem sie sich am Königsflügel etwas Luft verschafft, ist deutlich, dass Schwarz sich nicht lange behaupten kann, z.B. 21...h6 22.♗e4 (stärker sind 22.♗d5! und 22.b4!, doch der Textzug ist sauber und natürlich), was den Läufer zentralisiert, den Fluchtweg nach h7 abschneidet und die Drohung ♗d6 erneuert. 22...♗f6 ist der einzige Zug, doch dann macht 23.b4 (erneut sind andere Züge objektiv noch stärker) deutlich, wie unkoordiniert die schwarzen Kräfte sind.

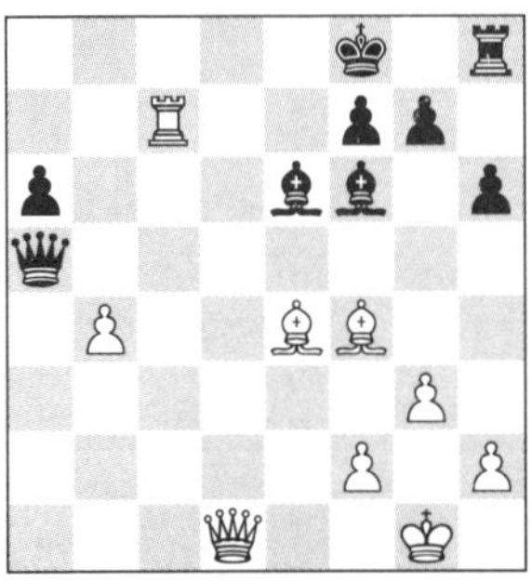

Analysediagramm

Die Dame darf wegen 24.♖b7 nebst 25.♖b8+ die b-Linie nicht betreten, doch nach 23...♕a1 24.♕xa1 ♗xa1 folgt 25.b5!.

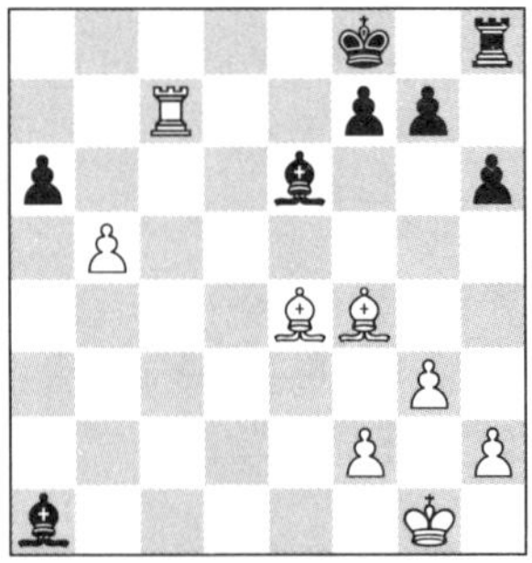

Analysediagramm

Eine hübsche Variante mit immer wieder demselben Grundreihenthema. Nach 25...axb5 26.♖a7 gibt es für Schwarz wirklich nichts mehr. Ihre völlige Hilflosigkeit spürend, glaubt Pellicoro zu Recht, dass es an der Zeit ist, um sich zu schlagen:

21...g5!

Der Vorteil der schwarzen Verzweiflungstat ist, dass diese den weißen Pfad zum Gewinn spürbar verengt, im Gegensatz zur Fülle der Gewinnmöglichkeiten in der vorigen Anmerkung. Jetzt gewinnen nur zwei Züge: 22.b4 und 22.♗d6. Zum Beispiel: 22.♗d6! ♗xd6 23.♕xd6+ ♔g7 24.♕d4+! (der einzige Gewinnzug) 24...♔g8 25.♖b7!, und gegen 26.♖b8+ ist kein Kraut gewachsen.

Doch das Glück ist diesmal auf der Seite der Außenseiterin, denn die Frauengroßmeisterin mit den weißen Steinen versucht zu sehr, die Kontrolle über die Stellung zu behalten. Ihr nächster Zug sieht völlig vernichtend aus:

22.♕d4?? ♕e1+ 23.♔g2

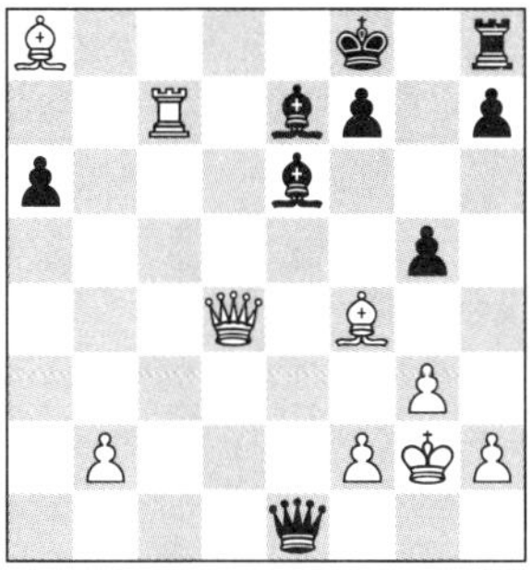

Und was nun?

23...♗h3+!!

Ein spektakulärer Schuss. Plötzlich erwachen die impotenten Kräfte von Schwarz zum Leben.

24.♔xh3

24.♔f3?? g4# wäre ein niedliches Schachmatt.

24...♕f1+

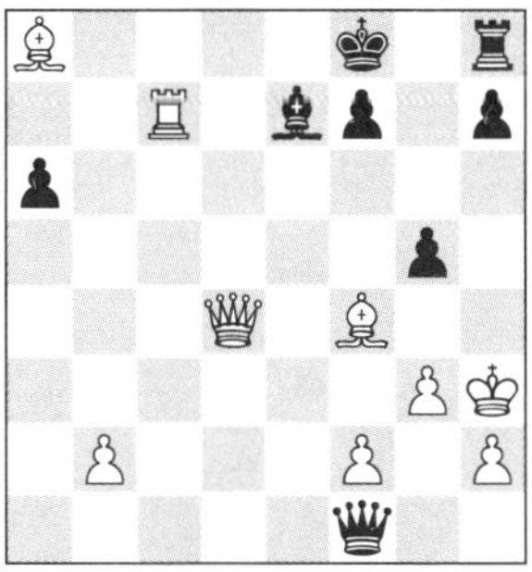

Erstaunlicherweise muss Weiß sich jetzt schon mit 25.♔g4 ♕e2+! 26.♔h3 ins Remis fügen, da andere Züge in 26...♕e6+ samt schnellem Matt laufen. Vaishali sieht diese Variante, ist aber außerstande, der Realität eines gestohlenen halben Punktes ins Auge zu sehen – und verliert am Ende alles.

25.♗g2?? g4+ 26.♔xg4

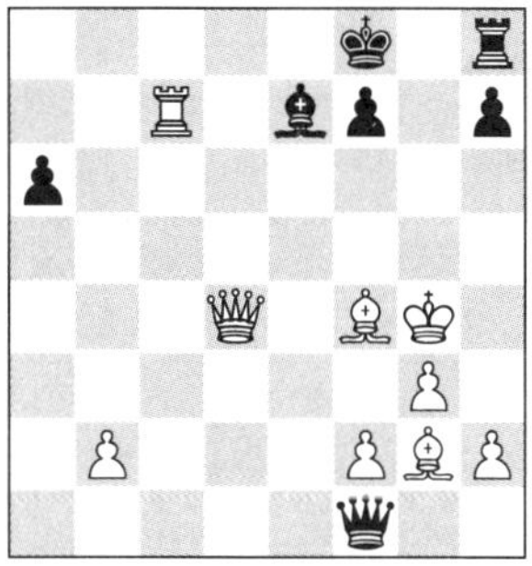

Weiß bedroht alle Figuren von Schwarz auf einmal, und weder 26...h5+ 27.♔h3 noch 26...♖g8+ 27.♔h3 helfen irgendwie.
Doch man muss noch ein Schachgebot beachten, und dieses ist tödlich.

26...♕e2+!!

Schwarz kreiert ein unerwartetes Schachmatt auf den hellen Feldern, da der Läufer auf g2 ein wichtiges Rückzugsfeld blockiert. 27.♔h3 ♕h5# und 27.f3 ♕e6+ 28.♔h5 ♕g6# bzw. 27.♗f3 ♕e6+ 28.♔h5 ♕g6# werden auf dieselbe Art abgefertigt.
Weiß gab auf.
Ein bemerkenswerter Schwindel der Schwarzspielerin (die über vierhundert Punkte niedriger als ihre Gegnerin bewertet war).

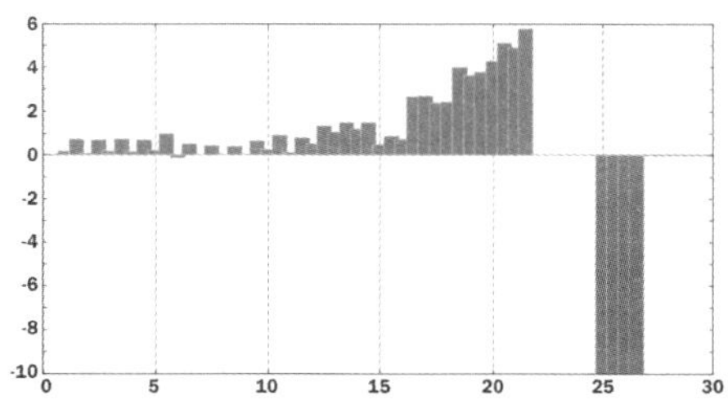

Partie 12
Erik Fossan 2315
Oliver Reeh 2435
Gausdal 1993 (5)

1.e4 c5 2.♘f3 d6 3.d4 cxd4 4.♘xd4 ♘f6 5.♘c3 ♘c6 6.♗g5 e6 7.♕d2 ♗e7
Die alte Variante.
Beliebter ist 7...a6. Nach 8.0-0-0 war der Zug 8...h6 um die Jahrtausendwende recht populär, heutzutage aber gehen die meisten Großmeisterpartien mit 8...♗d7 weiter. Nun muss sich Weiß entscheiden, wohin er seinen f-Bauern stellen will.
8.0-0-0 0-0 9.♘b3
Kein schlechter Zug, aber 9.f4 ist in der Praxis bedeutend beliebter.

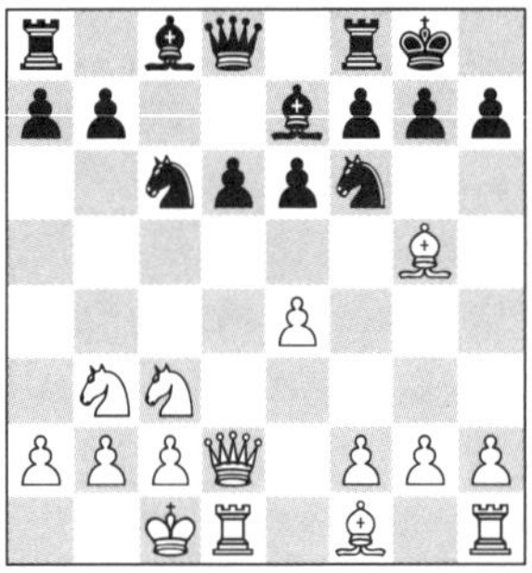

9...♕b6
9...a5!? 10.a4 d5 ist dynamischer, wenngleich 11.♗b5! ♘b4 12.e5 ♘d7 13.♗xe7 ♕xe7 (Caruana - Vishnu, Douglas 2017) und nun 14.♕e3! besser für Weiß gewesen wäre.
10.f3 ♖d8 11.♔b1 a6?! 12.♗e3! ♕c7 13.♕f2!
Fühlt den verwundbaren dunklen Feldern am schwarzen Damenflügel auf den Zahn und zwingt den Schwarzen, was weitaus wichtiger ist, eine Schlüsselfigur der Verteidigung vom König wegzuziehen.
13...♘d7 14.h4
Das Rennen ist gestartet!
14...b5 15.g4

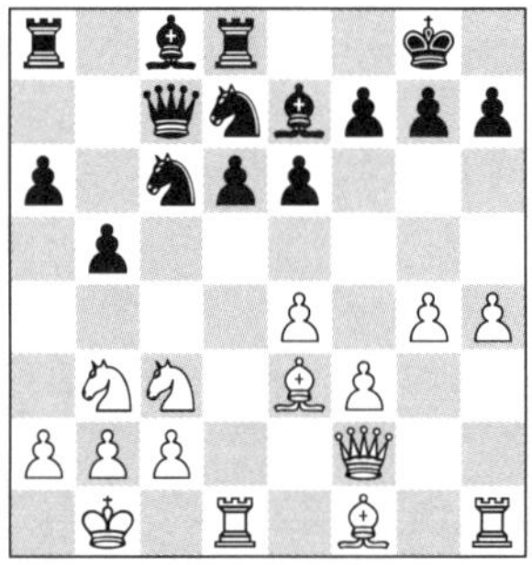

15...♘ce5 16.g5 b4 17.♘e2 ♗b7?!
Stärker war das konsequente 17...a5!.
18.♗c1?!
Und ganz vergleichbar war hier 18.h5! der richtige Weg.
18...♘c5 19.♘xc5 dxc5 20.♖xd8+?!
Weiß beginnt, vom Kurs abzukommen. Die Aufgabe der d-Linie war unnötig. Es war an der Zeit, mit 20.♗h3 über Ausgleich nachzudenken.
20...♖xd8 21.h5 c4

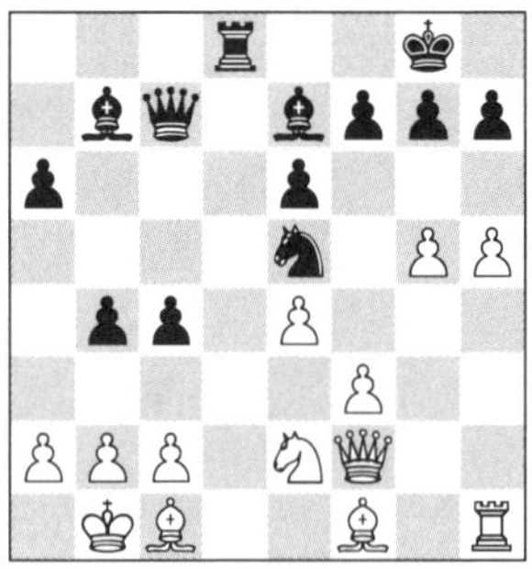

Schwarz hat die vollständige Kontrolle über das Zentrum, und folglich ist sein Angriff der gefährlichere. 22...b3 ist eine starke Drohung, und nach den Computervorschlägen 22.♗g2 oder 22.♗h3 hat Schwarz großen Vorteil. Auf diese Art lassen sich bestimmt keine Schwindelchancen schaffen. Es gibt keinen Weg zurück für Weiß, er drückt daher weiter und opfert einen Bauern, um Gegenspiel zu erlangen.

22.g6! hxg6 23.hxg6 ♘xg6 24.♘f4!!

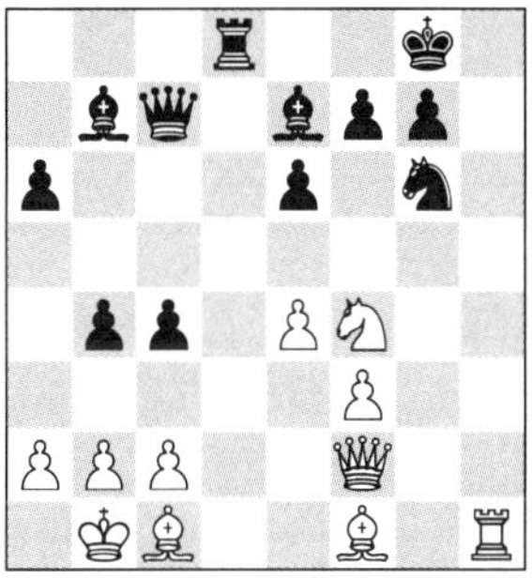

Dies sollte zwar nicht funktionieren, zeugt aber von großer Kreativität. Der Angriff muss weitergehen.

24...♘xf4 25.♕h2 f6

Vermeidet Matt und lädt Weiß ein, die Stellung mit 26.♕xf4 (aber nicht 26.♗xf4?? ♖d1+ 27.♗c1 ♕xh2 28.♖xh2 ♖xf1) 26...♕xf4 27.♗xf4 ♖d1+ 28.♗c1 zu vereinfachen.

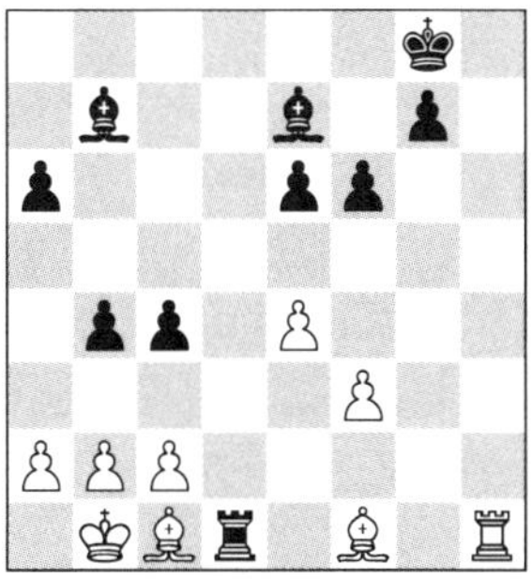

Analysediagramm

Das Läuferendspiel nach 28...f5 29.♗g2 ♖xh1 30.♗xh1 ♔f7 ist leicht gewonnen. Schwarz kann sogar noch stärker spielen: 28...♗c5! 29.♗g2 ♗g1!!.

26.♗h3!?

Ein couragierter Versuch.

26...♗d6

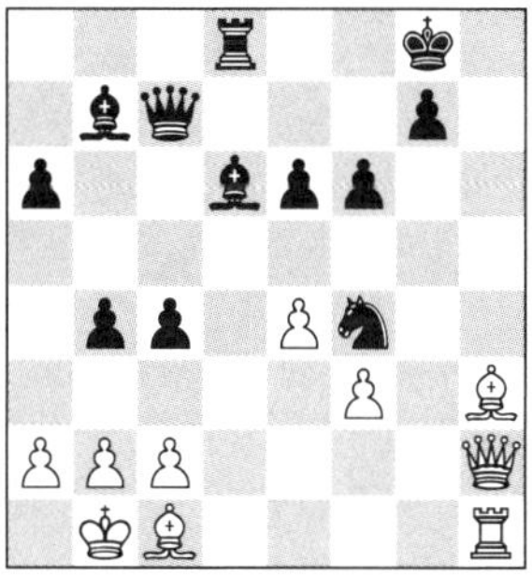

Schwarz hat seine Mehrfigur konsolidiert und steht nun klar auf Gewinn. Weiß kann mit 27.♗xf4 ♗xf4 28.♗xe6+ einen Bauern zurückgewinnen, aber die daraus resultierenden Varianten sind relativ forciert und erleichtern die Aufgabe von Schwarz. Stattdessen appelliert Weiß an die Gier des Gegners.

27.♗g4! ♔f7

An sich kein Fehler, zeigt aber, dass Schwarz es sich einfacher machen will, anstatt sich darauf zu konzentrieren, sich eine Gewinnstellung zu sichern. Zum Beispiel 27...♗e5 28.♕h7+ ♔f8 29.♕h8+ ♔f7, und Weiß hat nichts.

28.♕h7!

Deutet die Drohung 29.♗xf4 gefolgt von ♗h5+ an, was g7 einsammelt. Weiß verfolgt seit einigen Zügen mutig seine Alles-oder-Nichts-Strategie und schickt schließlich seine Dame ins schwarze Lager. Doch der eigentliche Punkt beim Inszenieren des Schwindels ist, dass Schwarz zuletzt eine ziemlich konservative Verteidigungsstrategie gewählt hat – eine Richtlinie, die er jetzt ändern muss.

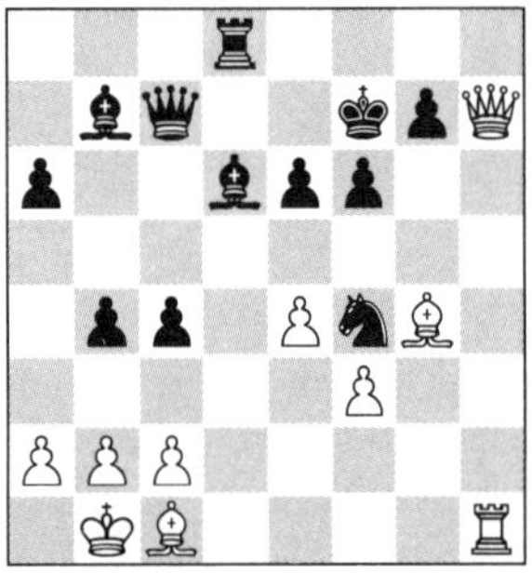

28...♗f8??

Der Zug, den Weiß zu provozieren hoffte. Die weißen Drohungen am Königsflügel sind mehr Schein als Sein, und viele aktive Züge wie etwa 28...♗c8, 28...♗c6 oder 28... ♗e5 gewinnen für Schwarz. Doch der von Schwarz gewählte Zug wirkt super-sicher und steht perfekt in Einklang mit seinem vorherigen prosaischen Spiel. Und – er ist ein grober Fehler.

29.♗xf4! ♕xf4?

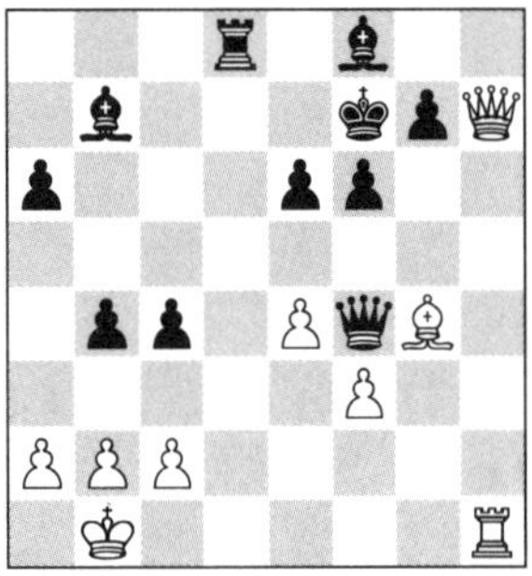

30.♕g8+!!

Ein brillantes Damenopfer. Wie aus dem Nichts hat Weiß ein wunderschönes Mattnetz gezaubert. 30...♔xg8 31.♗xe6# ist Matt, genau wie 30...♔e7 31.♕xe6# oder 30...♔e8 31.♕xe6+ ♗e7 32.♖h8#. Schwarz gab auf, vermutlich unter Schock, womit ein wundervoller Schwindel vollzogen war.

Vielleicht noch schockierender ist, dass Schwarz sich trotz der Wende noch retten konnte: 30...♔g6!! ist der einzige Zug, der Matt vermeidet, und der überraschenderweise gar nicht schlecht ist. Nun führt 31.♗h5+? ♔g5 zu nichts, doch Weiß hat wahrscheinlich 31.♗xe6 (besser ist 31.♖g1, doch nach 31...♕g5! geht die Partie weiter) geplant, was 32.♕f7+, 32.♗f7+ und 32.♖g1+ droht. Die schwarze Stellung sieht immer noch völlig hoffnungslos aus, doch es gibt eine phantastische Ressource:

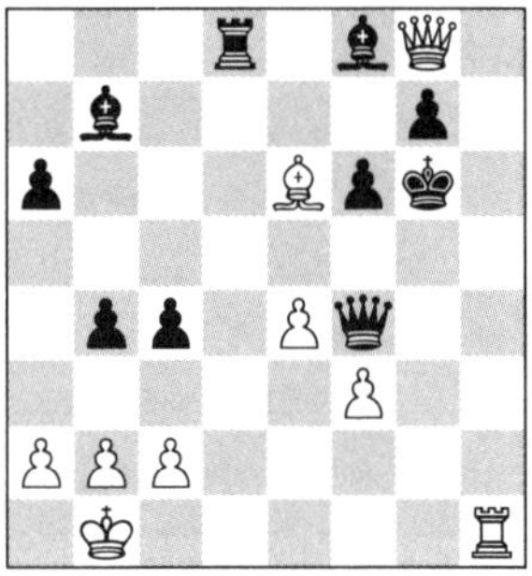

Analysediagramm

31...♕h2!!. Dieses großartige Echoopfer der Dame nutzt die weiße Grundreihe aus und wendet zugleich die weißen Mattdrohungen ab. Tatsächlich hat Weiß Glück, dass er überhaupt entkommen kann: 32.♕f7+ ♔g5 33.f4+! ♔xf4 34.♖f1+ ♔e3 35.♕xb7 ♕e2! 36.♕b6+! ♖d4 37.♖c1

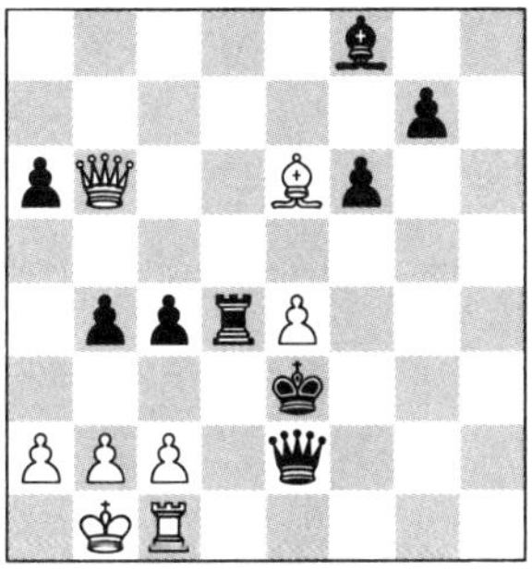

Analysediagramm

mit unklarem Spiel.

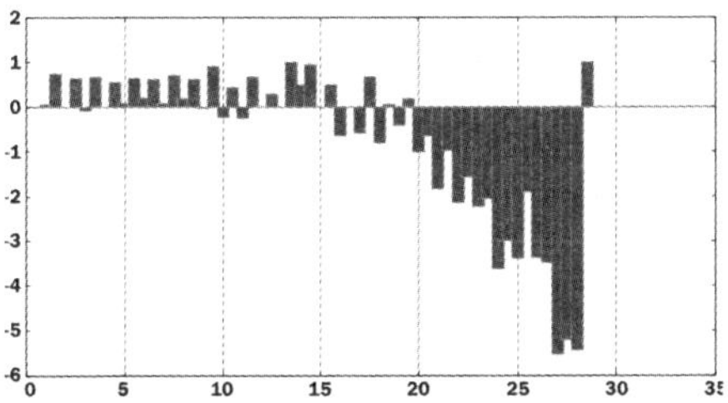

Partie 13

Stefan Blaas

Paul Pancras

Haarlem 1996 (2)

Unsere letzte Amateurpartie sieht die niedrigsten Wertungszahlen in diesem Buch, weist aber einen wirklich bemerkenswerten Schwindel auf. Weiß hat etwa 1600, Schwarz etwa 1800.

1.e4 e5 2.♘f3 ♘c6 3.♗c4 ♘f6 4.♘g5

Nach damaligem Stand gab die Preußische Partie dem Schwarzen ein gutes Spiel. In den letzten Jahren hat sie ein kleines Comeback erlebt, sogar auf Großmeisterebene.

4...d5 5.exd5 ♘a5 6.♗b5+ c6 7.dxc6 bxc6 8.♕f3

8.♗d3 ist der aktuelle Trend. In einem hochkarätigen Beispiel folgte jüngst 8...♘d5 9.♘f3 ♗d6 10.0-0 ♘f4 11.♘c3!? ♘xd3 12.cxd3 mit kompliziertem Spiel in Wang Hao - Tari, St. Petersburg Blitz 2018 (½:½/112).

8...♖b8 9.♗d3 h6

Heutzutage verzichtet man darauf, dem Springer einen Tritt zu geben. Nach stattdessen 9...♗d6 oder 9...♗e7 hat Schwarz großartiges Spiel.

10.♘e4 ♘d5 11.b3 ♘f4 12.♗b2

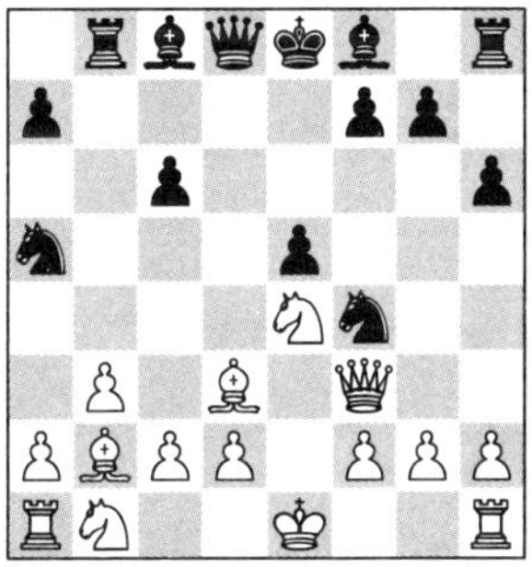

12...♘xd3+?

Es ist zwar verlockend, die weiße Struktur zu vermurksen, doch dieser Abtausch lindert nur den Druck. Viel besser war 13...f6! mit guter Kompensation für den Bauern.

13.♕xd3 ♕xd3 14.cxd3 f5?

Ein Schnitzer.

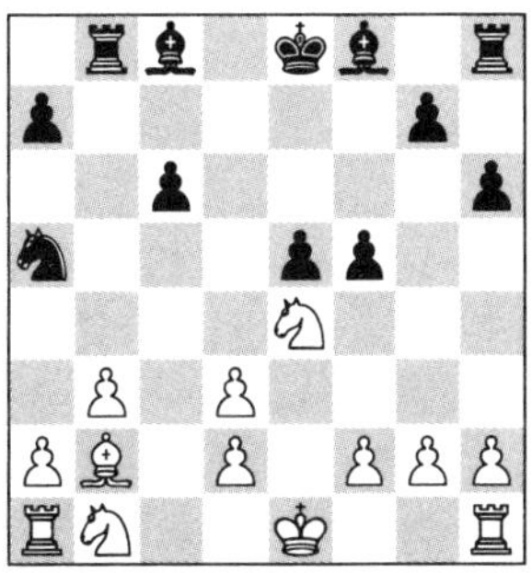

15.♗xe5! ♖b5 16.♘d6+ ♗xd6 17.♗xd6 ♖d5 18.♗b4 ♘b7 19.0-0 ♖xd3 20.♖e1+ ♔f7 21.♘a3 c5 22.♘c4!

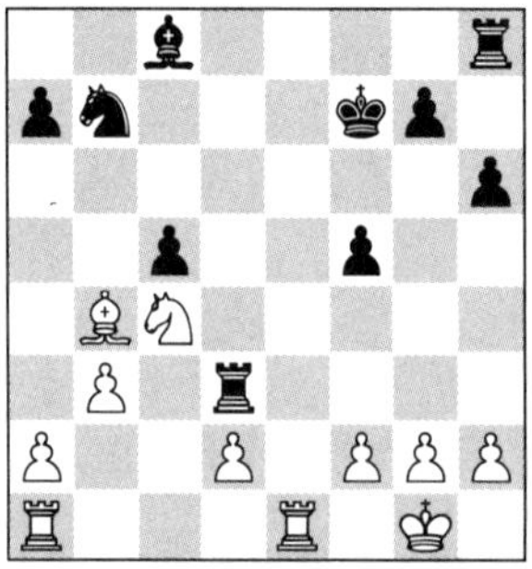

Nach ihrer anfänglichen Passivität kommen die weißen Damenflügelfiguren gewaltig in Aktion. Zusätzlich dazu, dass er einen Bauern mehr hat, liegen auch alle Drohungen bei Weiß.

22...♖e8 23.♖xe8 ♔xe8 24.♖e1+ ♔f8 25.♗c3 ♘d6? 26.♘e5!

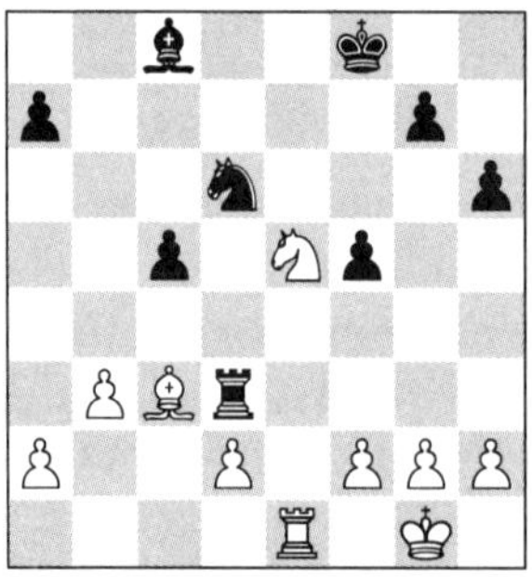

Gewinnt noch mehr Material.

26...♖d5 27.♘g6+ ♔f7 28.♘f4! ♖d4 29.♗xd4 cxd4 30.♖c1 g5 31.♖c7+ ♔f6!

Die schwarze Stellung ist schon seit einer Weile aufgabereif. Doch wo wäre da der Spaß dabei? Bisher scheint es keine konkreten Chancen für einen Schwindel zu geben. Also schleudert Pancras seinen König das Brett hinunter, darauf wartend, dass sich etwas ergibt.

32.♘e2 ♔e5! 33.♖c5+ ♔e4!

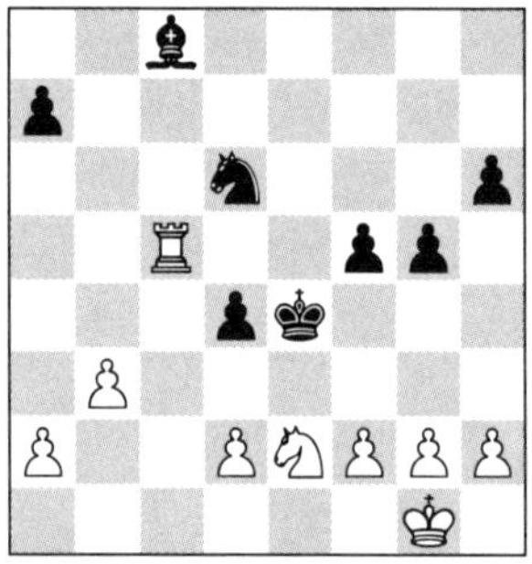

34.♖c6 ♔d5 35.♖c7 ♗a6 36.♘g3

36.♘xd4! ♔xd4 37.♖c6 gewinnt rasch.

36...♘b5 37.♖h7 f4 38.♘f1

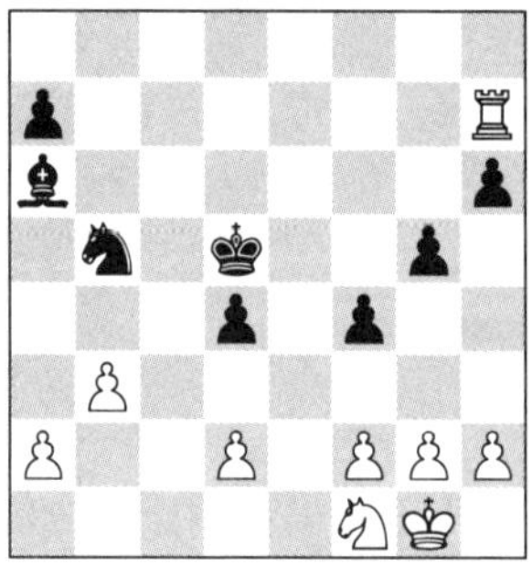

Vor einer unmöglichen Aufgabe im Endspiel stehend, wartet Schwarz mit einem brillanten wie einfallsreichen Konzept auf:

38...♘c3!!

Mit finsteren Absichten auf e2. Doch natürlich kann der Springer einfach genommen werden. Wie gefährlich kann der Bauer wirklich sein?

39.dxc3 dxc3 40.♖c7 ♔d4 41.f3 ♔d3!!

Ein Bluff von ungeheuerlichem Ausmaß.

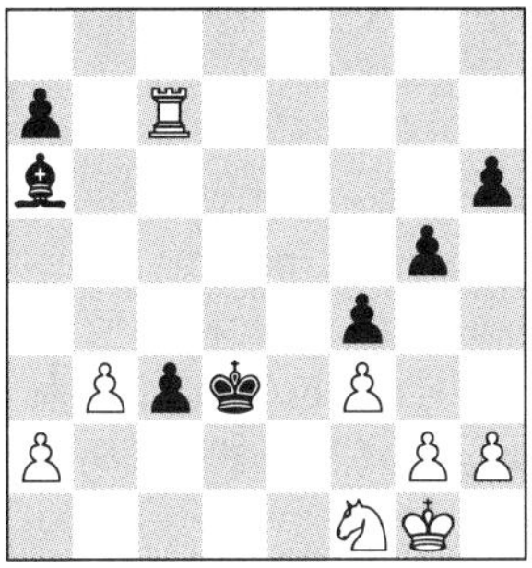

Bei der schwarzen Konzeption geht es nicht um eine Bauernumwandlung, sondern vielmehr darum, die weißen Figuren einzusperren. Mit einem Turm mehr wird Weiß hypnotisiert, zu glauben, dass sein Turm auf der c-Linie bleiben muss und dass seine übrigen Figuren am Königsflügel eingesperrt seien. Aus dem Nichts hat Schwarz irgendwie eine mächtige Illusion geschaffen.
Ein ruhiges Nachdenken über die Stellung zeigt, dass die Idee keine wirkliche Substanz hat und Weiß sicher auf a7 nehmen kann. Aber in einer Amateurpartie kann es psychologisch schwierig sein, einen Turm von der Linie eines Freibauern zu entfernen. Stattdessen folgt Weiß seinen natürlichen Instinkten und will es sicher spielen. Der König soll zum Damenflügel gebracht werden, damit der c-Bauer keinen Unfug macht.

42.♔f2 ♚c2! 43.♔e1

Erneut 43.♖xa7!.

43...♚b2 44.♖c6 ♝xf1!?

Sehr verpflichtend. Ich als Möchtegern-Schwindler würde lieber mit 44...♝d3!? die Spannung halten und Weiß fragen, wie er seine Figuren zu befreien gedenkt.

45.♔xf1 c2

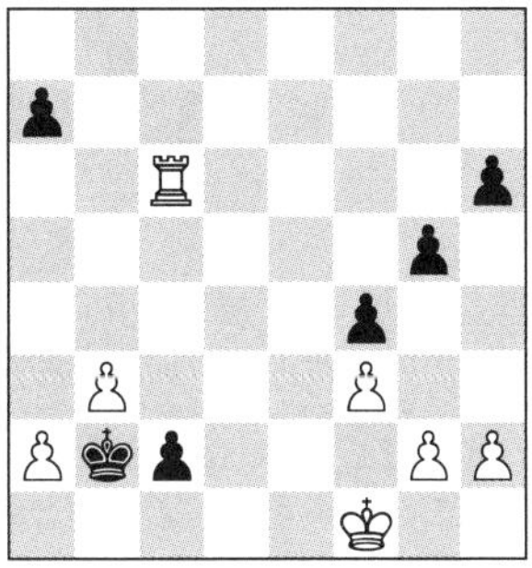

Wenn man sich dieses Diagramm zum ersten Mal ansieht, scheint es einfach unglaublich, dass ein anderes Ergebnis als ein Sieg von Weiß möglich ist. Sie werden zweifellos im Handumdrehen berechnen, dass 46.b4! zur Umwandlung führt.
Aber es ist wichtig zu erkennen, dass Weiß aufgrund des schockierenden Opfers von Schwarz in den letzten Zügen unangenehm unter Druck stand. Mutmaßlich dazu in Zeitnot fährt Weiß mit seinem unglückseligen Plan fort, den König in die Mitte zu bringen – ein vortreffliches allgemeines Prinzip im Endspiel, aber kein Ersatz für kaltblütige Berechnung.

46.♔e2?? c1♛ 47.♖xc1 ♚xc1 48.♔d3 ♚b2!

Doch der schwarze König hat ihm in diesem Endspiel allerdings die Schau gestohlen, und plötzlich ist es Weiß, der aufpassen sein muss. Gegenspiel ist unerlässlich: Weiß sollte 49.g4! ♚xa2 50.♔c2! mit Remis spielen.
Blaas bricht indes zusammen.

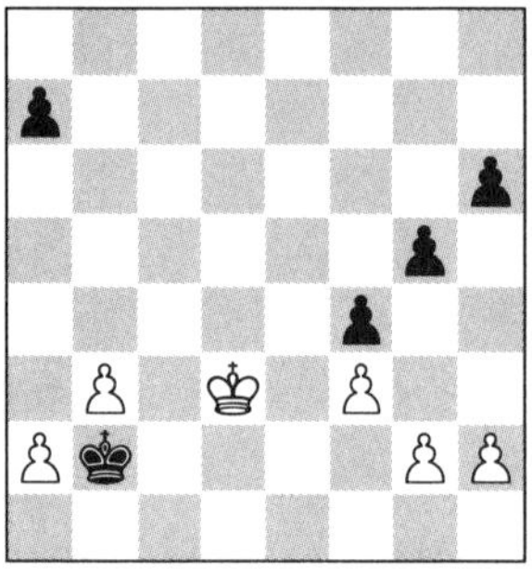

49.b4?? ♚xa2 50.b5 ♚b3 51.♔d4 ♚b4 52.♔d3 ♚xb5 53.♔c3 ♚c5 54.g3 fxg3 55.hxg3 h5 56.f4 gxf4 57.gxf4 h4 58.f5 h3 59.f6 ♚d6

Weiß gab auf.

Eine völlige Kehrtwende und ein Beweis für die Macht psychologischer Faktoren, insbesondere in Amateurpartien.

Im Vergleich zu den übrigen Beispielen aus diesem Buch war das Spielniveau hier nicht sonderlich hoch. Aber das ist auch der Grund, warum ich es aufnehmen wollte. Auch wenn Schwindeleien auf allen Ebenen vorkommen, ist es in niedrigeren Klassen besonders wichtig, nach Schwindelmöglichkeiten Ausschau zu halten. Taktische Versäumnisse kommen häufiger vor, und die meisten Spieler haben nicht gelernt, ihre natürlichen Urteilstrübungen am Brett zu erkennen oder zu überwinden. Nehmen Sie sich die Lehren aus diesem Buch zu Herzen, und Ihre Chancen, Punkte zu retten, werden steigen.

KAPITEL 23

Mein Lieblingsschwindel

Weiter oben in diesem Buch hatte ich Sie aufgefordert, sich den Namen Junta Ikeda zu merken. Wir haben in den bisherigen Kapiteln alle möglichen Spielarten der Trickserei gesehen, aber ich verspreche Ihnen, dass Sie so etwas wie das, was jetzt auf uns zukommt, noch nie gesehen haben. In australischen Schachkreisen ist dieser Schwindel inzwischen legendär.

Partie 14
Junta Ikeda 2261
Saptarshi Roy Chowdhury 2469
Canberra 2009 (6)

1.e4 b6 2.d4 ♗b7 3.♗d3 e6 4.♘f3 d6 5.0-0 ♘d7 6.♕e2 g6 7.c3 ♗g7

Die Hippopotamus-Eröffnung wurde so bezeichnet, weil Schwarz seine Figuren auf den ersten drei Reihen „unter der Oberfläche" hält, wobei diese dann später, wenn der rechte Zeitpunkt gekommen ist, zuschnappen sollen. Ursprünglich wurde das einmal als Anfängereröffnung betrachtet, doch inzwischen wird sie auch von Großmeistern eher respektiert. Einen Anteil daran hat GM Tiger Hillarp Perssons Würdigung in seinen ausgezeichneten Büchern über die Moderne Verteidigung.

8.b4 ♘e7 9.b5 0-0 10.a4 ♖e8 11.♘bd2 e5!?

Weiß ist die Eröffnung, gelinde ausgedrückt, konservativ angegangen. Schwarz hat sich diesen Moment für seinen ersten Schlag herausgepickt (sein erster Zug über die dritte Reihe hinaus!), und er stellt damit eine schwierige Frage.

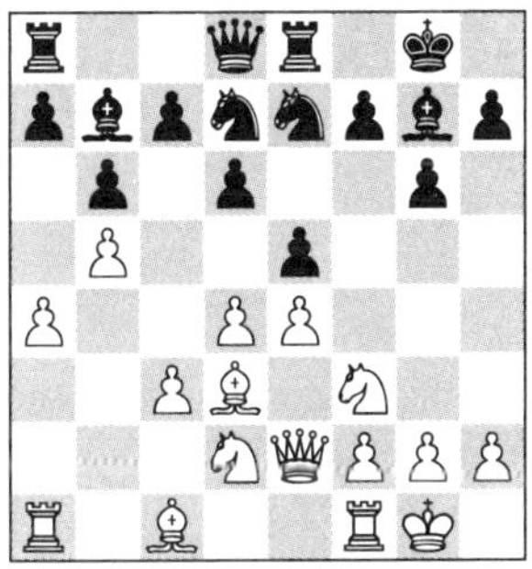

Die prinzipielle Antwort lautet 12.d5, aber dann hat Schwarz freie Hand, am Königsflügel einen Angriff im königsindischen Stil aufzuziehen. Junta entscheidet sich hiergegen, muss aber zulassen, dass Schwarz das Zentrum für seine agilen Leichtfiguren aufsprengt.

12.♗b2 exd4

Hier gab es eine überraschende Alternative: 12...♘d5!!, was den Sprung nach f4 droht. Unerwarteterweise ist der Springer tabu, da 13.exd5? exd4 14.♘e4 dxc3 15.♗c1 f5 für Schwarz gewinnt.

13.cxd4 ♘f8 14.♖fe1 ♘e6 15.♘b3 ♘f4 16.♕d2 ♘xd3 17.♕xd3 d5

Nachdem er den weißen Läufer d3 beseitigt hat, trachtet Schwarz natürlich nach Stellungsöffnung. Aber 17...f5!, was die hellen Felder aufweicht, war hierzu ein noch stärkerer Weg.

18.e5 c6 19.♗c1 a5 20.♗f4 cxb5 21.axb5 ♗c8 22.♕d2 ♗g4 23.♖e3 ♕d7 24.♕e2 ♘f5 25.♖d3 ♕xb5 26.h3 ♗xf3 27.♕xf3 a4 28.♘d2 ♕d7

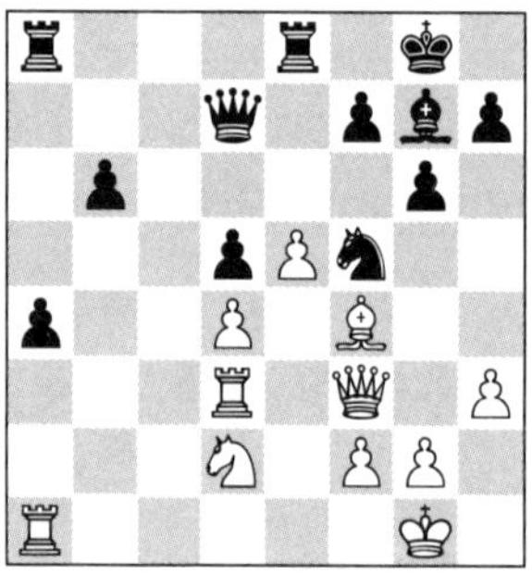

Mit einem Bauern mehr sowie einem unaufhaltsamen Vormarsch am Damenflügel dominiert Schwarz völlig. Doch Ikeda, der sich weder von seiner Stellung noch vom Großmeistertitel seines Gegners einschüchtern lässt, startet einen objektiv wenig fundierten Berserkerangriff am Königsflügel.

29.g4! ♘e7 30.h4 b5 31.♗g5 b4 32.♕f4 ♘c6 33.♗f6 ♗f8 34.h5! ♘d8 35.g5

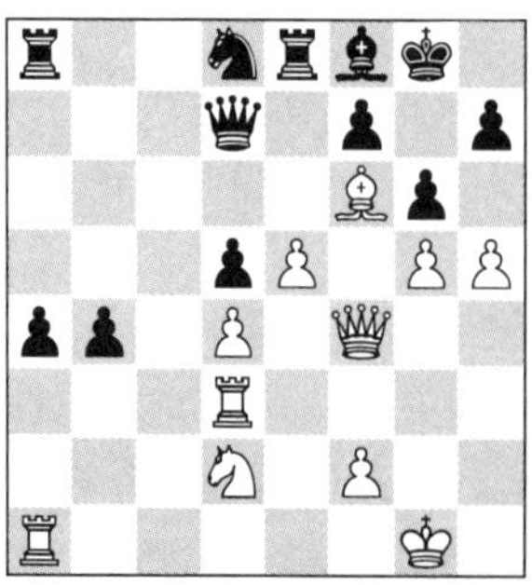

Ein spiegelbildliches Bauernpärchen zu den schwarzen Damenflügelbauern. Freilich ist schwer vorstellbar, dass der weiße Angriff rechtzeitig kommen könnte.

35...♘e6 36.♕h4 b3

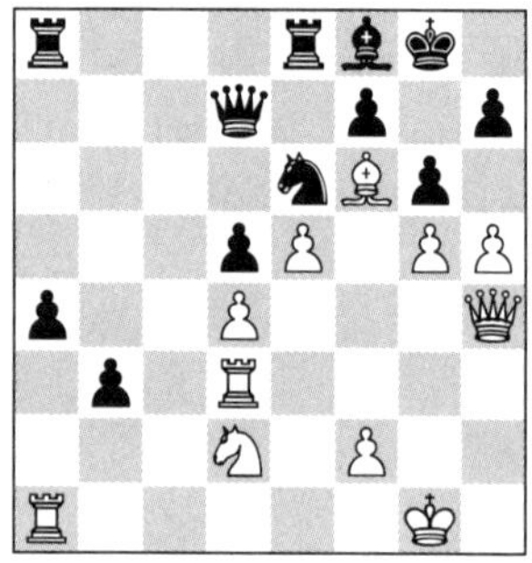

37.♖b1!

Ein wirklich cleverer Zug. Derweil die Hoffnungen von Weiß gänzlich auf seinen Königsangriff gerichtet sind, ist Ikeda klug genug, sich einen Moment Zeit zu nehmen, um das Spiel seines Gegners auf der anderen Brettseite zu verlangsamen. Dieser Zug verschafft ihm nicht nur etwas Zeit, um seine Falle vorzubereiten, sondern ermutigt Schwarz auch, eine weitere Figur von der Verteidigung des Königs wegzuziehen.

37...♖eb8 38.♔g2 b2 39.♖h1 a3 40.♖dh3 a2

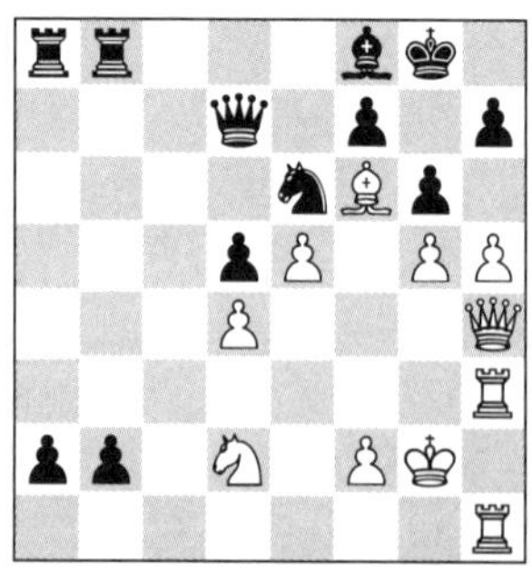

Es scheint, als sei der weiße Angriff zum Erliegen gekommen. Der schwarze König ist üppig verteidigt, und 41.hxg6 fxg6 verheißt nichts. Derweil droht Schwarz mit der Umwandlung, und das gleich zweimal! Da er nichts mehr zu verlieren hat, greift Ikeda in die Trickkiste und schafft eine Illusion von atemberaubendem Ausmaß.

41.♗g7!!

Einer der dreistesten Züge, die ich je gesehen habe, und der mindestens einen großmeisterlichen Kiebitz lauthals zum Lachen brachte. Und doch ist es ein reiner Bluff. Wenn man will (und ich wollte es), findet man die Bestätigung, dass tatsächlich nicht weniger als 47(!) Züge in dieser Stellung gewinnen, darunter alle acht Umwandlungen. (siehe Abbildung)

Ich bin überzeugt, dass dies eine Art Rekord ist. Immerhin hat 41.♗g7 einen Punkt: Weiß schneidet die schwarze Dame auf grobschlächtigste Weise von der Verteidigung von h7 ab. Doch natürlich ist der Hauptzweck, im Kopf von Schwarz Unentschlossenheit und Zweifel zu wecken. Die Lockvogelfall 41...♔xg7?? 42.hxg6! wird mit Leichtigkeit umschifft. Die verborgene Bewandtnis des Schwindels wird jedoch bald zum Vorschein kommen.

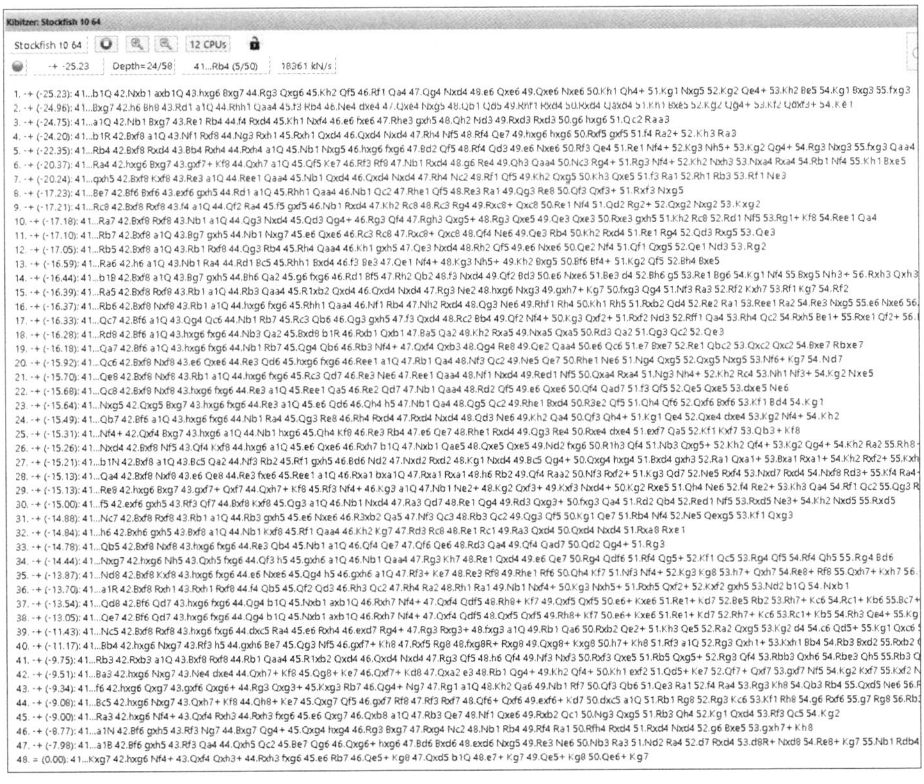

41...♗xg7 42.hxg6

Und nun gibt es weitere 46 Gewinnzüge für Schwarz. Was jedoch zum Erfolg dieses Schwindels beiträgt, ist der Umstand, dass der vorige Zug von Schwarz und der nachfolgende Fehler zwei der sich aufdrängendsten und scheinbar saubersten Alternativen repräsentieren. Doch während Schwarz die Schlacht auf sieben Linien des Brettes total für sich entschieden haben mag, ist Weiß mehr als zufrieden damit, sich mit dem Gewinn der achten zu begnügen.

42...hxg6??

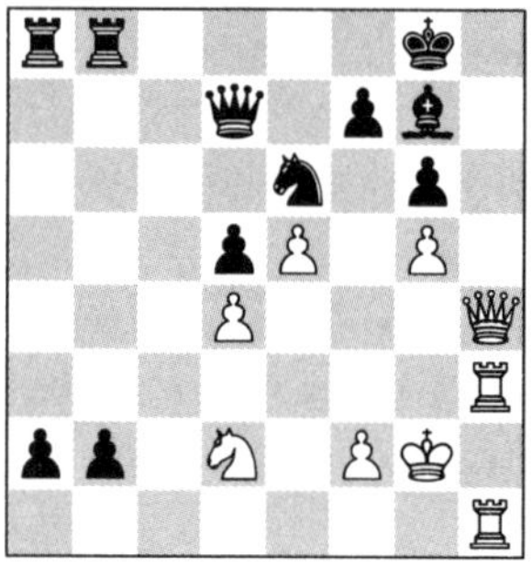

Schall und Rauch.

43.♕h8+!

Samt Matt in zwei auf der h-Linie. Außergewöhnlich.

1:0

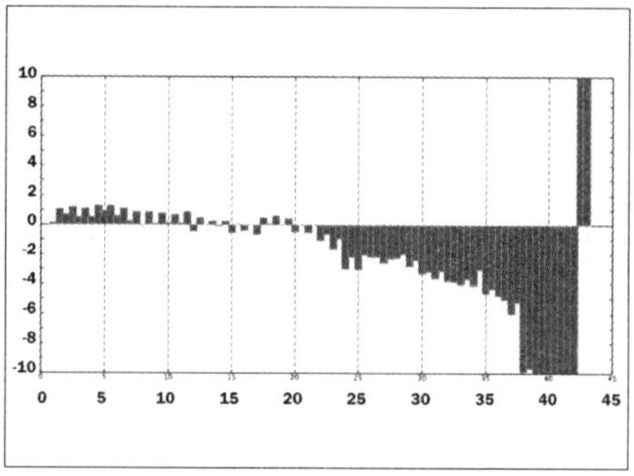

TEIL VI

Übungsaufgaben

Schlechte Stellungen entmutigen mich nicht. Jeder gerät hin und wieder in eine schlechte Stellung, also gibt es überhaupt keinen Grund, diese dann einfach so zu verlieren. Man muss auch einen Weg finden, verlorene Stellungen zu retten – Tony Miles

Jetzt haben Sie die Gelegenheit, Ihre Schwindelfertigkeiten zu trainieren. Die folgenden Übungen sollen Ihnen helfen, wie ein Schwindler zu denken und dabei die verschiedenen Techniken aus diesem Buch anzuwenden und zu kombinieren.

Einige der Probleme sehen so aus wie jene, die man in jedem normalen Taktiklehrbuch findet, doch einige sind in der Tat sehr anders. Fragen wie „Wie, glauben Sie, ist das Spiel ausgegangen" mögen nach Rätselraten klingen, aber diese Art von Fragen wird Ihnen dabei helfen, Ihren Geist von der klassischen Heuristik zu befreien und stattdessen Ihre kreativen Gedanken zu fördern.

Es gibt drei Stapel von Fragen, in der Schwierigkeit grob gesehen ansteigend. Fröhliches Schwindeln!

Test 1

Aufgabe 1

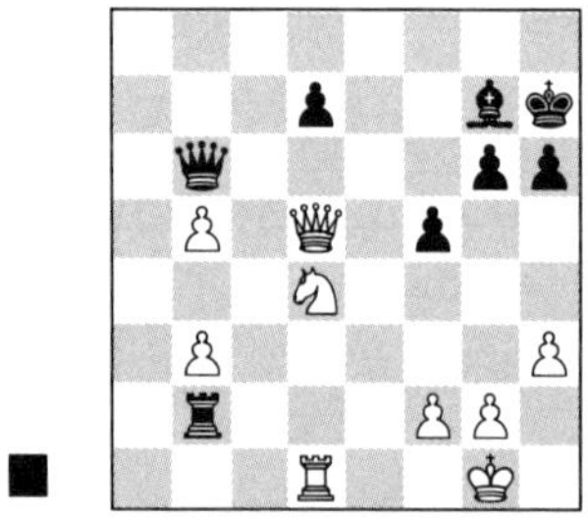

In dieser Partie spielte die junge Judit Polgar mit einem Bauern weniger das verwirrende 28...♕c7!?, worauf Weiß mit dem prinzipiellen 29.h4?? antwortete. Was war die Falle von Schwarz?
(*Lösung auf Seite 329*)

Aufgabe 2

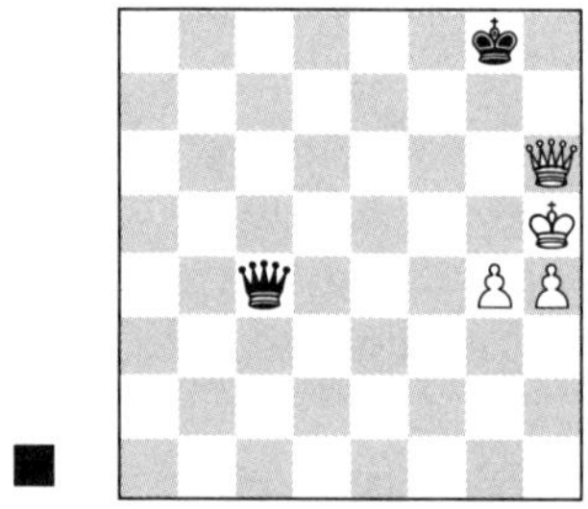

Einmal mehr das gefürchtete Endspiel mit Dame und zwei Bauern gegen Dame. Mit sorgfältigem Spiel sollte der Leidensweg nach 77...♕e2 zum Remis führen, aber vielleicht finden Sie ja eine Patentlösung?
(*Lösung auf Seite 329*)

Aufgabe 3

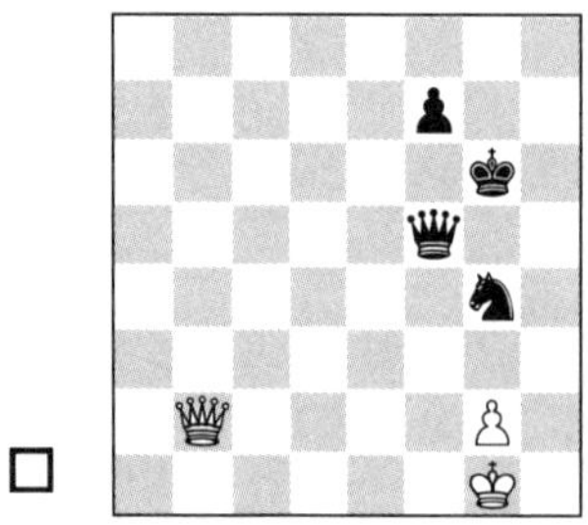

Weiß am Zug. Inszenieren Sie einen Schwindel.
(*Lösung auf Seite 329*)

Aufgabe 4

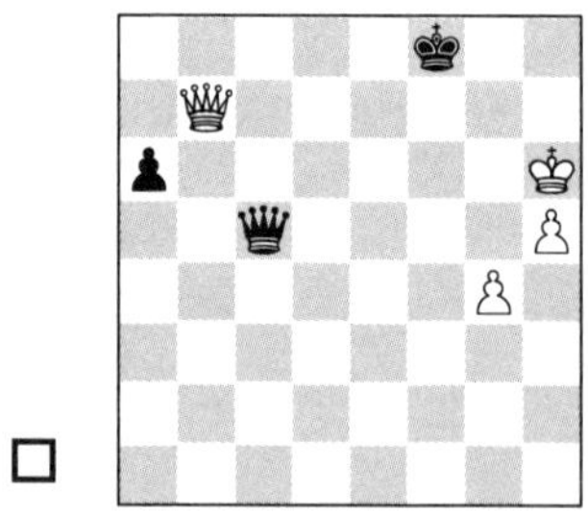

Sie sind mit Weiß am Zug. Dürfen Sie auf a6 schlagen?
(*Lösung auf Seite 330*)

Aufgabe 5

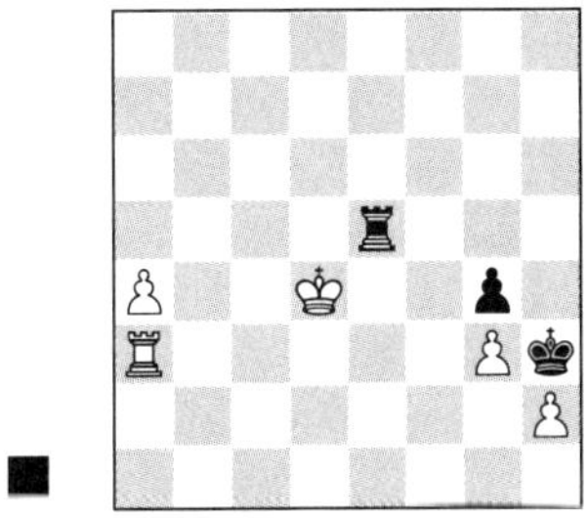

Finden Sie eine Pattidee.
(Lösung auf Seite 330)

Aufgabe 6

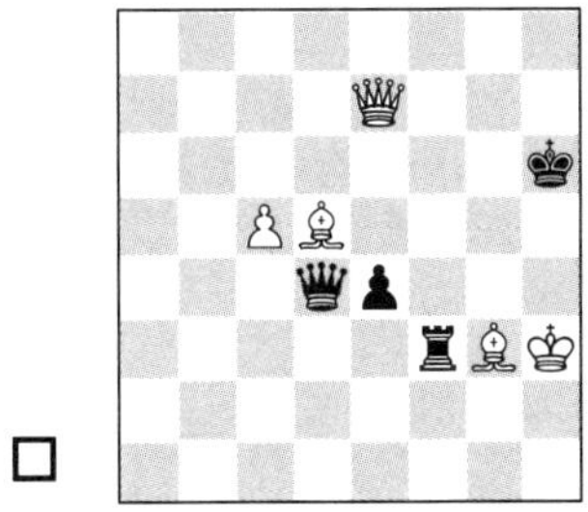

Einer der seltenen Fälle, in denen der weltbeste Spieler beschwindelt wurde. Was ist an Kasparows 54.♗xe4 verkehrt?
(Lösung auf Seite 330)

Aufgabe 7

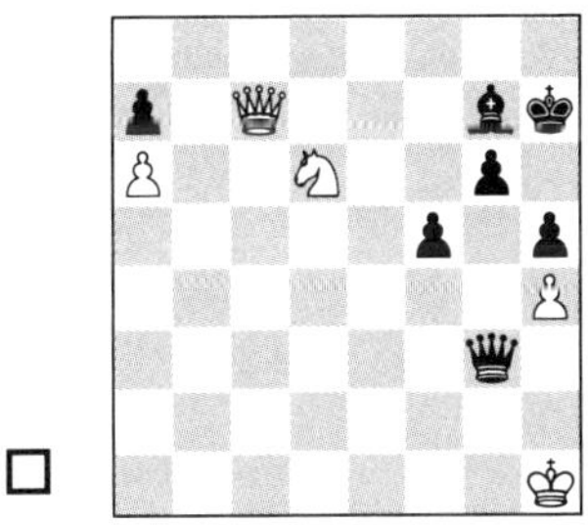

Hier spielte Weiß – ein starker Großmeister – 76.♕xa7? ♕xd6 77.♕b7 ♕d1+ und gab auf. Was hatte er übersehen?
(Lösung auf Seite 330)

Aufgabe 8

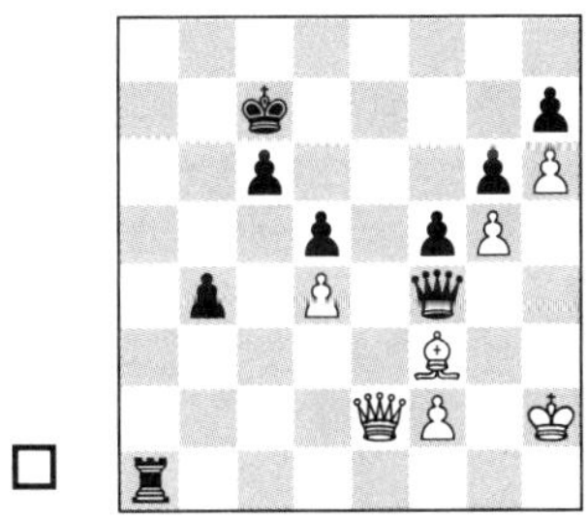

Die letzte Gelegenheit. 76.♔g2 oder 76.♔h3 ?
(Lösung auf Seite 331)

Aufgabe 9

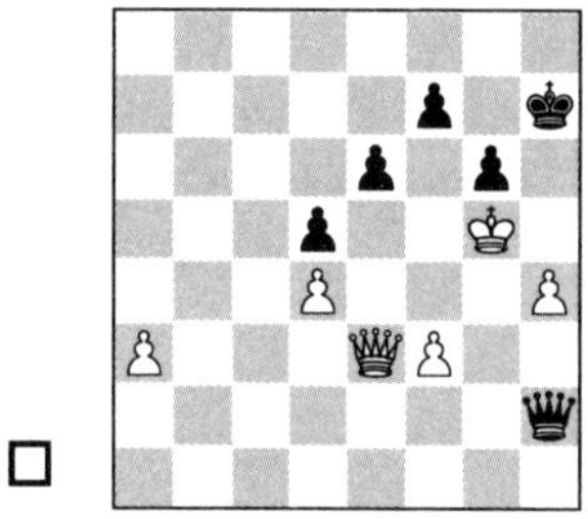

Als Weißer berechnen Sie, dass ♔f6 nach ...♕d6! zu einem Dauerschach führt. Können Sie es besser machen?
(Lösung auf Seite 331)

Aufgabe 10

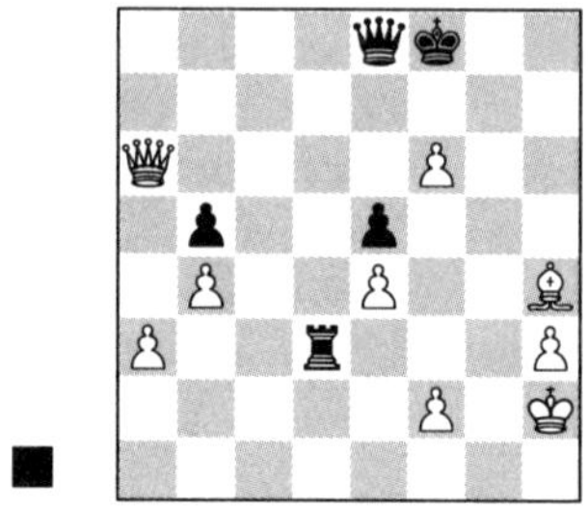

Das sollte nun schon täglich Brot sein. Schwarz am Zug macht Remis.
(Lösung auf Seite 331)

Aufgabe 11

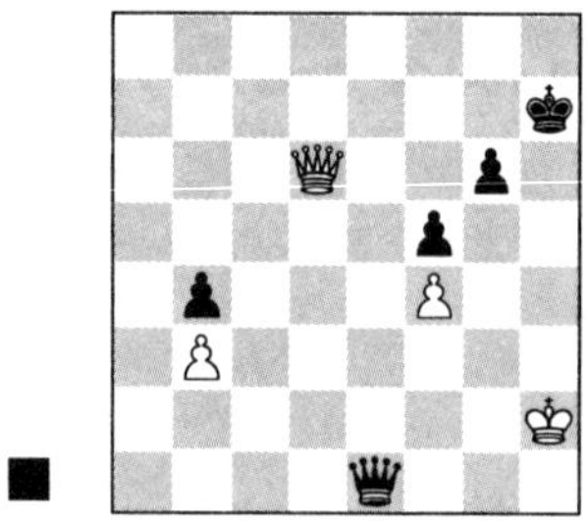

Was denken Sie darüber, mit 56...♔h6 mit dem König das Brett hinunterzurennen?
(Lösung auf Seite 331)

Aufgabe 12

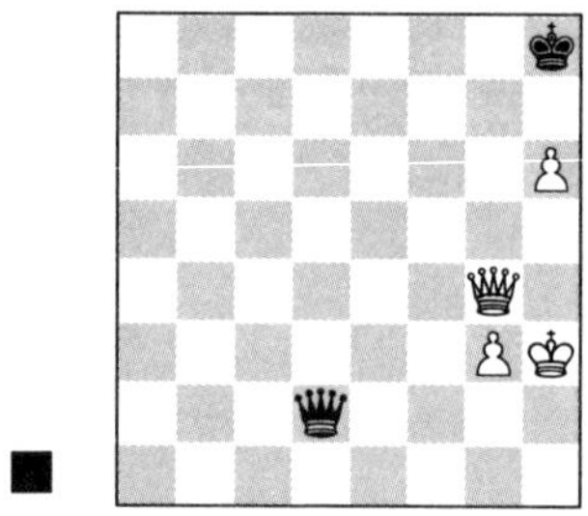

Beim Kandidatenturnier 1985 in Montpellier hatte Exweltmeister Spasski seit längerem in diesem schwierigen Endspiel zu leiden. Ribli hatte soeben mit 83.h6 den Bauern vorgeschoben, der nicht geschlagen werden darf: 83...♕xh6+??? 84.♕h4! mit gewonnenem Bauernendspiel. In der Partie folgte stattdessen 83...♕b2 84.♔h4?, und was nun?
(Lösung auf Seite 332)

Aufgabe 13

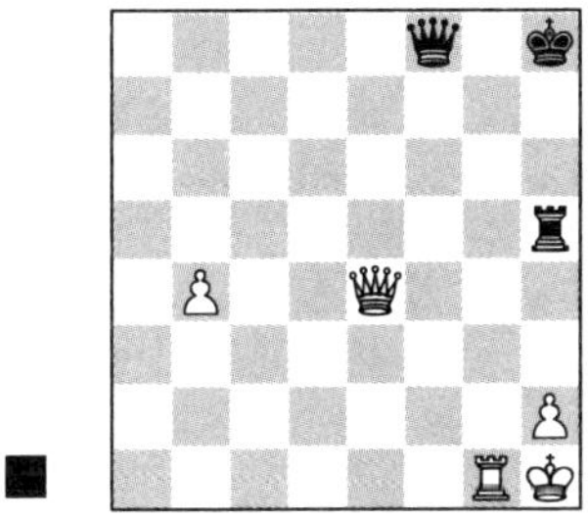

Wie rettete Schwarz in dieser Fernpartie elegant das Remis?
(Lösung auf Seite 332)

Aufgabe 14

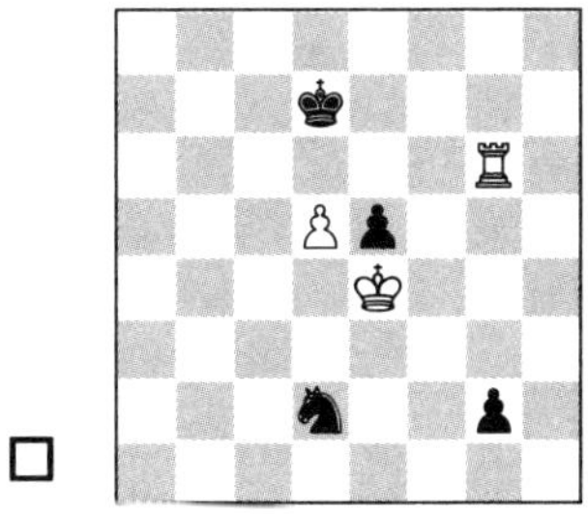

Schnell! Schwarz hat ein Schach auf d2 herausgehauen und nutzt Ihre Zeitnot, um Panik zu erzeugen. Gelingt es Ihnen, einem Schwindel auszuweichen?
(Lösung auf Seite 332)

Aufgabe 15

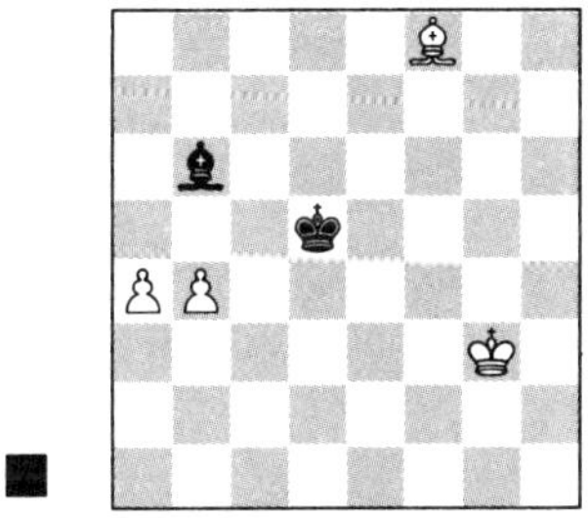

Es kommt nicht oft vor, dass man die Chance erhält, den Weltmeister zu beschwindeln. Okay, um fair zu sein, Carlsen war zu diesem Zeitpunkt erst zwölf Jahre alt ... aber das würden Sie bei Ihrer Geschichte nicht erzählen! Schwarz am Zug macht Remis.
(Lösung auf Seite 332)

Aufgabe 16

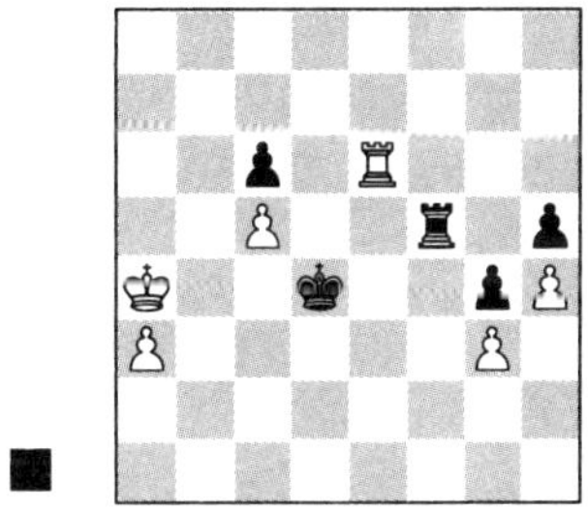

Etwas einfaches. Schwarz spielte **42...♖xc5 43.♖h6 ♔c4**, um Weiß in tödlichen Zugzwang zu bringen. Was übersah er dabei?
(Lösung auf Seite 333)

Aufgabe 17

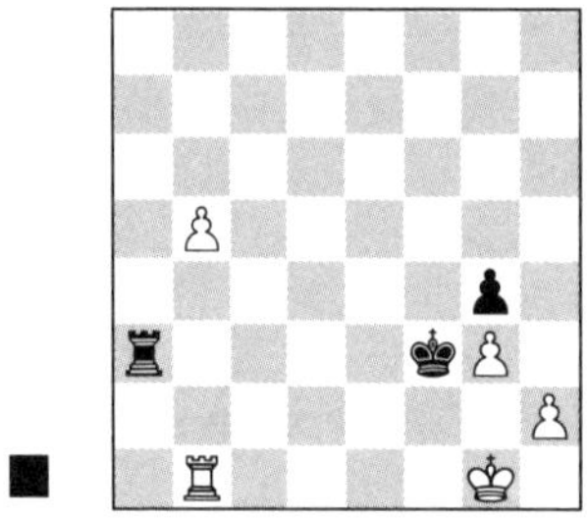

Sollte man aufgeben?
(Lösung auf Seite 333)

Aufgabe 18

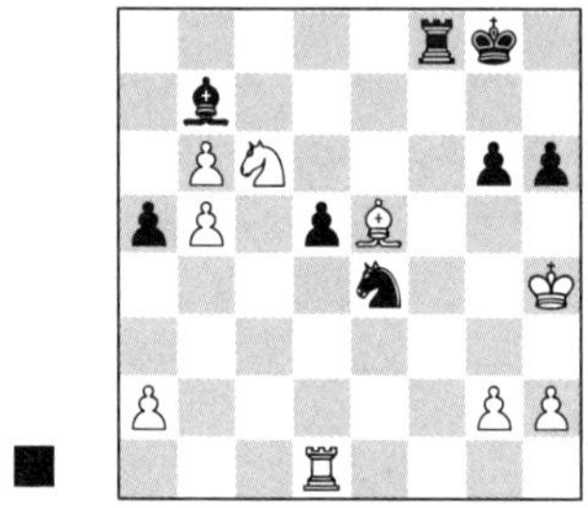

Weiß plant, im nächsten Zug auf d5 zu schlagen. Gelingt es Ihnen, mit diesem Wissen eine Schwindelchance für Schwarz zu schaffen?
(Lösung auf Seite 333)

Aufgabe 19

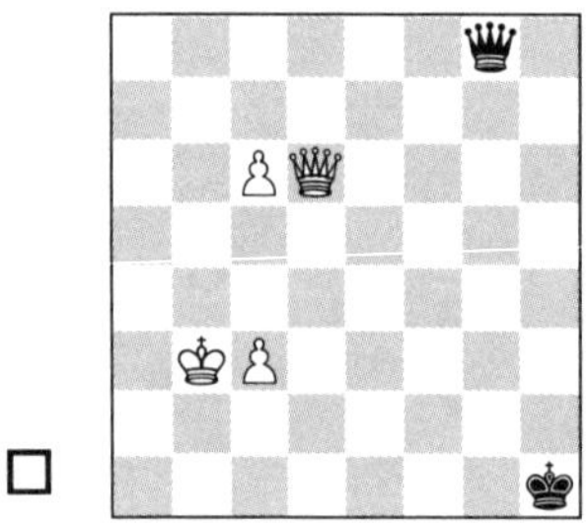

Weiß am Zug verpatzt den Gewinn.
(Lösung auf Seite 333)

Aufgabe 20

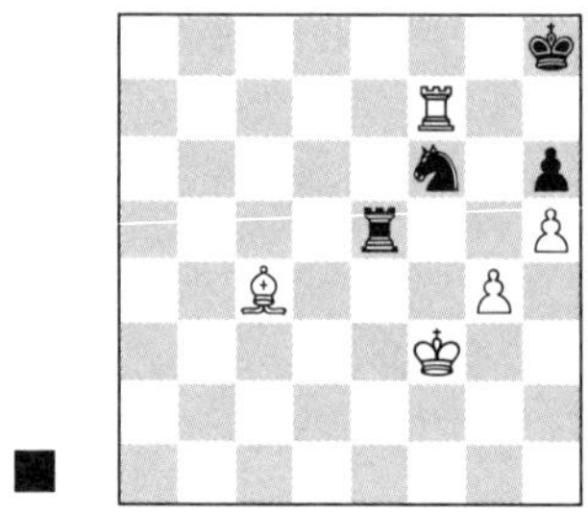

Im Viertelfinale des Weltcups 2017 hatte Weiß schon länger gegen eine stoische Verteidigung Druck gemacht. Jetzt bietet er Schwarz die Möglichkeit, mit 69...♘xh5 in das berüchtigte Endspiel ♖+♗ vs. ♖ überzuleiten. Obgleich theoretisch remis, haben viele Großmeister das nicht gehalten, und unter den vorliegenden Umständen eines Schnellschach-Stichkampfs hätte Schwarz besonders zu leiden. Doch er fand eine hübsche Lösung. Gelingt Ihnen das auch?
(Lösung auf Seite 334)

Aufgabe 21

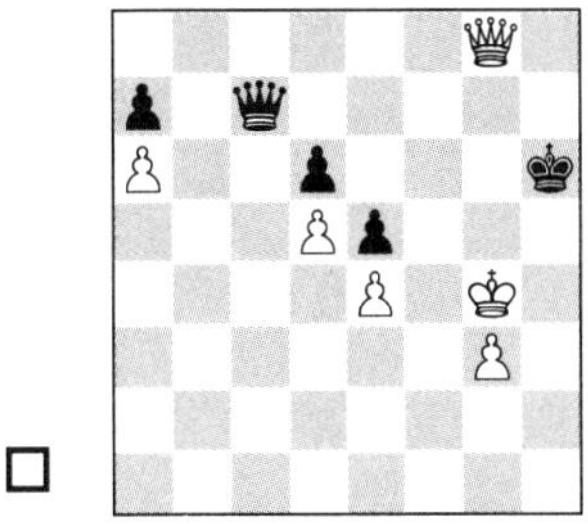

Was ist der einfachste Weg für Weiß, um seinen Vorteil zu verwerten?
(*Lösung auf Seite 334*)

Aufgabe 22

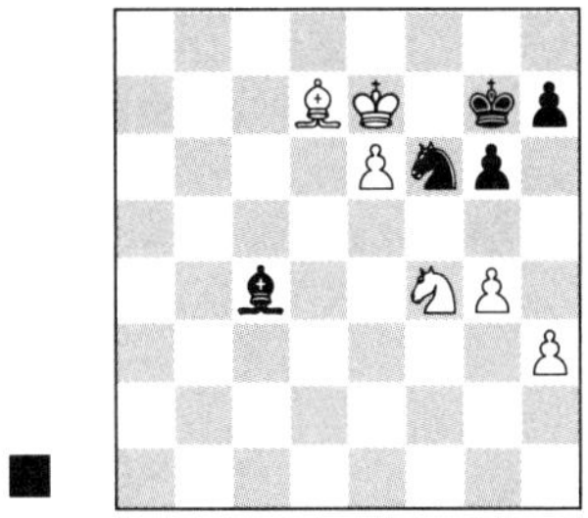

Zweimal gelang es Mir Sultan Khan in den frühen Dreißigern, den großen Holländer Max Euwe zu beschwindeln. Erkennen Sie von weitem die Festung, die er anstrebte?
(*Lösung auf Seite 334*)

Aufgabe 23

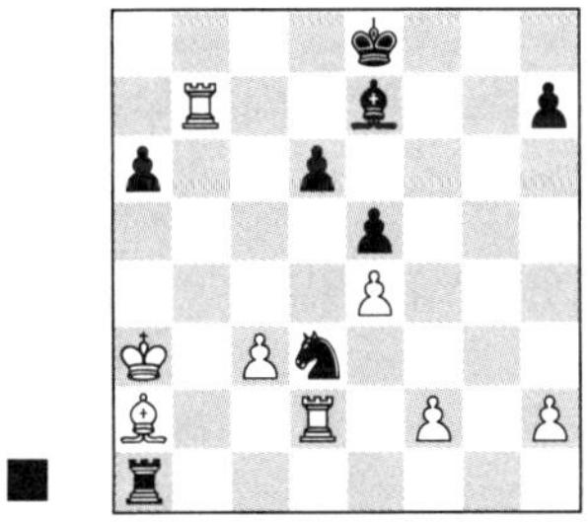

Stellen Sie eine Falle auf.
(*Lösung auf Seite 334*)

Aufgabe 24

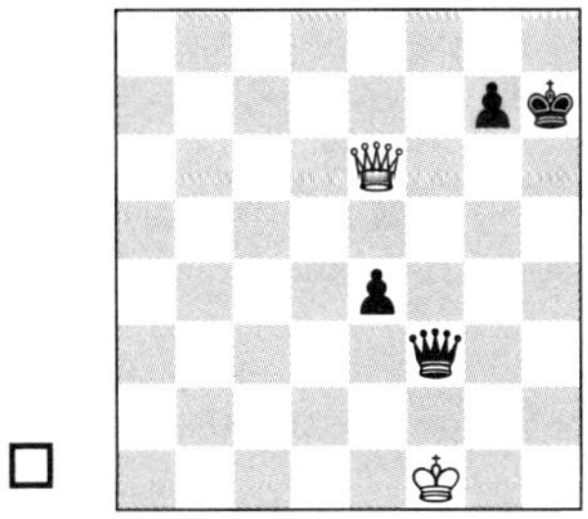

Wohin sollte sich Ihr König wenden?
(*Lösung auf Seite 335*)

Aufgabe 25

□ 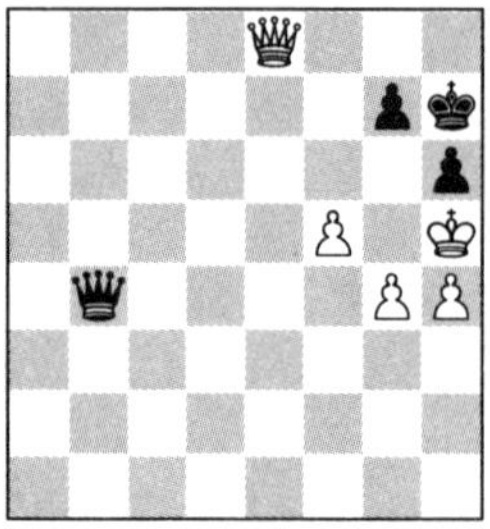

Weiß am Zug verliert.
(Lösung auf Seite 335)

Aufgabe 26

□ 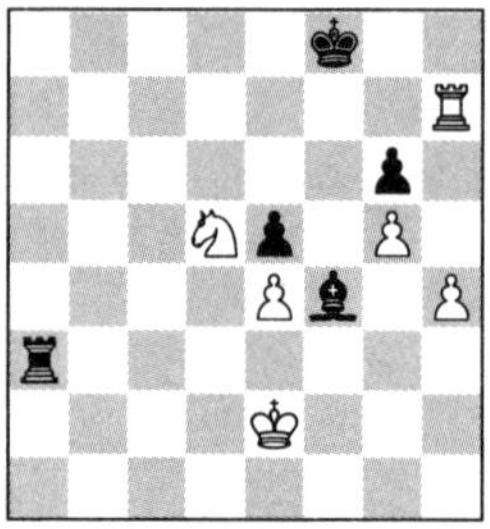

Weiß am Zug erlaubt einen Schwindel.
(Lösung auf Seite 335)

Aufgabe 27

■ 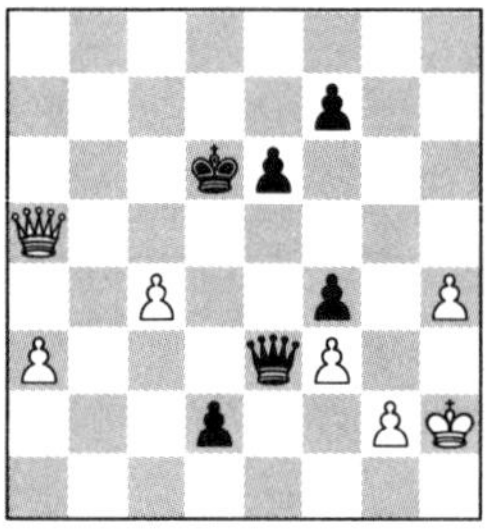

Analysieren Sie Kortschnojs 83...♕d4.
(Lösung auf Seite 335)

Aufgabe 28

■ 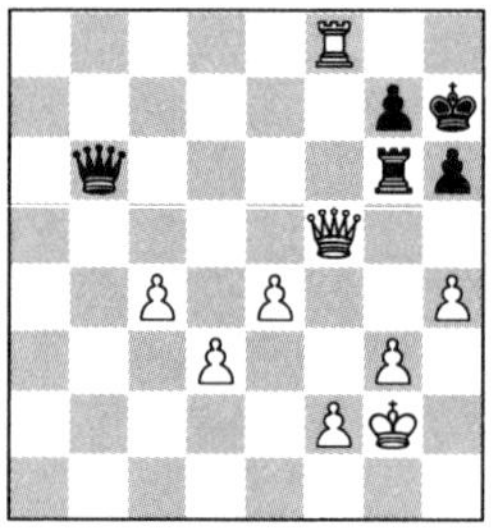

Mit einer Wertungszahl von 1600 spielen Sie mit Schwarz in einem Simultan gegen den großen Anatoli Karpow. Sie haben vier Bauern weniger und sind im Begriff, Ihren Turm zu verlieren. Was ziehen Sie?
(Lösung auf Seite 336)

Aufgabe 29

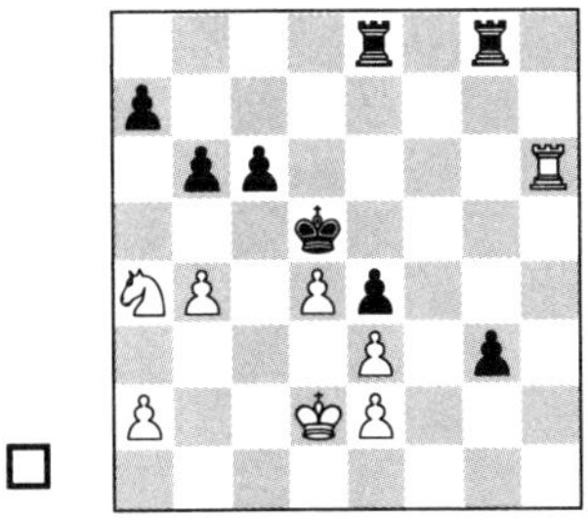

Aus einer Partie zwischen zwei 1600ern. Finden Sie einen letzten Trick für Weiß.

(Lösung auf Seite 336)

Aufgabe 30

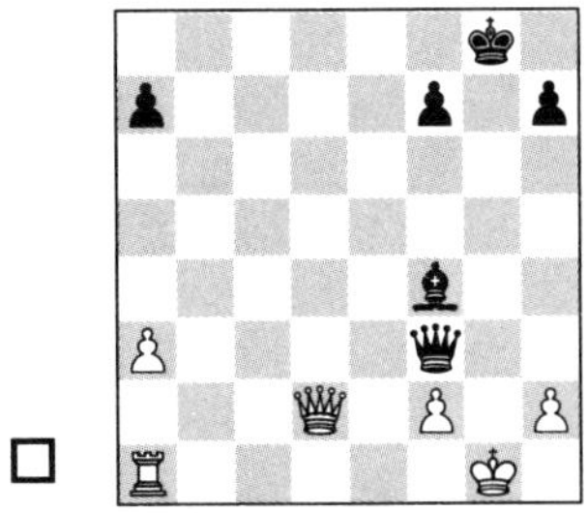

Einige Engines schlagen 37.♕d8+ vor und andere 37.♕d1. Was ist Ihre Wahl?

(Lösung auf Seite 336)

Aufgabe 31

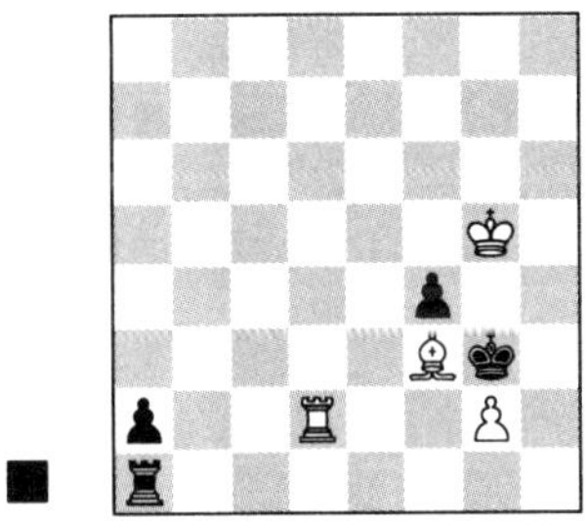

In dieser Stellung versuchte Schwarz einen ungeheuerlichen Bluff, mit dem er gegen seinen Gegner mit 2600+ erfolgreich war. Können Sie ihn finden?

(Lösung auf Seite 337)

Aufgabe 32

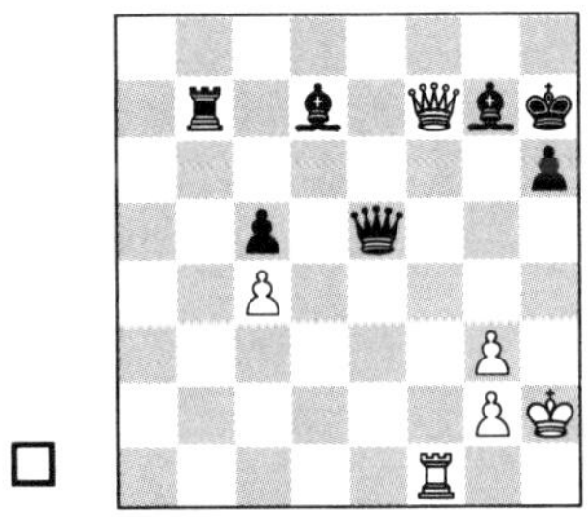

So schwer es auch zu glauben sein mag, Schwarz kann in der Diagrammstellung ein Matt in 19 Zügen erzwingen. Und wo wir gerade von Dingen sprechen, die schwer zu glauben sind: wie konnte Weiß das gegen einen Großmeister remisieren?

(Lösung auf Seite 337)

Aufgabe 33

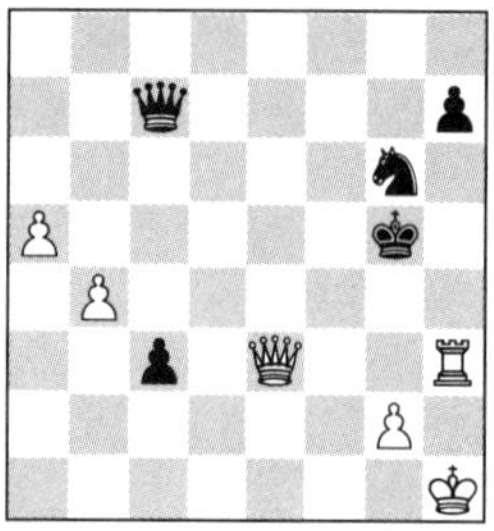

Spüren Sie ein heimtückisches Danaergeschenk auf.
(Lösung auf Seite 337)

Aufgabe 34

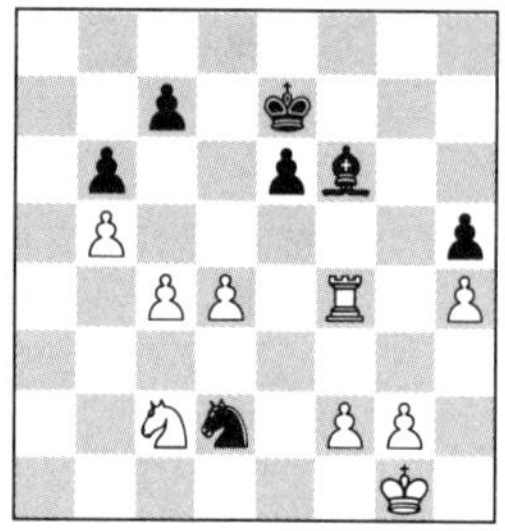

60...♘xc4 61.♘b4 wäre hoffnungslos für Schwarz. Können Sie stattdessen einen Trick finden?
(Lösung auf Seite 338)

Aufgabe 35

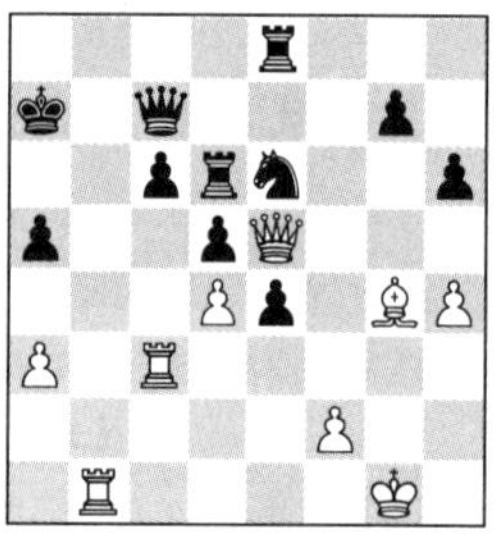

Schwarz spielte 33...♖d7 und gewann nach 34.♖c5? ♘xc5 35.♕xe8 ♖d8 usw. rasch. Was hatte Weiß verpasst?
(Lösung auf Seite 338)

Aufgabe 36

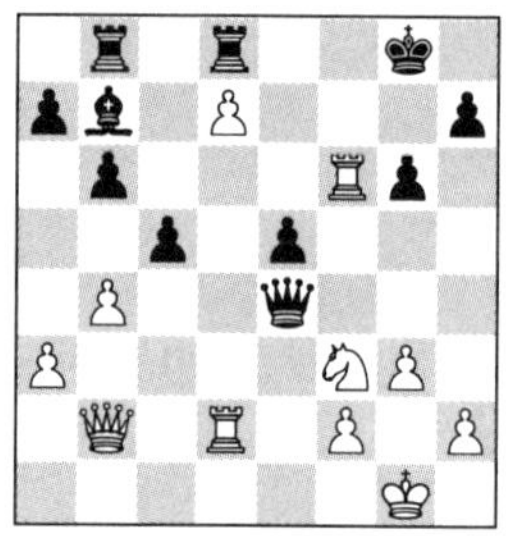

Mamedscharow begann einen eindrucksvollen Berserkerangriff, mit dem er letztlich seinen starken Gegner hereinlegte. Können Sie auch so wie der Azeri-Großmeister spielen?
(Lösung auf Seite 338)

Aufgabe 37

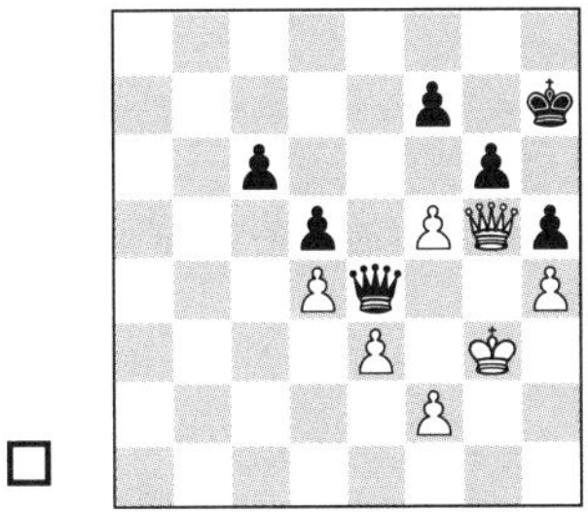

Ein Hilfsmatt aus dem realen Leben. Weiß zog, Schwarz antwortete, Weiß zog erneut, und Schwarz setzte matt. Können Sie den Partieschluss ausarbeiten?
(Lösung auf Seite 339)

Test 2

Aufgabe 38

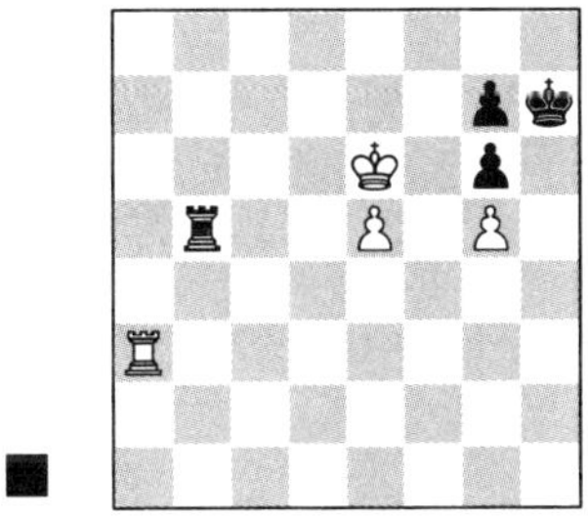

Die Voraussetzungen für einen Schwindel liegen in der Luft. Wie können Sie Weiß zur „Mitarbeit“ bewegen?
(*Lösung auf Seite* 339)

Aufgabe 39

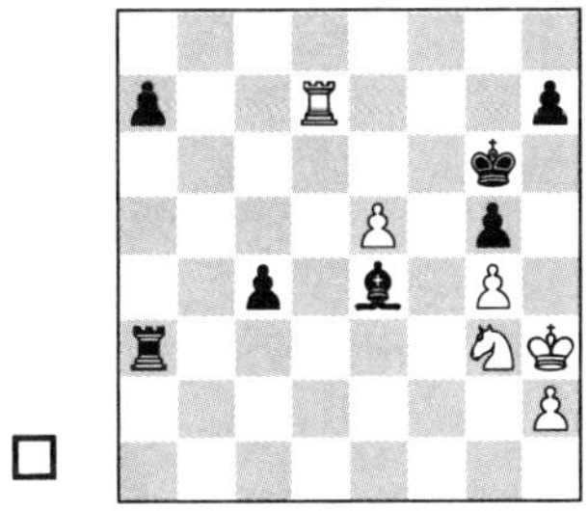

Weiß am Zug. Erschaffen Sie einen Schwindel.
(*Lösung auf Seite* 339)

Aufgabe 40

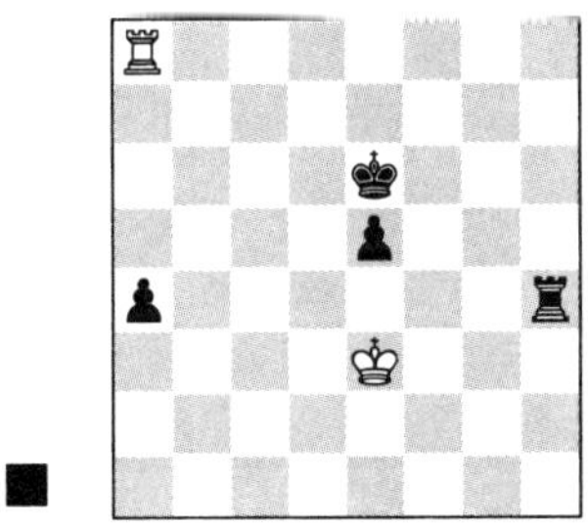

Wie gewinnt Schwarz das?
(*Lösung auf Seite* 339)

Aufgabe 41

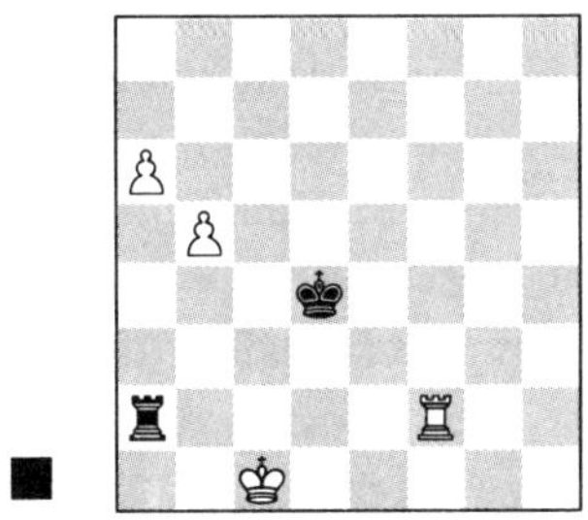

Nach einem schwierigen Turmendspiel haben beide Spieler auf diese Stellung hingearbeitet. Weiß hatte 52...♖xf2 53.a7 mit raschem Gewinn erwartet. Doch sein Gegner hatte einen studienartigen Rettungsweg ausgearbeitet. Können Sie ihn finden?
(*Lösung auf Seite* 340)

Aufgabe 42

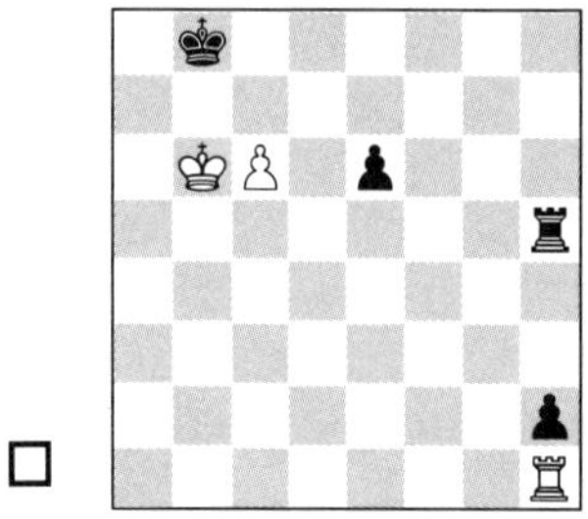

Können Sie einen letzten Schwindel für Weiß finden?
(*Lösung auf Seite 340*)

Aufgabe 43

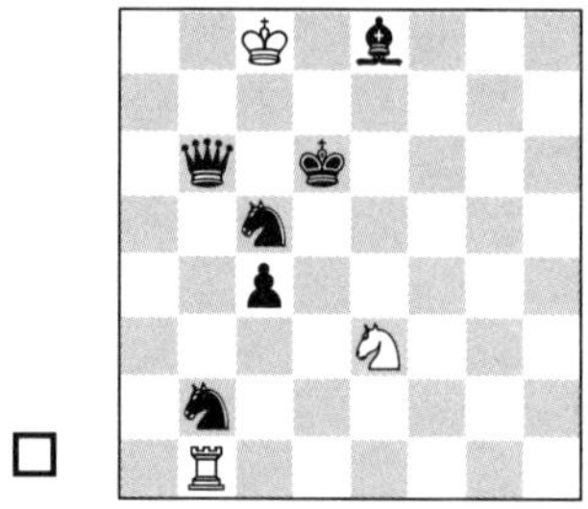

Studienzeit. Weiß am Zug hält remis.
(*Lösung auf Seite 340*)

Aufgabe 44

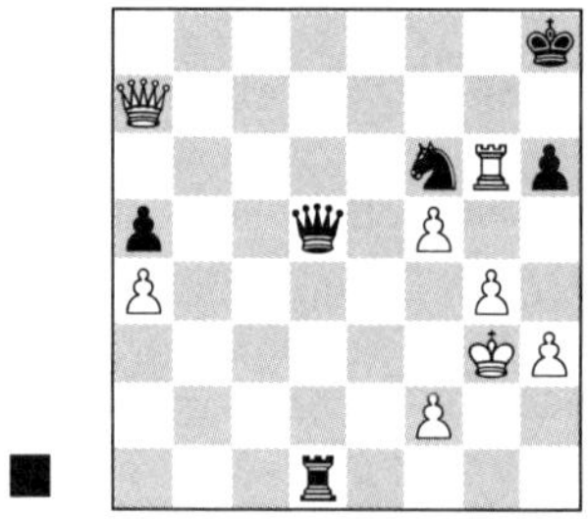

Weiß hat einen eindrucksvollen Angriff durchgeführt und droht, sobald er den Schachgeboten entkommen kann, den schwarzen Königsflügel auseinanderzunehmen. Doch Weiß ahnte nicht, dass der Schwarzspieler exakt diese Stellung angestrebt hatte. Können Sie die Remisidee erkennen?
(*Lösung auf Seite 340*)

Aufgabe 45

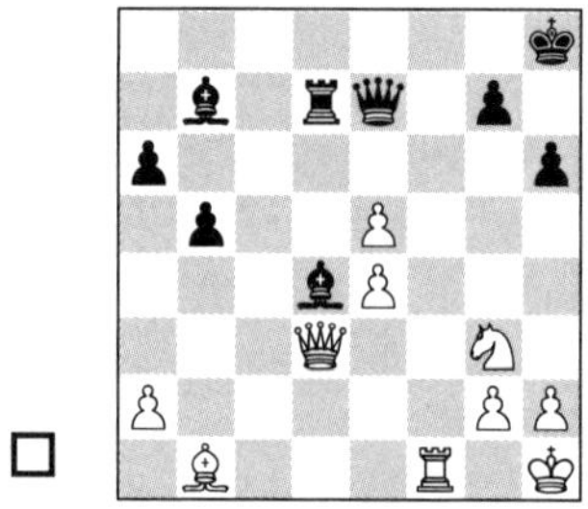

Weiß hat eine schöne Angriffspartie gespielt und sucht nun nach dem klarsten Weg zum Sieg. Ein Gewinnweg beginnt mit 35.e6!?, obgleich die Varianten kompliziert sind. Weiß glaubt, dass er mit 35.♘f5!? einen einfacheren Weg gefunden hat, und das gewinnt auch tatsächlich. Gelingt es Ihnen, Schwarz nach 35...♕xe5 zu erledigen?
(*Lösung auf Seite 341*)

Aufgabe 46

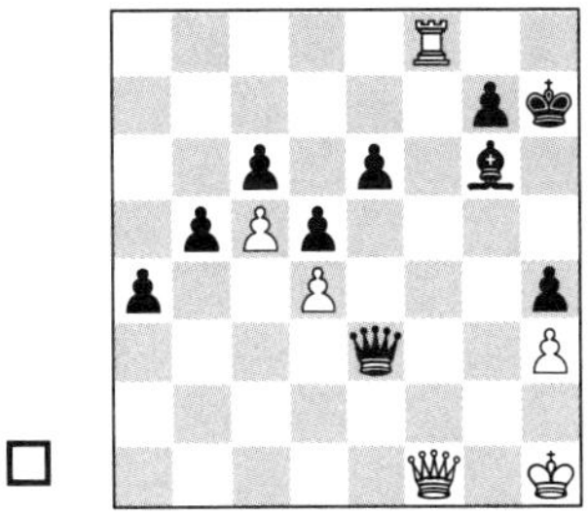

Es ist alles vorbei für Weiß. Letzter Aufruf, irgendjemand?
(*Lösung auf Seite 341*)

Aufgabe 47

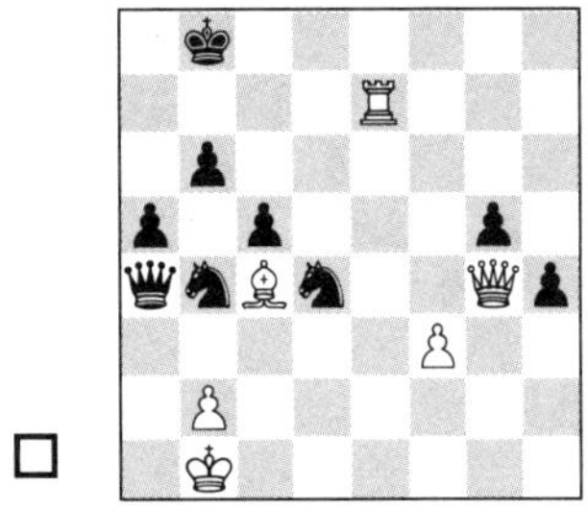

Ein seltener Schwindel im Computerschach! Hier hatte Schwarz es verpasst, sein (ihr) Patt-Frühwarnsystem zu aktivieren. Setzen Sie Ihr System auf den „Schwindelmodus“!
(*Lösung auf Seite 341*)

Aufgabe 48

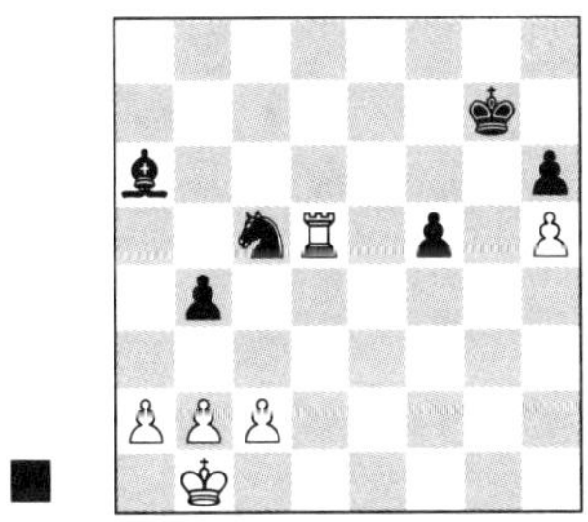

In der Partie spielte Schwarz 41...♘e4 42.♖xf5 und verlor bald. Welche Chance hat er verpasst?
(*Lösung auf Seite 342*)

Aufgabe 49

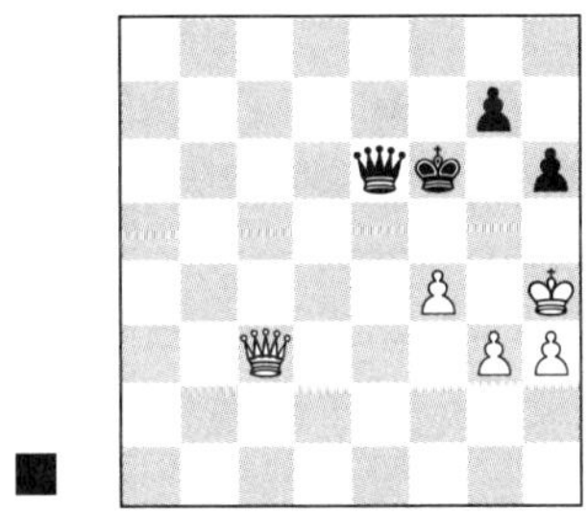

Denken Sie nach, was die Absicht von Weiß bei 60.♕c3+ gewesen sein könnte, und Sie werden auf dem Weg zur Schaffung eines Schwindels sein. Weiß will auf e5 die Damen tauschen, und tatsächlich stünde Schwarz nach 60...♔g6 61.♕e5 unter Druck. Stattdessen stellte der vielfache Britische Meister – der auch diese Meisterschaften gewinnen sollte; die Bedeutung dieses Schwindels kann also nicht überschätzt werden – eine listige Falle. (*Lösung auf Seite 342*)

Aufgabe 50

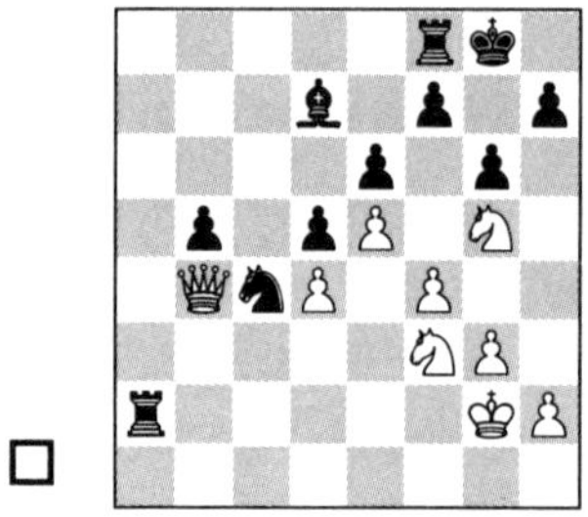

Schwarz hat soeben 27...♖a2+ gespielt. Wohin sollten Sie sich mit Ihrem König wenden?
(*Lösung auf Seite 342*)

Aufgabe 51

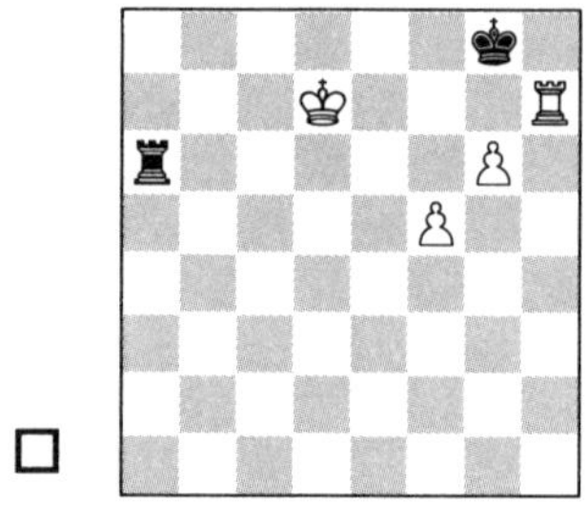

Welchen natürlichen Zug sollte Weiß KEINESFALLS spielen?
(*Lösung auf Seite 342*)

Aufgabe 52

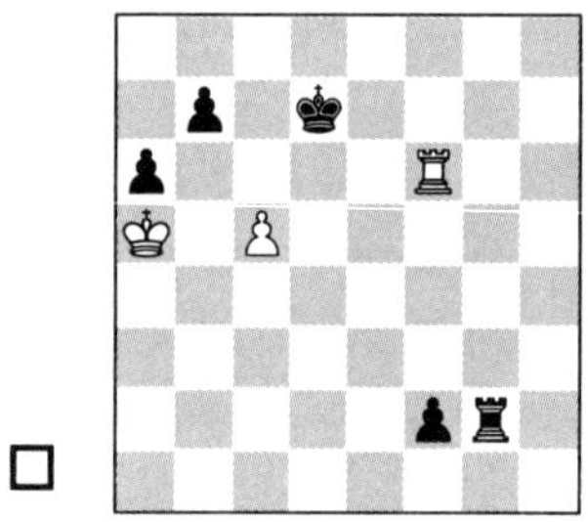

Finden Sie einen letzten Trick, um das sinkende Schiff zu retten.
(*Lösung auf Seite 343*)

Aufgabe 53

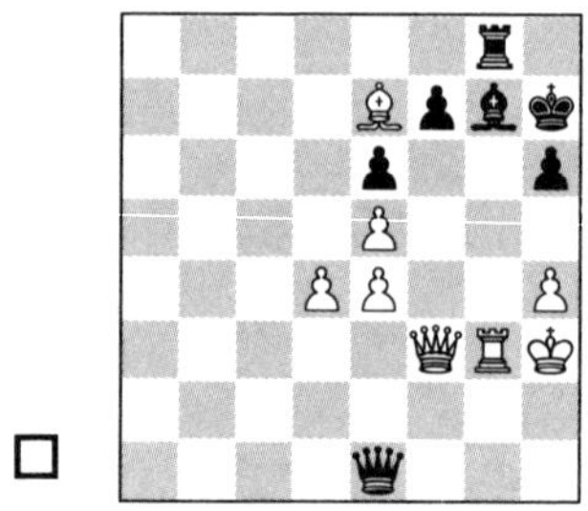

Warum ist 52.♕g2 ein schrecklicher Fehler?
(*Lösung auf Seite 343*)

Aufgabe 54

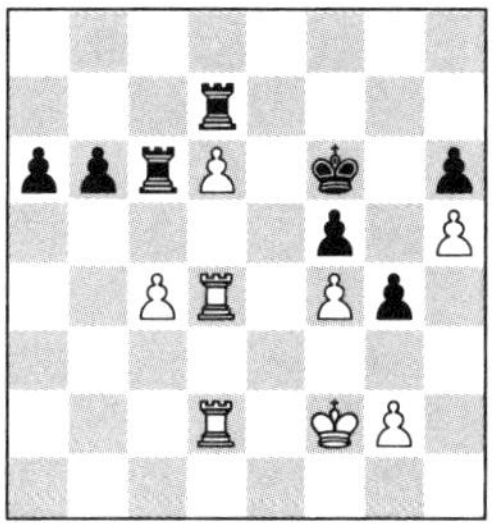

□

Weiß sollte in der Lage sein, mit normalem Spiel dieses Endspiel zu halten, wenngleich nur Schwarz Druck machen kann. Gelingt es Ihnen, einen kreativen Weg zu finden, um ein sofortiges Remis zu erzwingen?
(Lösung auf Seite 343)

Aufgabe 55

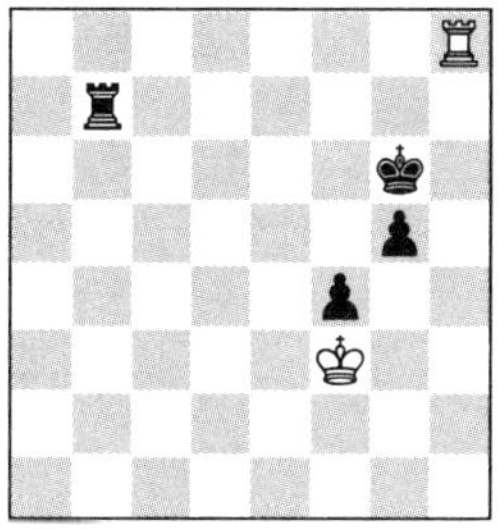

□

Weiß am Zug schwindelt.
(Lösung auf Seite 344)

Aufgabe 56

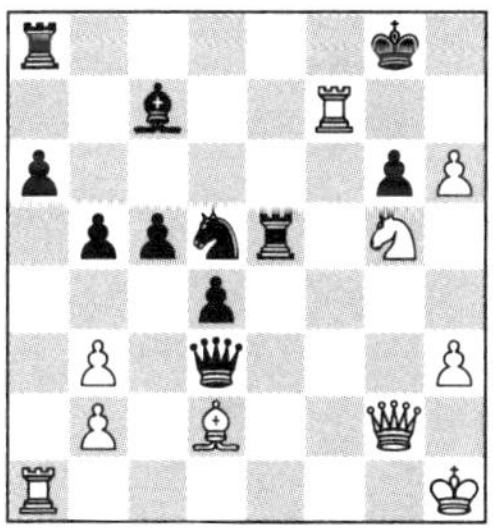

■

Finden Sie die beste Chance für Schwarz.
(Lösung auf Seite 344)

Aufgabe 57

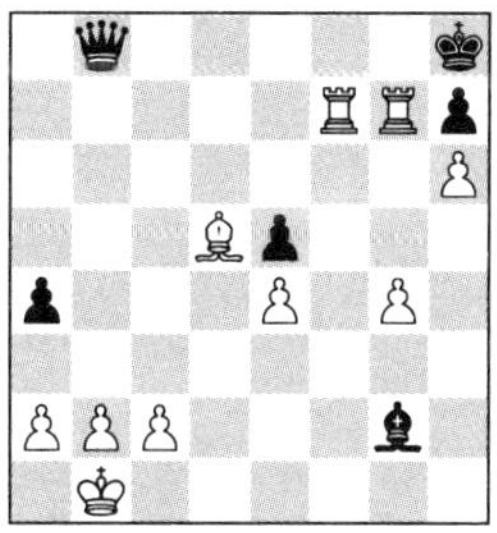

■

Eine der seltenen Gelegenheiten, bei denen sich Tal (Weiß) in der Rolle des Beschwindelten sah. Bei seinem Geburtstagsblitzturnier während der Schacholympiade 1960 war Tal nach nur drei weiteren Zügen gezwungen, dem Remis zuzustimmen. Was hat Schwarz gespielt, und mit welchen Zügen endete die Partie?
(Lösung auf Seite 345)

Aufgabe 58

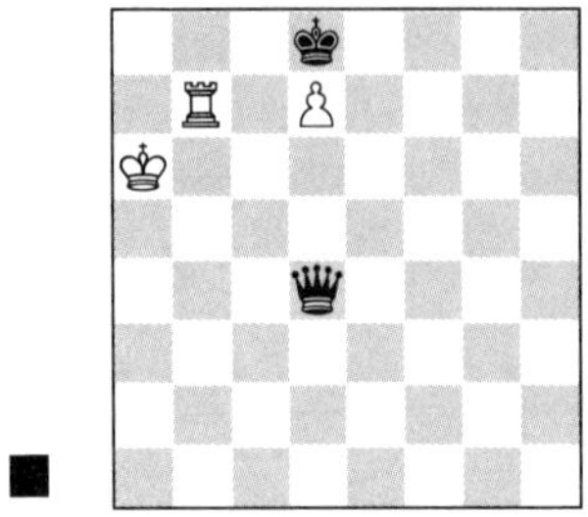

Schwarz hat in diesem Endspiel mit ♔+♕ vs. ♔+♖+♙ so weit alles richtig gemacht und ist nur wenige Züge davon entfernt, den Bauern zu gewinnen. Wie uns allen jedoch als Jugendlicher beigebracht worden ist, sollte man sich davor hüten, mit der Dame den gegnerischen König auf der dritten Reihe bzw. Linie abzuschneiden. Was war an 105...♕c5 verkehrt?
(Lösung auf Seite 345)

Aufgabe 59

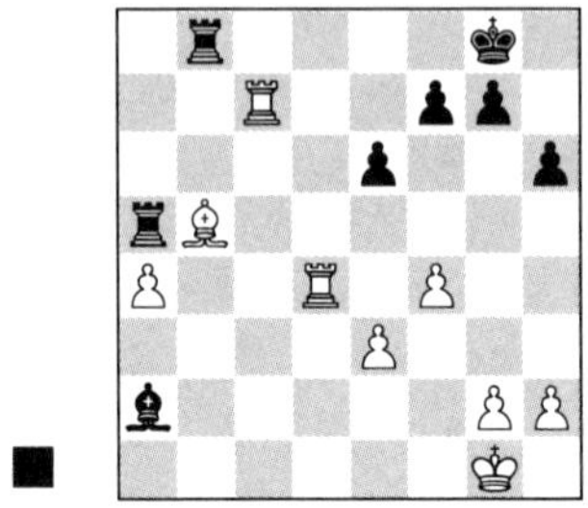

Finden Sie eine Festungsidee?
(Lösung auf Seite 345)

Aufgabe 60

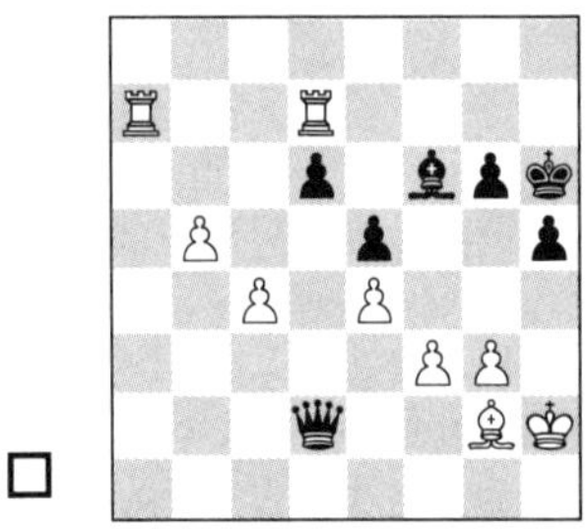

Verwöhnt mit der Wahl zwischen sieben möglichen Gewinnzügen setzte Weiß hier mit 44.♖a6?? fort, mit der Absicht 44...h4 45.♖dxd6 hxg3+ 46.♔h3 mit Gewinn. Was hatte er dabei übersehen?
(Lösung auf Seite 345)

Aufgabe 61

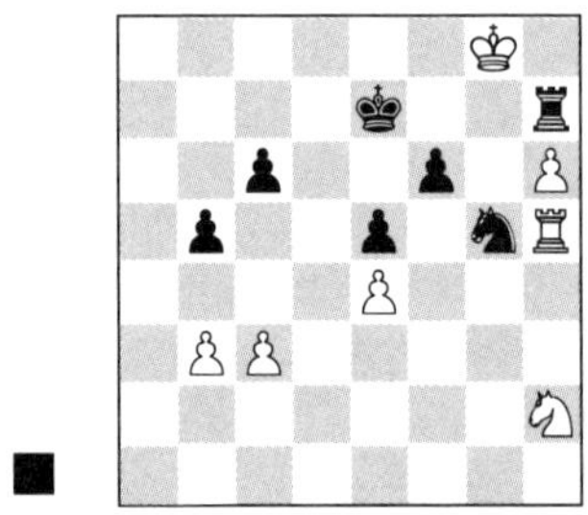

Die Partie endete mit 67...♖f7 68.♖xg5! fxg5 69.h7 und baldigem Gewinn für Weiß. Was hatte Schwarz übersehen?
(Lösung auf Seite 346)

Aufgabe 62

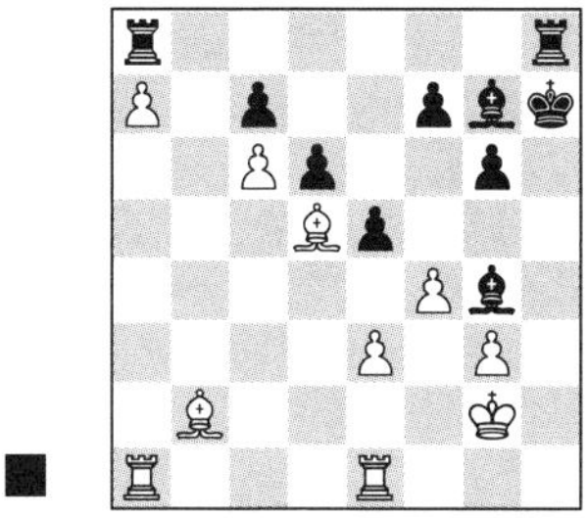

Weiß hatte nur noch zwei Minuten auf der Uhr. Welche giftige Falle stellte Schwarz hier?
(Lösung auf Seite 346)

Aufgabe 63

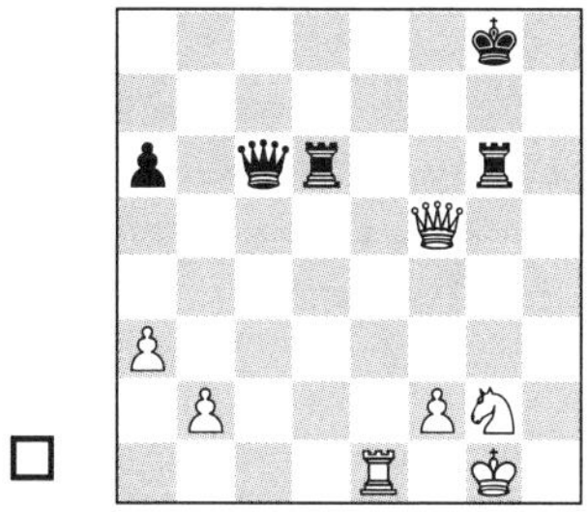

Die schwarze Stellung ist gewonnen, wenngleich nach 46.♕e4 eine mühsame technische Verwertung anstünde. Stattdessen präsentierte Weiß seinem griechischen Gegner ein Danaergeschenk. Können Sie diese ironische Geschichte nachvollziehen?
(Lösung auf Seite 346)

Aufgabe 64

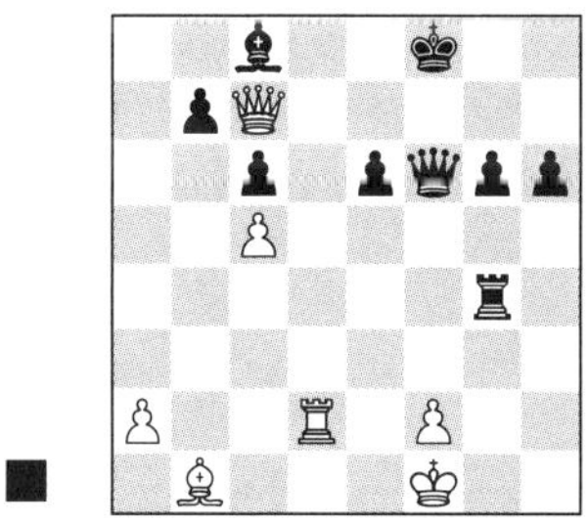

Schwarz spielte tapfer 35...♖g1+!? und Weiß, vielleicht aus der Angst vor einem Dauerschach nach 36.♔xg1 ♕g5+, glaubte, mit 36.♔e2?? weiter gesehen zu haben. Wie hätte Schwarz nun Remis machen können?
(Lösung auf Seite 347)

Aufgabe 65

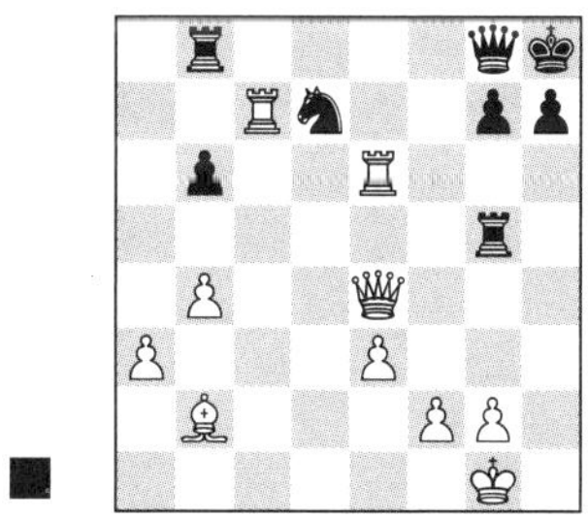

Moiseenko (Schwarz) fand hier einen listigen Zug, mit dem er den großen Iwantschuk dazu verleitete, tatsächlich den Gewinn zu verpatzen. Wie lautete die Idee?
(Lösung auf Seite 347)

Aufgabe 66

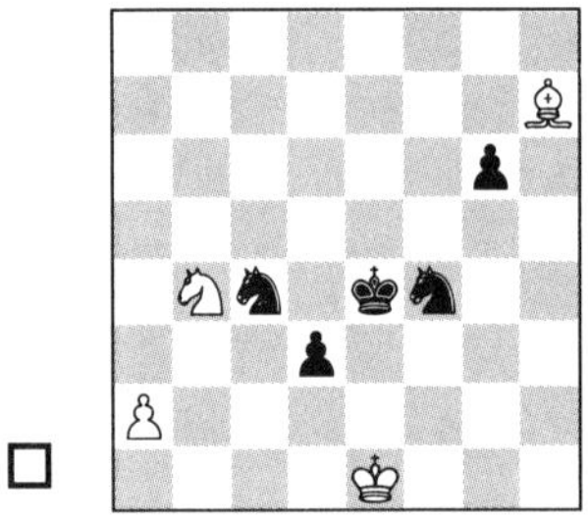

Schwächere Engines sind hier tatsächlich nützlicher als stärkere. Was ist aus menschlicher Sicht der beste Zug?
(Lösung auf Seite 347)

Aufgabe 67

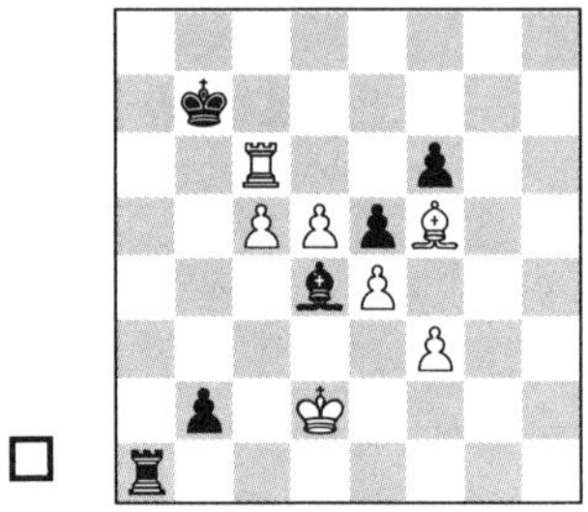

Wie sollte die Partie enden?
(Lösung auf Seite 348)

Aufgabe 68

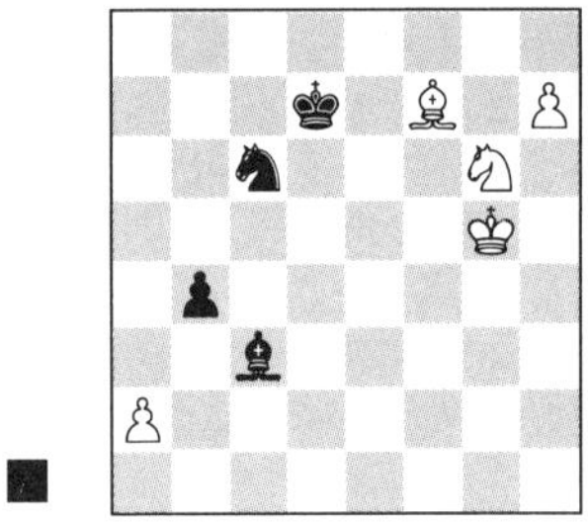

Was ist die beste praktische Chance von Schwarz?
(Lösung auf Seite 348)

Aufgabe 69

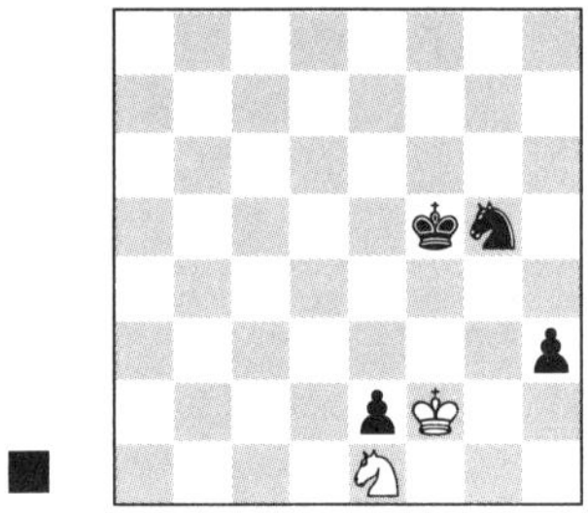

Gewinnt 87...h2 88.♔g2 ♔e4 ?
(Lösung auf Seite 348)

Aufgabe 70

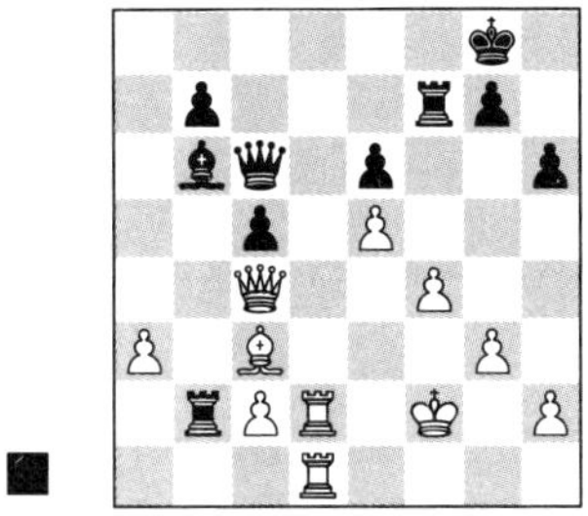

Der mit den weißen Steinen spielende starke Großmeister hat den schwarzen Turm gefangen und gewann nach 35...♕b5 36.♕xb5 ♖xb5 37.a4! c4+ 38.♔e2 ♖c5 39.♖d6 leicht. Hatte Schwarz etwas Besseres?

(Lösung auf Seite 349)

Aufgabe 71

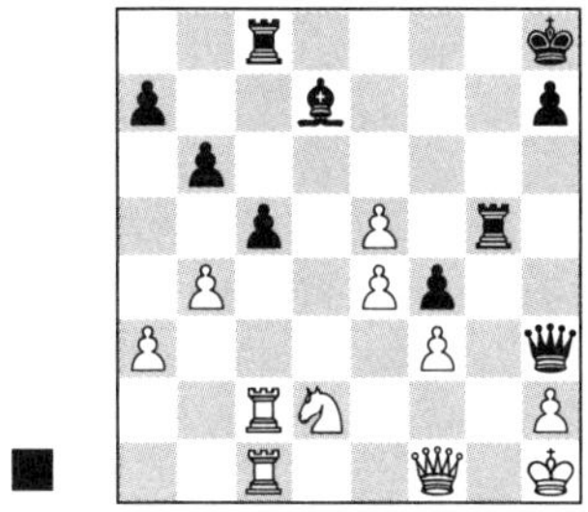

Schwarz hatte einen verwegenen Angriff geführt und brachte hier die Sache stilvoll mit 35...♕xh2+ 36.♔xh2 ♖cg8 zum Abschluss, woraufhin Weiß aufgab und seinen Gegner zu dessen Glanzpartie beglückwünschte. Ist hier irgendetwas komisch?

(Lösung auf Seite 349)

Aufgabe 72

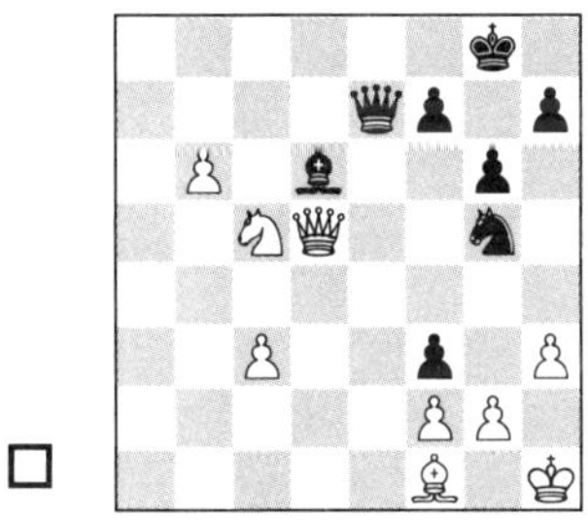

Weiß entschied sich dafür, seinen Freibauern vorzustoßen, davon ausgehend, dass 35.b7 ♕e1 36.♔g1 hinreichend sicher sein sollte. Was hatte er übersehen?

(Lösung auf Seite 349)

Test 3

Aufgabe 73

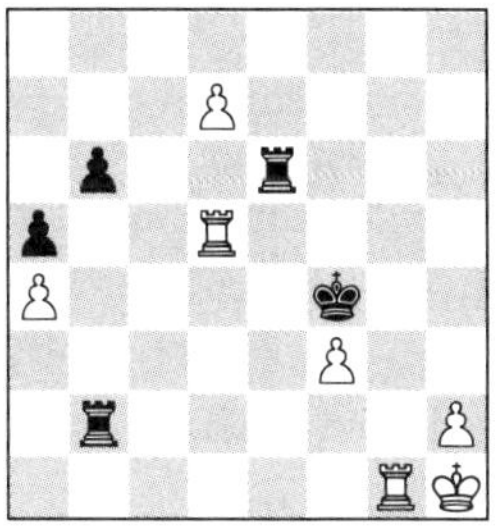

Weiß steht im Begriff umzuwandeln. Können Sie einen letzten Trick ausbrüten?
(Lösung auf Seite 350)

Aufgabe 74

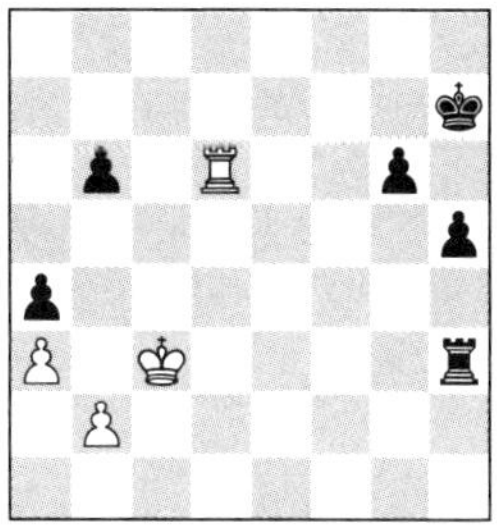

Schwarz beabsichtigt 58...♖b3, gefolgt von einem unaufhaltsamen Vormarsch am Königsflügel. Finden Sie im Wissen darum noch eine Idee? *(Lösung auf Seite 350)*

Aufgabe 75

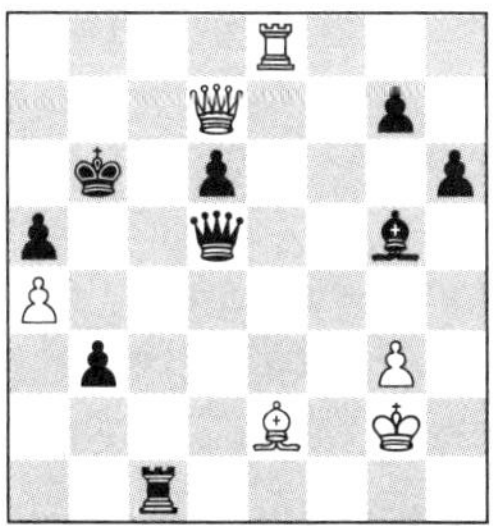

Die Lage sieht verzweifelt aus, doch Weiß hat ein verborgenes Pattmotiv. Finden Sie die rettende Fortsetzung?
(Lösung auf Seite 350)

Aufgabe 76

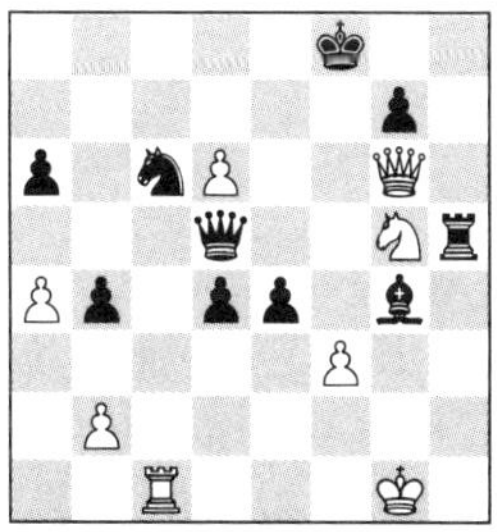

Nur noch ein paar Züge bis zur Zeitkontrolle. Ihr Gegner, ein starker 2600+ Großmeister, hat Sie sorgfältig überspielt, beginnt nun aber auch den Situationsdruck zu spüren. Können Sie auch mit einer Figur weniger mit der Angst des Gegners spielen?
(Lösung auf Seite 351)

Aufgabe 77

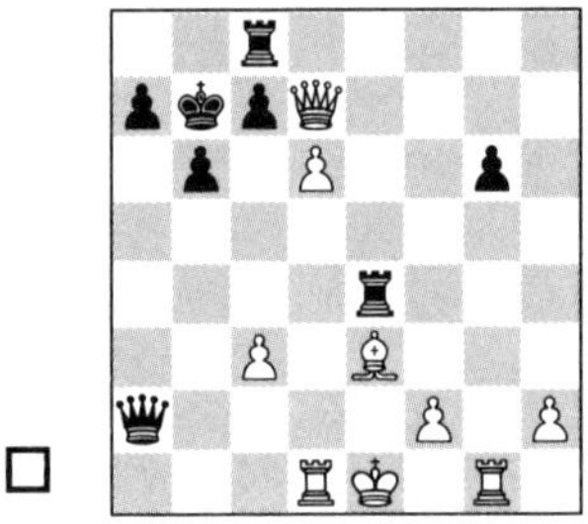

Weiß hat überwältigenden Materialvorteil und auch eine überlegene Stellung. Schwarz hat gerade seinen Bauern g6 einstehen lassen. Darf Weiß ihn schlagen?
(Lösung auf Seite 351)

Aufgabe 78

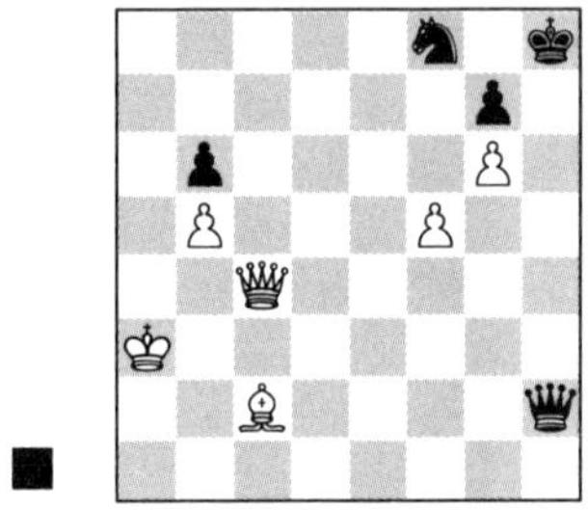

Weiß hat soeben mit 55.♔a2-a3 seinen Läufer befreit und droht nun 56.♗b3. Schwarz erspäht einen letzten Trick. Gelingt Ihnen das auch?
(Lösung auf Seite 352)

Aufgabe 79

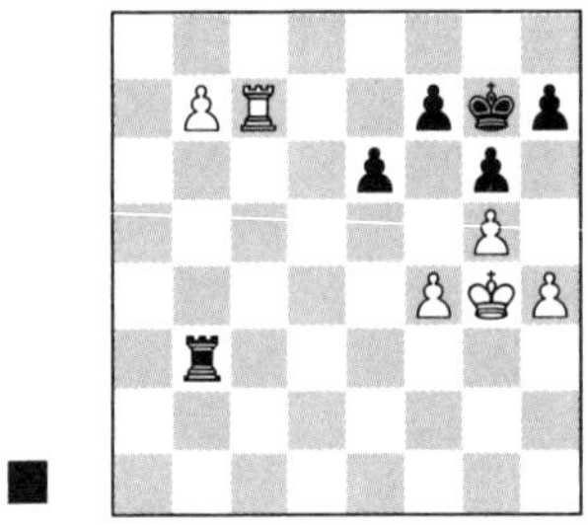

Wenn Schwarz seinen Turm entlang der b-Linie zieht, begibt sich der weiße König gemütlich in Richtung c8. Wenn er seinen König auf die achte Reihe zieht, trifft dies auf ♖c8+. Und jeder Bauer, der sich rührt, wird geschlagen: in der Partie geschah 48...h5+? 49. gxh6+ ♔xh6 50.♖xf7, und Weiß gewann bald. Alle gemachte Feststellungen sind korrekt. Doch eine davon ist irreführend. Sehen Sie, wie Schwarz die Partie retten konnte?
(Lösung auf Seite 352)

Aufgabe 80

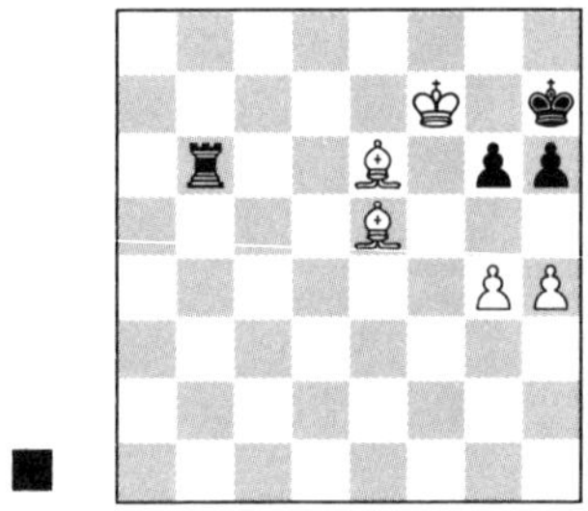

Schwarz sieht sich gegen einen ehemaligen Weltmeister in einer verzweifelten Lage. Die weißen Kräfte pirschen sich an den schwarzen König heran; z.B. folgt nach 61...♖b7+ 62. ♔f8! umgehend Matt. Und dennoch gibt es eine überraschende Ressource, die Blackstock womöglich ein sensationelles Remis eingebracht hätte. Können Sie diese sehen?
(Lösung auf Seite 353)

Aufgabe 81

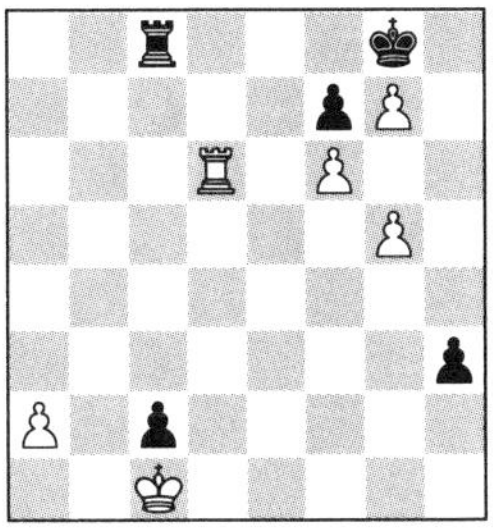

□

Weiß am Zug gewinnt.
(Lösung auf Seite 353)

Aufgabe 82

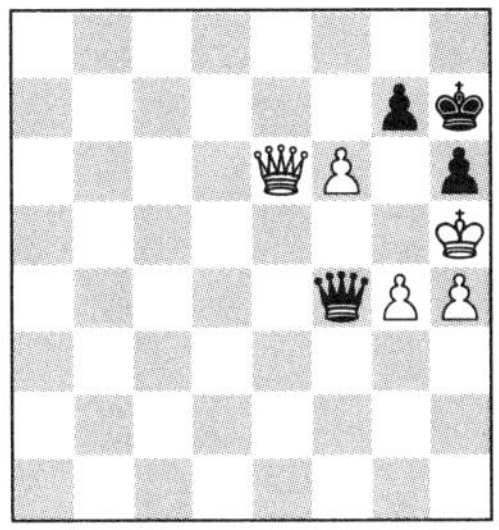

□

Ein von G. C. van Perlo aufgespürter Leckerbissen. Die Fragen an Sie:

1) In der Partie zog Weiß, Schwarz antwortete, und die Spieler vereinbarten Remis. Können Sie erraten, was passierte?

2) Finden Sie stattdessen eine Gewinnfortsetzung für Weiß?
(Lösung auf Seite 354)

Aufgabe 83

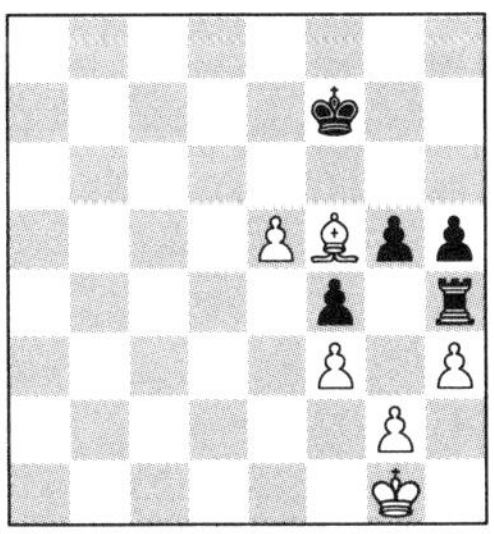

■

Weiß hat soeben 61.♔h1-g1 gespielt und plant nun, sich mit seinem König auf die Reise nach d5 zu begeben. Und schauen Sie sich Ihren jämmerlichen Turm auf h4 an! Was werden Sie tun?
(Lösung auf Seite 354)

Aufgabe 84

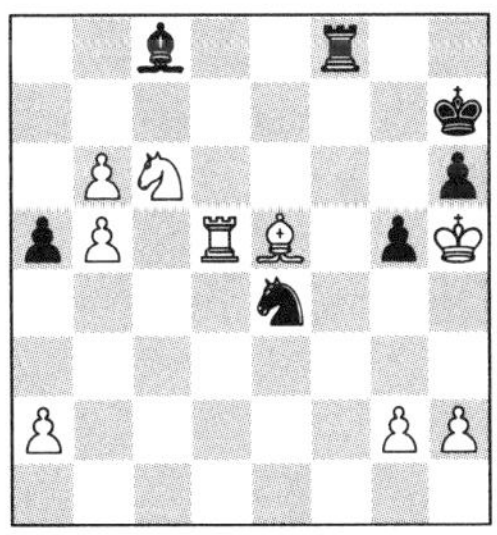

□

Die Partiefolge aus Aufgabe 18 in Test 1, in der sich Weiß unerwartet in einem Mattnetz wiederfand. Der Enginevorschlag 40.♖d6 wäre nach 40...♘xd6 41.♗xd6 ♖f2 wäre das Endspiel hoffnungslos. Eine niedliche Variante wäre 42.♘xa5 ♖xa2 43.b7 ♖a4!. Fällt Ihnen in der Diagrammstellung ein besserer Versuch ein?
(Lösung auf Seite 355)

Aufgabe 85

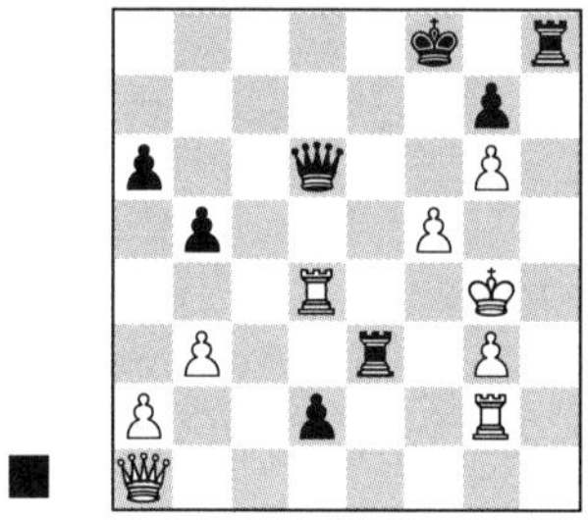

Ist an 1...♖e4+ etwas faul?
(*Lösung auf Seite* 356)

Aufgabe 86

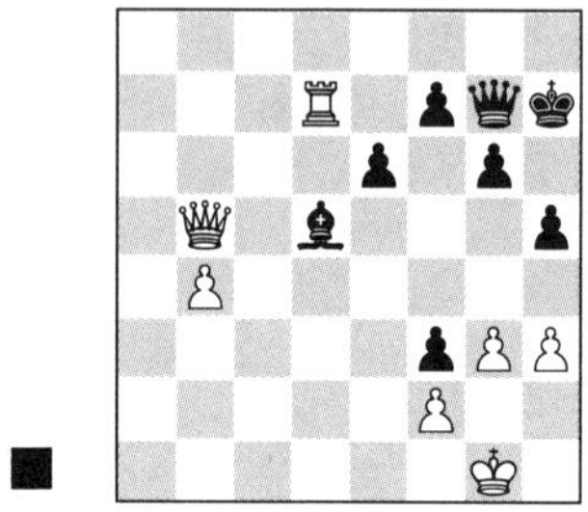

Der große israelische Problemkomponist fand hier mit 47...h4! eine studienhafte Lösung seiner Probleme. Sein Gegner antwortete glückselig 48.g4?? und rechnete dabei mit 48...♕a1+ 49.♕f1 samt leichtem Gewinn. Was war stattdessen der eigentliche Plan von Schwarz?
(*Lösung auf Seite* 356)

Aufgabe 87

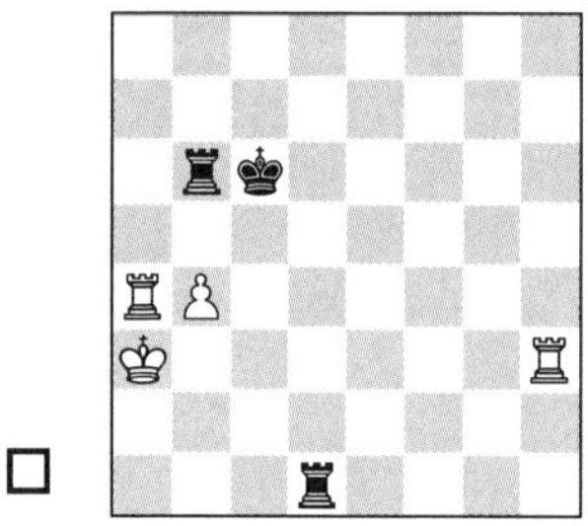

Ein Test für Ihre Kreativität.
In einer Partie von der zweiten Schacholympiade versuchte Weiß hier, aus einer mausetoten Remisstellung einen Gewinn herauszupressen. Er versuchte 65.♔b3!? und lud so Schwarz dazu ein, mit 65...♖b1+ das Remis zu erzwingen. Vier Züge später gab Schwarz auf. Erraten Sie, wie die Partie weiterging?
(*Lösung auf Seite* 356)

Aufgabe 88

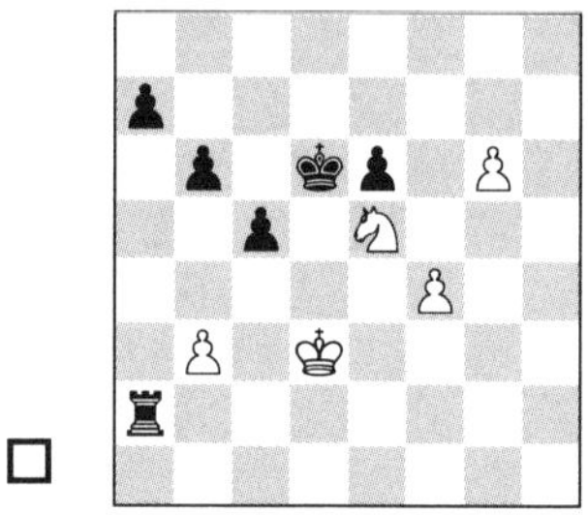

Schwarz hat seit 15 Zügen eine Qualität mehr, doch der starke Springer auf e5 hat bislang jedes Bemühen um eine einfache Verwertung vereitelt. Können Sie diesen Umstand ausnutzen, um einen Schwindel zu arrangieren?
(*Lösung auf Seite* 356)

Aufgabe 89

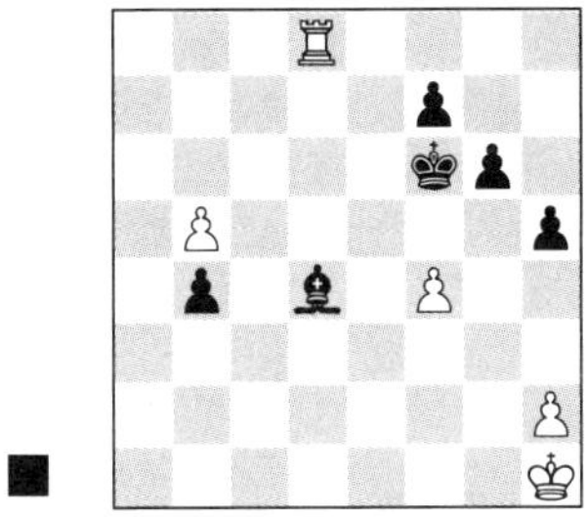

HIer gab Schwarz auf. Obgleich beide Spieler nur noch ihr Inkrement von 30 Sekunden pro Zug hatten, war das genug für sie, um zu sehen, dass Weiß mit seinem nächsten Zug 54.b6 abräumen wird. Doch musste Schwarz wirklich schon aufgeben?
(Lösung auf Seite 357)

Aufgabe 90

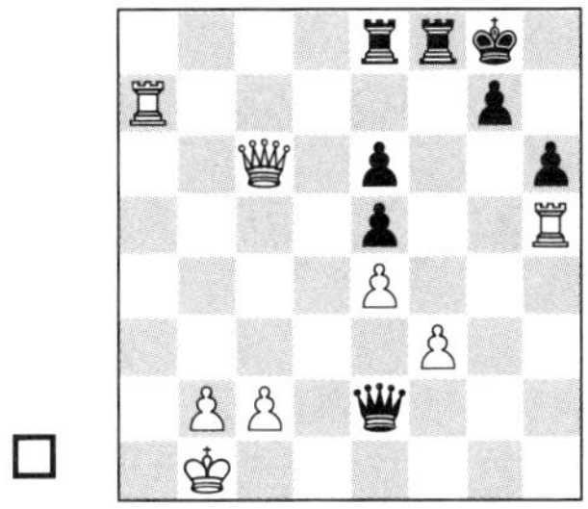

Eein entzückendes Puzzle in zwei Teilen. Frage 1: wie konnte Weiß auf der Stelle gewinnen?
(Lösung auf Seite 357)

Aufgabe 91

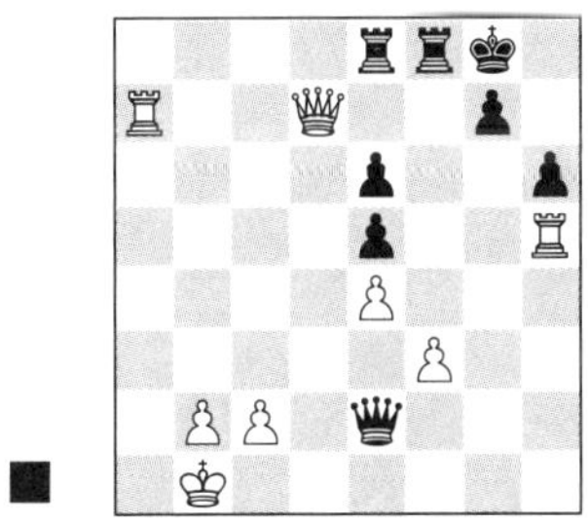

Nach dem Partiezug 35.♕d7? fädelte Giri, anstatt das sofortige Remis mit 35...♕f1+ zu nehmen, einen fiesen Schwindel ein. Er verließ sich dabei auf Nijboers Offensivfertigkeiten, den taktischen Schlag zu „sehen", und zugleich auf dessen Zeitnot, damit Nijboer nicht noch einen Zug weiter rechnen würde. Frage 2: Können Sie auch wie Giri spielen? *(Lösung auf Seite 357)*

Aufgabe 92

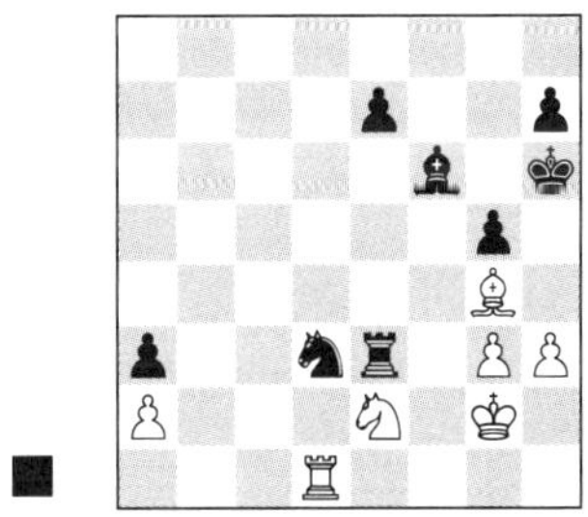

Nach 37...♘e5 38.♘d4 kann Schwarz mit 38...♘xg4 39. hxg4 ♗xd4 40.♖xd4 ein gewonnenes Endspiel erzwingen. Korrekt?
(Lösung auf Seite 358)

Aufgabe 93

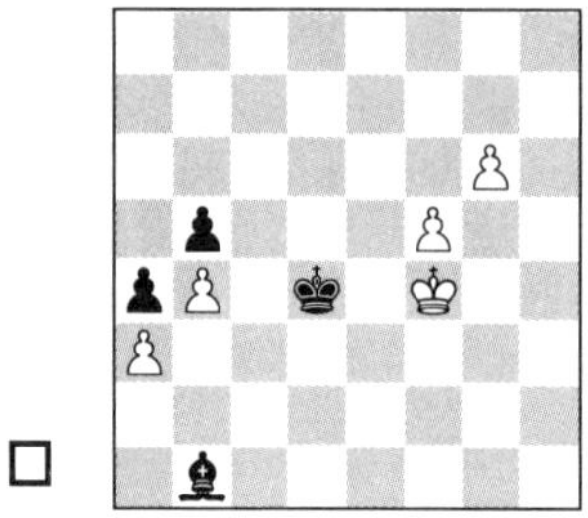

Schwarz mag geglaubt haben, dass dieses Endspiel gewonnen sei, doch tatsächlich gibt es für Weiß eine sehr kreative, wenngleich schwierige Möglichkeit zum Remis. Ihr Zug.
(Lösung auf Seite 358)

Aufgabe 94

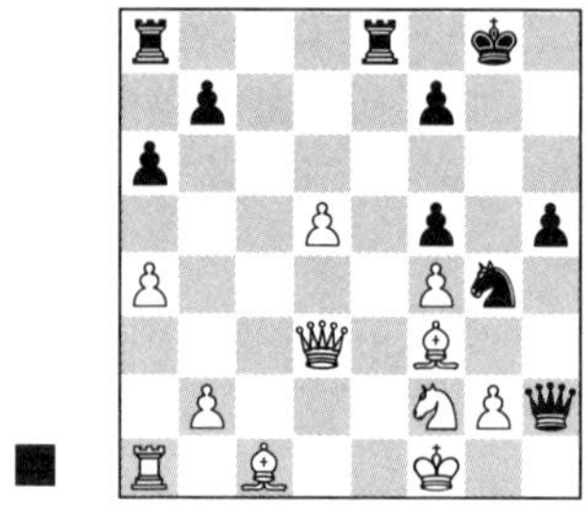

Das objektiv Beste für Schwarz ist das deprimierende Endspiel nach 23...♕g3 24.♗xg4. Liu Wenzhe war von diesen Aussichten nachvollziehbarerweise wenig begeistert und entdeckte eine geniale Falle. Gelingt Ihnen das auch?
(Lösung auf Seite 359)

Aufgabe 95

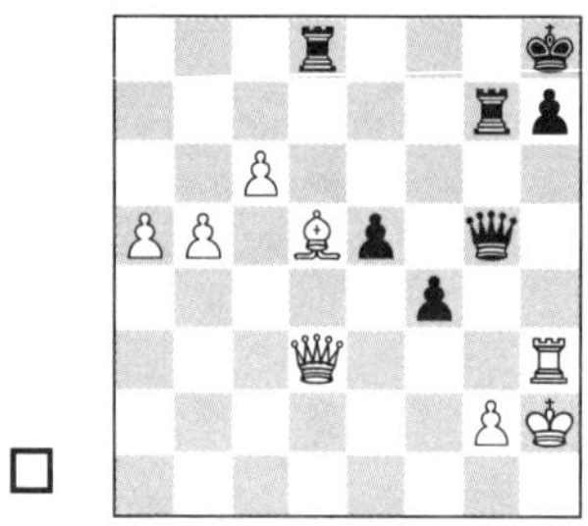

Mit einer weißen Bauernlawine am Damenflügel konfrontiert, hat Schwarz soeben das trickreiche 39...♖f8-d8! gespielt. Ihre Aufgabe ist, die folgenden Fragen zu beantworten:
1) Was ist falsch an 40.b6, wie in der Partie gespielt wurde?
2) Was sollte Weiß stattdessen spielen?
(Lösung auf Seite 359)

Aufgabe 96

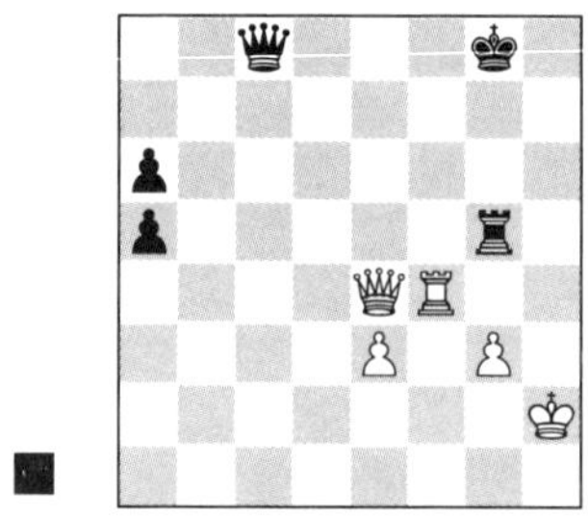

Im Fernschach trifft man äußerst selten auf einen Schwindel, insbesondere jetzt im modernen Zeitalter, wo Engineunterstützung erlaubt ist. Beide Spieler haben auf genau diese Stellung hingearbeitet: Weiß, weil er glaubte, es sei gewonnen, und Schwarz, weil ... nun, das ist die Aufgabe, dies herauszufinden? Schwarz am Zug macht Remis. Ihre Engine wird hier nicht helfen!
(Lösung auf Seite 360)

Aufgabe 97

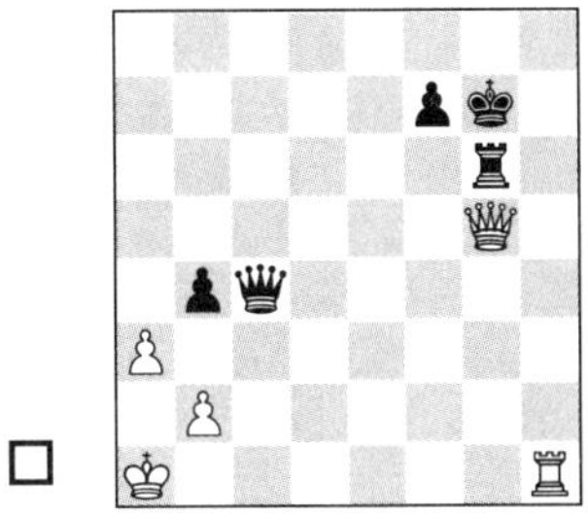

Schwarz, ein starker 2600+ Großmeister, gab in dieser Stellung mit Blick auf 62.♕e5+ f6 (oder 62...♔g8 63.♕h8# oder 62...♔f8 63.♖h8+ ♖g8 64.♕d6+ oder 62...♖f6 63.♖g1+) 63.♕e7+ ♕f7 64.♖h7+ mit Damengewinn auf. Was hatte er übersehen?
(Lösung auf Seite 360)

Aufgabe 98

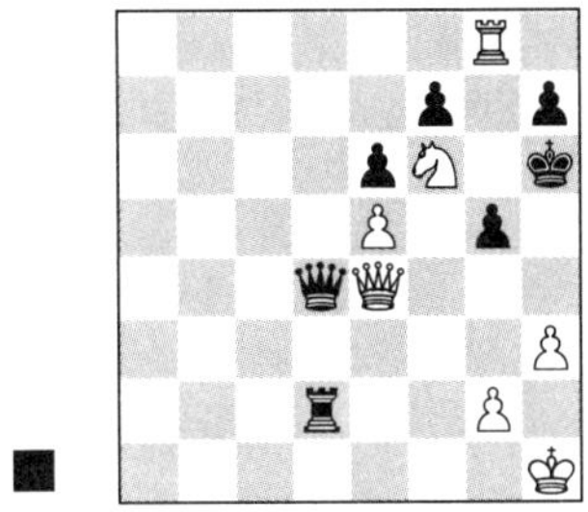

Weiß hatte gerade das einladende 36.♕e1-e4 gespielt, was Matt sowie Damentausch droht. Sehen Sie, wie Schwarz einen halben Punkt stiebitzen konnte?
(Lösung auf Seite 361)

Aufgabe 99

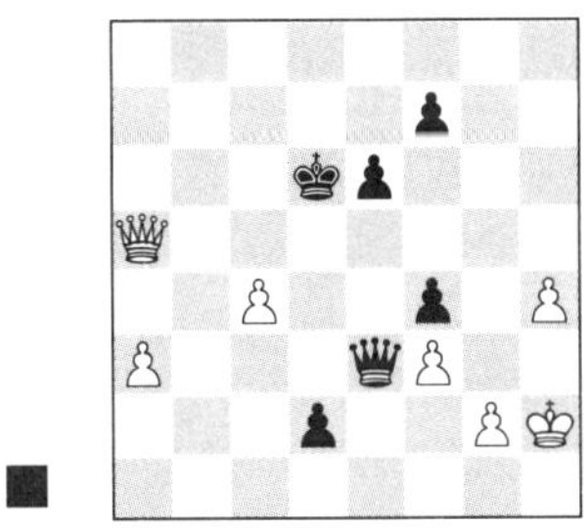

Eine Variation einer Aufgabe, die wir schon sahen bei Nr. 27. In seinen Anmerkungen zur Partie Rogers - Kortschnoj (1986) schlug der sonst so akkurate Kommentator Dolmatow 83...♔e7 84.♕c7+ ♔f6 85.♕d8+ ♔e5 mit schwarzem Gewinn vor. Welche Remisressource hatte er in dieser Variante übersehen?
(Lösung auf Seite 361)

Aufgabe 100

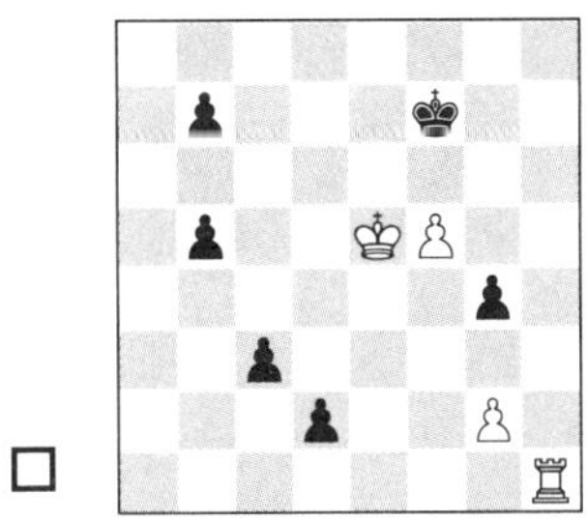

In dieser entscheidenden Begegnung der kenianischen Meisterschaften 2018 gab Weiß den Kampf nach 52.♖h7+ ♔g8 53.♖d7 c2! sehr bald auf. Welche versteckte Schwindelmöglichkeit hatte er verpasst?
(Lösung auf Seite 362)

Aufgabe 101

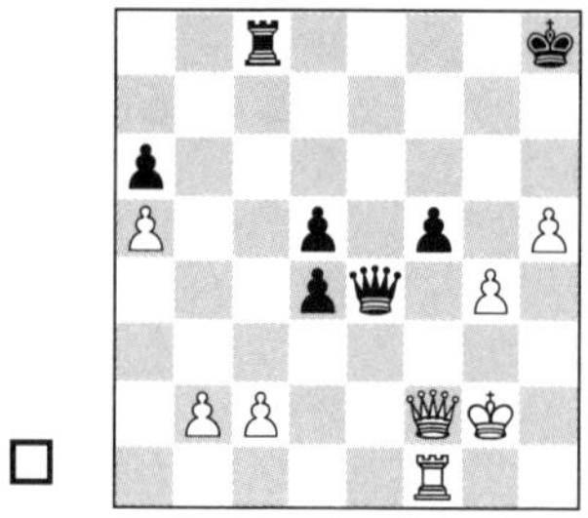

Was ist die beste praktische Chance von Weiß?
(Lösung auf Seite 362)

Aufgabe 102

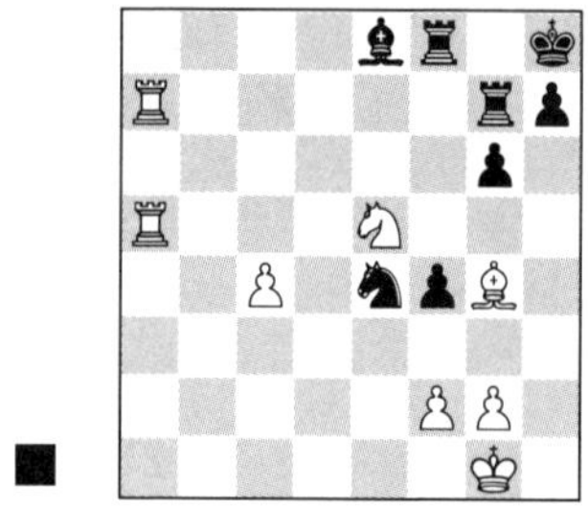

Es ist fast unmöglich, im Fernschach einen Schwindel durchzuziehen, aber hier hat Schwarz einen Vorteil gegenüber den Nahschachspielern: Um auf den Schwindel hereinzufallen, muss Weiß lediglich den Computervorschlägen folgen. Wie endete die Partie?
(Lösung auf Seite 363)

Aufgabe 103

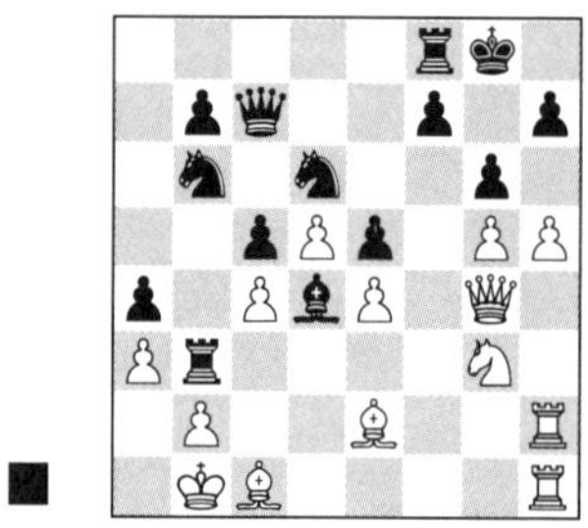

Der Weltmeister wurde völlig überspielt. Gegen die unmittelbare Drohung eines vernichtenden Durchbruchs auf der h-Linie gibt es keine befriedigende Verteidigung. Wie ist Carlsen hier aufs Drahtseil gesprungen?
(Lösung auf Seite 364)

Aufgabe 104

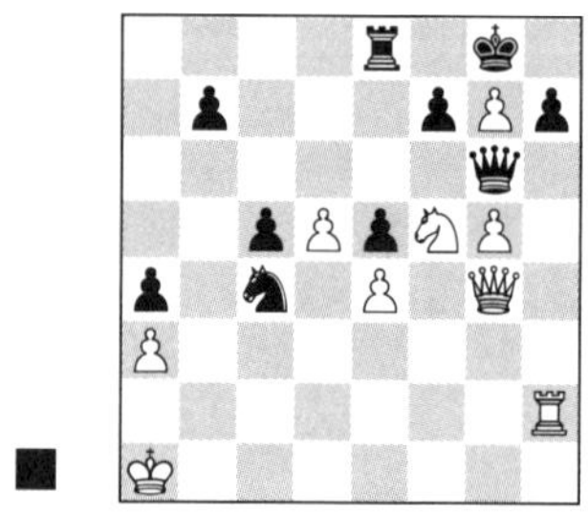

Die Fortsetzung des vorherigen Tests. Carlsen spielte hier das psychologisch brillante 35...♕b6! 36.♕h3 ♕g6!, was anscheinend betonen soll, dass Schwarz praktisch in *Zugzwang* ist. Seine Dame ist an die Verteidigung von h7 gebunden, der Turm an e7, und der Springer muss d5-d6 verhindern. Was hatte Carlsen zu provozieren versucht? *(Lösung auf Seite 365)*

Aufgabe 105

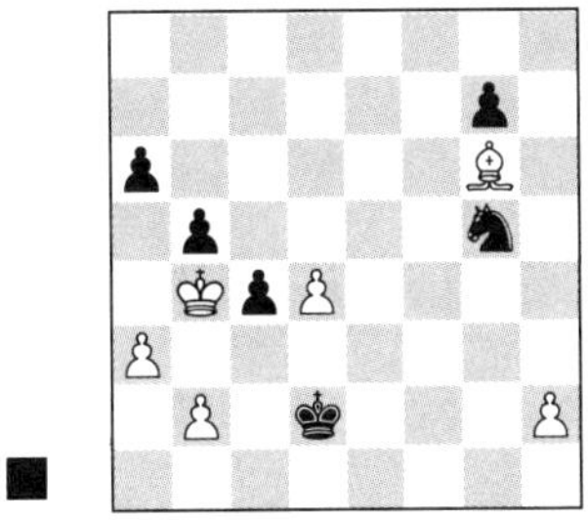

Einer meiner zeitgenössischen Lieblingsschwindler ist der indische Großmeister Baskaran Adhiban. Er steht in diesem Endspiel auf Verlust, schaffte es aber, seinen Gegner – einen IM – in nur fünf Zügen zur Aufgabe zu zwingen. Erraten Sie, wie die Partie endete?
(Lösung auf Seite 366)

Aufgabe 106

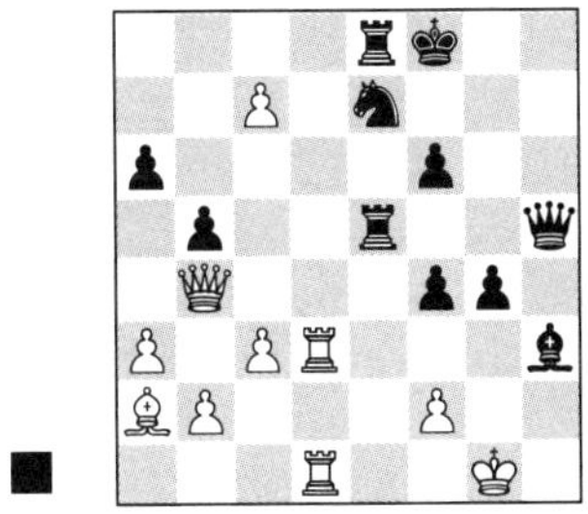

Schwarz, ein starker Großmeister, entschied sich dafür, mit dem hübschen 38...♗g2!! den Sack zuzumachen, wobei er 39.♔xg2 f3+ 40.♔g3 ♖f5 41.♕xg4 ♖g5 mit Gewinn berechnet hatte. Was hatte er dabei übersehen?
(Lösung auf Seite 366)

Aufgabe 107

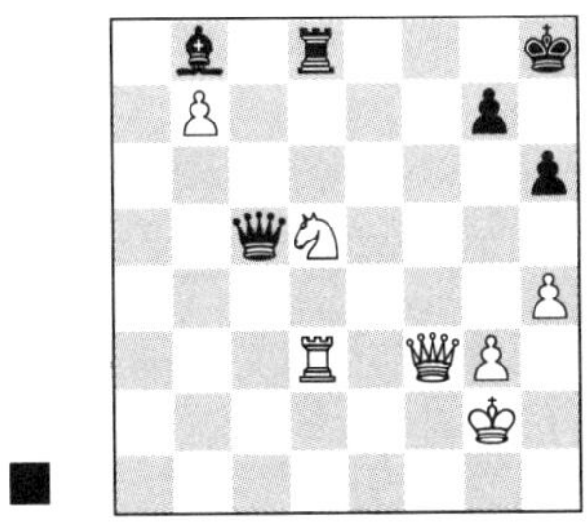

Schwarz spielte das clevere 42...♖f8. Zu welcher Abkürzung des Gewinnweges hatte Schwarz damit eingeladen, und wie vollzog er dann den Schwindel?
(Lösung auf Seite 367)

Aufgabe 108

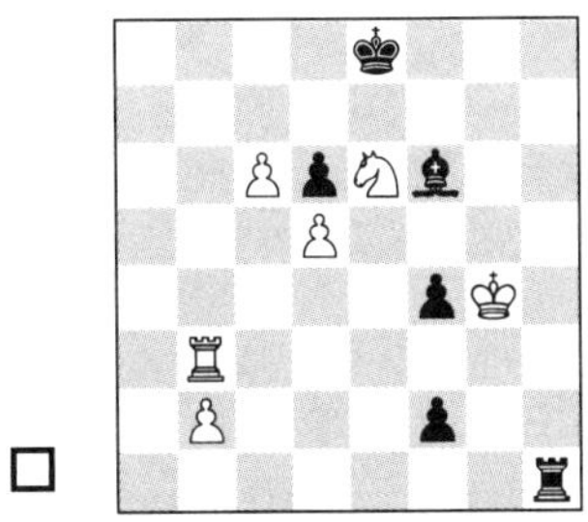

Diese Stellung ist fürchterlich kompliziert zu analysieren. Aus der Verzweiflung geboren, spielte Weiß das brillante 45.♔f5!!. Ihre Aufgabe ist nun, die Wahl zwischen 45...♗d8, 45...f1♕ und 45... ♔f7 zu treffen.
(Lösung auf Seite 367)

Aufgabe 109

■ 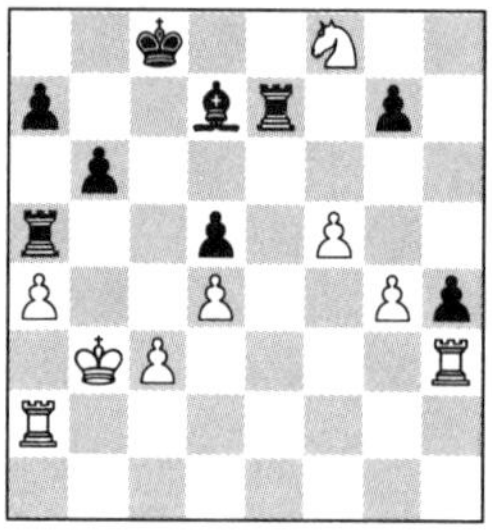

Leko hatte soeben 56.♘e6-f8? gespielt und gewann das Turmendspiel nach 56...♖e4 57. ♘xd7 ♔xd7 58.♖xh4. Was hatten beide Großmeister übersehen?
(Lösung auf Seite 368)

Aufgabe 110

□ 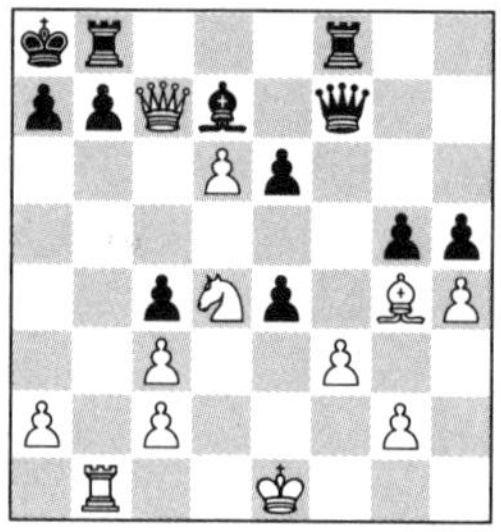

In einer Internetpartie zwischen zwei der weltbesten Blitzspieler sieht es für das iranische Ausnahmetalent Alireza Firouzja ziemlich düster aus. Nachdem er die Qualität geopfert hatte, ist sein Angriff am Damenflügel praktisch zum Erliegen gekommen. Erkennen Sie die wichtigsten Verteidigungsideen von Schwarz und dann einen Weg, selbige auszunutzen?
(Lösung auf Seite 368)

Lösungen der Übungsaufgaben

Lösung 1

Alon Greenfeld

Judit Polgar

Haifa Mannschafts-EM 1989 (2)

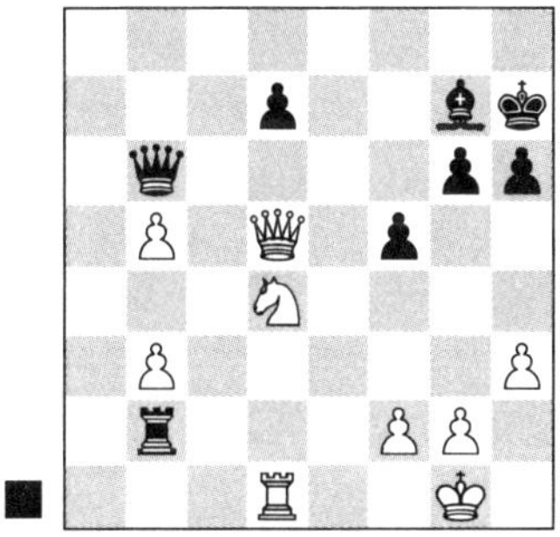

Nach

28...♕c7!? 29.h4??

spielte Schwarz

29...♖d2!

mit Figurengewinn (0:1/40.).

Lösung 2

Petko Atanasow	2275
Nikola Spiridonow	2390

Ruse 1978 (4)

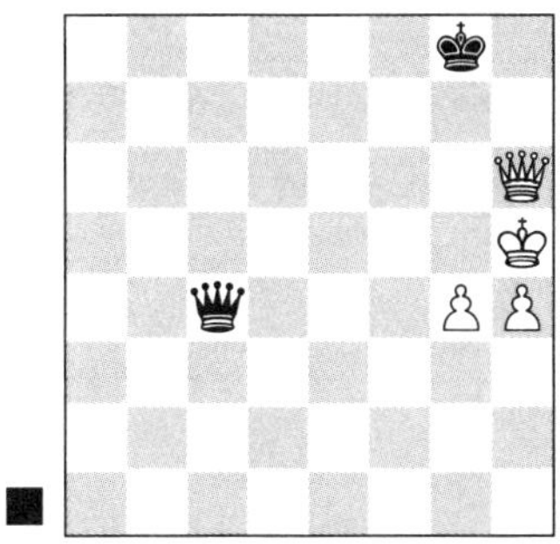

77...♕f7+! 78.♕g6+

78.♔g5 ♕d5+=.

78...♔h8! 79.♔g5 ♕f4+ ½:½

Lösung 3

Khanim Balajajewa	2326
Anna Sargsian	2331

Batumi Olympiade Frauen 2018 (10)

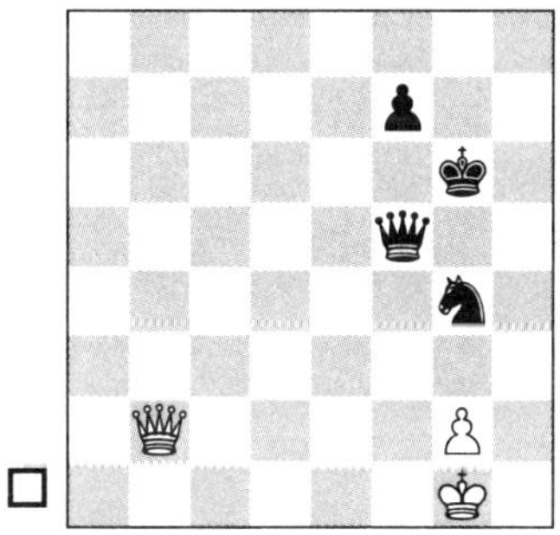

59.g3! ♕f3??

Scheinbar vernichtend.

60.♕b1+??

Verpasst 60.♕g7+!.

60...♔h6??

Unglaubliche Barmherzigkeit! Die letzte Chance von Schwarz war 60...♕f5.

61.♕g6+!

Weiß findet schließlich die Pattidee.

61...♔xg6 ½:½

Lösung 4

Dejan Boskow

Jonathan Parker 2390

Szeged WM U18 1994 (8)

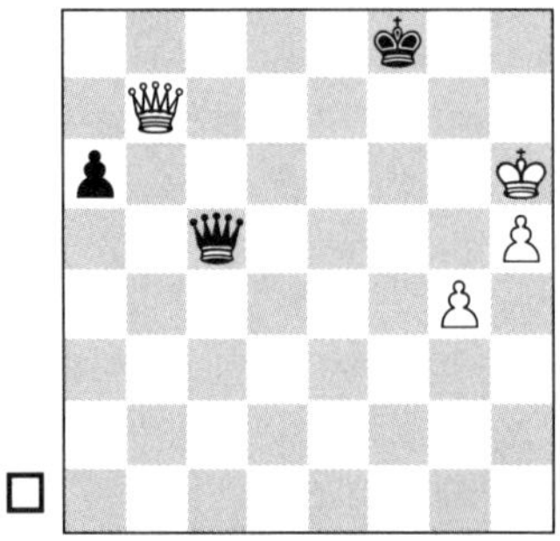

76.♕xa6?? ♕e3+ 77.g5 ♕e6+, mit folgendem Patt: ½:½.

Lösung 5

Ruben Alejandro Felgaer 2574

Tomas Oral 2543

Ourense 2007 (7)

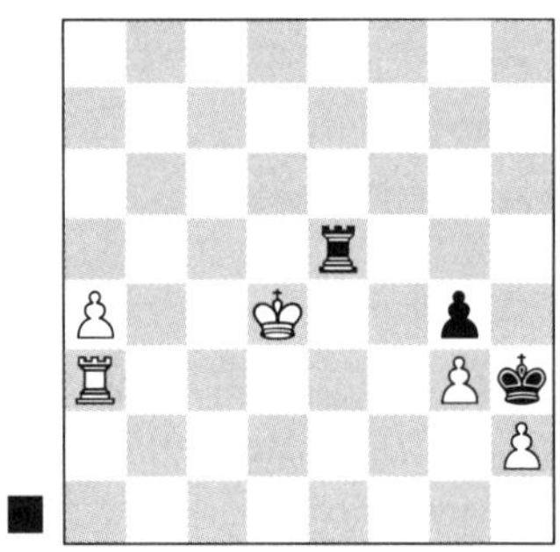

60...♖e2 61.a5?? ♖a2! 62.♖xa2

Lösung 6

Garri Kasparow

Neil McDonald

Uppingham Simultan 1986

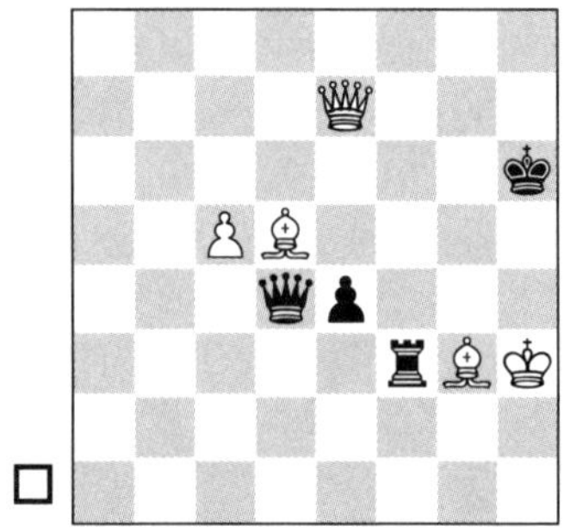

54.♗xe4? ♖xg3+! 55.♔xg3 ♕e5+ ½:½

Lösung 7

Johann Hjartarson 2550

Petar Popovic 2560

Belgrad 1987 (7)

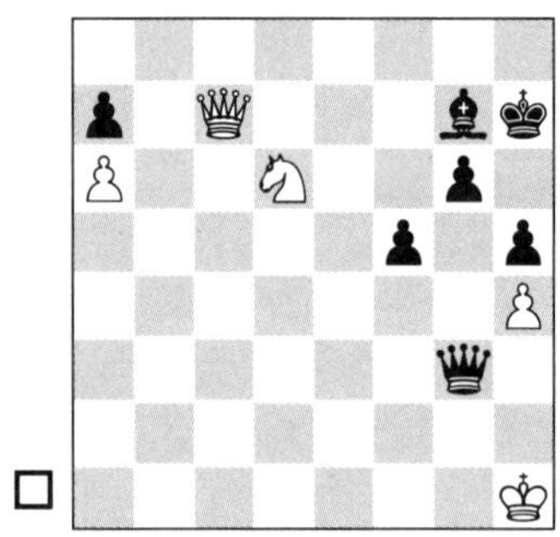

76.♕xg7!!+ ♔xg7 77.♘xf5+ gxf5 Patt.

Lösung 8

Israel Horowitz

Max Pavey

New York US-Meisterschaft 1951 (8)

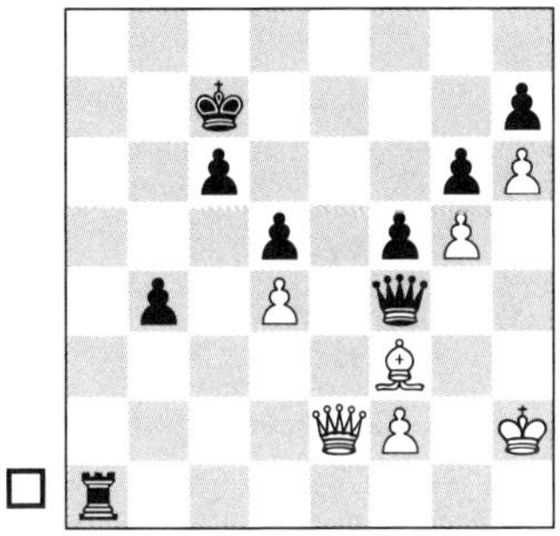

76.♔h3!?

Man weiß nie ...

76...♕xf3+??

Trickst sich selbst aus!

77.♕xf3 ♖a3 78.♔h4!! ♖xf3 ½:½

Lösung 9

R. Matochin

Gennady Kusmin

Mingara 1970

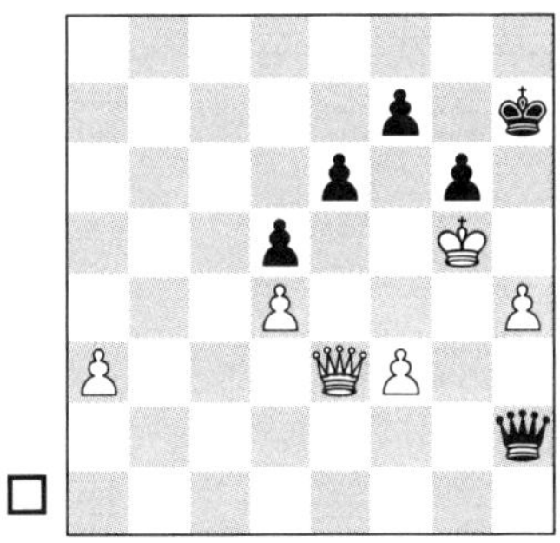

1.♕f4??

Die richtige Antwort lautete „Nein“!

1...f6+!!

Wie aus dem Nichts entfaltet sich ein Mattnetz.

2.♔g4 ♕g2+ 3.♕g3 f5+ 4.♔f4 e5+ 5.dxe5 ♕d2#

Lösung 10

Max Walter

Geza Nagy

Györ 1924

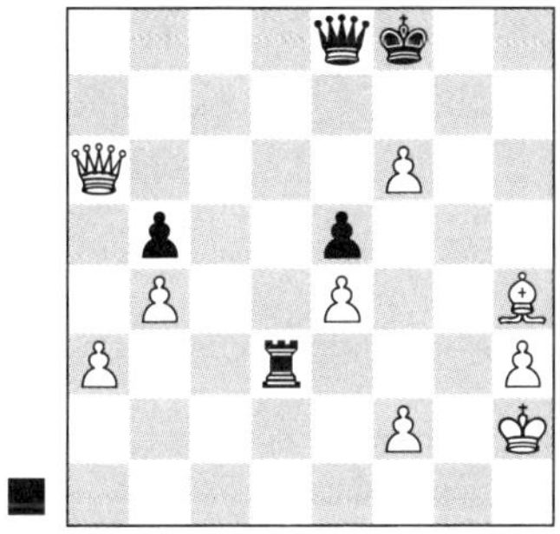

57...♖xh3+ 58.♔xh3 ♕e6+ 59.♕xe6 ½:½

Lösung 11

Yuniesky Quesada Perez 2630

Varuzhan Akobian 2661

St. Louis 2017 (9)

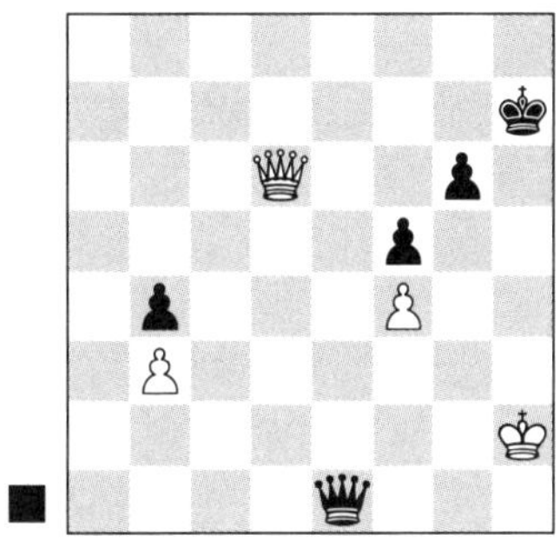

56...♔h6? 57.♕f8+ ♔h5 58.♕h8+ ♔g4 59.♕h3+! ♔xf4 60.♕f1+! ♕xf1 ½:½

Lösung 12

Zoltan Ribli 2605

Boris Spasski 2590

Montpellier Kandidatenturnier 1985 (4)

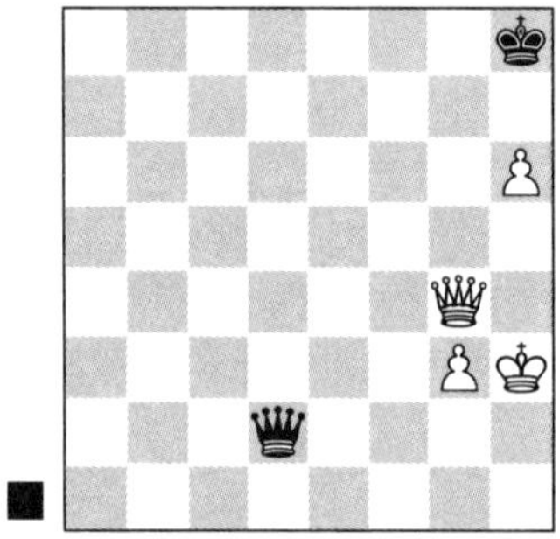

Nach

83...♕b2 84.♔h4?

fand Spasski einen hübschen Weg, um seine Leiden zu beenden.

84...♕h2+ 85.♔g5 ♕xh6+ 86.♔xh6 ½:½

Lösung 13

Ruster

Busch

Fernpartie

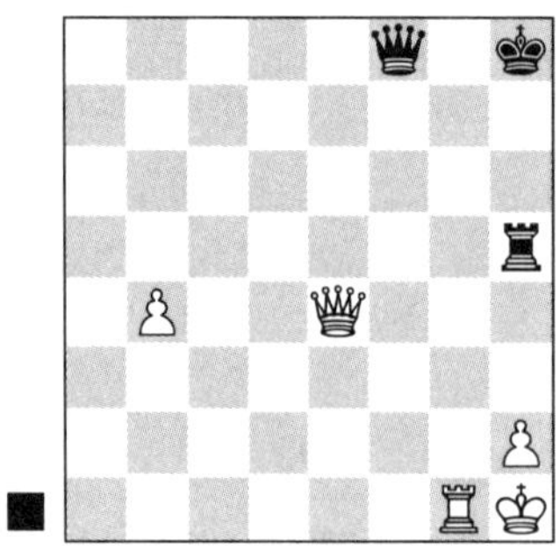

1...♖xh2+! 2.♔xh2 ♕h6+ 3.♔g3 ♕h2+! ½:½

Lösung 14

Anton Smirnov 2529

Neil Wright 2125

Sydney 2018 (7)

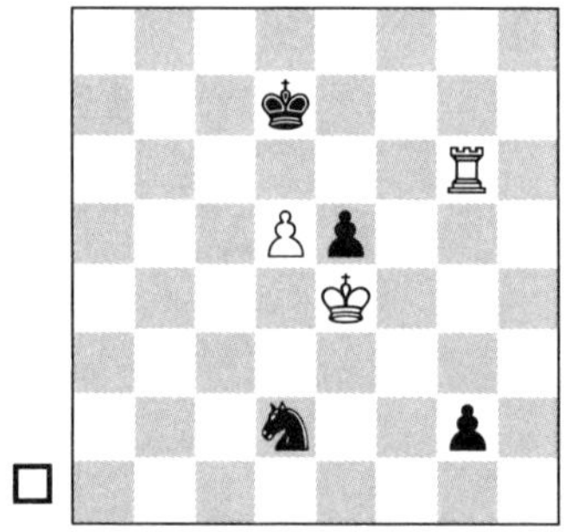

56. ♔e3!! ♘b3 57.♔d3!!

lautet der Weg zum Gewinn, z.B.

57...g1♕ 58.♖xg1 ♔d6 59.♖b1! e4+ 60.♔c3! ♘c5 61.♔d4+–

Stattdessen folgte in der Partie 56.♔d3?? ♘f3!, und Weiß musste ins Remis einwilligen.

Lösung 15

Magnus Carlsen

Stein Arild Aarland

Norwegen Mannschaftskampf 2002 (3)

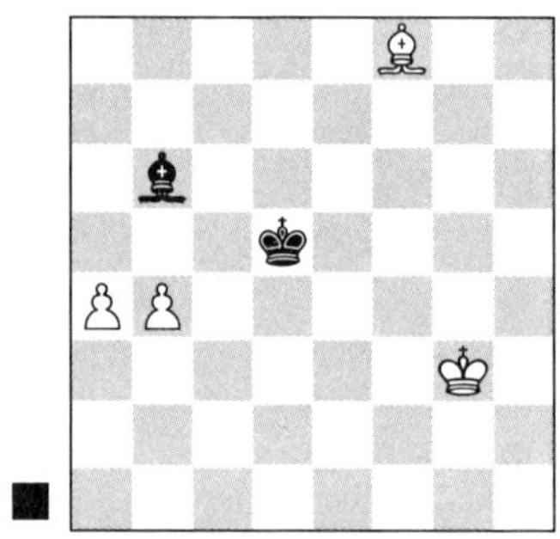

52...♗a5!! 53.bxa5

53.b5 ♔c4=.

53...♔c6 54.♔f4 ♔b7 ½:½

Lösung 16

Stephen Solomon 2400

Zong Yuan Zhao 2398

Adelaide auatralische Meisterschaft 2003 (3)

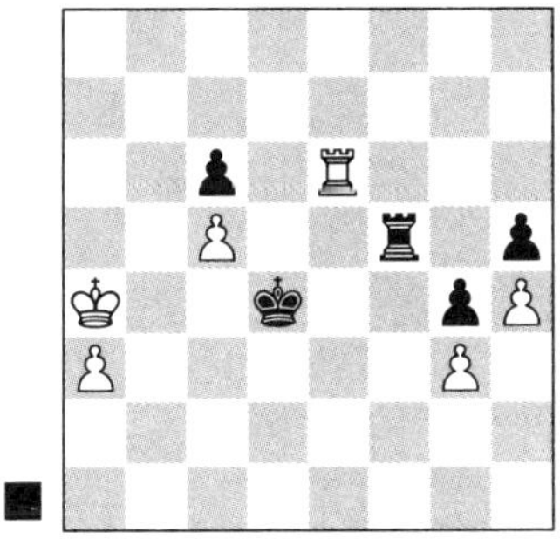

Nach

42...♖xc5 43.♖h6 ♔c4

erzwang Weiß das Remis mit

44.♖xh5!! ♖xh5 ½:½

Lösung 17

Carl Schlechter

Heinrich Wolf

Nürnberg 1906 (11)

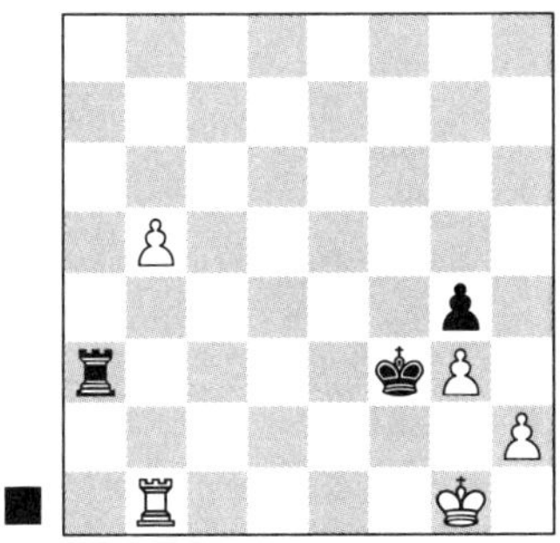

54...♖e3

Noch einen Zug!

55.b6?? ♖e1+ 56.♖xe1

Patt.

Lösung 18

Alexander Chua 2250

Daniel Schwarz 2250

Chicago 2006 (6)

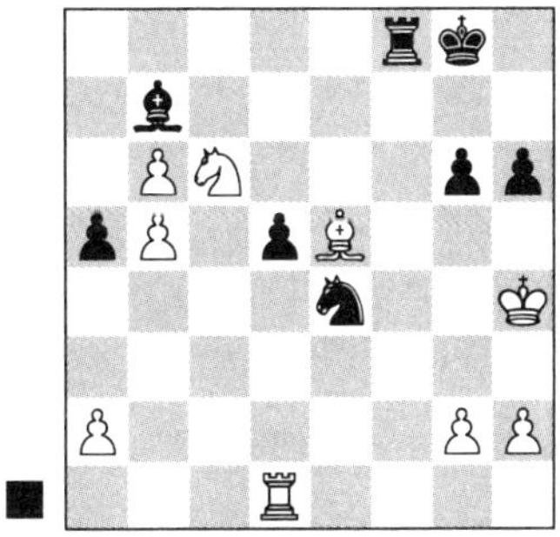

37...♔h7! 38.♖xd5? g5+

Und Schwarz ist mit einem Remis entkommen, da Weiß das Dauerschach mit

39.♔h3 ♘f2+ 40.♔g3

akzeptieren sollte.

Stattdessen geschah 39.♔h5??, siehe die dritte Testserie.

Lösung 19

Istvan Bilek

Wolfgang Heidenfeld

Lugano Olympiade 1968 (1)

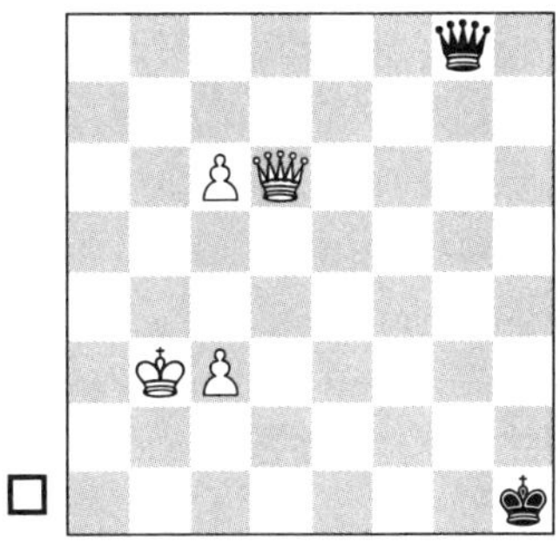

128.c4?

Es gewinnt 128.♔b4 ♕g4+ 129.♔b5.

128...♕g3+!! ½:½

Lösung 20

Maxime Vachier-Lagrave 2804
Peter Swidler 2751

Tiflis Schnellschach 2017 (1)

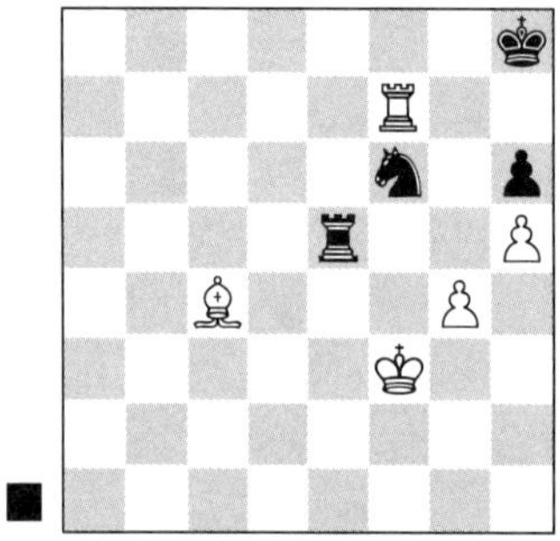

69...♘xg4! 70.♖f8+ ♔h7 71.♖f7+ ♔h8 72.♔xg4 ♖e4+ 73.♖f4 ♖xf4+ 74.♔xf4 ♔g7

Mit dem berühmten Remisendspiel.

75.♔f5 ♔h8 76.♔g6 ½:½

Lösung 21

Stelios Halkias 2550
Martijn Dambacher 2297

Amsterdam 2002 (1)

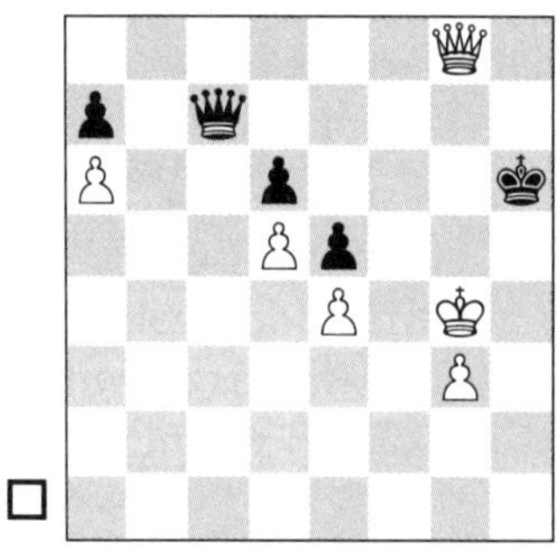

66.♕e6+! ♔h7 67.♔h5

gewinnt rasch, wobei alle Pattfallen umschifft werden. In der Partie war Weiß freilich ungeduldig: 66.♔f5?? ♕f7+ 67.♕xf7 ½:½.

Lösung 22

Max Euwe
Mir Sultan Khan

Bern 1932 (8)

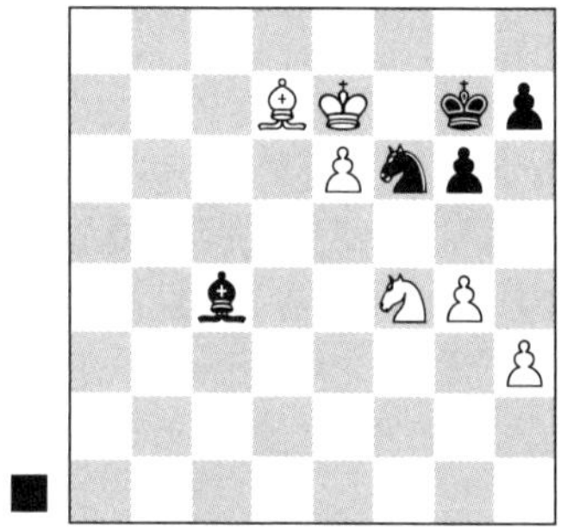

56...g5! 57.♘h5+

57.♘g2 ♘d5+ 58.♔d6 ♔f6 ist ein leichtes Remis.

57...♘xh5 58.gxh5 h6! 59.♔d6 ♗xe6 60.♔xe6 ♔h8!! ½:½

Eine entzückende Variation der Festung mit dem falschen Läufer.

Lösung 23

Neil Wright 2152
Irene Sukandar 2419

Canberra 2017 (8)

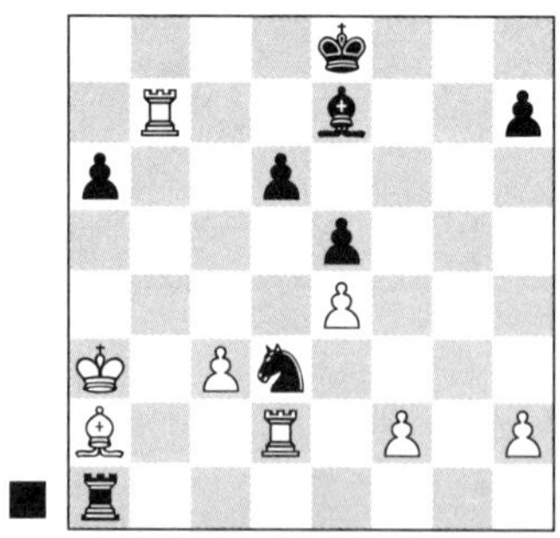

35...♘c1! 36.♔b2?? ♖xa2+ 37.♔xc1 ♗g5! 38.♖g7 ♗xd2+ 0:1

Lösung 24

Michael Adams 2630

Wladimir Dimitrow 2525

Jelenite 1993 (6)

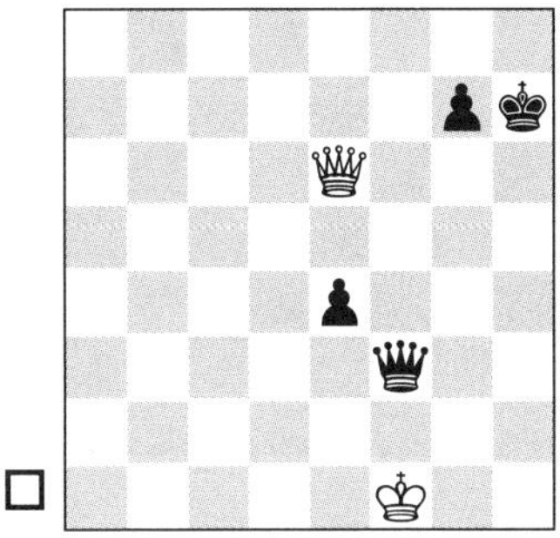

68.♔g1!

68.♔e1 e3?? 69.♕g6+ wäre eine zu durchsichtige Falle, da Schwarz sofort erkennen würde, dass der weiße König nach dem Vorstoß ...e4-e3 kein Feld hat. Der Zug von Adams ist da subtiler.

68...e3?? 69.♕h3+ ½:½

Lösung 25

Carissa Yip 2311

Sabina Francesca Foisor 2369

St. Louis 2017 (7)

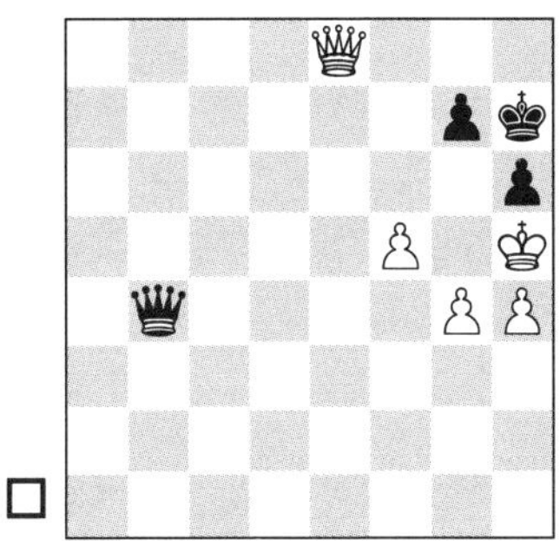

59.f6??

59.g5 ist ein Matt in sechs Zügen.

59...♕b5+!! 60.♕xb5 g6#

Lösung 26

Gerald Hertneck 2508

Robert Ris 2381

Deutsche Bundesliga 2007/08 (6)

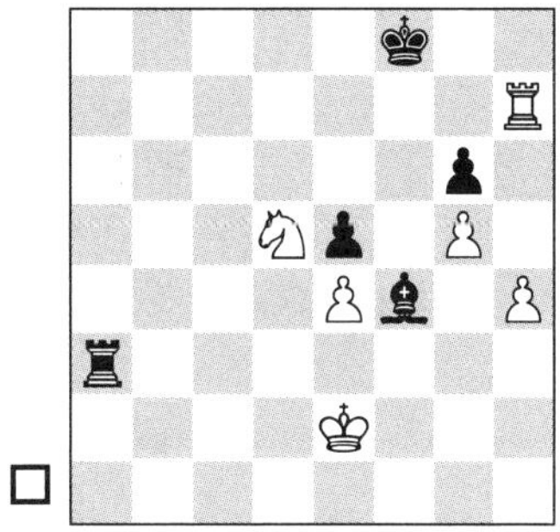

56.♘f6?? ♗xg5!! 57.hxg5 ♖e3+ 58.♔f2 ♖f3+ 59.♔g2 ♖g3+ 60.♔h2 ♖g2+ 61.♔h3 ♖g3+ 62.♔h4 ♖h3+ 63.♔g4 ♖g3+ 64.♔xg3 ½:½

Lösung 27

Ian Rogers 2515

Viktor Kortschnoj 2650

Biel 1986 (4)

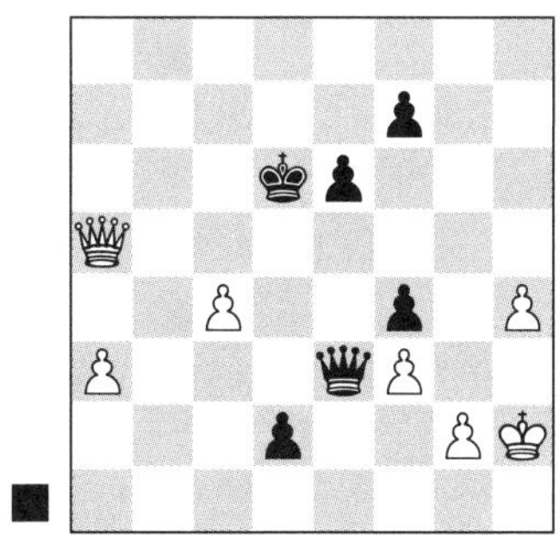

83...♕d4 84.♕d8+!

Und nun wäre 84...♔e5 85.♕g5+ ein Dauerschach. Die Partie endete freilich anders:

84...♔c5?? 85.♕c7#

Lösung 28

Anatoli Karpow

Jacob Edwards

Expo Simultan 1988

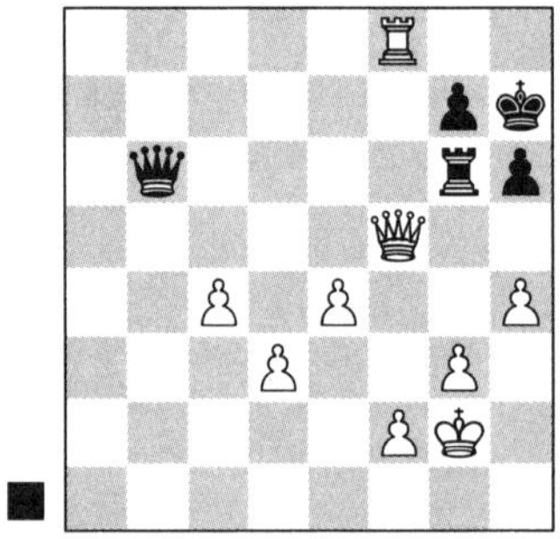

38...♕d6!

Zugegeben, außerhalb eines Simultans würde das niemals gegen Karpow funktionieren. Aber der Vorteil in dieser Situation ist, dass Karpow einfach glauben mag, sein Gegner habe die Drohung übersehen:

39.h5? ♕xg3+

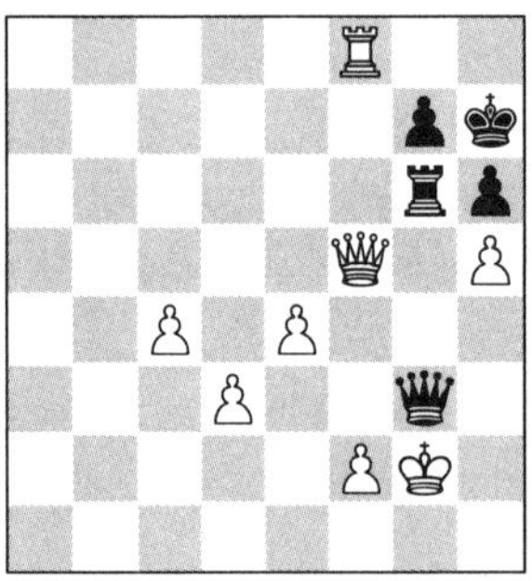

Edwards schreibt: „Mir wäre gewiss keine schachliche Erinnerung wertvoller, als zu sehen, wie Karpow im leichten Selbstvorwurf schnaufend seine Hand ausstreckt und mit seinem fetten russischen Akzent ‚Remis' proklamiert."

Lösung 29

Anthony Fikh 1648

Daniel Poberezovsky 1615

Swinburne Jugend 2018 (3)

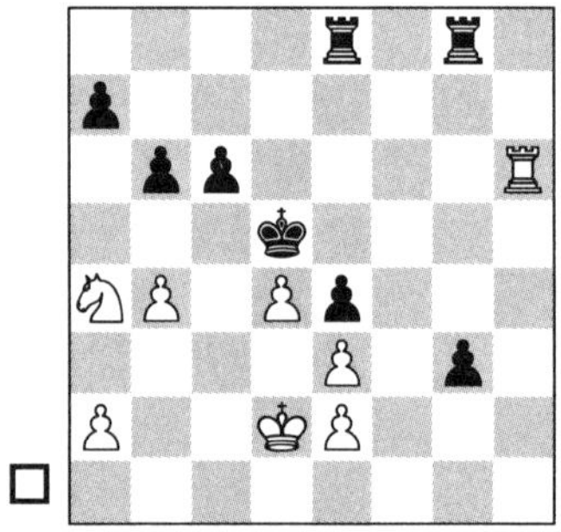

32.♔c3!

Und die Partie sah ein unglaubliches Finale:

32...g2 33.♔b3 g1♕?? 34.♘c3#

Lösung 30

Daniel Howard Fernandez 2400

Peter Wells 2455

Cardiff 2014 (6)

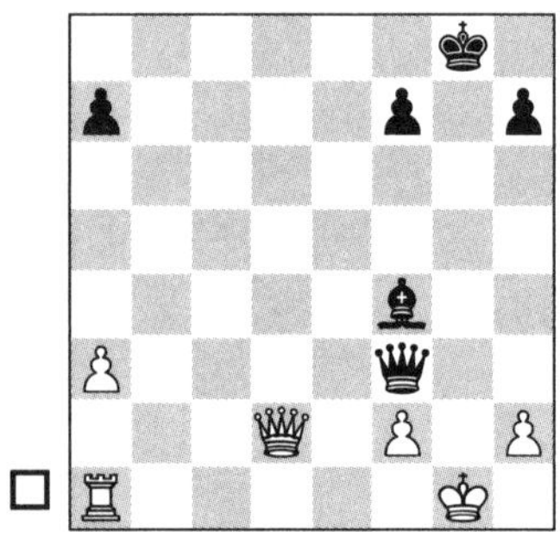

37.♕d1??

Stockfish empfiehlt das umsichtige 37.♕d8+! ♔g7 38.♕d4+!, was mit Tempo die weiße Dame zum Schutz von f2 umgruppiert. Nach 38...f6 (38...♔g6 39.h3!) 39.♖d1!

hätte Schwarz keine Chancen: alle weißen Figuren sind gedeckt, und der König kann bei Bedarf zum Damenflügel wandern. Interessanterweise geben auch einige Engines 37.♕d1?? den Vorzug, wobei sie selbst bei großer Suchtiefe das Dauerschach nicht wahrnehmen.

37...♗xh2+!! 38.♔xh2 ♕xf2+ 39.♔h1 ♕h4+ 40.♔g2 ♕g5+ 41.♔f3 ♕f5+ 42.♔e3 ♕e5+ 43.♔d3 ♕d5+ 44.♔c2 ♕c5+ 45.♔b1 ♕b6+ 46.♔c1 ♕c5+ 47.♕c2 ♕g1+ 48.♔b2 ♕b6+ 49.♔a2 ♕e6+ 50.♔b1 ♕b6+ 51.♕b2 ♕g6+ 52.♕c2 ♕b6+ 53.♔c1 ♕g1+ 54.♕d1 ♕c5+ 55.♔b1 ♕b6+ 56.♔c2 ♕c5+ 57.♔b3 ♕b6+ 58.♔c4 ♕c6+ 59.♔d4 ♕d6+ 60.♔e4 ♕e6+ 61.♔f4 ♕f6+ 62.♔g4 ♕e6+ 63.♔h4 ♕e7+ 64.♔g3 ♕e3+ 65.♔g2 ♕g5+

Und im 82. Zug sah Weiß endlich ein, dass es kein Entkommen vor den Schachgeboten gibt.

Lösung 31

Martyn Krawtsiw 2626

Andrei Wolokitin 2687

Kiew Ukrainische Meisterschaft 2013 (1)

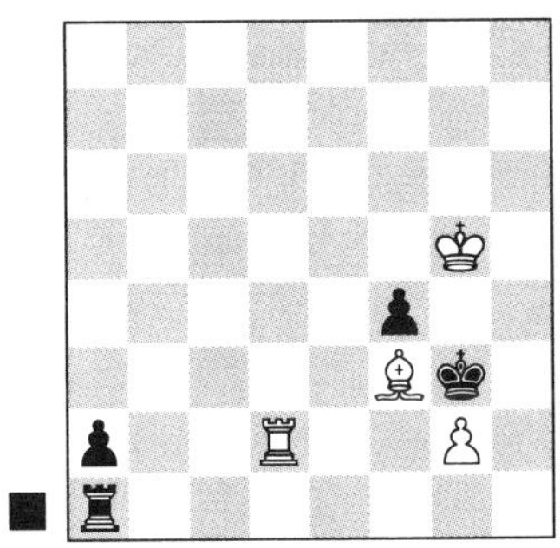

83...♔h2!! 84.♔xf4 ♖d1! 85.♖xd1??

85.♖xa2 ♖a1 86.♖d2 gewinnt.

85...a1♕ 86.♖xa1

Lösung 32

Peter Sowray 2353

Simon Williams 2512

Gatwick 2011 (4)

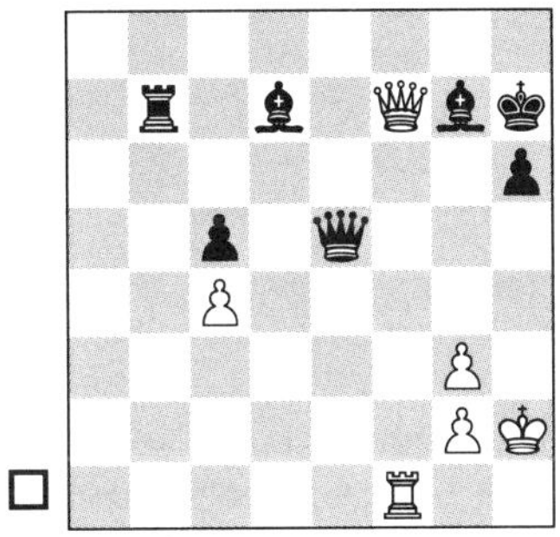

37.♖b1!? ♖xb1??

Das würde Schwarz bestimmt lieber vergessen. Sorry wenn Du das liest, Simon.

38.♕g6+ ♔g8 39.♕f7+ ♔h7 40.♕g6+ ♔h8 41.♕h7+

Lösung 33

Fred Hedke 2323

Tiger Hillarp Persson 2567

Hoogeveen 2007 (4)

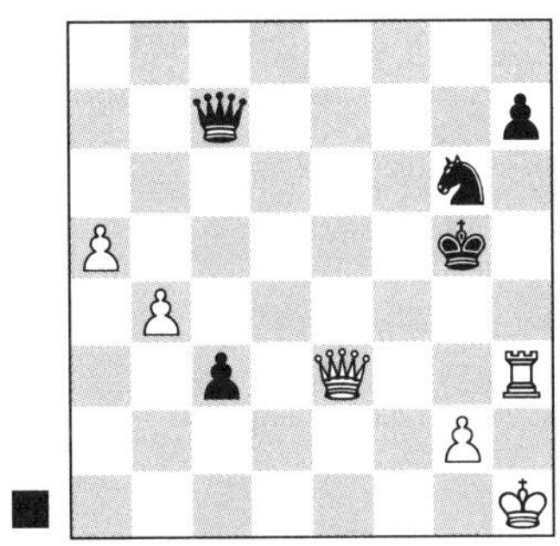

58...♘f4! 59.g3?? ♕c6+

Lösung 34

Nikita Majorow 2519

Zhen Yu Cyrus Low 2415

Roquetas de Mar 2020 (9)

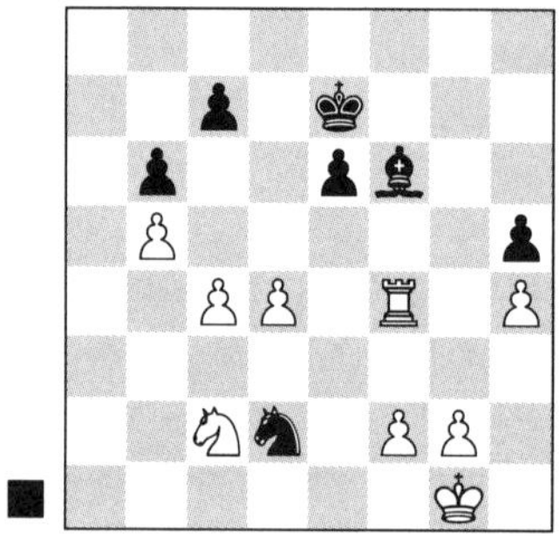

60...♗g7!

Droht 61...♗h6. Weiß könnte dies mit 61.♘b4 oder 61.g4 verhindern, doch stattdessen endete die Partie wie folgt:

61.d5?? ♗e5! 62.♖f3??

62.♖d4!, und Weiß steht nach wie vor besser.

62...♘xf3+ 63.gxf3 exd5 64.cxd5 ♔d6

Und Schwarz gewann schließlich das Endspiel.

Lösung 35

David Anton Guijarro 2709

Nikita Petrow 2543

Moskau Schnellschach-WM 2019 (4)

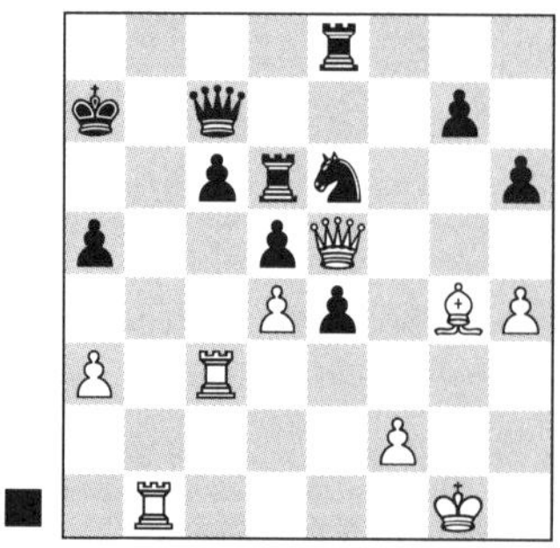

33...♖d7? 34.♗xe6!! ♕xe5 35.♗xd7! ♕xd4 36.♖xc6 ♖f8 37.♖c7+ ♔a6 38.♖c6+ mit Dauerschach.

Lösung 36

Robert Ruck 2530

Schachrijar Mamedscharow 2752

Moskau Schnellschach-WM 2019 (1)

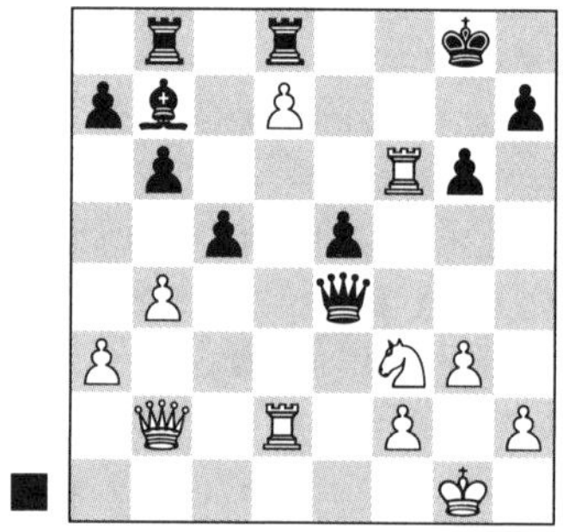

33...♖f8!! 34.♖xf8+ ♖xf8 35.d8♕ ♕xf3!

Hier gewinnt nicht nur 36.♕a2+ ♔g7 37.♖d7+ ♔h8 38.♕xf8+. Stattdessen folgten allerlei weitere dramatische Wendungen:

36.♔f1? ♕h1+ 37.♔e2

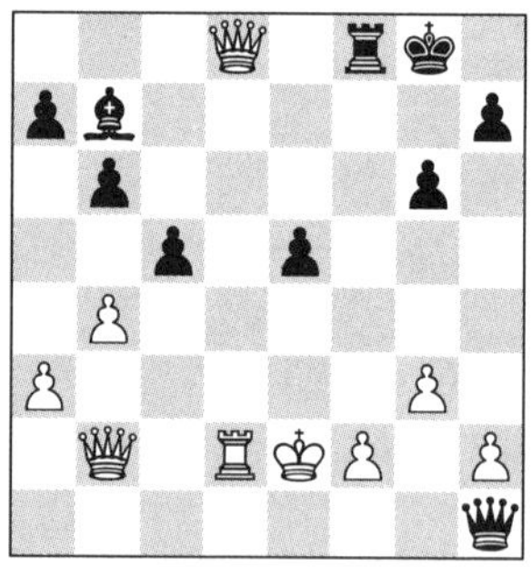

37...♕e4+?

37...♕f3+!.

38.♔d1 ♕h1+ 39.♔c2 ♗e4+ 40.♔b3 ♖xd8 41.♖xd8+ ♔f7 42.bxc5? ♗d5+ 43.♔c2 ♗e4+?

43...♕f3=.
44.♔d2 ♕f3 45.♕xe5? ♕xf2+ 46.♔c3? ♕e1+? 47.♔b2?? ♕b1+ 48.♔c3 ♕a1+ 0-1

Lösung 37
Alexander Beljawski 2649
Leif Erlend Johannessen 2427
Linares 2002 (2)

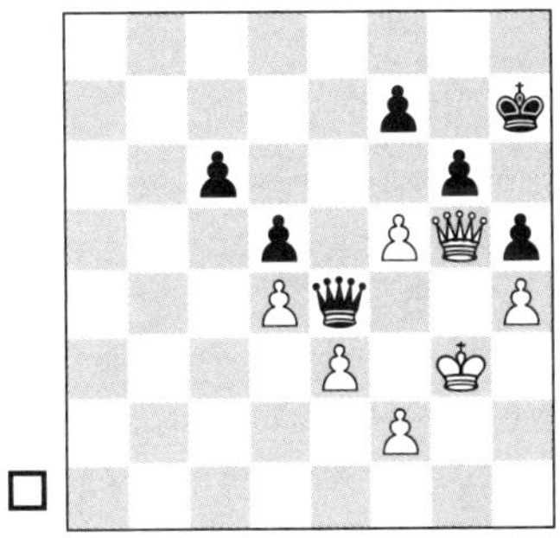

68.f3?! ♕b1 69.♔f4?? ♕b8#

Lösung 38
Wladimir Burmakin 2504
Boris Gratschew 2648
Woronesch 2017 (4)

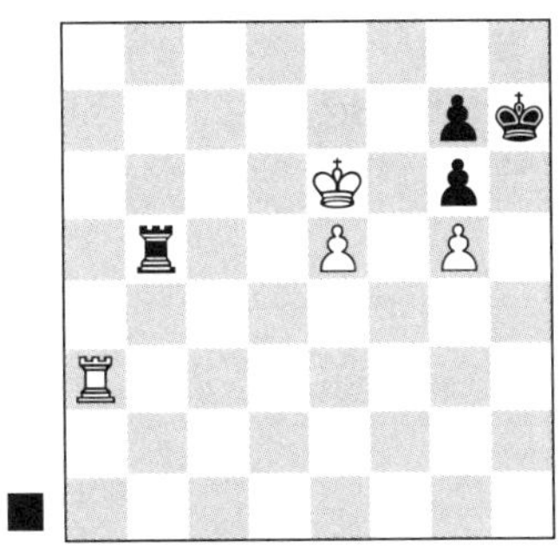

52...♔g8! 53.♖a8+
„Schneidet" den König „ab" – was genau das ist, was Schwarz wollte ...
53...♔h7 54.♔d6?? ♖d5+! 55.♔xd5 ½:½

Lösung 39
Ari Dale 2333
Tim Reilly 2166
Wellington 2017 (5)

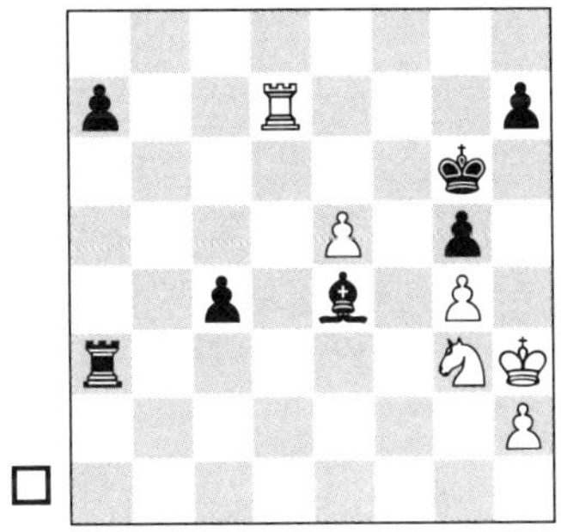

40.e6! ♔f6??
40...♗f3!–+.
41.♖f7+ ♔xe6 42.♖e7+ ♔xe7 ½:½

Lösung 40
Viktor Erdös 2628
Bassem Amin 2680
Tiflis 2017 (1)

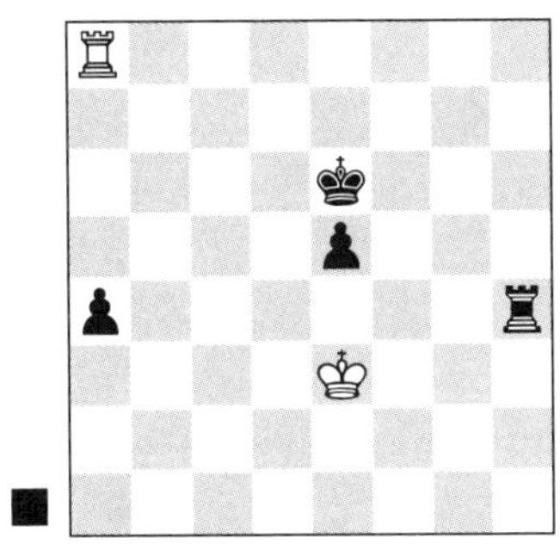

Die korrekte Technik wäre
67...♖h3+ 68.♔e4 ♔d6! 69.♖a6+ ♔c5 70.♔xe5 a3!
Stattdessen endete die Partie mit 67...a3?? 68.♖xa3! ♖h3+ 69.♔e4 ♖xa3 ½:½.

Lösung 41

Paul Keres

Erich Eliskases

Noordwijk 1938 (4)

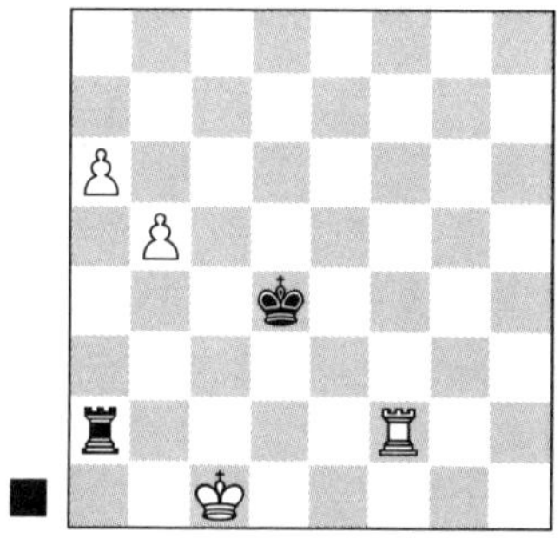

52...♖xf2 53.a7 ♖a2 54.b6 ♔c3 55.♔b1 ♖a6 56.b7 ♖b6+ 57.♔c1 ♖h6!
Und Remis in Anbetracht von 58.♔d1 ♔d3 59.♔e1 ♔e3 60.♔f1 ♔f3 61.♔g1 ♖g6+!

Lösung 42

Ratmir Cholmow

Jaan Ehlvest

Wolgodonsk 1983

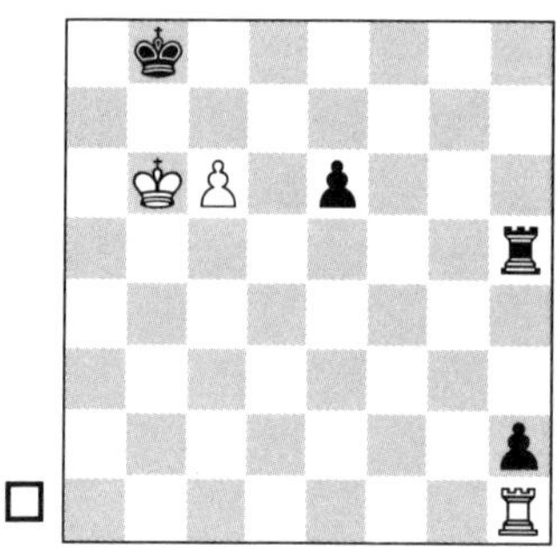

1.c7+ ♔c8 2.♖a1!
Nichts bringt 2.♖f1 ♖h8.
In der Partie spielte Schwarz 2...h1♗! und gewann. Doch viele Spieler hätten das offensichtliche
2...h1♕??
gewählt, da ja die Dame das Feld a8 deckt. Das tut sie tatsächlich, nichtsdestotrotz ist es nach
3.♖a8+!! ♕xa8 Patt!

Lösung 43

F. Rhine

(Schluss einer Endspielstudie)

Chess Life and Review 2002

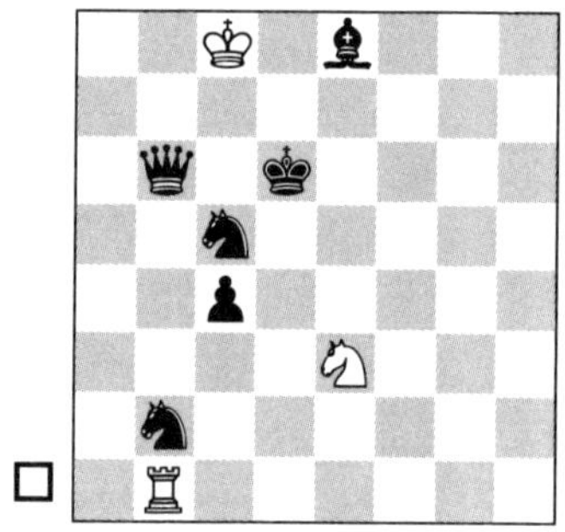

1.♘xc4+! ♘xc4 2.♖xb6+ ♘xb6+
2...♔e7 wäre ein theoretisches Remis.
3.♔d8! und entweder Patt oder das Endspiel ♔+♘+♘ vs. ♔.

Lösung 44

Stephen Boyd 2265

Torbjorn Glimbrant 2235

Alicante 1992 (7)

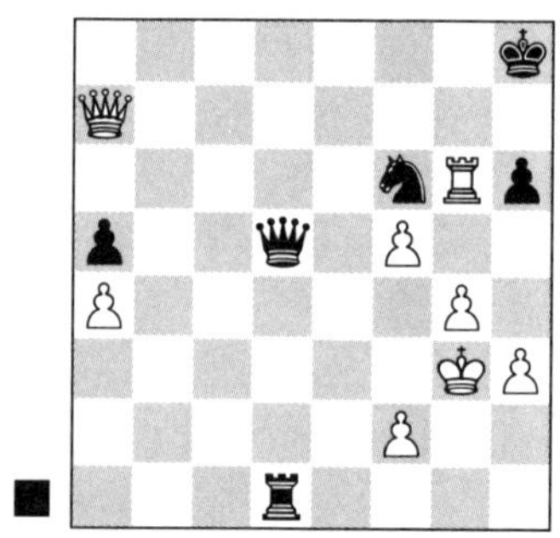

40...♖d3+ 41.♔h4 ♖xh3+! 42.♔xh3 ♕h1+ 43.♔g3

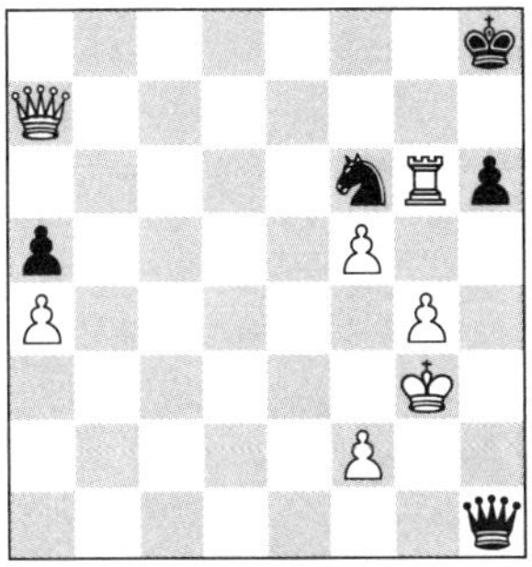

43...♘h5+! 44.gxh5 ♕f3+ 45.♔h2 ♕g2+ 46.♔xg2
Mit Remis.

Lösung 45
Ignatz von Popiel
Georg Marco
Monaco 1902 (1)

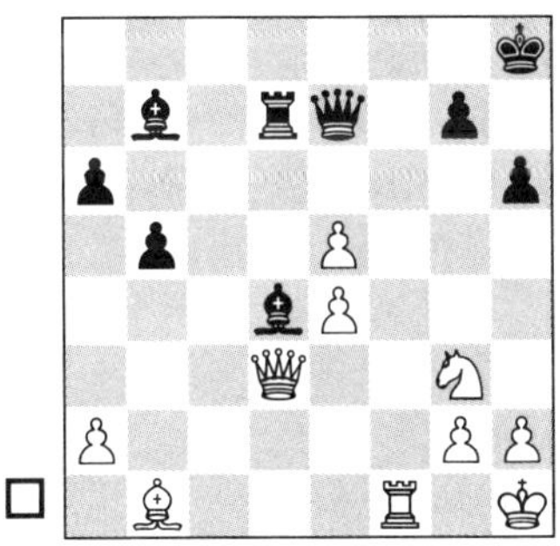

35.♘f5!? ♕xe5?
Obacht nun! Der Gewinn lautet
36.♘h4!,
mit der Absicht
36...♔h7 37. ♘f3!
Die Partie endete viel schneller, da Schwarz nach 36.♖d1?? ... aufgab! Stattdessen hätte er mit dem spektakulären Gegenschlag 36...♗g1!! selbst gewinnen können.

Lösung 46
William Fuller 2138
Leonid Basin 2489
Detroit 1992 (2)

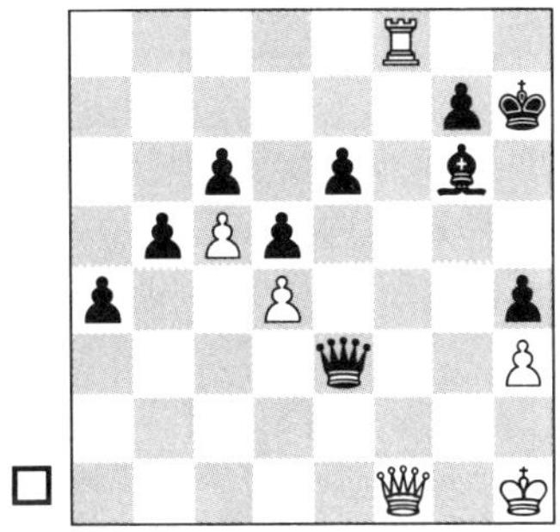

37.♕f2!?
Lädt Schwarz dazu ein, es „sicher zu spielen" und die Damen vom Brett zu nehmen, nur für alle Fälle.
37...♕xf2?? 38.♖h8+! ½:½
... „für den Fall".

Lösung 47
Shredder (Computer)
Gull (Computer)
www.tcec-chess.net 2013 (14)

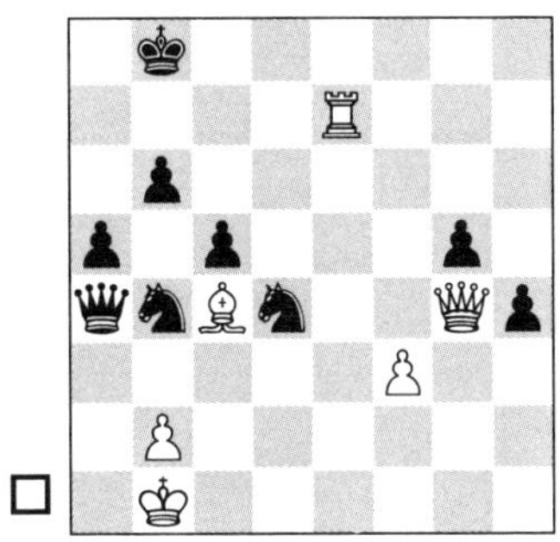

46.♗b3!! ♘xb3
Weiß gewinnt nach 46...♕xb3?? 47.♖e8+ ♔c7 48.♖c8+, während 46...♕b5 47.♗c4!! gleichfalls remis ist.

47.♕f4+ gxf4 48.♖b7+ ♔c8 49.♖c7+ ♔d8 50.♖d7+ ♔e8 51.♖e7+ ♔f8 52.♖f7+ ♔g8 ½:½

Lösung 48

Evgeny Najer 2633
Ilya Smirin 2644

Erewan Europameisterschaft 2014 (4)

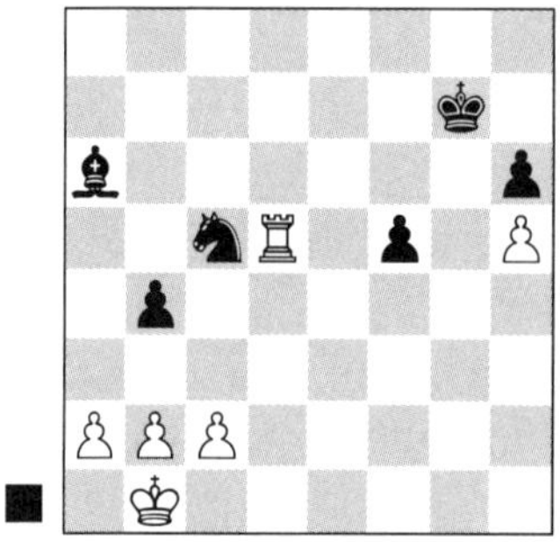

41...f4!! 42.♖xc5 ♔f6 43.♖c6+ ♔e7 44.♖xa6 f3 45.♖a5 ♔e6

Mit Ausgleich.

Lösung 49

Tamas Fodor Jr. 2506
Michael Adams 2706

Hull Britische Meisterschaft 2018 (3)

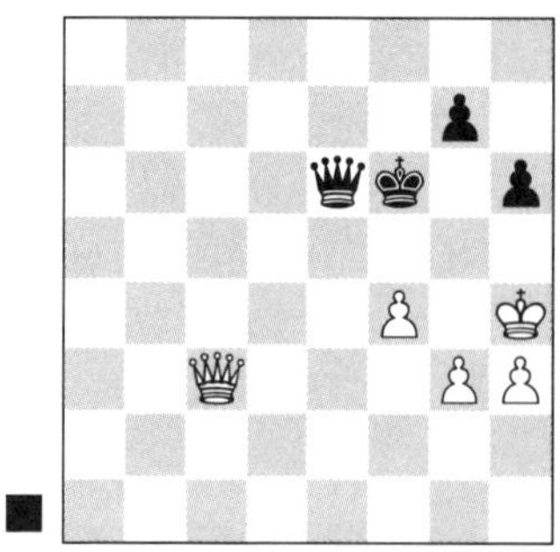

60...♔f7! 61.♕e5?? g5+!! 0:1

Weiß muss seine Dame geben oder Matt erlauben.

Lösung 50

Patrick Gong 2286
Christopher Wallis 2380

Adelaide 2017 (3)

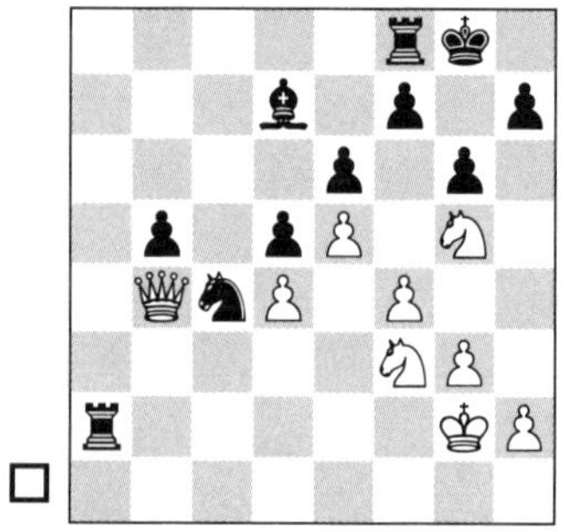

28.♔h3!

Es sieht so aus, als müsste Weiß seinen König auf die Grundreihe zurückziehen, da nun sein Springer auf g5 in die Falle geraten zu sein scheint. Und genau das hatte Schwarz in der Partie auch geglaubt:

28...h6?? 29.♘h7!

Dreht den Spieß um. Nach ...

29...♖d8 30.♕e7! ♖aa8 31.♘f6+

... gewann Weiß eine Figur und verwertete den Vorteil danach.

Lösung 51

Albert Blees 2310
Jan Plachetka 2440

Brøndby 1985 (5)

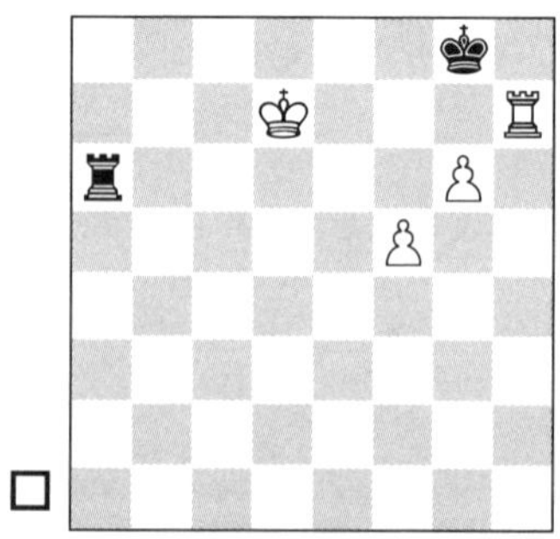

In der Partie spielte Weiß **70.♔e7??** – und Schwarz gab auf! Stattdessen macht **70...♖xg6!** remis.

Lösung 52

Lodewijk Prins
Heinz Lehmann
Leipzig Olympiade 1960 (11)

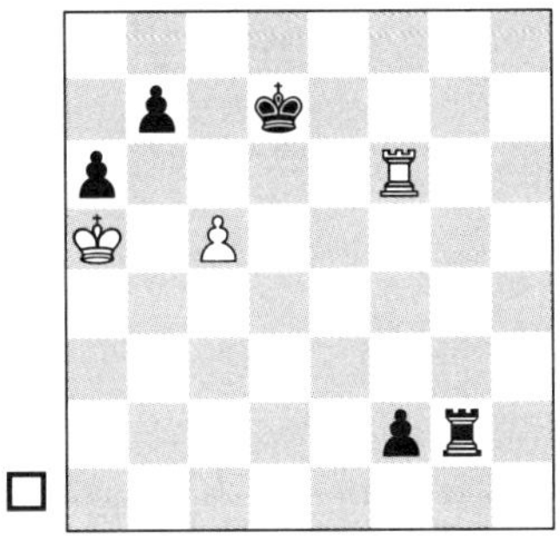

50.♔b6!
Ein reizendes Danaergeschenk.
50...♖g6?? 51.c6+! bxc6 52.♖xf2 ♔d6 53.♖d2+ ♔e5 54.♖c2 ½:½

Lösung 53

Zoltan Ribli 2590
Oleg Romanischin 2580
Novi Sad 1982 (3)

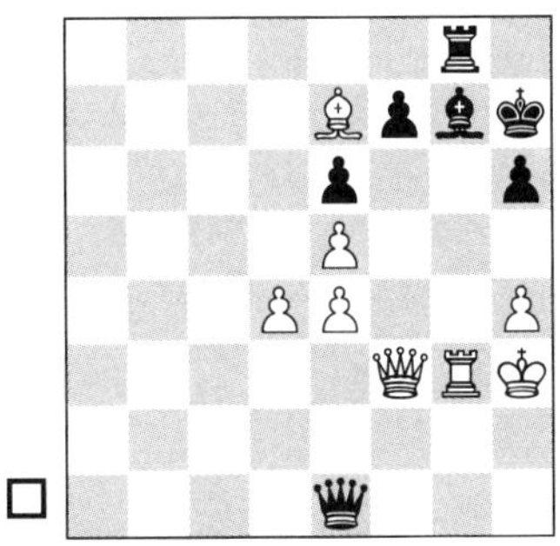

52.♕g2 ♗f6!! 53.♗xf6
53.♖xg8 ♕xh4#; 53.exf6 ♖xg3+ 54.♕xg3 ♕h1+.
53...♖xg3+ 54.♕xg3 ♕h1+ ½:½

Lösung 54

David Smerdon 2460
Sune Berg Hansen 2555
Turin Olympiade 2006 (4)

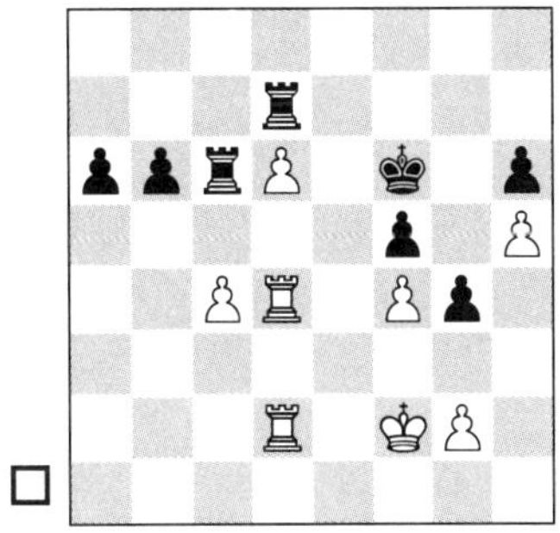

39.♔g3! a5 40.♔h4! ♔e6 41.g3 ♔f6

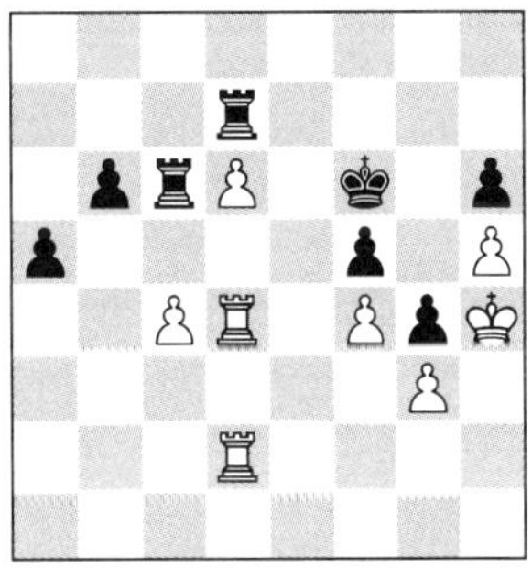

42.c5! ♖xc5 43.♖d5 ♖c6 44.♖e5 ♖c1 45.♖ee2 a4 46.♖c2 ♖a1 47.♖a2 ♖xa2 48.♖xa2 ♖xd6

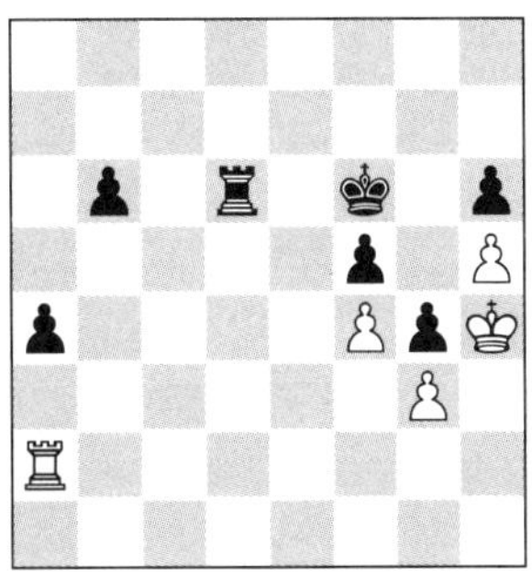

49.♖d2 ♖e6 50.♖d6 a3 51.♖xe6+ ♔xe6 ½:½

Lösung 55

Jörg Hickl 2430

Stephen Solomon 2265

Thessaloniki Olympiade 1988 (2)

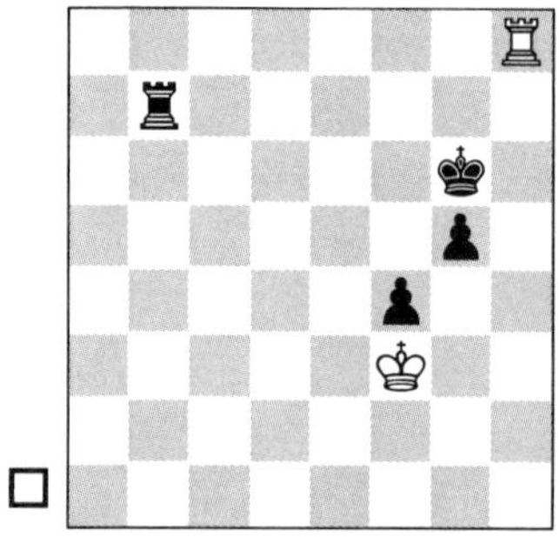

63.♔g4!

Eine schöne Lockvogel-Falle – wenn Weiß es so gemeint hätte!

63...♖b3?? 64.♖g8+ ♔f6

Schwarz war davon ausgegangen, dass Weiß 65. ♖xg5? beabsichtigt hätte, wonach 65...♖g3+ den Turm gewinnt. Aber natürlich sehen Sie es längst: 65.♖g6+! macht remis, auch wenn dies von beiden Spielern übersehen wurde!

Hickl spielte

65.♖f8+??,

und über das, was dann folgte, gibt es eine nette Story. Damals wurden die Partien der Schacholympiade nach der zweiten Zeitkontrolle abgebrochen, und Solomon – im Bemühen, den Gewinnweg dann zu Hause sicher zu analysieren – wollte die Züge wiederholen und gab so den Zug 65...♔g6?? ab. Die Partie wurde abgebrochen, und der australische Mannschaftskapitän forderte Solomon leise dazu auf, einen zufriedenen Gesichtsausdruck zu wahren und sofort in sein Hotelzimmer zurückzukehren. Hickl seinerseits ging davon aus, dass Solomon einen der beiden Gewinnzüge (65...♔e7 oder 65...♔g7) in den Umschlag gegeben hatte und gab am nächsten Morgen beim Frühstück, ohne Wiederaufnahme der Partie, auf. Als Fazit kann man sagen, dass sich hier ein Spieler selbst beschwindelte!

Lösung 56

Jeff Britt 1841

Daniel Parmet 1889

Worral 2009 (4)

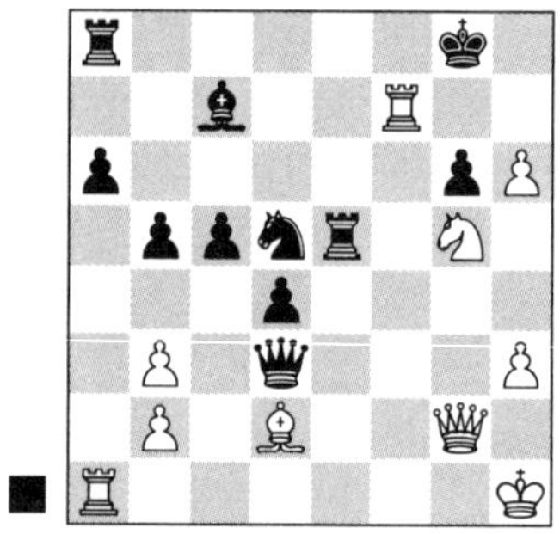

37...♖xg5! 38.♖g7+??

Ein natürlicher Zug, doch 38.♗xg5! ♔xf7 39.♕xd5+ war ein klarer Gewinn.

38...♔h8 39.♗xg5 ♖f8!

Droht ...♖f8-f3-h3. Nun gewinnt 40.♖d7!, mit der Idee 40...♖f3 41.♖e1!. Stattdessen folgte in der Partie

40.♖e1? ♗g3! 41.♕xd5?

41.♕e4!.

41...♖f1+!! 42.♔g2 ♕c2+!!

42...♖f2+?? 43.♔g1.

43.♔xg3 ♕f2+ 44.♔g4 ♕g1+

mit einem wundersamen Dauerschach.

Lösung 57

Michail Tal

Manuel Aaron

Leipzig Olympiade 1960

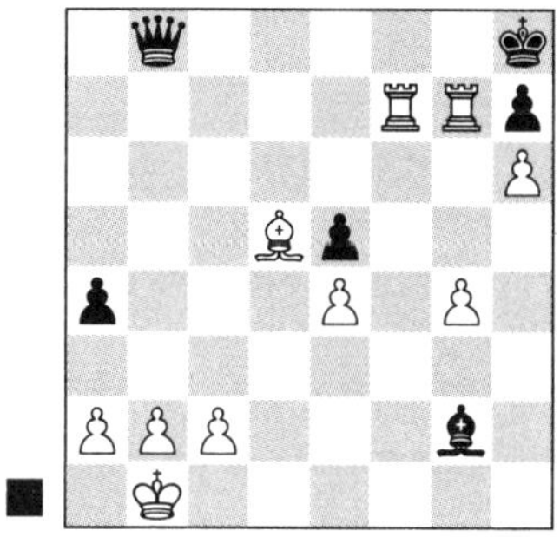

42...♗xe4!

Nun gewinnt fast jeder Zug für Weiß, wie etwa 43.♖b7 oder 43.♖a7. Doch die Partie endete wie folgt:

43.♗xe4?? ♕xb2+! 44.♔xb2 a3+

mit unvermeidlichem Patt.

Lösung 58

Le Quang Liem 2714

Fernando Peralta 2580

Douglas 2019 (4)

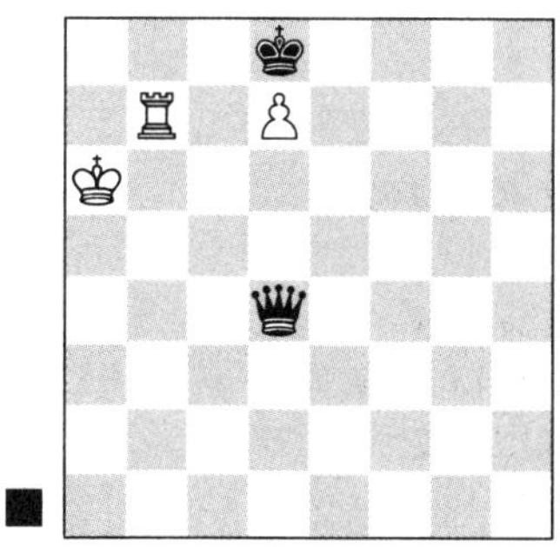

105...♕c5?? 106.♖b8+! ♔xd7 107.♖b7+!

Mit einer bekannten Remisstellung. Weiß wird mit seinen Turmschachs auf der b-Linie weitermachen, wobei ...♔c8 mit ♖b8+!! und ...♔c6 mit ♖c7+!! beantwortet wird. Peralta gewährte umgehend die Punkteteilung.

107...♕c7 ½:½

Lösung 59

Adhiban Baskaran 2671

Jorden van Foreest 2609

Hoogeveen Match 2017 (1)

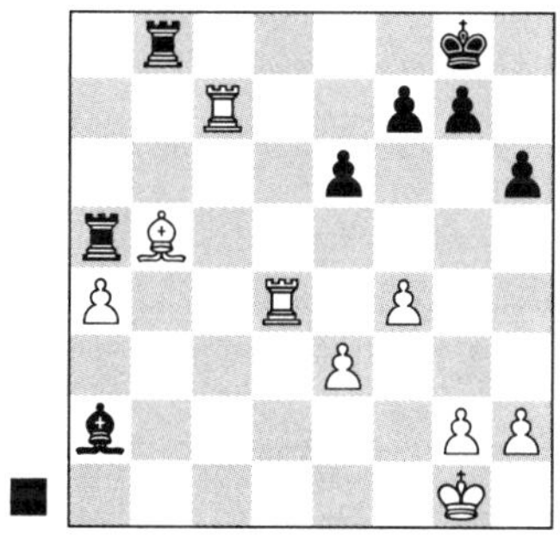

27...e5!! 28.fxe5 ♖axb5 29.axb5 ♖xb5 30.♖d8+ ♔h7 31.♖e7 ♗e6

Und die Partie wurde schließlich remis (½:½/40.).

Lösung 60

Bruce Holliday 1903

Hughston Parle 2054

Queensland 2017 (5)

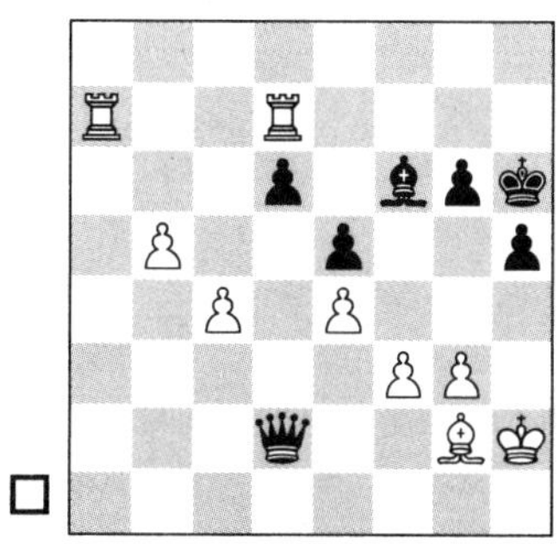

Nach
44.♖a6?? h4 45.♖dxd6 hxg3+ 46.♔h3
folgte weiter
46...♕g5! 47.♖xf6 ♔h5! 48.♗h1 ♕h4+ 49.♔g2 ♕h2+ 50.♔f1 ♕f2#

Lösung 61

Claudiu Dobre 2387
Lucian Miron 2502
Calimanesti Caciulata Rumänische Meisterschaft 2017 (4)

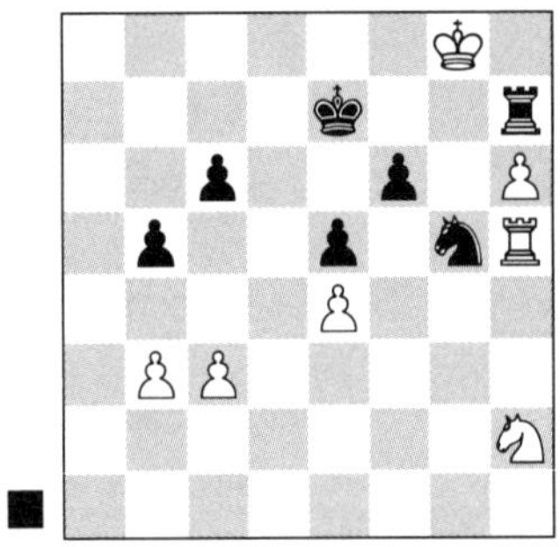

67...♘e6!! 68.♔xh7 ♔f7 69.♔h8 ♘f8 70.♖f5 ♘g6+ mit einem überraschenden Dauerschach.

Lösung 62

Weiliang Tan 2221
Junior Tay 2230
Melbourne Schnellschach 2016

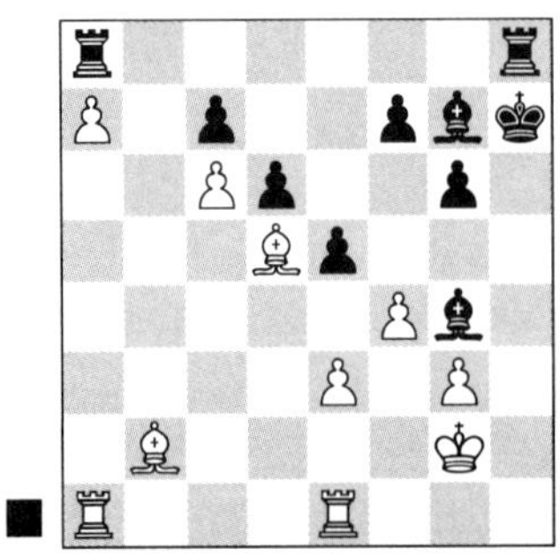

31...e4!!
Ein ausgezeichneter praktischer Versuch. Einzig 32.♖h1+ gewinnt für Weiß. Stattdessen antwortete Weiß unverzüglich mit dem natürlichen
32.♗xg7?,
und die Partie endete wie folgt:
32...♗f3+!! 33.♔f2 ♔xg7 34.♖eb1?
Die besten Überlebenschancen bot 34.♖g1!.
34...♖h2+ 35.♔f1 ♖ah8! 36.♗xe4 ♗xe4 37.a8♕ ♖h1+ 38.♔e2 ♖8h2#

Lösung 63

Constantin Lupulescu 2594
Stelios Halkias 2584
Dresden Olympiade 2008 (10)

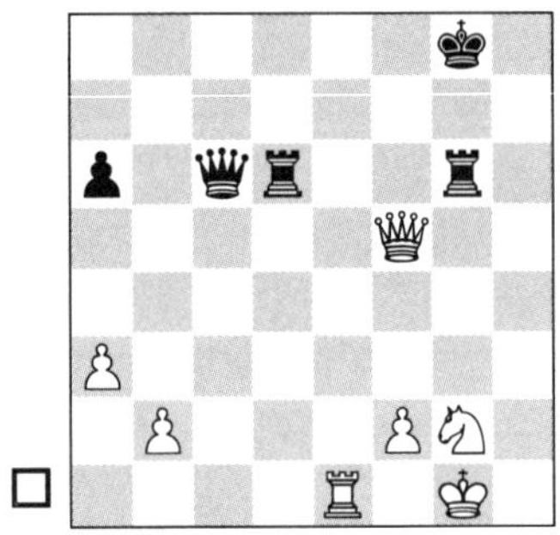

46.♕h3! ♖xg2+?
Zu ungeduldig!
47.♕xg2+ ♖g6 48.♕xg6+ ♕xg6+ 49.♔f1 ♕d3+ 50.♔g1 ♕d2 51.♖e3 ♕xb2 52.♔g2!
Die weiße Festung ist tatsächlich uneinnehmbar. Schwarz versuchte es 70 Züge lang, aber die weiße Verteidigung hielt stand.
52...♔f7 53.♔g1 ♔f6 54.♔g2 ♔f5 55.♔g1
Und remis im 124. Zug.

Lösung 64

Arik Braun 2475

Sebastian Siebrecht 2487

Wien 2005 (2)

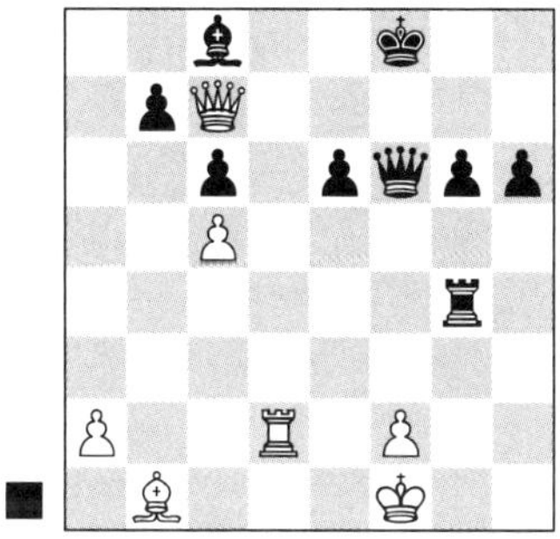

35...♖g1+!? 36.♔e2?? ♗d7!!
37.♖xd7 ♕b2+ 38.♖d2 ♖e1+!!

Die Partie endete mit 38...♕b5+?? 39.♔f3 ♕xb1 40.♖d8#.

39.♔xe1 ♕xb1+

Mit Dauerschach.

Lösung 65

Wassili Iwantschuk 2739

Alexander Moiseenko 2665

Russisches Mannschaftsturnier 2005 (9)

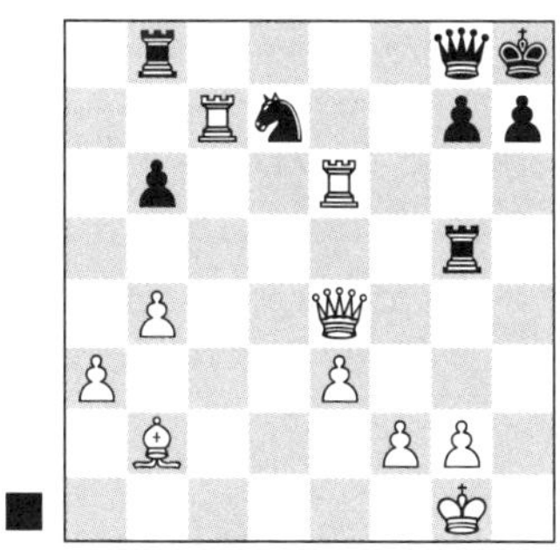

29...♕d8! 30.♖b7??

30.♕c2! verhindert alle schwarzen Tricks.

30...♘f8!!

Bringt ein Dauerschachmotiv mit ...♕d8-d1+-h5+ ins Geschehen.

31.♖h6

31.♗d4 ♘xe6 32.♖xb8 ♕xb8 33.♕xe6 ist ungefähr ausgeglichen. 31.♖xb8 ♕d1+ 32.♔h2 ♕h5+ 33.♔g1 ♕d1+ war die Hauptidee.

31...♖xb7 32.♕xb7 ♕d1+ 33.♔h2 ♖h5+ 34.♖xh5 ♕xh5+ 35.♔g3 ♕g5+ 36.♔f3 ♕f5+ ½:½

Lösung 66

Tomas Sosa 2508

Pablo Cruz Lledo 2452

Roquetas de Mar 2020 (4)

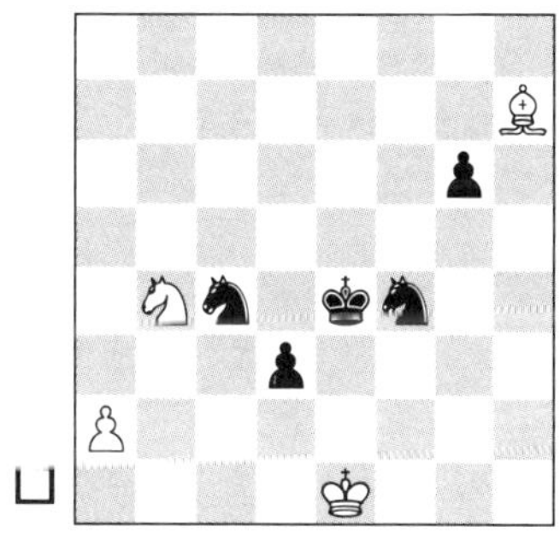

47.♘xd3!!

47.a4? ♔e3 48.♘xd3 ♘xd3+ 49.♔f1 g5 lautet der Enginevorschlag, aber mit sorgfältigem Spiel gewinnt Weiß.

47...♔xd3

47...♘xd3+ 48.♔f1 ♘de5 49.a4!.

48.a4 ♘a5 49.♔f2 ♔e4 50.♔g3 ♔f5 51.♔f3 ♘d5 52.♗xg6+ ♔xg6 53.♔e4

Und Schwarz war nachvollziehbarerweise außerstande, dieses Tablebase-Endspiel zu gewinnen. Die Partie wurde nach 49 weiteren Zügen remis.

Lösung 67

Stjepan Draganic 2112

Zdenko Plenkovic 2348

Bosnjaci 2020 (6)

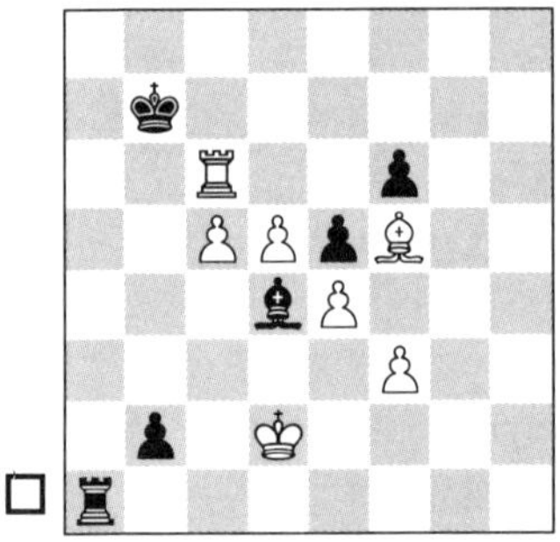

73.♖b6+!

Tatsächlich folgte in der Partie 73.♗c8+ ♔b8, und Weiß gab auf.

73...♔a7 74.d6 b1♕ 75.♖xb1 ♖xb1

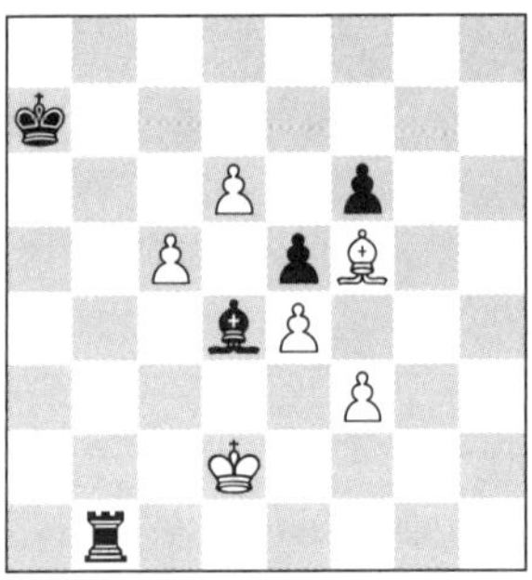

76.c6!

Und Schwarz muss das Remis nehmen:

76...♖b2+ 77.♔d3

77.♔c1?? ♖b6 78.c7 ♖c6+ 79.♔d2 ♔b7.

77...♖b3+ 78.♔d2

(78.♔e2?? ♖c3 79.c7 ♔b7) mit Dauerschach, da

78...♖c3?? 79.d7!

für Weiß gewinnt.

Lösung 68

Sergej Schigalko 2699

Wladislaw Kowalew 2597

Moskau Schnellschach-WM 2019 (4)

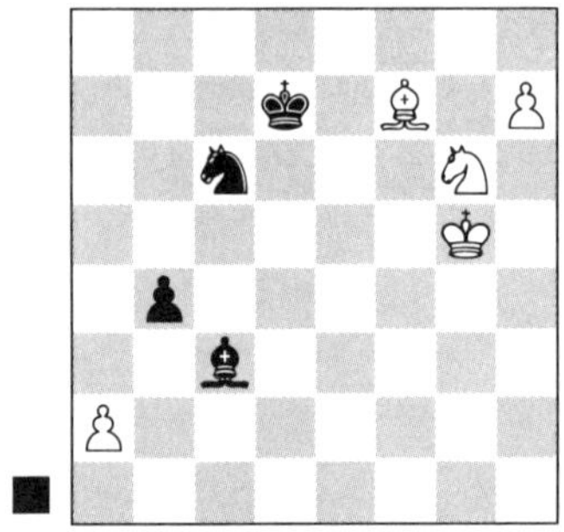

56...♘e5!! 57.h8♘?

57.h8♕?? ♘xf7+. Aber 57.♗e8+!! gewinnt: 57...♔d6 58.h8♕ ♘f3+ 59.♔f4 ♗xh8 60.♘xh8, und das Beste, worauf Schwarz hoffen kann, ist ♔+♗+♘ vs. ♔.

57...♘xf7+ 58.♘xf7 ♔e6!

Und Schwarz remisierte nach

59.♘d8+ ♔d5 60.♘b7 ♗d2+ 61.♔f5 ♔c4 62.♘e5+ ♔c3 63.♔e4 b3 64.axb3 ♔xb3

Lösung 69

Michail Kobalja 2578

Bibek Thing 2026

Moskau Schnellschach-WM 2019 (1)

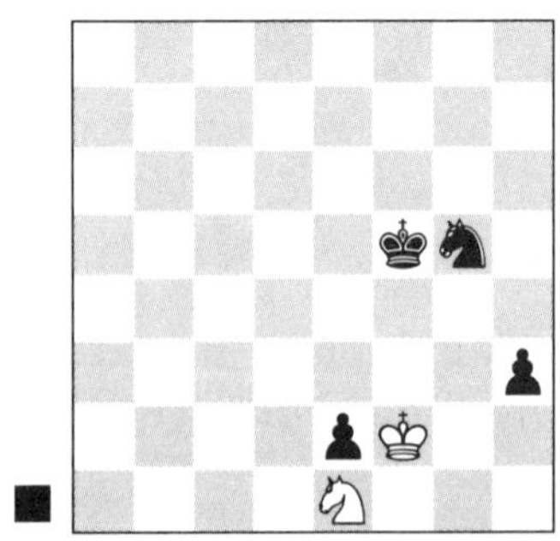

Die Antwort lautet „ja“, aber nur, wenn Schwarz aufmerksam ist. In der Partie konnte Weiß entkommen nach

87...h2 88.♔g2 ♔e4 89.♔xh2

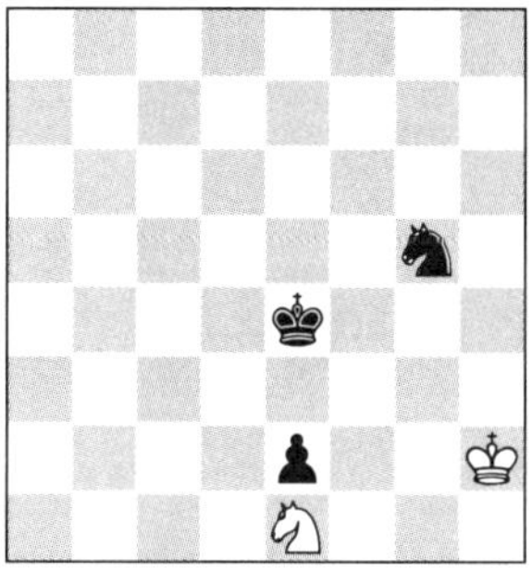

89...♘f3+??

89...♔e3!.

90.♔g3! ♘xe1 91.♔f2! ½:½

Lösung 70

Wadim Moiseenko 2596

Diogo Duarte Guimaraes 2286

Moskau Schnellschach-WM 2019 (1)

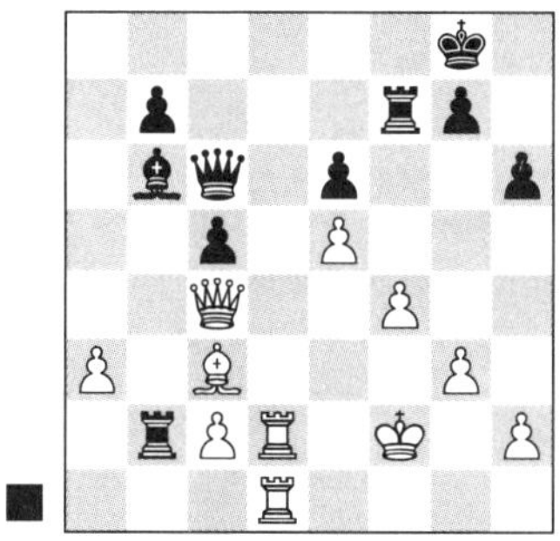

35...♖b4!! 36.♕e2

36.axb4?? cxb4+ kostet Weiß die Dame.

36...♖e4 37.♕f3 c4+ 38.♔g2

Und nun

38...g5!

mit guter Kompensation für den Bauern.

Lösung 71

Igor Samarin 2355

Wladimir Antoschin 2340

Berdjansk 1985 (5)

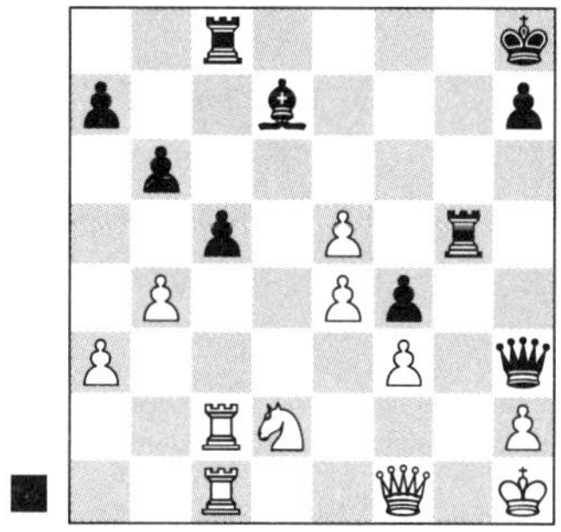

35...♕xh2+ 36.♔xh2 ♖cg8

Anstatt aufzugeben, hätte Weiß mit **37.e6! ♗xe6 38.♖xc5!! bxc5 39.♖xc5 ♖5g6 40.♖h5**

den Spieß umdrehen können. Weiß steht auf Gewinn.

Lösung 72

Jewgeni Alekseew 2617

Rauf Mamedow 2709

Batumi Mannschafts-EM 2018 (11)

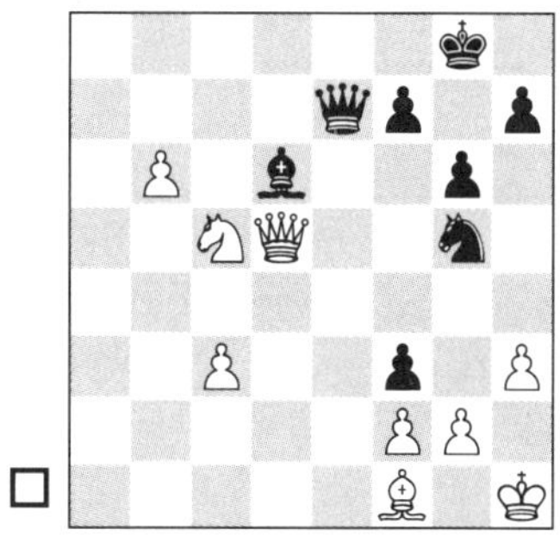

35.b7 ♕e1 36.♔g1 ♘xh3+!

Und Weiß gab auf angesichts von **37.gxh3 ♗h2+!! 38.♔xh2 ♕xf2+ 39.♔h1 ♕xf1+ 40.♔h2 ♕g2#**

Lösung 73

Alexandre Danin 2543

Romain Edouard 2640

Minsk Europameisterschaft 2017 (9)

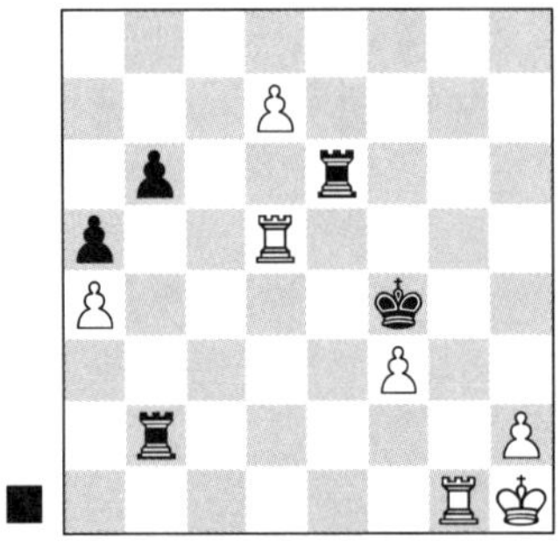

Sie haben womöglich erwogen, ein Schachmatt auf h2 zu drohen, doch das wäre ziemlich offensichtlich und wird mit noch offensichtlicheren Widerlegungen pariert. Tatsächlich verlieren sowohl 60... ♖ee2 wie auch 60...♖h6 nach BEIDEN natürlichen Antwortzügen von Weiß (61.♖d4+ oder 61. ♖g4+), was nur minimale Rechenarbeit erfordert. Stattdessen versuchte Edouard

60...♔xf3!

mit dem etwas subtileren Punkt, dass

61.d8♕??

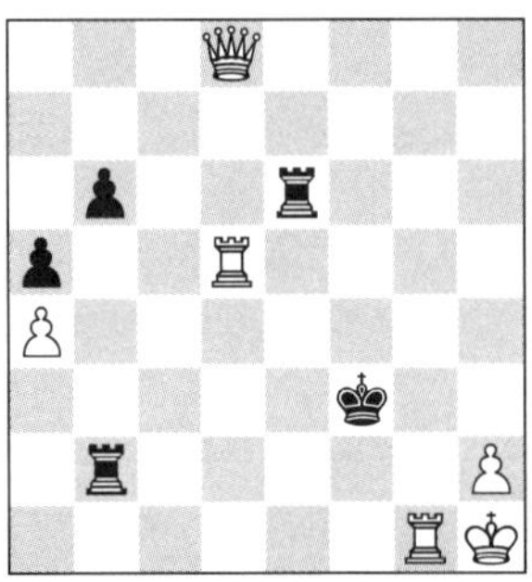

wegen

61...♖xh2+!! 62.♔xh2 ♖h6+

verliert. In der Partie war Danin aufmerksam, und nach 61.♖d3+ gab Schwarz auf.

Lösung 74

David Janowski

Ernst Grünfeld

Marienbad 1925 (9)

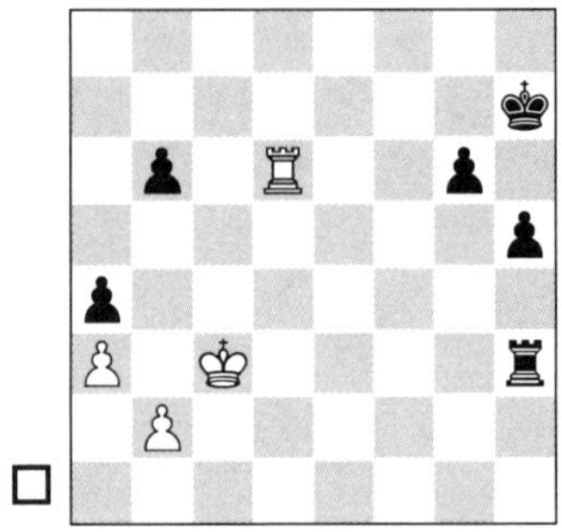

58.♔b4! ♖b3+ 59.♔xa4 ♖xb2?? 60.♖d7+ ♔h6 61.♖h7+ ♔g5 62.♖xh5+ ♔f6 63.♖f5+ ♔g7 64.♖f7+ ♔h6 65.♖h7+ ♔g5 66.♖h5+ gxh5 ½:½

Lösung 75

Dmitri Froljanow 2587

Jan Nepomnjaschtschi 2706

Irkutsk 2010 (7)

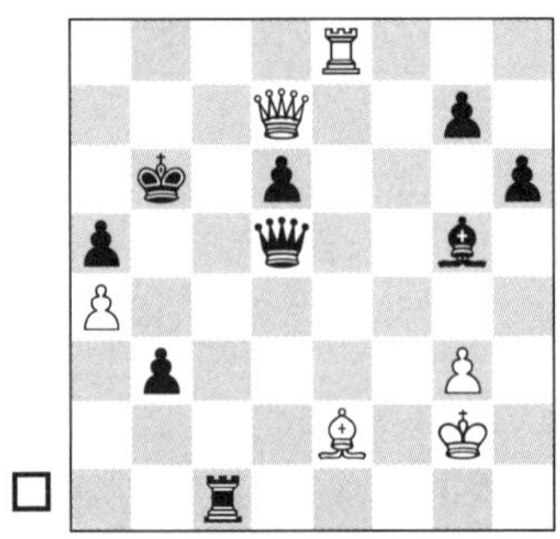

45.♗f3! ♖c2+ 46.♔h3! ♕xf3 47.♕b5+

47.♖b8+ ♔c5 48.♖b5+ ♔d4 49.♕xd6+ ♔c3 50.♖xb3+! ♔xb3 51.♕a3+ macht gleichfalls remis.

47...♔c7 48.♖c8+ ♔xc8 49.♕d7+ ♔b8 50.♕a7+ ♔c8 51.♕d7+ ♔xd7 ½:½

Lösung 76

Mark Hebden 2585

Matthew Sadler 2650

Torquay Britische Meisterschaft 1998 (10)

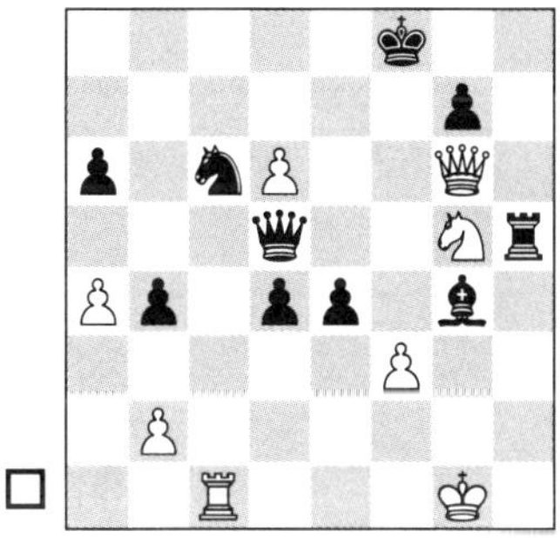

Sadler war in Führung in dieser Britischen Meisterschaft. In der Partie fand Hebden das kreative

35.♘h7+!! ♖xh7 36.fxe4!,

was zu einer Situation führte, in der Sadlers Nerven eine Rolle spielen könnten. Und wie die Geschichte uns lehrt, ist genau das geschehen:

36...♕e5??

Schwarz konnte auf verschiedene Weise gewinnen, u.a. 36...♘e5! 37.♖f1+ ♗f3 oder 36...♕h5 37.♖f1+ ♔g8.

37.♖f1+ 1:0

Lösung 77

Le Quang Liem 2488

Maxim Rodshtein 2494

Budapest 2006 (11)

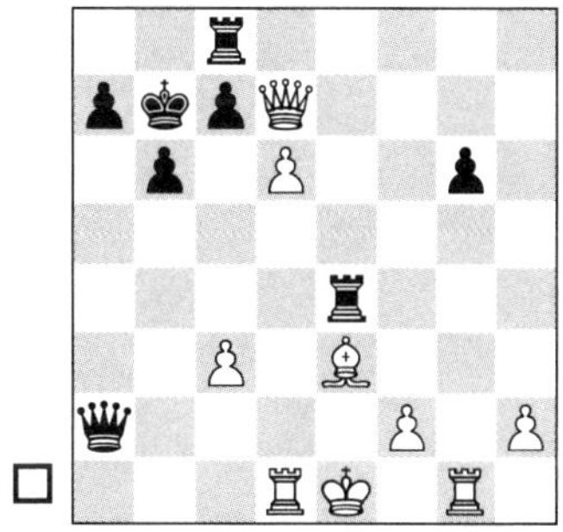

28.♖xg6?! ♖xe3+! 29.fxe3 ♖f8!

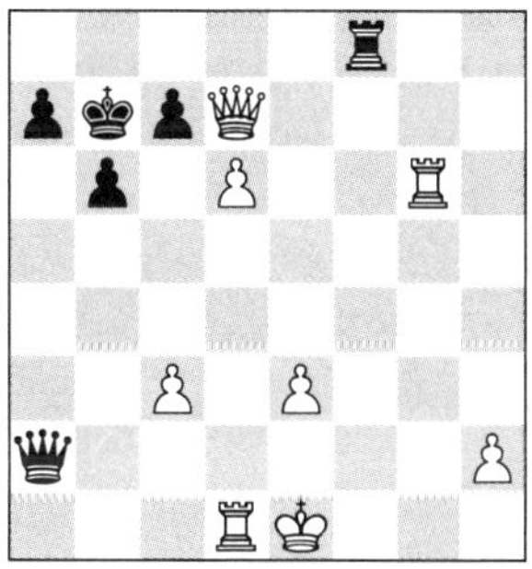

Ein Angriff wie aus dem Nichts. Es reicht nicht ganz, um die Partie zu retten, doch solche Schocks können die gegnerische Psyche nachhaltig beeinflussen. Le Quang Liem sammelte sich wieder, um die einzige Gewinnfortsetzung zu finden:

30.♕xc7+! ♔a6 31.♖g2! ♕xg2 32.♕c4+ ♔b7 33.♕d5+ ♕xd5 34.♖xd5

Doch die psychologischen Nachwirkungen blieben in diesem technischen Endspiel bestehen, und Rodshtein gelang es, sich später mit einem zweiten Schwindel das Remis zu sichern:

34...♔c6 35.♖d4 ♔d7 36.♔e2 a5 37.h4 ♖f5 38.♔d3 ♖h5 39.c4 ♖h8 40.♔c3 ♖h5 41.♔b3 ♖e5 42.e4 ♖h5 43.♔a4 ♖c5 44.♔b3 ♖h5 45.♖d5 ♖xh4 46.e5 ♖e4! 47.♔a3??

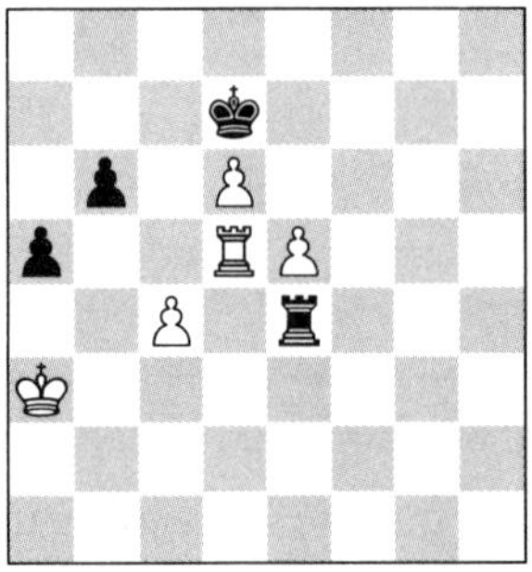

47...♖xc4!! 48.e6+ ♔xe6 49.d7 ♔xd5 50.d8♕+ ♔c6! 51.♕e8+ ♔b7 52.♔b3 ♖c5

Und die schwarze Festung hielt:

53.♕e7+ ♔b8 54.♔a4 ♔a8 55.♕d8+ ♔b7 56.♕d7+ ♔b8 ½:½

Lösung 78

Mads Andersen 2499
Robin van Kampen 2618

Warschau Mannschafts-EM 2013 (4)

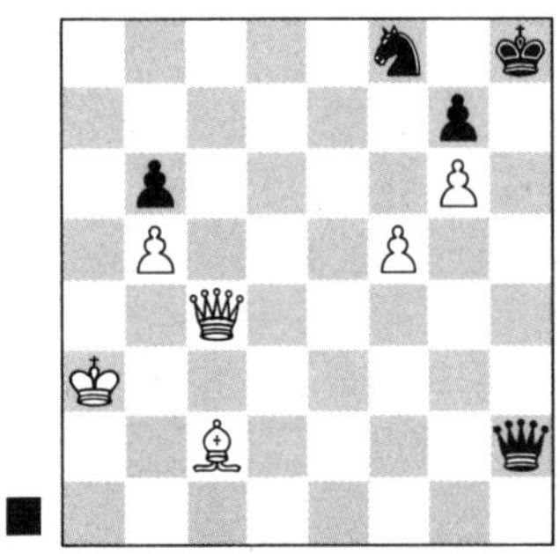

55...♕d6+!

55...♘xg6? 56.♕c8++–.

56.♔a4??

56.♕b4! gewinnt langsam, aber sicher. Weiß ist jedoch zu ungeduldig.

56...♘xg6!!

Nun, da f8 gedeckt ist, funktioniert der Patt-Trick.

57.♕e4

57.fxg6 ♕a3+=.

57...♘e5 58.f6 g6 59.♕f4 ♔g8 60.♗b3+ ♔f8 61.♕h6+ ♔e8 62.♕h8+ ♔d7 63.♕g7+ ♔d8 64.♕g8+ ♔d7 65.♕h7+ ♔d8 66.♕h8+ ♔c7 67.♕g7+ ½:½

Lösung 79

Ian Rogers 2540
Fabio Bellini 2280

Mendrisio 1988 (8)

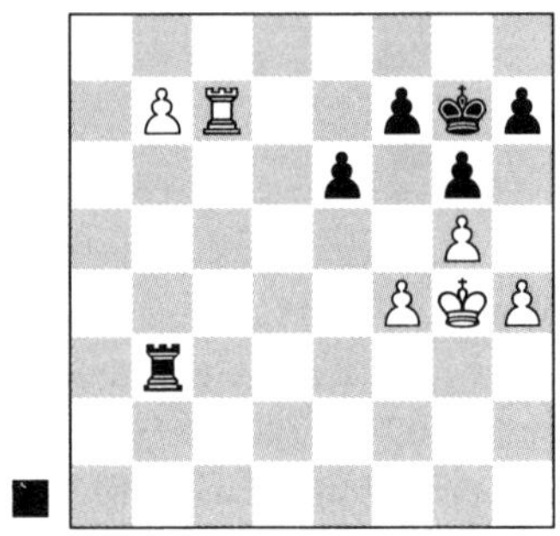

48...♔f8!!

Wie angegeben, kann dies mit dem scheinbar entscheidenden

49.♖c8+

beantwortet werden, doch damit ist die Geschichte nicht zu Ende:

49...♔e7!!

Hätte Rogers rechtzeitig gemerkt, dass das Beste für ihn 50.♖c7+ mit Remis wäre? Ich denke schon. Doch viele Spieler wären hier sicherlich weniger aufgeweckt und hätten nach der neuen Dame gegriffen, mit den Kosten für eine jahrelange Therapie zur Folge.

50.b8♕?? h5+ 51.gxh6 f5+ 52.♔g5 ♖g3#

Lösung 80

Wassili Smyslow 2550

Leslie Blackstock 2260

London 1988

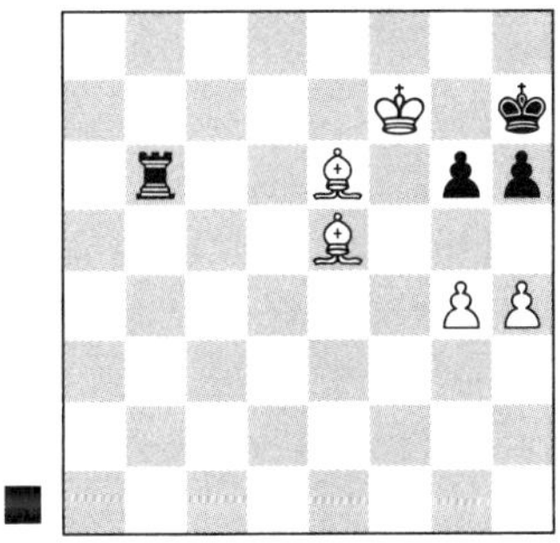

61...h5!!

In der Partie folgte stattdessen 61...♖b5 62.h5! ♖b7+, und Schwarz gab auf.

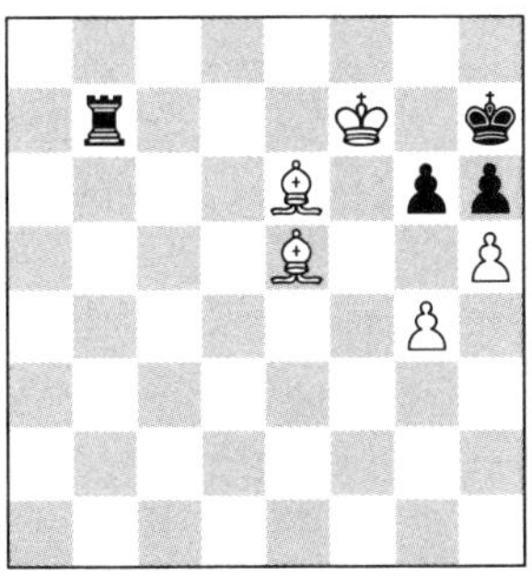

Analysediagramm

Plötzlich liegen Patt- und Festungsmöglichkeiten in der Luft.

62.gxh5

62.g5 ♖b7+ 63.♔f8 ♖f7+! 64.♔e8 ♖e7+!.

62...♖b7+! 63.♔f6 gxh5

Dank der Anwesenheit der Randbauern in Verbindung mit ein paar netten Pattthemen hat Schwarz hervorragende Remischancen, zum Beispiel:

64.♔g5

Oder 64.♗d4 ♖b4 65.♗f5+ ♔g8 66.♗f2 ♖f4, und Schwarz wird weiter den schwarzfeldrigen Läufer verfolgen.

64...♖g7+!! 65.♔xh5 ♖g5+!!=

Korrekterweise muss man festhalten, dass die Stellung gemäß der Endspieldatenbanken nach 64.♗f5+! ♔g8 65.♗d3! (aber nicht 65.♔g6? ♖b6+ 66.♗f6 ♖xf6+! oder 65.♗g6? ♖b6+ 66.♔f5 ♖b5 nebst 67...♖xe5+ =) immer noch gewonnen ist, aber dazu braucht es viel Geduld und Präzision.

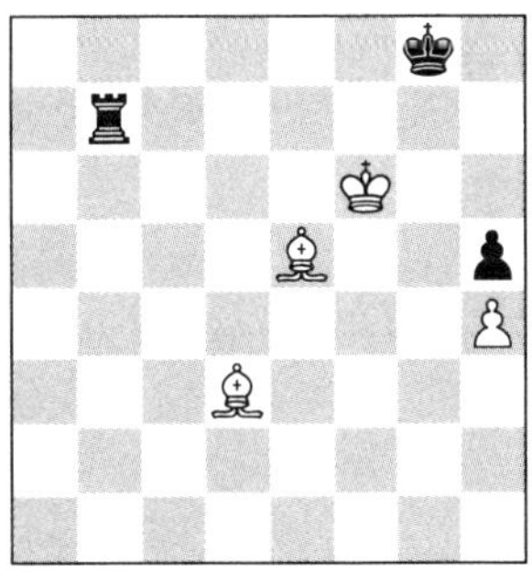

Analysendiagramm

Weiß muss um jeden Preis den Abtausch seines schwarzfeldrigen Läufers verhindern, was sich zu einem äußerst schwierigen Vorhaben gestalten kann, zum Beispiel: 65...♖b6+ 66.♔g5 ♖c6! 67.♗d4 ♖d6! 68.♗c4+ ♔h7!, und

Weiß muss sehr aufpassen, um ein Remis zu vermeiden: So lassen 69.♗c3? ♖g6+!, 69.♗e5? ♖d5!! oder 69.♗b2? ♖d5+!! allesamt den Sieg entgleiten.

Lösung 81
V. Scherdew
Boris Baranow
Moskau 1950

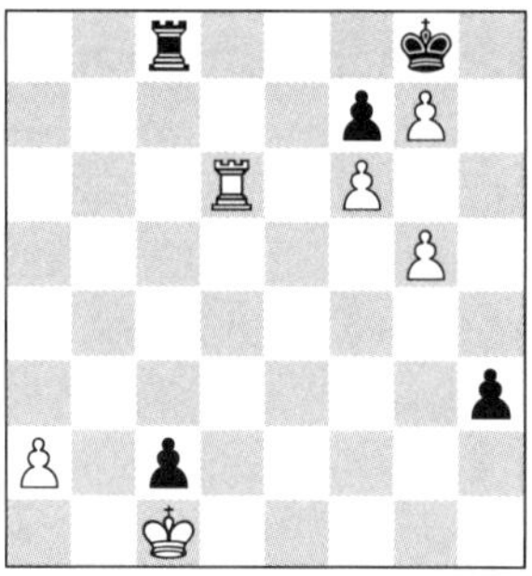

48.♖d4!,
mit der Absicht ♖d4-h4-h8#, zum Beispiel:
48...h2 49.♖h4
und 50.♖h8#.
In der Partie geschah 48.♖d3? ♖b8 49.♔xc2 (49.♖xh3 ♖b1+ 50.♔xc2 ♖b2+ (50...♖c1+? 51.♔b3 ♖b1+ 52.♔a3 ♖b3+ 53.♖xb3) 51.♔c3 ♖b3+) 49...h2! 50.♖h3 h1♕! 51.♖xh1 ♖b2+!. Der wildgewordene Turm legt los. Weiß darf den Turm wegen Patt nicht schlagen, und somit verfolgt dieser den weißen König über dass ganze Brett, sich selbst immerwährend zum Opfer anbietend.

Lösung 82
Vitaly Scherbakow
Arlasarow
Mingara 1972

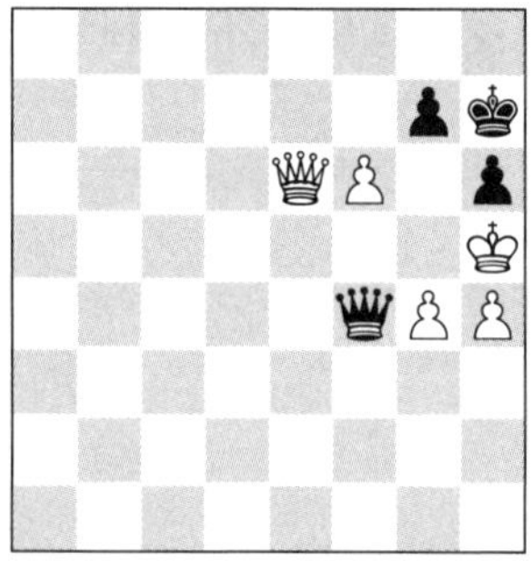

Nach
1.fxg7?? ♕f7+!!
musste Weiß ins Remis einwilligen. Stattdessen gab es zwei Gewinnwege. Ein Buhruf, wenn Sie 1.♕f5+! ♕xf5+ 2.gxf5 gxf6 3.♔g4 mit einem Lehrbuchsieg gefunden haben. Sie haben sich Ihren Punkt redlich verdient, den mit 1.f7!! möglichen Schönheitspreis freilich verpasst: 1...♕e5+! (haben Sie das gesehen?)

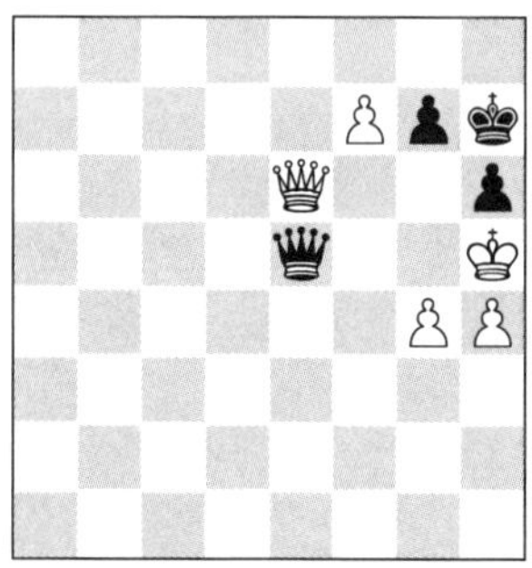

Analysediagramm

2.g5!! (2.♕xe5 g6#) 2...♕xe6 3.f8♘+!! mit donnerndem Applaus. Wie van Perlo zu dieser verpassten Gelegenheit schrieb: „Das genügt, um wochenlang nachts wachzuliegen!"

Lösung 83

Ari Dale 2061

Junta Ikeda 2309

Gold Coast 2012 (4)

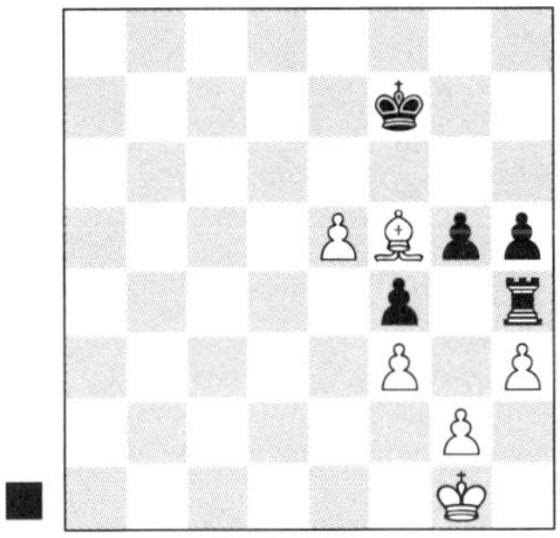

61...♔e7 62.♔f2 ♔d8 63.♔e2 ♔e7 64.♔d3 ♔f7 65.♔e4 ♔e7 66.♔d5

Unglaubliche Geduld von Schwarz. Die Partie kann nun gerettet werden.

66...g4!

Nach 67.hxg4 hxg4 68.♗xg4 ♖h8! sollte daraus ein Remis resultieren. Doch Weiß sah keinen Anlass, den schwarzen Turm aus seinem Käfig zu entlassen.

67.♔c6??

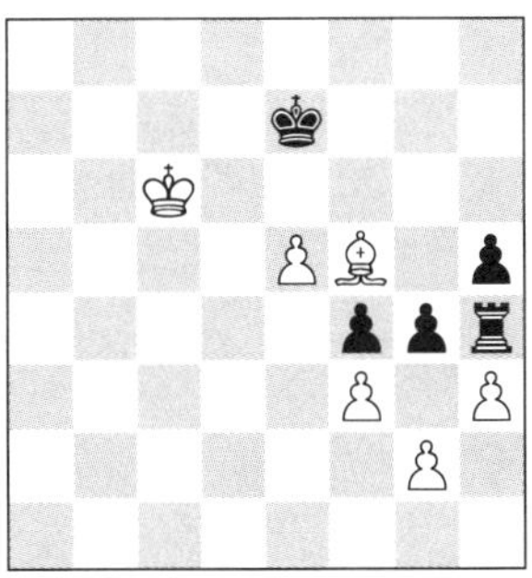

67...♖xh3!

Eine jähe Wendung. Der Turm bricht mit verheerendem Effekt aus.

68.fxg4 ♖c3+ 69.♔d5 f3 70.gxf3 h4 71.♗e4 h3 72.f4 ♖g3 73.g5 ♖g4 74.g6 ♖xf4 75.e6 ♖xe4 76.♔xe4 h2 77.g7 h1♕+ 78.♔f5 ♕h7+ 0:1

Ein weiteres Ikeda-Spezial.

Lösung 84

Alexander Chua 2250

Daniel Schwarz 2250

Chicago 2006 (6)

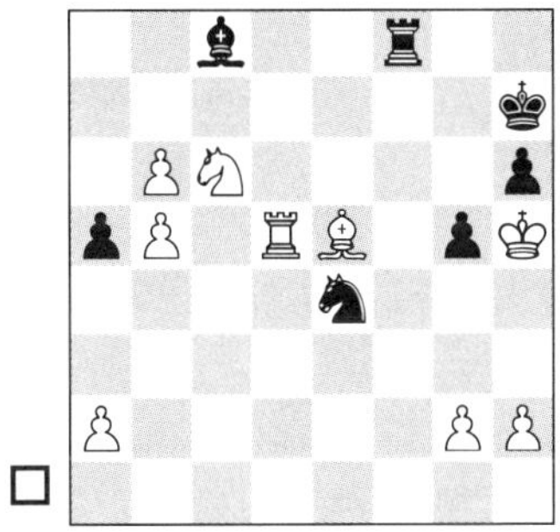

40.b7!?

Danach hat Schwarz nur genau einen Gewinnweg: das spektakuläre 40...♖f4!, gefolgt von Matt. Wenn die Partie auf diese Weise zu Ende gegangen wäre, könnte Weiß sich darauf berufen, zumindest seine Chance versucht zu haben. Ein besserer Ausgang wäre da schon, wenn Schwarz aus Angst das Dauerschach mit 40...♗e6 41.b8♕ ♗f7+ genommen hätte. Doch wie sich zeigt, bekommt Weiß sogar mehr als das.

40...♗f5??

Stellt seine eigene Falle auf: 41.b8♕ ♗g6+ 42. ♔g4 h5 matt. Indes ...

41.♖d6!!

Nachdem er erst wenige Züge zuvor seine Gewinn- in eine Verluststellung verwandelt hatte, erschwindelt sich Weiß schließlich wieder den Weg zum Sieg.

41...♘xd6 42.♗xd6 ♗d3 43.♗xf8 ♗e2+ 44.g4 ♗c4
Ein letzter Trick!
45.♗xh6 1:0

Lösung 85
Julia Demina
Tatjana Rosenfeld
Sowjetunion 1985

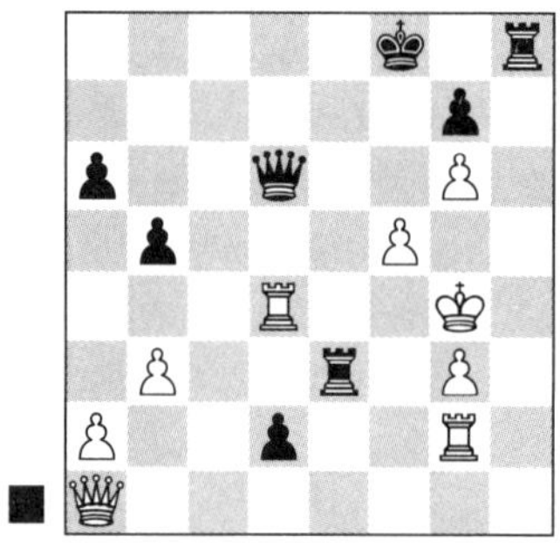

1...♖e4+?
1...d1♕+! 2.♕xd1 ♖e4+ 3.♖xe4 ♕xd1+ 4.♖ge2 ♕d7.
2.♖xe4 d1♕+ 3.♖ge2!!
Und Weiß gewinnt.

Lösung 86
Vahagn Voskanyan
Yochanan Afek
Paris 1994 (9)

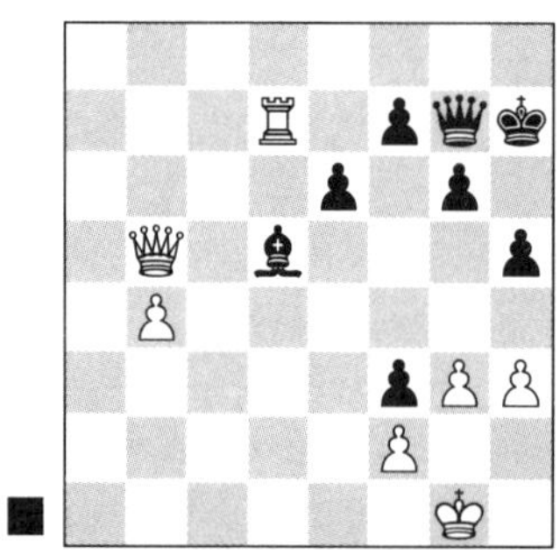

47...h4! 48.g4?? ♗c6!! 49.♕xc6 ♕a1+ 50.♖d1
Oder 50.♔h2 ♕e5+ 51.♔g1 ♕e1+ 52.♔h2 ♕xf2+ 53.♔h1 ♕g2#.
50...♕xd1+ 51.♔h2 ♕e2 53.♕c5 ♕f1
Weiß kann das Matt nicht mehr abwenden.

Lösung 87
Ladislav Prokes
Janos Balogh
Den Haag Olympiade 1928 (3)

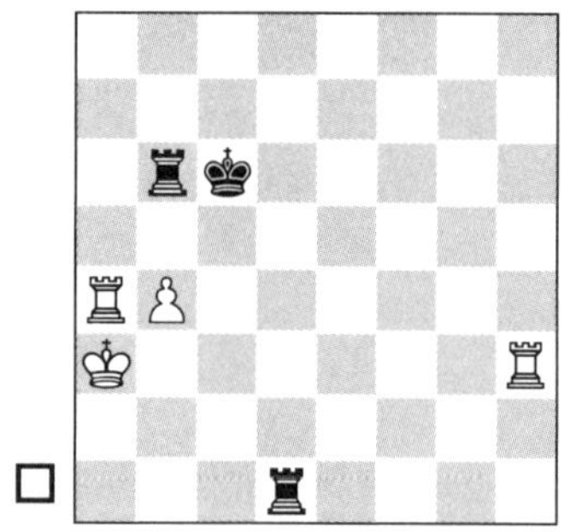

65.♔b3 ♖b1+ 66.♔c3 ♖c1+ 67.♔b2 ♔b5 68.♖a5+! ♔xb4 69.♖ha3!! 1:0

Lösung 88
Mihail Saltaew 2484
Stefan Docx 2334
Belgien Mannschaftskampf 2003/04 (6)

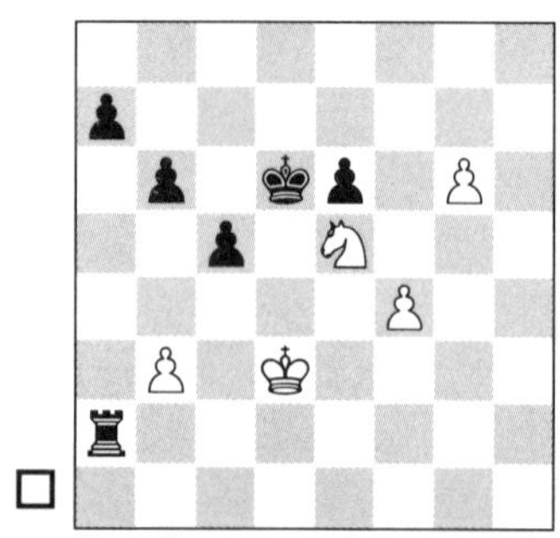

45.♔e4!
Clever. Schwarz erspäht die Möglichkeit, den Dorn auf e5 zu beseitigen und sich so etwas Arbeit zu ersparen.
45...♖e2+?? 46.♔f3 ♖xe5
In Erwartung von 47. fxe5+ ♔e7 mit trivialem Gewinn.
47.g7!! ♖d5 48.g8♕ ♖d3+ 49.♔e4 ♖xb3 50.♕b8+ ♔c6 51.♕xa7 ♖b1 52.♕e7 ♖e1+ 53.♔d3 ♖d1+ 54.♔e3 ♖d6 55.♔e4 1:0

Lösung 89

Shardul Gagare	2470
Wei Yi	2730

Doha 2015 (1)

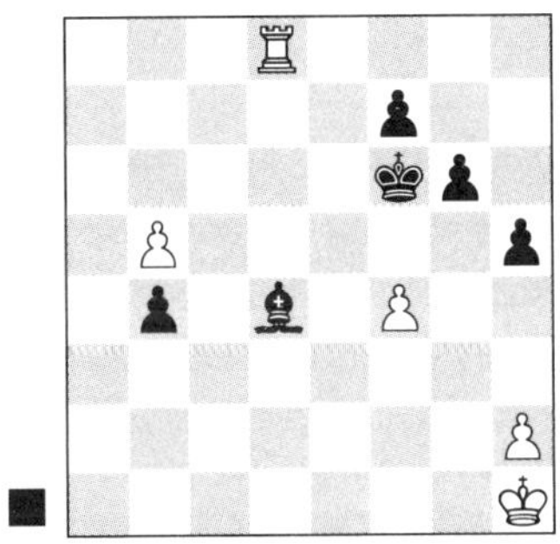

Wei Yi hätte seinem niedriger bewerteten Gegner mit
53...♗b6!!
zumindest ein wenig Herzklopfen verursachen können, was Weiß zu Rechenarbeit zwingt. Mit 54.♖c8 oder 54.♖d1 gibt es immer noch einen Gewinn, wenngleich freilich noch ein wenig technische Arbeit zu leisten wäre. Das natürliche
54.♖d6+ ♔e7 55.♖xb6?? b3!
führt hingegen zu einem tragikomischen Szenario, bei dem der eigene Bauer von Weiß im Verbund mit den schwarzen Kräften einen Rückzug des Turms verhindert. Weiß müsste sich mit Dauerschach begnügen:
56.♖b7+ ♔d6 57.♖b6+ ♔d7

Lösung 90

Friso Nijboer	2540
Anish Giri	2466

Groningen 2008 (8)

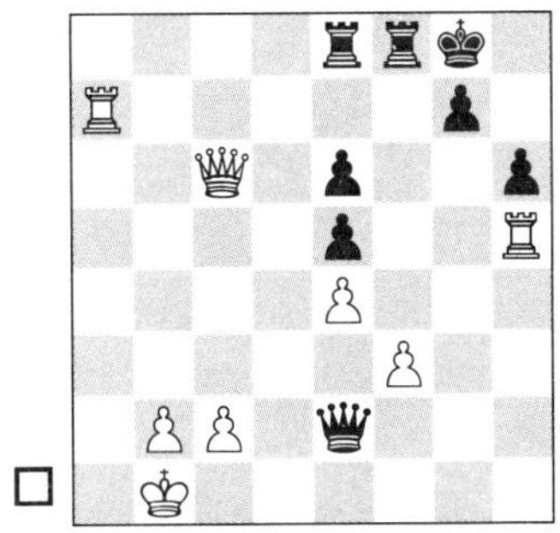

35.♖g5!! hxg5 36.♕c7!
Eine hübsche Gewinnkombination.

Lösung 91

Friso Nijboer	2540
Anish Giri	2466

Groningen 2008 (8)

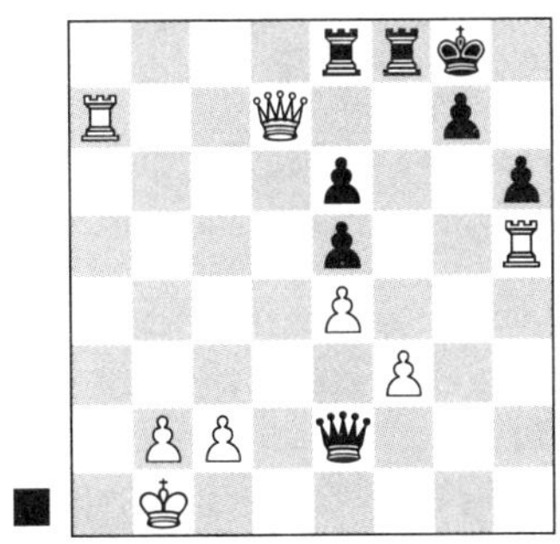

35...♕g2!

Weiß kann nun mit 36.♖xe5 Remis machen, doch Nijboer glaubt, ein besseres Schlagen erspäht zu haben.

36.♖xh6?? ♕g1+ 37.♔a2 ♕xa7+!

Und Weiß gab auf, ohne 38.♕xa7 ♖a8! abzuwarten.

Lösung 92

Alexander Betaneli 2252

Gata Kamsky 2661

Sitges 2016 (1)

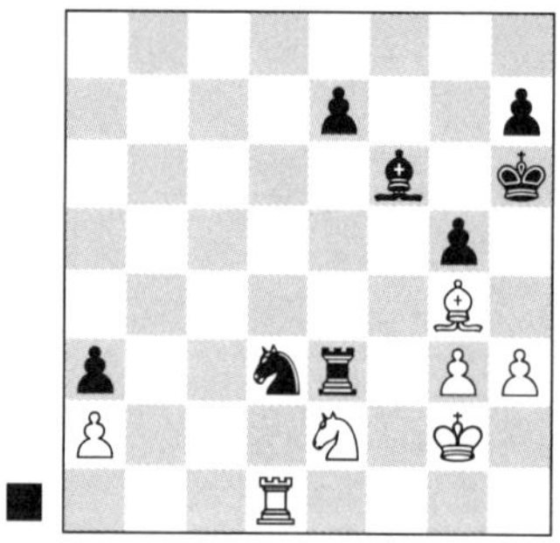

37...♘e5 38.♘d4 ♘xg4 39.hxg4 ♗xd4 40.♖xd4

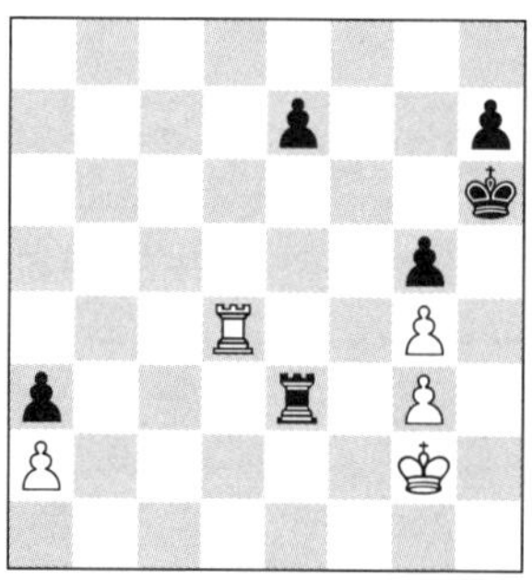

Das gewinnt tatsächlich, doch nur, wenn Schwarz sorgfältig mit

40...♔g6!

fortsetzt. In der Partie fiel Schwarz stattdessen auf das natürliche 40...♖e2+?? herein, und erst nach der überraschenden Antwort 41.♔h3!! realisierte der mehrfache US-Meister, dass er beschwindelt wurde. Nach 41...♖xa2 42.♖d6+ ♔g7 43.♖g6+! sichert der wildgewordene Turm das Remis. Kamsky versuchte stattdessen 41...♖e3, doch nach 42.♖d2! ♔g6 43.♖e2! musste er nichtsdestotrotz seinem Gegner das Remis zugestehen.

Lösung 93

Amatzia Avni

Itchak Radaschkowitsch 2425

Tel Aviv Israelische Meisterschaft 1978 (9)

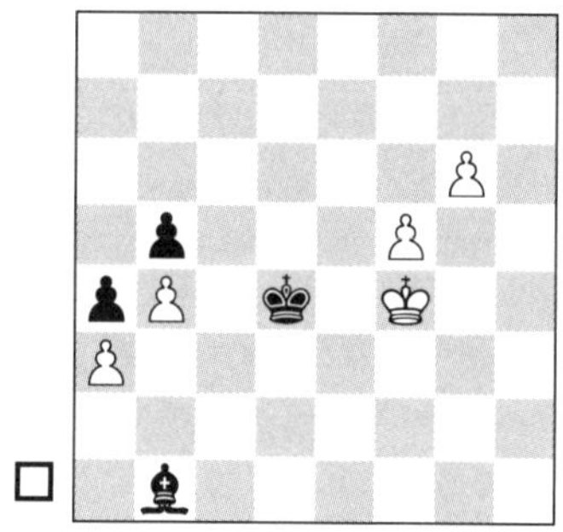

48.♔g5! ♔e5 49.f6 ♔e6 50.f7 ♔e7 51.♔h6 ♔f8 52.♔h7 ♗d3

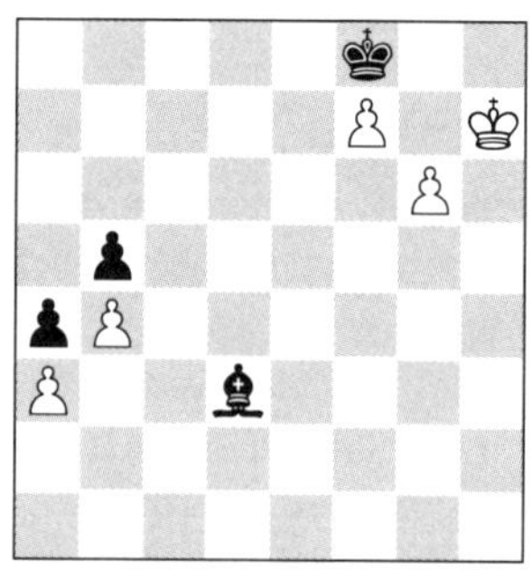

53.♔h8!! ½:½

Lösung 94

Florin Gheorghiu 2550

Liu Wenzhe

Luzern Olympiade 1982 (5)

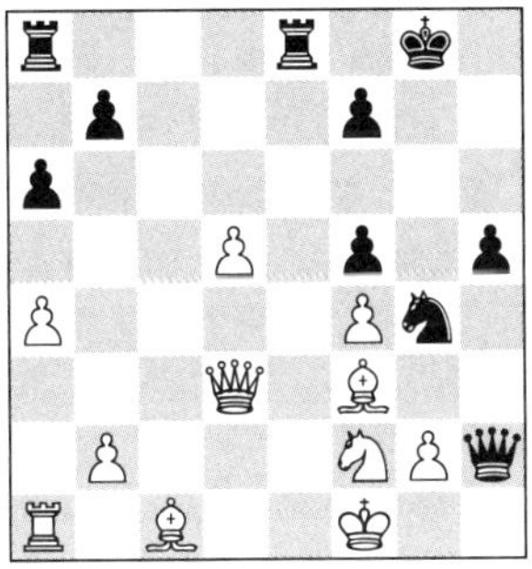

23...h4!

Am besten ist nun das ruhige 24.♗d2, aber eine flüchtige Berechnung zeigt, dass Weiß sich den Bauern f5 schnappen und damit das Ende erzwingen kann. Eine genauere Berechnung hätte ebenfalls das Ende der Partie zutage gefördert, aber nicht in der Weise, wie Weiß es sich vorgestellt hatte ...

24.♕xf5?? ♕g1+!!

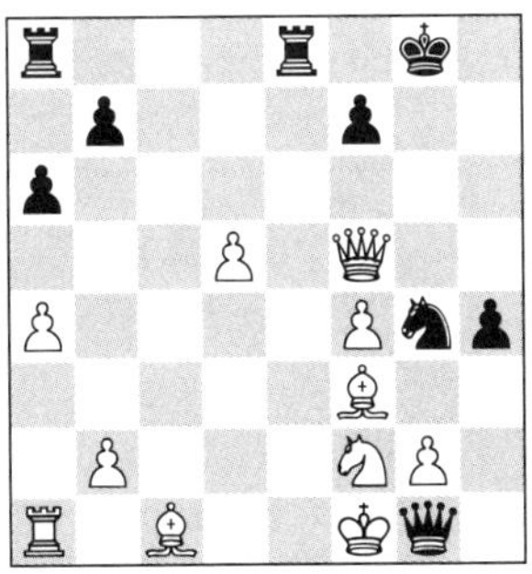

Weiß gab auf. Nach 25.♔xg1 ♖e1# ist es matt.

Lösung 95

Pavel Eljanow 2755

Radoslaw Wojtaszek 2750

Wijk aan Zee 2017 (8)

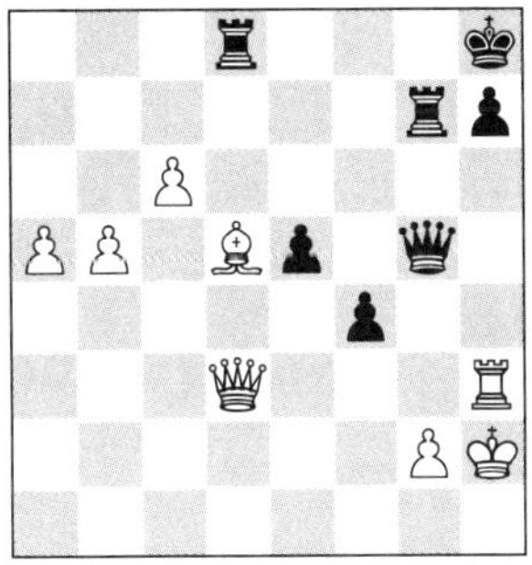

40.b6??

erlaubte ein unerwartetes Dauerschach, nachdem Schwarz die Diagonalen von seinen Bauern geräumt hatte:

40...e4!! 41.♕xe4 f3!!

Nicht 41...♕xd5?? 42.c7! oder 41...♖xd5?? 42.c7!.

42.♕xf3 ♖xd5 43.c7

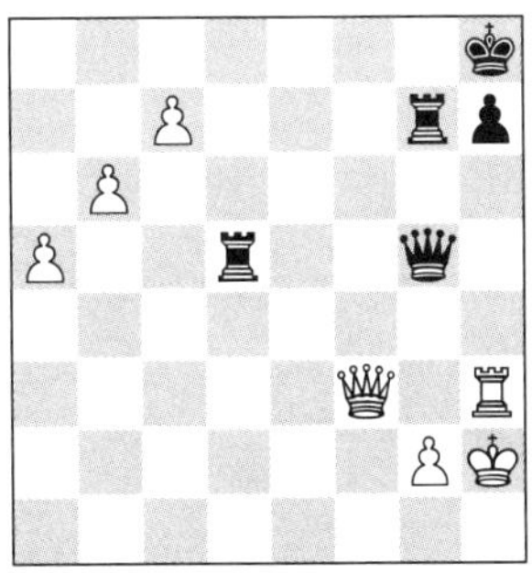

43...♕e5+! 44.♖g3 ♖xg3! 45.♕xg3

45.c8♕+?? ♖g8+ mit Schach!

45...♕h5+ 46.♕h3 ♕e5+

mit Remis durch Dauerschach. Stattdessen hätte Weiß die schwarzen Bauern mit 40.♕f3! sicher blockieren sollen.

Zwar kann Schwarz mit 40...e4 die weiße Bauernphalanx am Damenflügel zerschlagen, doch nur um den Preis der tödlichen Freilegung seines eigenen Königs: 41.♗xe4 ♕xb5 42.c7!

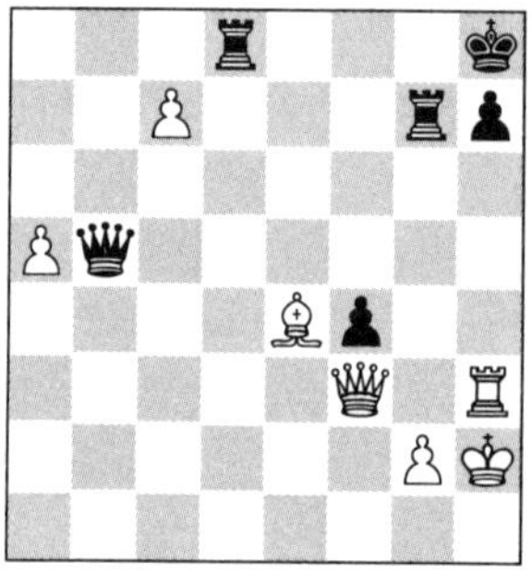

Analysediagramm

42...♖xc7 (42...♖c8 43.♗xh7! ♖xh7 44.♖xh7+ ♔xh7 45.♕h3+) 43.♕xf4 ♖g7 44.♗xh7 ♖xh7 45.♕f6+ mit Gewinn.

Lösung 96

Paul Timson 2511

Rene Freydl 2515

Fernpartie 2005

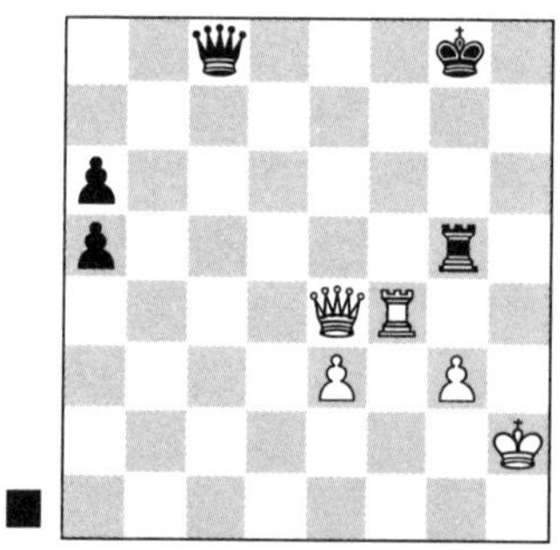

48...♖h5+ 49.♔g1 ♕c1+ 50.♖f1 ♖h1+!!
'+4,71', sagt meine Engine. Doch Freydl hat weiter als der Computer gesehen. Weiß kann den Schachgeboten nicht entrinnen.

51.♕xh1 ♕xe3+ 52.♔h2 ♕h6+ 53.♔g2 ♕c6+ 54.♔h3 ♕h6+ 55.♔g4 ♕g6+ 56.♔f4 ♕f6+ 57.♔e4 ♕e6+ 58.♔d4 ♕b6+ 59.♔e5 ♕b8+ 60.♔e6 ♕e8+ 61.♔d6 ♕d8+ 62.♔c5 ♕e7+ 63.♔b6 ♕b4+ 64.♔xa6 ♕d6+ 65.♔xa5 ♕c5+ 66.♔a6 ♕d6+ 67.♔b5 ♕d3+ 68.♔c5 ♕c3+ 69.♔d5 ♕d3+ 70.♔e6 ♕e3+ 71.♔f5 ♕d3+ 72.♔g5

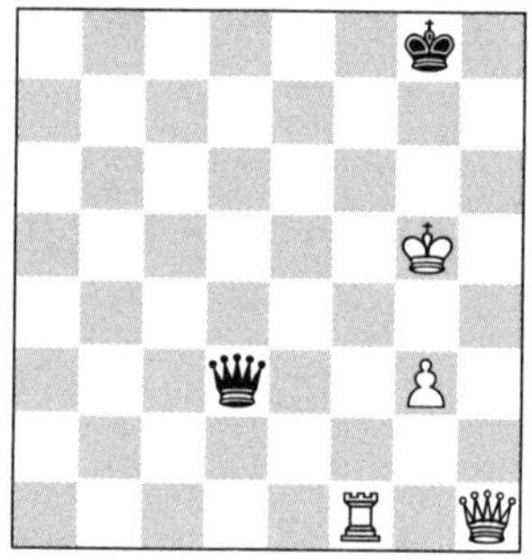

72...♕g6+
Ein pittoreskes Finale.
73.♔xg6 mit Patt.

Lösung 97

Oleg Korneew 2601

Jewgeni Miroschnichenko 2634

Khanty-Mansiysk 2005 (1)

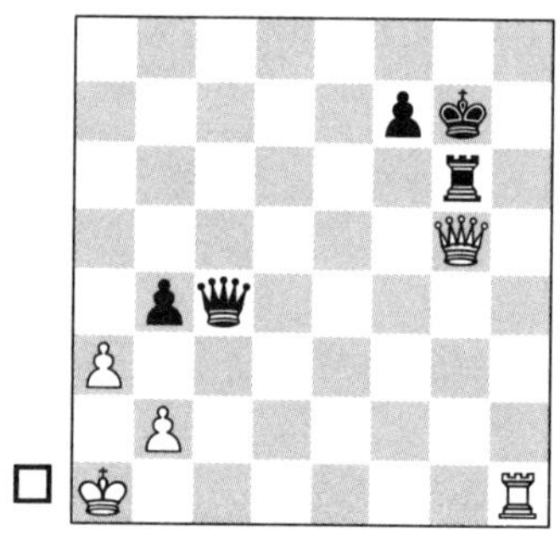

62.♕e5+ ♖f6! 63.♖g1+ ♔h7!!
Köstlich!
64.♕xf6

Mit 64.♕h5+ ♖h6 65.♕f5+ ♖g6 kommt man nicht weiter.

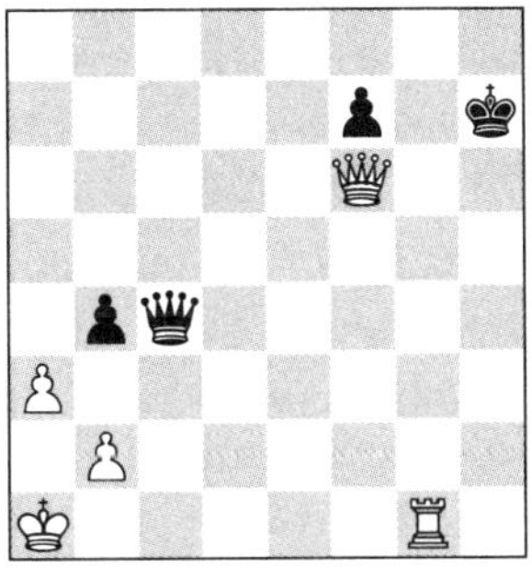

64...♕a2+!! 65.♔xa2 b3+ 66.♔xb3
Ein unerwartetes Patt.

Lösung 98
Gogolew
Warschawski
Aluksne 1967

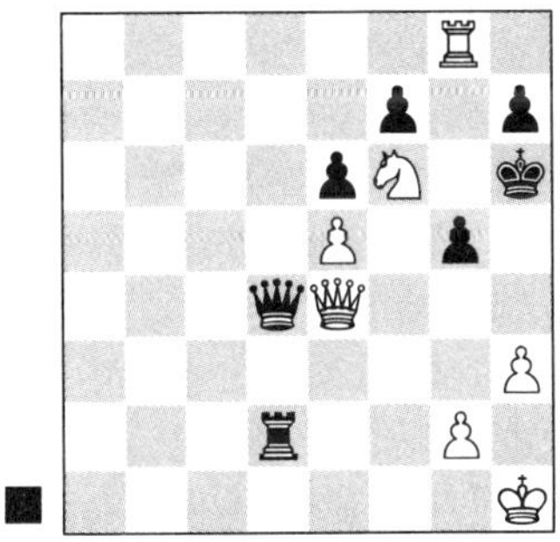

36...♖d1+ 37.♔h2 ♕g1+ 38.♔g3 ♖d3+!! 39.♕xd3

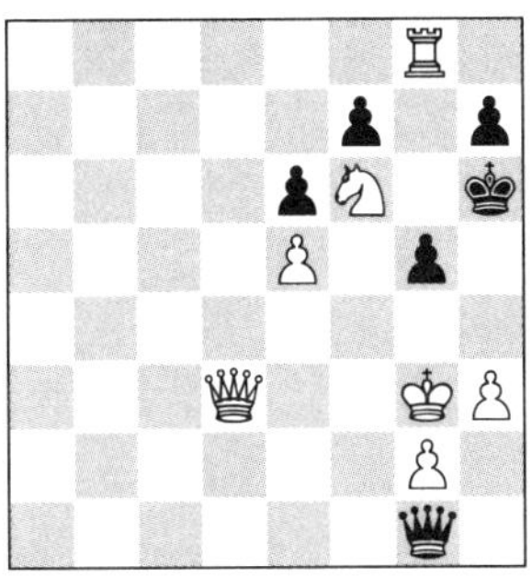

39...♕e3+!
Erzwingt mit einer wundersamen Selbstfesselung das Patt, ganz im Geiste von McNab - Groszpeter.
40.♕xe3 ½:½

Lösung 99
Ian Rogers 2515
Viktor Kortschnoj 2650
Biel 1986 (4)

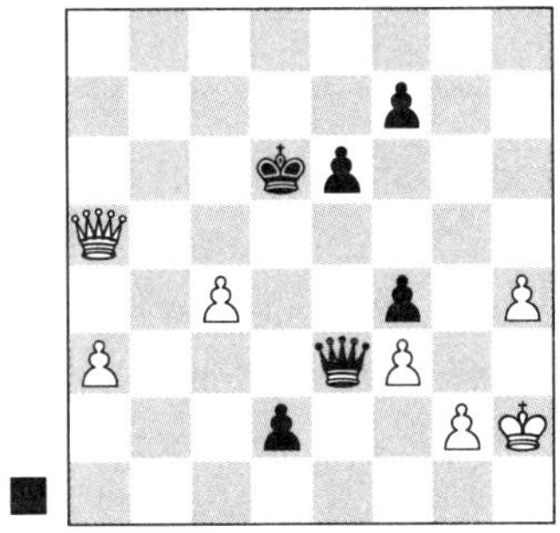

83...♔e7 84.♕c7+ ♔f6

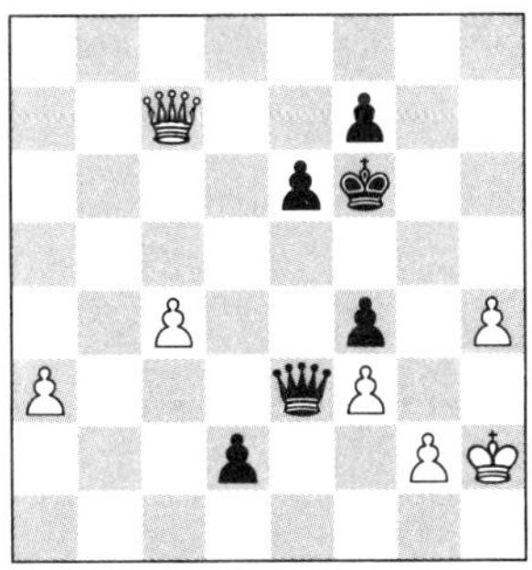

85.♕a5!!
war, was Dolmatow in der Vor-Computer-Ära übersehen hatte.
85...e5
85...d1♕?? 86.♕g5#.
86.♕d8+ ♔e6 87.♕e8+ ♔d6 88.♕d8+ ♔c5 89.♕d5+ ♔b6 90.♕d6+
Mit Dauerschach.

Lösung 100

Kuritto Douglas 1714

Kanegeni Matthew Kamau 2150

Nairobi 2018 (7)

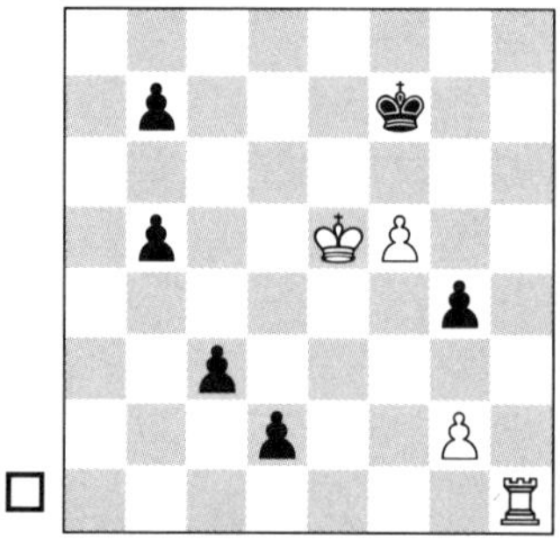

52.f6!! c2??

Die natürliche Antwort, die umso wahrscheinlicher wäre, falls Schwarz alles bis zur weißen Lockvogelfalle sieht (52...♔g6! gewinnt, obgleich Schwarz nach dem erzwungenen 53.♖f1 c2 54.f7 c1♕! 55.f8♕ ♕e1+! 56.♖xe1 dxe1♕+ 57.♔d5 immer noch seine Technik beweisen müsste):

53.♖h7+!

Hierin liegt die Pointe. Schwarz mag vorausgesehen haben, dass 53...♔g8 nach 54.f7+ ♔xh7 55.f8♕ d1♕ 56.♕f7+ ♔h6 57. ♕f6+ ♔h5 58.♕h8+ ein Dauerschach erlaubt. Es sieht so aus, als könnte er mit

53...♔g6 54.f7 d1♕

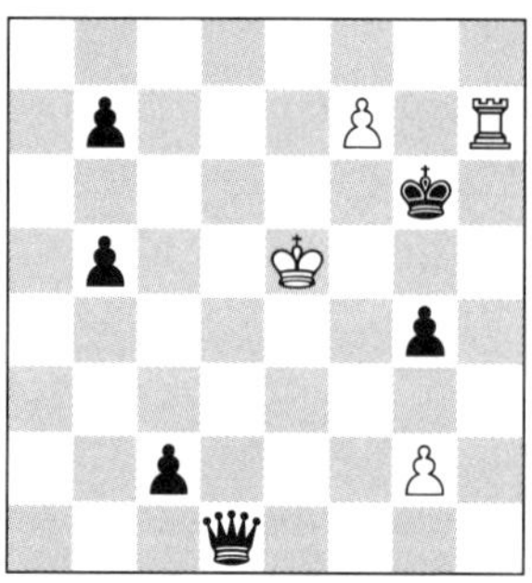

ein Tempo sparen, denn 55.f8♕ ♕e1+ führt nun zu einem bei sorgfältigem Spiel für Schwarz gewonnenen Endspiel. Eine plausible Fortsetzung ist 56.♔d5 ♕d2+ 57.♔e4 ♕xg2+! 58.♔d4 ♕d2+ 59.♔e4 ♕e2+ 60.♔d4, und nun, nachdem er den g-Bauern beseitigt und damit das Feld f3 für seinen König zugänglich gemacht hat, kann Schwarz endlich sicher den Turm schlagen: 60...♔xh7!, und der König wird unten auf dem Brett Zuflucht finden.

Stattdessen wandelt Weiß brav um, schnappt sich aber eine andere Figur:

55.f8♘+!! ♔g5 56.♘e6+ ♔g6 57.♘f8+=

Lösung 101

Yu Yangyi 2759

Peter Swidler 2753

Shenzhen Match Blitz 2018 (10)

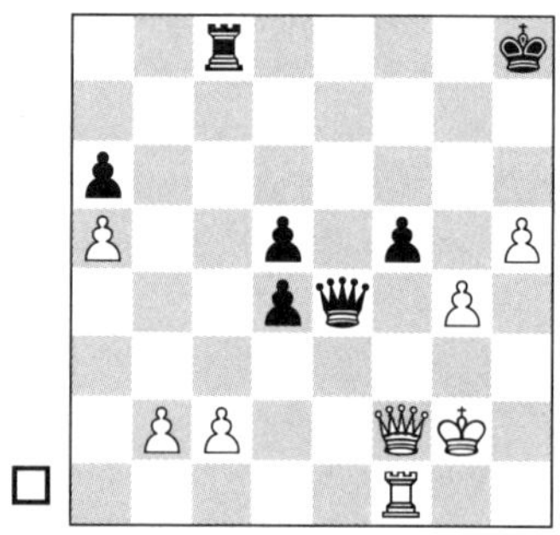

44.♔g3!

Äußerst provokativ. 44.♕f3 ist den Engines zufolge „nur" klar besser. Doch danach spielt Schwarz eine Abfolge offensichtlicher Züge, wobei es kaum Chancen gibt, dass er etwas falsch macht: 44...

fxg4 45.♕xe4 dxe4 46.♖d1 ♖xc2+ 47.♔g3 d3 48.♔f4 ♖e2 49.b4 (andere Züge verlieren trivial) 49...♔h7! 50.b5 axb5 51.a6 ♖a2 52.♔xe4 ♖xa6 53.♖xd3 ♖f6 54.♖g3 ♖c6, und das Endspiel ist völlig verloren. Beide Seiten haben das bei ihren Berechnungen wahrscheinlich gesehen, was Yu Yangyi zu seinem Partiezug veranlasst.

44...♕xg4+ 45.♔h2 ♕xh5+ 46.♔g3 ♖g8+ 47.♔f4 ♕g4+

47...♖g4+ gewinnt rasch, dabei muss man aber das Opfer zweier Bauern präzise kalkulieren: 48.♔e5 ♕e8+! 49.♔d6 ♖g6+ 50.♔xd5 ♕c6+ 51.♔xd4 ♖d6+ 52.♔e5 ♕d5+ 53.♔f4 ♕e4+ 54.♔g3 ♕g4+ 55.♔h2 ♖h6+. Einfach, wenn man es erstmal gesehen hat!

48.♔e5 ♕e4+ 49.♔d6 ♖g6+ 50.♔c5 ♕e7+ 51.♔xd4

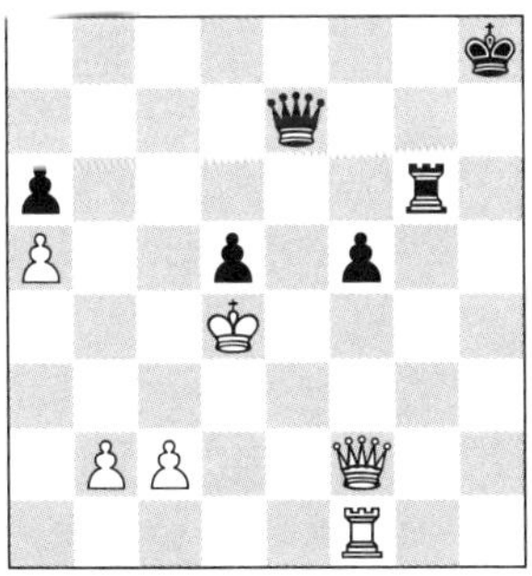

Bis hier hat Swidler im Vertrauen auf seine Intuition die Nerven behalten. Doch mit hängender Flagge gerät er nun ins Straucheln, lässt zunächst den Sieg aus den Händen gleiten, und tragischerweise anschließend den vollen Punkt.

51...♕e4+??

51...♕g7+! war der einzige Gewinnzug, obgleich die Dinge schon recht kompliziert waren: 52.♔xd5 ♕d7+ 53.♔c4 ♕a4+! 54.b4 ♖c6+ 55.♔d3 ♖d6+ 56.♔c4 ♕a2+ 57.♔c3 ♖c6+.

52.♔c3= d4+??

Ein grober Schnitzer. Nur 52...♖g4! hält remis. Nach seinem Zug gab Swidler auf, ohne 53. ♕xd4+ abzuwarten.

Lösung 102

Stojan Petkow 2389

Wolff Morrow 2510

Fernpartie 2016

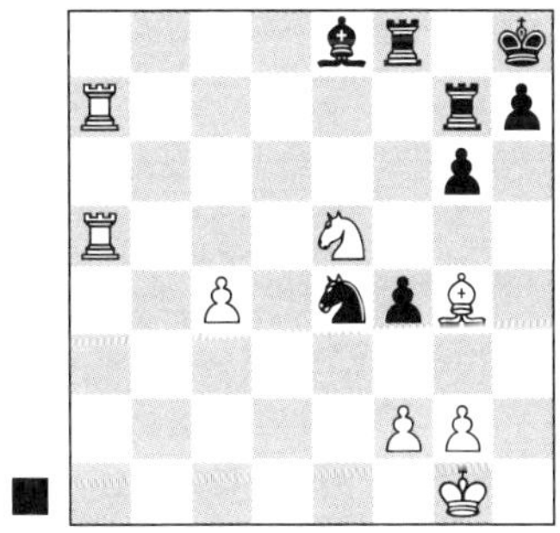

39...h5!

Der Auftakt zu einem unglaublich tiefen Konzept.

40.♗f3 ♘g5 41.♖a8 ♘xf3+ 42.gxf3 ♔g8 43.c5 ♖c7 44.c6

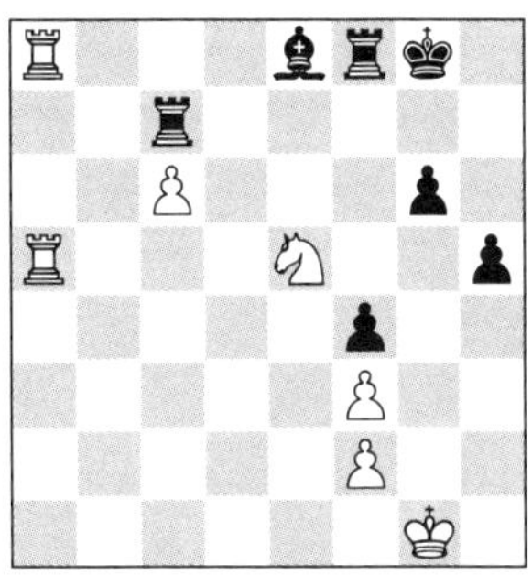

Auf den Umstand zählend, dass 44...♗xc6 45.♖xf8+ ♔xf8 46.♖c5 gewinnt. Doch Schwarz hat weiter gesehen.

44...♖xc6!!

44...♗xc6 45.♖xf8+ ♔xf8 46.♖c5 ♔e7 47.♖xc6 ♖xc6 48.♘xc6+.

45.♘xc6 ♗xc6 46.♖xf8+ ♔xf8 47.♖a6 ♗e8! 48.♖f6+ ♔g7 49.♖xf4 ♗d7!

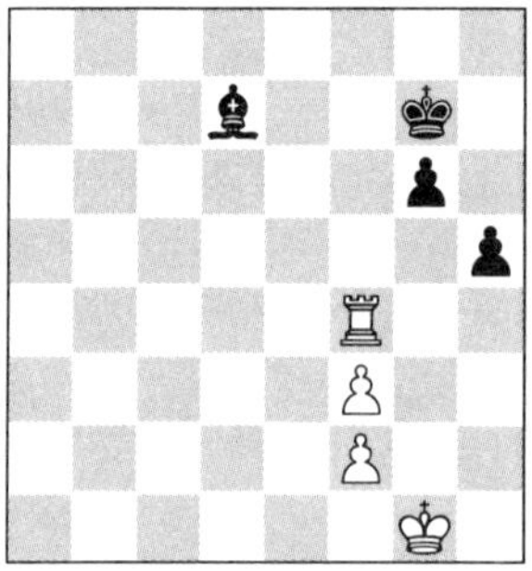

Die Krönung der schwarzen Strategie. Eine bemerkenswerte Festung, die viele Züge zuvor gesehen und richtig eingeschätzt werden musste.

50.♔g2 ♗f5 51.♖b4 ♔f6 52.♔g3 ½:½

Lösung 103

Hikaru Nakamura

Magnus Carlsen

Zürich 2014 (3)

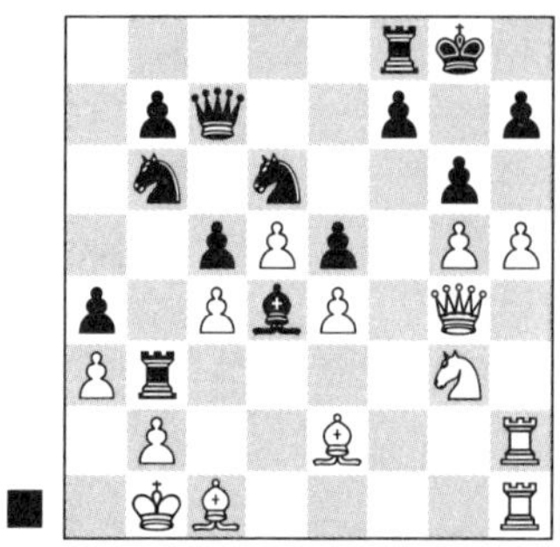

26...♗xb2!!

Verlagert das Geschehen auf den Damenflügel, wo Schwarz – zumindest dem Anschein nach – über die überlegenen Kräfte verfügt. Das Opfer ist natürlich wahnsinnig unkorrekt, doch zumindest wird der natürliche Schwung von Weiß gebremst. Der Computer rät zum Notausstieg mit 26...♕d7, wonach Weiß neben dem kraftvollen 27.♕h4 auch das etwas leichter zu handhabende 27.♕xd7 wählen kann, womit er nach 27...♘xd7 28.hxg6 ♖xg3 29. ♖xh7 fxg6 30.♖xd7 ein gewonnenes Endspiel erreicht. Verständlicherweise von solchen Aussichten nicht angetan, trifft Carlsen den Entschluss, dass Weiß unter keinen Umständen ungestört am Königsflügel weitermachen darf – selbst wenn ihn das Material kostet.

27.♗xb2

Ein nicht unwesentlicher Punkt ist, dass das Opfer keinesfalls ignoriert werden kann: 27.hxg6? ♗xc1+ 28.♔xc1 ♘bxc4 29.♖xh7?? verliert wegen 29...♖c3+ 30.♔d1 ♘e3+ nebst 31...♘xg4, und es gibt kein Matt.

27...♘bxc4 28.♗xc4 ♘xc4 29.hxg6

Mit dem vom Turm „aus der Ferne" verteidigten Läufer sowie nunmehr einer Mehrfigur scheint Weiß gemütlich auf dem Weg zum Ziel. Doch sein König ist jetzt ziemlich exponiert, und die Drohung ...♕b6 ist überraschend schwer zu parieren. Weiß entscheidet sich richtigerweise dafür, weiter an einem Matt zu basteln.

29...♕b6!

Carlsens Investition hat Angst und Unsicherheit in die Stellung gebracht, zudem muss sein Gegner konkrete Probleme lösen. Am wichtigsten ist jedoch, dass Carlsen für seinen Gegner vielfältige Möglichkeiten geschaffen hat, etwas falschzumachen. Zum Beispiel gewinnt 30. gxh7+?? ♔h8 umgehend für Schwarz, dessen König sich hinter seinem Schutzschild in Form eines weißen Bauern pudelwohl fühlt. Etwas kniffliger ist die Falle 30.♖xh7?? ♖xb2+ 31. ♔a1, wonach Weiß gewinnen würde, wäre da nicht 31...♖a2+!!, und Schwarz setzt im nächsten Zug matt. Nakamura spielte 30.g7!, was uns zur nächsten Aufgabe führt.

Lösung 104

Hikaru Nakamura

Magnus Carlsen

Zürich 2014 (3)

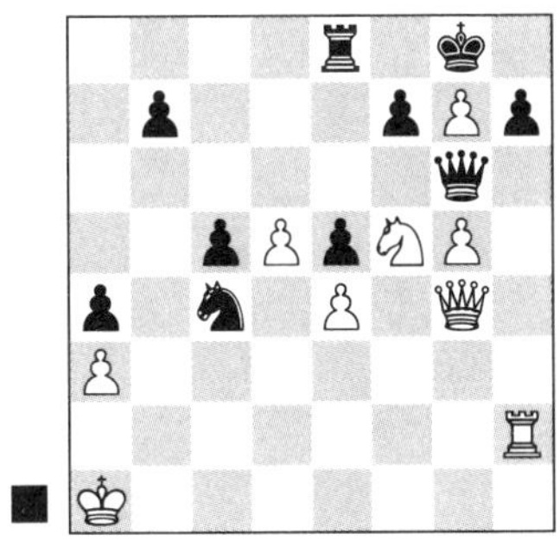

Mit

35...♕b6! 36.♕h3 ♕g6!

suchte Carlsen seinen Gegner zu provozieren:

37.d6?? ♘xd6 38.♘xd6 ♖d8!

Zum zweiten Mal in der Partie sieht sich Weiß mit einer Mehrfigur dem Angriff einer zahlenmäßig zwar erschöpften, doch auffallend gut koordinierten schwarzen Streitmacht gegenüber. Die Pointe ist, dass das anderenfalls vernichtende 39.♘f5?? auf 39...♖d1+ 40.♔b2 ♕b6+! stößt, was den Spieß völlig umdreht.

39.♘c4

Auch 39.♘c8! gab Weiß noch klaren Vorteil.

39...♕xe4 40.♕h5??

40.♘e3!∞.

40...♖d3! 41.♖h4

Mit Blick auf 41...♖d1+ 42.♕xd1 ♕xh4 43. ♕d8+ ein implizites Remisangebot von Nakamura. Doch Carlsen spürt richtigerweise, dass hier auch der volle Punkt möglich ist.

41...♕f5! 42.♕e2 b5! 43.♘d2 ♕xg5 44.♕xd3 ♕xh4

Damit wäre der komplette Schwindel abgeschlossen. Der Sieg von Carlsen steht hiernach nie mehr infrage. Der Rest der Partie ist weniger von Interesse – abgesehen von dem Umstand, dass Carlsen bei der Absolvierung eines Damenendspiels auf Inkrement makellose Technik demonstriert.

45.♘e4 ♔xg7 46.♕f3 ♕f4 47.♕g2+ ♔f8 48.♔b2 h5 49.♘d2 h4 50.♔c2 b4 51.axb4 cxb4 52.♕a8+ ♔g7 53.♕xa4 h3 54.♕b3 h2 55.♕d5 e4 56.♕h5 e3 57.♘f3 e2 58.♔b3 f6 59.♘e1 ♕g3+ 60.♔a4 ♕g1 61.♕xe2 ♕a7+

Weiß gab auf.

Lösung 105

Subramanian Arun Prasad 2423

Adhiban Baskaran 2401

Chennai Indische Meisterschaft 2008 (5)

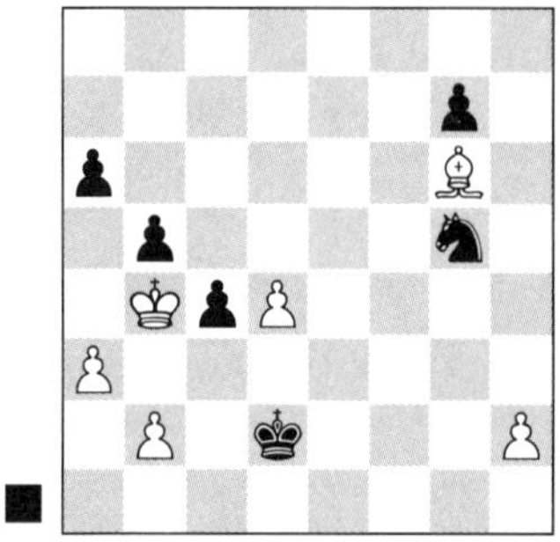

56...♔c1!! 57.♔c3?

Im Nachhinein wird klar, dass bereits dieser Zug den Gewinn wegwirft (57.b3!).

57...♘e6! 58.d5 ♘f4 59.d6?? a5!!

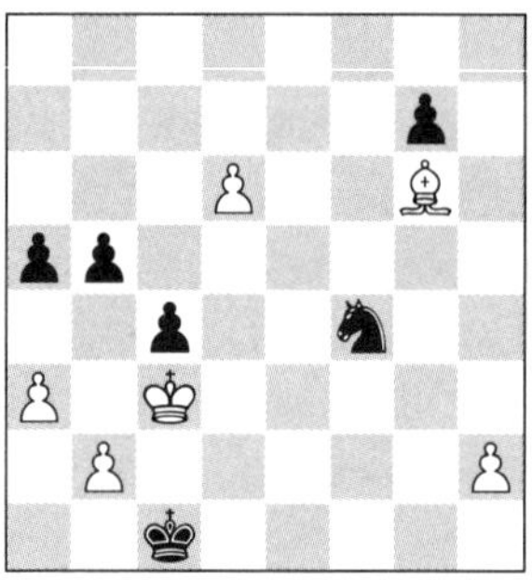

Ein bemerkenswertes Konzept als Ergebnis des wohlüberlegten Spiels von Schwarz zuvor. Urplötzlich zaubert Schwarz die äußerst starke Drohung eines einzügigen Matts hervor!

60.♔d4

60.♗h5 ♘xh5 61.d7 ♘f4! ändert nichts.

60...♘xg6 61.d7 ♘f8

Weiß gab auf, da 62.d8♘ ♔xb2 hoffnungslos ist.

Lösung 106

Ernesto Inarkiew 2681

Murtas Kaschgalejew 2619

Moskau 2008 (6)

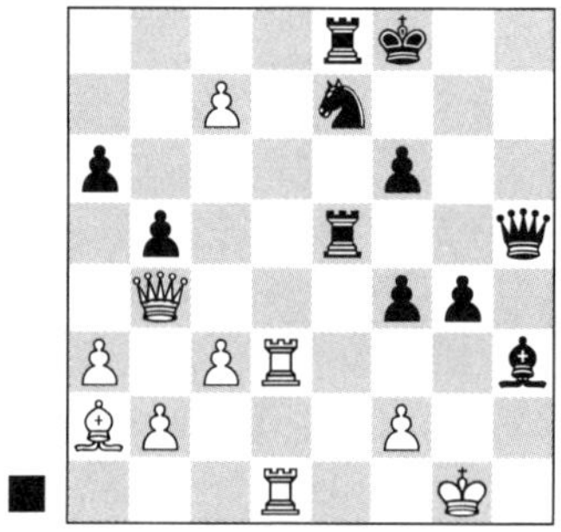

38...♗g2!! 39.♔xg2 f3+ 40.♔g3 ♖f5

Der 38. Zug von Schwarz war korrekt, und hier hätte 40...♕h3+! ein Matt in höchstens sieben Zügen erzwungen. Aber der 40. schwarze Zug war ein kapitaler Fehler, den Weiß wie folgt ausnutzte:

41.♕xe7+!! ♔xe7 42.♖d7+ ♔f8 43.♖h1!! ♕xh1 44.♖f7+ ♔g8

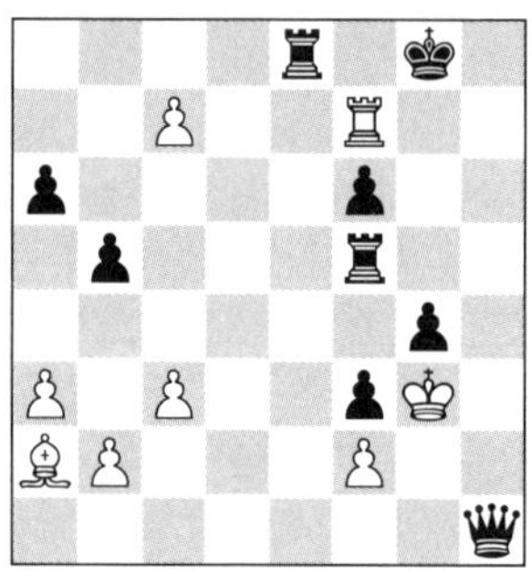

45.♖e7+ ♔h8 46.♖xe8+ ♔g7 47.♖g8+!! ♔h7 48.♖h8+!! ♔xh8 49.c8♕+ ♔g7 50.♕g8+ 1:0

Lösung 107

Igor Naumkin 2435

Matthieu Cornette 2447

Montecatini Terme 2006 (5)

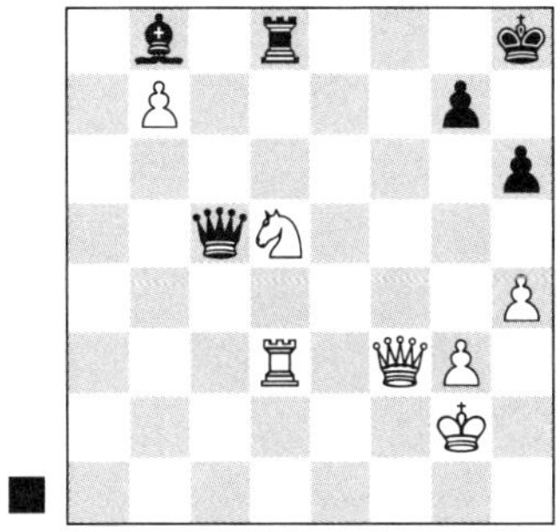

42...♖f8! 43.♖c3?? ♖xf3 44.♖xc5 ♖xg3+ 45.♔f2 ♗d6! 46.♖c6 ♖b3 47.♖xd6 ♖xb7 48.h5 ♖f7+

Überraschenderweise scheint es sich hier um eine Festung zu handeln. Ich bezweifle, dass Cornette dies während der Partie erkannt hatte, er wollte seinen Gegner vielmehr wohl vor große praktische Schwierigkeiten stellen. So oder so, darf man den Schwindel hier schon als erfolgreich verbuchen.

49.♔g3 ♖f5 50.♖d8+ ♔h7 51.♘f4 ♖g5+ 52.♔h4 ♖a5 53.♘e6 ♖a4+ 54.♔g3 ♖a3+ 55.♔f4 ♖a4+ 56.♔f3 ♖a3+ 57.♔e4 ♖a4+ 58.♔e5 ♖a5+ 59.♖d5 ♖xd5+! 60.♔xd5 g6 61.♘f8+ ♔g7 62.♘xg6

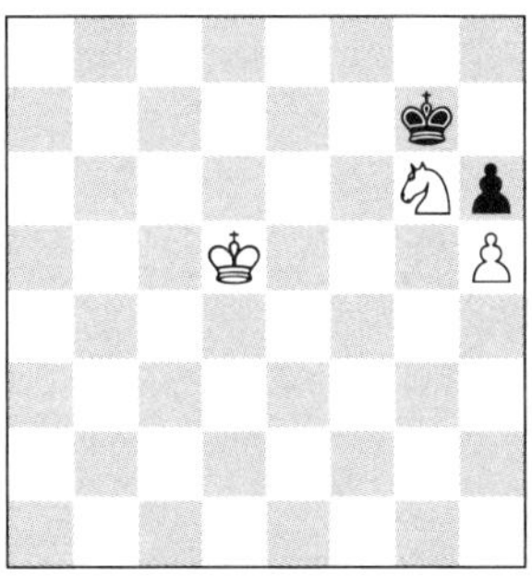

62...♔f6!

Jetzt ist das Remis völlig klar.

63.♘f4 ♔g5 64.♔e5 ♔g4 65.♔e4 ♔g5 66.♔f3 ♔h4 67.♔f2 ♔g4 68.♔e3 ♔g5 69.♔f3 ♔h4 ½:½

Lösung 108

Peter Acs 2525

Emil Sutowski 2665

Paks 2005 (3)

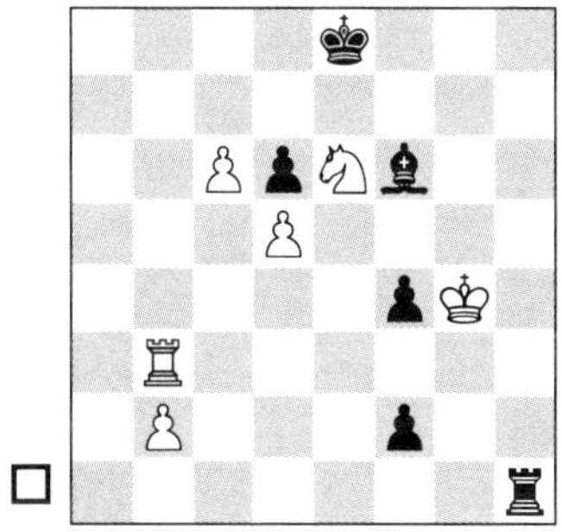

45.♔f5!! ♔f7!

Der klarste Gewinnzug.

A) 45...f1♕? 46.♔xf6! ♖h6+ 47.♔g7 ♕g2+ (47...♖xe6 48.♖b8+ ♔e7 49.♖b7+ ♔d8 50.dxe6! ♕e2 51.♖d7+ ♔c8 52.e7, und Schwarz hat nichts Besseres als Dauerschach) 48.♔xh6 mit wahrscheinlichem Remis;

B) Der starke Großmeister mit den schwarzen Steinen, der sonst für seine messerscharfen Berechnungen bekannt ist, strauchelte mit 45...♗d8?. Dies erlaubt ein hübsches Remisschema nach 46.♖b8 f1♕ 47.♖xd8+ ♔f7 48.♖d7+ ♔g8 49.♖d8+ ♔h7 50.♘g5+, und nach 50...♔g7 51.♖d7+ ♔f8 52.♘e6+ ♔g8 53.♖d8+ ♔h7 54.♘g5+ ♔g7 55.♖d7+ ♔f8 56.♘e6+ ♔g8 57.♖d8+ ♔h7 58.♘g5+ einigten sich die Spieler auf ein

Unentschieden. Hier würde 59...♔h6 selbst verlieren: 60.♔f6! ♔h5 61.c7 und Schwarz hat kein Schach!
46.♖b7+ ♗e7 47.♘g5+ ♔f8 48.♘e6+
48.c7 ♖c1 mit Gewinn; 48.♖b8+ ♔g7 49.♘e6+ ♔f7 50.♘g5+ ♗xg5 51.♔xg5 f1♕ 52.♖b7+ ♔e8 53.♖b8+ ♔e7 54.♖b7+ ♔d8 gewinnt gleichfalls.

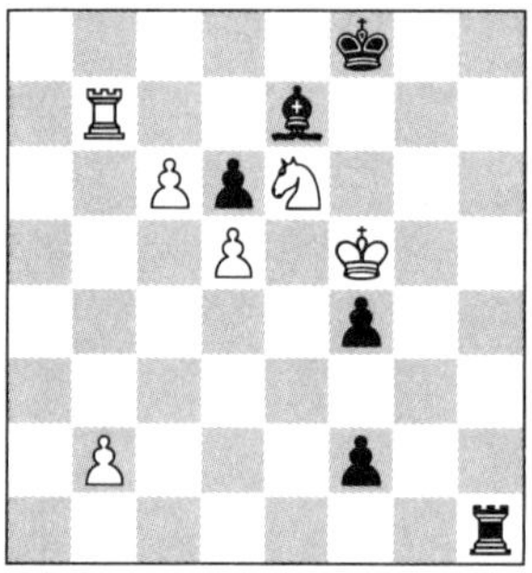

48...♔e8!
Nicht 48...♔g8? 49.c7 ♖c1 50.♔g6! ♖g1+ 51.♘g5!, und Weiß gewinnt!
49.c7 ♖c1 50.♖b8+ ♔f7 51.♖h8 f1♕ 52.♖h7+ ♔g8 53.♖g7+ ♔h8 54.♖xe7 ♕h3+ 55.♔g6 ♖g1+ 56.♘g5 ♕c8!! 57.♖h7+ ♔g8 58.♖g7+ ♔f8 59.♖f7+ ♔e8 60.♖g7 ♕b7 und gewinnt.

Lösung 109
Peter Leko 2743
Alexander Khalifman 2667
Istanbul Olympiade 2000 (3)

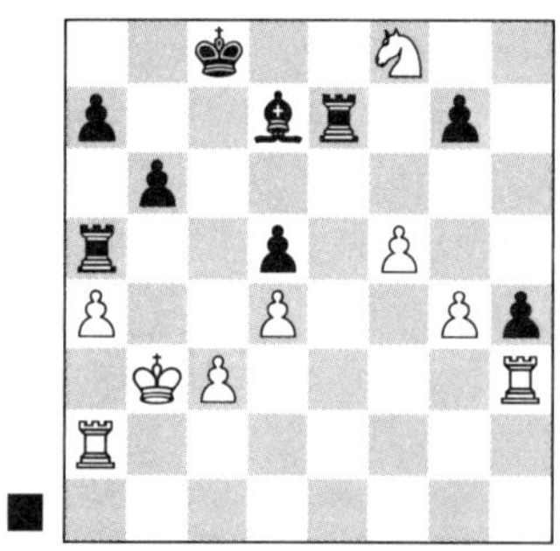

56...♗b5!! 57.axb5
57.♖a1 ♗c4+ 58.♔a3 ♗b5=.
57...♖xb5+
Und Weiß muss mit 58.♔a4 das Dauerschach akzeptieren, da 58.♔c2?? ♖e2+ sowie 58.♔a3?? ♖e1 für Schwarz gewinnen.

Lösung 110
Alireza Firouzja 3009 (Bullet)
Hikaru Nakamura 3110
Chess.com Bullet Match 2019

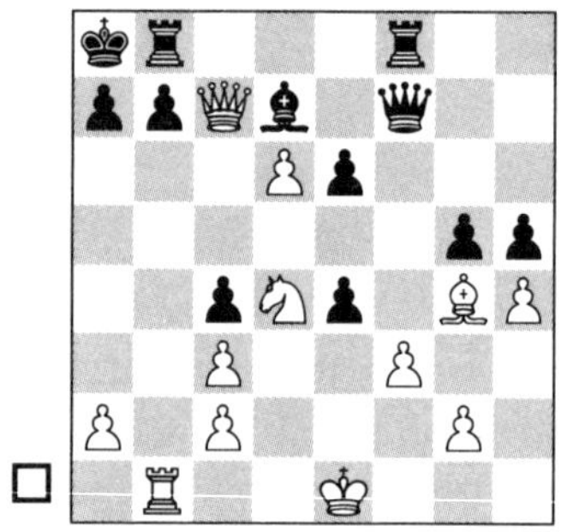

30.♗xe6!!
Der Enginevorschlag 30.♖b5 ♖fc8! erzwingt nach 31.♗xe6 ♗xe6 32.♕xf7 ♗xf7 einen Damentausch, derweil 30.♘b5? a6! gleichfalls für Schwarz gewinnt. Firouzja, der ...♖fc8 und ...a7-a6 als wichtigste Verteidigungsideen für Schwarz ausmacht, findet eine geistreiche Schwindelidee:
30...♗xe6 31.♘b5!!
Mit seinem brutalen Figurenopfer hat Firouzja den Weg für seinen Springer freigemacht. 31...♗xb5 ist jetzt nicht möglich, während 31...a6??, was nach 30.♘b5 gewann, jetzt wegen 32.♕b6!! axb5 33.♕a5# verliert. Und 31...♕xc7?? 32. ♘xc7#

wird natürlich niemals geschehen, wenngleich dies in psychologischer Hinsicht eine ziemlich raffinierte „Lockvogel-Falle" ist. Nachdem er alle Fallen von Weiß bis auf eine umschifft hat, spielt Nakamura den natürlichsten Verteidigungszug, den das Brett zu bieten hat.

31...♜fc8??

In Erwartung von 31.♕a5 b6!, und der schwarze König ist so sicher wie Fort Knox. Leider aber fällt Nakamura gleich einem Raubüberfall zum Opfer.

Der richtige Weg, um dieselbe Idee umzusetzen, war, den anderen Turm zu nehmen: 31...♖bc8!, und dem Weißen gehen die Tricks aus.

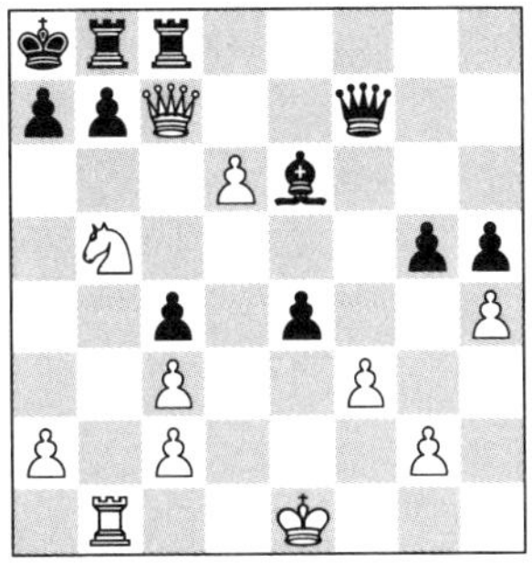

32.♛b6!!

Eines eigenen Diagramms würdig. Nach dem erzwungenen 32...axb6 33.♖b4! wird Firouzja mit Dame und Turm weniger im nächsten Zug Matt bieten. Ein Schwindel von erlesener Schönheit!

1:0

Epilog

Seit damals habe ich mich niemals mehr in einem heißen Bad liegend auf eine Partie vorbereitet – Michail Tal[58]

Was könnte man schon über Michail Tal sagen, was nicht schon bereits geschrieben worden wäre? In seinem Vorwort als Editor von *The Life and Games of Mikhail Tal*[59] schreibt John Nunn über den achten Weltmeister:

Michail Tal war ein bemerkenswerter Mann. Seine glänzenden Erfolge auf dem Weg zum Gewinn der Weltmeisterschaft begeisterten die Schachwelt; sein Name wurde zum Synonym für Brillanz und Angriffstalent.

Es war nicht nur Tals taktisches Geschick, das eine Generation von Schachfans und eine neue Spezies von Schwindlern inspirierte. Sein Spitzname „Der Magier aus Riga" kommt nicht von ungefähr, denn nur Tal konnte auf so wunderbar überzeugende Weise Tricks und Illusionen hervorzaubern, um gegen die größten Legenden unseres Spiels mit Erfolg davonzukommen, wie zum Beispiel bei seinen berühmten Schwindeleien gegen die Weltmeister Botwinnik und Smyslow. Er strahlte Risikobereitschaft aus; er war in erster Linie von seiner Suche nach Schönheit auf dem Schachbrett getrieben, weniger von der Jagd nach Ergebnissen. Es ist Tal, dem wir das berüchtigte Zitat zuschreiben: „Schach ist vor allem Kunst."[60]

Das Gefühl, Tals Glanzpartien nachzuspielen, ist dasselbe, wie wenn man Roger Federer bei einem unmöglichen Gewinnschlag oder Zlatan Ibrahimović bei seinem unvorstellbaren Tor beiwohnt. Diese Momente des Staunens sind eine Inspiration für junge Tennis- und Fußballfans auf der ganzen Welt, und dasselbe gilt für den andauernden Effekt von Tals Vermächtnis auf Schachliebhaber. Wir wollen diese Partien nicht nur nachspielen, sondern am liebsten selbst solche Partien spielen.

---

58 Hier nahm Tal Bezug auf seine katastrophale Eröffnung gegen Gipslis bei der lettischen Meisterschaft 1958.

59 „Wahrscheinlich das großartigste Schachbuch, das jemals geschrieben wurde" lautet die bescheidene Einschätzung von GM Murray Chandler bei den Danksagungen.

60 *The Mammoth Book of the World's Greatest Chess Games* beinhaltet mehr Partien von Tal als von jedem anderen Spieler.

Seit über dreißig Jahren versuche ich nun schon, eine Mischa-Glanzpartie hinzubekommen – unglücklicherweise, wenn Sie sich vielleicht an den Anfang dieses Buches erinnern, ohne Erfolg. Freilich, die Hoffnung stirbst zuletzt, und ich erfreue mich weiterhin an meinen Fehlversuchen. Nur ein einziges Mal kann ich von mir behaupten, wie Tal gespielt zu haben, wenngleich nicht exakt in dem Sinne, wie ich es mir vorgestellt hatte.

Donald Mason 2222
David Smerdon 2498
England 4NCL 2012/13 (1)

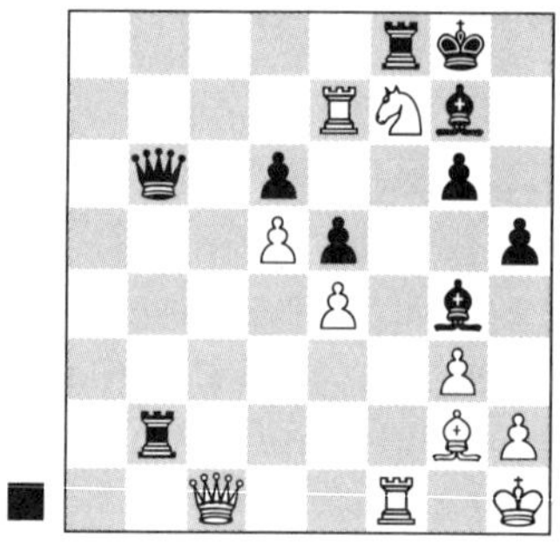

In dieser Partie aus der britischen Liga hatte ich meinen Gegner systematisch überspielt, bis wir beide das Gefühl hatten, dass das Ende nahe ist.
Ich bemerkte, dass der Turm meines Gegners auf f1 überstrapaziert war, indem er den Springer auf f7 verteidigen sowie ...♖b1 verhindern musste. Also nutzte ich die Chance, die Sache zu Ende zu bringen:
28...♗e2
Der Turm kann aus den besagten Gründen nicht ziehen, also spielte mein Gegner verzweifelt
29.♘h6+ ♗xh6
und gab wegen 30.♕xh6 ♖xf1+ 31.♗xf1 ♗f3+ 32.♗g2 ♗xg2# auf. Ein Routinegewinn gegen einen niedriger bewerteten Spieler, der meinem Team zum Sieg verhalf.

Beim Abendessen sagte ein Freund mit einem frechen Grinsen zu mir: „Wie ich sehe, hast Du heute wie Tal gespielt." Dieser Freund steht nicht in dem Ruf, freigiebig Komplimente zu verteilen, und so dankte ich ihm herzlich. Und tatsächlich zog er gleich sein Telefon hervor und zeigte mir die Partie, die bereits auf dem Bildschirm geladen war.

Lars Ake Schneider 2435
Michail Tal 2605
Luzern Olympiade 1982 (13)

1.e4 c5 2.♘f3 d6 3.d4 cxd4 4.♘xd4 ♘f6 5.♘c3 a6 6.f4 ♕c7 7.♗d3 g6 8.0-0 ♗g7 9.♘f3 ♘bd7 10.♔h1 e5 11.♕e1 b5 12.fxe5 dxe5 13.♕h4 h6 14.a4 b4 15.♘d5 ♘xd5 16.exd5 ♗b7 17.♗d2 ♗xd5 18.♗xb4 ♘c5 19.♖ad1 ♗e6 20.♗e4 ♖c8 21.♗d5 0-0 22.♗xe6 fxe6 23.♗xc5 ♕xc5 24.♕g4 ♔h7 25.♕xe6 ♖c6 26.♕h3

♕xc2 27.♖d7 e4 28.♘g5+ ♔h8 29.♘f7+ ♔g8

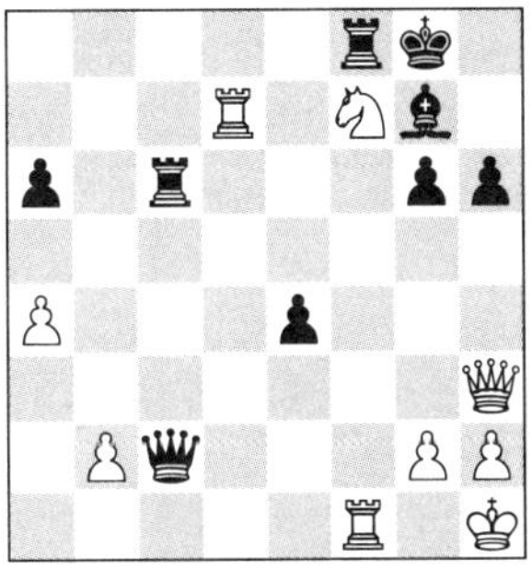

30.g3 h5 31.♘g5 ♕xb2 32.♘e6 ♖xf1+ 33.♕xf1 ♗f6 34.♖d8+ ♔f7 35.♘g5+ ♔e7 36.♘xe4 ♔xd8
Weiß gab auf.

„Dir ist klar, dass Tal hätte verlieren sollen?“ fragte mein Freund mit breitem Grinsen. Er sprang zur Stellung nach 29...♔g8 und stellte den Taschenrechner an. Dieser schlug gleich wie verrückt aus: 30.♕xh6!!.

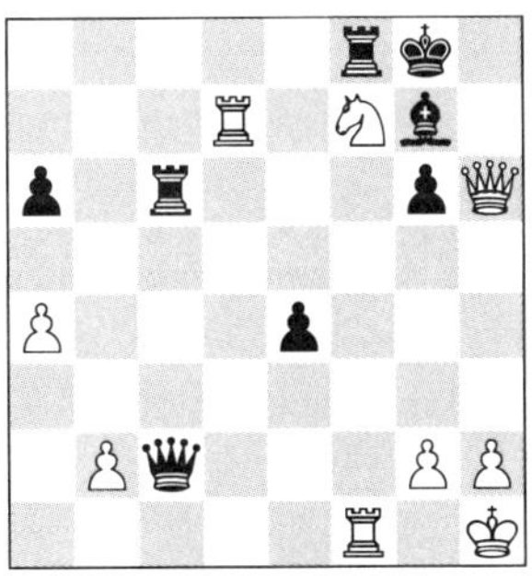

Analysediagramm

Ein schockierendes Opfer. Die Dame ist wegen 30...♗xh6 31.♘xh6+ ♔h8 32.♖xf8# tabu. 30...♖xf7 31.♖d8+ ist auch nicht besser, nach einer unscheinbaren Fortsetzung wie 30...♕e2 offenbart sich jedoch die wahre Brillanz: 31.♕h8+!!

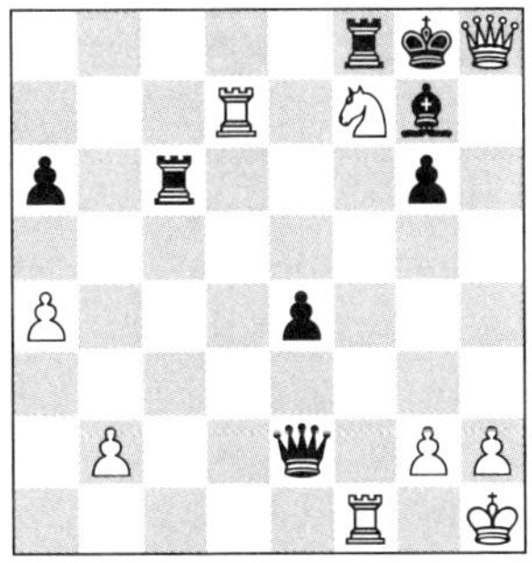

31...♗xh8 32.♘h6#!.

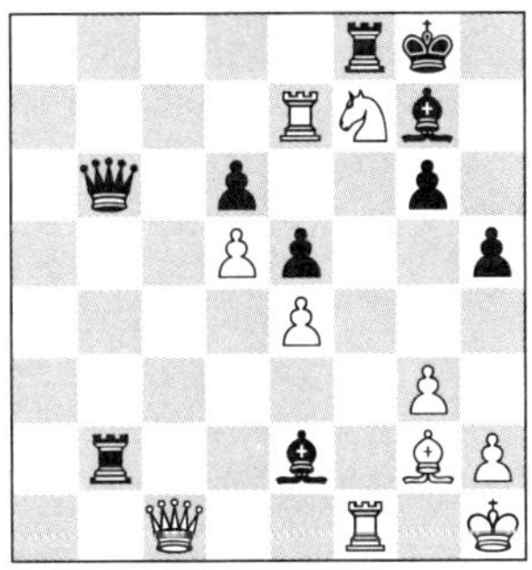

Stellung nach 28...♗e2?? in Mason - Smerdon

Mein Freund blickte erwartungsvoll auf, aber ich ließ bereits die Varianten meiner Partie im Kopf durchrasseln und kam zum selben erstaunlichen Ergebnis: 29.♕h6!!.
Brillanz à la Tal – oder sollte man sagen, Elend à la Schneider? Dame und Springer sind wegen derselben Mattmuster unantastbar, während die Drohung erneut das tödliche 30.♕h8+!! ist. Es gibt keine Verteidigung.

Die Ähnlichkeit zwischen den beiden Partien ist frappierend. Mein Freund hatte Recht: Tal

und ich hatten beide genauso schlecht gespielt, und dennoch waren wir irgendwie unbeschadet davongekommen.
Beim Hotelfrühstück am nächsten Morgen hielt ich eifrig Ausschau nach meinem freundlichen Gegner vom Vortag, der zufällig auf der Suche nach mir war. Donald und ich fanden uns am Buffet wieder, und das angeregte Gespräch verlief in etwa so:
„Hast Du gesehen ..."
„Ja! ♕h6!! Und dann ..."
„Richtig, und ♕h8+!!, und ..."'
„ ... Matt auf h6 mit ..."
„ ... mit dem Springer. Wie bei ..."
„ ... bei TAL!!"
Wir riefen den Namen praktisch zusammen auf, als ob wir den Geist des Magiers aus Riga gemeinsam beschwören wollten. Keinem von uns ging es dabei um den Ausgang der Partie; wir waren beide außer uns darüber, diesen verborgenen Diamanten der Geschichte mit unseren eigenen Händen geformt zu haben.

Ich bin sicher, Sie erwarten jetzt eine Moral von dieser Geschichte. Es gibt keine. Manchmal ist Schach nur ein Spiel, und manchmal ist eine Geschichte nur eine Geschichte.

Namensregister

(die Ziffern verweisen auf die Seitenzahl)

Zeichenerklärung

Das Schachbrett mit seinen Koordinaten:

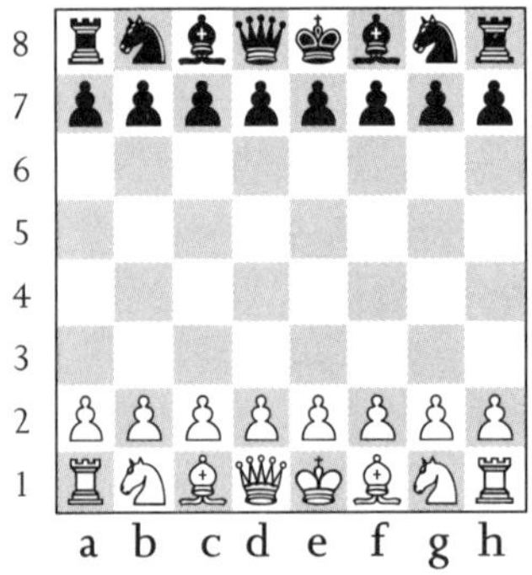

❑	Weiß am Zug
■	Schwarz am Zug
♔	König
♕	Dame
♖	Turm
♗	Läufer
♘	Springer

⩲	Weiß steht etwas besser
⩱	Schwarz steht etwas besser
±	Weiß steht besser
∓	Schwarz steht besser
+–	Weiß hat entscheidenden Vorteil
–+	Schwarz hat entscheidenden Vorteil
=	ausgeglichene Stellung
∞	unklare Stellung
!	guter Zug
!!	ausgezeichneter Zug
?	schlechter Zug
??	grober Fehler
!?	interessanter Zug
?!	zweifelhafter Zug

Bibliografie

Amatzia Avni. *Creative Chess*. Cadogan Chess, 1997.

I. A. Horowitz; Fred Reinfeld. *Chess Traps: Pitfalls and Swindles*. Fireside, 1954.

Tim Krabbé. *Schach-Besonderheiten: kuriose, intelligente und amüsante Kombinationen, Band 1 und 2*. ECON, 1988.

Jonathan Levitt; David Friedgood. *Secrets of Spectacular Chess*. Everyman Chess, 2008.

Tony Miles. *It's Only Me: England's First Chess Grandmaster*. Pavilion Books, 2003.

Emmanuel Neiman; Yochanan Afek. *Invisible Chess Moves: Discover Your Blind Spots and Stop Overlooking Simple Wins*. New In Chess, 2014.

Ger van Perlo. *Van Perlo's Endgame Tactics: A Comprehensive Guide to the Sunny Side of Chess Endgames*. New In Chess, 2015.

Jonathan Rowson. *Schach für Zebras: Unterschiedliche Ansichten über Schwarz und Weiß*. Gambit, 2007.

Matthew Sadler; Natasha Regan. *Zeitenwende im Schach: AlphaZeros bahnbrechende Strategien und die Verheißungen der KI*. New In Chess, 2019.

Andy Soltis. *Frank Marshall, United States Chess Champion: A Biography with 220 Games*. Jefferson, 1994.

Mikhail Tal. *The Life and Games of Mikhail Tal*. Everyman Chess, 1997.

Andras Toth. *Exploration in Chess Beauty*. Andras Toth, 2012.

Leonid Verkhovsky. *Draw!: The Art of the Half-Point in Chess*. Russell Enterprises, 2014.

Edward G. Winter. *World Chess Champions*. Pergamon Press, 1981.